Tip des Monats

In der selben Reihe
erschienen außerdem als Heyne-Taschenbücher:

3 Romane in einem Band

Victoria Holt

Die Braut von Pendorric
Die siebente Jungfrau
Die Rache der Pharaonen

WILHELM HEYNE VERLAG
MÜNCHEN

HEYNE TIP DES MONATS
Nr. 23/6

Titel der englischen Originalausgabe
BRIDE OF PENDORRIC (Die Braut von Pendorric)
Deutsche Übersetzung von Nora H. Wohlmuth

Titel der englischen Originalausgabe
THE LEGEND OF THE SEVENTH VIRGIN (Die siebente Jungfrau)
Deutsche Übersetzung von Nora H. Wohlmuth

Titel der amerikanischen Originalausgabe
THE CURSE OF THE KINGS (Die Rache der Pharaonen)
Deutsche Übersetzung von Eva Schönfeld

6. Auflage

ISBN 3-453-54249-5

Inhalt

Die Braut von Pendorric

1

Ich sah Roc Pendorric zum erstenmal, als ich eines Morgens vom Strand heraufkam und er bei meinem Vater im Atelier saß. Er hielt eine Terrakotta-Figur in den Händen, für die ich als Kind von sieben Jahren Modell gesessen hatte. Mein Vater hatte sie vor mehr als elf Jahren angefertigt. Er bemerkte stets dazu, sie sei unverkäuflich. Die beiden Männer wirkten außerordentlich gegensätzlich: mein Vater so blond, der Fremde so dunkel. Hier auf Capri wurde mein Vater oft ›Angelo‹ genannt, wegen seiner blonden Haare, seiner weißen Haut und wegen seines arglosen Gesichtsausdrucks; er war ein weichherziger, nachgiebiger Charakter.

»Ach, da kommt ja meine Tochter Favel«, sagte mein Vater, als hätten sie gerade von mir gesprochen.

Sie standen beide auf. Der Fremde überragte meinen Vater, der nur mittelgroß war. Er nahm meine Hand, und seine mandelförmigen, dunklen Augen sahen mich forschend an. Er war mager, was seine Größe noch hervorhob, und sein Haar war fast schwarz. In seinen Augen lag ein Ausdruck, als entdeckte er etwas, was ihn belustigte, und es kam mir so vor, als wäre diese Belustigung nicht ohne eine Spur von Mutwillen. Er hatte ganz spitze Ohren, was ihm das Aussehen eines Satyrs gab. Um seine vollen Lippen spielte etwas, was ebenso Güte wie Sinnlichkeit sein konnte, und sein festes, energisches Kinn ließ keinen Zweifel zu über seine Entschlossenheit und Härte. Die lange, gerade Nase verriet Arroganz, und das Zwinkern seiner lebhaften Augen zeugte von Humor, hatte aber zweifellos auch eine Andeutung von Mißtrauen. Ich kam später zu dem Schluß, daß ich von ihm deshalb so fasziniert war, weil man bei ihm nicht wußte, woran man war. Und es nahm eine lange Zeit in Anspruch zu entdecken, was er eigentlich wirklich für ein Mensch war. Jetzt im Augenblick jedenfalls wünschte ich, ich hätte mich umgezogen, ehe ich hereingekommen war.

»Mr. Pendorric hat sich im Atelier etwas umgesehen«, sagte mein Vater, »und hat das Aquarell ›Bucht von Neapel‹ gekauft.«

»Oh, das freut mich«, antwortete ich, »das ist sehr schön.« Mr. Pendorric hielt eine kleine Statue hoch und sagte: »Die ist es auch.«

»Ich glaube nicht, daß sie zu verkaufen ist«, erklärte ich ihm.

»Natürlich, sie ist viel zu wertvoll«, antwortete er darauf.

Er schien mich mit der Figur zu vergleichen. Sicherlich hatte Vater ihm erzählt, wie er es jedem erzählte, der die Figur bewunderte, ›das ist meine Tochter, als sie sieben war‹. »Immerhin«, fuhr er dann fort, »habe ich den Künstler zum Verkauf zu überreden versucht. Schließlich besitzt er ja das Original.«

Vater war stets glücklicher, wenn er ein Stück in Arbeit hatte, als wenn er es verkaufen konnte. Als Mutter noch lebte, lag der Verkauf in ihren Händen. Aber seit ich die Schule hinter mich gebracht hatte, was erst einige Monate zurücklag, hatte ich es übernommen. Vater würde seine Arbeiten jedem geben, von dem er annahm, er würde sie schätzen, und er brauchte eine in dieser Beziehung strenge Frau, die nach dem Geschäft sah. Deshalb waren wir auch nach Mutters Tod sehr arm geworden. Ich schmeichelte mir, daß es uns, seitdem ich wieder zu Haus war, langsam besser ging.

»Favel, bringst du uns etwas zu trinken?« fragte mein Vater.

Ich sagte, sie müßten ein bißchen warten, bis ich mich umgezogen hätte. Dann ging ich in mein Schlafzimmer, das wie das meines Vaters neben dem Atelier lag. In ein paar Minuten hatte ich ein blaues Leinenkleid angezogen und sah dann in unserer winzigen Küche nach den Getränken. Als ich ins Atelier zurückkam, zeigte Vater dem Fremden gerade eine Venus aus Bronze, eines der teuersten Stücke.

Wenn er die kauft, dachte ich, kann ich ein paar Rechnungen bezahlen, bevor Vater das Geld beim Kartenspiel oder beim Roulett vertut. Aber er stellte die Figur wieder hin, als ob er sich nicht weiter dafür interessiere, und ich war sehr ärgerlich, daß ich die beiden Männer gestört hatte.

Er sprach dann über die Insel. Er wäre erst gestern angekommen und hätte weder die Villa des Tiberius noch San Michele besucht. Aber er hätte von Angelos Atelier gehört und einiges von den wundervollen Kunstwerken, die man dort erwerben könnte. Und so wäre das sein erster Ausflug gewesen.

»Und als ich hierherkam, fand ich heraus, daß Angelo Mr. Frederic Farington heißt, daß seine Muttersprache Englisch ist, und das freute mich noch mehr. Mein Italienisch ist nicht besonders gut. Bitte, Miß Farington, sagen Sie mir, was ich mir ansehen muß, solange ich hier bin.«

Ich erzählte ihm von den Villen, den Grotten und den anderen bekannten Attraktionen der Insel.

»Es müßte hübsch sein, eine Begleitung zu haben, die an meinen Ausflügen teilnimmt«, sagte er.

»Sind Sie allein unterwegs?« fragte ich.

»Ganz allein.«

»Es gibt so viele Besucher auf Capri«, tröstete ich ihn. »Sicherlich finden Sie jemanden, der Sie begleitet.«

»Natürlich muß man den richtigen Partner finden. Jemanden, der die Insel wirklich kennt.«

»Nun, die Fremdenführer hier kennen sie gut.«

Er zwinkerte mir zu. »Ich habe nicht an einen Fremdenführer gedacht.«

»Die wenigen Einheimischen haben zuviel zu tun.«

»Ich werde schon finden, was ich suche«, versicherte er mir, und davon war ich überzeugt. Er wandte sich wieder der Bronze-Venus zu und drehte sie hin und her.

»Die Figur gefällt Ihnen...«, kommentierte ich.

Er drehte sich um und sah mich genauso intensiv an, wie er sich zuvor die Bronze-Statuette besehen hatte. »Ich bin außerordentlich angetan davon«, sagte er. »Ich kann mich aber einfach nicht entschließen. Darf ich später einmal wiederkommen?«

»Aber natürlich!« riefen Vater und ich wie aus einem Munde.

Er kam wieder. Er kam ziemlich oft wieder. In meiner Ahnungslosigkeit dachte ich zuerst, daß er sich nicht entschließen könne, ob er die Bronze-Venus kaufen sollte oder nicht. Und dann meinte ich, es sei vielleicht das Atelier, das ihn interessierte.

Ich fing an, nach ihm auszuschauen. Es gab Zeiten, da war ich sicher, daß er meinetwegen kam. An anderen Tagen wiederum sagte ich mir, das sei alles nur Einbildung, und dieser Gedanke bedrückte mich.

Drei Tage nach seinem ersten Besuch ging ich zum Baden zu einer der kleinen Buchten der Marina Piccola, und da traf ich ihn. Wir schwammen zusammen hinaus und lagen dann später am Strand in der Sonne.

Ich fragte ihn, wie es ihm gefiele.

»Über alle Erwartungen gut«, antwortete er.

»Ich nehme an, Sie haben schon alle Sehenswürdigkeiten der Insel besucht?«

»Nicht viele. Ich hätte es sehr gern getan, aber ich bin immer noch der Meinung, allein ist es zu langweilig.«

»Wirklich? Im allgemeinen klagen die Leute über die viel zu

vielen Menschen und darüber, daß sie nirgends allein sein können.«

»Ich würde mir ja auch nicht irgendeine Begleitung wünschen.« Seine schmalen Augen mit den leicht schrägen Winkeln blickten mich an. In diesem Augenblick war ich sicher, daß er der Typ war, den die meisten Frauen unwiderstehlich finden, und daß er das genau wußte. Auch ich war nicht ganz gefeit gegen diese anmaßende Männlichkeit und fragte mich, ob ich es mir hatte anmerken lassen.

»Übrigens, jemand hat sich heute früh nach der Bronze-Venus erkundigt«, warf ich ziemlich kühl ein.

In seinen Augen blitzte es belustigt auf. »Na gut«, sagte er, »wenn ich sie nicht bekomme, so ist es meine eigene Schuld.«

Das war nur zu deutlich, und ich ärgerte mich über ihn.

»Wir würden es Ihnen übelnehmen, wenn Sie sie nähmen, ohne daß Ihnen wirklich viel daran liegt.«

»Nun, ich nehme mir nie etwas, an dem mir nicht viel liegt«, erwiderte er, »und im Moment ziehe ich die Figur der jüngeren Venus vor.« Er legte seine Hand auf meinen Arm und sagte: »Sie ist bezaubernd.«

»Ich muß jetzt wieder heim.«

Er lehnte sich zurück und lächelte mich an. Ich hatte das Gefühl, er wußte viel zu gut, was in mir vorging, daß ich seine Gesellschaft anregend fand und nicht genug davon bekommen konnte – daß er für mich mehr war als irgendein Käufer. Er sagte leichthin: »Übrigens, Ihr Vater erzählte mir, Sie seien der geschäftliche Kopf dieses Unternehmens.«

»Künstler brauchen jemanden mit dem Sinn für das Praktische, der sich um sie kümmert«, antwortete ich. »Und nun, da meine Mutter tot ist . . .« Ich wußte, daß meine Stimme schwankte, wenn ich von ihr sprach, obgleich ihr Tod schon drei Jahre zurücklag. »Sie starb an Tuberkulose. Wir kamen in der Hoffnung hierher, es würde besser mit ihr werden.«

Wenn ich mich auch mehr und mehr zu diesem Mann hingezogen fühlte, so spürte ich doch, daß etwas an ihm war, das ich nicht verstand, irgendeine Eigenart oder etwas, was er vor mir geheimhalten wollte. Das machte mich zwar oft befangen, verminderte aber in keiner Weise mein wachsendes Interesse an ihm, im Gegenteil, es vermehrte es nur.

»Sie muß eine ausgezeichnete Geschäftsfrau gewesen sein«, sagte er.

»Ja, das war sie.«

Bilder aus der Vergangenheit tauchten in mir auf. Ich sah sie – schmal und zart, mit ihren rosigen, glänzenden Wangen, die ihren Liebreiz noch erhöhten und doch ein Zeichen ihrer Krankheit waren. Die Insel war anders gewesen, als es sie noch gab. Anfangs hatte sie mich lesen und schreiben und rechnen gelehrt. Ich erinnerte mich langer, fauler Tage, an denen ich auf einer der kleinen Sandbänke lag oder in dem blauen Wasser auf dem Rücken schwamm und mich treiben ließ. Die Schönheit der Landschaft war der Hintergrund zu dem glücklichsten Leben, das ein Kind sich wünschen konnte. Ich teilte Vaters Stolz auf seine Arbeit und Mutters Freude, wenn sie gut verkauft hatte. Die beiden lebten nur füreinander.

Als sie mir erzählten, ich müsse auf eine Schule nach England, war ich sehr ungehalten. Meine Mutter überzeugte mich aber, daß es nötig sei. Obgleich ich mich in mehreren Sprachen leidlich verständigen konnte, fehlte mir doch eine richtige Ausbildung.

Meine Mutter hatte dafür gesorgt, daß ich auf ihre alte Schule kam, die im Herzen von Sussex lag. Nach einem Schuljahr oder zweien söhnte ich mich mit dieser Regelung aus. Aber dann starb Mutter, und ich erfuhr, daß sie ihren Schmuck für meine Ausbildung verkauft hatte. Eigentlich hatte sie mich auch noch auf die Universität schicken wollen, aber der Schmuck hatte nicht genügend Geld gebracht. So ging ich nach ihrem Tode noch zwei Jahre zur Schule.

Der Blick in Roc Pendorrics Gesicht, nahe vor mir, brachte mich wieder in die Gegenwart, und ich las in seinen Augen nichts als Sympathie.

»Habe ich traurige Erinnerungen aufgewühlt?«

»Ich habe an meine Mutter und an die Vergangenheit gedacht.«

Er nickte und war eine Zeitlang still. Dann sagte er: »Haben Sie eigentlich jemals daran gedacht, zu Ihren Verwandten nach England zurückzugehen?«

»Verwandte?« fragte ich.

»Hat Ihnen Ihre Mutter nie etwas von ihrem Elternhaus in England erzählt?«

»Nein, sie hat es niemals erwähnt«, sagte ich und war selber ganz verblüfft darüber.

»Vielleicht hatte sie keine guten Erinnerungen?«

»Ich habe vorher nie darauf geachtet, aber weder Vater noch

Mutter sprachen von der Zeit, bevor sie heirateten. Ich hatte den Eindruck, daß alles, was vorher war, für sie ganz unwichtig geworden war.«

»Es muß eine sehr glückliche Ehe gewesen sein.«

»Das war es.«

Wir schwiegen wieder, dann sagte er: »Favel! Welch ein ungewöhnlicher Name.«

»Nicht ungewöhnlicher als Ihrer. Ich hielt Roc immer für einen sagenhaften Riesenvogel.«

»Von riesiger Gestalt und so stark, daß er einen Elefanten hochheben könnte, wenn er wollte«, sagte er geradezu selbstgefällig, und ich erwiderte: »Na, einen Elefanten könnten selbst Sie nicht hochheben, bestimmt nicht. Roc ist wohl ein Spitzname?«

»Ich war Roc so lange, wie ich zurückdenken kann. Es ist eine Abkürzung von Petroc.«

»Auch ein ungewöhnlicher Name.«

»Nicht in dem Landstrich, aus dem ich herstamme. Ich hatte eine Reihe von Vorfahren mit diesem Namen. Der ursprüngliche Petroc war ein Heiliger im sechsten Jahrhundert, der ein Kloster gründete. Ich glaube, Roc ist eine moderne Version dieses Namens. Finden Sie, daß er zu mir paßt?«

»Ja«, antwortete ich, »das tut er wohl.«

Zu meiner Verwirrung beugte er sich vor und küßte meine Nasenspitze. Ich stand hastig auf. »Es ist jetzt wirklich an der Zeit, daß ich wieder ins Atelier hinaufgehe«, sagte ich.

Unsere Freundschaft wuchs schnell, und es war für mich sehr aufregend. Ich wußte nicht, wie unerfahren ich noch war, und dachte, ich sei in der Lage, jede Situation zu meistern. Ich bildete mir ein, ich sei bereits eine Frau von Welt, während sich doch keine Frau, die auf eine solche Benennung Anspruch erheben konnte, in den ersten Mann verliebt hätte, der sich von allen anderen unterschied, die sie bisher getroffen hatte.

Roc kam jetzt jeden Tag ins Atelier. Immer wieder nahm er die kleine Figur in die Hand und streichelte sie liebevoll. Und eines Tages sagte er entschlossen: »Ich will und muß sie haben.«

»Vater wird sie nie verkaufen.«

»Ich gebe nie die Hoffnung auf.«

Und ich glaubte ihm. Dieser Mann hier nahm sich, was er haben wollte. Und wahrscheinlich gab es kaum jemanden, der ihm etwas verweigern konnte.

Und dann kaufte er die Bronze-Venus.

»Glauben Sie ja nicht«, sagte er zu mir, »daß dies heißt, ich hätte den Wunsch nach der anderen Venus aufgegeben. Auch sie wird mir noch gehören, Sie werden es erleben.«

Seine Augen funkelten begehrlich, als er das sagte, und natürlich wußte ich, was er meinte.

Wir gingen zusammen schwimmen. Wir durchstreiften die Insel kreuz und quer und suchten uns gewöhnlich die weniger bekannten Plätze, um dem Getümmel zu entgehen. Er engagierte zwei neapolitanische Schiffer, die uns aufs Meer hinausruderten, und es waren herrliche Tage, wenn wir im Heck des Bootes lagen, die Hände in das türkis- und smaragdfarbene Wasser hängen ließen, während uns Giuseppe und Umberto Arien aus italienischen Opern vorsangen.

Roc mußte doch wohl etwas typisch Englisches an sich haben. Giuseppe und Umberto hatten doch sofort seine Nationalität erraten. Was mich betraf, so war es allerdings nicht allzu schwer. Mein Haar war dunkelblond, mit platinblonden Strähnen darin, was es noch blonder wirken ließ, als es in Wirklichkeit war. Meine Augen waren hell wie das Wasser, manchmal grün, manchmal blau, je nachdem, was für ein Kleid ich anhatte. Ich hatte eine kurze, kecke Nase, einen breiten Mund und gute Zähne. Ich war keineswegs eine Schönheit, aber für die Einheimischen hier hatte ich einen fremdartigen Reiz.

Während all dieser Wochen war ich Rocs nie ganz sicher. Es gab Zeiten, da war ich vollkommen glücklich, genoß den Augenblick und dachte nicht an morgen. Aber wenn ich allein war, nachts zum Beispiel, grübelte ich darüber nach, was wohl aus mir würde, wenn er nach Hause führe. Und schon damals, zu Anfang, lernte ich diese Beklemmung kennen, die später so viel Angst und Schrecken in mein Leben bringen sollte. Seine Fröhlichkeit schien oft wie ein Mantel über tieferen Gefühlen zu liegen, und sogar in den zärtlichsten Augenblicken bildete ich mir ein, in seinen Augen einen grüblerischen Ausdruck zu sehen. Er fesselte mich, gab mir Hunderte von Rätseln auf. Ich wußte, ich würde ihn aus ganzem Herzen lieben können; wenn er mir auch nur die kleinste Ermutigung gäbe. Aber ich war seiner nie ganz sicher.

Eines Tages stiegen wir zu der Villa des Tiberius hinauf, und noch niemals war mir die Aussicht so wundervoll erschienen wie an diesem Tag.

»Hast du jemals etwas so Bezauberndes gesehen?« fragte ich.

Er schien nachzudenken, dann sagte er: »Ja, wo ich zu Hause bin, finde ich es ebenso schön.«

»Wo denn?«

»In Cornwall. Unsere Bucht ist genauso schön – fast noch schöner, abwechslungsreicher. Wird man nicht mal dieses saphirblauen Meeres überdrüssig? Ich habe unser Meer schon genauso blau gesehen oder fast genauso; ich habe es grün gesehen unter peitschendem Regen und braun nach einem Sturm und rosa in der Abenddämmerung; ich habe es gegen die Felsen schlagen sehen, und ich habe es gesehen so seidig wie dieses Meer hier. Ich bilde mir nicht ein, römische Imperatoren wären je darauf verfallen, uns in Cornwall mit ihren Villen, ihren tanzenden Knaben und Mädchen zu beehren. Aber wir haben unsere eigene Geschichte, die genauso bezaubernd ist.«

»Ich bin noch nie in Cornwall gewesen.«

Mit einem Ruck drehte er sich zu mir um, und seine Arme umfingen mich. Sein Gesicht gegen das meine gepreßt, sagte er: »Aber du wirst es sein... bald.«

Ich sah die rosaroten Ruinen, die grünliche Statue der Madonna, das tiefe Blau des Meeres, und das Leben schien plötzlich zu schön, um wahr zu sein.

Er ergriff mich, hob mich hoch und lachte mich an.

»Aber... wenn uns jemand sieht!« meinte ich schüchtern.

»Na und? Stört es dich?«

»Ja, es stört mich, wenn mir buchstäblich der Boden unter den Füßen weggezogen wird.«

Er ließ mich los, und zu meiner Enttäuschung sagte er kein Wort mehr über Cornwall. Dieser Zwischenfall war typisch.

Mein Vater war jedesmal entzückt, Roc zu sehen. Meinte er, Roc würde um mich anhalten? Waren Rocs Gefühle für mich vielleicht doch stärker, als ich zu hoffen wagte, und hatte mein Vater dies schon bemerkt? Und gesetzt, ich heiratete Roc, was sollte aus dem Atelier werden? Wie würde mein Vater ohne mich auskommen? Wenn ich Roc heiratete, mußte ich ja mit ihm fortgehen.

Ich wußte nicht aus noch ein. Ich wollte zwar Roc heiraten – aber wußte ich denn, was er für mich empfand! Und konnte ich meinen Vater verlassen? Aber ich hatte es ja auch damals getan, als ich noch zur Schule ging. Ich wußte nur noch das eine: Vom ersten Augenblick an, da ich Roc liebte, schwebte ich sozusagen zwischen Himmel und Hölle.

Aber Roc sprach nicht von Heirat.

Vater lud ihn oft zum Essen ein, und Roc sagte jedesmal, er komme gern, aber nur, wenn er den Wein mitbringen dürfe. Und dann machte ich Omeletten, Fisch, Pasta und sogar Roastbeef mit Yorkshire-Pudding; die Gerichte gerieten mir vortrefflich, hatte ich doch von meiner Mutter kochen gelernt, und sie war immer darauf bedacht, daß auch englische Gerichte auf den Tisch kamen. Roc schien immer alles köstlich zu schmecken. Er saß und trank und redete, erzählte von sich und seinem Heim in Cornwall und brachte Vater zum Sprechen und bekam sehr schnell heraus, wie wir lebten, wie schwierig es für uns war, in der Fremdensaison so viel Geld zu verdienen, daß es uns in den mageren Monaten über Wasser hielt. Mir fiel es auf, daß Vater niemals die Zeit vor seiner Ehe erwähnte, und Roc machte nur ein- oder zweimal den Versuch, ihn dazu zu überreden. Dann gab er es auf.

Ich erinnere mich eines Tages. Ich traf die beiden beim Kartenspielen an. Vaters Gesicht hatte diesen gespannten Ausdruck, der mich immer erschreckte; seine Wangen waren gerötet, und er schaute kaum auf, als ich hereinkam.

Roc stand zwar von seinem Stuhl auf, aber ich konnte sehen, daß er von dem Spiel genauso fasziniert war wie Vater. Ich fühlte mich sehr unglücklich und dachte: ›So ist also auch er ein Spieler!‹ »Favel, bitte unterbrich unser Spiel nicht«, sagte mein Vater.

Ich sah Roc in die Augen und meinte kalt: »Ich hoffe nur, ihr spielt nicht mit hohen Einsätzen.«

»Zerbrich dir darüber nicht den Kopf, mein Liebling«, sagte Vater.

»Er will mir unbedingt die letzten Lire aus der Tasche locken«, fügte Roc glänzenden Auges hinzu.

»Ich gehe und mache etwas zu essen«, erklärte ich und verschwand in der Küche. Ich hätte ihm zu verstehen geben sollen, daß Vater es sich nicht leisten konnte zu spielen.

Aber als wir dann beim Essen saßen, war Vater glänzender Laune, und ich schloß daraus, daß er wohl gewonnen hatte.

Am nächsten Tag am Strand sprach ich mit Roc darüber.

»Bitte animiere Vater nicht zum Spielen, er kann es sich nicht leisten.«

»Aber es macht ihm doch solchen Spaß«, antwortete er.

»Bitte, hör mir zu. Wir sind nicht reich genug, um das Geld aufs Spiel zu setzen, das so mühsam verdient wird. Wir leben hier sehr billig, aber es ist nicht einfach. Ist das so schwer zu verstehen?«

»Bitte, mach dir keine Gedanken, Favel«, sagte er und legte seine Hand auf die meine.

»Dann wirst du also nicht mehr mit ihm um Geld spielen?«

»Nimm an, er fragt mich? Soll ich sagen: Ich lehne Ihre Einladung ab, weil Ihre gestrenge Tochter es verbietet?«

»Es könnte dir vielleicht etwas Besseres einfallen.«

Er sah mich lammfromm an. »Aber es wäre nicht wahr.«

Ich zuckte ungeduldig die Achseln. »Du könntest sicherlich andere Leute zum Spielen finden, warum hast du dir ausgerechnet ihn ausgesucht?«

Er sah nachdenklich vor sich hin und sagte: »Wahrscheinlich ist es die Atmosphäre eures Ateliers.« Wir lagen am Strand, und er streckte den Arm aus und zog mich näher, sah mir tief in die Augen und sagte: »Ich liebe nämlich die Schätze, die er dort hat.«

In einem Moment wie diesem glaubte ich, daß seine Gefühle mit den meinen übereinstimmten. Ich lächelte ihn an. Ja, dachte ich, sein Blick ist voller Liebe.

Wir waren glücklich und sorglos, während wir nebeneinander hinausschwammen. Und auch später, als wir am Strand lagen, fühlte ich die Glückseligkeit, zu lieben und geliebt zu werden.

Doch zwei Tage später kam ich vom Markt und traf die beiden wieder beim Kartenspielen. Das Spiel war schon zu Ende, aber ich konnte an Vaters Gesicht ablesen, daß er verloren hatte. Mir stieg die Zornesröte in die Wangen, ich warf Roc einen bösen Blick zu und ging wortlos in die Küche. Wütend setzte ich meinen Korb hin und fühlte plötzlich zu meiner Bestürzung Tränen in meinen Augen. Er hatte mich zum Narren gehalten. Ihm war nicht zu trauen; er versprach das eine und tat das andere.

Da hörte ich seine Stimme hinter mir: »Kann ich dir helfen?« Ich drehte mich um und stand ihm gegenüber. Ich sagte kurz: »Nein, danke, ich schaffe es schon.« Ich drehte mich wieder dem Tisch zu und spürte ihn dicht hinter mir. Er faßte mich bei den Schultern und lachte, und mit dem Mund ganz nah an meinem Ohr flüsterte er: »Übrigens, ich hab' mein Versprechen gehalten. Wir haben nicht um Geld gespielt.«

Ich schüttelte seine Hände ab, zog eine Tischschublade auf und wühlte darin herum, ohne zu wissen, wonach ich suchte.

»Begreifst du denn nicht, ich habe mein Versprechen gehalten!«

»Langweile mich nicht mit Erklärungen. Ich kann schließlich meinen eigenen Augen trauen.«

»Wir haben gespielt ... gut. Und es hätte uns nicht gereizt ohne Einsatz. Wer, glaubst du, hat diesmal gewonnen?«

»Ich muß das Essen machen.«

»Ich habe gewonnen, und zwar dies hier.« Er griff mit der Hand in die Tasche und zog die kleine Figur heraus.

Er lachte. »Ich mußte sie haben, auf redliche Weise oder auf unredliche. Zum Glück konnte ich mich an die redliche halten. Nun gehört dieses entzückende Geschöpf mir.«

»Nimmst du bitte die Messer und Gabeln mit hinein?«

Er ließ die Figur wieder in seine Tasche gleiten und lachte mich mutwillig an.

»Mit dem größten Vergnügen.«

Am nächsten Tag fragte er mich, ob ich ihn heiraten wolle.

Auf seinen Vorschlag stiegen wir den steilen Pfad nach der Grotte Matrimonia hinauf. Ich hatte sie immer für die reizloseste Grotte gehalten, und die Blaue, Grüne, Gelbe und Rote Grotte oder die Grotte der Heiligen lohnten eher den Besuch als sie, aber Roc sagte, er hätte sie noch nicht gesehen und möchte von mir hingeführt werden.

»Ich hörte, daß dieser Ort dem Mithras geweiht war«, sagte ich.

»Unsinn«, erwiderte er. »Hier hielt Tiberius seine Gelage mit jungen Mädchen und Knaben. Das weiß ich aus dem Reiseführer. Es bedeutet matrimonia, weil sie sich hier miteinander vermählten.«

»Darüber gibt es also zweierlei Ansichten?«

»Dann wollen wir ihr noch eine andere Bedeutung geben. Dies also ist die Stelle, wo Petroc Pendorric Favel Farington fragte, ob sie seine Frau werden wolle, und wo sie sagte ...«

Er sah mich an; in dem Augenblick wußte ich, daß er mich ebenso leidenschaftlich liebte wie ich ihn.

Ich brauchte nicht mehr zu antworten.

Wir gingen in das Atelier zurück. Roc war froh erregt und ich glücklicher als je zuvor.

Vater war so entzückt, als wir ihm die Neuigkeit erzählten, daß es fast aussah, als wollte er mich gern loswerden. Er lehnte es ab zu erörtern, was er nach meiner Abfahrt tun wolle. Ich war darüber sehr bekümmert, bis mir Roc sagte, er werde darauf bestehen, daß Vater einen Zuschuß von ihm annehme. Warum sollte er das auch nicht von seinem Schwiegersohn? Er könne ihm ja dafür einige Bilder in Kommission geben. Roc fügte hinzu: »Wir haben eine Menge leerer Wände in Pendorric.« Zum ersten Male begann ich ernsthaft an den Ort zu denken, der meine Heimat werden sollte. Roc redete davon immer nur in ganz allgemeinen Wendungen. Er meinte, ich solle lieber selber mir mein Urteil bilden.

Wir waren sehr verliebt. Roc schien mir nicht mehr fremd, ich fühlte, daß ich ihn verstand. Er hatte etwas Mutwilliges in seinem Wesen und neckte mich gern. »Aber nur«, wie er mir einmal sagte, »weil du in vielen Dingen zu ernst, zu altmodisch bist.«

Wahrscheinlich war ich anders als die Mädchen, die er bisher kennengelernt hatte, vielleicht lag es an der Erziehung – ich mußte mir Mühe geben, leichtlebiger, fröhlicher, moderner zu sein.

Wir wollten in aller Stille heiraten, höchstens ein paar Gäste aus der englischen Kolonie einladen und eine Woche später dann nach England fahren.

Ich fragte ihn, was wohl seine Familie dazu sagen würde, wenn er mit einer Braut heimkäme, die sie noch nie gesehen hatte.

»Ich habe ihnen geschrieben, daß wir bald nach Hause kommen. Übrigens sind sie nicht so überrascht, wie du es dir vorstellst: Von mir erwarten sie immer das Unerwartete«, meinte er. »Weißt du, sie halten es für die Pflicht der Pendorrics zu heiraten, und nach ihrer Ansicht habe ich schon zu lange gewartet.«

Ich wollte noch mehr über die Familie hören, aber er vertröstete mich.

»Aber dieses Pendorric... ist es so etwas wie ein Herrenhaus?«

»Es ist Familienbesitz, wenn du willst.«

»Und wer gehört alles zur Familie?«

»Meine Schwester, ihr Mann und die Zwillinge, zwei Mädchen. Keine Angst, sie wohnen in ihrem eigenen Flügel. Es ist Familienbrauch, daß alle, soweit es möglich ist, zu Hause wohnen und auch ihre Familien dorthin mitbringen.«

»Es liegt dicht am Meer?«

»Gleich an der Küste. Es wird dir gefallen. Alle Pendorrics lieben es. Und dazu gehörst du ja nun auch bald.«

Eine Woche vor meiner Hochzeit fiel mir auf, wie verändert mein Vater war.

Einmal kam ich unbemerkt ins Haus, und da saß er am Tisch und starrte vor sich hin. Er sah auf einmal ganz alt aus und mehr noch... verängstigt.

»Vater«, rief ich, »was ist denn los?«

Er sprang auf und lächelte mir zu, aber das Lächeln war nicht echt.

»Was soll sein? Nun, gar nichts.«

»Aber du sitzt hier so ...«

»Warum soll ich hier nicht sitzen? Ich habe die ganze Zeit gearbeitet und bin müde.«

Ich gab mich mit dieser Ausrede zufrieden und vergaß die Angelegenheit.

Aber nicht lange. Eines frühen Morgens, ungefähr zwei Tage vor meiner Hochzeit, wachte ich von einem Geräusch im Atelier auf. Das Leuchtzifferblatt meiner Armbanduhr zeigte drei Uhr. Ich warf schnell meinen Morgenrock über, öffnete leise die Tür und spähte hinaus. Ein dunkler Schatten saß am Tisch.

»Vater«, rief ich.

Er fuhr auf. »O Kind, hab' ich dich gestört? Es ist schon gut, geh nur wieder zu Bett.«

Ich setzte mich neben ihn. »Hör mal«, sagte ich, »ist es nicht besser, du sagst mir, was los ist?«

Er zögerte etwas und sagte dann: »Aber es ist wirklich nichts. Ich konnte nicht schlafen und dachte, es wäre besser, ein wenig hier zu sitzen.«

»Aber warum kannst du nicht schlafen? Dich bedrückt doch etwas, nicht wahr?«

»Nicht daß ich wüßte.«

»Nun sag doch nicht so was, man sieht doch, daß etwas nicht stimmt. Bist du traurig ... weil ich jetzt heirate?«

Er sagte: »Mein liebes Kind, du liebst Roc sehr, nicht wahr?«

»Ja, Vater.«

»Favel ... bist du dessen auch ganz sicher?«

»Meinst du, weil wir uns erst so kurze Zeit kennen?«

»Du wirst von hier fortgehen ... nach Cornwall ... nach Pendorric.«

»Aber wir werden dich besuchen kommen! Und du wirst uns besuchen.«

»Ich glaube«, fuhr er wie im Selbstgespräch fort, »dir würde es das Herz brechen, wenn irgend etwas deine Hochzeit verhinderte.«

Plötzlich stand er auf. »Mir ist kalt. Gehen wir zu Bett. Es tut mir leid, daß ich dich gestört habe, Favel.«

»Vater, wir sollten wirklich einmal miteinander reden. Ich möchte so gern wissen, was dich bedrückt.«

»Geh nur schlafen, Favel. Mach dir keine Gedanken.«

Er gab mir einen Kuß. Und wir gingen wieder in unsere Zimmer. Wie oft sollte ich mir später noch vorwerfen, daß ich ihn gehen ließ. Ich hätte darauf bestehen sollen, daß er sich aussprach.

Es kam der Tag, an dem Roc und ich getraut wurden, und ich war überwältigt von meinem jungen Glück. In diesen Tagen konnte ich nur noch an Roc und mich denken.

Es war so herrlich, Tag und Nacht beisammen zu sein, und ich entdeckte, wie leicht einem das Lachen vor lauter Glück über die Lippen kommt. Die Erinnerung an jene Tage, wie oft sollte sie mir noch Kraft geben, später, wenn ich glaubte, aufgeben zu müssen.

Roc war ein fordernder und leidenschaftlicher Liebhaber. Er riß mich mit sich fort, und manches Mal verwirrten mich die reichhaltigen Erfahrungen, die ich machte. Doch davon war ich überzeugt, alles würde sich wunderbar fügen. Und jetzt lebte ich nur dem Augenblick. Ich fragte mich nicht einmal mehr, wie wohl mein neues Zuhause wäre, und sagte nur immer wieder, daß mein Vater sich keine Sorgen zu machen brauche, Roc würde immer für ihn da sein, so wie er für mich da war.

Eines Tages kam ich früher als erwartet vom Markt nach Hause. Die Tür zum Atelier stand offen, da sah ich sie sitzen, meinen Vater und meinen Mann. Roc blickte grimmig vor sich hin, während Vater gequält aussah. Ich hatte den Eindruck, Vater habe Roc soeben etwas eröffnet, was Roc mißfiel, aber ich konnte nicht entscheiden, ob er nun verärgert oder entsetzt war.

»Ist etwas los?« fragte ich.

»Ja, wir sind hungrig«, antwortete Roc, kam mir entgegen und nahm mir den Korb ab. Er lächelte mich an und legte seinen Arm um mich. »Es kommt mir vor, als hätte ich dich eine Ewigkeit lang nicht mehr gesehen.«

Ich schaute Vater an, der ebenfalls lächelte, aber ein Schatten schien über seinem Gesicht zu liegen.

»Vater«, bestand ich, »sag doch, was los ist.«

»Du bildest dir etwas ein, Liebling«, versicherte er mir.

Mir war unbehaglich, aber ich ließ mich beschwichtigen. Ich konnte es nicht ertragen, daß irgend etwas mein junges Glück trüben sollte.

Mein Vater ging immer zum Schwimmen, während ich Mittagessen kochte. An diesem Tag überredete ich Roc, Vater zu begleiten.

»Warum kommst du nicht mit?«

»Weil ich kochen muß – und es geht schneller, wenn ihr beide fort seid.«

Zehn Minuten später kehrte Roc zurück. Er kam zu mir in die Küche und schwang sich auf den Tisch, den Rücken zum Fenster.

»Warum kommst du schon wieder?« fragte ich.

»Ich hielt die Trennung von dir nicht länger aus.«

Ich lachte. »Du bist ja verrückt! Kannst du es nicht einmal eine Viertelstunde ohne mich aushalten?«

»Das ist viel zu lange.« Ich freute mich, daß er da war und mir helfen wollte. Doch als wir uns zu Tisch setzen wollten, fehlte Vater.

An diesem Tag war Vater ins Meer hinausgeschwommen und nicht mehr lebend wiedergekehrt. Sein Leichnam wurde gegen Abend gefunden. Man behauptete, ein Krampf habe ihn überrascht und er habe sich nicht mehr selbst retten können. Es schien die einzig mögliche Erklärung zu sein. Aber mein Glück war erschüttert, und ich war sehr dankbar, daß ich Roc an meiner Seite hatte. Wie oft sagte ich zu ihm, daß ich diese Zeit nicht überstanden hätte, wenn er nicht bei mir gewesen wäre. Mein einziger und größter Trost nach Vaters Tod war, daß es Roc gab. Die schlimmen Zweifel sollten mich erst später heimsuchen.

2

Natürlich war uns nun jede Freude an den Flitterwochen vergällt, und ich wurde den Gedanken nicht los, daß ich meinen Vater irgendwie im Stich gelassen hatte.

Ich erinnere mich noch an die Nacht, die auf den Unfall folgte, als ich in Rocs Armen aufschrie: »Irgend etwas hätte ich tun müssen. Ich weiß es ganz genau!«

Roc wollte mich beruhigen. »Aber was denn, Liebling? Woher konntest du wissen, daß er einen Krampf bekam? Das kann jedem passieren. Selbst wenn die See ruhig ist – wenn niemand die Hilferufe hört, so bedeutet das das Ende.«

»Er hat noch nie einen Krampf bekommen.«

»Einmal muß es ja das erstemal sein.«

»Aber Roc... irgend etwas stimmt hier nicht.«

Sanft strich er mir die Haare aus dem Gesicht. »Mein Engel, du mußt dich nicht so aufregen. Wir können doch nichts mehr tun.«

Er hatte recht, was sollten wir noch tun?

»Er würde froh sein«, meinte Roc, »mich an deiner Seite zu wissen.«

Roc kümmerte sich um alles. Und ich überließ ihm alles. Ich fühlte mich einfach zu unglücklich, um irgend etwas zu unternehmen. Einige von Vaters wertvollsten Arbeiten wurden eingepackt und nach Pendorric vorausgesandt. Der Rest wurde verkauft. Roc verhandelte mit dem Eigentümer des Ateliers, der Mietvertrag wurde gelöst, und nach zwei Wochen verließen wir Capri.

Zwei Tage blieben wir in Neapel. Roc erwähnte dabei, daß er es keineswegs eilig habe, nach Hause zurückzukehren. Ich sollte mich erst einmal von dem Schock erholen, ehe er mich nach Pendorric brächte.

»Wir wollen doch unsere Flitterwochen beschließen, mein Liebling«, sagte er.

Meine Erwiderung klang recht lustlos. In Gedanken sah ich wieder meinen Vater am Tisch sitzen und grübelte darüber nach, was ihn wohl bedrückt hatte.

»Ich hätte nicht lockerlassen dürfen«, sagte ich. »Wie konnte ich nur so gedankenlos sein? Wenn ihn etwas bedrückte, so hätte er es mir bestimmt einmal gesagt.«

»Was meinst du?« fragte Roc.

»Vielleicht war er krank. Vielleicht hatte der Krampf da seine Ursache. Roc, was passierte an jenem Tag am Strand? Sah er leidend aus?«

»Nein, er sah aus wie immer.«

»O Roc, wenn du doch nur nicht vom Strand zurückgekommen wärst, wenn du doch nur geblieben wärst!«

»Es hat doch keinen Sinn, immer ›wenn nur‹ zu sagen, Favel. Ich bin nicht bei ihm geblieben. Wir fahren jetzt von Neapel weg. Wir müssen alles hinter uns lassen.«

Zart und doch voller Leidenschaft nahm er meine Hände in die seinen, zog mich an sich und küßte mich. »Du bist meine Frau, Favel. Denke daran. Ich werde dir helfen zu vergessen, wie er starb, und du mußt immer nur daran denken, daß wir beide nun zusammengehören. Sicher wollte er nicht, daß du so um ihn trauerst.«

Er hatte recht, im Laufe der Wochen ließ mein Schmerz nach. Ich sagte mir wieder und wieder vor, daß der Tod meines Vaters gar nicht so ungewöhnlich sei. Ich mußte daran denken, daß ich jetzt einen Mann hatte, einen Mann, der alles tat, mich glücklich zu machen. Ihm zuliebe mußte ich mir große Mühe geben.

Das wurde um so leichter, je weiter wir Capri hinter uns ließen. Roc war während dieser Tage bezaubernd zu mir. Er hatte nichts anderes im Sinn, als mich meine Trauer vergessen zu lassen.

Wir blieben zwei Wochen in Südfrankreich. Die Landschaft entzückte mich. Doch wenn ich wie gebannt auf die orangefarbenen Villen sah, die an den Bergflanken zu hängen schienen, schnippte Roc nur mit den Fingern.

»Wart ab«, meinte er, »bis du Pendorric siehst.«

Es war ein beliebter Scherz zwischen uns, daß weder die Schönheit der Seealpen noch die Klippen, Schroffen und wahrhaft majestätischen Schluchten, die von der Corniche aus zu sehen sind, einen Vergleich mit seiner Heimat in Cornwall aushielten.

Wenn wir unter einem bunten Sonnenschirm in Cannes saßen oder uns am Strand von Menton sonnten, so kam es vor, daß ich an seiner Stelle sagte: »Das ist natürlich nichts gegen Cornwall.«

Anfangs war meine Fröhlichkeit ein wenig gezwungen. Aber bald brauchte ich mich nicht mehr zu verstellen. Ich liebte meinen Mann von Tag zu Tag mehr. Das Zusammensein mit ihm stellte alles andere in den Schatten. Roc tat alles, mich von meiner Trauer abzulenken, und da er zu den Menschen gehört, die ihren Kopf durchsetzen können, so hatte er auch hierin Erfolg. Ich spürte wohl seine Stärke, seine Herrschernatur, aber ich freute mich darüber und hätte ihn mir nicht anders gewünscht. Er war der vollkommene Ehemann, und ich staunte selbst, daß ich jemals den geringsten Zweifel daran gehegt hatte.

Doch in einer Nacht in Nizza bekam ich es plötzlich mit der Angst zu tun. Wir kamen von Villefranche und bemerkten unterwegs dunkle Wolken über den Bergen. Roc schlug vor, das Kasino zu besuchen, und wie üblich stimmte ich ihm zu. Er nahm an einem der Tische Platz, und als ich das Leuchten in seinen Augen sah, erinnerte ich mich daran, wie er mit Vater im Atelier gesessen hatte.

In dieser Nacht gewann er und war bester Stimmung, aber ich konnte meinen Kummer nicht verbergen. Doch als ich später in unserem Zimmer im Hotel davon anfing, lachte er mich aus.

»Reg dich nicht auf«, sagte er, »den Fehler mache ich nie, mehr einzusetzen, als ich mir leisten kann zu verlieren.«

»Du bist ein Spieler«, klagte ich.

Er nahm mein Gesicht zwischen seine Hände. »Nun, und warum nicht?« fragte er. »Heißt es nicht, das Leben sei ein Spiel? Nun, vielleicht sind es die Spieler, die am besten zurechtkommen?«

Dieser kleine Zwischenfall veränderte plötzlich unser Verhältnis. Ich hatte den ersten Schock überwunden; es war nicht mehr nötig, mich mit zartfühlender Sorge zu umgeben. In diesem Augenblick erkannte ich es, Roc würde immer ein Spieler bleiben, ganz gleich, mit welchen Überredungskünsten ich ihn auch davon abzubringen versuchte.

Wenn ich an die Zukunft dachte, und das geschah jetzt immer häufiger, beschlich mich Unbehagen. Ich spürte es zum erstenmal in dieser Nacht. Endlich sah ich der Wahrheit ins Gesicht: Ich wußte sehr wenig von meinem Mann und nichts von dem Leben, zu dem er mich mitnahm.

Ich beschloß, mit ihm zu reden, und tat es am nächsten Morgen, als wir in die Berge fuhren. In einem kleinen Hotel aßen wir zu Mittag.

Beim Essen war ich nachdenklich, und als Roc mich nach dem Grund fragte, platzte ich heraus: »Ich möchte mehr über Pendorric und deine Familie wissen.«

»Ich bin zum Gefecht bereit. Gib Feuer.«

»Zuerst einmal der Ort selbst. Ich möchte ihn vor Augen haben.«

Er stützte die Ellbogen auf den Tisch und kniff die Augen zusammen.

»Zuerst das Haus«, begann er. »Es ist etwa vierhundert Jahre alt, das heißt zum Teil, manches ist restauriert worden. Es steht auf einer Felsklippe, etwa fünfhundert Yards vom Meer entfernt. Ich glaube, wir waren früher noch weiter vom Meer entfernt als heute, das Wasser frißt sich langsam ins Land hinein. Das Haus ist aus grauem cornischem Granit, der gegen die Südwest-Stürme schützen soll; als Beweis hierfür ist über dem Eingangsportal – einem der ältesten Teile des Hauses – ein Spruch eingemeißelt, der etwa heißen würde: Wenn wir bauen, glauben wir für die Ewigkeit zu bauen. Ich erinnere mich noch, wie mich mein Vater hochhob, damit ich den Spruch lesen konnte, und mir erzählte, daß wir Pendorrics ebenso ein Teil dieses Hauses seien wie jener alte Bogen. Und wenn die Familie eines Tages den Ort verlassen sollte, würden die Pendorrics nicht mehr ruhig in ihren Gräbern schlafen können.«

»Seid ihr eine Art Lehnsherren für den weiteren Umkreis?«

»Lehnsherren gibt es schon lange nicht mehr. Uns gehören die meisten Höfe im Distrikt. Überlieferungen sterben in Cornwall schwerer als im übrigen England. Wir hängen an den alten Sitten und Gebräuchen. Sicherlich wird eine praktische junge Frau wie du über so manche Geschichte, die sie zu hören bekommt, aufbegehren, aber denke daran, wir sind Einwohner Cornwalls auf Gedeih und Verderb, und du hast da hineingeheiratet!«

»Ich werde mich nicht beklagen. Erzähl weiter.«

»Das Haus ist ein festgebautes Rechteck mit freier Sicht nach allen vier Himmelsrichtungen. Im Norden schauen wir über die Ländereien, im Süden über das offene Meer, und im Osten und Westen haben wir eine prächtige Aussicht auf die Küste, eine der schönsten von ganz England, leider auch eine der trügerischsten. Bei Ebbe kannst du Felsbrocken wie Haifischzähne sehen, und du kannst dir vorstellen, was passiert, wenn ein Schiff auf einen solchen Felsen aufläuft. Ach ja, ich vergaß es fast zu erwähnen: Aus dem Ostfenster haben wir außerdem einen Ausblick auf etwas, das wir ganz und gar nicht schätzen. Es heißt bei uns in der Familie nur ›Polhorgans Trugschloß‹. Es ist ein Haus, das wie die getreue Nachbildung unseres eigenen aussieht. Wir verachten es. Nachts beten wir, daß es der Wind ins Meer blasen möge.«

»Du meinst doch das nicht im Ernst?«

»Nein?!« Seine Augen blitzten, doch er lachte mich an. »Nun, es ist auch nicht zu befürchten. Das Haus steht dort schon etwa fünfzig Jahre und versucht, den Besuchern, die von der Küste aus nach oben schauen, weiszumachen, es sei Pendorric.«

»Wer hat es denn erbaut?«

»Ein gewisser Josiah Fleet, der sich Lord Polhorgan nennt. Er kam vor fünfzig Jahren aus Mittelengland, wo er mit was weiß ich für Geschäften ein Vermögen gemacht hatte. Unsere Küste gefiel ihm, auch das Klima, und also baute er sich hier einen Herrensitz. Dort brachte er dann jedes Jahr einen Monat oder mehr zu, bis er ganz umsiedelte und sich seinen Namen von der Bucht vor seinem Haus entlieh.«

»Du magst ihn wohl gar nicht, oder übertreibst du nur?«

Roc zuckte die Achseln. »Vielleicht. Es ist die natürliche Feindschaft zwischen den Neu-Armen und den Neu-Reichen.«

»Sind wir denn sehr arm?«

»An Lord Polhorgan gemessen – ja. Durch die fortschreitende Industrialisierung und seine angeborene Schlauheit ist er zum Millionär geworden. Faulheit und angeborene Nachlässigkeit brachten uns vornehme Armut ein. Wir überlegen von Woche zu Woche, ob wir nicht dem National-Trust unser Haus übertragen sollen, der uns dann gestattet, darin wohnen zu bleiben und gegen einen halben Shilling Eintritt dem neugierigen Publikum zu zeigen, wie die Aristokratie früher lebte.«

Plötzlich kam mir in den Sinn, daß seine Familie, die sicherlich ebenso an Pendorric hing wie er, womöglich enttäuscht darüber war, daß er ein Mädchen ohne Geld geheiratet hatte. Um so mehr rührte es mich und machte es mich glücklich, daß er mich genommen hatte, ein Mädchen ohne Mitgift.

»Verkehrst du freundschaftlich mit Lord Polhorgan?« fragte ich schnell, um meine Bewegung zu verbergen.

»Freundschaftlich, das gibt's bei ihm nicht. Wir sind höflich zueinander, wir sehen auch nicht viel von ihm. Er ist krank, eine Pflegerin und ein Stab von Bediensteten kümmern sich um ihn.«

»Und seine Familie?«

»Mit der ist er verfeindet, und nun lebt er allein in seiner Pracht. Dieses Polhorgan hat an die hundert Zimmer, alle aufs glänzendste ausstaffiert, wenn auch, glaube ich, diese Pracht sich unter Schonbezügen versteckt; darum eben heißt es ja auch das Trugschloß.«

»Armer alter Mann.«

»Dacht' ich's mir doch, das rührt dein weiches Herz. Nun, du wirst ihn schon noch kennenlernen. Wahrscheinlich trägt er sich schon mit dem Gedanken, die neue Braut von Pendorric zu sich zu bitten.«

»Warum eigentlich nennst du mich die ›Braut von Pendorric?‹ Und mit besonderer Betonung?«

»Ach, es gibt da eine Sage in Pendorric. Es gibt viel verrücktes Zeug bei uns. In Pendorric ist alles etwas anders als sonstwo. Bei uns gibt es Zimmer, wo nicht ein Möbelstück verrückt ist seit vierhundert Jahren. Dann gibt es bei uns die alte Mrs. Penhalligan, eine Tochter von Jesse und Lizzie Pleydell – die Pleydells dienen seit Generationen bei den Pendorrics. Die alte Mrs. Penhalligan ist eine ganz vortreffliche Haushälterin. Sie bessert sogar die Steppdecken und die Vorhänge aus, die ständig auseinanderzufallen drohen. Sie hält Ordnung unter den Dienstboten und gleichzeitig auch unter uns. Sie ist heute ungefähr fünfundsechzig, doch ihre Tochter Maria, die ledig geblieben ist, wird wohl einmal in ihre Fußstapfen treten.«

»Nun zu deiner Schwester.«

»Meine Schwester ist mit einem Charles Chaston verheiratet. Wir beide verwalten den Besitz. Sie wohnen im Nordflügel. Wir ziehen in den Südflügel. Du brauchst also keine Angst zu haben, daß dir die Familie im Wege ist. So etwas gibt es in Pendorric nicht. Wenn du nicht willst, siehst du nie jemanden von uns – außer bei dem Mahlzeiten. Wir essen nämlich immer gemeinsam, ist so Sitte bei uns von alters her und jetzt, bei dem Mangel an Dienstboten, ist es sowieso nicht zu umgehen.«

»Wie heißt denn deine Schwester?«

»Morwenna. Unsere Eltern folgten dem alten Familienbrauch, den Kindern möglichst cornische Namen zu geben. Daher die Petrocs und Morwennas. Die Zwillinge heißen Lowella und Hyson – Hyson war Mutters Mädchenname. Lowella nennt sich selbst Lo und Hyson Hy; sicherlich hat sie für jeden von uns einen Spitznamen.«

»Wie alt sind die Zwillinge?«

»Zwölf.«

»Gehen sie zur Schule?«

»Nein. Hin und wieder hat man sie zwar zur Schule geschickt, aber Lowella hat die unglückselige Angewohnheit davonzulaufen und Hyson mit sich zu ziehen. Sie behauptet, sie könne eben nur in Pendorric glücklich sein. Im Augenblick haben wir einen Kompromiß geschlossen und eine Hauslehrerin eingestellt. Sie war eine Schulkameradin von Morwenna. Unser Verhältnis ihr gegenüber ist mehr freundschaftlich. Charles und Morwenna wollen sie noch ein Jahr behalten, bis Lowella etwas vernünftiger geworden ist. Du mußt dich vor Lowella in acht nehmen.«

»Wieso?«

»Wenn sie dich mag, ist alles gut, aber sie neigt zu allen möglichen Streichen. Hyson ist ganz anders. Sie ist wesentlich ruhiger. Dabei sehen sie sich ähnlich wie ein Ei dem anderen, nur die Temperamente sind verschieden. Gott sei Dank. Kein Haushalt könnte zwei Lowellas verkraften.«

»Erzähl mir bitte von deinen Eltern.«

»Sie sind beide tot, ich erinnere mich kaum noch an sie. Mutter starb, als wir fünf Jahre alt waren. Eine Tante kümmerte sich um uns. Sie kommt immer noch zu uns und bewohnt eine

Reihe von Zimmern in Pendorric. Vater lebte viel im Ausland, als Charles zu uns zog. Er ist fünfzehn Jahre älter als Morwenna.«

»Du sagtest, daß *wir* fünf Jahre alt waren, als Mutter starb? Wer sind *wir*?«

»Habe ich dir nicht gesagt, daß Morwenna und ich Zwillinge sind?«

»Nein, du erwähntest das nur bei Lowella und Hyson.«

»Ja, ja, Zwillinge kommen in unserer Familie immer wieder vor.«

»Sieht Morwenna dir ähnlich?«

»Die Leute finden, wir sähen uns ähnlich.«

»Roc«, sagte ich, »ich kann es kaum erwarten, deine Familie kennenzulernen.«

»Dem kann man abhelfen«, antwortete er, »es ist Zeit, daß wir nach Hause fahren.«

Nach dem Lunch fuhren wir aus London ab, und es war acht Uhr, als wir aus dem Zug stiegen.

Der alte Toms, Chauffeur, Gärtner und Mädchen für alles, stand schon bereit.

Da saß ich nun neben Roc in einem ziemlich schäbigen Daimler-Benz. Roc bog vom Bahnhofsplatz ab, und gleich hinter der Stadt umfing uns die Ruhe eines schönen Sommerabends. Die schmale, sich windende Straße war mit Heckenrosen gesäumt, und in der Luft lag der süße Duft von Geißblatt.

»Ist es noch weit bis Pendorric?« fragte ich.

»Etwa acht Meilen. Vor uns liegt das Meer, hinter uns das Moor. Da werden wir noch manchesmal spazierengehen oder reiten. Du kannst doch reiten?«

»Leider – nein.«

»Na, dann bringe ich es dir bei. Du sollst dich hier zu Hause fühlen, Favel. Manche gewöhnen sich nie ein, aber du bestimmt.«

»Das glaube ich auch.«

Wir schwiegen, und ich sah mir die Landschaft an. Die kleinen Häuser waren alles andere als schön – ja, sie sahen geradezu schmutzig aus, wie sie da hockten in diesem cornischen Granit.

»Wenn du die See siehst, sind wir nicht mehr weit von unserem Haus«, sagte Roc. Auf der Kuppe eines Hügels stoppte Roc, legte den Arm auf meine Rücklehne und zeigte mit dem anderen hinüber zum Meer.

»Kannst du das Haus dort rechts an der Klippe sehen? Das ist das

Trugschloß. Pendorric kannst du von hier aus nicht sehen, ein Hügel ist dazwischen, es liegt ein wenig mehr nach rechts.«

Das Trugschloß sah wirklich wie eine mittelalterliche Burg aus. Nach wenigen hundert Metern konnte ich den ersten Blick auf Pendorric werfen. Es sah dem anderen Haus so ähnlich, daß ich nur staunen konnte.

»Von hier aus sieht es aus, als ob sie beide ganz dicht nebeneinander stünden«, sagte Roc, »aber auf der Küstenstraße sind sie fast zwei Kilometer voneinander entfernt. Du wirst jetzt sicher den Zorn der Pendorrics begreifen, daß sie *dies* da hingesetzt bekamen, und ständig vor Augen haben müssen.«

Wir fuhren nun auf der Hauptstraße, bis nach einer Kurve die Straße steil abfiel. Zu beiden Seiten wuchsen wilde Blumen und verkrüppelte Tannen, die einen harzigen Duft ausströmten.

Am Fuß des Steilhanges bogen wir auf die Uferstraße ein, und dann sah ich die Küste in all ihrer Pracht, und ich hörte, wie das Wasser gegen die Felsen schlug. Die weitausschwingende Bucht war zauberhaft. Es war gerade Ebbe, und im Dämmerlicht sah ich die Felszacken aus dem seichten Wasser ragen.

Und da, etwa eine halbe Meile vor uns, lag Pendorric! Als massiver, grauer Steinklotz ragte es über dem Meer auf, mit Zinnen, Wehrtürmen, trutzig, vornehm und arrogant, als wollte es das Meer, die Stürme und jedweden Gegner herausfordern.

»Dies ist nun dein Heim, mein Schatz«, sagte Roc, und Stolz klang aus seiner Stimme.

»Es ist... herrlich!«

Je näher wir dem Haus kamen, desto mehr beherrschte es die Landschaft. In manchen Fenstern war schon Licht, und ich erkannte den Bogengang des Nordportals.

»Die Ländereien«, erklärte mir Roc, »sind auf der südlichen Seite. Wir könnten auch von dort aus in das Haus kommen; es hat nämlich vier Eingänge, das Nord-, Süd-, Ost- und Westportal. Aber wir fahren heute durch das Nordportal ein, da Morwenna und Charles bestimmt dort auf uns warten. Da sieh nur«, fuhr er fort, und als ich seinem Blick folgte, erkannte ich eine schmale Gestalt in Reithosen und roter Bluse, die uns entgegenlief. Roc bremste, und sie sprang auf das Trittbrett. Ihr Gesicht war von Sonne und Wind gebräunt, die Augen schmal und schwarz und denen Rocs sehr ähnlich. »Ich wollte die erste sein, die die Braut sieht!« rief sie.

»Du setzt ja stets deinen Kopf durch«, gab Roc zurück. »Favel, das ist Lowella, und vor der mußt du dich hüten.«

»Ach, hör nicht auf ihn«, meinte das Mädchen, »wir werden bestimmt Freunde.«

»Danke«, erwiderte ich, »ich hoffe es sehr.«

Ihre schwarzen Augen musterten mich neugierig. »Ich habe gesagt, sie ist blond«, fuhr sie fort, »und ich habe recht behalten.«

»He, du hinderst uns an der Weiterfahrt«, sagte Roc. »Entweder du steigst ein, oder du springst herunter.«

»Ich bleibe hier auf dem Trittbrett«, verkündete sie, »fahr nur.«

Roc gehorchte, und wir fuhren langsam auf das Haus zu.

»Sie warten schon alle auf dich«, erzählte mir Lowella. »Wir sind alle ganz aus dem Häuschen und haben hin und her geraten, wie du wohl aussiehst. Auch im Dorf will dich jeder sehen. Jedesmal, wenn einer von uns ins Dorf kommt, heißt es: Wann kommt denn nun die Braut nach Pendorric?«

»Nun, hoffentlich gefalle ich auch allen.«

Lowella sah ihren Onkel mutwillig an. »Es war nämlich höchste Zeit, daß er heiratete«, meinte sie, »wir haben uns schon richtig Sorgen gemacht.«

»Hatte ich nicht recht, dich vor ihr zu warnen?« rief Roc. »Sie ist ein Enfant terrible.«

»Ich bin kein Kind mehr«, widersprach Lowella. »Ich bin schließlich schon zwölf, weißt du?«

»Du wirst mit den Jahren immer schrecklicher, und ich zittere bei der Vorstellung, daß du einmal zwanzig bist.«

Inzwischen passierten wir das Tor, über uns sah ich den Steinbogen. Dahinter dehnte sich ein Säulengang, von zwei riesigen Steinlöwen flankiert, verwittert zwar, aber immer noch wild dreinschauend, als wollten sie ungebetenen Gästen den Eintritt verwehren.

Da stand auch eine Frau – sie glich Roc so sehr, daß ich sofort wußte, es mußte die Zwillingsschwester sein –, hinter ihr ein Mann, wahrscheinlich Charles, der Vater der Zwillinge. Morwenna trat an das Auto. »Roc! Endlich bist du da, und dies ist also Favel! Herzlich willkommen auf Pendorric, Favel!«

Ich lächelte sie an und war sehr froh, daß sie Roc so ähnlich sah. Das machte sie mir gleich vertrauter. Ihr dunkles, dichtes und leicht welliges Haar gab die Stirn frei. Das smaragdgrüne Leinenkleid paßte gut zu dem dunklen Haar und ihren Augen; in den Ohrläppchen trug sie goldene Ringe.

»Ich bin so froh, euch endlich zu sehen«, sagte ich, »hoffentlich bin ich für euch nicht eine zu große Überraschung.«

»Aber gar nicht; außerdem sind wir von meinem Bruder Überraschungen gewöhnt.«

»Oh, und da kommt ja auch Charlie«, sagte Roc.

Meine Hand wurde so fest gedrückt, daß ich zusammenzuckte. »Wir alle hier konnten es kaum erwarten, dich kennenzulernen.«

Unterdessen tanzte Lowella im Kreise um uns herum, das lange, schwarze Haar flatterte im Wind; sie erinnerte mich wirklich an eine kleine Hexe.

»Lowella, so hör doch schon auf«, rief ihre Mutter mit leichtem Lachen. »Wo bleibt denn Hyson?« Lowella hob die Arme und zuckte die Achseln.

»Lauf und hole sie, sie soll Tante Favel guten Tag sagen.«

»Wir werden nicht Tante zu ihr sagen«, beschloß Lowella. »Dazu ist sie zu jung. Sie soll auch für uns Favel sein. Das magst du doch auch lieber, nicht wahr, Favel?«

»Ja, es klingt viel freundlicher.«

»Na also«, gab Lowella zurück und lief ins Haus.

Morwenna hakte mich unter, und Roc nahm meinen anderen Arm, während er rief: »Toms! Wo steckst du? Komm und bring unser Gepäck hinauf.«

Und eine Stimme antwortete: »Jawohl, Herr, ich komme schon.«

Morwenna und Roc führten mich durch das Portal, und mit Charles im Gefolge betraten wir das Haus.

Ich befand mich in einer riesigen Halle, an deren Ende eine wunderbar geschwungene Treppe nach oben führte zur Galerie. An den getäfelten Wänden hingen Schwerter und Schilde, und am Fuße der Treppe standen zwei Ritterrüstungen.

»Das hier ist unser Flügel«, erklärte mir Morwenna. »Das Haus schließt mit seinen vier Flügeln einen Innenhof ein. Eigentlich sind es vier Häuser in einem, und sie wurden in der Absicht erbaut, alle Pendorrics – zu der Zeit als sie noch eine große Familie waren – unter einem Dach zu beherbergen. Nur ein paar Dienstboten wohnten in der Mansarde, die anderen hausten in den Katen. Das waren sechs Häuschen, die Wand an Wand sehr malerisch und unhygienisch dort standen, bis Roc und Charlie sich darum kümmerten. Wir sind immer noch dabei, Abhilfe zu schaffen, und nahmen nur Toms und seine Frau und Tochter Hetty, Mrs. Penhalligan und ihre Tochter Marie mit ins Haus. Ja, das war früher anders... aber du wirst hungrig sein.«

Ich sagte, wir hätten schon im Zug gegessen.

»Nun, dann nehmen wir später einen kleinen Imbiß. Du willst

sicherlich gern das Haus sehen, vor allem euren Trakt.« Ich stimmte zu. Dabei blieb mein Blick an einem Porträt hängen, das sich an einer Wand der Galerie befand. Es war das Bildnis einer jungen, blonden Frau in einem enganliegenden, blauen Kleid, das ihre wohlgeformten Schultern frei ließ. Das Haar war hochgesteckt, und nur eine Strähne hing ihr über die Schulter. So wie das Bild plaziert war, beherrschte es die ganze Halle und Galerie.

»Wie entzückend!« entfuhr es mir.

»Ja, auch eine Braut von Pendorric«, erklärte mir Morwenna.

Da war sie schon wieder, diese Bemerkung, die ich nun schon so oft gehört hatte.

»Sie ist wunderhübsch... und sieht so glücklich aus.«

»Sie ist meine Ur... Ur... Ur... ach Gott, man verliert die Übersicht über die vielen Urgroßmütter«, lachte Morwenna. »Als sie gemalt wurde, war sie noch glücklich, aber sie starb früh.«

Ich konnte meine Augen nur schwer von dem Bild losreißen, so anziehend war dieses junge Gesicht.

»Ich dachte mir, Roc«, fuhr Morwenna fort, »jetzt, wo du verheiratet bist, liegt dir sicherlich an der großen Zimmerflucht.«

»Ich danke dir«, erwiderte Roc, »das ist genau das, was ich mir vorgestellt habe.«

Morwenna wandte sich mir zu. »Die einzelnen Flügel des Hauses sind alle miteinander verbunden. Du brauchst nicht den Extraeingang zu benutzen, wenn du nicht willst. Wenn du bitte mit auf die Galerie kommst, zeige ich dir den Durchgang.«

Wir gingen an der Waffensammlung vorbei und stiegen zur Galerie hinauf.

»Eins ist wichtig: Wenn du den von dir bewohnten Teil des Hauses kennst, kennst du alle anderen auch. Du mußt dir nur deine eigenen Zimmer in anderer Himmelsrichtung vorstellen.«

Sie ging voran, und Roc und ich folgten ihr. Von der Galerie aus kamen wir durch eine Seitentür in einen Korridor, in dessen Nischen herrliche Marmorstatuen standen.

Durch ein Fenster konnte ich auf einen großen Innenhof hinuntersehen, der mit den schönsten Hortensien bewachsen war, die ich je gesehen hatte.

»Sie werden hier besonders groß«, meinte Morwenna, »es mangelt nie an Regen; Frost kennen wir hier kaum, und außerdem stehen sie im Innenhof sehr geschützt.«

Dieser Innenhof war ein zauberhafter Fleck. Es gab da einen kleinen Weiher, mit einer Hermesfigur in der Mitte, und zwei große Palmen. Blühende Büsche und kleine Sträucher wuchsen zwischen den Steinen, und da und dort standen weiße Stühle mit vergoldeten Verzierungen. Mir fiel auf, daß sämtliche Fenster auf den Innenhof hinuntersahen, so daß man wahrscheinlich, wenn man dort unten saß, nie das Gefühl loswurde, beobachtet zu werden. Roc erklärte mir, daß aus jedem Flügel eine Tür in den Hof hineinführe.

Wir gingen dann weiter den Korridor entlang und gelangten durch eine Tür in den südlichen Flügel, wo wir wohnen sollten. Wieder stiegen wir eine Treppe hinauf, dann öffnete sich eine Tür in ein großes Zimmer, dessen riesige Fenster auf das Meer schauten. Die dunkelroten Samtvorhänge waren zurückgezogen. Man konnte von hier aus die ganze Bucht übersehen, die Klippen wirkten im Zwielicht drohend, und ich konnte gerade noch die zackigen Umrisse der Felsen erkennen.

Roc, der hinter mir stand, meinte: »So geht es jedem, niemand schaut sich im Zimmer um, jeder ist von der Aussicht überwältigt.«

»Der Blick ist von der Ost- und Westseite fast derselbe und ebenso eindrucksvoll«, ergänzte Morwenna.

Sie knipste einen Lichtschalter an, und das Zimmer wurde im Augenblick durch einen Kronleuchter strahlend hell erleuchtet. Ich wandte mich vom Fenster ab, mein Blick fiel auf das große Himmelbett, die Kommode, die Schränke – Zeugen einer früheren Generation, einer Generation mit Charme und Kultur.

»Wie schön«, sagte ich.

»Wir sind sehr stolz darauf, daß wir das Beste aus beiden Welten gemacht haben«, erklärte mir Morwenna. »Eine alte Toilette haben wir in ein Badezimmer verwandelt.« Und dabei öffnete sie eine Tür, die in ein modernes Badezimmer führte. Mein Blick wurde ganz sehnsüchtig, und Roc mußte lachen.

»Du kannst ja gleich baden«, meinte er, »ich will nur noch sehen, wo Toms mit dem Gepäck bleibt. Danach wollen wir etwas essen, und hinterher können wir vielleicht noch einen kleinen Spaziergang im Mondschein machen – wenn er überhaupt scheint.«

Ich stimmte zu und blieb dann allein zurück.

Ich trat noch mal ans Fenster und genoß die herrliche Aussicht. Ich ließ die Augen bis zum Horizont schweifen, wo ich das regelmäßige Aufblitzen des Leuchtturmfeuers erkennen konnte. Dann ging ich ins Bad.

Als ich das Badezimmer verließ, war Roc nicht da, aber die Koffer waren bereits heraufgebracht worden. Ich packte schnell den kleineren aus und zog ein Seidenkleid an. Ich ordnete gerade mein Haar vor dem dreiteiligen Toilettenspiegel, als es an der Tür klopfte. Ich rief »Herein!« und eine junge Frau mit einem Kind trat ein. Im ersten Augenblick hielt ich das Kind für Lowella und lächelte sie an. Mein Lächeln wurde nicht erwidert. Das Kind sah mich ernsthaft an, und die junge Frau sagte: »Mrs. Pendorric, ich bin Rachel Bective, die Hauslehrerin. Ihr Mann bat mich, Sie hinunterzuführen, sobald Sie fertig sind.«

»Guten Tag«, sagte ich verblüfft darüber, wie fremd Lowella auf einmal tat.

Rachel Bective, die ich so um die Dreißig schätzte, schien eine sehr energische Persönlichkeit zu sein. Ihr Haar war sandfarben, Augenbrauen und Wimpern waren sehr blond. Ihre Zähne waren spitz und weiß. Sie war mir nicht sehr sympathisch.

»Das ist Hyson«, erklärte sie. »Ihre Schwester haben Sie ja schon gesehen.«

»Ach so.« Ich lächelte dem Mädchen zu. »Ich habe dich für Lowella gehalten.«

»Das dachte ich mir.« Sie sah mürrisch vor sich hin.

»Du bist ihr sehr ähnlich.«

»Aber nur äußerlich.«

»Sind Sie fertig?« fragte Rachel Bective. »Es wird nur ein leichtes Abendessen gereicht, Sie haben ja bereits im Zug gegessen.«

Zum erstenmal fühlte ich mich unbehaglich in diesem Haus und war froh, als Rachel Bective den Weg durch den Korridor und die Treppen hinab vor mir herging.

Wir kamen zu der Galerie, die ich zuerst von der Nordseite aus gesehen hatte. Plötzlich fielen meine Blicke auf ein Bild, das ich vorher nicht bemerkt hatte. Es stellte eine blonde Frau im schwarzen Reitdreß dar. Sie trug einen steifen schwarzen Hut, um den ein blaues Seidenband geschlungen war. Sie sah wunderschön aus, doch die großen blauen Augen, die die gleiche Farbe zeigten wie das Band, blickten traurig.

»Ein prachtvolles Bild«, rief ich aus.

»Es ist Barbarina«, sagte Hyson, und ihr Gesicht belebte sich.

»Ein seltsamer Name. Wer war sie?«

»Sie war meine Großmutter«, teilte mir Hyson stolz mit.

»Ich glaube, sie starb eines ... tragischen Todes«, warf Rachel Bective ein.

Ich erinnerte mich, daß ich schon einmal ein Bildnis einer

schönen Frau in der Nordhalle gesehen und ebenfalls von ihrem frühen Tod gehört hatte.

Hyson bemerkte: »Sie war auch eine Braut von Pendorric.«

»Nun, das habe ich angenommen«, sagte ich, »nachdem sie deinen Großvater geheiratet hat.«

Hyson war ein seltsames Kind. Vor Minuten noch völlig teilnahmslos, war sie jetzt lebendig und aufgeregt.

»Sie starb vor fünfundzwanzig Jahren; meine Mutter und Onkel Roc waren gerade fünf Jahre alt.«

»*Ihr* Bildnis wird auch gemalt werden, Mrs. Pendorric«, bemerkte Rachel Bective. »Sicher wird es Mr. Pendorric wünschen.«

»Bisher hat er es noch nicht erwähnt.«

»Es ist höchste Zeit, gehen wir weiter, die anderen warten sicher schon.«

Wir gingen die Galerie hinunter, durch eine Tür hindurch und durchquerten den Korridor, dann hatten wir wieder den Innenhof im Blick. Ich bemerkte, wie Hyson mich verstohlen ansah.

Am nächsten Tag herrschte strahlender Sonnenschein. Ich stand am Fenster und beobachtete das Licht auf dem Wasser; es sah aus, als hätte ein Riese eine Handvoll Diamanten darüber ausgestreut.

Roc stellte sich hinter mich und legte mir die Hände auf die Schultern. »Ich sehe, du erliegst wie jeder andere dem Zauber von Pendorric.«

Langsam drehte ich mich um und lächelte ihn an. Ich warf ihm meine Arme um den Hals. Er tanzte mit mir durchs Zimmer und rief: »Wie schön ist es, mit dir hier in Pendorric zu sein. Heute morgen noch machen wir eine Ausfahrt, und ich zeige dir die Umgebung. Am Nachmittag muß ich mit Charles arbeiten. Ich war ja so lange fort, länger als ich eigentlich geplant hatte, so daß vieles liegengeblieben ist. Und du kannst dann auf eigene Faust auf Entdeckungen gehen. Vielleicht wird Lowella dich begleiten.«

Ich überließ mich Rocs Führung, denn ich war mir über die Aufteilung des Hauses noch immer nicht ganz im klaren. Wir hielten uns im dritten Stock auf, und anscheinend gab es Verbindungstüren zu allen Flügeln auf jeder Etage. Wiederum konnte ich in den Innenhof hinunterschauen, als wir an den Fenstern vorbeikamen. Im Sonnenlicht wirkte er besonders hübsch. Ich sah mich schon unter einer der Palmen sitzen und in einem Buch lesen.

»Schade«, sagte ich. »Da unten hat man immer das Gefühl, als wäre man nicht allein.«

»Oh... du meinst die Fenster? Aber das sind doch alles Korridorfenster. Man kann sich da nirgends hinsetzen.«

»Ja, vielleicht macht das einen Unterschied.« Ich merkte gar nicht, daß wir inzwischen die Nordseite des Hauses erreicht hatten, bis Roc an einer Tür anhielt, klopfte und eintrat.

An einem Tisch saßen die Zwillinge, Schulhefte vor sich. Rachel Bective saß bei ihnen. Sie lächelte etwas mühsam, als sie mich sah.

»Hallo, Favel«, schrie Lowella und sprang auf. »*Und* Onkel Roc!« Sie warf die Arme um Rocs Hals, zog die Füße an und ließ sich von ihm herumwirbeln. Rachel Bective sah leicht amüsiert zu, Hysons Gesicht blieb ausdruckslos.

»Hilfe!« rief Roc. »Komm her, Favel... Rachel... befreit mich!« Lowella ließ ihren Onkel los. »Ich wollte doch nur zeigen, wie ich mich freue, Roc und die Braut zu sehen.«

»Ich wollte Lowella gern diesen Nachmittag vom Unterricht befreien«, sagte Roc. »Ich muß nämlich arbeiten. Geht das?«

»Natürlich.« Lowella strahlte mich an. »Ich hab' dir so viel zu erzählen.«

»Da bin ich aber gespannt.« Ich lächelte auch Hyson an, die sich aber schnell abwandte.

»Nachdem du nun schon einmal da bist«, sagte Roc, »mußt du dir auch das alte Schulzimmer genau ansehen. Es ist ein Überbleibsel aus der Vergangenheit. Generationen von Pendorrics saßen an diesem Tisch. Mein Großvater schnitzte hier seine Initialen ein und wurde dafür von seinem Lehrer bestraft.«

Er ging zum Schrank hinüber und zeigte mir Bücher, die dort schon seit Jahren stehen mußten. Manche Hefte waren mit ungelenker Kinderhand beschrieben. Und dann gab es noch ein paar Schiefertafeln und Federkästen.

»Du wirst dir alles besser ansehen können, wenn nicht gerade Unterricht ist, Favel. Ich glaube, Rachel wird ein bißchen ungeduldig.«

Er lächelte Rachel flüchtig zu. Ich bemerkte eine Spur von Intimität zwischen ihnen und wurde eifersüchtig. Es fiel mir auf, daß er sehr freundlich zu Rachel war – und sie zu ihm. Denn wenn er sie herzlich anlächelte, so war ihr Lächeln noch um einige Grade herzlicher, und ich begann mich zu fragen, wie weit diese Freundschaft wohl reiche. Ich war froh, als wir das Schulzimmer verließen. Die überschwengliche Lowella, die stille Hyson und Rachel, die zu herzlich war – zu Roc.

Ich hätte ihm gern einige Fragen über Rachel Bective gestellt, aber ich wollte meine Eifersucht nicht verraten und schob es lieber auf. Erst als wir im Auto saßen, fühlte ich mich wieder glücklich. Er hatte recht, als er annahm, daß ein ganz neues Leben mir helfen würde, die Vergangenheit zu vergessen. Die vielen neuen Eindrücke verdrängten die alten, so daß sie einem anderen Leben anzugehören schienen. Roc legte seine Hand auf die meine und sah sehr zufrieden aus.

»Wie ich sehe, fühlst du dich in Pendorric so wohl wie eine Ente im Wasser.«

»Es ist alles so schön, so aufregend ... und die Familie ist wirklich interessant.«

Er zog eine Grimasse. »Das schmeichelt uns aber sehr. Und jetzt zeig ich dir das Trugschloß.«

Wir fuhren die steile Straße hinunter, auf der anderen Seite wieder hinauf und waren dann auf gleicher Höhe mit Polhorgan. Einen Augenblick wirkte es genauso alt und würdig wie Pendorric.

»Hier ist es ja totenstill.«

»Ja, auf dieser Seite. Der Herr des Hauses bewohnt die Räume auf der Südseite, die aufs Meer hinaussieht. Der Strand darunter gehört ihm, und er hat einen prachtvollen Blumengarten auf den Klippen angelegt. Einen sehr viel größeren als wir, er hat das Land von meinem Großvater gekauft.«

»Er hat ja eine herrliche Aussicht.«

»Er genießt sie auch, er verbringt nämlich die meiste Zeit in seinem Zimmer.«

Wir fuhren am Haus vorbei, und Roc sagte: »Ich nehme diese Straße hier nach Pendorric, weil ich dir unser kleines Dorf zeigen möchte. Du wirst begeistert sein.«

Wir wendeten und fuhren wieder zur Küstenstraße hinunter, die an Pendorric vorbeiläuft, und dann die steile Straße zur Hauptstraße hinauf. Ich konnte die See zur Linken liegen sehen. »Durch die Buchten der Küste und die Windungen der Straße verliert man leicht die Orientierung«, erklärte Roc. »Das Land muß hier einmal vor langen Zeiten durch ein schreckliches Erdbeben nach allen Richtungen auseinandergerissen worden sein. Wir haben eben eine Art Vorgebirge umfahren und kommen nun in das kleine Dorf Pendorric hinein.«

Wir kurvten abwärts, und da lag es auch schon – das entzückendste kleine Dorf, das ich je gesehen habe. Da stand in der Mitte des Kirchhofs eine kleine Kirche mit einem alten Turm, in normannischem Stil erbaut. Auf der einen Seite waren die Steine im Lauf der Zeit stark nachgedunkelt, während sie auf der anderen Seite noch weiß und wie neu aussahen. Da stand auch das Pfarrhaus, ein graues Haus in einer Bodensenke, mit Garten und Rasen an den Hängen. Hinter der Kirche sah ich eine Reihe kleiner Katen, die Morwenna schon erwähnt hatte. Sie waren mit Stroh gedeckt, hatten winzige Fenster und lehnten alle aneinander, sechs im ganzen. Sie waren wohl zur selben Zeit erbaut worden wie die Kirche.

Nicht weit von den Katen entfernt entdeckte ich eine Garage, die aufgestockt war. »Das war einmal die Schmiede«, erklärte Roc. »Die Bonds, die heute dort leben, sind seit Generationen Schmiede. Es brach dem alten Jim Bond schier das Herz, als es im Distrikt immer weniger Pferde gab und er kaum noch Arbeit hatte. Aber nun haben sie sich angepaßt. Die alte Schmiede arbeitet noch, und ich gehe oft hinüber, um mir die Pferde beschlagen zu lassen.«

Der Wagen fuhr langsamer, und er rief: »Jim, he, Jim!«

Oben wurde ein Fenster geöffnet, und eine junge Frau sah heraus. Ihr schwarzes Haar fiel offen über ihre Schultern, die scharlachrote Bluse war ihr zu eng. Sie sah aus wie eine Zigeunerin.

»Morgen, Mr. Roc«, sagte sie.

»Hallo, Dinah.«

»Na, sind Sie schon wieder zurück, Mr. Roc?«

Roc winkte mit der Hand, im selben Augenblick kam ein Mann zu uns heraus.

»Guten Morgen, Jim!« sagte Roc.

Jim war ein Mann Anfang Fünfzig, ein Hüne von Gestalt, genauso, wie man sich einen Schmied vorstellt. Roc meinte: »Ich habe meine Frau mitgebracht und wollte ihr die alte Schmiede zeigen, damit sie ein bißchen mit dem Dorf vertraut wird.«

»Ich freue mich sehr, gnädige Frau«, sagte Jim. »Kommen Sie doch herein zu einem Glas Apfelwein.«

Wir stiegen aus und gingen in die Schmiede. Es roch nach verbranntem Horn, und ein junger Mann, der gerade ein Pferd beschlug, grüßte zu uns herüber. Ich erfuhr, daß es der junge Bond war.

Old Jim kam mit einem Tablett voller Gläser. Er füllte sie aus einem großen Faß, das rechts und links je einen Hahn hatte.

»Die Bonds sind berühmt für ihren Apfelwein«, erklärte Roc.

»Ja, ja, mein Lieber«, sagte Old Jim, »es ist immer noch der Saft guter, alter, cornischer Äpfel, so wie nur wir Bonds ihn keltern.«

»Er ist genauso stark wie immer«, sagte Roc.

»Er ist sehr gut«, stimmte ich ihm zu.

»Für Fremde manchmal reichlich stark«, meinte Old Jim und betrachtete mich in der Hoffnung, an mir einen Schwips zu entdecken.

Der jüngere Mann ließ sich in seiner Arbeit nicht stören und sah kaum zu uns herüber.

Dann ging die Tür auf, und die junge Frau, die wir vorher am Fenster gesehen hatten, trat herein. Ihre schwarzen Augen glänzten, und sie wiegte die Hüften beim Gehen. Sie trug einen engen, kurzen Rock, die wohlgeformten Beine waren braun, die bloßen Füße steckten in abgetragenen Sandalen.

Ich sah wohl, wie sich die Aufmerksamkeit aller drei Männer ihr zuwandte. Old Jim sah sie finster an und schien nicht sehr erfreut, sie zu sehen, während der junge Jim seine Augen nicht von ihr wenden konnte. Nur Rocs Ausdruck war schwer zu deuten. Ich merkte zwar sofort, wie sie auf die anderen wirkte, nicht aber wie auf Roc, und wieder einmal war mir mein Mann fremd.

Sie ihrerseits musterte mich von Kopf bis Fuß. Mein sauberes Leinenkleid sah sie etwas verächtlich an, wie mir schien. Dabei strich sie sich mit den Händen über die Hüften und lächelte Roc zu. Es war ein vertrauter, fast intimer Blick. Was hatte es für einen Sinn, wenn ich mich über jede Bekanntschaft, die Roc vor unserer Ehe mit jungen Frauen hatte, aufregte?

»Das hier ist Dinah, die junge Frau Bond«, stellte Roc vor.

»Guten Tag«, sagte ich. »Wie geht es Ihnen?«

Sie lachte mich an. »Mir geht es sehr gut. Ich freue mich sehr, daß Mr. Roc endlich eine Braut nach Pendorric gebracht hat.«

»Danke«, sagte Roc kurz und trank sein Glas aus. »Wir haben noch eine Menge zu erledigen heute morgen«, fügte er hinzu.

»Soll ich den Wagen auftanken?« fragte Old Jim.

»Nein, nein, es reicht noch, Jim«, antwortete Roc, und mir war, als hätte er es plötzlich eilig, hier fortzukommen.

Ich fühlte mich ein bißchen schwindlig. Das kam von dem Wein, und ich war froh, wieder an die frische Luft zu kommen.

Der alte Mann und Dinah sahen uns nach, als wir wegfuhren. Auf Dinahs Gesicht lag ein kleines Lächeln.

»Dinah störte etwas das Zusammensein«, sagte ich.

»Ich fürchte, der Alte haßt sie. Seitdem Dinah in die Schmiede eingezogen ist, herrscht dort Unfriede.«

»Sie ist eine attraktive Person.«

»Das ist die Meinung der meisten, ihre eigene mit eingeschlossen. Der junge Jim hat kein leichtes Leben zwischen dem alten Mann und der jungen Frau. Der Alte hätte es lieber gesehen, wenn er eines der Pascoe-Mädchen aus den Katen geheiratet hätte, dann hätten sie jetzt schon einen kleinen Jim. Aber der junge Jim – ein fügsamer, gutmütiger Bursche, bis er Dinah kennenlernte – heiratete sie, und der Friede verließ die alte Schmiede. Sie ist eine halbe Zigeunerin, und ihre Leute leben in Wohnwagen in den Wäldern, ein paar Kilometer von hier entfernt.«

»Ist sie wenigstens eine gute und treue Frau?«

Roc lachte laut heraus. »Hattest du den Eindruck?«

»Absolut nicht.«

Roc nickte. »Dinah gibt nicht vor, was sie nicht ist.«

Er hielt vor einem Gartentor. Jemand rief: »Nanu, Mr. Pendorric, ist das aber hübsch, daß Sie wieder da sind.«

Eine mollige, rotwangige Frau, mit einem Korb voll Rosen am Arm und einer Gartenschere in der Hand, kam näher und lehnte sich über den Zaun.

»Das ist Mrs. Dark«, sagte Roc, »die Frau unseres Pfarrers.«

»Nett von Ihnen, uns so bald zu besuchen, wo wir doch schon so neugierig auf die neue Mrs. Pendorric sind.«

Wir stiegen aus, und Mrs. Dark führte uns durch den Garten. Sie wandte sich an mich. »Wir freuen uns so, daß Sie jetzt hier sind, Mrs. Pendorric, und wir hoffen nur, daß es Ihnen hier gefällt und daß Sie oft zu uns herunterkommen.«

»Favel ist schon ganz begierig auf alles, was Pendorric angeht«, erklärte Roc, »und möchte zu gern die Kirche ansehen.«

»Ich sage schnell Peter Bescheid, daß Sie hier sind.«

Wir wandten uns der gegenüberliegenden Kirche zu, während Mrs. Dark über den Rasen dem Haus zulief.

»Sieht so aus, als ob wir heute morgen den Leuten nicht entkommen können«, sagte Roc und nahm meinen Arm. »Alle wollen dich sehen, und ich wollte dir doch selbst unsere Kirche zeigen. Aber Peter Dark wird sich sehr bald an unsere Fersen heften.«

Die Kirche, die aus dem 13. Jahrhundert stammte, war seit ihrer Erbauung kaum verändert worden. Durch die bunten Kirchenfenster fiel das Licht auf den Altar und ließ die wertvollen Schnitzereien und das herrliche gestickte Altartuch besonders hervortreten. In die Wand waren die Namen der Pfarrer seit 1280 eingemeißelt.

»Sie stammten alle aus diesem Ort«, erklärte mir Roc. »Erst die Darks kamen aus Mittelengland, doch scheinen gerade sie über unsere Gegend mehr zu wissen als wir selbst. Dark ist Experte für alte cornische Bräuche. Er will demnächst ein Buch darüber schreiben.«

Als ich Roc zuhörte und ihn ansah, dachte ich weder an die Darks noch an die Kirche, sondern an den Ausdruck in Rachel Bectives Augen heute morgen und später dann in denen von Dinah Bond. Roc war schon außerordentlich anziehend. Auch ich hatte das vom ersten Augenblick an gespürt und mich unsterblich in ihn verliebt, als ich ihn noch kaum kannte. Nun, viel besser kannte ich ihn auch heute noch nicht und war doch verliebter in ihn als je zuvor. Ja, ich war sehr glücklich mit ihm – es sei denn, die Zweifel kamen. Vielleicht hatte ich einen Herzensbrecher geheiratet, vielleicht war er ein so vollkommener Liebhaber, weil er soviel Erfahrung hatte?

»Stimmt irgend etwas nicht?« fragte Roc. Er nahm mich bei den Schultern und zog mich an sich, so daß ich seine Augen nicht sehen konnte. »Ich bin doch bei dir hier in Pendorric, du brauchst dir keine Sorgen zu machen.«

Schritte schreckten uns auf. Ich sah einen Mann im Talar durch die Kirche kommen. »Hallo, Herr Pfarrer«, sagte Roc leichthin.

»Susanne sagte mir, Sie seien hier.« Er trat näher, ein liebenswürdiger Mann, dem man es vom Gesicht ablas, daß er zufrieden war mit seinem Leben. Er ergriff meine Hand. »Willkommen in Pendorric, Mrs. Pendorric. Wir freuen uns sehr, daß Sie da sind. Gefällt Ihnen die Kirche? Ist sie nicht bezaubernd?«

»Ja, wirklich, das ist sie.«

»Ich bin gerade dabei, nach Herzenslust in den alten Archiven zu stöbern. Es war schon immer mein Wunsch, in Cornwall zu leben. Es ist die geheimnisvollste aller englischen Grafschaften – finden Sie nicht auch, Mr. Pendorric?«

»Ich kann es mir gut vorstellen.«

Wir gingen durch die Kirche, und er erklärte: »Hier stehen die Kirchenstühle der Pendorrics, wie Sie sehen, von den übrigen getrennt. Sie wurden früher von der Familie und ihrem Gefolge eingenommen.« Dann wies er auf das schönste Kirchenfenster.

»Dieses wurde 1792 zur Erinnerung an Lowella Pendorric einge-setzt. Das Erlesenste an Glasmalerei, was ich jemals gesehen habe.«

»Du hast ihr Bild doch in der nördlichen Halle gesehen«, erinnerte mich Roc.

»Ja, natürlich... starb sie nicht sehr jung?«

»Jawohl«, sagte der Pfarrer. »Sie starb bei der Geburt ihres ersten Kindes. Sie war erst achtzehn, und die Leute hier nennen sie die *erste* Braut.«

»Die erste? Aber es muß doch andere Bräute vor ihr gegeben haben? Heißt es nicht, die Pendorrics säßen seit Jahrhunderten hier?«

Der Pfarrer blickte verwirrt zu dem Fenster hinauf. »Die Sagen sind mit der Wirklichkeit verknüpft, und die Wirklichkeit ist oft in Sagen eingehüllt.«

Er zeigte uns noch weitere Einzelheiten seiner Kirche. Dann verabschiedete er sich, doch nicht ohne zu betonen, er hoffe, mich bald wiederzusehen, und falls ich irgendwelche Fragen über das alte Cornwall hätte, so würde er mir mit Vergnügen Auskunft geben.

Sein freundliches Gesicht wurde etwas nachdenklich, als er seine Hand auf meinen Arm legte und sagte: »Sie dürfen sich nicht soviel um diese alten Geschichten kümmern, Mrs. Pendorric. Sie sind... nun ja, interessant als Kuriositäten.«

Als er fort war, seufzte Roc erleichtert auf. »Wenn er auf seine Lieblingsthemen kommt, kann er die Geduld seiner Zuhörer auf eine harte Probe stellen. Ich dachte schon, wir würden in eine seiner längeren Abhandlungen verwickelt und ihn nie mehr loswerden.« Er warf einen Blick auf seine Uhr. »Wir müssen uns beeilen. Aber trotzdem wollen wir noch kurz einen Blick auf den Friedhof werfen. Einige Grabinschriften sind sehr hübsch.«

Wir schlenderten an den Grabsteinen entlang. Manche waren schon so alt, daß die Inschriften fast ausgelöscht waren, andere standen schief.

»Ich möchte gern einmal einen Grabstein sehen, auf dem nicht nur vom Tod die Rede ist«, sagte ich.

»Das ist gar nicht so einfach«, meinte Roc. »Aber komm einmal mit.« Er führte mich durch hohes Gras, hielt plötzlich an, und ich konnte lesen:

> Ich war zwar taub und stumm,
> doch hatte viel Vergnügen

        mit Fingern und mit Daumen,
        all meinen Willn zu kriegen.
    Wir lachten. »Das ist entschieden erfreulicher«, stimmte ich zu.
»Der hier konnte wenigstens aus seinem Unglück noch das Beste
machen.«
    Ich wandte mich dem danebenstehenden Grabstein zu und
stolperte dabei über eine Einfassung. Ich fiel der Länge nach hin,
quer über das Grab.
    Roc hob mich schnell auf. »Es ist dir doch nichts passiert,
Liebling?«
    »Ach wo. Danke.« Ich sah besorgt auf meine Strümpfe hin-
unter.
    »Eine Laufmasche. Das scheint der ganze Schaden zu sein.«
    »Bestimmt?« Die Sorge, die aus seinem Blick sprach, machte
mich glücklich, und ich vergaß mein Mißtrauen. Nachdem ich
noch einmal beteuert hatte, daß wirklich nichts passiert sei,
meinte er: »Einige unserer Nachbarn sähen bestimmt ein Omen
darin.«
    »Was für ein Omen denn?«
    »Das kann ich nicht sagen. Aber über ein Grab zu stolpern –
wie bedeutungsvoll. Noch dazu bei dem ersten Gang zum
Friedhof.«
    Er schaute sich um und sagte: »Da drüben ist unsere Familien-
gruft.«
    »Die muß ich mir ansehen.«
    Diesmal gab ich acht auf den Weg. Die Gruft war ein Mauso-
leum, geschmückt mit Schmiedeeisen und Vergoldungen, und
drei Stufen führten zu einer Tür hinab.
    »Dahinter sind zahlreiche tote Pendorrics eingeschlossen«, sag-
te Roc. Ich wandte mich ab. »Weißt du, ich habe jetzt genug vom
Tod an einem so schönen Sommermorgen.«
    Er legte die Arme um mich und küßte mich. Dann ließ er mich
los und ging die drei Stufen hinunter, um die Tür zu prüfen. Ich
wartete auf ihn und sah dabei einen Lorbeerkranz an einer
vergoldeten Spitze des Geländers hängen. Ich trat näher. Ein
Kärtchen hing daran und darauf stand: »Für Barbarina.«
    Ich erwähnte den Kranz Roc gegenüber nicht. Anscheinend
hatte er ihn gar nicht bemerkt, mich aber drängte es auf einmal,
diesen Ort des Todes hinter mir zu lassen und zu Sonne und Meer
zurückzukehren.

Der Lunch wurde in einem der kleineren Räume neben der Nordhalle serviert. Während des Essens lernte ich Charles und Morwenna besser kennen. Auch die Zwillinge und Rachel Bective aßen mit uns. Lowella schwatzte pausenlos, Hyson sagte kaum ein einziges Wort. Und Rachel benahm sich, als gehörte sie tatsächlich zur Familie. Sie rügte Lowella wegen ihrer Quecksilbrigkeit und tat alles, um besonders nett zu mir zu sein, so daß ich mich schon fragte, ob ich nicht etwas zu rasch gewesen sei mit meinem Urteil über sie.

Nach dem Essen verließen Roc und Charles das Haus, und ich holte mir ein Buch aus meinem Zimmer. Ich wollte jetzt endlich das tun, was ich seit dem ersten Augenblick an im Sinn hatte – mich unter eine der Palmen im Hof setzen.

Es war herrlich kühl unter dem Baum, und die Schönheit dieses kleinen Fleckens entzückte mich. Ich versuchte zu lesen, aber die Fenster gaben mir das Gefühl, nicht allein zu sein, und ich konnte mich kaum konzentrieren. Ich schaute immer wieder hinauf. Aber wer sollte schon auf die Idee kommen, mich zu beobachten? Und wenn schon, was störte es mich? Ich wandte mich wieder meinem Buch zu, als sich plötzlich ein paar Hände über meine Augen legten. Kaum konnte ich einen Aufschrei unterdrücken und sagte daher schärfer als beabsichtigt: »Wer ist es?« Die Hände, die ich berührte, waren nicht sehr groß, und mit leisem Kichern sagte eine Stimme: »Rat einmal.«

»Lowella.«

Das Mädchen sprang vor mich hin. »Ich kann einen Kopfstand«, rief sie. »Ich wette, du nicht.« Sie ließ ihren Worten die Tat folgen, und ihre langen, dünnen Beine in marineblauen Shorts kamen dem Teich gefährlich nahe.

»Gut, gut«, rief ich bewundernd. »Du hast es bewiesen.« Sie schlug einen Purzelbaum und stellte sich dann lächelnd vor mir auf, das Gesicht rot vor Anstrengung.

»Wieso hast du gleich Lowella erraten?« fragte sie.

»Es konnte niemand anders sein.«

»Es hätte ja auch Hyson sein können.«

»Ich wußte bestimmt, daß es Lowella war.«

»Hyson tut so was nie, nicht wahr?«

»Nun, Hyson ist wohl ein bißchen schüchtern.«

»Hast du Angst?« fragte sie plötzlich.

»Angst wovor?«

»Eine Braut zu sein.«

»Was für eine Braut?«

»Natürlich eine Braut von Pendorric.« Sie stand ganz still und kniff die Augen zusammen. »Du weißt wohl gar nichts, nicht wahr?«

»Nun, willst du es mir nicht erzählen?«

Sie kam ganz nahe heran, legte ihre Hände auf meine Knie und sah mich forschend an.

»Also, wie ist es, erzählst du es mir?« Statt zu antworten, blickte sie über ihre Schulter zu den Fenstern hinauf, und ich fuhr fort: »Und warum fragtest du mich, ob ich Angst hätte?«

»Natürlich, weil du eine der Bräute bist. Meine Großmama war auch eine. Ihr Bild hängt in der Südhalle. Hast du es nicht gesehen?«

»Barbarina«, sagte ich.

»Ja, Großmutter Barbarina. Sie ist tot. Sie war auch eine Braut, weißt du.«

»Das kommt mir alles sehr geheimnisvoll vor. Ich kann mir nicht vorstellen, daß sie sterben mußte, nur weil sie eine Braut war.«

»Da gab es auch noch eine andere Braut. Ihr Bild hängt in der Nordhalle. Sie hieß Lowella und spukte in Pendorric, bis Barbarina starb. Dann erst konnte sie in ihrem Grab schlafen.«

»Ach, nun verstehe ich, es ist eine Geistergeschichte.«

»In gewisser Weise ja. Aber sie handelt auch von Lebenden.«

»Erzähl weiter.«

Sie sah mich wiederum an, und ich überlegte, ob man es ihr vielleicht verboten hatte, mir solche Sachen zu erzählen.

Sie flüsterte nur noch. »Als die Lowella von der Südhalle Braut war, gab es ein großes Hochzeitsbankett. Ihr Vater, die Mutter, die Schwestern, Brüder, Kusinen und Tanten kamen alle nach Pendorric, um auf dem Ball zu tanzen. Auf der Estrade spielte eine kleine Kapelle. Man war gerade beim Essen, als die Frau die Halle betrat. Sie hatte ein kleines Mädchen bei sich. Es war ihr kleines Mädchen, verstehst du? Und sie behauptete, daß Petroc Pendorric der Vater sei. Nicht Roc – es ist ja schon etliche Jahre her. Es war ein anderer Pendorric mit demselben Namen, nur nannten sie ihn nicht Roc. Dieser Petroc war Lowellas Bräutigam, und die Frau mit dem kleinen Mädchen verlangte, daß er ihr Bräutigam sei, verstehst du? Die Frau hauste mit ihrer Mutter in den Wäldern, und die Mutter war eine Hexe, die wirksame Flüche aussprechen konnte. Sie verfluchte Pendorric und die Braut.«

»Wie lange ist das her?« fragte ich.

»Ungefähr zweihundert Jahre.«

»Das ist aber schon lange her.«

»Aber die Geschichte wirkt weiter, sie hat kein Ende, verstehst du? Es ist nicht nur Lowellas Schicksal, nicht nur Barbarinas...«

»Nanu, wie wäre das möglich?«

»Du weißt ja nicht, wie der Fluch lautete. Die Braut muß in der Blüte ihrer Jugend sterben und so lange umherirren, bis eine andere Braut ebenfalls jung stirbt. Dann erst kann sie sich ins Grab legen.«

Ich lächelte verblüfft darüber. Ich fühlte mich erleichtert; so war doch endlich diese geheimnisvolle Phrase von der ›Braut von Pendorric‹ erklärt. Es war eine alte Sage, die weiterlebte und dem alten Haus einen Geist andichtete.

»Du scheinst ja gar keine Angst zu haben. Wenn ich du wäre, ich hätte sie.«

»Wie lautet der Schluß der Geschichte? Was passierte denn nun dieser Braut?«

»Sie starb genau ein Jahr nach der Hochzeit, bei der Geburt ihres Sohnes. Sie war erst achtzehn, und du mußt zugeben, das ist sehr jung, um schon zu sterben.«

»Nun, viele junge Frauen starben im Kindbett, besonders zu jener Zeit.«

»Ja, aber sie sagen, sie muß im Haus spuken, bis eine neue Braut ihren Platz einnimmt.«

»Du meinst, um das Spuken zu übernehmen?«

»Du bist wie Onkel Roc. Der lacht auch immer darüber. Ich lache nicht. Ich weiß es genau.«

»So glaubst du also an diese Spukgeschichte?«

Sie nickte. »Ich habe das Zweite Gesicht. Darum erzähle ich dir das alles, und es gibt gar keinen Grund, darüber zu lachen.«

Sie sprang hoch, schlug wieder einen Purzelbaum, schlenkerte mit ihren dünnen, langen Beinen, und ich hatte den Eindruck, als mache es ihr richtig Spaß, mir Angst einzujagen.

Plötzlich stand sie wieder vor mir und sagte, die Augen niedergeschlagen: »Ich finde, du mußt das wissen! Die Braut Lowella spuckte in Pendorric, bis Großmama Barbarina starb. Dann erst konnte sie im Grab ruhen, da sie eine andere Braut angelockt hatte, die ihren Platz einnahm und spukte. Großmama Barbarina tut das nun seit fünfundzwanzig Jahren, und sicherlich ist sie müde und möchte endlich in ihrem Grab ruhen. Wetten, daß sie nach einer anderen Braut Ausschau hält, die ihr die Arbeit abnehmen kann.«

»Aha, ich verstehe, was du sagen willst«, sagte ich leichthin. »Jetzt bin ich die Braut.«

»Du machst dich darüber lustig, wie?« Sie purzelte wieder ins Gras und rief: »Du wirst es ja sehen.«

»Du hast bestimmt noch nie den Geist deiner Großmutter gesehen, oder?« fragte ich.

Sie schaute mich, ohne etwas zu erwidern, einige Sekunden lang an. Dann schlug sie einen Purzelbaum, machte einen Handstand und erreichte schließlich das Nordtor. Sie schlüpfte hindurch, und ich blieb allein.

Ich kehrte zu meinem Buch zurück, aber ich ertappte mich wieder und wieder dabei, daß ich zu den Fenstern hinaufsah. Diese vielen Fenster konnten einen wirklich ganz konfus machen. Das kommt nun von dieser Geistergeschichte. Aber man hatte mich ja gewarnt vor dem Aberglauben hierzulande, und Lowella, diese durchtriebene Range, hatte mich wohl nur bange machen wollen.

Das Nordtor öffnete sich mit einem Quietschen, und ich sah das braune Gesicht, die leichte blaue Bluse und die dunkelblauen Shorts. »Hallo, Onkel Roc sagte, ich solle mich um dich kümmern, damit du nicht so allein wärst!«

»Nun, auf deine Art hast du das ja schon getan«, antwortete ich.

»Ich konnte dich nicht finden. Oben in deinem Zimmer warst du nicht; ich habe dich überall gesucht. Schließlich fiel mir der Innenhof ein. Und da bin ich nun.«

»Aber du bist doch gerade erst hier gewesen?« Sie sah mich verdutzt an. »Du hast mir doch die Geschichte von den Bräuten erzählt«, erinnerte ich sie.

Sie schlug die Hände vor den Mund. »Nein! Was hat sie erzählt? Um Gottes willen.«

»Du bist doch nicht... Hyson... oder?«

»Natürlich nicht. Ich bin Lowella.«

»Aber sie sagte...« Hatte sie nun gesagt, sie sei Lowella? Ich war mir nicht mehr sicher.

»Gab Hy vielleicht vor, Lowella zu sein?« Das Kind begann zu lachen.

»Bist du nun Lowella, oder bist du es nicht?«

Sie leckte sich einen Finger, hielt ihn hoch und sagte: »Siehst du meinen nassen Finger?« Sie schwenkte ihn hin und her. »Siehst du meinen trockenen Finger?« Sie zog ihn quer über ihre Kehle. »Schneid mir die Kehle durch, wenn ich dich belüge.« Dabei schaute sie mich so ernst an, daß ich ihr glaubte.

»Aber warum sagte sie, sie sei du?«

Lowella sagte nachdenklich: »Vielleicht ist es ihr nicht recht, immer die stillere von uns beiden sein zu müssen. Wenn ich nicht dabei bin, spielt sie vielleicht ein bißchen Lowella. Leute, die uns nicht kennen, sehen keinen Unterschied. Willst du jetzt vielleicht mit zu den Ställen kommen und unsere Ponys anschauen?«

Das tat ich gern. Ich wollte dem Innenhof entfliehen, so wie heute früh dem Kirchhof.

Das Dinner am Abend war recht gemütlich. Die Zwillinge waren nicht dabei, und wir waren nur zu fünft.

Wir tranken in dem kleinen Salon Kaffee; Mrs. Penhalligan brachte ihn uns. Charles und Roc besprachen Geschäfte, und Morwenna und Rachel saßen links und rechts von mir und ergingen sich in Haus- und Dorfklatsch. Alles war neu und interessant für mich, besonders nach dem kurzen Besuch heute morgen in dem kleinen Dorf. Morwenna bot mir an, mich nach Plymouth zu fahren und mir die Geschäfte zu zeigen, falls ich etwas kaufen wollte.

Ich dankte ihr, und Rachel warf ein, daß ich auch auf sie zählen könne, falls Morwenna nicht frei wäre.

»Wie liebenswürdig«, antwortete ich.

»Wir tun, was wir können, für Rocs Braut«, sagte sie.

Braut! Braut! Ich wurde ganz ärgerlich. Warum sagten sie nicht Frau, es war doch viel natürlicher.

Wir gingen früh zu Bett, und als Roc und ich durch die Korridore zu unseren Zimmern auf der Südseite gingen und ich nochmals durch das Fenster in den Hof hinabsah, fiel mir meine Unterhaltung mit den Zwillingen am Nachmittag ein.

»Dieser Garten gefällt dir wohl, wie?« meinte Roc.

»Ja, abgesehen von diesen Fenstern, die einen die ganze Zeit über beobachten.«

Er lachte. »Das hast du schon mal erwähnt. Kein Mensch hier hat Zeit zum Spionieren.«

Als wir weitergingen zu unserem Schlafzimmer, sagte Roc: »Na, über was grübelst du nach, mein Schatz?«

»Ach ... es ist nichts.«

»Da ist doch irgend etwas.«

Ich erzählte Roc alles, was mir am Nachmittag widerfahren war.

»O diese schrecklichen Zwillinge«, stöhnte er.

»Aber die Geschichte über die Bräute von Pendorric...«

»Solche Geschichten gibt es überreichlich in ganz Cornwall. Du kannst Dutzende von Orte finden, wo du ganz ähnliche Sagen hörst. Die Menschen sind hier keine kaltblütigen Angelsachsen. Sie sind Kelten, eine andere Rasse als die phlegmatischen Engländer. Das ganze Cornwall ist verhext. Da gibt es Zwerge mit roten Jacken und Zuckerhüten. Kindern, die mit den Füßen zuerst auf die Welt kommen, werden magische Kräfte angedichtet. Es gibt Hexen, schwarzmagisch und weißmagisch, und natürlich auch ein paar ganz gewöhnliche Geister.«

»Und einen dieser Art beherbergt wohl Pendorric?«

»Kein großes Haus in Cornwall käme nicht mit wenigstens einem aus. Das gehört sich so. Wetten, daß Lord Polhorgan viel Geld für einen Geist zahlen würde? Aber das wollen wir nicht. Er ist nicht einer der Unseren, und so wird ihm das Privileg, einen Geist zu besitzen, abgesprochen.«

Ich war beruhigt, obwohl ich mich selber verspottete, daß ich solche Beruhigung nötig hatte. Aber das Kind heute nachmittag hatte mich wirklich erschreckt. Hauptsächlich weil ich geglaubt hatte, mit Lowella zu sprechen. Hyson war eine seltsame kleine Person, und diese Bosheit, dieses fast hämische Vergnügen an meiner Befangenheit, hatten mir doch sehr mißfallen.

»Um auf die Geschichte zurückzukommen«, sagte ich, »es ist also die Geschichte der Bräute von Pendorric, zu denen auch ich gehöre.«

»Es war ein unglücklicher Zufall, daß Lowella Pendorric genau ein Jahr nach ihrer Hochzeit starb. Das goß Öl ins Feuer. Sie brachte den Erben auf die Welt und starb. Eigentlich ein ganz gewöhnlicher Vorfall damals, aber vergiß nicht, daß hier in Cornwall die Leute immer um alles ihre Spukgeschichten ranken.«

»Und sie muß jetzt hier spuken?«

»Andere Bräute kamen und gingen, aber niemand erinnerte sich offensichtlich an die Geschichte; es hieß immer nur, Lowella Pendorric gehe um bei Nacht. Dann starb meine Mutter, als Morwenna und ich fünf Jahre alt waren. Sie war erst fünfundzwanzig.«

»Wie starb sie denn?«

»Das ist es ja gerade, was dem alten Gerede neue Nahrung gegeben hat. Sie stürzte von der nördlichen Galerie in die Halle, weil die Balustrade brach. Das Holz war wurmzerfressen und sehr brüchig. Aber da Lowellas Bild in der Galerie hängt, hieß es bald, Lowella sei schuld an dem tödlichen Sturz. Sie sei es müde, im Hause zu spuken, und nun müsse Barbarina ihren Platz einnehmen. Ich bin sicher, der Teil der Geschichte, in dem Hause spuken zu müssen, bis eine andere Braut den Platz einnimmt, stammt von diesem Ereignis. Nun weißt du es also, der Geist von Pendorric ist meine Großmutter, ein ziemlich junger Geist für so ein altes Haus. Aber bei uns wird eben in Ablösung gespukt.«

»Ich verstehe«, sagte ich langsam. Lachend legte Roc mir die Hände auf die Schultern, und ich mußte mitlachen.

Die Frau im Reitdreß und dem blaubebänderten Hut begann durch meine Gedanken zu geistern, und oft fand ich mich vor ihrem Bild wieder, wenn ich allein in diesem Teil des Hauses war. Ich machte auch kein Hehl daraus, wie sehr mich dieses Bild anzog. Ich hätte gern gewußt, wie ihr wohl zumute war, als die Balustrade unter ihr nachgab, ob ihre Gedanken um die Braut vor ihr gekreist waren, so wie meine allmählich um sie.

Roc fand mich zwei Tage später dort. Er schob den Arm unter meinen und sagte, er wolle mich zu einer Spazierfahrt abholen.

An diesem Morgen fuhren wir hinaus aufs Moor. Ich war wie verzaubert von diesem wilden Landstrich mit seinen buckeligen Hügeln und Findlingen, so bizarr geformt, daß sie wie groteske menschliche Wesen aussahen.

Roc wollte mir wohl auf diese Weise Cornwall näherbringen, wollte mir beweisen, daß an der Sage nichts dran sei, daß man darüber lachen sollte.

Wir fuhren Meilen um Meilen, fuhren durch Callington und St. Cleer, kleine Städte mit grauen Granitfassaden, und wieder auf das Moor hinaus. Er zeigte mir Trethevy Quoit, ein Steinzeitgrab aus Steinblöcken. Er wies mich auf vorgeschichtliche Grabstätten hin. Er wollte mir zeigen, daß ein Land, das so viele Zeugnisse aus der Vergangenheit aufwiese, auch voller Sagen stecken müsse. Im Hochmoor hielt er den Wagen an. In der Ferne konnte ich das fantastische Steingebilde des Cheesering erkennen.

Er legte den Arm um mich und sagte: »Nächstens fahren wir noch weiter westwärts, dann zeige ich dir die Merry Maidens, neunzehn Steine in einem Kreis, die, ob du es glaubst oder

nicht, einstmals neunzehn Mädchen waren. Sie wollten der Über-
lieferung trotzen und gingen auf geweihter Stätte tanzen. Sie
wurden in Steine verwandelt. Und tatsächlich neigt sich ein Stein
hierhin, der andere dorthin, als hätte es die Mädchen mitten im
Tanz getroffen.« Seine Augen waren sehr zärtlich, als er mich
ansah. »Du wirst dich schon noch an uns gewöhnen«, fuhr er fort.
»Wo du auch hinschaust, überall gibt es Sagen. Du mußt sie
wirklich nicht so ernst nehmen.«

Er machte sich also über mich Gedanken. Und ich beruhigte ihn
und wies auf meinen gesunden Menschenverstand hin.

»Ich weiß es«, sagte er. »Aber der Tod deines Vaters war für dich
doch ein großer Schock. Darum muß ich besonders gut auf dich
aufpassen.«

»Na dann«, gab ich zurück, »komme ich mir ja sehr wertvoll vor.
Du hast schon eine ganze Menge Fürsorge seit jenem schrecklichen
Tag auf mich verwandt.«

»Ich bin ja auch dein Mann.«

Ich wandte mich ihm zu und sagte leidenschaftlich: »Das könnte
ich gar nicht vergessen ... nicht eine Minute ... selbst wenn ich es
wollte.«

Er küßte mich zärtlich. »Und du willst es auch nicht vergessen?«
Ich warf die Arme um seinen Hals, und er preßte mich an sich. Es
war, als wollte jeder dem anderen die Tiefe seiner Liebe zeigen. Ich
brauchte aber auch diesen Trost.

Roc konnte sich schneller von so einer Gefühlsaufwallung lösen
als ich, und in kurzer Zeit hatte er zu seiner alten, fröhlichen Art
zurückgefunden. Er erzählte mir lauter cornische Sagen, die so
fantastisch waren, daß ich ihn beschuldigte, er habe sie erfunden.
Dann erfanden wir beide neue Geschichten, immer gerade über
die Plätze, an denen wir vorbeifuhren, und taten alles, uns
gegenseitig an Unmöglichkeiten zu übertrumpfen. Es war ein
Mordsspaß, aber wenn jemand uns zugehört hätte, so hätte er uns
wahrscheinlich für verrückt gehalten. Und während wir in dieser
mutwilligen Laune heimfuhren, wunderte ich mich insgeheim,
wie Roc es immer wieder fertigbrachte, mich zu trösten und
gleichzeitig zu unterhalten.

An einem Nachmittag fuhren Morwenna und ich nach Plymouth
und tranken dort Tee. »Charles und ich freuen uns sehr, daß Roc
endlich geheiratet hat«, erzählte sie mir. »Wir wünschten es ihm
schon immer, daß er einmal zur Ruhe käme.«

»Du hast ihn sehr gern, nicht wahr?«

»Ja, er ist mein Bruder, sogar mein Zwillingsbruder. Und Roc ist kein Alltagsmensch, das wirst du mir sicherlich zugeben.«

Ich mußte ihr aus vollem Herzen zustimmen, und meine Zuneigung zu Morwenna wuchs. »Auf Roc kann man sich immer verlassen«, fuhr sie fort. Dabei rührte sie gedankenvoll in ihrem Tee, und ihr Blick bekam etwas Abwesendes, als schaute sie zurück in die Vergangenheit.

»Wart ihr sehr überrascht, als er schrieb, er hätte geheiratet?«

»Zuerst schon, aber er tut ja doch immer das Unerwartete. Charles und ich fürchteten schon, er bliebe ewig Junggeselle, daher war unsere Freude doppelt groß.«

»Sogar als ihr hörtet, daß er eine Fremde heiraten wolle?«

Morwenna lachte. »Dieser Zustand hält nicht lange vor. Du bist doch heute schon eine von uns.«

Es war ein hübscher Ausflug, und ich fühlte mich sehr glücklich, wenn ich über Roc sprechen konnte. Ich freute mich auch darüber, daß andere Menschen, die ihn schon sein ganzes Leben lang kannten, ihn gern mochten.

Morwenna und ich besuchten auch die Darks im Pfarrhaus, und ich lauschte gespannt den cornischen Spukgeschichten, die der Pfarrer zum besten gab.

Wir sprachen auch über die Leute, die auf dem Grund von Pendorric lebten, und ich hörte voller Stolz von den Vorteilen, die sie jetzt hatten, seitdem Roc die Verwaltung übernommen hatte.

Im Pfarrhaus war es auch, wo ich Dr. Andrew Clement, einen Mann Ende Zwanzig oder Anfang Dreißig, kennenlernte. Er war groß, blond und sehr freundlich zu mir. Wir mochten uns von Anfang an gern. Er erzählte mir, er sei aus Kent nach Cornwall gekommen und erst seit etwa achtzehn Monaten hier.

»Ich komme öfter in der Woche an Pendorric vorbei«, erklärte er mir. »Wenn ich Ihren Nachbarn, Lord Polhorgan, besuche.«

»Er ist sehr krank, nicht wahr?«

»Wie man es nimmt – sein Herz macht ihm zu schaffen. Er hat ständig eine Pflegerin im Haus, haben Sie sie noch nicht gesehen?«

»Nein.«

»Sie kommt gelegentlich nach Pendorric«, sagte Morwenna, »du wirst sie früher oder später kennenlernen.«

Bei der Heimfahrt von diesem unterhaltsamen Nachmittag sprachen wir von den Zwillingen.

»Rachel ist eine sehr gute Lehrerin, nicht wahr?« fragte ich.

»Ja, sehr.«

»Sicherlich seid ihr froh, daß ihr sie habt. Es muß ziemlich schwierig sein, heutzutage jemanden mit ihren Kenntnissen zu bekommen.«

»Sie ist nur... vorübergehend da, ungefähr in einem Jahr müssen die Kinder in die Schule. Sie können doch nicht immer zu Hause bleiben.«

War es nur Einbildung, oder hatte sich Morwennas Stimmung geändert, als ich Rachel erwähnt hatte? Eigentlich wollte ich noch weiter über Rachel sprechen; ich war ganz versessen darauf, noch mehr über sie zu erfahren; vor allem wollte ich herausbekommen, welche Beziehung zwischen Roc und ihr bestanden hatte, falls überhaupt etwas Ungewöhnliches an dieser Beziehung gewesen war.

Aber Morwenna ging nicht mehr darauf ein, sie sprach angeregt über die Darks und über die Veränderungen, die sie am Pfarrhaus vorgenommen hatten.

Am Nachmittag ging ich wieder in den Innenhof; es zog mich geradezu dorthin. Warum nahm ich nicht mein Buch und ging in den Garten, der auf der Südseite lag und zur Küste hin abfiel? Ich hätte dort in einer geschützten Laube zwischen Hortensien, Hekkenrosen und süß duftendem Lavendel sitzen können. Es wäre sicher sehr angenehm gewesen. Doch eben weil mich dort in dem Innenhof dieses Unbehagen beschlichen hatte, vor allem wegen dieser Fenster, trieb es mich wieder dorthin. Ich gehöre nicht zu den Leuten, die sich gern ein wenig gruseln, und ich war überzeugt davon, was immer mich auch beunruhigen mochte, je eher ich mich dem stellte, desto schneller würde es sich verflüchtigen.

Wieder saß ich unter einer Palme mit meinem Buch, und wieder versuchte ich vergeblich, mich zu konzentrieren. Ich hatte noch nicht lange dort gesessen, als die Zwillinge durch das Nordtor kamen. Wenn sie nebeneinander gingen, so konnte man sie leicht auseinanderhalten. Lowella war so vital, Hyson so scheu. Ich konnte es beinahe nicht glauben, daß es Hyson gewesen sein sollte, die mich vor Barbarina gewarnt hatte. Ob es nicht doch ein schlechter Scherz von Lowella gewesen war?

»Hallo«, rief Lowella. Sie kamen näher und setzten sich neben mich in das Gras.

»Wir stören doch nicht?« fragte Lowella höflich. »Sitzt du gern hier?« fuhr sie fort.

»Es ist friedlich hier unten.«

»Du sitzt genau in der Mitte, ganz von Pendorric umgeben. Hy liebt diesen Ort auch, nicht wahr, Hy?«

Hyson nickte.

»Wie findest du uns eigentlich?« begann Lowella von neuem.

»Darüber habe ich noch nicht nachgedacht.«

»Ich meine nicht uns beide, ich meine uns alle hier in Pendorric, Onkel Roc, Mummy, Daddy und Becky Sharp.«

»Becky Sharp, wer ist denn das?«

»Natürlich die alte Bective.«

»Warum nennt ihr sie so?«

»Weil Hy sagt, sie sei genau wie diese Becky Sharp; die kommt in einem Buch vor. Hy liest nämlich viel.«

Ich sah zu Hyson hinüber, die ernsthaft nickte.

»Sie erzählte mir von dieser Becky Sharp, und ich sagte: ›Das ist ja Rachel‹, und seitdem nennen wir sie Becky Sharp. Ich gebe den Leuten oft andere Namen. Ich zum Beispiel bin Lo, meine Schwester ist Hy. Das heißt, ich weiß nicht genau, ob ich gern Lo bin. Ich würde lieber Hy sein, aber nur mit dem Namen, sonst bliebe ich lieber, wie ich bin. Ich habe für jeden einen Namen – meinen Geheimnamen –, und Becky Sharp ist einer von ihnen.«

»Hast du denn auch einen für mich?«

»Für dich? Du bist doch die Braut. Du brauchst gar nicht anders zu heißen.«

»Und Miß Bective, wie gefällt ihr der neue Name?«

»Sie kennt ihn doch gar nicht, das ist ein Geheimnis. Weißt du, sie ist mit Mummy in die Schule gegangen, und Hy behauptet, sie geht nie wieder weg.«

»Hat sie das gesagt?«

»Natürlich nicht, die doch nicht. Niemand weiß, was Becky Sharp eigentlich will! Aber sie will hierbleiben. Wir dachten schon, sie heiratet Onkel Roc.«

Hyson kam näher, legte mir die Arme auf die Knie und schaute mich an: »Das wollte sie auch, und dich mag sie nicht, weil du ihn geheiratet hast.«

»Du mußt nicht immer solche Sachen sagen, Hy«, warnte Lowella sie.

»Ich kann sagen, was ich will.«

»Das kannst du nicht, und darfst du auch nicht.«

»Ich kann, und ich will«, schrie Hyson in jäher Wut. Lowella hüpfte um den Tisch herum und sang: »Du kannst es nicht, du kannst es nicht.« Hyson rannte hinter ihr her, und ich beobachtete noch, wie sie im Hof herumliefen, bis Lowella wieder durch die Nordtür verschwand. Hyson tat erst so, als wollte sie ihr folgen, zögerte dann, drehte sich langsam um und kam wieder zu mir zurück.

»Lowella ist wirklich kindisch.« Sie kniete zu meinen Füßen nieder und sah mich an. Unter ihrem prüfenden Blick fühlte ich mich etwas unbehaglich und sagte: »Du sprichst nie viel in ihrer Gegenwart. Warum eigentlich nicht?«

Sie zuckte mit den Schultern. »Ich sage nichts, wenn ich nichts zu sagen habe.«

Offensichtlich hatte sie in diesem Augenblick auch nichts weiter zu sagen. Sie kniete im Gras, und wir beide schwiegen wohl ein paar Minuten lang. Plötzlich stand sie auf und schaute zu einem der Fenster hinauf. Sie hob die Hand und winkte. Ich folgte ihrem Blick und sah, daß der Vorhang an einem Fenster leicht zurückgezogen war. Einen Fußbreit vom Fenster entfernt stand eine Gestalt und sah herab. Ich konnte gerade ein schattenhaftes Gesicht mit einem schwarzen Hut, der von einem blauen Band verziert war, erkennen.

»Wer ist das?« fragte ich scharf.

Die Antwort kam zögernd: »Das war Oma.«

Hyson lächelte mir zu und ging dann auf die Nordtür zu. Ich blieb allein im Hof sitzen, sah nochmals zu dem Fenster hinauf, wo aber niemand mehr stand, und der Vorhang hing auch wieder an seinem Platz.

»Barbarina«, flüsterte ich.

Es war kein Kind gewesen, was ich da am Fenster gesehen hatte. Es war eine hochgewachsene Frau.

Das ist absurd, schalt ich mich, als ich die Treppe hinaufstieg. Ich glaube nicht an Geister.

Hatte ich mich denn gewandelt, seit ich in Pendorric war? Ich war so ausgeglichen gewesen, bis ich Gefühle kennenlernte, die, ehe mir Roc Pendorric begegnete, nur Worte für mich gewesen waren. Liebe, Eifersucht und – nun auch noch Angst.

3

Ich lief geradenwegs in mein Zimmer. Als ich die Tür öffnete, stockte mir der Atem. In einem Sessel, mit dem Rücken gegen das Licht, saß eine Frau. Ich war so schockiert nach dem Erlebnis im Hof, daß ich Sekunden brauchte, bis ich Morwenna erkannte.

»Habe ich dich erschreckt?« fragte sie. »Das tut mir leid. Ich wollte nur nach dir sehen und setzte mich hier für einen Augenblick hin.«

»Ja, es ist albern von mir, aber ich war nicht darauf gefaßt.«

»Ich wollte dir nur sagen, Deborah ist hier. Ich würde dich ihr gern vorstellen.«

»Wer ist hier?«

»Deborah Hyson, die Schwester meiner Mutter. Sie ist oft und lange bei uns. Heute nachmittag ist sie gekommen, wahrscheinlich deinetwegen. Sie kann es nämlich nicht ertragen, wenn irgend etwas in der Familie vorgeht, von dem sie nichts weiß.«

»Habe ich sie nicht vorhin am Fenster gesehen, kann das sein?«

»Das ist gut möglich. War es auf der Westseite?«

»Ja, ich glaube schon.«

»Dann war es sicher Deborah. Sie hat dort ihre Zimmer.«

»Sie sah in den Innenhof hinunter, und Hyson winkte ihr zu, lief dann aber ohne Erklärung fort.«

»Hyson liebt sie sehr, und Hyson ist auch Deborahs Liebling. Ich bin froh darüber, gewöhnlich ist Lowella beliebter. Kommst du nun mit? Wir wollen im Wintergarten Tee trinken, und Deborah ist sehr darauf gespannt, dich kennenzulernen.«

Wir gingen zu einem kleinen Zimmer im ersten Stock des Nordflügels, wo mir eine hochgewachsene Frau entgegenkam. Ja, das mußte sie sein, die ich am Fenster gesehen hatte. Zwar hatte sie jetzt den Hut nicht mehr auf; sie trug das volle weiße Haar, wie es vor dreißig Jahren wohl modern gewesen war. Überhaupt machte ihre Kleidung einen etwas altmodischen Eindruck. Ihre Augen und ihre Crêpe-de-Chine-Bluse hatten die gleiche Farbe – tiefblau. Das schwarze Schneiderkostüm betonte, wie rank und schlank sie war. Sie ergriff meine beiden Hände und sah mich forschend an.

»Meine Liebe«, sagte sie, »wie bin ich froh, da bist du endlich! Als ich die Neuigkeit erfuhr, mußte ich gleich herkommen.« Sie lächelte versonnen und ließ kein Auge von mir. »Komm, setz dich neben mich«, sagte sie. »Wir haben eine Menge zu besprechen. Morwenna, wo bleibt der Tee?«

»Er kommt sofort«, antwortete Morwenna.

Wir saßen nebeneinander, und sie fuhr fort: »Du mußt mich Deborah nennen, ebenso wie die Kinder. Mit den Kindern meine ich natürlich Petroc und Morwenna. Die Zwillinge sagen ja seit jeher Großmama zu mir. Und warum auch nicht!« Sie lächelte. »Für sie ist jeder über zwanzig alt, und was danach kommt, uralt. Und das freut mich sogar, schließlich haben sie nie eine Großmama gehabt – ich bin also ein Lückenbüßer.«

Mrs. Penhalligan brachte den Tee, Morwenna schenkte ein und meinte zu Deborah gewandt: »Charles und Roc kommen frühestens in einer Stunde.«

»Dann sehe ich sie zum Abendessen. Aber da kommen ja meine Zwillinge!«

Die Tür sprang auf und Lowella schoß herein, ihr folgte langsam Hyson. »Hallo, Großmama!« rief Lowella, flog auf Deborah zu, bekam ihre Umarmung und ihren Kuß. Dann war Hyson an der Reihe, und ich sah es wohl, wieviel herzlicher die Begrüßung ausfiel. Ohne Zweifel mochten die beiden sich sehr. Lowella untersuchte den Teewagen nach etwas zum Naschen, während Hyson an Deborahs Stuhl gelehnt stehenblieb.

»Ach, ist das schön, wieder hier zu sein«, sagte Deborah, »obwohl ich das Moor vermisse.« Sie wandte sich an mich: »Ich besitze ein Haus auf dem Dartmoor. Dort sind wir aufgewachsen, und seit dem Tod meiner Eltern gehört es mir. Du mußt es dir unbedingt einmal ansehen.«

»Da komme ich mit!« rief Lowella.

»Gutes Kind«, sagte Deborah. »Du mußt auch überall dabeisein. Aber du kommst doch auch mit, Hyson?«

»Ja, gern, Großmama!«

»Du bist ein liebes Mädchen, du kümmerst dich um deine Tante Favel und machst es ihr hier recht gemütlich, ja?«

»Wir nennen sie nicht Tante. Für uns ist sie Favel, und natürlich kümmern wir uns um sie«, sagte Lowella. »Onkel Roc hat es uns auch schon gesagt.«

»Und du, Hyson?«

»Ja, Großmama, ich habe ihr schon gezeigt, was sie sehen muß, und erzählt, was sie wissen sollte.« Deborah lächelte, strich zärtlich über Hysons Schopf.

»Habe ich dich eigentlich vorhin gesehen, vom Innenhof aus?« Ich konnte diese Frage nicht mehr länger zurückhalten, so dumm es war, ich mußte mich vergewissern.

»Ja, ich war gerade angekommen. Ich hatte Morwenna und Roc nicht gesagt, daß ich heute käme. Ich lugte schnell mal aus dem Fenster, und da sah ich dich und Hyson. Ich wußte ja nicht, daß du mich gesehen hast, sonst hätte ich das Fenster geöffnet und mich gemeldet.«

»Hyson winkte, und darum sah ich hinauf. Und als sie sagte, das sei ihre Großmama, wunderte mich das.«

»Hast du ihr das nicht erklärt, Hyson? O Hyson, du Dummchen.« Und wieder streichelte sie ihr über den Schopf.

»Ich habe doch gesagt, das ist meine Großmama, und das stimmt doch auch«, verteidigte sich Hyson.

Deborah verwickelte mich in ein Gespräch, wie es sich auf Capri lebe und wie ich Roc kennengelernt hätte.

»Wie romantisch!« rief sie, als ich ihre Frage beantwortet hatte. »Wirklich bezaubernd, findest du nicht auch, Morwenna?«

»Wir freuen uns auch alle, ganz besonders, nachdem wir Favel jetzt kennengelernt haben.«

»Wir haben ja lange genug auf die neue Braut von Pendorric gewartet«, warf Hyson ein.

Alle lachten, und dann sprachen wir bis zum Schluß der Teestunde von anderen Dingen. Hyson fragte, ob sie ihrer Großmama beim Auspacken helfen dürfte. Deborah stimmte erfreut zu und meinte: »Kennt Favel eigentlich schon meine Zimmer? Wie wär's, wenn wir sie bäten mitzukommen, Hyson?«

Wir gingen also zu dritt hinüber in den Westflügel, vorbei an dem Fenster, aus dem Deborah auf mich hinuntergesehen hatte. Sie öffnete die Tür zu einem Zimmer, das ähnliche Fenster hatte wie unser Schlafzimmer, mit einem herrlichen Blick auf die Küste. Ich sah zu dem Bett hinüber, auch ein Himmelbett wie unseres, und dort auf der rosafarbenen Decke lag der schwarze Hut mit dem blauen Band. Es war nicht genau der gleiche wie der auf dem Bild, aber die Farbzusammenstellung war ähnlich. Ich fühlte mich trotzdem erleichtert. Dann bemerkte ich, daß eine der Wände mit Fotografien bedeckt war. Lachend folgte Deborah meinem Blick. »Ich habe immer Familienfotos gesammelt, und es sieht zu Hause in Devonshire genauso aus. Nur sind dort alle Fotos von früher . . . diese hier sind später entstanden. Nach Barbys Ehe.«

Unwillkürlich sagte ich: »Barbarina.«

»Ja, Barbarina. Für mich hieß sie Barby, und ich war Deb. Bis zu Barbarinas Hochzeit waren wir immer beieinander. Ach ja«, fuhr sie fort, »es ist alles schon so lange her, doch manchmal kann ich es kaum glauben, daß sie tot ist ... Nach ihrem Tod kam ich hierher und erzog Petroc und Morwenna. Ich versuchte, Barbarina zu ersetzen. Aber wer kann schon eine Mutter ersetzen? Doch ich will dir jetzt die Fotografien zeigen. Einige sind ganz entzückend, und es wird dir sicherlich Spaß machen, deinen Mann in den verschiedenen Lebensaltern zu sehen.«

Ich mußte über den kleinen, keck blickenden Jungen in dem offenen Hemd und den Knickerbockern lachen. Auf dem Bild daneben stand er mit Morwenna, Morwenna lächelte schüchtern. Roc dagegen blickte ziemlich finster. Ein anderes Bild zeigte die beiden Babys; eine sehr schöne Frau beugte sich über sie.

»Barbarina und ihre Zwillinge«, sagte Deborah.

»Wie schön sie ist!«

»Ja.« Trauer klang aus ihrer Stimme. Sie vermißt ihre Schwester noch immer sehr, dachte ich. Es kam mir das Familiengrab mit dem Lorbeerkranz in den Sinn, und ich ahnte, wer ihn hingehängt haben könnte.

Dann wandte sich meine Aufmerksamkeit einem anderen Bild zu. Es war Barbarina mit ihrem Mann, die Ähnlichkeit Rocs mit seinem Vater war verblüffend. Da war es wieder, das herausfordernde Lächeln, das Gesicht eines Mannes, der weiß, was er will, unbekümmert und mit unbestimmbarem Charme. Die Ohren liefen genau wie bei Roc spitz zu, und die Augen standen auch genau wie Rocs schräg. Es war ein hübsches Gesicht, und der kleine Zug von Mutwillen machte es fast noch anziehender.

»Das sind Rocs Eltern?« fragte ich.

»Ja, ein Jahr vor dem Unglück aufgenommen«, antwortete Deborah.

»Es ist sehr traurig. Er sieht so verliebt aus. Es muß ihm doch das Herz gebrochen haben.«

Deborah lächelte bitter und schwieg.

»Willst du Favel nicht noch die Familienalben zeigen?« fragte Hyson.

»Jetzt nicht, mein Liebling. Ich muß noch auspacken. Ich zeige Favel die Alben gern ein anderes Mal.« Ich fühlte bei diesen Worten deutlich, daß sie allein sein wollte, und verabschiedete mich. Deborah nahm meine Hände, sah mich herzlich an und sagte: »Ich kann dir gar nicht sagen, wie sehr ich mich freue, daß wir dich jetzt hier haben.« In ihrer Stimme lag so viel Zuneigung, daß ich an der Aufrichtigkeit ihrer Worte nicht zweifelte.

»Alle sind so reizend zu mir«, versicherte ich ihr. »Keine Braut könnte herzlicher empfangen worden sein. Wenn man unsere plötzliche Heirat und den Überfall auf eure Familie in Betracht zieht, dann kann ich jedem von euch nur dankbar sein.«

Die Tür ging auf, und eine kleine Frau kam ins Zimmer. Sie trug ein schwarzes Kleid, was ihr fahles Gesicht noch blasser erscheinen ließ. Ihr Haar war eisgrau. Über den kleinen, unruhigen Augen lagen dunkle, buschige Brauen. Die Nase war lang und schmal, der Mund dünn wie ein Strich. Sie wollte etwas sagen, zögerte aber, als sie mich erblickte. Deborah stellte sie mir vor: »Das ist meine liebe Carrie, sie war früher unser Kindermädchen und kümmert sich immer noch um mich. Ich wüßte nicht, wie ich ohne sie auskäme. Carrie, das ist die neue Mrs. Pendorric.«

Die unruhigen Augen blickten mich an. »Oh«, sagte sie, »die neue Mrs. Pendorric? So, so.«

»Du wirst Carrie noch besser kennenlernen«, meinte Deborah freundlich. »Sicher wird sie auch für dich eine Menge tun können. Sie ist eine wahre Zauberin, was Nähen anlangt. Die meisten Kleider, die ich trage, hat sie selbst geschneidert.«

Voller Stolz sagte Carrie: »Ich konnte immer sagen, daß es in Devonshire keine besser angezogenen Mädchen gab als Miß Barbarina und Miß Deborah.«

Deborah schob ihren Arm durch den meinen, und wir gingen zusammen auf den Korridor hinaus.

»Wir müssen Carrie nehmen, wie sie ist«, flüsterte sie mir zu, »sie hat eine bevorzugte Stelle inne. Darauf pocht sie, und außerdem wird sie langsam ein bißchen wunderlich.« Sie zog ihren Arm zurück. »Ich freue mich schon darauf, dir die Bilder zu zeigen«, fuhr sie fort, »ich kann dir gar nicht sagen, wie froh ich bin, daß du hier bist.«

Ich war ihr aus vielerlei Gründen dankbar. Nicht nur weil sie mir ihre Freundschaft anbot, sondern auch weil sie mir meine Selbstsicherheit wiedergegeben hatte. Ich wußte jetzt, daß ein Wesen aus Fleisch und Blut mich aus dem Fenster angesehen hatte.

In Pendorric wurde die Post zusammen mit dem ersten Frühstückstee auf unser Zimmer gebracht, und es war ein paar Tage später, als Roc einen Brief erhielt, über den er laut lachte.

»Da ist er!« rief er zu mir ins Badezimmer hinüber. »Ich wußte doch, daß es kommen mußte.«

»Was denn?« fragte ich und kam, in ein Badetuch gewickelt, heraus:

»Lord Polhorgan bittet um die Ehre, Mr. und Mrs. Pendorric am Mittwoch um 15.30 Uhr bei sich begrüßen zu dürfen.«

»Mittwoch, das ist doch morgen. Gehen wir hin?«

»Na klar, ich bin gespannt, was du zu diesem Trugschloß sagen wirst.«

Wir läuteten am großen Eingang. Ein würdevoller Butler öffnete die Tür und verbeugte sich feierlich: »Guten Tag, Sir, guten Tag, Madam. Seine Lordschaft erwartet Sie schon. Darf ich Sie hinaufführen?« Wir brauchten geraume Zeit, bis wir das Zimmer erreichten, in dem der Gastgeber uns erwartete. Gleich beim Eintreten fiel mir auf, daß die Möbel zwar antik waren, die Teppiche und Gardinen dagegen hochmodern.

Schließlich kamen wir in ein großes Zimmer, dessen Fenster auf den hübschen Garten hinausgingen.

Dort lag Lord Polhorgan auf einer Chaiselongue.

»Mr. und Mrs. Pendorric«, kündete der Butler an.

»Aha, ich lasse bitten, Dawson, ich lasse bitten.« Er wandte sich um. Der forschende Blick seiner grauen Augen machte mich ganz verlegen. »Nett, daß Sie kommen«, sagte er ziemlich barsch, so als wäre er anderer Ansicht. »Entschuldigen Sie bitte, wenn ich liegenbleibe.«

»Das macht nichts«, sagte ich schnell und gab ihm die Hand.

Sein Gesicht war gerötet, an seinen dünnen, langen Händen traten die Adern hervor.

»Nehmen Sie Platz, Mrs. Pendorric«, sagte er.

»Geben Sie Ihrer Frau einen Stuhl, Pendorric. Stellen Sie ihn neben mich hin ... so ist's recht, ins Licht. Erzählen Sie mir, wie Ihnen Cornwall gefällt, Mrs. Pendorric.«

Er sprach scharf und abgehackt, als erteile er Befehle auf einem Kasernenhof.

»Ich bin begeistert«, sagte ich.

»Hält es einen Vergleich mit Ihrer Insel aus?«

»O ja.«

»Alles, was ich von Cornwall sehe, ist diese Aussicht.« Er wies mit dem Kopf auf das Fenster.

»Ich kann mir nicht vorstellen, daß Sie woanders eine schönere fänden.«

Sein Blick ging von mir zu Roc. Ich sah wohl die höhnische Miene meines Mannes. Er mochte den alten Mann nicht, und es ärgerte ihn ein bißchen, daß er es so deutlich zeigte.

Unser Gastgeber blickte finster zur Tür und rief: »Wo bleibt denn der Tee!«

Seine Leute hatten es bestimmt nicht leicht bei ihm; selbst wenn er angeordnet hatte, daß der Tee unverzüglich zu servieren sei, so schnell konnte er nicht fertig sein; schließlich waren wir erst seit ein paar Minuten hier. Doch schon öffnete sich die Tür, und der Teewagen wurde hereingerollt. Er war beladen mit Kuchen aller Art, Brot und Butter, Keksen, Schlagsahne und Marmelade.

»Ach«, brummte Lord Polhorgan, »endlich. Wo ist denn Schwester Grey?«

»Hier bin ich schon.« Eine Frau kam ins Zimmer. Sie war sehr schön. Das Blau ihres gestreiften Kleides und das ihrer Augen stimmten überein, ihre gestärkte Schürze war schneeweiß, und das Häubchen, das keck auf ihrem dichten, goldblonden Haar saß, unterstrich noch ihre Schönheit.

»Guten Tag, Mr. Pendorric«, sagte sie.

Roc war bei ihrem Eintritt aufgestanden, so daß ich sein Gesicht nicht beobachten konnte, als er sie begrüßte. Er sagte: »Guten Tag, Schwester«, und dann wandte er sich uns zu. »Favel, das ist Schwester Grey, sie pflegt Lord Polhorgan.«

»Ich freue mich, Sie kennenzulernen.« Sie hatte volle Lippen und makellose Zähne.

»Geben Sie Mrs. Pendorric Tee«, grollte Lord Polhorgan.

»Gern«, sagte Schwester Grey, »wie ich sehe, ist alles da. Mrs. Pendorric, wollen Sie sich bitte neben Lord Polhorgan setzen? Dann stelle ich den kleinen Tisch für Sie hierher.« Ich dankte ihr. Sie ging zum Teewagen zurück und begann einzuschenken, während Roc ein Tablett mit Törtchen, Sahne und Marmelade auf unseren Tisch stellte.

»Ich brauche nicht immer eine Krankenschwester«, erklärte mir Lord Polhorgan. »Aber ich könnte sie ganz plötzlich brauchen, und darum ist sie da. Tüchtige Person.«

»Davon bin ich überzeugt.«

»Leichte Beschäftigung, viel freie Zeit, herrliche Umgebung.«

Ich überlegte, was wohl Schwester Grey davon hielt, wenn man sie mit der dritten Person titulierte. Ich warf einen kurzen Blick zu ihr hinüber und sah, wie sie Roc anlächelte.

Ich reichte Polhorgan die Törtchen und bemerkte dabei, daß er sich nur langsam bewegte und ihm das Atmen Mühe machte. »Darf ich sie Ihnen mit Marmelade und Sahne füllen?« fragte ich.

»Ham«, brummte er zustimmend und fügte ein ›danke‹ hinzu, als ich ihm den Teller reichte. »Nett von Ihnen. Vergessen Sie sich selber nicht.« Schwester Grey fragte, ob ich chinesischen oder indischen Tee haben möchte, und schenkte mir köstlichen Mandarin Pekoe ein. Dann setzte sie sich neben Roc. Ich hätte so gern gehört, was sie miteinander zu reden hatten, aber Lord Polhorgan bestürmte mich mit Fragen. Anscheinend interessierte ihn mein früheres Leben sehr, und ich versprach, ihm Arbeiten meines Vaters zu'zeigen. Dann erzählte ich von meiner Kindheit.

»Sie sind nicht glücklich«, unterbrach mich plötzlich Lord Polhorgan, und ehe ich mich versah, erzählte ich ihm von Vaters Tod. Er hörte aufmerksam zu und meinte dann: »Sie hatten ihn sehr lieb. Ihre Mutter auch?«

Nun berichtete ich ihm von meinen Eltern. Und während ich redete und redete, wunderte ich mich selbst darüber, wie vertraulich ich mit diesem alten Herrn zu sprechen vermochte.

Er legte seine Hand auf meinen Arm. »Und was ist nun mit euch?« fragte er, und sein Blick ging zu Roc hinüber, der mit der Krankenschwester scherzte.

Ich zauderte eine Sekunde zu lange.

»Zu schnell geheiratet«, fügte er hinzu. »Das habe ich schon von irgendwoher gehört.«

Ich errötete. »Ich bin in Pendorric sehr glücklich.«

»Sie handeln zu unbesonnen«, sagte er. »Schlechte Gewohnheit. Tat ich nie. Traf Entschlüsse, ja ... manchmal schnelle, aber immer nach reiflichem Nachdenken. Kommen Sie mal wieder?«

»Wenn Sie mich einladen.«

»Ich lade Sie ein, jetzt.«

»Vielen Dank.«

»Sie brauchen es nicht zu tun, wenn Sie nicht wollen.«

»Ich will aber.«

»Sicher werden Entschuldigungen kommen. Zu viel Arbeit. Andere Verabredungen. Warum sollte auch eine junge Frau wie Sie einen alten, kranken Mann besuchen?«

»Aber ich würde sehr gern kommen.«

»Sie haben ein gutes Herz. Doch Freundlichkeit geht nicht immer tief. Sie wollen dem alten Mann nicht weh tun.«

»Nein, bestimmt nicht. Sie nehmen so viel Anteil an allem, und ... außerdem gefällt mir Ihr Haus.«

»Ziemlich vulgär, wie? Alter Mann aus dem Volk, der sich einen Hintergrund schaffen wollte. Da rümpfen die Aristokraten die Nase. Aber ein jeder verschafft sich das, was er haben will. Ich wollte Geld machen, und ich habe es gemacht. Ich wollte einen Herrensitz haben – nun, hier ist er. Man erhält das, wofür man bezahlt. Und wenn es anders kommt, als man es sich ausgerechnet hat, dann muß man den Fehler bei sich selber suchen. Darauf nämlich kann man Gift nehmen, irgendwo und irgendwann hat man dann etwas falsch gemacht.«

»Sie haben sicherlich recht.«

»Sogar wenn ich Sie langweile, würde ich Sie gern wiedersehen. Vielleicht bin ich amüsanter, wenn wir uns erst besser kennen.«

»Bis jetzt haben Sie mich noch nicht gelangweilt.«

»Ich bin ein alter Mann ... und krank dazu ... durch das Leben, das ich geführt habe.« Er klopfte sich auf die Brust. »Ich habe dem da zuviel zugemutet, und nun muß ich dafür bezahlen. Spielen Sie Schach?«

»Meine Mutter lehrte es mich. Sie lehrte mich auch lesen, schreiben und rechnen, ehe ich nach England auf die Schule kam.«

»Sie waren wohl ihr Augapfel, wie?«

»Ich war das einzige Kind.«

»Ich verstehe.« Er schaute mich versonnen an. »Nun, wenn Sie hin und wieder eine Partie Schach mit mir spielen, dann langweilt es Sie nicht so, was der alte Mann da schwatzt. Wann kommen Sie also?«

Ich überlegte schnell und sagte: »Übermorgen.«

»Fein, zum Tee?«

»Ja, aber ich darf nicht wieder so viel von diesen Köstlichkeiten essen, sonst werde ich zu dick.«

Wieder schaute er mich an, und auf einmal wurde sein Blick ganz zärtlich. »Sie sind doch so zierlich wie eine Elfe.«

Schwester Grey trat zu uns und bot Kuchen an; doch wir hatten keinen Appetit mehr. Ich sah wohl, daß ihre Augen noch mehr glänzten als vorhin und ihre Wangen zartrosa überhaucht waren. Ob Roc dahintersteckte, fragte ich mich unbehaglich und mußte auf einmal an Rachel Bective denken und an Dinah Bond, die Frau des jungen Schmieds.

Die Konversation wurde allgemein, und nach einer Stunde gingen wir nach Hause. Roc war sichtlich belustigt. »Eine neue Eroberung, wie?« scherzte er. »Der alte Knabe war ja ganz eingenommen von dir. Ich habe ihn noch nie so freundlich und höflich gesehen.«

»Armer, alter Mann. Wahrscheinlich nimmt sich niemand die Mühe, ihn zu verstehen.«

»Wozu auch«, erwiderte Roc. »Er ist so leicht zu verstehen wie das Abc. Der typische Selfmademan, Dutzendware. Es gibt Leute, die sich selbst nach einem Klischee formen. Sie entschließen sich, einen bestimmten Typ darzustellen und spielen dann die Rolle; nach einer gewissen Zeit wird sie ihnen zur zweiten Natur. Du glaubst mir wohl nicht, wie?«

»Du verzeihst ihm einfach nicht sein Haus hier.«

Roc zuckte die Achseln. »Vielleicht. Stell dir mal vor, alle Selfmade-Männer würden an unserer Küste bauen. Was für eine Aussicht! Polhorgan ist ein Kuckucksei in der Reihe der hiesigen Häuser: Pendorric, Mount Mellyn, Mount Wissen, Cotehele, und dazu nennt er sich noch in seiner mittelenglisch-aufdringlichen Art Lord Polhorgan, wo doch Tre, Pol und Pen typische Namen aus Cornwall sind.«

»Werde doch nicht gleich so wütend!« beruhigte ich ihn und fuhr leichthin fort: »Und wenn ich nun eine Eroberung gemacht habe, wie ist das mit dir?«

Lächelnd wandte er sich zu mir. »Meinst du Thea?«

»So nennst du sie also.«

»Es ist ihr Name, mein Schatz. Althea Grey – Thea für ihre Freunde.«

»Zu denen du auch gehörst.«

»Natürlich, und du wirst auch dazu gehören«, sagte er. »Aber diese Eroberung habe ich schon vor langer Zeit gemacht. Thea ist schon seit achtzehn Monaten hier.«

Er legte seinen Arm um meine Schultern und fing an zu singen.

Zwei Tage später ging ich, wie verabredet, zu Lord Polhorgan, um Schach zu spielen. Hinterher gestand ich Roc, daß ich den alten Herrn noch sympathischer gefunden hätte als beim erstenmal. Roc schien sich nur königlich darüber zu amüsieren.

Schwester Grey war dieses Mal nicht anwesend, und so schenkte ich den Tee ein. Der alte Herr war ganz glücklich, als er mich im Schach schlug, und blinzelte mich pfiffig an: »Ich wette, Sie haben mich gewinnen lassen – nur um den alten Mann bei Laune zu halten.« Ich versicherte ihm, ich hätte mir die größte Mühe gegeben, ihn zu schlagen, was er mit Genugtuung hörte. Bevor ich ging, mußte ich ihm noch versprechen, in ein bis zwei Tagen wiederzukommen, er würde mir Revanche geben.

Langsam gewöhnte ich mich in Pendorric ein. Ich half Morwenna ein bißchen im Garten.

»Das ist ein nützliches Hobby«, bekannte sie mir. »Wir haben nämlich nicht mehr so viele Gärtner wie früher. Nun kommt Bill Pascoe, aus den Katen, dreimal in der Woche nachmittags und hilft Toms.«

Charles war immer sehr freundlich zu mir, in seiner ruhigen und bescheidenen Art. Als Roc mich zum erstenmal durch das Gut führte, merkte ich sofort, welchen Respekt Charles vor Rocs Urteil hatte, und das machte ihn mir noch lieber.

Sogar Rachel Bective bat ich im Innern mein vorschnelles Urteil ab. Bei einem Spaziergang erzählte sie mir auch etwas mehr von sich: sie sei Morwenna auf der Schule begegnet und habe die Sommerferien auf Pendorric verbringen dürfen. Sie müsse ihr Geld selbst verdienen und habe daher beschlossen, Lehrerin zu werden. Das Angebot, ein Jahr lang die Erziehung der Zwillinge zu übernehmen, habe sie gern angenommen, da sie wußte, welche Plage die beiden für ihre Mutter waren.

Die Zwillinge schienen nach wie vor ein besonderes Vergnügen daran zu finden, mich zu erschrecken. Lowella nannte mich immer noch ›Braut‹, was ich anfangs für Spaß hielt, später war ich nicht mehr so sicher. Hyson dagegen richtete nur stumm ihren Blick auf mich, und auch das machte mich ganz nervös.

Eines Nachmittags, als ich im Innenhof saß, überfiel mich wieder das eigentümliche Gefühl, beobachtet zu werden. Ich sah zu den Fenstern der Westseite hinauf, wo ich Deborah am Tage ihrer Ankunft gesehen hatte, und erwartete fast, sie wieder dort zu erblicken. Dann wandte ich mich der Ostseite zu und hätte schwören mögen, dort eine Bewegung gesehen zu haben. Ich winkte hinauf, bekam aber keine Antwort.

Zehn Minuten später kam Deborah zu mir in den Hof.

»Du liebst diesen Hof, nicht wahr?« Sie zog sich einen der weiß- und goldverzierten Stühle dicht zu mir heran.

»Meine Gefühle sind etwas gemischt«, sagte ich frei heraus, »einerseits zieht es mich geradezu hierher, andererseits fühle ich mich gar nicht behaglich, wenn ich hier sitze.«

»Nanu, warum denn nicht?«

»Wegen der Fenster.«

»Ich habe schon oft gesagt, es ist ein Jammer, daß nur Korridor- fenster auf den Innenhof gehen. Er bietet eine so hübsche Aussicht und gibt eine Abwechslung zu dem Meer im Süden, Westen und Osten und dem freien Land im Norden.«

»Nein, es sind die Fenster selbst, die dem Hof jegliche Gemüt- lichkeit nehmen.«

Sie lachte. »Du bist, glaube ich, eine fantasiereiche kleine Person.«

»Das bin ich nicht. Bist du gerade auf der Ostseite gewesen?«

Sie schüttelte den Kopf.

»Ich war sicher, jemand hätte heruntergeschaut.«

»Unmöglich, nicht von der Ostseite. Die Zimmer sind nicht mehr bewohnt. Die Möbel sind mit Staubhüllen abgedeckt... außer in ihren Zimmern.«

»Ihren Zimmern?«

»Ja, Barbarinas. Sie liebte die Ostseite. Ihr machte der Anblick von Polhorgans Folly nichts aus. Die anderen konnten ja nicht ertragen, dort hinüberzuschauen. Sie hatte ihr Musikzimmer dort und behauptete, es sei ideal, weil sie hier nach Herzenslust üben könnte, ohne jemanden zu stören.«

»Vielleicht habe ich einen der Zwillinge gesehen?«

»Das kann sein. Von den Dienstboten kommt kaum jemand dorthin. Carrie kümmert sich um Barbarinas Zimmer, und sie wird sehr zornig, wenn jemand versucht, dort einzudringen. Aber du solltest dir die Zimmer anschauen. Du mußt das ganze Haus kennen. Schließlich bist du ja die neue Herrin.«

»Ach ja, Barbarinas Zimmer sähe ich mir gern einmal an.«

»Na, dann komm mit.«

Eilfertig stand ich auf, und sie nahm meinen Arm, als wir quer durch den Garten auf das Osttor zugingen.

»Die Dienstboten glauben fest, in diesem Teil des Hauses spuke es«, erklärte mir Deborah.

»Und Barbarina ist der Geist?« fragte ich.

»Kennst du die Geschichte schon? Lowella Pendorric wird zugeschoben, im Haus gespukt zu haben, bis Barbarina ihren Platz einnahm. Typisch für Cornwall, meine Liebe. Barbys Zimmer sind im zweiten Stock.« Deborah ging voraus. »Nach ihrer Heirat kam ich öfter her. Wir sind in unserem Leben kaum getrennt gewesen, und Barby sah nicht ein, warum das nicht auch weiterhin so sein sollte, und so wurde Pendorric für mich eine zweite Heimat.«

Im zweiten Stock öffnete Deborah einige Türen und führte mich durch Zimmer, wo weiße Laken die Möbel vor Staub schützten.

Deborah öffnete eine weitere Tür. »Das hier ist das Musikzimmer.« Hier waren keine Schonbezüge. Das riesige Fenster gab den Blick auf die Küste frei: Polhorgans Trugschloß thronte majestätisch auf den Klippen.

Dieser Raum wirkte sehr bewohnt. An einem Ende befand sich

eine kleine Estrade, auf der ein Notenständer stand mit aufgeschlagenen Noten. Daneben, auf einem Stuhl, lag eine Geige, als wäre sie eben dort hingelegt worden. Der offene Geigenkasten lag auf einer Kommode daneben.

Ich fragte leise: »Das Zimmer ist seit ihrem Tod so geblieben?«

»Es ist ein eigentümlicher Brauch. Aber manchen Menschen bringt es Trost. Carrie staubt ab und legt alles wieder genau da hin, wo es lag. Sie ist ganz besessen davon. Wir lassen eigentlich ihretwegen alles so, wie es war. Ich kann gar nicht sagen, wie ergeben sie Barbarina war.«

»Und dir auch.«

Deborah lächelte. »Ja, mir auch, aber Barbarina war ihr Liebling.«

»Ihr wart doch eineiige Zwillinge, nicht wahr?«

»Ja, wie Lowella und Hyson. Als wir Kinder waren, konnte man uns kaum auseinanderhalten, aber später wurde das anders. Sie war fröhlich und amüsant, ich dagegen ziemlich schwerfällig und langsam. Barbarina war jedermanns Liebling, ich dagegen wirkte nicht anziehend, ich stand immer in ihrem Schatten.«

»Nahmst du ihr das übel?«

»Ich bewunderte Barbarina. Sie hatte keine ergebenere Anbeterin als mich. Wenn sie gelobt wurde, war ich glücklich, als wäre ich selber gelobt worden. Ach, hättest du sie nur gekannt! Sie war alles das, was ich so gern gewesen wäre. Aber da sie genauso aussah wie ich und außerdem noch meine Zwillingsschwester war, war ich auch so ganz zufrieden.«

»Es traf dich sicher schwer, als sie heiratete?«

»Ach, wir trennten uns eigentlich nur, wenn es nicht anders ging. Ich mußte zwar viel in Devonshire sein, mein Vater brauchte mich. Unsere Mutter starb, als wir ungefähr fünfzehn waren, und er hat den Verlust nie richtig verwunden. Aber wenn ich es möglich machen konnte, fuhr ich nach Pendorric. Sie war jedesmal sehr froh, wenn ich kam. Ja, ich weiß nicht, was sie gemacht hätte . . .« Sie zögerte und ich hatte den Eindruck, als wollte sie mir etwas anvertrauen. Doch dann zuckte sie die Achseln; sie schien es sich anders überlegt zu haben.

»War die Ehe glücklich?« fragte ich.

Deborah wandte sich ab und trat ans Fenster. Ich erschrak, womöglich hatte ich sie durch meine indiskrete Frage verletzt. Ich ging zu ihr und legte meine Hand auf ihren Arm. »Es tut mir leid. Ich frage zuviel.«

Sie sah mich an, und ich bemerkte einen feuchten Glanz in ihren Augen. Lächelnd schüttelte sie den Kopf. »Ach nein, es ist ja verständlich, daß dich das alles sehr interessiert. Schließlich gehörst du nun zu uns, und es besteht keinerlei Grund, Familiengeschichten vor dir zu verheimlichen. Setz dich her, ich will es dir erzählen.

Es besteht eine entfernte Verwandtschaft zwischen den Hysons und den Pendorrics«, begann Deborah, »und wir kannten Petroc und seine Familie seit unserer Kindheit. Natürlich meine ich nicht deinen Roc, sondern seinen Vater, Barbarinas Petroc. Als Junge war er oft bei uns. Er war ein Jahr älter als wir. Barbarina verliebte sich in ihn, als sie etwa sieben Jahre alt war, und sie hörte bis zu ihrem Tode nicht auf, ihn zu lieben.«

»Sie muß sehr glücklich gewesen sein, als sie heirateten.«

»Ja, es war eine Art Ekstase. Er war ihr ein und alles.«

»Und er?«

Deborah lächelte ein wenig wehmütig. »Petroc gefielen die Frauen zu sehr, als daß er einer einzigen seine ganze Liebe geschenkt hätte. Das hatte ich schon immer geahnt, und ich wußte auch, wie es ausgehen würde. Ich warnte Barbarina, aber natürlich wollte sie nicht auf mich hören.«

Sie schwieg einen Augenblick, dann fuhr sie fort: »Wir ritten oft ins Dartmoor hinaus. Das mußt du dir unbedingt mal anschauen. Die Aussicht ist wunderbar – wenn man das Moor liebt. Man kommt vom Garten aus gleich ins Moor hinaus. Einmal, als wir alle zusammen ausritten, verloren wir uns aus den Augen. Ganz plötzlich kam dichter Nebel auf, und wenn man auch glaubt, das Moor gut zu kennen, so kann man sich doch ganz leicht und hoffnungslos verirren. Schließlich fand ich den Heimweg, doch Barbarina und Petroc blieben bis zum nächsten Tag aus. Sie übernachteten in irgendeiner Hütte. Petroc war so klug gewesen, etwas Schokolade mitzunehmen. Manchmal kommt es mir so vor, als hätte er das Ganze geplant.«

»Ja, aber warum denn? Wenn sie sich schon so liebten, konnte er es nicht... ein bißchen gemütlicher aussuchen?«

Wieder schwieg Deborah. Dann seufzte sie tief. »Er war vernarrt in ein Mädchen aus der Umgebung, der er die Ehe versprochen hatte, in eine Bauerntochter. Aber seine Familie wünschte die Heirat mit den Hysons, weil sie begütert waren, und Geld wurde auf Pendorric dringend gebraucht. Barbarina war sehr unglücklich, als sie von Petrocs Liebe zu dem Bauernmädchen hörte, und sie ahnte, daß diese Liebe sehr heftig sein mußte; denn Petroc hing sehr an Pendorric, und nur eine große Zuneigung konnte ihn eine Mitgift in den Wind schlagen lassen. Er mochte auch Barbarina sehr gern, und es war für ihn keine Überwindung, sie zu heiraten – wenn er nicht ausgerechnet in die andere Frau vernarrt gewesen wäre. Petroc war der Typ, der mit jeder Frau zurechtkam ... na ja, du kennst diese Art von Männern.«

»Waren die Pendorrics denn so arm?«

»Nicht gerade arm, aber es war alles nicht mehr so, wie sie es gewohnt waren. Das Haus brauchte teure Renovierungen, und Petroc hatte ziemlich viel Geld verspielt in der Hoffnung, seine Finanzen durch das Spiel aufzubessern.«

»So, er war also ein Spieler ...«

»Genau wie sein Vater.«

»Und was passierte nach der Nacht in dem Moor?«

»Ich glaube, Petroc war damals schon entschlossen, Barbarina zu heiraten. Pendorric bedeutete ihm alles, und so gab er den Wünschen seiner Familie und Barbarinas nach. Aber das konnte er doch nicht so einfach und unverhohlen Barbarina sagen. So verliefen sie sich eben in dem Moor. Barbarina wurde verführt, und die Angelegenheit war geregelt.«

»Hat sie dir das je erzählt?«

»Meine liebe Favel, Barbarina brauchte mir nichts zu erzählen. Wir waren uns so nahe, wie zwei Menschen es nur sein können. Ich wußte genau, was passiert war und warum.«

»Und danach heiratete sie ihn und wurde glücklich.«

»Wie stellst du dir das vor? Petroc konnte nicht treu sein, ebensowenig wie sein Vater. Das lag nicht in seiner Natur. Er nahm sein Verhältnis zu der Bauerntochter wieder auf, und es gab einen Skandal. Aber leider blieb er nicht der einzige. Wie sein Vater konnte er weder einer Frau noch dem Glücksspiel widerstehen. Ich hoffte darauf, daß, als Roc und Morwenna geboren waren, Barbarina es sich nicht mehr so zu Herzen nähme, und eine Zeitlang war es auch so. Und ich wünschte ihr noch mehr Kinder, damit ihr Leben ausgefüllt wäre.«

»Wurdest du in dieser Hoffnung enttäuscht?«

»Barbarina war eine gute Mutter, versteh mich nicht falsch, aber sie gehörte nicht zu den Frauen, die die Untreue ihrer Männer übersehen und in der Sorge für ihre Kinder aufgehen. Dazu bedeutete ihr Petroc viel zuviel.«

»Dann war sie also sehr unglücklich.«

»Wundert dich das? Eine sensible Frau... an einem Ort wie diesem hier... und ein untreuer Mann, der kein Geheimnis aus seinen Seitensprüngen macht. Geheimnisse kannte Petroc nicht. Niemals versuchte er zu vertuschen, was er tat oder was er war – ein unbekümmerter Spieler und Herzensbrecher. Er schien sich geradezu darin zu gefallen und betonte immer wieder: Das liegt uns nun mal im Blut, ich kann nichts dafür.«

»Arme Barbarina«, sagte ich.

»Ich besuchte sie sooft wie möglich, und als Vater dann starb, lebte ich die meiste Zeit hier. Durch mich kam sie dann auch der Musik wieder näher. Unter anderen Umständen wäre sie sicherlich Konzertgeigerin geworden. Sie konnte hervorragend spielen. Leider hat sie nie genug geübt. Doch das Spielen machte ihr viel Freude. Ja, sie war sehr begabt. Ich erinnere mich noch an eine Schüleraufführung... sie spielte die Ophelia, als wäre sie ihr auf den Leib geschrieben. Du hättest sie singen hören sollen – dieses Lied der Ophelia! Sie hatte eine seltsame Stimme... ein klein bißchen unrein. Ich kann mich noch gut erinnern, wie still es in dem Schulsaal wurde, als sie in einem weißen Kleid, mit Blumen im Haar und in den Händen, auftrat. Ich kann nicht singen, aber ein Vers klang ungefähr so:

> Er ist lange tot und hin,
> tot und hin, Fräulein!
> Ihm zu Häupten ein Rasen grün,
> ihm zu Fuß ein Stein.«

»Arme Barbarina! Ich fürchte, sie war ungleich!«

»Und sie war zum Glücklichsein geschaffen. Ich kenne keinen Menschen, der so war wie sie. Wenn Petroc so gewesen wäre, wie sie es sich erhofft hat... Ach, es ist ja alles schon so lange her.«

»Wie ich hörte, brach die morsche Balustrade, und sie stürzte in die Halle.«

»Ja, und zu allem Unglück passierte es in der Galerie, wo das Bild von Lowella Pendorric hing. Das gab dem Gerede neue Nahrung.«

»Und ließ die alte Sage wieder aufleben.«

»Ach was, die brauchte gar nicht erst aufzuleben. Die Leute hier sprachen schon immer davon, daß in Pendorric der Geist von Lowella Pendorric umgehe.«

»Und nun soll Barbarina ihren Platz eingenommen haben.«

»Zwar lache ich immer über solches Gerede, aber wenn ich hier in diesem Haus bin, meine ich fast, es ist etwas Wahres daran. Ich wünschte nur, Barbarina würde zurückkommen! Ich gäbe was drum, wenn ich sie einmal wiedersehen könnte!« Sie stand auf. »Komm, gehen wir spazieren. Es wird einem ganz seltsam, wenn man lange hier sitzt. Wir nehmen die Regenmäntel mit – der Wind kommt aus Südwest, und das bedeutet Regen.«

Ich stimmte lebhaft zu, und wir verließen zusammen den Ostflügel. Deborah kam mit in mein Zimmer, ich suchte meine Regensachen zusammen, und dann ging ich mit zu ihr. Als wir fertig waren, führte sie mich noch durch den Nordflügel, und wir blieben auf der Galerie vor dem Bild Lowella Pendorrics stehen.

»Hier stürzte sie hinunter«, erklärte Deborah. »Schau, man kann noch erkennen, wo die Balustrade repariert worden ist. Wahrscheinlich war sie durch Holzwürmer morsch geworden, und man hätte es eigentlich viel eher entdecken müssen. Genaugenommen ist die ganze Halle zerfressen; aber die Reparatur würde ein Vermögen kosten.«

Ich schaute Lowella Pendorrics Bild an und dachte triumphierend: aber mein Roc ist nicht wie sein Vater und sein Großvater und die vielen anderen Glücksritter und Weiberhelden. Wenn er an Stelle seines Vaters gewesen wäre, hätte er die Bauerntochter geheiratet, genauso wie er mich geheiratet hat – denn was habe ich schon mit in die Ehe gebracht?

Zehn Minuten später schlenderten wir über den schmalen Klippenweg, und der warme Seewind wehte uns ins Gesicht.

Mir lag nichts an einem untätigen Dasein, und ich gab Roc zu verstehen, daß ich irgendeine Beschäftigung brauchte.

»Geh doch mal in die Küche und rede mit Mrs. Penhalligan. Sie hat das sehr gern, und außerdem bist du ja die Hausherrin.«

Er schloß mich fest in seine Arme und flüsterte mir zu: »Bist du nicht die Herrin hier?«

»O Roc, ich bin ja so glücklich, ich hätte nie geglaubt, daß ich es so bald wieder werden würde, nach . . .«

Rocs Kuß enthob mich, den Satz zu vollenden.

»Habe ich dir nicht gesagt, daß du als Mrs. Pendorric eine Menge Pflichten hast? Du solltest dich um die Dorfbewohner kümmern. Das wird von dir erwartet, wie du ja schon von den Darks erfahren hast. Ich prophezeie, Favel, daß du dich in einigen Wochen nicht über zuwenig, eher über zuviel Arbeit beklagen wirst.«

»Na, dann fange ich mit Mrs. Penhalligan an und gehe vielleicht später zu den Darks hinüber. Heute nachmittag habe ich schon Lord Polhorgan versprochen zu kommen.«

»Was, schon wieder? Du scheinst dich in den alten Herrn zu verlieben?«

»Ich mag ihn sehr gern.«

»Na, dann, amüsier dich gut. Übertreib es nur nicht.«

»Ach Roc, ich habe das Gefühl, er ist ein armer alter und einsamer Mann, er hat für mich so etwas Väterliches.«

»Du scheinst dich immer noch zu grämen.«

»Es ist schwer zu vergessen, Roc. Doch hier bin ich glücklich. Die Familie ist so nett und du...«

Er lachte laut auf. »Und ich bin auch nett zu dir? Du lieber Himmel, was hast du denn erwartet? Daß ich dich schlage?«

Dann zog er mich an sich und sagte ernsthaft: »Hör zu, Favel, ich möchte dich froh und glücklich sehen. Das ist mein größter Wunsch. Ich verstehe deine Gefühle für den alten Mann. Er ist so väterlich, wie du sagst, er hat etwas in seiner Art, was du hier vermißt. Ihr mögt euch, das ist verständlich.«

»Könntest du nicht ein bißchen mehr Sympathie für ihn aufbringen?«

»Kümmere dich nicht darum, was ich sage. Es ist meistens spaßhaft gemeint, und wenn du mich erst besser kennst, wirst du mich auch leichter durchschauen.«

»Kenne ich dich denn noch nicht so gut?«

»Nicht so gut wie in zwanzig Jahren, Liebling. Wir müssen uns doch gegenseitig kennenlernen. Das macht das Leben erst aufregend. Es ist wie eine Entdeckungsreise.«

Seine Worte brachten mich zum Nachdenken, und ich grübelte immer noch, als ich schon unter dem großen Torbogen war, um meinen Nachmittagsbesuch zu machen. Plötzlich hörte ich Schritte hinter mir, und beim Umwenden erkannte ich Rachel Bective, mit einem Zwilling an jeder Seite.

»Hallo«, rief Rachel, »machen Sie einen Spaziergang?«

»Ich bin zum Tee auf Polhorgans Folly eingeladen.«

Wir gingen miteinander weiter.

»Hoffentlich haben Sie einen Schirm mit«, meinte Rachel, »es wird regnen.«

»Ich habe meinen Regenmantel bei mir.«

Hyson kam auf meine andere Seite, so daß ich zwischen ihr und Rachel ging. Lowella lief voraus.

»Gehen Sie über den Klippenweg zu Polhorgan?« fragte Rachel. »Es ist eine Abkürzung von mindestens fünf Minuten.«

»Bisher hielt ich mich immer an die Straße.«

»Wir können Ihnen den Pfad zeigen, wenn Sie wollen.«

»Meinetwegen sollen Sie aber keinen Umweg machen.«

»Nein, nein, wir machen doch nur einen Spaziergang.«

»Dann wäre es nett, wenn Sie mir die Abkürzung zeigten.«

»Lowella!« rief Rachel, »wir gehen durch den Schmugglerpfad. Wir wollen Tante Favel die Abkürzung zu Polhorgan zeigen.«

Wir verließen die Straße und liefen einen engen, steilen Pfad hinunter, der an beiden Seiten so dicht mit Hecken bewachsen war, daß wir manchmal im Gänsemarsch gehen mußten.

Lowella fand einen abgebrochenen Ast, marschierte vornweg und ließ dabei den Stock auf die Hecken hinabsausen. Dabei sang sie: »Hüte dich vor der schrecklichen Lawine, hüte dich vor den dürren Ästen der Tannenbäume! Excelsior!«

»Lowella, sei doch ruhig!« bat Rachel.

»Wenn du nicht willst, daß ich euch sicher hier hindurchführe, dann kann ich auch still sein.«

»Hyson liest ihr immer abends im Bett vor«, erklärte mir Rachel, »und was ihr gefällt, wendet sie bei den unmöglichsten Gelegenheiten an.«

»Du liest gern, nicht wahr?« fragte ich Hyson.

Sie nickte bloß. Dann meinte sie: »Lowella ist ein Kindskopf. Als wenn es hier eine schreckliche Lawine gäbe.«

Plötzlich endete der Pfad, und wir gingen auf einen ganz schmalen Steig zu. Unter uns – ganz tief unten – war das Meer, und an der anderen Seite erhob sich eine steile Klippenwand mit vereinzelten Büschen Stechginster und Farnkraut.

»Es ist ein sicherer Übergang«, sagte Rachel Bective, »aber Sie müssen schwindelfrei sein.«

Ich gab ihr die Versicherung, daß ich es sei.

»Hier steht ein Schild ›Betreten nur auf eigene Gefahr‹, das gilt aber nur für Besucher. Die Einheimischen benutzen alle diesen Weg.«

Lowella ging voran und tat so, als wenn sie sich den Weg erst schlagen müßte. »Wäre es nicht toll, wenn wir ein Seil hätten und uns anseilen könnten?« schrie sie. »Wenn die Braut dann hinunterfiele, könnten wir sie am Steil wieder hochziehen.«

»Das ist lieb von dir, aber ich habe nicht die Absicht, da hinunterzufallen.«

»Excelsior!« schrie Lowella. Immer wieder rief sie es und lief dabei weiter.

Rachel sah mich an und zuckte ergeben mit den Schultern.

Auf ungefähr zwei Meter war der Steig nicht breiter als ein schmales Brett. Mutig schritten wir hintereinander her. Als wir um eine Klippe gebogen waren, die weit in das Wasser hinausragte, befanden wir uns schon fast in Polhorgan.

»Das ist wirklich schnell gegangen«, sagte ich, »herzlichen Dank, daß Sie mir das gezeigt haben.«

»Gehen wir denselben Weg zurück?« fragte Rachel die Zwillinge.

Ohne zu antworten, drehte sich Lowella um und machte sich auf den Heimweg. Ich hörte noch in der Ferne ihr ›Excelsior‹-Rufen.

Lord Polhorgan freute sich sehr, mich zu sehen, und der Butler behandelte mich mit ausgesuchter Hochachtung. Wahrscheinlich geschah es ganz selten, daß ein Fremder so schnell mit Lord Polhorgan Freundschaft schloß.

Schwester Grey las ihm gerade aus der *Financial Times* vor.

»Lassen Sie sich bitte nicht stören«, entschuldigte ich mich. »Ich komme zu früh. Ich gehe solange in den Garten hinunter, den wollte ich mir sowieso schon einmal näher ansehen.«

Lord Polhorgan sah auf seine Uhr. »Nein, Sie sind pünktlich«, konstatierte er und winkte mit einer Hand der Schwester zu, die sofort die Zeitung zusammenfaltete und aufstand. »Kann die Leute nicht leiden, die keinen Respekt vor der Zeit haben. Freut mich, Sie wiederzusehen, Mrs. Pendorric. Würde Ihnen gern den Garten zeigen, schaffe es aber leider zur Zeit nicht. Es ist zu steil für mich. Schwester Grey wird ihn Ihnen einmal zeigen.«

»Das will ich gern tun«, sagte Althea Grey.

»Lassen Sie den Tee bringen, dann dürfen Sie gehen. Mrs. Pendorric wird schon nach dem Rechten sehen.«

Schwester Grey sagte: »Ich schicke ihn herauf«, und ließ uns beide allein.

»Zuerst Tee«, bestimmte er, »später spielen wir Schach. Setzen Sie sich und erzählen Sie ein bißchen. Haben Sie sich nun eingewöhnt, gefällt es Ihnen? Alles in Ordnung auf Pendorric?«

»Ja«, sagte ich lebhaft, »oder erwarten Sie etwas anderes?«

Meine Frage wurde übergangen. »Es ist nie ganz einfach, sich in ein neues Leben einzugewöhnen. Muß doch schön gewesen sein – Ihre Insel da unten. Ist es nicht zu ruhig hier?«

»Ich liebe diese Ruhe.«

Der Tee wurde hereingebracht, und ich schenkte ein. Lord Polhorgan hatte seinen Spaß daran, mich dabei zu beobachten.

Während ich ihm die Tasse reichte, sah ich durchs Fenster, wie Althea Grey durch den Garten zum Strand hinunterging. Sie hatte ihre Schwesterntracht gegen lange braune Hosen und eine blaue Bluse vertauscht. Dieses Rittersspornblau bildete einen schönen Kontrast zu ihrem blonden Haar und paßte sicherlich genau zu dem Blau ihrer Augen. Sie drehte sich kurz um und winkte mir zu. Ich winkte zurück.

»Das war Schwester Grey«, erklärte ich dem alten Herrn, »sie hat nun für einige Stunden frei, nicht wahr?«

Er nickte. »Geht sie wieder zum Strand hinunter?«

»Ja.«

»Polhorgans Bucht gehört rechtmäßig mir, man gab mir aber schnell zu verstehen, daß die Leute hier es mir übel ankreiden würden, wenn ich einen Privatstrand anlegte. Zwar umzäunt eine Hecke den Garten, aber sie hat ein Türchen zum Strand.«

»Es ist ähnlich wie in Pendorric.«

»Ja, ganz genauso. Die Pendorrics haben ihren Strand, ich habe meinen, aber es ist anzunehmen, daß nicht die Hälfte der Leute, die bei Ebbe über die Klippen gehen, das weiß.«

»Wenn der Strand abgezäunt wäre, müßten die Leute eben einen Umweg machen.«

»Ich hatte immer geglaubt, was mir gehörte, sei auch mein, und ich hatte bisher noch immer das Recht gehabt, darüber zu bestimmen. Ich war anfangs hier sehr unbeliebt. Aber mit der Zeit bin ich nachgiebig geworden. Manchmal, wenn man zu heftig auf sein Recht pocht, verliert man mehr dabei, als man gewinnt.«

Er war ganz traurig geworden, und ich hatte den Eindruck, er sähe etwas angegriffener aus als das letztemal.

»Sie waren mit Ihren Eltern auf Capri vollkommen glücklich, und ihnen gehörte nicht einmal das Haus, in dem sie wohnten, geschweige denn der Grund und Boden oder gar ein Privatstrand.« Ziemlich barsch fuhr er fort: »Schwester Grey geht oft zum Strand hinunter. Und Sie, gehen Sie auch oft an Ihren Strand?«

»Eigentlich nicht. Aber ich werde jetzt öfters hinuntergehen, wenn ich mich erst einmal richtig eingewöhnt habe.«

»Sicher nehme ich zuviel Ihrer Zeit in Anspruch.«

»Aber gar nicht, ich komme gern und spiele leidenschaftlich gern Schach.«

Eine Weile schwieg er, dann lenkte er das Gespräch wieder auf mein Leben auf Capri.

Ich war ganz überrascht, was für ein guter Zuhörer er war, und, angeregt durch seine interessierten Fragen, erzählte ich immer mehr von meiner Vergangenheit.

Als wir Tee getrunken hatten und abgeräumt war, zog ich den kleinen Spieltisch zu uns heran. Dann holte ich die Elfenbeinfiguren, und das Spiel begann.

Nach fünfzehn Minuten hatte ich ihn zu meiner Überraschung in die Verteidigung gedrängt und verfolgte eifrigst meine Strategie, als ich durch einen zufälligen Blick sah, daß es meinem Gegenüber sehr schlecht ging.

»Entschuldigung«, sagte er. »Es tut mir leid«, und dabei suchte er in seinen Taschen herum.

»Suchen Sie etwas?«

»Ja, eine kleine Silberdose. Ich habe sie immer bei mir.«

Ich stand auf und bemerkte eine kleine, silberne Büchse zu seinen Füßen auf dem Fußboden. Ich hob sie auf und gab sie ihm. Seine Erleichterung war offensichtlich, er öffnete sie schnell und nahm eine kleine, weiße Tablette. Einige Sekunden lang saß er zurückgelehnt im Stuhl und umkrampfte die Armlehnen.

Ich wollte dem Butler klingeln, doch Lord Polhorgan hielt mich durch ein Kopfschütteln zurück. »Gleich besser!« sagte er. Nach etwa fünf Minuten erholte er sich, die Verkrampfung löste sich. »Jetzt ist es besser. Tut mir leid.«

»Aber ich bitte Sie. Sagen Sie mir nur, was ich tun kann.«

»Setzen Sie sich nur wieder hin... In ein paar Minuten ist alles wieder in Ordnung.«

Nach einiger Zeit seufzte er tief und lächelte mir zu. »Ist mir peinlich, daß es mir ausgerechnet in Ihrer Gegenwart passieren mußte. Habe meine Tabletten verlegt. Gehe gewöhnlich keinen Schritt ohne sie. Müssen aus meiner Tasche gefallen sein.«

»Bitte, Sie brauchen sich doch nicht zu entschuldigen. Ich muß mich entschuldigen, ich hätte irgendwie helfen sollen.«

»Da kann man gar nichts machen. Hätte ich meine Dose gehabt, so hätte ich während des Spieles, für Sie unbemerkt, eine Tablette genommen – so habe ich es aber zu lange hinausgezogen. Meine Tabletten darf ich nicht verlegen... könnte gefährlich werden.«

»Ich bin nur froh, daß wir sie gefunden haben. Das muß ein wunderbares Mittel sein.«

»Meistens tun sie ihre Wirkung. Sie enthalten Nitroglycerin, das erweitert die Arterien.«

»Und wenn das Mittel nun nicht wirkt?«

»Dann ist es eben eine Dosis Morphium.«

»Das ist ja schrecklich. Sollten Sie sich nicht lieber hinlegen?«

»Ängstigen Sie sich nicht. Ich rufe meinen Arzt an und sage ihm, er solle kommen. Habe mich in den letzten Tagen sowieso nicht recht wohl gefühlt.«

»Soll ich gleich anrufen?«

»Schwester Grey wird es schon machen, wenn sie heimkommt. Ich kann mir nicht vorstellen, wie die Tabletten auf den Fußboden kommen können.«

»Vielleicht ist ein Loch in Ihrer Tasche?«

Er fühlte nach, schüttelte aber den Kopf.

»Wissen Sie, Sie gehören ins Bett. Ich werde jetzt gehen – oder soll ich nicht doch lieber den Arzt rufen?«

»Na gut. Seine Nummer steht in dem kleinen Buch neben dem Telefonapparat. Dr. Clement.«

Ich ging zum Telefon hinüber, suchte die Nummer heraus und wählte. Zum Glück war Dr. Clement da. Ich sagte ihm, daß ich von Polhorgan aus anriefe und daß Lord Polhorgan um seinen Besuch bäte.

»Es ist gut«, sagte Dr. Clement, »ich komme gleich.«

Dann legte ich den Hörer wieder auf und ging zum Tisch zurück. »Kann ich noch etwas für Sie tun?« fragte ich.

»Ja, setzen Sie sich hin. Ich will Ihnen beweisen, wie schnell ich mich wieder erhole. Wir wollen das Spiel zu Ende spielen, und ich werde Sie schlagen.«

Ehe das Spiel zu Ende war, kam Dr. Clement.

Ich stand auf, um mich zu verabschieden; doch Lord Polhorgan wollte davon nichts wissen.

»Mir geht es jetzt blendend«, sagte er. »Ich ließ nur Mrs. Pendorric anrufen, weil sie sich so geängstigt hat. Sagen Sie ihr, daß man nichts mehr für mich tun kann, Doktor. Das Dumme war nur, ich hatte meine Herzpillen verlegt, und es dauerte ein paar Minuten, bis Mrs. Pendorric sie fand.«

»Aber Sie sollen sie doch immer bei sich haben«, sagte Dr. Clement vorwurfsvoll.

»Ich weiß, ich weiß. Kann mir nicht vorstellen, wie es passiert ist. Müssen mir aus der Tasche gefallen sein. Möchten Sie eine Tasse Tee? Vielleicht klingelt Mrs. Pendorric nach Dawson?«

Der Arzt lehnte das freundliche Angebot ab, und ich verabschiedete mich nun endgültig, hatte ich doch das Gefühl, daß der Arzt mit dem Patienten allein sein wollte.

Als ich durch den Torbogen ging, schaute ich auf die Uhr und stellte fest, daß ich noch gut eine halbe Stunde Zeit hatte. Ich überlegte nun, ob ich die Landstraße nehmen sollte oder den schmalen Pfad, den mir Rachel mit den Zwillingen gezeigt hatte. Doch dann entschied ich mich dafür, den Strand entlangzugehen und über die Klippen zu klettern, um dann durch unseren Garten nach Pendorric zu kommen.

Ich ging um das Haus herum und fragte einen Gärtner nach dem Weg zum Strand. Er führte mich einen mit Buchsbaumhecken gesäumten Weg hinunter, an dessen Ende ein kleines Tor war. Dahinter breitete sich der Klippengarten aus – ein wundervoller Anblick. In dem halbtropischen Klima hier wachsen die Pflanzen im Überfluß. In einem geschützten Alkoven stand sogar eine Palme, die mich an die in unserem Innenhof erinnerte, und die Hortensien hier waren noch größer und schöner als auf Pendorric. Sie prunkten in den herrlichsten Farben. Da gab es Hunderte von Fuchsien mit Blüten so üppig, wie ich sie noch nie gesehen hatte, und hohe weiße Lilien.

Der Weg führte im Zickzack bergab. Wenn die Sonne scheint und das Meer blau ist, muß das hier atemberaubend schön sein, dachte ich mir. Doch heute war ein grauer Tag, und der Schrei der Möwen klang melancholisch.

Endlich kam ich zu der Pforte, die zum Strand führte. Das Wasser war ganz zurückgegangen; bei Flut reichte es bis an das Tor von Pendorrics Garten und wahrscheinlich auch an das von Polhorgan. So weit ich sehen konnte, war der Strand verlassen. Über mir hingen die Felsen, die bei Flut über das Wasser hinausragten. Es war gar nicht so leicht, vorwärts zu kommen. Felsbrocken mußten überklettert und viele kleine Wasserpfützen übersprungen werden. Ich kam zu einem riesengroßen Felsen, der bis ins Meer hinunterhing und ziemlich schwer zu bezwingen war, aber schließlich schaffte ich es doch. Dann sah ich unseren eigenen Strand, unseren Garten, kleiner als den von Polhorgan, aber vielleicht ebenso schön in seiner Art.

Ich sprang in den weichen Sand, als ein Gelächter an mein Ohr drang. Dann sah ich die beiden. Sie lag im Sand, das Gesicht auf die Hände gestützt, er lehnte daneben auf dem Ellbogen. Er sah genauso finster vor sich hin wie damals, als ich ihn zum erstenmal in Vaters Atelier angetroffen hatte. Sie waren in ein angeregtes Gespräch vertieft.

Sie sollten wissen, daß ich in der Nähe war; vielleicht hatte ich Angst, etwas zu sehen und zu hören, was ich nicht sehen und hören sollte, und rief daher laut: »Hallo!«

Roc sprang auf, starrte mich sekundenlang an; dann lief er mir entgegen und nahm mich bei beiden Händen. »Na, schau, wer da kommt! Ich dachte, du wärst noch auf Folly!«

»Hoffentlich habe ich euch nicht erschreckt.«

Er legte seinen Arm um mich und lachte. »Auf die angenehmste Art.«

Wir gingen auf Althea Grey zu, die im Sand liegengeblieben war. Ihre blauen Augen musterten mich.

»Alles in Ordnung auf Polhorgan?« fragte sie.

Ich erzählte ihr kurz, was sich ereignet hatte, und sie stand sofort auf.

»Es ist besser, wenn ich zurückkehre«, meinte sie.

»Komm doch mit hinauf nach Pendorric«, schlug Roc vor, »dann kann ich dich mit dem Wagen hinüberfahren.«

»Es würde auch nicht schneller gehen. Ich klettere über die Felsen. Auf später!« fügte sie hinzu und lief durch den Sand Polhorgan zu.

»Du siehst angegriffen aus«, bemerkte Roc. »Ich glaube, der alte Mann hat solche Anfälle öfter. Es tut mir leid, daß du gerade allein mit ihm warst.«

Wir gingen durch das Tor und stiegen durch den Garten nach Pendorric hinauf.

»Wieso hast du diesmal den Weg am Strand entlang genommen?« fragte Roc.

»Keine Ahnung. Vielleicht weil ich dort noch nie gegangen bin. Da ich eher von Polhorgan wegging als vorgesehen, wollte ich diesen Weg einmal ausprobieren. Ist Althea Grey eine gute Freundin... der Familie?«

»Nicht der Familie.«

»Nur die deine?«

»Du weißt doch, wie schnell ich Freundschaft schließe.«

Er zog mich an sich und nahm mich in den Arm. Viele Fragen lagen mir auf der Zunge, doch sie blieben unausgesprochen. Er sollte nicht denken, ich sei eifersüchtig auf jede Frau, mit der er sprach. Ich rief mir ins Gedächtnis, daß ich einen Pendorric geheiratet hatte – die für Galanterie berüchtigt waren.

»Triffst du dich oft dort unten am Strand?«

»Ich kann mir gut vorstellen, es war dir nicht gerade angenehm, auf Thea und mich zu stoßen, aber ich möchte dir nur sagen, es wäre lächerlich, wenn du darüber ungehalten wärst.«

»Willst du damit andeuten, du sähest es lieber, ich besuchte Lord Polhorgan nicht mehr?«

»Du lieber Himmel, nein! Der arme Alte. Es macht ihm Freude, daß eine junge hübsche Frau ihm den Tee einschenkt und über seinen elfenbeinernen Schachfiguren verweilt. Und dazu kostet es ihn nicht einen einzigen Penny.«

»Hör auf, Roc. Wirfst du mir wirklich meine Besuche bei Lord Polhorgan vor?«

Er pflückte im Vorübergehen eine der wilden Nelken, die in großen Büschen am Wege wuchsen und die Luft mit ihrem köstlichen Duft erfüllten, und steckte sie mir feierlich in das Knopfloch meines kurzen Leinenjäckchens.

»Liebling, du sollst dich ganz frei und ungebunden fühlen. Brich bloß deine Besuche bei Lord Polhorgan nicht ab, ich freue mich wirklich, daß du damit so viel Freude bereitest. Zwar hat er unsere Aussicht nach Osten mit seinem monströsen Bauwerk verschandelt, doch er ist ein alter Mann und noch dazu krank. Geh nur, sooft er dich darum bittet.«

Er neigte den Kopf, um an der Nelke zu riechen, und küßte mich auf den Mund. Und Hand in Hand gingen wir zum Haus hinauf. Und wie immer beugte ich mich seinem Willen, nur fragte ich mich: Wünscht er vielleicht meine Besuche bei Lord Polhorgan, damit Althea Grey dann für ihn Zeit hat?

Eines Morgens ging ich in die Küche, um mit Mrs. Penhalligan zu reden. Ich fand sie gerade dabei, Teig zu kneten, und ein köstlicher Duft von gebackenem Brot lag in der Luft.

Die Küchenräume von Pendorric haben riesenhafte Ausmaße, und trotz der elektrischen Herde, der Kühlschränke und anderer moderner Geräte sehen sie aus, als gehörten sie in ein anderes Jahrhundert.

Mrs. Penhalligan strahlte vor Freude, als sie mich sah.

Ich sagte: »Guten Morgen, Mrs. Penhalligan. Es ist allerhöchste Zeit, daß ich einen Besuch in der Küche mache.«

»Ich freue mich, Sie hier zu sehen, Madam«, antwortete sie.

»Ist das Brot schon im Ofen? Es riecht so wunderbar.«

Ihr Gesicht leuchtete auf. »Wir backen unser Brot auf Pendorric immer selbst. Gleichzeitig backe ich auch für meinen Vater.«

»Wie geht es Ihrem Vater?«

»Och, soweit ganz leidlich, Ma'am. Er wird halt nicht jünger, doch für sein Alter ist er noch recht rüstig. Nächste Lichtmeß wird er neunzig. Und er war nie krank ... außer seinem Leiden.«

»Nanu?«

»Nun ja, das können Sie nicht wissen, Ma'am, wer sollt Ihnen das auch erzählen. Vater ist blind... seit achtundzwanzig Jahren. Vater selbst leidet nicht sehr darunter. Er ist ganz glücklich mit seiner Pfeife und seinen Lieblingsgerichten. Und Sie würden staunen, Ma'am, wie gut er hört; wahrscheinlich weil er nicht mehr sehen kann, hört er so gut.«

»Ich muß ihn einmal besuchen.«

»Das würde ihn aber freuen, wenn Sie mal bei ihm reinguckten zu einem kleinen Schwatz. Er fragt schon immer nach der neuen Braut. Sie können ihn gar nicht verfehlen. Es ist die zweite Kate unten in Pendorricdorf. Er haust ja ganz allein, seit Mutter tot ist. Aber Maria und ich gehen immer hin und bringen ihm auch pünktlich sein warmes Essen zu Mittag. Er zahlt keine Miete und lebt von einer kleinen Pension. Vater geht es ganz gut. Es ginge ihm vorzüglich... wenn er noch sehen könnte.«

Ich war richtig froh, daß Mrs. Penhalligan so redselig war, hatte ich mich doch schon gefragt, worüber ich eigentlich mit ihr reden sollte.

»Ich höre, Ihre Familie lebt schon seit Generationen auf Pendorric?«

»O ja, immer waren Pleydells auf Pendorric. Aber dann hatten meine Eltern keinen Sohn; ich war ihr einziges Kind, und da heiratete ich Penhalligan; der war hier Gärtner, bis er starb. Und wir haben auch wieder nur ein Kind – meine Maria. Ich war schon in der Küche hier, als die erste Mrs. Pendorric kam.«

Es gab mir einen Stich wie immer, wenn Barbarina erwähnt wurde. »Hat sie sich viel um die Küche gekümmert?«

»Sie war ähnlich wie Sie, Ma'am, wollt' Bescheid wissen, möchte ich sagen, aber Änderungen einführen, nein, so eine war sie nicht. So eine entzückende Lady, es war ein Vergnügen, ihr zu dienen. Es war zu schrecklich, als... Aber meine Zunge geht mal wieder mit mir durch.«

»Mir gefällt es, mit Ihnen zu plaudern, deshalb bin ich auch heruntergekommen.«

Mrs. Penhalligans Gesicht wurde vor Vergnügen ganz breit, während ihre flinken Finger den Teig kneteten.

»Sie war auch so – immer zu einer kleinen Plauderei aufgelegt, besonders im Anfang. Später wurde sie...«

Ich wartete, aber Mrs. Penhalligan blickte finster auf ihren Teig.

»War sie später weniger freundlich?« warf ich ein.

»Nein, nein, nicht weniger freundlich. Traurig, einfach traurig, glaub' ich, und manchmal war's, als säh' sie einen gar nicht, dachte wohl an was anderes. Arme Frau!«

»Hatte sie denn Kummer?«

»Das kann man wohl sagen! Sie liebte ihn so sehr, wissen Sie...« Sie hielt inne, als fiele ihr plötzlich ein, mit wem sie spräche. »Haben Ma'am vielleicht eine Vorliebe für Schrotbrot? Ich backe auch weißes Brot, aber vornehmlich Roggenbrot. Vater, der will nur das weiße, nach alter Sitte gebacken. Nun, Vater muß man seinen Willen lassen.«

Ich beteuerte, wie gern ich Vollkornbrot äße und daß ich noch nie ein so leckeres Brot gegessen hätte wie ihres.

Nichts konnte ihr größere Freude bereiten; von diesem Augenblick an war sie meine Verbündete.

»Ich werde bestimmt das nächstemal, wenn ich ins Dorf hinunterkomme, bei Ihrem Vater vorbeischauen«, versicherte ich ihr.

»Ich werde es ihm sagen, es wird ihn freuen. Aber wundern Sie sich nicht, er ist ein bißchen wirr, nun ja, so nahe an den neunzig! Lebt in der Vergangenheit. Es macht ihm immer noch zu schaffen.«

»Was macht ihm zu schaffen?«

»Nun, Sie haben sicherlich gehört, wie die Mutter von Mr. Roc und Miß Morwenna gestorben ist.«

»Ja, das habe ich.«

»Na ja, und Vater war gerade dabei, als es passierte. Er kam lange nicht darüber weg. Doch dann schien er es zu vergessen. Aber es braucht nur wenig, um alles wieder aufleben zu lassen. Das ist ja auch ganz natürlich. Und als er erfuhr, daß wieder eine neue Braut auf Pendorric ist, Sie verstehen...«

»Ja, ich verstehe schon. Sie sagten, er war damals dabei?«

»Ja, er war dabei. In der Halle, als die Ärmste sich zu Tode stürzte. Damals war er noch nicht ganz blind. Er konnte sie zwar nicht klar erkennen, wußte aber, sie war dort oben auf der Galerie, und er war es auch, der die anderen herbeirief. Es war ein Schock für ihn, und immer wieder geht es ihm im Kopf herum; dabei ist es schon fünfundzwanzig Jahre her.«

»Glaubt er... an die Geschichte mit dem Geist?«

Überrascht blickte Mrs. Penhalligan auf. »Ich weiß nicht, was Vater wirklich von dem Sturz von Mrs. Pendorric hält. Er spricht nicht darüber. Er brütet immer nur vor sich hin. Man kann ihn nicht zum Sprechen bringen, vielleicht wäre es besser, er spräche sich mal aus.«

»Ganz bestimmt werde ich ihn besuchen, wenn ich an den Katen vorbeikomme, Mrs. Penhalligan.«

»Es wird ihn bestimmt freuen. Übrigens, Maria nimmt gerade den ersten Schub aus dem Ofen. Ich benutze immer noch den alten Lehmofen. Der ist unübertrefflich. Wollen Sie vielleicht zuschauen, Ma'am?«

Ich stimmte zu, aber meine Gedanken waren nicht bei den goldbraunen, frischen Brotlaiben, vielmehr sah ich die schöne junge Frau von der Galerie stürzen, sah das Bild der lächelnden Lowella Pendorric und in der Halle den Alten, der es nicht fassen konnte, was seine fast blinden Augen sahen.

Nach meinem Gespräch mit Mrs. Penhalligan fühlte ich mich nun wirklich als Herrin des Hauses. Mrs. Penhalligan hatte mich anerkannt. Meiner Schwägerin lag nichts daran, das Haus zu führen, und mir war es nur angenehm, eine Aufgabe vor mir zu sehen.

Meine Liebe zu Pendorric wuchs mit jedem Tag, und ich begriff, daß ein Haus, das seit Hunderten von Jahren stand, einen stärker in Bann zog als ein neugebautes.

Ich sprach zu Roc von meinen Empfindungen, und er freute sich darüber.

»Na, was habe ich dir gesagt?« rief er aus. »Die Bräute von Pendorric fassen eine geradezu wilde Zuneigung zu Pendorric.«

»Vielleicht liegt es daran, daß sie so glücklich sind, zu Pendorric zu gehören.«

Die Bemerkung gefiel ihm. Er legte seinen Arm um mich, und ich fühlte mich plötzlich sicher behütet.

»Es gibt so vieles, was ich dich noch über Pendorric fragen wollte«, sagte ich. »Ist es wirklich wahr, daß der Holzwurm langsam, aber sicher, ganze Teile des Hauses zerfrißt?«

»Diese kleinen Tiere sind die größten Feinde der Herrensitze von England, mein Schatz. Sie wirken genauso zerstörend wie die Steuerbehörde.«

»Sag mal, tut es dir eigentlich leid, nicht so wohlhabend zu sein wie Lord Polhorgan? Wird es wirklich nötig sein, Pendorric dem National Trust zu überlassen?«

Roc nahm mein Gesicht in seine Hände und küßte mich zart.

»Kümmere dich nicht darum, mein Engel, wir werden den bösen Wolf schon von unserem Stammsitz fernhalten.«

»So leben wir also nicht über unsere Verhältnisse?«

Er lachte. »Habe ich's doch gewußt, ich habe eine Geschäftsfrau geheiratet. Nun hör mal gut zu, mein Schatz: Wenn ich darüber mit Charles gesprochen habe, werde ich dir zeigen, wie es hier auf dem Gut zugeht, und du wirst den ganzen Betrieb eines Gutshofes wie den unseren kennenlernen.«

»Ach ja, Roc, bitte.«

»Das habe ich mir gedacht, daß du davon begeistert bist. Aber zuerst muß ich den alten Charlie darauf vorbereiten, er ist etwas altmodisch und hält nichts von weiblicher Einmischung.«

»Sprich nur bald mit ihm.«

Er wurde plötzlich ganz ernst. »Ich möchte, daß wir alles gemeinsam tun . . . alles. Du verstehst doch.«

Ich nickte. »Keine Geheimnisse«, fügte ich noch hinzu.

Er drückte mich fest an sich. »Für immer und ewig – bis daß der Tod uns scheide.«

»O Roc, sprich nicht vom Sterben.«

»Nur als etwas, das in dunkler und unbestimmter Zukunft liegt, mein Lieb. Also mach dir keine Sorgen um Pendorric.«

Ich fühlte mich sehr glücklich nach diesem Gespräch, und Vaters Tod schien weit hinter mir zu liegen. Roc hatte mir den Trost gegeben, den nur er mir geben konnte.

Einige Zeit später beschloß ich, einen Rundgang durch alle Zimmer zu machen, um nachzuschauen, ob irgendwo dringende Reparaturen erforderlich wären.

Ich wollte mit dem Ostflügel beginnen, da dieser unbewohnt war; eines Tages also nach dem Frühstück ging ich kurzentschlossen auf das Tor des östlichen Flügels zu.

Kaum hatte sich die Tür hinter mir geschlossen, kam mir in den Sinn, daß gerade Barbarina diesen Teil des großen Hauses besonders geschätzt hatte, und mich verlangte danach, wieder einen Blick in ihr Musikzimmer zu werfen.

Als ich die Tür des Musikzimmers erreicht hatte, drückte ich rasch die Klinke herunter und trat ein.

Alles war so, wie ich es zuletzt gesehen hatte: die Geige lag auf dem Stuhl, die Noten waren auf dem Ständer.

Leise schloß ich die Tür hinter mir. Im Geiste sah ich Barbarina hier stehen, mit vor Begeisterung leuchtenden Augen und geröteten Wangen. Und gern hätte ich gewußt, was in ihr vorging, als sie zum letztenmal dastand, mit der Violine in den schlanken Händen . . .

»Barbarina!« erklang leise ihr Name.

Ich fühlte einen Schauer über meinen Rücken laufen. War ich doch nicht allein in dem Zimmer?

»Barbarina! Bist du da, Barbarina?«

Eine Bewegung hinter mir ließ mich herumfahren. Ich sah, wie der Türgriff langsam heruntergedrückt wurde.

Unwillkürlich preßte ich die Hände auf mein Herz. Die Tür öffnete sich sacht.

»Carrie!« rief ich vorwurfsvoll. »Haben Sie mich aber erschreckt!«

»Ach so, es ist Rocs Braut?« stellte sie fest. »Ich dachte einen Augenblick lang...«

»Sie dachten, es wäre jemand anders?«

Sie nickte langsam und schaute suchend im Zimmer umher.

Ich wollte wissen, was in ihr vorging, und fuhr fort: »Sie sagten Barbarina.«

Wortlos nickte sie.

»Sie ist tot, Carrie.«

»Sie ruht nicht«, war die leise Antwort.

»Glauben Sie denn, sie geht im Haus um... spukt in diesen Räumen?«

»Ich spüre es – spüre es am Lufthauch.« Sie kam ganz dicht an mich heran und sah mir in die Augen.

»Ich spüre es jetzt.«

»Ich aber nicht«, sagte ich ziemlich scharf. Aber sofort tat es mir leid; schließlich war sie die Kinderschwester von Barbarina und Deborah gewesen. Und ich wußte, daß sie ein Geräusch im Musikzimmer gehört und wirklich gedacht hat, es sei Barbarina.

»Sie werden es auch noch spüren«, sagte Carrie.

Ungläubig lächelte ich sie an. »Ich muß jetzt weiter«, sagte ich. »Ich habe noch sehr viel zu tun.«

Ich verließ das Musikzimmer, hatte aber die Lust verloren, in dem östlichen Flügel zu bleiben. Unten im Innenhof setzte ich mich hin und ertappte mich immer wieder dabei, wie meine Blicke zu den Fenstern von Barbarinas Räumen hinaufgingen.

Als ich das nächstemal bei Lord Polhorgan war, traf ich dort Dr. Clement. Er trank mit uns Tee, und ich fand seine Gesellschaft reizend, genau wie unser Gastgeber.

Wir sprachen über das Dorf, und es zeigte sich, daß Dr. Clement die gleiche Vorliebe wie Pfarrer Peter Dark für die hiesigen Sitten und Gebräuche hatte.

Dr. Clement wohnte am Rand von Pendorricdorf in einem Haus, das er von seinem Vorgänger übernommen hatte.

»Es wird Tremethick genannt – das bedeutet im cornischen Dialekt ›Doktorhaus‹. Sie müssen einmal kommen, um meine Schwester kennenzulernen.«

Ich stimmte erfreut zu, und er sprach weiter von seiner Schwester Mabell, die sich mit Töpferei beschäftigte; ein Teil der kleinen Töpfe und Aschenbecher, die in den Läden der Küstenstädte verkauft wurden, stammte von ihr. Sie widmete sich nicht nur der Töpferei, sondern malte auch Bilder, die sie in Kommission gab. Er erzählte, daß sie den alten Stall in eine Werkstatt umgewandelt und dort auch ihren Brennofen habe.

An diesem Tag spielten wir nicht Schach, und als ich mich zum Weggehen erhob, bot mir der Doktor an, mich nach Hause zu fahren.

Unterwegs fragte er mich, ob ich von Pendorric nach Polhorgan immer auf der Hauptstraße gehe. Ich erklärte ihm, daß ich dreierlei Möglichkeiten hätte: auf der Straße, über den Schmugglerpfad und am Strand entlang und durch die Gärten.

»Wenn es eilt«, sagte ich, »nehme ich gewöhnlich die Abkürzung.«

»Warum kommen Sie nicht mit und lernen Mabell kennen? Sie würde sich sehr freuen, und ich könnte Sie dann wieder nach Hause bringen.« Ich blickte auf die Uhr, dachte daran, daß Roc schon zu Hause sein müßte und lehnte ab.

Er setzte mich in Pendorric ab; ich bedankte mich, und er winkte mir noch einmal zu.

Dann wandte ich mich dem Hause zu. Niemand war in der Nähe, und so stand ich eine Weile unter dem Eingangstorbogen und betrachtete die cornische Inschrift.

Es war ein regnerischer Tag. Der Wind wehte aus Südwesten – sanft und weich, ein Wind, der angenehm auf der Haut prickelte. Die Möwen schienen heute noch trauriger zu schreien als gewöhnlich. Aber vielleicht kam das durch das trostlose Grau des Meeres und die tiefhängenden Wolken.

Ich ging um das Haus herum zur Südseite und schaute in den Garten hinunter; sogar dort schienen die Blumen farbloser zu blühen als sonst.

Ich ging ins Haus hinein, und sobald ich in die Halle trat, blieben meine Augen an dem Porträt von Barbarina hängen. Es schien eine schlechte Angewohnheit von mir zu werden. Ihre

Augen folgten mir auf meinem Weg an den Ritterrüstungen vorbei die Treppe hinauf. Oben auf der Galerie blieb ich vor dem Bild stehen. Und wie Barbarinas Augen geradewegs in die meinen schauten, bildete ich mir ein, ihre Lippen verzögen sich zu einem Lächeln – einem warmen, einladenden Lächeln.

Die Halle wirkte heute düster, da draußen alles grau in grau war. Wenn die Sonne durch die großen Bogenfenster schien, machte alles einen ganz anderen Eindruck.

Über die Galerie ging ich zu dem Flur, wo einige der Fenster geöffnet waren, und wieder konnte ich nicht widerstehen, in den Innenhof hinunterzublicken. Und wie ich da stand, hörte ich deutlich Geigenspiel. Ich stieß das Fenster weit auf und lehnte mich hinaus. Ja, kein Zweifel: ein Fenster auf der Ostseite war geöffnet. Kam der Klang vielleicht von dorther? Meine Augen wanderten zum zweiten Stock, und ich fragte mich, ob man das Spiel aus dem Musikzimmer über den Korridor und den Hof hinweg hören könnte.

Ich schämte mich – aber ich hatte Angst.

Ich wollte mich nicht durch so alberne Vorstellungen beirren lassen. Energisch wandte ich mich dem Korridor des Ostflügels zu, und als ich ihn entlanglief, hörte ich wieder die Geige.

Ich riß die Tür auf zum Musikzimmer. Die Geige lag auf dem Stuhl, die Noten waren auf dem Ständer. Niemand war im Zimmer.

Dann hörte ich den Schrei einer Möwe draußen. Sie schien mich auszulachen.

Ich hatte keine Lust mehr, im Hause zu bleiben. Ich beschloß daher, Roc entgegenzugehen.

Ich ging die Straße hinauf und wanderte querfeldein in nördlicher Richtung und fand dabei schnell meine gute Laune wieder. Ich war diesen Weg vorher noch nie gegangen, und es machte mir Spaß, wieder Neues zu entdecken. Die Landschaft kam mir im Gegensatz zu der zerklüfteten Küste geradezu friedvoll vor, und ich freute mich über das Gold der frisch gemähten Felder und das Scharlachrot der Mohnblumen. Um meine Nase wehte der frische Wiesenduft, in den sich der Duft der Glockenblumen und Skabiosen mischte.

Da hörte ich das Geräusch eines Autos, und zu meiner Freude erkannte ich Roc.

Er bremste und steckte den Kopf aus dem Fenster.

»Na, das ist aber eine freudige Überraschung.«

»Ich bin diesen Weg noch nie gegangen und dachte mir, ich treffe dich vielleicht.«

»Steig ein«, befahl er. Er umarmte mich, und ich fühlte mich wieder sicher und sehr glücklich.

»Als ich von Polhorgan zurückkam, war kein Mensch im Hause, und da wollte ich auch nicht bleiben.«

»Und wie geht es dem alten Herrn heute?«

»Er hat sich scheint's wieder gut erholt.«

»Na, das ist wohl immer so bei diesen Beschwerden.« Roc warf mir einen raschen Blick zu. »Vertragt ihr euch immer noch?«

»Natürlich.«

»Wenige Menschen können auf die Dauer gut mit ihm auskommen. Ich freue mich, daß es dir gelingt. Über was sprecht ihr eigentlich die ganze Zeit? Erzählt er von seiner bösen Familie, die ihn verlassen hat?«

»Er hat seine Familie noch nie erwähnt.«

»Er wird noch. Er wartet nur auf eine Gelegenheit.«

»Da fällt mir ein«, sagte ich, »ich habe heute nachmittag jemanden Geige spielen hören. Wer könnte das wohl gewesen sein?«

»Geige?« fragte Roc überrascht. »Wo?«

»Das kann ich nicht genau sagen. Ich dachte, es wäre im Ostflügel.«

»Außer der alten Carrie geht kaum jemand dort hinüber, und ich kann mir nicht vorstellen, daß sie sich zu einer Geigenvirtuosin entwickelt hätte. In unserer Jugend hatten Morwenna und ich ein paar Stunden. Morwenna konnte es ganz gut, aber seit ihrer Heirat mit Charles hat sie es ganz aufgegeben. Charles ist unmusikalisch – er kann ein Beethoven-Konzert nicht von der Nationalhymne unterscheiden. Und Morwenna ist eine gefügige Frau. Was Charles denkt, denkt sie auch, und du kannst sie dir als Beispiel nehmen, mein Engel.«

»So könnt nur ihr beide Geige spielen?«

»Warte mal. Rachel gab einmal den Zwillingen Unterricht. Lowella schlägt nach mir und ist in dieser Richtung ebenso talentiert wie ein Kälbchen. Hyson dagegen... sie ist anders. Ich glaube, Hyson spielt ganz gut.«

»Dann könnte es also Hyson oder Rachel gewesen sein.«

»Du scheinst dich sehr dafür zu interessieren. Willst du selbst damit anfangen, oder bist du vielleicht ein verkapptes Genie? Es gibt noch so vieles, was ich nicht weiß von dir, Favel, obwohl du meine Frau bist.«

»Genauso geht es mir mit dir.«

»Da ist es nur ein Segen, daß wir bis zum Ende unserer Tage zusammenbleiben und somit Zeit genug haben werden, einander kennenzulernen.«

Als wir auf die Küstenstraße kamen, sahen wir Rachel, und Roc fuhr langsamer, damit sie einsteigen konnte.

»Ich suche die Zwillinge«, erklärte sie uns. »Sie gingen heute nachmittag zur Tregallic-Bucht hinunter zum Krabbenfangen.«

»Ich hoffe, du hast diese Zeit gut ausgenutzt«, sagte Roc.

»Ja. Ich habe einen weiten Spaziergang gemacht, fast bis zu Gormans Bay. Ich trank dort Tee und wollte die beiden auf dem Rückweg mitnehmen. Sicherlich sind sie schon nach Hause gegangen.«

»Favel glaubte dich heute nachmittag Geige spielen zu hören.«

Rachels sandbraune Augen blickten mich verschlagen an.

»Sie werden mich wohl kaum auf dem Weg nach Gormans Bay gehört haben.«

»Dann muß es Hyson gewesen sein.«

Rachel zuckte die Achseln. »Ich glaube nicht, daß Hyson die Krabben wegen der Musik schwimmen ließe.«

Als wir nach Hause kamen, trafen wir auf die Zwillinge, die mit Fangnetzen und einem Eimer, in welchem Lowella die Beute trug, beladen waren.

Rachel sagte: »Hör mal, Hyson, du bist doch nicht zurückgekommen und hast Geige gespielt heute nachmittag?«

Hyson sah verdutzt drein und fragte: »Wozu denn?«

»Deine Tante Favel glaubte dich zu hören.«

»Oh«, sagte Hyson gedankenvoll, »da hörte sie nicht *mich* spielen.«

Sie wandte sich abrupt ab; ich sollte wohl nicht merken, wie sehr Rachels Bemerkung sie beschäftigte.

Am nächsten Tag regnete es ununterbrochen und die darauffolgende Nacht auch noch.

»Das ist nichts Ungewöhnliches hier«, erklärte mir Roc, »das ist einfach ein alter cornischer Brauch. Jetzt begreifst du, warum unser Gras das grünste in diesem grünen und freundlichen Land ist.«

Ein lauer Südwestwind blies, und alles fühlte sich feucht an. Am

Tag danach war es nicht mehr so regnerisch, obwohl der verhangene Himmel neuen Regen ankündigte. Das Meer hatte an der Küste eine schmutzigbraune Farbe angenommen, weiter draußen war es grünlichgrau.

Roc verließ das Haus, und ich beschloß, nach Polhorgan zu gehen, um das unterbrochene Schachspiel zu Ende zu bringen. Roc nahm mich im Wagen mit.

Lord Polhorgan freute sich, mich zu sehen. Wie gewöhnlich tranken wir Tee und spielten unsere Partie fertig, die er gewann.

Als ich ging, kam gerade Dr. Clement. Ich stand noch unter dem Torbogen, während er aus dem Wagen stieg.

»Sie gehen schon?« fragte er sichtlich enttäuscht. »Mabell ist sehr gespannt, Sie kennenzulernen.«

»Sagen Sie ihr, daß es mir genauso geht.«

»Darf ich Sie anrufen?«

»Ja, bitte. Übrigens, wie krank ist Lord Polhorgan eigentlich?«

Dr. Clement wurde ernst. »Das ist schwer zu sagen bei einem Patienten in diesem Zustand. Es kann ganz plötzlich gefährlich werden.«

»Ich bin nur froh, daß Schwester Grey immer zur Hand ist.«

»Es ist sehr wichtig, daß er jemand zur ständigen Pflege hat. Aber wie gesagt...«

Er hielt inne, und ich ahnte, daß er Althea Grey kritisieren wollte und in letzter Minute seine Absicht änderte.

Abschiednehmend lächelte ich ihm zu: »Ich muß mich beeilen, Doktor. Auf Wiedersehen.«

»Auf Wiedersehen.«

Ich machte mich auf den Weg zur Küstenstraße. Dann besann ich mich jedoch eines anderen und ging zum Abkürzungsweg.

Ich war noch nicht weit gekommen, als ich feststellte, daß es recht dumm von mir war, diesen Weg heimzugehen. Der Pfad bestand nur aus rötlichbraunem Schlamm, und sicherlich war der Zustand des Schmugglerpfads noch schlimmer. Ich überlegte noch, ob ich lieber umkehren sollte. Aber schließlich, schlimmer konnte es auch nicht mehr werden, und so ging ich weiter. Meine Schuhe waren sowieso schon mit einer Schlammkruste bedeckt.

Ich hatte noch nicht den engen Heckenweg erreicht, als Rocs Stimme an mein Ohr drang.

»Favel! Bleib stehen, wo du bist! Rühr dich nicht vom Fleck, warte auf mich!«

Ich fuhr herum und sah Roc auf mich zukommen. »Was ist denn los?«

Ohne zu antworten, packte er mich am Arm und hielt mich für Sekunden ganz fest umschlungen. Dann stieß er hervor: »Dieser Weg ist nach heftigem Regen sehr gefährlich. Schau her! Kannst du die Risse im Boden sehen? Ein Teil der Klippen ist hinabgestürzt. Selbst hier ist es unsicher.«

Er zog mich den Weg zurück, den ich gekommen war, jeden Schritt behutsam abtastend.

Als wir den Anfang des Klippenweges erreicht hatten, blieb er stehen und seufzte erleichtert auf. »Das war aber ein Schrecken für mich«, gestand er. »Ich hatte plötzlich so eine Ahnung, war nach Polhorgan geeilt, und sie sagten mir, du seiest gerade gegangen. Schau zurück. Siehst du, wie die Klippen zerbröckelt sind? Und kannst du die Steine und das entwurzelte Farnkraut auf halber Höhe des Abhangs da unten sehen?«

Mit Schaudern blickte ich hinab.

»Der Pfad ist sehr gefährlich«, fuhr Roc fort. »Warum hast du nicht das Warnschild beachtet? Doch da fällt mir ein, ich habe es auch nicht gesehen.«

»Meinst du das, auf dem steht: ›Der Weg kann auf eigene Gefahr begangen werden‹? Aber ich dachte, das gilt nur für Besucher, die die Klippen nicht kennen.«

»Nach starkem Regen nehmen sie das Schild weg und stellen ein anderes auf: ›Sehr gefährlicher Weg‹. Ich kann nicht verstehen, was mit ihm geschehen ist.« Er blickte um sich. Dann rief er: »Du lieber Himmel. Ich möchte wissen, wer das gemacht hat?« bückte sich und hob ein Schild auf, das, mit der Schrift nach unten, auf dem Weg lag. »Mir ist schleierhaft, wie das umfallen konnte. Vielleicht wärst du gut rübergekommen, aber...«

Er preßte mich an sich, und ich war zutiefst gerührt. Er steckte das Schild wieder in den Boden und sagte barsch: »Der Wagen steht in der Nähe. Komm, wir wollen heimfahren.«

Als wir die Auffahrt hinaufkamen, trafen wir auf Morwenna, die eifrig den Wegerich aus dem Rasen zupfte.

Roc knallte den Wagenschlag zu und rief: »Hat doch jemand das Warnschild am Klippenweg herausgerissen. Ich konnte gerade noch verhindern, daß Favel hinüberging.«

Morwenna stand erschrocken auf.

»Es gab einen bösen Erdrutsch dort.« Roc war kurz angebunden.

Er wandte sich mir zu. »Der Weg sollte gesperrt werden, bis er ausgebessert ist. Ich werde mit Admiral Weston sprechen, dem Vorsitzenden des Landkreises hier.«

Charles kam ums Haus herum; auch seine Schuhe waren voller Lehm. »Was ist denn hier los?«

Roc berichtete von der Gefahr, in der ich geschwebt hatte.

»Touristen«, brummte Charles. »Ich wette, es waren Touristen.«

»Na, es ist noch mal gutgegangen«, sagte Morwenna und zog ihre Gartenhandschuhe aus, »aber für heute habe ich genug und könnte einen Drink gebrauchen. Und du, Favel? Roc nimmt auch sicherlich einen, und Charles sagt sowieso nie nein.«

Wir gingen ins Haus, in einen kleinen Salon neben der Halle, und Morwenna holte die Gläser aus dem Schrank. Während sie einschenkte, kam Rachel Bective mit Hyson herein. Sie trugen beide Hausschuhe. Morwennas Blick lenkte meine Aufmerksamkeit darauf. Sie hatten wohl die Schuhe an der hinteren Eingangstür gewechselt, wo immer Gummi- und Hausschuhe bereitstanden. Wieder kam die Sache mit dem Warnschild zur Sprache, und Rachel Bective schaute mich nicht an, als sie sagte: »Das hätte schlimm ausgehen können. Wie gut, daß du dazugekommen bist, Roc.«

Fünf oder zehn Minuten später kam Lowella zur Tür herein, zusammen mit Deborah. Lowella erzählte, daß sie geschwommen sei, und Deborah war augenscheinlich gerade von ihrem Nachmittagsnickerchen aufgestanden. Sie hatte noch ganz verschlafene Augen.

»Wo ist Lowella?« fragte Morwenna.

Weder Rachel noch Hyson wußten es.

Vielleicht hatte Hyson das Schild umgekippt. Sie wußte, wohin ich gegangen war und daß ich womöglich über den Klippenweg heimkommen würde. Vielleicht hatte sie mich auch beobachtet. Aber was hätte sie für einen Grund, so etwas zu tun? Vielleicht war sie von Natur aus boshafter, als es schien? Dann sagte ich mir, Roc habe der Angelegenheit mehr Bedeutung beigemessen, als ihr zukam. Und damit gab ich mich zufrieden – bis zum nächsten Tag.

Am anderen Morgen war der Himmel strahlend blau und die See so glänzend, daß einem die Augen weh taten, wenn man hinsah. Roc nahm mich mit zur Schmiede, wo eines seiner Pferde beschlagen werden sollte. Wieder bekam ich ein Glas Most aus dem Faß in der Ecke angeboten, und während der junge Jim das Pferd beschlug, kam Dinah in die Schmiede und bedachte mich mit einem dreisten Blick, der mich vermuten ließ, daß Roc und sie einmal intimer miteinander gewesen waren.

Als wir die Schmiede verließen und an den Katen vorüberkamen, sah ich vor der einen einen alten Mann sitzen.

»Morgen, Jesse«, rief Roc.

»Morgen, Sir.«

»Wir müssen ein Wort mit Jesse Pleydell sprechen«, sagte Roc leise zu mir.

Die knorrigen Hände des Alten lagen zitternd auf seinen spitzen Knien.

»Ist die Lady Ihre Frau?«

»Ja, Jesse. Sie möchte gern Ihre Bekanntschaft machen.«

»Wie geht es Ihnen?« fragte ich. »Ihre Tochter hat mir von Ihnen erzählt.«

»Ist ein gutes Mädchen, meine Bessie. Und Maria... wüßte nicht, was ich ohne sie täte... so alt und schwach wie ich bin. Es ist gut, sie in Ihrem Haus zu wissen.«

»Ich wünschte, Sie wären auch da oben, Jesse«, sagte Roc, und es lag so viel Freundlichkeit in seiner Stimme, daß die Gedanken, die mir in der Gegenwart von Dinah Bond gekommen waren, verflogen.

»Ja, Sir, da wäre auch mein Platz. Aber seit mir mein Augenlicht genommen wurde, bin ich unnütz für Gott und die Menschen.«

»Das ist Unsinn. Wir sind alle stolz auf dich, Jesse. Du brauchst nur noch weitere zwanzig Jahre zu leben, und Pendorric wird berühmt durch dich.«

»Immer zu einem Späßchen aufgelegt... wie Ihr Vater! Er spaßte auch gern, bis...« Seine Hände begannen an seiner Hose zu zupfen.

In plötzlicher Eingebung ging ich auf den alten Mann zu und legte ihm die Hand auf die Schulter. Er saß ganz still, und ein Lächeln huschte über seine Lippen.

»Ich komme mal wieder vorbei«, sagte ich. Er nickte, und seine Hände fingen wieder an zu zittern, bis sie auf den Knien zur Ruhe kamen.

»Wie in alten Zeiten...«, redete er vor sich hin. »Wie in alten Zeiten, mit einer neuen Braut in Pendorric. Ich wünsche Ihnen alles, alles Glück, meine Liebe.«

Als er uns nicht mehr hören konnte, sagte ich: »Übrigens erzählte Mrs. Penhalligan mir, er sei in der Halle gewesen, als deine Mutter abstürzte.«

»So, erzählte sie das? Wie doch die Leute immer an allem und jedem hängen, was vorbei und vergangen ist! Wahrscheinlich passiert in ihrem Leben so wenig, daß sie sich an das kleinste Ereignis außerhalb des täglichen Einerleis klammern.«

»Ich hoffe nur, daß der vorzeitige Tod eines Menschen auch ›außerhalb des täglichen Einerleis‹ liegt.«

Lachend schob er seinen Arm unter den meinen. »Erinnere dich bitte daran, wenn du das nächstemal wieder versucht bist, über gefährliche Pfade zu klettern.«

Am Nachmittag ging ich in den Innenhof. Trotz der warmen Morgensonne waren die Bänke nach dem langen Regen noch feucht.

Hyson ging an meiner Seite. Plötzlich fragte sie: »Hast du eigentlich Angst gehabt, als Onkel Roc dich von dem Klippenweg herunterholte?«

»Nein. Ich hätte gar nicht gemerkt, daß es dort gefährlich war; er brachte mich erst darauf, hinterher.«

»Nun, wahrscheinlich wärst du auch heil rübergekommen. Aber es hätte auch etwas passieren können.«

»Dann war es nur gut, daß ich nicht weiterlief, nicht wahr?«

Hyson nickte. »Es hat nicht sollen sein«, sagte sie. »Vielleicht«, fuhr sie fort, »war es eine Warnung. Vielleicht ...«

Dabei blickte sie auf eines der Fenster an der Ostseite, wie sie es schon einmal getan hatte. Ich folgte ihrem Blick und sah nichts. Sie sah mich an, lächelte und sagte: »Auf Wiedersehen«, und ging durch die nördliche Tür ins Haus.

Was wollte das Kind von mir? Wollte sie sich wichtig machen? Wollte sie mir vielleicht zu verstehen geben, sie sähe, was für gewöhnliche Sterbliche im dunkeln blieb?

Dann hörte ich die Stimme, und für einen Moment hatte ich keine Ahnung, woher sie kam. Die Melodie klang an mein Ohr, ein klein wenig unrein. Ich verstand die Worte:

Er ist lange tot und hin,
tot und hin, Fräulein!
Ihm zu Häupten ein Rasen grün,
Ihm zu Fuß ein Stein.

Ich schaute zu den Fenstern auf der Ostseite, einige standen offen. Energisch ging ich die Treppe hinauf auf die Galerie.

»Hyson«, rief ich, »bist du da, Hyson?«

Keine Antwort. Ich spürte, wie kühl es hier im Haus war, vor allem, wenn man aus dem sonnigen Innenhof kam. Ich war wütender, als ich sein sollte, und auf einmal ging es mir auf: Ich war so wütend, weil es mir langsam etwas unheimlich wurde.

4

Allmählich mußte ich annehmen, daß sich irgend jemand auf meine Kosten einen seltsamen Spaß erlaubte.

Ich hatte Geigenspiel gehört; ich hatte das Singen gehört. War ich die einzige, die dies alles hörte? Sicher war es der Sage wegen und weil ich die neue Braut war. Jemand aus diesem Haus versuchte, mich nervös zu machen.

Ich fragte mich, warum. Wollte jemand, der an den Geist von Pendorric glaubte, mich zu diesem Glauben bekehren?

Ich überlegte, mit wem ich darüber sprechen konnte, denn die Geschichte begann mich jetzt ziemlich zu beschäftigen. Wenn ich mich an Roc wandte, würde er nur lachen und mir erzählen, daß ich nur Pendorric verfallen sei wie die anderen Bräute auch. Morwenna war zwar immer freundlich, aber auch zurückhaltend. Charles sah ich am wenigsten von allen, und ein vertrauliches Gespräch mit ihm konnte ich mir nicht vorstellen. Die Zwillinge? Unmöglich. Lowella war ein Irrwisch, und bei Hyson wußte ich nie, was sie dachte. Ja, wenn jemand es darauf anlegte, mich zu erschrecken, dann konnte es eigentlich nur Hyson sein, die ganze Methode sprach dafür. Rachel Bective war mir zu unsympathisch; wahrscheinlich ahnte sie meine Abneigung und erwiderte sie.

Es gab nur eine Person, der ich vertrauen konnte – Deborah. Sie war aufgeschlossener als Morwenna und eher bereit, Vertrauen mit Vertrauen zu vergelten. Außerdem war sie aus Devonshire und hielt von Aberglauben so wenig wie ich. Eine Gelegenheit ergab sich, als ich in ihrem Zimmer Fotoalben ansah. Die einzelnen Fotografien waren mit Sorgfalt eingeklebt, in chronologischer Reihenfolge, mit entsprechenden Unterschriften. Die meisten der früheren Bilder zeigten Barbarina mit ihrem Mann. Dann kamen viele von Roc und Morwenna. Ich wendete wieder ein Blatt, die nächste Seite war leer.

»Die letzte Fotografie wurde eine Woche vor Barbarinas Tod gemacht«, sagte Deborah. »Danach habe ich das Buch nicht mehr benützt.« Sie nahm ein anderes Album und öffnete es. Es zeigte Bilder eines älteren Roc und einer größeren Morwenna. »Nun ja«, fuhr Deborah fort, »das Leben ging weiter. Und so habe ich dann meine Fotoalben auch weitergeführt.«

Ich blätterte um, mein Blick fiel auf eine Gruppenaufnahme von Roc, Morwenna und Barbarina.

»Nanu, das gehört aber nicht in dieses Buch.«

Deborah lächelte. »Aber natürlich. Das ist nicht Barbarina. Sie war ein halbes Jahr tot, als diese Aufnahme gemacht wurde.«

»Also du bist es? Aber du siehst doch genau wie sie aus.«

»Ja... seitdem sie uns nicht mehr vergleichen konnten, sagten die Leute, ich würde ihr immer ähnlicher.« Sie wendete die Seite um, als könnte sie es nicht ertragen, das Bild anzusehen. »Und hier sind Morwenna und Charles. Er war damals sehr jung. Mit etwa achtzehn Jahren kam er nach Pendorric. Petroc wollte ihn so weit einarbeiten, daß er später die Leitung übernehmen konnte, was er dann auch tat. Schau, wie Morwenna ihn anhimmelt. Er war ihr Gott.« Sie lachte. »Es war geradezu komisch zu beobachten, welchen Einfluß er auf sie nahm. Jeder Satz begann mit ›Charles sagt...‹ oder ›Charles macht...‹. Sie bewunderte ihn von dem Augenblick an, als er nach Pendorric kam, und so blieb es bis heute.«

»Sie sind sehr glücklich miteinander, nicht wahr?«

»Manchmal denke ich, es steckt zuviel Ergebenheit darin.«

»Charles scheint ihr aber auch sehr ergeben zu sein.«

»Charles wird immer ein treuer Ehemann sein. Aber es gibt außer der Ehe für ihn noch andere Dinge im Leben. Er ist sehr fromm, weißt du? Charles' Vater war Geistlicher, und Charles wurde sehr streng erzogen. Aber Land bebauen ist für ihn auch eine Art Religion, und in diesem Sinne hat er sich Morwenna erzogen. Es gab eine Zeit, da war sie ebenso unternehmungslustig und zu Streichen aufgelegt wie ihr Bruder. Aber ich habe es nie erlebt, daß sie Charles in irgendeiner Art widersprach... außer vielleicht in einem Punkt.«

Deborah zögerte weiterzusprechen.

»Ich meine... ihre Freundschaft mit Rachel Bective.«

»Oh, kann Charles Rachel nicht leiden?«

»Von einem gewissen Zeitpunkt an brachte Morwenna sie immer von der Schule zu den Ferien mit. Nie äußerte Charles sich mißbilligend über sie, aber er nahm die beiden nie zu einem Ritt oder zu einem Rundgang mit, so wie er es mit Morwenna tat, wenn sie allein war. Ich glaubte, daß Morwenna daraufhin Rachel nicht mehr mitbringen würde. Aber nichts dergleichen geschah.«

»Und nun lebt sie hier.«

»Nur bis die Kinder auf eine Schule müssen; doch sie wird schon eine neue Ausrede zum Bleiben finden. Aber nachdem du jetzt Hausherrin bist...«

Deborah seufzte, und ich wußte, was sie meinte. Die nicht ebenbürtige Rachel kam aus einer armen Familie nach Pendorric. Sie verliebte sich in das, was sie gesehen hatte, und trachtete danach, es zu ihrem Eigen zu machen. Hatte sie geglaubt, daß sie eines Tages die neue Braut sein würde? Sicher war Roc freundlich zu ihr, und niemand konnte besser als ich verstehen, wie leicht es war, sich in ihn zu verlieben. Liebte Rachel Roc, oder hatte sie es einmal getan? Bestimmt, und somit hatte Rachel gute Gründe für ihre Abneigung.

Ich sagte langsam: »Erinnerst du dich, wie du mir erzählt hast von Barbarinas Ophelia-Rolle und wie sie das Lied sang?«

Deborah schwieg einige Sekunden; sie sah mich nicht an. Dann nickte sie.

»Mir war, als hätte ich es jemanden singen hören im Ostflügel. Wer könnte das wohl gewesen sein?«

Das Schweigen hielt lange an, dann sagte Deborah: »Jeder könnte dieses Lied singen.«

»Da hast du recht.«

Deborah wandte sich einem anderen Fotoalbum zu, das ich noch nicht gesehen hatte. Anscheinend schien es ihr nicht verwunderlich, daß ich jemanden das Lied hatte singen hören.

Einige Tage später, als Antwort auf die Einladung, ging ich zu Dr. Clement. Das Haus war ganz entzückend – frühes 19. Jahrhundert –, umgeben von einem Garten, in dem Bienenstöcke standen. Mabell Clement war eine sehr geschäftige Person. Groß und blond wie ihr Bruder, trug sie das Haar in einem dicken Zopf, der halb den Rücken hinunterhing – jedenfalls sah ihre Frisur so aus, als ich sie zum erstenmal traf. Bei späterer Gelegenheit hatte sie ihr Haar zu einem Knoten im Nacken aufgesteckt, der sich allerdings immer aufzulösen drohte. Sie hatte gewöhnlich einen Kittel an, den manchmal ein Gürtel zusammenhielt. An den Füßen hatte sie Bastsandalen, sie trug Bernsteinketten und lange Ohrgehänge.

Jeder sollte sofort merken, daß sie eine Künstlerin war. Das war ihr wunder Punkt. Ansonsten war sie ein gutmütiger Mensch, von gleichbleibender Freundlichkeit und eine gute Gastgeberin. Ihr Bruder war ihr ganzer Stolz. Er seinerseits war ihr sehr zugetan und ertrug ihre künstlerischen Ambitionen mit Toleranz. Ich stellte fest, daß die Mahlzeiten in diesem Haushalt zu den seltsamsten Zeiten serviert wurden; denn Mabell gestattete es sich nicht, sich um die Belange des Haushalts zu kümmern, wenn der Drang zum Malen, Töpfern oder Gärtnern über sie kam.

Tremethick wurde mir gezeigt, der Töpfereischuppen und das, was sie Atelier nannte. Alles in allem war es ein interessanter Nachmittag. Dr. Clement bot mir an, mich nach Pendorric zurückzufahren; eine halbe Stunde bevor ich gehen wollte, kam aber ein Anruf von einem seiner Patienten, dem er umgehend einen Besuch abstatten mußte.

So ging ich allein nach Pendorric zurück.

Ich kam durch das Dorf. Es war still hier an diesem Nachmittag; die Hitze war drückend. An der Hüttenreihe schaute ich nach Jesse Pleydell aus, der saß aber heute nicht vor seiner Tür. Ich überlegte, ob ich bei ihm hineinschauen sollte, entschloß mich aber dann, darauf zu verzichten, wollte ich doch vorher Mrs. Penhalligan oder Maria fragen, welchen Tabak er rauchte, damit ich ihm ein Päckchen mitbringen konnte.

Zu meiner Rechten lag der Kirchhof. Zuerst zögerte ich, doch dann schlüpfte ich durch das schmiedeeiserne Tor. Ich hatte schon seit jeher eine Vorliebe für Friedhöfe, besonders verlassene wie dieser hier hatten es mir angetan. Ich ging zwischen den Grabmälern durch, und dann sah ich die Gruft der Pendorrics vor mir.

Ich wollte nachsehen, ob der Lorbeerkranz immer noch an seinem Platz hing. Er war fort. An seiner Stelle hing ein kleiner Rosenstrauß, und als ich näher trat, erkannte ich eine bestimmte Rosenart, die in unserem Garten wuchs. Dieses Mal hing keine Schleife mit Inschrift an den Blumen; aber sicherlich waren sie für Barbarina bestimmt, und wahrscheinlich hatte Carrie sie ihr gebracht.

Ein Rascheln im Gras hinter mir ließ mich herumfahren, und ich erkannte Dinah Bond. Mit schwingenden Hüften, wie es ihre Art war, graziös und herausfordernd, kam sie auf mich zu und rief munter: »Hallo, Mrs. Pendorric.«

»Hallo«, antwortete ich.

»Hier ist es ruhig ... richtig friedlich.«

»Das Dorf kam mir heute auch ganz still und verlassen vor.«

»Ja, es ist zu heiß. Es liegt ein Gewitter in der Luft. Spüren Sie es nicht?«

»Ja, da haben Sie wohl recht.«

Mit einem fast unverschämten Lächeln blickte sie mich an. Und was eigentlich noch schlimmer war, es lag in ihrem Blick etwas wie Mitleid.

»Haben Sie sich Ihre Familiengruft angeschaut? Aber sicher waren Sie noch nicht drinnen.«

»Nein.«

Sie lachte. »Dafür ist später noch Zeit genug, denken Sie sicher. Diese Kälte dort drinnen... und dazu alle die Särge... Manchmal sehe ich sie mir an... wie heute nachmittag... nur so zum Spaß, weil ich vor der Tür stehe und nicht eingesperrt bin – wie es Morwenna einmal passierte.«

»Morwenna! Dort eingesperrt? Wie kam denn das?«

»Das ist Jahre her. Ich war damals noch ein Kind.« Sie setzte sich auf die Ecke einer Grabplatte, stützte das Kinn in die Hände und blickte versonnen auf das große Grab.

»Der Schlüssel zu der Gruft wurde immer in einem Schrank in Mr. Petrocs Arbeitszimmer aufbewahrt. Es war ein großer Schlüssel. Rachel Bective war damals zu den Ferien hergekommen.«

»Wie alt war sie damals?«

»Na, etwa so alt wie die Zwillinge heute. Ich bin Morwenna und Rachel nachgeschlichen. Ich trieb mich dauernd hier auf dem Kirchhof herum. Und eines Tages sah ich die beiden kommen, versteckte mich und belauschte sie. Danach fand ich Spaß daran, sie zu belauschen, um noch mehr zu hören. Und das tat ich oft, ohne daß sie dahinterkamen. Und so erfuhr ich auch – das war einen Tag vorher, als sie die Grabinschriften entzifferten –, daß sie zur Gruft gehen wollten. Morwenna erzählte nämlich Rachel, wie oft sie mit ihrem Bruder dorthin ginge, und da wollte Rachel das natürlich auch – so, wie sie immer alles den beiden gleichtun wollte. Sie wollte eine von ihnen sein und konnte es doch nicht, wird es nie können. Sie wird immer das bleiben, was sie ist.«

»Was hat sie Ihnen bloß getan, daß Sie sie so hassen!«

»Darum geht es nicht, was sie mir getan hat. Es war vielmehr das, was sie anderen antat.«

»Na, erzählen Sie schon.«

»Also, ich hörte sie sprechen. Sie redete auf Morwenna ein, sie solle den Schlüssel holen zu der Familiengruft. Morwenna wollte nicht. Wie gesagt, der Schlüssel lag im Arbeitszimmer ihres Vaters. Er war gerade verreist – wie so oft nach dem Unfall seiner Frau –, und Rachel sagte zu Morwenna: ›Paß auf, es tut dir leid, wenn du ihn nicht holst.‹ Ich wußte sofort, Morwenna holt den Schlüssel;

wenn sie es nämlich nicht tat, konnte sie sich auf einiges gefaßt machen. Dann hörte ich, wie sie sich für den nächsten Nachmittag verabredeten, und so kam es, daß ich auch da war.«

»Und Morwenna hatte den Schlüssel?«

Dinah nickte. »Rachel Bective schloß auf, und sie gingen in die Gruft hinein. Morwenna graulte sich ein bißchen und wollte erst nicht, aber Rachel sagte: ›Du mußt es tun, sonst wirst du es bereuen.‹ Und Morwenna sagte: ›Ich kann nicht.‹ Und dann lachte Rachel plötzlich laut auf, rannte hinaus, schmiß das Tor hinter sich zu, drehte den Schlüssel um, und Morwenna war eingeschlossen.«

»Wie gräßlich! Mußte sie lange drin bleiben?«

»Nein. Es gibt an der Seite ein kleines vergittertes Fenster, und Rachel rannte hin und rief: ›Ich laß dich nicht eher raus, bis du mich für die Weihnachtsferien einlädst. Sonst gehe ich zurück und erzähle zu Hause, ich wüßte nicht, wo du bist. Kein Mensch ahnt, daß du hier eingeschlossen bist, ich bringe den Schlüssel zurück und tue ihn an seinen Platz. Ehe sie dich finden, das dauert Wochen, und dann bist du schon ein Gerippe.‹ Morwenna sagte zu allem ja, und Rachel schloß das Tor wieder auf. Mein Lebtag vergeß ich das nicht! Und immer, wenn ich hier vorbeikomme, muß ich an die arme Morwenna denken, wie sie das tun mußte, was Rachel wollte.«

»Ich kann mir vorstellen, daß Rachel sich danach sehnte, in den Ferien nach Pendorric zu kommen.«

»So, Sie meinen also, das entschuldige sie für so eine Tat! Die hätte Morwenna da drinnen sitzen lassen, wenn Morwenna nicht nachgegeben hätte.«

»Ach, das kann ich nicht glauben.«

Verächtlich schaute Dinah mich an. »Ich weiß 'ne ganze Menge über die Pendorrics ... habe ja mein ganzes Leben sozusagen in ihrer Nähe verbracht.«

»Ich nehme an, daß viel über die Familie geschwatzt wird.«

»Als ich gerade auf die Welt kam, schwatzten sie darüber, und als ich schon ein kleines Mädchen war, hatten sie immer noch Gesprächsstoff. Meine Mutter hatte 'ne scharfe Zunge. Ihr entging nichts. Ich erinnere mich noch an ihre Geschichten von Louisa Sellick, Petrocs große Liebe, ehe er Miß Barbarina heiratete.«

»Louisa Sellick?« wiederholte ich, diesen Namen hatte ich noch nie gehört.

»Ach, das ist eine alte Geschichte. Wozu sie wieder aufwärmen. Aber natürlich, wo Sie nun die neue Braut sind ...«

Ich ging nahe an Dinah heran, sah sie ernsthaft an und sagte: »Manchmal kommt es mir so vor, als wollten Sie mich warnen.«

Sie warf ihre Haare in den Nacken und lachte.

»Was wissen Sie von Louisa Sellick?«

»Nur das, was mir meine Mutter erzählt hat. Manchmal kam ich da vorbei, wo sie wohnt. Und ich habe sie auch gesehen. Die Leute sagen, er ging immer zu ihr, und Barbarina Pendorric nahm sich das Leben, weil sie es einfach nicht mehr ertragen konnte, daß seine Liebe zu Louisa größer war als die zu ihr. Zuerst, als sie heiratete, glaubte sie, es sei aus mit den beiden; damals zog Louisa übrigens ins Moor.«

»Und dort wohnt Louisa noch heute?«

»Ja, jedenfalls, als ich zuletzt da war, da wohnte sie noch in ihrem Bedivere-Haus – einem ansehnlichen Haus. Er hat es ihr gekauft. Es war ihr Liebesnest sozusagen. Und wenn er geschäftlich über Land ritt, stattete er Bedivere immer einen Besuch ab. Vielleicht war gerade Nebel auf dem Moor, oder er war zu müde, um bis nach Hause zu reiten ... Sie verstehen doch, was ich meine. Doch bald kam es heraus, daß sie dort wohnte... und dann nahmen die Dinge ihren Lauf.«

»Gehen Sie oft dorthin?«

»Heute nicht mehr. Sie wissen doch, jetzt habe ich ein eigenes Heim. Habe doch Jim Bond geheiratet. Ich schlafe in einem Daunenbett und habe vier feste Wände um mich herum. Aber wenn ich mal dorthin komme, schaue ich immer bei Louisa rein. Heute ist sie nicht mehr so jung und hübsch.«

Ich hatte über Dinahs Klatschgeschichten die Zeit vergessen. Ich sah auf die Uhr und rief: »Nanu, ist es schon so spät?«

»Es ist besser, Sie gehen, Mrs. Pendorric. Für mich spielt Zeit keine Rolle, wohl aber für Menschen wie Sie. Manche Leute haben es so eilig, als ahnten sie, daß ihnen nicht mehr viel Zeit bleibt.«

Sie lächelte ihr spöttisches, rätselhaftes Lächeln.

»Auf Wiedersehen«, sagte ich und suchte mir meinen Weg zwischen den Gräbern hindurch zum Tor.

Mein Interesse an Barbarina wuchs mit jedem Tag. Oft ging ich in ihre Räume, dachte über sie nach und fragte mich, ob sie wohl sehr unglücklich gewesen sei, falls es stimmte, was Dinah sagte, und ihr Mann der Frau auf dem Moor in regelmäßigen Abständen Besuche abgestattet hatte.

Ich hörte kein Geigenspiel mehr, hörte nicht mehr diese seltsame, etwas unreine Stimme singen. Wer immer dahintergesteckt haben mochte, er hatte sich offensichtlich dazu entschieden, eine Pause einzulegen. Allerdings ärgerte es mich ein wenig, daß es mir nicht gelungen war, dem Urheber dieser geisterhaften Musik auf die Spur zu kommen.

Nach der Unterhaltung mit Dinah war das Bild von Barbarina, das Deborah vor mir erstehen ließ, noch klarer geworden, und ich wußte genau, daß ich eines Tages meine Neugier nicht mehr bezähmen könnte und hinausfahren würde aufs Moor, um zu versuchen, Louisa Sellick zu Gesicht zu bekommen.

Ich war bisher noch nie allein ausgefahren, und Roc konnte ich nicht gut bitten, auch Morwenna nicht, mich dorthin zu fahren. Zwar hatte ich das Gefühl, ich sollte die Vergangenheit besser ruhen lassen, aber andererseits wurde ich die Gedanken daran nicht los.

Außer Rocs Daimler-Benz und Charles' Landrover hatten wir drei kleine Wagen in der Garage stehen; den einen benutzte Morwenna, und die anderen waren zur allgemeinen Benutzung da. Ich hatte schon oft davon gesprochen, daß ich gern einmal zum Einkauf nach Plymouth fahren wollte, und wenngleich ich auch nicht ausdrücklich sagte, daß ich heute hinführe, ließ ich dennoch Morwenna in diesem Glauben. Roc war über Land, und auch ihm hatte ich nicht gesagt, wohin ich wollte, und zwar absichtlich nicht, aus einer plötzlichen Eingebung heraus.

Gegen halb elf Uhr fuhr ich weg, verließ die Hauptstraße nach Plymouth und befand mich nach kurzer Zeit im Moor. Es war ein strahlender Morgen. Frischer Wind strich über das spröde Gras; mir war ganz abenteuerlich zumute; meilenweit fuhr ich, ohne einen Menschen oder ein Haus zu sehen.

Endlich hielt ich vor einem Wegweiser und sah, daß ich nur noch einige Meilen vom Dozmary Pool entfernt war.

Weiter ging die Fahrt durch die Einöde. Hier und da türmten sich Erdwälle auf, die Grabstätten der alten Britannier, die Roc mir schon gezeigt hatte. Hier, so ging die Sage, hatte König Arthus seine letzte Schlacht geschlagen.

Und plötzlich sah ich den Teich. Er war nicht groß, ich schätzte, daß er an der breitesten Stelle nicht mehr als fünfhundert Meter maß. Ich hielt an, stieg aus und trat ans Ufer. Kein Laut weit und breit. Nur das Sausen des Windes in dem dürren Gras.

Meine Gedanken weilten noch bei der Arthus-Sage: Ich sah Bedivere am Ufer stehen, in seiner Hand das Schwert des sterbenden Arthus, unschlüssig, ob er es wie befohlen in die Mitte des Sees werfen sollte oder nicht. Schließlich tat er es doch, und ein Arm tauchte auf aus dem Wasser und ergriff das Schwert.

Bedivere-Haus. Es mußte, nach Dinahs Worten, ganz in der Nähe liegen. Ich stieg wieder in den Wagen und fuhr langsam eine halbe Meile weiter, dann entdeckte ich eine schmale Seite, der ich nachzufahren beschloß.

Ich war noch nicht weit gekommen, als ein Junge aus einem Heckenweg trat. Er mußte etwa vierzehn Jahre alt sein. Sein Lächeln kam mir bekannt vor.

»Haben Sie sich verfahren?« fragte er.

»Eigentlich nicht. Ich mache eine Spazierfahrt und komme von Dozmary Pool.«

»Das ist eine Straße zweiter Ordnung. Die führt nur bis zum Bedivere-Haus, und sie ist ziemlich holperig. Am besten kehren Sie um.«

»Danke schön«, sagte ich, »aber ich will noch etwas weiter fahren und mir Bedivere-Haus anschauen. Wo liegt es denn?«

»Sie können es nicht verfehlen. Es ist das graue Haus mit den grünen Fensterläden.«

»Es klingt interessant – besonders bei so einem Namen.«

»Ja, ich weiß nicht so recht«, meinte er, »ich wohne dort nämlich.« Er stand mit dem Rücken gegen das Licht, ich sah seine abstehenden Ohren mit dem spitzzulaufenden, leicht rosa getönten Ohrläppchen.

Er trat zurück und rief mir ›Auf Wiedersehen‹ zu.

»Auf Wiedersehen.«

Als ich wieder anfuhr, kam eine Frau in Sicht. Sie war groß und schlank und hatte üppiges weißes Haar. »Ennis«, rief sie, »da bist du ja.« Sie warf mir einen Blick zu, als ich vorbeifuhr. Nach der nächsten Wegbiegung sah ich auch schon das Haus. Der Junge hatte recht, man konnte es nicht verfehlen. Da waren die grünen Fensterläden, und es war nicht etwa eine Kate – sondern ein Haus mit etwa sieben oder acht Zimmern. Ein grünes Gartentor öffnete sich auf einen Rasen mit einem Blumenbeet. Durch eine Glasveranda ging es zur Eingangstür. Die beiden Türen standen offen.

Ich fuhr noch etwas weiter, dann stieg ich aus und schaute mich um. Ich sah die Frau mit dem Jungen nachkommen, sah, wie sie zusammen Bedivere-Haus betraten.

Ich war sicher, Louisa Sellick gesehen zu haben. Doch fragte ich mich, wer der Junge sein mochte. Ennis. Wahrscheinlich war es der

Name eines cornischen Heiligen. Es bestand auch kein Zweifel, an wen er mich erinnerte. Er erinnerte mich an die Gemälde, die ich auf Pendorric gesehen hatte – und natürlich an Roc.

Ich zog mich gerade zum Dinner um, als ich vom Fenster aus Roc kommen sah.

Ich mußte immer noch an den Jungen denken, der so viel Ähnlichkeit mit ihm hatte. Genauso mußte Roc mit dreizehn, vierzehn Jahren ausgesehen haben. Ich konnte mir vorstellen, wie er auf dem Friedhof mit Rachel und Morwenna spielte, wie er schwamm, wie er ruderte.

Als er das Zimmer betrat, war ich bereits fertig mit Umziehen.

»Hallo«, rief er, »schönen Tag gehabt?«

»Ja, Roc. Ich bin mit dem Morris ins Moor hinausgefahren«, erzählte ich.

»Schade, daß ich nicht dabei war!«

»Das finde ich auch.«

Er zog mich an sich. »Es ist wunderschön, dich beim Heimkommen vorzufinden«, sagte er. »Übrigens habe ich mit Charlie über deine Mithilfe in der Verwaltung des Gutes gesprochen. Wir sind also nun Partner. Was sagst du dazu?«

»Oh, ich bin so froh, Roc!«

Plötzlich kam mir die Erinnerung an meinen Vater, und wie immer, wenn meine Gedanken bei ihm weilten und mir sein Tod in den Sinn kam, legte sich ein Schatten über meine Seele.

Rasch sprach Roc weiter: »Wir brauchen jetzt gescheite Leute. Die Pacht darf nicht erhöht werden. Reparaturen müssen durchgeführt werden. Du siehst also, wir können eine tüchtige Geschäftsfrau wie dich brauchen.«

»Ach Roc, es wird mir sicherlich Freude machen.«

»Gut. Somit bist du eingestellt«, und er küßte mich.

»Roc, sag mir, machst du dir Sorgen?«

»Ich bin kein Mensch, der sich viel Sorgen macht... sonst...«

»Sonst machtest du dir also welche?«

»Mein Liebling, was käme schon dabei heraus? Wenn wir es uns nicht leisten können, im alten Stil weiterzumachen, müssen wir uns eben zu dem neuen bequemen.«

Ich legte meine Arme um seinen Hals, und meine Finger spielten fast unwillkürlich mit seinen Ohren – sie hatten es sich so angewöhnt. Er lächelte, und ich erinnerte mich lebhaft an den Jungen, den ich heute nachmittag gesehen hatte.

»Roc«, sagte ich, »ich sah heute ein Paar Ohren, die genauso aussahen wie deine.«

Er brach in Gelächter aus. »Ich glaubte immer, sie wären einzigartig. Du jedenfalls hast es immer behauptet.«

»Es sind die Ohren der Pendorrics«, und wieder berührte ich sie mit meinen Fingern. »Sie passen zu deinen Augen und geben dir das satyrhafte Aussehen.«

»Für das ich dankbar bin, weckte es doch deine Liebe zu mir.«

»Er hatte auch die gleichen Augen ... das fällt mir erst jetzt auf.«

»Nun sag mir bloß, wo du diesem Muster begegnet bist?«

»Auf dem Moor, in der Nähe vom Dozmary Pool. Ich fragte nach dem Weg, und er erzählte mir, er wohne im Bedivere-Haus. Er heißt Ennis.«

Es folgte eine kurze Pause, in der ich mir einbildete – oder kam ich erst später darauf? –, daß Roc aufmerksamer wurde.

»Wieso erzählte er dir das alles? Du hast doch nur nach dem Weg gefragt.«

»Es kam ganz von selbst. Aber die Ähnlichkeit war verblüffend. Ist er mit dir verwandt?«

»Das Blut der Pendorrics ist über die ganze Grafschaft verteilt«, sagte Roc. »Meine Vorfahren waren eine lebenslustige Bande. Nicht daß wir die einzigen gewesen wären. Früher war das alles ganz anders als heute. Damals hieß es: ›Gott schütze den Grafen und seine Brut, wir kümmern uns nur ums eigene Blut‹; sie schlugen das Kreuz und schätzten sich glücklich, einen Platz im Stall, der Küche oder im Garten zu haben. Heute heißt es: ›Jeder hat das gleiche Recht‹ – und dazu die Steuern. Ach, die gute alte Zeit ist für immer dahin. Du kannst Spuren der Pendorrics bei der Hälfte der Ansässigen hier entdecken. Das war so ganz in der Ordnung.«

»Ich glaube, du trauerst den alten Tagen nach.«

Er legte mir die Hand auf die Schulter und lächelte mich an. Bildete ich es mir ein, oder sah er jetzt wirklich erleichtert aus – so, als ob er eine gefährliche Klippe mit Erfolg umschifft hätte?

»Seitdem ich Favel Farington getroffen und geheiratet habe«, gab er zur Antwort, »wünsche ich nichts weiter vom Leben.«

Ich zweifelte nicht an seinen Worten. Es war wie immer, mit einem Blick, einem Wort, einem Lächeln hatte er alle meine Ängste und Zweifel zerstreut.

Roc hielt sein Versprechen und nahm mich am nächsten Tag mit in sein Büro. So gut es ging und so umfassend wie möglich in dieser kurzen Zeit, erklärte er mir die finanzielle Situation des Gutes. Es brauchte nicht lange, und ich begriff, daß wir zwar keinesfalls dem Bankrott zugingen, aber trotzdem einen von vornherein verlorenen Kampf mit der Zeit ausfochten.

Roc blickte mich ganz reumütig an. »Immerhin haben wir uns länger behauptet als die meisten, und es täte mir leid, wenn eine Überschreibung an den National Trust ausgerechnet in meine Zeit fiele.«

»Rechnest du denn so fest damit, Roc?«

»Worauf kann man schon fest rechnen, Liebling? Gesetzt den Fall, ich gewänne einhunderttausend ... das würde uns wohl für einige Generationen wieder auf die Füße bringen.«

»Du denkst doch nicht etwa daran zu spielen?« fragte ich entsetzt.

Er legte den Arm um mich. »Keine Sorge, ich riskiere nie etwas, was ich mir nicht zu verlieren leisten kann.«

»Das hast du mir schon einmal gesagt.«

»Wie schon so vieles, was ich dir schon einmal gesagt habe. Und dazu gehört auch, wie sehr ich dich liebe.«

»Unsere Unterhaltung schweift vom Thema ab«, stellte ich lachend fest.

»Richtig«, entgegnete er. »Ich weiß, daß du eine hervorragende Geschäftsfrau sein und mich immer auf dem richtigen Weg halten wirst, nicht wahr? Unsere Lage ist schon viel schlimmer gewesen, das kann ich dir versichern, und wir haben uns auch durchgerungen. Zu Zeiten meines Vaters ...«

»Was war da?«

»Da hatten wir noch mit viel größeren Schwierigkeiten zu kämpfen. Zum Glück brachte meine Mutter genügend Geld mit in die Ehe, was uns wieder sanierte.«

Ich blickte in das offene Buch vor mir, doch statt der langen Zahlenreihen sah ich nur das traurige, zarte Gesicht unter dem blaubebänderten Hut vor mir.

Roc, der hinter meinem Stuhl stand, neigte sich plötzlich zu mir herab und küßte mich auf den Scheitel. »Zerbrich dir nicht den hübschen Kopf. Paß auf, eines Tages wendet sich das Blättchen. Das habe ich immer wieder erlebt. Schließlich bin ich unter einem Glücksstern geboren, habe ich dir das nie erzählt?«

So seltsam es auch klingt, dies war ein glücklicher Tag für mich, und daß die Finanzlage der Pendorrics nicht so gesund war, wie sie hätte sein sollen, gab mir sogar eine große Beruhigung.

Wie oft hatte ich in letzter Zeit gedacht, daß Roc ganz seinem Vater nachschlüge, daß Barbarina und ich das gleiche Geschick teilten. Doch hier lag der Unterschied: Barbarina wurde wegen ihrer Mitgift geheiratet, obwohl Rocs Vater Louisa Sellick liebte. Rock dagegen, der auch Geld für Pendorric benötigte – wie sein Vater –, hatte mich, ein mittelloses Mädchen, geheiratet.

O nein! Meine Geschichte war ganz anders als die von Barbarina.

Mrs. Penhalligan war gerade beim Pastetenbacken, als ich in die Küche kam.

Sie errötete vor Freude, und ihre Augen strahlten, als sie mich sah; die rosafarbenen Ärmel ihres Baumwollkleides waren bis über die Ellenbogen hochgekrempelt, und ihre dicken kurzen Finger waren emsig bei der Arbeit. Einer der Zwillinge saß unter dem Tisch und aß eine Pastete.

»Guten Tag, Mrs. Pendorric.«

»Guten Tag, Mrs. Penhalligan.«

Mrs. Penhalligan fuhr fort, ihren Pastetenteig auszurollen. »Man darf ihn nicht zu lange liegen lassen, Ma'am«, sagte sie entschuldigend.

»Ich wollte nur fragen, welchen Tabak Ihr Vater raucht. Ich möchte ihn nämlich besuchen, sobald ich Zeit habe, und ihm etwas zum Rauchen mitbringen.«

Ein Kopf tauchte an der einen Seite des Tisches auf. »Hüte dich vor den Iden des März«, sagte eine leise Stimme in beschwörendem Ton.

»Oh, hören Sie doch auf damit, Miß Lowella, bitte«, rief Mrs. Penhalligan. »Sie ist mir den ganzen Tag zwischen den Füßen, lugt plötzlich durchs Fenster, taucht hier und dort auf und immer mit ihrem ›Hüte dich vor diesem und hüte dich vor jenem.«

Lowella grinste und schlenderte in die Backstube hinüber.

»Ich weiß gar nicht«, brummelte Mrs. Penhalligan, »wo treibt sich diese Miß Bective eigentlich dauernd herum – schließlich ist sie doch dafür da, achtzugeben auf die beiden.«

»Also, welchen Tabak raucht Ihr Vater? Das wollten Sie mir doch gerade sagen.«

»Das wollte ich, und es ist sehr freundlich von Ihnen, Ma'am. Er heißt Empire. Das Feinste vom Feinen. Aber er raucht in der Woche nur knapp ein Schächtelchen, und da gönnen Maria und ich ihm gern dieses teure Vergnügen.«

»Ich will es mir merken.«

Inzwischen kam Lowella wieder zurück, sie futterte an einer Pastete.

»Na, das eine weiß ich, jemand hat heute abend bestimmt keinen Hunger mehr«, bemerkte Mrs. Penhalligan.

Lowella musterte uns beide mit feierlichem Ernst, ehe sie wieder unter dem Tisch verschwand.

»Passen Sie auf, er freut sich«, fuhr Mrs. Penhalligan fort. »Sicher sitzt er wieder draußen heute nachmittag. Das macht er ja immer.«

»Na, ich schau mal vorbei.«

Als ich auf die Tür zuging, schoß Lowella auf mich zu und verstellte mir den Weg.

»Hör zu, Braut«, sagte sie, »ich komme mit, wenn du willst – den alten Jesse besuchen, meine ich.«

»Wozu?« entgegnete ich. »Ich weiß den Weg.«

Sie zuckte die Achseln und schlenderte zurück in die Küche; wahrscheinlich krabbelte sie wieder unter den Tisch, schmauste ihre Pastete und warnte Mrs. Penhalligan oder Maria vor den Iden des März.

Nicht weit von der Kate entfernt befand sich ein Kolonialwarenladen, der einer Mrs. Robinson gehörte. Sie war vor zwanzig Jahren nach Pendorric in die Ferien gefahren, hatte gesehen, daß der nächste Laden zwei Meilen entfernt war, und kurzentschlossen das Haus hier gekauft und ihren Kramladen eröffnet, in dem es alles gab, was die Leute brauchten, und natürlich auch Tabak. So war keine Schwierigkeit vorhanden, das zu bekommen, was ich wollte.

Als ich aus dem Laden trat, standen die Zwillinge davor und warteten auf mich.

Ich war alles andere als erfreut, ich wollte lieber mit dem alten Mann allein sprechen, doch was blieb mir anderes übrig, als ihre Begleitung so dankbar wie möglich anzunehmen.

Wortlos fielen sie mit mir in gleichen Schritt, als hätten wir uns hier verabredet gehabt.

»Wo ist denn Miß Bective?« fragte ich.

Die Zwillinge tauschten einen Blick. Lowella übernahm es, Rede und Antwort zu stehen. »Sie ist mit dem Morris weggefahren. Wir sollten inzwischen sechs verschiedene wilde Blumen pflücken. Für die Botanikstunde.«

»Und wieviel habt ihr schon gefunden?«

»Wir haben überhaupt noch nicht gesucht. Meine liebe Braut, wie lange meinst du, brauchen wir, um sechs wilde Blumen zu finden? Und Becky sagt sowieso nichts, selbst wenn wir überhaupt keine bringen. Wir können noch so ungehorsam sein, die beschwert sich nicht; denn wenn sie es täte, würden unsere Eltern uns auf die Schule schicken, und was hätte Becky dann noch für eine Ausrede, weiter auf Pendorric zu bleiben.«

»Solltet ihr nicht trotzdem ihren Anweisungen gehorchen? Schließlich ist sie eure Lehrerin.«

»Kümmere dich nicht um *uns*«, sagte Hyson.

Lowella sprang voraus und pflückte am Wegrain eine wilde Rose. Sie steckte sie sich ins Haar und tanzte singend vor uns her: »Hüte dich... hüte dich... vor den Iden des März.«

Hyson bemerkte kurz: »Lowella ist manchmal albern. Immer wiederholt sie Sätze.«

»Sie scheint gern die Leute zu warnen«, erläuterte ich. »Ich erinnere mich noch an ihr: ›Hüte dich vor der schrecklichen Lawine.‹«

»Ich mag die Iden aber lieber«, rief Lowella. »In Cornwall gibt es keine Lawinen, aber Iden gibt es überall. Es ist nur schade, daß sie im März sind, und wir haben Juli.«

»Sie hat aber auch keine Ahnung«, warf Hyson verächtlich ein.

Lowella fragte: »Aber was sind denn nun die Iden?«

»Nur ein Datum, dummes Ding. In Rom sagte man statt ›der fünfzehnte‹ eben ›die Iden‹.«

»Ach, nur ein Datum«, jammerte Lowella. »Es klingt so schön. Ich hielt es für so etwas wie Hexen... oder Geister. Es ist doch dumm, sich vor einem Datum zu hüten!«

»Wenn etwas an einem bestimmten Datum geschähe... das wäre viel aufregender oder mindestens ebenso aufregend wie Hexen und Geister.«

»Ja«, meinte Lowella langsam, »das mag sein.«

Mittlerweile hatten wir die Katen erreicht; der alte Jesse saß vor seiner Tür. Ich ging auf ihn zu und sagte: »Guten Tag, ich bin Mrs. Pendorric.«

Seine Hände auf seinen Knien begannen zu zittern. »Wie nett von Ihnen, Ma'am«, sagte er.

»Ich habe Ihnen etwas Tabak mitgebracht. Mrs. Penhalligan hat mir gesagt, welchen Sie rauchen.«

Seine Hände schlossen sich über der Tabakbüchse, und er lächelte.

»Wie fürsorglich von Ihnen, Ma'am. Ja, ich weiß wohl, wie freundlich *sie* immer war ...«

Hyson war in das Haus gegangen und kam mit einem Stuhl wieder, den sie neben den des alten Mannes stellte. Sie bot ihn mir an und kauerte sich selbst auf der anderen Seite des alten Mannes hin. Lowella war inzwischen verschwunden.

»Ihre Tochter hat heute früh Pasteten gebacken«, erzählte ich ihm.

»Meine Bessie ist eine wunderbare Köchin. Ich wüßte wirklich nicht, wie ich ohne sie auskäme. Mr. Roc ist auch immer so gütig zu mir. Ist die Kleine noch da?«

»Ja, da bin ich«, antwortete Hyson.

Er nickte und wandte sich wieder mir zu. »Ich hoffe, es gefällt Ihnen hier, Ma'am.«

»Ich bin begeistert.«

»Es ist schon lange her, daß wir eine neue Braut auf Pendorric hatten.«

»Vorher war es meine Mutter«, sagte Hyson, »und davor Groß-mama Barbarina.«

»Eine so reizende Lady. Ich erinnere mich noch genau an den Tag, als sie kam.«

»Erzähl uns davon, Jesse«, drängte Hyson, »die neue Braut möchte auch davon hören.«

»Na ja, wir hatten sie schon oft gesehen, es war nicht so, daß sie uns fremd war. Ich kannte sie schon als kleines Mädchen. Sie und ihre Schwester. Schöne Namen, Miß Barbarina und Miß Deborah.«

»So haben Sie sich gefreut, als sie eine Mrs. Pendorric wurde?« fragte ich.

»Sicherlich, Mrs. Pendorric. Man redete davon, Pendorric würde aufgegeben. Und wir wußten nicht, was dann mit unsereinem geschehen sollte. Dauernd hieß es, Mr. Petroc heiratet das Sellick-Mädchen, aber dann ... Ich weiß noch, wie sie Hochzeit machten. War an einem herrlichen Sommertag. Hier in dieser Kirche war es. Damals war noch Pfarrer Trewin da. O ja, es war eine große Hochzeit. Und Miß Deborah war Ehrenjungfrau. Auch Mr. Petroc sah schmuck aus. Es war alles so, wie es sein soll.«

»Und das andere Mädchen?« fragte ich.

»Oh, man dachte, es wäre vorbei. Sie ist fortgegangen ... Lady Barbarina war eine feine Herrin, freundlich und gütig und vor-nehm. Sie ritt viel und spielte so schön Geige. Oft, wenn ich im Innenhof arbeitete, hörte ich sie.«

Ich merkte, wie Hyson mich gespannt ansah. Ob sie es gewesen war, die mir Furcht einjagen wollte? Und wenn es so war, warum?

»Dann sang sie gern vor sich hin. Einmal, als ich auf dem Heimweg war, hörte ich sie auf dem Kirchhof singen. Es klang seltsam und doch schön, fast überirdisch. Ah ja, wir hielten große Stücke von ihr, wir alle hier in den Katen.«

»Sie erinnern sich aber noch gut an sie«, warf ich leise ein.

»Es kommt mir vor, als wär's gestern gewesen, daß sie zu mir sprach, so wie Sie jetzt. Damals arbeitete ich noch. Bis zu dem Tage, an dem sie starb, habe ich gearbeitet. Doch sie wußte, ich konnt's nicht mehr lange machen. Ich hab' ihr erzählt, was mit mir los war, und sie hat mich getröstet: ›Hab' keine Angst, Jesse, ich werde schon für dich sorgen!‹ Und sooft sie mich sah, fragte sie, wie's mir ginge. Wenn ich Sie auch nicht sehen kann, Mrs. Pendorric, irgendwie erinnern Sie mich an sie. Sie haben etwas Liebes, genau wie sie, und dann sind Sie glücklich. Das spüre ich. Sie war's auch ... zu Anfang. Doch dann änderte sich das. Dann war sie nicht mehr glücklich. Aber die Zunge geht mal wieder mit mir durch, fürcht ich.«

»Ich höre Ihnen gern zu«, sagte ich, »es ist so interessant.«

»Sie ist doch die neue Braut, und so will sie natürlich über die andere Bescheid wissen«, sagte Hyson.

»Ja, ja«, fuhr der alte Mann fort. »Sie sind glücklich ... genau wie sie, als sie herkam. Nur später ... Ich wünsche Ihnen jedenfalls viel Glück, Mrs. Pendorric. Ich wünsche Ihnen, es bliebe so für Sie wie heute, allezeit.«

Ich dankte ihm, dann fragte ich, ob er mir nicht sein Häuschen zeigen möchte. Er antwortete, es würde ihm ein Vergnügen sein. Er stand auf, tastete nach dem Stock und ging uns voran in die Kate.

Von der Haustür kam man gleich ins Wohnzimmer. Alles war blitzsauber, dafür sorgten seine Tochter und Enkelin. Neben seinem Lehnstuhl stand sein Pfeifenständer, und auf einem Tischchen daneben befanden sich ein Aschenbecher und ein kleines Radio.

Vom Wohnzimmer führte eine Tür in die Küche, die einen Ausgang in ein schmuckes, wohlbestelltes Gärtchen hatte. Goldlack und Buschrosen säumten einen kleinen Rasen; selbst eine Regentonne fehlte nicht.

Oben waren noch zwei Kammern, und ich staunte, wie gut der alte Jesse die Treppe schaffte. Er war wirklich noch sehr rüstig, nur daß die Augen es nicht mehr taten und sein Gedächtnis nachließ.

Dann setzte er sich in seinen Armstuhl und bat mich, mich neben ihn zu setzen. Und während er mir erzählte, wie er Lizzie, seine Frau, kennengelernt und geheiratet hatte – sie war damals Hausmädchen auf Pendorric, er Gärtnerbursche –, wurde es Hyson wohl zu langweilig, und sie schlüpfte hinaus.

Sie war kaum fort, als der alte Mann sich unterbrach und fragte: »Wo ist denn das Kind?«

»Sie sucht wohl ihre Schwester«, sagte ich. »Die beiden sollten wilde Blumen suchen für die Botanikstunde.«

»Mrs. Pendorric.« Er flüsterte meinen Namen, und ich rückte näher an ihn heran.

»Ja, Jesse?«

»Es gibt etwas, was ich noch keinem Menschen gesagt habe. Nur Mr. Petroc hab' ich's gesagt, und er meinte: ›Sprich nicht darüber, Jesse. Es ist besser so‹, und da hab' ich geschwiegen. Aber Ihnen möcht ich's doch sagen, Mrs. Pendorric.«

»Und warum mir, Jesse?«

»Sie sind die nächste Braut... und Sie müssen es wissen, Mrs. Pendorric.«

»Dann erzählen Sie es mir, Jesse.«

»Damals wurde es mit meinen Augen schlimmer von Tag zu Tag. Manchmal meinte ich jemanden zu sehen, und wenn ich dann näher kam, war es nur ein Möbelstück. Aber je schlechter ich sah, desto besser hörte ich. An jenem Tag kam ich in die Halle, Mrs. Pendorric, und sie war oben auf der Galerie. Ich wußte, sie war es, ich hörte sie ja sprechen, flüstern fast. Und dann war mir so, als sähe ich zwei Schatten dort oben. Nun ja... es ist schon lange her. Aber ich glaube immer noch, Mrs. Pendorric, es waren zwei dort oben auf der Galerie – ein oder zwei Minuten, ehe Mrs. Pendorric hinabstürzte.«

»Und warum haben Sie das für sich behalten?«

»Mr. Pendorric meinte, es sei besser so. Sehen Sie, das Bild hing dort – das Bild der anderen Braut, und die Leute sagen, sie hätt' im Haus herumgespukt gut hundert Jahre lang und nur darauf gewartet, eine neue Braut für ihren Platz zu fangen. Aber es waren zwei dort oben. Ich schwöre es, Mrs. Pendorric. Doch Mr. Pendorric wollte nichts davon hören, und so schwieg ich. Aber Ihnen sag ich es, Mrs. Pendorric.«

»Es ist doch so lange her, es ist besser, man vergißt es, Jesse.«

»So dachte ich auch, Mrs. Pendorric, und hab' es auch all die Jahre lang gedacht, fünfundzwanzig Jahre lang. Aber nun sind Sie hier, und Sie erinnern mich so an sie, und Sie sind so gut und freundlich zu mir wie sie... und da dachte ich eben, ich sollte es Ihnen lieber sagen. Als Warnung. Ich hab' so ein Gefühl hier drinnen«, er schlug sich auf die Brust, »das sagt mir, ich soll Sie nicht im dunkeln tappen lassen.«

Ich dankte ihm für seine Fürsorge, wenn ich mir auch nicht denken konnte, wieso und warum ihm so viel daran lag. Wir wechselten das Thema, was nicht weiter schwierig war; denn nachdem er mir sein Geheimnis erzählt hatte, schien er so erleichtert zu sein, als hätte er eine Pflicht erfüllt. Bald darauf verabschiedete ich mich.

Von den Zwillingen entdeckte ich keine Spur, als ich zurück nach Pendorric ging.

Am nächsten Tag erhielt ich einen Anruf von Schwester Grey. »Oh, Mrs. Pendorric«, sagte sie, »Lord Polhorgan läßt fragen, ob Sie nicht Lust hätten, heute nachmittag herüberzukommen. Er möchte etwas mit Ihnen besprechen.«

Ich zögerte erst, doch dann sagte ich zu. Ich erkundigte mich nach seinem Befinden.

»Es geht ihm nicht so besonders. Er hatte heute nacht wieder einen Anfall. Er hofft, daß Sie kommen, und wenn es Ihnen heute nicht passen sollte, dann vielleicht morgen.«

Ich traf ihn wie gewöhnlich in seinem Stuhl an. Er trug einen seidenen Morgenmantel und Hausschuhe. Er schien hocherfreut zu sein, mich zu sehen.

»Es tut mir leid, daß es Ihnen heute nicht gutgeht.«

»Es geht immer auf und ab, meine Liebe. Ich komme über diesen kleinen Anfall genauso hinweg wie über die anderen. Da kommt schon der Tee. Wollen Sie bitte wie üblich ausschenken?«

Ich bemerkte, daß er weniger aß und auch sonst nicht so redselig war. Er wartete ab.

Sobald das Teegeschirr abgeräumt war, erzählte er mir etwas, was er mir eigentlich schon die ganze Zeit seit unserer ersten Begegnung hatte sagen wollen.

»Favel...«, begann er, und es war das erstemal, daß er mich bei meinem Vornamen nannte, »kommen Sie und setzen Sie sich hierher. Ich fürchte, was ich Ihnen zu sagen habe, wird Ihnen einen Schock versetzen. Sagte ich nicht einmal, daß ich ein alter Geizhals bin?« Ich nickte.

»In meinen Jugendjahren habe ich an nichts weiter gedacht als nur ans Geldverdienen. Es war für mich das einzige, was Bedeutung hatte. Sogar als ich heiratete, geschah es vornehmlich, weil ich Söhne haben wollte, die einst mein Vermögen erben sollten. Doch so erfolgreich ich auch als Geschäftsmann war, in meinem Privatleben hatte ich nicht soviel Glück. Meine Frau verließ mich wegen eines anderen Mannes – eines Angestellten von mir. Ich begriff nicht, warum sie so ein prachtvolles Heim wegen so eines Versagers aufgab. Wir ließen uns also scheiden, und ich erhielt das Sorgerecht für unsere Tochter, ihr lag sowieso nichts daran. Damals war das Kind sechs Jahre alt, und zwölf Jahre später verließ *sie* mich. Meine Tochter verließ mich, weil ich eine Ehe für sie arrangieren wollte. Sie sollte Petroc Pendorric, der damals Witwer war, heiraten. Seine Frau war verunglückt, und ich hielt es für eine günstige Gelegenheit, die Familien zu vereinen. Ich galt hier immer noch als Außenseiter und dachte mir, wenn meine Tochter in eine der ältesten cornischen Familien einheiratete, würde sich das ändern. Pendorric brauchte Geld. Ich hatte es. Mir erschien die Lösung ideal, aber *sie* wollte nicht.«

Er schwieg und sah mich fast hilflos an, und zum erstenmal, seit ich ihn kannte, schien er um Worte verlegen zu sein.

»Favel, ich weiß nicht, wie ich es erklären soll. Machen Sie doch die Schublade auf. Es liegt etwas darin, das Ihnen besser erklärt, was ich sagen will.«

In der Schublade des Sekretärs lag eine Fotografie im silbernen Rahmen. Ich blickte sie noch an, als ich seine Stimme hörte, heiser, voll innerer Rührung.

»Komm her zu mir, mein Kind.«

Er schien mir nicht mehr derselbe. Er wirkte noch zerbrechlicher und noch bemitleidenswerter, und gleichzeitig war er mir unendlich viel nähergerückt.

Spontan lief ich auf ihn zu, nahm seinen gebrechlichen Körper in meine Arme und drückte ihn fest an mich, wobei ich begütigend auf ihn einredete, daß ja alles gut sei und er sich auf mich verlassen könne.

»Favel...«, flüsterte er.

Ich sah ihn an. Seine Augen waren feucht geworden. Ich nahm das seidene Taschentuch aus seiner Brusttasche und trocknete ihm die Tränen.

»Warum hast du mir das nicht eher erzählt, Großvater?« fragte ich. Er lachte, und seine ernsten Züge lösten sich. »Mir war bange«, sagte er, »ich verlor schon Frau und Tochter. Da wollte ich mit meiner Enkelin doch etwas vorsichtiger sein.«

Die Überraschung war für mich groß, und es kam mir nicht gleich in den Sinn, nach einer Erklärung des außergewöhnlichen Zusammentreffens zu fragen, das mir einen Mann zur Ehe bescherte, der sich als Nachbar meines Großvaters entpuppte.

»Na«, fragte er, »was hältst du von deinem alten Großvater?«

»Ich bin immer noch sprachlos, ich kann es kaum fassen.«

»Dann will ich dir sagen, was ich über meine Enkelin denke. Wenn ich zu wählen gehabt hätte, ich hätte sie mir nicht anders ausgesucht. Ja, Favel, du bist ganz das Ebenbild deiner Mutter, und wenn du mir so beim Schachspiel gegenübersaßest, versank ich oft in Erinnerungen – mir war, als wäre sie nie fortgegangen. Du hast das gleiche blonde Haar wie sie. Doch hatte sie nicht die hellen Streifen darin. Auch deine Augen haben die gleiche Farbe . . . manchmal blau, manchmal grün. Und auch in deinem Wesen bist du ihr ähnlich – das liebevollste Herz, und dazu die Unbesonnenheit, sich in etwas hineinzustürzen, ohne lange zu überlegen. Oft habe ich mich gefragt, was wohl aus ihrer Ehe würde. Sagte mir immer, sie könnte nicht halten, und doch tat sie es. Und sie wählte einen cornischen Namen für dich. Beweist das nicht, daß sie ohne Groll an die Vergangenheit dachte?«

»Aber warum hat sie mir nie etwas erzählt? Sie sprach nie von der Vergangenheit, nie von dir . . .«

»Wirklich nicht? Auch dein Vater nicht? Man sollte doch meinen, sie hätten hin und wieder davon gesprochen. Und du, Favel, hast du denn nie gefragt?«

Ich sah mich wieder zurückversetzt in die sonnigen Tage meiner Kindheit. »Ich glaube, alles, was vor ihrer Ehe geschah, galt nichts mehr für sie. Meine Eltern gingen ineinander auf. Vielleicht weil sie ahnten, daß sie nicht mehr lange zu leben hatte. Und ich nahm alles so hin, wie es war, ich konnte es mir ja gar nicht anders vorstellen. Erst als sie dann starb, wurde alles so anders für uns.«

»Und deinen Vater, hast du ihn auch geliebt?« fragte er mich gedankenvoll.

Ich nickte.

»Eines Sommers kam er hierher, um zu malen. Er mietete ein Sommerhäuschen, etwa eine Meile von hier an der Küste. Als sie mir sagte, sie wolle ihn heiraten, hielt ich es zuerst für einen Scherz. Begriff aber bald, daß es keiner war. Sie konnte so eigensinnig sein. Ich sagte, sie bekomme keinen Penny von mir, wenn sie diesen Mann heirate. Er sei nur hinter ihrem Geld her. Und dann gingen sie eines Tages fort, und ich hörte nie wieder etwas von ihr.«

Impulsiv sagte ich: »Großvater, ich bin so glücklich, daß ich endlich zu dir nach Hause gekommen bin. Was soll es, daß du dir Vorwürfe machst? Vergiß, was war, jetzt bin ich ja da, deine Enkelin. Jetzt werde ich dich öfter sehen. Du bist mein Großvater, und es ist herrlich, daß mein Heim so dicht bei dem deinen liegt... Ist es nicht sonderbar, daß Roc in das Atelier meines Vaters gekommen ist und wir dann geheiratet haben? Es ist zu schön, um wahr zu sein.«

Großvater lächelte vor sich hin. »Es war kein Zufall, mein Kind. Deine Mutter schrieb mir nie, und ich hatte keine Ahnung, wo sie sich aufhielt und wie es ihr ging. Aber dein Vater schrieb mir. Ungefähr einen Monat bevor Roc verreiste. Er schrieb, daß deine Mutter tot sei und er eine Tochter habe. Er fragte, ob ich dich sehen wolle, und er gab mir seine Adresse.«

»Ich möchte wissen«, sagte ich, »warum Vater das schrieb.«

»Sicherlich wollte er etwas von mir. Heißt es doch immer, Männer in meiner Lage haben ausgesorgt. Aber ich war auf der Hut vor deinem Vater. Ich legte den Brief zur Seite und beantwortete ihn nicht. Doch der Gedanke an meine Enkelin ließ mich nicht los. Ich wollte doch wissen, wie sie aussah – wie alt sie war. Dein Vater hatte darüber nichts geschrieben.«

Er sah mich nachdenklich an, und ich sagte: »Und da hast du also Roc gebeten...«

»Ich wußte, er fuhr nach Italien, und ich bat ihn um diesen Dienst. Ich selbst konnte nicht fahren, und ich wollte wissen, wie meine Enkelin aussah. Sagte mir, wenn er zurückkommt – und es gefällt mir, was er berichtet, dann lade ich meine Enkelin nach Polhorgan ein, vielleicht auch den Vater, falls sie nicht ohne ihn kommen will.«

»So also kam Roc in unser Haus.«

»So war es. Doch du bist ungestüm wie deine Mutter, hast dich in ihn verliebt. Jetzt hat er keinen Bericht mitgebracht, sondern dich als seine Frau.«

»So wußte Roc alles... die ganze Zeit?«

»Ja.«

»Er machte mir gegenüber aber keine Andeutung... wirklich niemals!«

»Das mußt du verstehen, ich habe ihn darum gebeten. Ich wollte nicht, daß du nur kämst, um deinen Großvater zu besuchen. Ich wollte, daß wir uns als Freunde kennenlernen. Aber in der ersten Minute, als ich dich sah – du warst deiner Mutter so ähnlich –, fühlte ich, sie ist zu mir zurückgekommen. Mein liebes Kind, ich kann gar nicht sagen, was das für mich bedeutete.«

Sanft streichelte ich seine Hand. »So hat Roc all deine Wünsche erfüllt«, sagte ich.

»Mehr noch, er brachte dich nach Hause.«

»Ich kann zwar verstehen, daß er anfangs nichts sagte, aber später...«

»Ich habe ihm gesagt, daß ich selbst mir dir sprechen wollte.«

Ich schwieg. Nach kurzer Zeit sagte ich: »Du hättest meine Mutter gern mit Rocs Vater verheiratet gesehen?«

»Mein Gott, das war noch zu Zeiten, da ich glaubte, das Dasein anderer Menschen besser gestalten zu können als sie selbst. Mir ist inzwischen das Gegenteil klargeworden.«

»Großvater«, sagte ich, »du wolltest, daß meine Mutter einen Pendorric heiratet. Bist du über meine Ehe mit Roc froh?«

Einige Minuten blieb es still, dann gab er zur Antwort: »Wenn du ihn liebst... ja, sonst wäre es nicht nach meinem Sinn gewesen.«

»Aber vorhin sprachst du von der Verbindung der Familien. Mutter hat dich doch verlassen, weil du die Ehe zwischen ihr und Rocs Vater durchsetzen wolltest.«

»Das war vor langen Jahren. Und die Pendorrics hatten es weniger auf meine Tochter abgesehen als vielmehr auf mein Geld. Aber dein Vater wollte nur sie selbst... Sie kannte mich gut genug, um zu wissen, daß sie leer ausging, falls sie weglief.«

Er lehnte sich zurück, schloß die Augen und hielt meine Hand. Mein Großvater! dachte ich. Ich war so glücklich, daß er mein Großvater war, hatte ich ihn doch vom ersten Moment an gern gehabt. Ich blieb noch eine Weile bei ihm, wir sprachen von der Zukunft und von der Vergangenheit. Zum Schluß sagte er noch, daß Polhorgan jetzt meine Heimat sei und ich mich immer hier zu Hause fühlen solle.

Ich ging sogleich in unser Schlafzimmer, wo ich Roc vorfand.

»Roc«, rief ich erleichtert. Er sagte nur: »So, hat er dir's endlich gesagt?«

»Wie kommst du darauf?«

»Mein Schatz, du siehst genauso aus, als wenn man dir soeben berichtet hätte, daß du die Enkelin eines Millionärs bist.«

»Und du hast es die ganze Zeit gewußt. Es kommt mir geradezu unheimlich vor, daß du ein solches Geheimnis bewahren konntest.«

Lächelnd ergriff er mich bei den Schultern. Er zog mich an sich. Aber ich entwand mich ihm, ich wollte sein Gesicht sehen.

»Laß mich mal überlegen«, sagte ich. »Du kamst also in unser Haus, um dich nach mir umzusehen, in der Absicht, meinem Großvater Bericht zu erstatten.«

»Ja, ich wollte sogar einige Fotos von dir mitbringen. Schließlich wollte ich meine Sache gründlich machen.«

»Und das ist dir auch gelungen, sehr gründlich sogar.«

»Freut mich, daß du meine Methode gutheißt.«

»Und mein Vater«, fragte ich, »wußte er es auch?«

»Natürlich. Er hat doch in der Nähe von Pendorric gewohnt, damals, als er deine Mutter kennenlernte.«

»Vater wußte davon – und hat mir nichts gesagt.«

»Nun, ich habe ihm gesagt, ich hätte versprochen, es geheimzuhalten.«

»Ich kann es einfach nicht begreifen, es war ihm so gar nicht ähnlich, Geheimnisse vor mir zu haben.«

Ich sah Roc an; er lächelte selbstzufrieden.

»Ach, ich wünschte nur, du hättest es nicht gewußt«, sagte ich.

»Warum? Was macht das für einen Unterschied?«

Ich schwieg. Ich spürte, ich ging zu weit. Fast hätte ich Roc gefragt, ob er mich nur im Hinblick auf das Geld meines Großvaters geheiratet habe. Immer, wenn meine Gedanken bei Barbarina weilten, sagte ich mir, daß unsere Situationen grundsätzlich verschieden waren, weil sie eben wegen ihres Geldes geheiratet worden war. Jetzt aber fragte ich mich langsam, ob das bei mir nicht auch der Fall gewesen sei.

»Über was grübelst du?« drängte Roc.

»Es ist immer noch die Überraschung«, antwortete ich ausweichend. »Die ganze Zeit hält man sich für ein Mädchen ohne Familie, und plötzlich wird man seinem Großvater gegenübergestellt. Das ist ein bißchen verwirrend, man muß sich erst daran gewöhnen.«

Er blickte mich ernst an. »Ich fürchte, ich werde gewogen und zu leicht befunden.«

»Warum solltest du das fürchten?«

»Weil du irgend etwas vor mir verbirgst – oder es wenigstens versuchst.«

»Du bist derjenige, der mit Erfolg etwas verschweigt.«

»Nur das eine – und dafür hatte ich mein Versprechen gegeben.«

Plötzlich lachte er los und hob mich hoch, so daß ich auf ihn hinunterblicken mußte. »Hör zu«, sagte er, »und behalte das gut. Ich habe dich geheiratet aus Liebe und hätte es auch getan, wenn du die Enkeltochter von ›Old Bill, dem Strandläufer‹ gewesen wärst, kapiert?«

Dann gab er mir einen Kuß, und wie üblich, wenn ich mit ihm zusammen war, vergaß ich meine Ängste.

Nun war die Neuigkeit im Umlauf. Die Leute redeten von nichts anderem als davon, wie ich von irgendwoher hier aufgetaucht sei als ›Braut von Pendorric‹ und mich auf einmal als Enkelin des alten Lord Polhorgan entpuppte. Und so mancher erinnerte sich noch an meine Mutter, die mit dem Maler durchgebrannt war, und es erschien als Fortsetzung der Romanze, daß ich als junge Frau von Pendorric zurückkehrte.

Zwei Unterhaltungen aus dieser Zeit blieben mir im Gedächtnis. Die eine hatte ich mit Rachel Bective, die andere hörte ich durch Zufall mit an.

Eines Nachmittags ging ich zum Schwimmen zum Pendorric-Strand hinunter, und als ich aus dem Wasser kam, entdeckte ich Rachel, die eben aus dem Garten trat und zum Strand wollte.

Ich blickte mich nach den Zwillingen um, doch sie waren nicht zu sehen.

Rachel kam auf mich zu und sagte: »Na, wie ist das Wasser heute?«

»Ganz warm«, antwortete ich und legte mich auf die Steine. Sie setzte sich neben mich und begann mit den Kieselsteinen zu spielen. »Es muß für Sie eine große Überraschung gewesen sein«, begann sie. »Hatten Sie wirklich keine Ahnung davon?«

»Nicht die leiseste.«

»Nicht jedem wird in Ihren Jahren ein Großvater beschert. Noch dazu ein Millionär. Roc wußte es natürlich«, fuhr sie fort. Dann lachte sie. »Es muß ihm einen Mordsspaß gemacht haben. Ich finde es amüsant, daß Roc Sie ausfindig machen sollte und Sie mitbringt – als seine Frau. Kein Wunder, daß er so selbstzufrieden aussah.«

»Wie meinen Sie das?«

Ihre grünlichen Augen unter den sandfarbenen Augenbrauen glitzerten; ihre Lippen waren ganz schmal zusammengepreßt. Sie war entweder sehr verletzt oder sehr böse. Plötzlich ärgerte ich mich nicht mehr so über sie wie noch vor wenigen Minuten.

»Roc wußte immer schon gern das, was die anderen nicht wußten. Es war für ihn sicherlich der größte Spaß, ein Geheimnis wie dieses zu hüten und alle anderen im dunkeln tappen zu lassen. Andererseits...« Vergeblich wartete ich darauf, daß sie weitersprach, aber sie zuckte nur die Achseln. Dann lachte sie kurz und bitter auf.

»Manche Leute haben eben Glück«, sagte sie. »Mrs. Pendorric und noch dazu Enkelin von Lord Polhorgan...«

»Ich gehe besser nach Hause«, unterbrach ich sie. »Es ist doch nicht so warm, wie ich dachte.«

Ich lief über die Steine, während sie noch sitzen blieb und aufs Meer hinausschaute. Sie war eifersüchtig auf mich, ihre Worte hatten sie verraten. Eifersüchtig auf die Enkelin eines reichen Mannes? Oder eifersüchtig auf Rocs Frau?

Wahrscheinlich beides.

Die zweite Unterhaltung fand am folgenden Tag statt, und ich hörte zufällig mit. Ich saß im Innenhof. Eines der Erdgeschoßfenster der Nordflügel war weit geöffnet; ich erfaßte den Kernpunkt des Gesprächs, noch ehe ich mich zurückziehen konnte. Es waren Charles und Morwenna, die miteinander sprachen.

»Ich fand, er sah sehr selbstzufrieden aus.« Das war die Stimme von Charles.

»Ich habe ihn auch noch nie so zufrieden gesehen.«

»Sie ist ein liebes Wesen.«

»Sie hat alles, was man sich denken kann.«

»Es kommt immer alles zur rechten Zeit, glaub mir. Schließlich ist sie seine Enkelin, und er kann es nicht mehr lange machen...«

Ich stand auf und ging mit hochroten Wangen durch das südliche Tor ins Haus. Vor Barbarinas Bild blieb ich stehen. Fast meinte ich, ihr Gesichtsausdruck hätte sich verändert, als spräche Mitleid aus ihren blauen Augen, als wenn sie sagen wollte: »Ich kann dich verstehen, wer könnte dich besser verstehen als ich, der das auch alles widerfahren ist.«

Seit Jahren hatte kein Fest mehr auf Polhorgan stattgefunden. Mein Großvater erklärte mir, jetzt wolle er einen Ball geben, zu dem er alle, die hier Rang und Namen hätten, einladen würde.

»Bitte, rede es mir nicht aus. Ich freue mich so darauf. Der Ball ist für dich und deinen Mann, und ihr sollt alles nach euren Wünschen arrangieren; es soll für dich eine Einführung sein, mein Liebling. Bitte, sag ja.«

Sein Plan machte ihn so glücklich, daß ich nur noch zustimmen konnte, und als ich Roc und Morwenna davon erzählte, sah ich, daß auch sie Spaß daran hatten. Mein Ärger über Charles und Morwenna war verflogen, sagte ich mir doch, da beide das Haus so liebten, war ihre Freude nur ganz natürlich, wenn jemand aus der Familie aller Voraussicht nach zu sehr viel Geld kommen würde.

Auch die Zwillinge waren begeistert, und als Lowella hörte, Bälle seien nichts für zwölfjährige Mädchen, rief sie meinen Großvater an und bat um eine Einladung für sich und ihre Schwester. Ein solches Betragen, das er für Initiative hielt, freute ihn, und er fragte umgehend bei Morwenna an, ob sie ihren Kindern nicht erlauben wolle zu kommen.

Für die Zusammenstellung der Einladungen bot Morwenna ihre Hilfe an; sie kannte alle in der Nachbarschaft.

»Alle wollen sie Lord Polhorgans Enkelin kennenlernen«, erklärte sie mir. Roc, der zufällig anwesend war, warf ein: »Unsinn, Mrs. Pendorric wollen sie sehen, das ist eine weitaus bedeutendere Persönlichkeit als des alten Lords Enkelin.«

Selbst Deborah wurde von der Vorfreude angesteckt und bat mich in ihr Zimmer, um den Stoff zu begutachten, den Carrie für sie zu einem Kleid verarbeiten sollte. Sie hatte die Wahl zwischen zwei Farben, und dazu wollte sie meinen Rat haben. Auf dem Tisch ausgebreitet lagen zwei Rollen Crêpe de Chine – eine in einem zarten Violett, die andere in Zartrosa.

»Ich brachte Mrs. Pendorric mit herauf, damit sie mir sagt, welche Farbe ich nehmen soll«, sagte Deborah.

»Miß Barbarinas Farbe war Lila. Sie trug es viel...«

Ich hatte Carrie gar nicht kommen gehört; sie hatte ein Metermaß um den Hals, und Schere und Nadelkissen am Gürtel.

»Na, da bleibe ich vielleicht besser bei Rosa«, sagte Deborah.

Als ich von Deborah zurückkam, stieß ich mit Rachel Bective zusammen. Sie lächelte ein bißchen gezwungen und blickte mich nachdenklich an. »Jeder spricht nur noch von dem Ball, den Ihr Großvater Ihnen zu Ehren geben wird«, sagte sie. »Ich fühle mich ganz als Aschenbrödel; denn die Hauslehrerin kann schließlich keine Einladung erwarten.«

»Was soll dieser Unsinn«, erwiderte ich. »Natürlich sind auch Sie eingeladen.«

Das Lächeln, das jetzt über ihr Gesicht ging, war echt und machte sie fast hübsch.

»Oh«, sagte sie ganz aufgeregt, »oh, vielen Dank... was für eine Ehre für mich.«

Während der nächsten Tage verbrachte ich viel Zeit auf Polhorgan. Mein Großvater wünschte, daß ich mir das ganze Haus ansähe, und das tat ich auch in Begleitung von Dawson und seiner Frau, die mich als Enkelin ihres Herrn geradezu ehrerbietig behandelten.

Polhorgan war ein großes Haus, während Pendorric in vier kleinere aufgeteilt war. In Polhorgan gab es einen großen Raum, der als Ballsaal diente, und nachdem Dawson und seine Frau die Schonbezüge entfernt hatten, konnte ich ihn in seiner ganzen Pracht bewundern.

Der Raum war wunderbar proportioniert mit seiner hohen, gewölbten Decke und den getäfelten Wänden; außerdem hatte er eine Estrade für ein Orchester. Dawson schlug vor, exotische Pflanzen aus den Gewächshäusern aufzustellen. Ich sollte nur Trehay, dem Gärtner, meine Wünsche äußern.

Von der Halle aus gelangte man in verschiedene kleinere Räume, die gut als Eßzimmer zu benutzen waren. Ich merkte bald, daß Mrs. Dawson eine umsichtige Wirtschafterin war, der es Freude machte, ihre Fähigkeiten bei dem Fest beweisen zu können. Sie zeigte mir noch die Küchenräume, die mit modernsten Geräten ausgestattet waren.

»Sehen Sie sich das an, Madam«, seufzte Mrs. Dawson, »und keine Verwendung dafür. Ich käme für Seine Lordschaft mit einem einzigen Herd aus, für das bißchen, was er ißt.«

Es dauerte nicht lange, da gesellte sich auch Althea Grey zu uns. Sie sah in ihrer Tracht so schmuck aus wie immer und bedachte mich mit einem reizenden Lächeln. Ich war aufs neue betroffen von ihrer Schönheit, und ich dachte wieder daran, wie ich sie damals mit Roc am Strand gesehen hatten.

»So, Sie zeigen Mrs. Pendorric das Haus«, sagte sie.

»Es sieht so aus, Schwester«, antwortete Mrs. Dawson schroff.

»Wenn Sie wollen, kann ich Sie ablösen. Sie haben sicherlich noch zu tun.«

»Als Wirtschafterin ist es meine Pflicht, Mrs. Pendorric das Haus zu zeigen.«

Die Schwester zuckte die Achseln und blickte mich lächelnd an; doch sie blieb bei uns, und sei es nur, um Mrs. Dawson zu zeigen, daß sie dazu das Recht hatte. Mrs. Dawson war verstimmt und benahm sich so, als wenn Schwester Grey nicht anwesend wäre. Ich fragte mich, was Althea Grey verbrochen hatte, daß sie so unbeliebt war.

Wir stiegen eine Treppe empor und sahen uns die Zimmer des ersten Stockwerks an. Sie hatten riesige Fenster mit der bezaubernden Aussicht, die ich schon von Pendorric her kannte. Mrs. Dawson entfernte einige Schutzhüllen und zeigte mir die wertvollen antiken Möbel.

»Ich höre, wir bekommen etwa sechzig Gäste, Mrs. Pendorric«, sagte Althea Grey. »Ein Glück, daß wir über einen so großen Ballsaal verfügen, sonst würden wir uns gegenseitig auf die Füße treten.«

»Nun, Schwester«, warf Mrs. Dawson ein und rümpfte die Nase, »das kann Ihnen ja egal sein, oder?«

»Aber nein, ich hasse es, wenn man mir auf die Füße tritt.« Sie lachte. »Oh, Sie glauben vielleicht, bloß weil ich die Krankenschwester des Lords bin, werde ich nicht dabeisein? Da haben Sie sich aber getäuscht, Mrs. Dawson. Natürlich bin ich dabei. Ich kann ihn ja nicht gut ohne Aufsicht lassen.«

Sie lächelte mich an, als sollte ich mit ihr über Mrs. Dawson triumphieren. »Natürlich nicht«, warf ich hastig ein; worauf Mrs. Dawsons Miene noch grimmiger wurde. »Wenn es Ihnen recht ist, Madam«, sagte sie, »kann Schwester Grey Ihnen die oberen Räume zeigen.«

Dankend versicherte ich ihr, ich würde mich freuen, wenn sie noch mit uns gehen würde; doch sie sagte etwas von ›nach dem Rechten sehen‹ und ließ uns allein.

Althea Grey lächelte hämisch. »Sie würde mir das Leben zur Hölle machen, wenn ich es zuließe. Neidische alte Hexe. Ich habe mich schon oft mit solchen Leuten herumschlagen müssen, seitdem ich Privatpflegerin bin. Aber mit solchen Mrs. Dawsons werd' ich schon fertig, das kann ich Ihnen versichern.«

Wir waren inzwischen in Großvaters Zimmer gekommen. Er bedachte mich mit seinem warmen Lächeln, und meine Lebensgeister belebten sich wieder, als ich aufs neue feststellte, welche Veränderung mein Kommen in sein Leben gebracht hatte. Schwester Grey ließ den Tee servieren, und wir tranken ihn zu dritt. Das Gespräch kreiste nur um den Ball, und ehe sie uns verließ, bat Schwester Grey noch meinen Großvater, sich nicht zu sehr aufzuregen. »Haben Sie Ihre Tabletten zur Hand?« fragte sie.

Als Antwort zog er die kleine silberne Dose aus seiner Tasche. »Dann ist es ja gut.«

Sie lächelte mich an und ließ uns allein.

Ich hatte einen arbeitsreichen Vormittag hinter mir und setzte mich nach dem Lunch, da die Sonne so schön schien und ich schon so lange nicht mehr dort gewesen war, in den Innenhof auf meinen Lieblingsplatz unter die Palme.

Es waren noch keine fünf Minuten vergangen, als sich das Nordtor öffnete und eines der Mädchen heraustrat. Ich vermochte die beiden immer noch nicht auseinanderzuhalten.

Sie blieb stehen und rief: »Hallo, mal wieder auf deinem Lieblingsplatz! Aber du warst lange nicht mehr hier.«

»Ich hatte keine Zeit dazu.«

Verständnisinnig schaute sie mich an. »Das kann ich verstehen. Man hat viel zu tun, wenn man sich plötzlich als Lord Polhorgans Enkelin sieht.«

Sie hüpfte auf einem Fuß näher an mich heran. »Stell dir das bloß mal vor, du wärst schon immer hier gewesen ... deine Eltern wären gar nicht fortgegangen. Dann hätten wir dich schon die ganze Zeit gekannt.«

»Das wäre leicht möglich gewesen«, gab ich zu.

»Aber so ist es aufregender. Sonst gäb' es womöglich keinen Ball.«

Es mußte Lowella sein, dachte ich mir. Sie hopste um meinen Stuhl herum, blieb dicht hinter mir stehen und pustete mir in den Nacken. »Ich muß jetzt weiter, Carrie wartet auf mich, ich soll mein Ballkleid anprobieren.«

»Näht sie deins auch?«

»Ja, ein goldenes. Sie macht zwei genau gleiche. Es wird sehr lustig. Keiner weiß dann, wer Hy ist und wer Lo.«

»Nun, dann lauf, laß Carrie nicht warten.«

»Komm doch mit und schau es dir an. Es wird sehr hübsch.«

Sie hüpfte zum Westtor. Ich stand auf und folgte ihr ins Haus, aufs neue unsicher, ob ich mit Hyson oder Lowella gesprochen hatte. Als wir die Treppe hinaufstiegen, fing sie an zu summen, summte diese Melodie, die ich schon einmal von jener seltsamen Stimme gehört und die mich so erschreckt hatte. Nun, ihr Summen klang ganz anders, eher monoton und unmelodisch.

»Was singst du da?« fragte ich. Sie hielt inne und drehte sich langsam um. Sie stand schon ein paar Stufen höher als ich und schaute auf mich herunter. Und da wußte ich, es war Hyson.

»Es ist das Lied Ophelias aus ›Hamlet‹.«

»Habt ihr das in der Schule gelernt?«

Sie schüttelte den Kopf.

»Hat Miß Bective es euch beigebracht?« Mir wurde es langsam unheimlich; sie erriet es und amüsierte sich darüber. Wieder ein Kopfschütteln. Sie wartete auf die nächste Frage. Aber ich sagte bloß: »Die Melodie verfolgt einen«, und ging weiter die Treppe hinauf. Sie lief mir voran bis zu der Tür von Carries Nähzimmer.

Carrie saß an der altmodischen Nähmaschine und arbeitete an einem goldfarbenen Kleid.

Zwei Kleiderpuppen standen im Zimmer, eine in Kindergröße und eine für Erwachsene. Auf der kleineren hing ein zweites goldfarbenes Kleid, auf der größeren ein fliederfarbenes Abendkleid.

»Da sind Sie ja endlich, Miß Hyson«, sagte Carrie. »Ich warte schon auf Sie. Kommen Sie doch mal her, der Halsausschnitt gefällt mir noch gar nicht.«

»Mrs. Pendorric ist auch hier«, sagte Hyson. »Sie wollte so gern die Kleider sehen.«

Ich ging auf die kleinere Kleiderpuppe zu und sagte: »Es ist entzückend, das gehört sicherlich Lowella.«

»Ich habe es Miß Hyson anprobiert«, brummte Carrie, »Miß Lowella kann nicht eine Sekunde lang stillstehen.«

»Das ist wahr«, sagte Hyson. »Sie ist flatterhaft wie ein Schmetterling und kann sich auf nichts konzentrieren, jedenfalls nicht lange. Becky meint auch, es ist zum Weinen.«

»Nun komm schon her«, sagte Carrie, schnitt einen Faden ab und nahm das Kleid von der Maschine.

Hyson stand ergeben da, während Carrie ihr das goldfarbene Seidenkleid anzog.

»Es ist zauberhaft«, sagte ich.

»Am Hals stimmt es nicht«, schnaubte Carrie, zupfte am Ausschnitt herum und steckte ihn mit Nadeln ab. Inzwischen besah ich mir das fliederfarbene Kleid; wie alle Kleider von Deborah hatte es einen leicht altmodischen Schnitt. Die Volants an dem langen Rock waren vor vielen Jahren einmal modern gewesen, ebenso wie die Spitzen am Hals.

»Ich dachte, sie wollte es in Rosa haben?« fragte ich.

»Hm«, grunzte Carrie.

»Wahrscheinlich hat Deborah ihre Meinung geändert, damals, als ich dabei war, wollte sie es jedenfalls in Rosa haben.«

Hyson nickte heftig und wies mit dem Kopf auf ein Kleid, das an der Tür hing, auf das gleiche Kleid in Rosa.

Ich war sprachlos.

»Carrie hat zwei gemacht, nicht wahr, Carrie?« sagte Hyson. »Genau wie bei diesen beiden goldenen, das eine ist für mich und das andere für Lowella, nur, daß hier das eine rosa ist und das andere lila – seit sie von Devon weg waren, trugen sie nämlich nicht mehr die gleiche Farbe. So war es doch, nicht wahr, Carrie?«

Triumphierend schaute sie mich an. Mir riß die Geduld. »Wovon in aller Welt sprichst du eigentlich?«

Hyson reckte sich auf die Zehenspitzen und würdigte mich keiner Antwort.

»Carrie, nun reden Sie schon, Miß Deborah hat sich zwei Kleider machen lassen, stimmt's?«

»Das in Rosa ist für Miß Deborah«, sagte Carrie. »Ich sehe sie gern in dieser Farbe.«

»Und das da in Lila?« Mit einem Satz war Hyson neben mir, legte mir die Hand auf den Arm und lächelte.

»Das rosa Kleid ist für Großmama Deborah«, flüsterte sie, »und das lila für Großmama Barbarina.«

Lächelnd schaute Carrie das lila Kleid an und sagte leise: »Lila ist deine Farbe, mein Liebling, und das eine sag ich immer wieder, in ganz Devonshire gibt es nicht zwei so hübsche Mädchen wie Miß Deborah und Miß Barbarina.«

Plötzlich wurde mir das Nähzimmer zu eng, und mit der Bemerkung: »Ich habe noch etwas zu tun«, verließ ich die beiden.

Doch kaum hatte ich die Tür hinter mir geschlossen, fragte ich mich, was wohl Hyson zu ihrem seltsamen Benehmen bewog. Gut, Carrie war alt und ein bißchen verwirrt, war mit Barbarina innig verbunden gewesen. Ich wußte ja von Deborah, daß sie ihren Tod nie verwunden hatte. Aber was hatte Hyson damit zu tun?

Ich ging den Flur entlang bis zu Deborahs Zimmer. Einen Moment zögerte ich, dann klopfte ich an.

»Herein!« Deborah saß am Tisch und las. »Was für eine nette Überraschung, meine Liebe. Aber – stimmt irgend etwas nicht? Komm her und erzähl, was du hast.«

»Hyson ist ein seltsames Kind, nicht wahr? Ich verstehe sie einfach nicht.«

»Es ist nicht immer leicht zu begreifen, was in einem Kind vorgeht.«

»Aber bei Hyson ist es sehr schwierig. Lowella ist ganz anders.«

»Wenn sie auch Zwillinge sind, so sind sie charakterlich doch ganz verschieden. Aber erzähl' mir, warum du dich über Hyson aufgeregt hast.«

Mit kurzen Worten berichtete ich ihr von dem Kleid, das ich in Carries Nähzimmer gesehen hatte.

Deborah seufzte. »Ich weiß«, sagte sie, »sie hatte es schon so gut wie fertig, ehe ich ihr dreinreden konnte. Ich wollte es in Rosa haben, und dann ertappte ich sie dabei, daß sie es auch in Lila nähte.«

»Glaubt sie denn wirklich, daß Barbarina noch lebt?«

»Nicht immer. Gelegentlich denkt sie genauso klar wie du und ich; doch dann lebt sie wieder ganz in der Vergangenheit. Aber was tut's, so kann ich eben zwischen zwei Kleidern wählen. Ich lasse sie immer gewähren.«

»Aber was ist nun mit Hyson?« fragte ich. »Spricht denn Carrie mit ihr darüber?«

»Hyson weiß genau, wie es um Carrie steht. Ich habe es ihr erklärt und ihr gesagt, daß sie niemals Carries Gefühle verletzen dürfe. Hyson ist ein gutes Kind, und sie tut ihr Bestes. Es schadet doch keinem, und Carrie macht es glücklich. Solange man sie in dem Wahn läßt, daß Barbarina immer noch bei uns ist, ist sie zufrieden. Doch wenn ihr klar wird, was damals geschehen ist, ist sie niedergeschlagen und traurig. In Devonshire ist es einfacher. Dort fällt es ihr natürlich viel leichter, sich einzubilden, daß Barbarina jetzt hier in Cornwall lebt und wir sie bald wieder einmal besuchen.«

Sie legte ihre Hand auf die meine.

»Meine Liebe«, sagte sie sanft, »du bist jung, hast einen gesunden Menschenverstand und das Herz auf dem rechten Fleck. Für dich ist es schwierig, die Schrullen und Launen der Leute zu verstehen, die nicht so sind wie du. Laß dich durch Carrie nicht beirren. Ich ertrage es nicht, sie unglücklich zu sehen. Darum nehm ich es hin, wenn sie sagt: ›Miß Deborah geht zu dem Ball in dem rosa Kleid und Miß Barbarina in dem lila.‹ Was liegt schon daran? Doch da wir gerade von Kleidern sprechen – sag mir lieber, was du anziehst.«

»Ich ziehe das grün-goldene an«, sagte ich, »das ich auf der Hochzeitsreise in Paris gekauft habe. Bis jetzt hatte ich noch keine Gelegenheit, es zu tragen.«

»Ich bin überzeugt, du wirst wundervoll aussehen, meine Liebe, ganz wundervoll, und dein Großvater und dein Mann werden stolz auf dich sein. Favel, was bist du für eine glückliche Frau, in ein paar Monaten einen Mann und einen Großvater zu finden.«

»Ja«, sagte ich langsam, »es ist schon seltsam.«

Sie lachte. »Na, siehst du, auch *dir* passieren seltsame Dinge, seit du in Pendorric bist.«

Es war ausgemacht, daß Roc und ich eine halbe Stunde, ehe die Gäste ankommen sollten, nach Polhorgan gingen, so daß wir sie, zusammen mit Lord Polhorgan, empfangen konnten. Ich nahm mir Zeit zum Baden und Anziehen und war mit meinem Aussehen sehr zufrieden. Der goldene Satinunterrock schimmerte durch das grüne Seidenchiffonkleid, das bis zu den Knien eng anlag und sich dann zu einem weiten Rock bauschte. Ein schmaler goldener Gürtel unterstrich die Taille. Mein Haar hatte ich hochgesteckt zu einer dieser reizvollen Frisuren, wie man sie jetzt in Paris trug.

Roc kam herein, während ich noch vor dem Spiegel stand, nahm mich bei den Händen und hielt mich um Armeslänge von sich, um mich zu begutachten.

»Wer heute die Ballkönigin ist – das weiß ich«, sagte er. Er zog mich an sich und küßte mich so vorsichtig, als wäre ich eine Porzellanfigur.

»Zieh dich lieber um«, drängte ich. »Wir müssen früh dort sein. Denk daran.«

»Zuerst aber möcht ich dir dies geben«, sagte er und zog ein Etui aus der Tasche.

Ich öffnete es und blickte auf ein glitzerndes Halsband aus Smaragden und Diamanten. »Das also sind die – wie heißt es doch so großartig – Pendorric-Smaragde. Sie hat sie zur ihrer Hochzeit getragen, die sogenannte *erste* Braut.«

»O Roc, sie sind auserlesen schön. Du meinst, ich soll sie heute abend tragen?«

»Aber natürlich.« Er nahm sie aus dem Etui und legte sie mir um den Hals.

»O Roc, sie sind zauberhaft. Wenn ich sie bloß nicht verliere. Ich habe jetzt schon Angst.«

»Warum solltest du? Es ist doch ein Sicherheitskettchen dran. Jede Braut von Pendorric hat sie getragen, seit gut zweihundert Jahren, und keine hat sie verloren. Warum also ausgerechnet du?«

»Ich danke dir, Roc.«

»Mir brauchst du nicht zu danken, mein Schatz. Danke jenem Petroc, der einstmals Lowella heiratete. Der hat sie gekauft, und jetzt erbst du sie. Mir macht es höchstens Spaß, deinem reichen Großvater zu zeigen, daß du einen Mann hast, der dir etwas Wertvolles geben kann.«

»Du hast mir schon so viel Wertvolles gegeben. Ich will nicht das Halsband herabsetzen, aber...«

»Ich weiß, ich weiß, Liebling. Ein gütiges Herz ist mehr wert als Smaragde. Dem kann ich nur zustimmen. Aber es wird Zeit. Sprechen wir später darüber.«

Er ging ins Badezimmer, und ich blickte auf die Uhr. Eine Viertelstunde noch, dann mußten wir gehen. Ich kannte seine Neigung, während er sich anzog, noch dies und das mit mir zu beraten, und um das zu vermeiden, ging ich hinaus auf den Korridor, stellte mich ans Fenster und schaute hinunter in den Hof. Ich dachte an all das, was ich in den letzten Wochen erlebt hatte, sann darüber nach, wie mein Leben, das bisher in so gewohnten Bahnen verlaufen war, auf einmal etwas Abenteuerliches bekommen hatte. Es sollte mich nicht wundern, wenn mir noch einiges bevorstünde.

Aber noch war ich glücklich. Mit jedem Tag wuchs meine Liebe zu meinem Mann, meine Zuneigung zu meinem Großvater. Wie glücklich machte es ihn, eine Enkelin zu haben. Wie umgewandelt er war, er lebte geradezu auf.

Unwillkürlich schweifte mein Blick ab von den Palmen des Innenhofs. Und wieder beschlich mich dieses unheimliche Gefühl, daß mir jemand zusah – und das nicht etwa zufällig oder gar freundlich. Und schon heftete sich mein Blick auf die Fenster des Ostflügels – wo auch Barbarinas Musikzimmer lag.

Da bewegte sich doch was! Jemand stand am Fenster – nicht nahe daran, sondern etwas weiter zurück. Nun kam die Gestalt näher. Das Gesicht konnte ich nicht erkennen, aber es mußte eine Frau sein – eine Frau in einem lila Kleid. Demselben Kleid, das ich auf der Kleiderpuppe gesehen hatte, das Carrie für Barbarina genäht hatte.

»Barbarina«, flüsterte ich.

Sekundenlang sah ich das Kleid ganz deutlich, eine blasse Hand zog den Vorhang zur Seite – nur das Gesicht konnte ich nicht erkennen. Dann fiel der Vorhang wieder.

Ich sagte mir: Natürlich war das Deborah. Sie hat sich also doch zu dem lila Kleid entschlossen. Ja, so mußte es sein. Aber warum hat sie mir nicht zugewinkt, sich nicht bemerkbar gemacht? Vielleicht hatte sie mich gar nicht gesehen?

Roc trat aus dem Zimmer und rief, er sei fertig.

Ich war schon drauf und dran, ihm zu erzählen, was ich gesehen hatte – doch wozu eigentlich? Ich würde ja gleich Deborah auf dem Ball sehen – und natürlich in dem lila Kleid.

Der Ballsaal auf Polhorgan funkelte und strahlte. Trehay, ganz versessen auf seine exotischen Pflanzen, hatte sein Bestes getan, aber die Hortensien hier aus Cornwall stellten alles in den Schatten mit ihrer Pracht.

Mein Großvater war schon im Ballsaal. Althea Grey stand neben dem Rollstuhl. Sie sah blendend aus in ihrem zartblauen schulterfreien Kleid, das eine weiße Kamelie schmückte.

»Du siehst heute deiner Mutter noch ähnlicher als sonst«, rief mir mein Großvater spontan entgegen. Und als ich mich vorneigte und ihm einen Kuß gab, spürte ich seine innere Bewegung.

»Das läßt sich ja prächtig an«, antwortete ich. »Ich bin so gespannt, alle deine Freunde kennenzulernen.«

Großvater lachte. »Nicht *meine* Freunde. Das sind nur ganz wenige. Die anderen alle wollen nur Mrs. Pendorric kennenlernen. Wie gefällt dir übrigens der Ballsaal?«

»Ich finde ihn herrlich.«

»So etwas haben Sie wohl nicht auf Pendorric, was, Roc?«

»Leider nein, solche Pracht können wir nicht entfalten.«

»Gefällt Ihnen die Täfelung? Ich habe sie mir eigens aus Mittelengland kommen lassen, aus irgendwelchen alten, abbruchreifen Herrenhäusern.«

»Da liegt Lebensweisheit drin«, sagte Roc. »Nimm und zahl.«

»Ja, ganz recht. Ich habe dafür bezahlt!«

»Lord Polhorgan«, flüsterte Althea. »Sie dürfen sich nicht aufregen, sonst muß ich Sie in Ihr Zimmer zurückbringen.«

»Da könnt ihr sehen, wie ich behandelt werde«, sagte mein Großvater.

»Ich bin dafür da, auf Sie achtzugeben«, warf Althea ein. »Haben Sie auch Ihre Tabletten?«

Er griff in die Tasche und hielt die Silberdose bereit.«

»Ich werde auch ein Auge auf ihn haben«, sagte ich.

»Sie sind glücklich dran, Sir«, sagte Roc. »Die zwei schönsten Frauen auf dem Ball werden sich um Sie kümmern.«

Lächelnd legte Großvater seine Hand auf meine und sagte zustimmend: »Ja, ja, ich bin glücklich.«

»Die ersten Gäste kommen«, sagte Althea.

Stolz erfüllte mich, wie ich so zwischen meinem Großvater und meinem Mann stand und die Gäste begrüßte. Natürlich bildete ich den Mittelpunkt des Interesses; sicherlich waren viele nur gekommen, um zu sehen, was für eine Frau Roc Pendorric geheiratet hatte. Die Tatsache, daß ich die Enkelin von Lord Polhorgan war, bedeutete für sie ein romantisches Zusammentreffen, wußten sie doch, daß meine Mutter von zu Hause fortgelaufen war und nicht mehr mit ihrem Vater in Verbindung gestanden hatte.

Auch die Pendorrics waren inzwischen gekommen. Allen voran, Arm in Arm, gingen die Zwillinge, die in ihren goldfarbenen Kleidern wie ein Ei dem anderen glichen; dahinter Charles mit Morwenna und dann – Deborah.

Deborah trug das rosa Kleid, und sie sah aus, als stammte sie aus einem fünfundzwanzig Jahre alten Modejournal.

Also doch rosa! Wer aber hatte dann das fliederfarbene angehabt? Ich zwang mich zu einem Lächeln; aber meine Gedanken waren bei der Gestalt am Fenster. Wer mochte es gewesen sein?

Deborah nahm meine Hände. »Du siehst entzückend aus, meine Liebe. Ist alles in Ordnung?«

»Wie? Ja... ich denke doch.«

»Aber warum hast du mich denn so verdutzt angesehen, als ich hereinkam?«

»O nein... wirklich nicht.«

»Etwas ist gewesen, du mußt es mir später erzählen. Jetzt überlasse ich dich wohl besser deinen Gästen.«

In dieser Nacht tanzte ich mit Roc und vielen anderen. Ich spürte Großvaters Blick mir überallhin folgen.

Ich glaube, ich war eine gute Gastgeberin. Deborah, die meine Verstörtheit bemerkt hatte, tat alles, um mich zu beruhigen, und ich war ihr dankbar dafür. Roc tanzte gerade mit Althea Grey, und ich stand an Großvaters Stuhl, als Deborah mich beiseite nahm.

»Hast du einen Moment Zeit, Favel?« fragte sie. »Ich hätte gern mit dir geredet. Ich möchte wissen, warum du mich so erschreckt angeschaut hast.«

Zuerst zögerte ich, doch dann gab ich zur Antwort: »Ich meinte, ich hätte dich schon heute abend am Ostfenster gesehen... zu Hause in Pendorric... in dem lila Kleid.«

Sekundenlang sagten wir beide nichts. Dann fuhr ich fort: »Ich war schon angezogen und wartete auf Roc, dabei schaute ich aus dem Fenster und sah jemanden in dem lila Kleid.«

»Und du hast nicht gesehen, wer es war?«

»Ich konnte das Gesicht nicht sehen. Ich sah nur eine Gestalt in dem Kleid.«

»Und da dachtest du ...«

»Ja, ich dachte, du wolltest es heute abend tragen.«

»Und als ich nun in dem rosa Kleid kam, da hast du doch hoffentlich nicht gedacht, du hättest Barbarina gesehen?«

»O nein, bestimmt nicht. Aber ich frage mich, wer ...«

Sie strich mir über die Hand. »Natürlich würdest du das nicht denken. Dazu bist du zu vernünftig. Es gibt eine ganz einfache Erklärung. Ich hatte schließlich die Wahl zwischen zwei Kleidern. Warum also sollte ich nicht zuerst das lila Kleid anprobieren und mich dann doch für das rosa Kleid entscheiden?«

»So bist du es also gewesen?«

Sie antwortete nicht. So ganz konnte ich ihrer Erklärung keinen Glauben schenken. Sie hatte nicht gesagt, sie habe das lila Kleid anprobiert. Sie hatte es offengelassen, hatte gesagt: Warum sollte ich nicht zuerst das lila Kleid anprobieren? Es kam mir vor, als wollte sie mich einerseits zwar nicht anlügen, mich andererseits aber beschwichtigen.

Doch schon sagte ich mir: Deborah probierte zuerst das lila Kleid an. Das ist ganz natürlich, und außerdem ist es die einzige Erklärung.

Aber warum hatte sie es drüben im Ostflügel anprobiert? Die Antwort lag auf der Hand: weil Carrie es dort hingebracht hatte.

Als ich zu Großvater zurückkam, sagte er: »Wo steckt dein Mann?«

»Roc tanzt gerade mit Schwester Grey.« Ich wies auf die beiden. Sie waren das schönste Paar im Saal, fand ich, sie so blond und er so dunkel.

»Er sollte mehr mit dir tanzen«, meinte Großvater.

»Das wollte er auch, aber ich sagte, ich wolle mit dir plaudern.«

»Das brauchst du doch nicht. Ach, da ist ja auch unser Doktor. Nett, Sie auch mal außerberuflich zu sehen, Dr. Clement.«

Andrew Clement lächelte mich an. »Ich danke Ihnen und Mrs. Pendorric für die Einladung.

»Warum tanzen Sie nicht mit meiner Enkelin? Ich will nicht, daß sie wie festgenagelt den ganzen Abend an dem Stuhl eines alten Mannes steht.«

Andrew Clement verbeugte sich artig und führte mich zur Tanzfläche.

»Finden Sie es nicht zu aufregend für Großvater?« fragte ich ihn.

»Nein, das finde ich nicht. Ich finde, es tut ihm gut. Ich will Ihnen mal was sagen, Mrs. Pendorric: Es geht ihm sogar viel besser, seit Sie hier sind. Sie haben ihm einen Lebensinhalt gegeben. Er ist nicht mehr einsam; sein Leben hat wieder Sinn bekommen, und jetzt will er leben. Er bat mich übrigens damals, ihm seine Unterschrift unter einem wichtigen Dokument zu beglaubigen, und ich sagte hinterher zu Schwester Grey, daß ich ihn schon seit langem nicht mehr so frisch und munter angetroffen habe. Und sie meinte auch, das habe er nur seiner Enkeltochter zu verdanken, in die er ganz vernarrt sei.«

Im selben Moment tippte ihm ein dunkelhaariger, hübscher junger Mann auf die Schulter. Andrew Clement zog in gespieltem Zorn die Stirn kraus und sagte: »Ach, diese Art von Tanz ist das also!«

»Ja, tut mir leid für Sie«, meinte der junge Mann und verneigte sich: »Darf ich bitten, Mrs. Pendorric?«

Während ich mit ihm weitertanzte, stellte er sich mir als John Poldree vor und erzählte, daß er ein paar Meilen landeinwärts wohne.

»Ich bin nur für kurze Zeit zu Hause«, fuhr er fort. »Ich studiere nämlich Jura in London.«

»Dann freut es mich besonders, daß dieser Ball gerade in Ihre Ferien fällt«, antwortete ich.

»Ja, es ist herrlich. Außerdem ist es sehr aufregend – daß Sie sich jetzt als Lord Polhorgans Enkeltochter entpuppt haben. Übrigens, Ihr Großvater hat eine blendend aussehende Krankenschwester, Mrs. Pendorric.«

»Ja, sie ist wirklich schön.«

»Woher kommt sie? Ich habe sie irgendwo schon einmal gesehen.«

»Ihr Name ist Althea Grey.«

»Der Name sagt mir nichts. Aber das Gesicht ist mir bekannt. Ich bringe sie wahrscheinlich mit einem Rechtsfall oder ähnlichem in Verbindung. Ich habe immer gedacht, ich kann mich auf mein Gedächtnis verlassen, aber anscheinend ist es doch nicht so gut.«

»Wenn man ihr einmal begegnet ist, müßte man sie doch wiedererkennen, sollte ich meinen.«

»Eben darum war ich ja auch so sicher; nun, es wird mir schon wieder einfallen.«

»Warum fragen Sie sie nicht selber?«

»Das tat ich bereits. Aber sie ließ mich abblitzen und blieb dabei, sie habe mich noch nie gesehen.«

Das Abendessen verlief sehr unterhaltsam. Wir hatten in den drei größeren Räumen, die sich an den Ballsaal anschlossen, decken lassen. Die Zimmer gingen alle nach Süden, und die großen französischen Fenster zur Terrasse standen weit offen, so daß man einen herrlichen Blick über die Gärten zum Meer hatte. Alles war in helles Mondlicht getaucht, und die Aussicht war bezaubernd. Trehays Blumenschmuck auf der Tafel war nicht minder schön als seine Arrangements im Ballsaal. Es war an nichts gespart worden. Auf den überladenen Tischen waren Fisch, Pasteten, Fleisch und Delikatessen aller Arten angerichtet. Dawson und seine Gehilfen, in ihren schmucken Livreen, kümmerten sich um die Getränke, während Mrs. Dawson das Essen beaufsichtigte. Ich saß zusammen mit meinem Großvater, John Poldree und seinem Bruder, Deborah und den Zwillingen an einem Tisch.

Während wir miteinander plauderten, schlenderten einige Gäste auf die Terrasse, und ich bemerkte, wie Roc und Althea Grey zusammen an einem Fenster standen.

Eine Zeitlang blickten sie hinaus aufs Meer und schienen in ernsthafte Unterhaltung versunken zu sein. Dieser Anblick warf einen kleinen Schatten auf meine Freude. Um Mitternacht verabschiedeten sich die ersten Gäste, und zuletzt blieben nur noch die Pendorrics übrig.

Althea Grey wartete, während wir uns verabschiedeten und uns gegenseitig zu dem Erfolg des Abends gratulierten. Dann fuhr sie Großvaters Stuhl zu dem Lift, den er vor einigen Jahren bei den ersten Anzeichen seiner Krankheit hatte einbauen lassen, und wir gingen hinaus zu unseren Wagen.

Es war halb zwei Uhr, als wir endlich Pendorric erreichten, und als wir durch den alten Torbogen des Nordportals fuhren, öffnete Mrs. Penhalligan die Haustür.

»Oh, Mrs. Penhalligan«, rief ich, »Sie wollten doch nicht aufbleiben.«

»Ist schon gut, Ma'am«, antwortete sie. »Ich dachte, eine kleine Erfrischung vor dem Zubettgehen würde Ihnen guttun. Ich habe Suppe für Sie gekocht.«

»Suppe! In einer heißen Sommernacht!« stöhnte Roc.

»Suppe! Suppe! Herrliche Suppe!« sang Lowella.

»Es ist ein alter Brauch«, flüsterte mir Morwenna zu. »Auch wenn wir wollten, könnten wir ihm nicht entgehen.«

Wir betraten die Nordhalle, und Mrs. Penhalligan führte uns in einen kleinen Wintergarten, wo schon die Suppenteller auf dem Tisch standen; bei ihrem Anblick tanzte Lowella durchs Zimmer und sang: »Ein Klang von Lust tönt durch die Nacht.«

»O Lowella, bitte«, seufzte Morwenna, »bist du denn gar nicht müde? Es ist schon nach eins.«

»Ich bin überhaupt nicht müde«, trumpfte Lowella auf. »Oh, ist es nicht ein herrliches Fest?«

»Das Fest ist vorbei«, erinnerte sie Roc.

»Nein, das ist es nicht – nicht ehe wir alle im Bett sind. Man muß erst noch die Suppe essen, ehe es zu Ende ist.«

Mrs. Penhalligan kam mit einer Suppenterrine herein und füllte die Teller. Wir gaben zu, daß es kein so schlechter Brauch war, und wenn wir auch von uns aus nie auf heiße Suppe verfallen wären, so fanden wir sie doch sehr belebend, und es war angenehm, sich noch einmal hinzusetzen und über den Abend zu sprechen.

Auch als wir die Suppe gegessen hatten, hatte es niemand eilig, ins Bett zu gehen. Wir sprachen noch über Polhorgan und die Leute, die wir dort getroffen hatten. Die Zwillinge saßen zurückgelehnt in ihren Stühlen und kämpften verzweifelt mit dem Schlaf.

»Jetzt ist es aber Zeit fürs Bett«, befahl Charles.

»O Daddy«, jammerte Lowella, »sei doch nicht so altmodisch!«

»Wenn du auch nicht müde bist«, meinte Roc, »andere sind es vielleicht. Tante Deborah schläft schon halb, und auch Morwenna.«

»Ich weiß«, sagte Morwenna, »aber es ist so gemütlich hier, und es war ein so schöner Abend, daß man wünscht, er ginge nie zu Ende. Erzählt doch was.«

»Ja, schnell«, schrie Lowella. Alle lachten und schienen plötzlich wieder hellwach zu sein. »Fang an, Onkel Roc.«

»Es erinnert mich an Weihnachten«, sagte Roc. »Wenn wir noch um das Feuer sitzen und zu müde sind, um ins Bett zu gehen.«

»Und Geistergeschichten erzählen«, sagte Charles.

»Erzähl jetzt eine«, drängte Lowella, »bitte, Daddy, Onkel Roc.«

Hyson setzte sich auf, plötzlich hellwach.

»Das paßt jetzt nicht«, meinte Roc. »Du mußt ein paar Monate warten, Lo.«

»Ich kann nicht, ich kann nicht. Ich will eine Geistergeschichte, jetzt.« Lowella schaute mich mit großen Augen an. »Es wird für die

Braut das erste Weihnachtsfest mit uns sein«, verkündete sie. »Weihnachten auf Pendorric wird ihr gefallen. Ich weiß noch, wie wir alle zusammen gesungen haben letzte Weihnachten. Ich mag Lieder genauso gern wie Geistergeschichten. Ich werde euch sagen, was ich am liebsten mag.«

»Das Lied vom Mistelzweig«, sagte Hyson.

»Du wirst es gern haben, Braut, weil es von einer anderen Braut handelt.«

»Das kennt Tante Favel bestimmt«, sagte Morwenna. »Jeder kennt es doch.«

»Nein«, erklärte ich. »Ich habe nie davon gehört. Weihnachten auf Capri wurde nicht wie ein englisches Weihnachten gefeiert.«

»Stellt euch vor! Sie hat noch nie etwas vom Mistelzweig gehört.« Lowella blickte empört.

»Denk nur, was sie versäumt hat«, machte sich Roc lustig.

»Ich werde es ihr erzählen«, erklärte Lowella. »Hör zu, Braut! Die andere Braut spielte Verstecken an einem Ort...«

»Im Münster von Lovel«, half ihr Hyson.

»Sie spielten Versteck, und die Braut kletterte in eine alte Eichentruhe; das Schloß klickte und schloß sie für immer ein.«

»Und die Truhe wurde erst zwanzig Jahre später geöffnet«, warf Hyson ein. »Und da fand man sie – nur noch als Skelett.«

»Aber das Hochzeitskleid und die Orangenblüten waren noch ganz frisch«, fügte Lowella hinzu.

»Sicherlich war ihr das eine große Beruhigung«, sagte Roc ironisch.

»Du brauchst gar nicht zu lachen, Onkel Roc. Es ist wirklich traurig. Ein Schnappschloß sollt ihr Verderben sein«, sang sie. »Und schloß die Braut für immer ein.«

»Und die Moral von der Geschicht«, fiel Roc ein und zwinkerte mir zu, »versteck dich in Truhen nicht – jedenfalls nicht als Braut.«

»Huch«, Morwenna schüttelte sich, »die Geschichte gefällt mir nicht.«

»Darum eben gefällt sie deinen Töchtern«, erklärte Roc.

»Ich habe eine Idee«, rief Lowella. »Wir wollen Weihnachtslieder singen. Jeder singt ein anderes.«

»Ich habe eine bessere Idee«, sagte ihr Vater. »Wir gehen ins Bett.«

Rachel stand auf. »Kommt mit«, sagte sie zu den Zwillingen. »Es ist fast zwei Uhr.«

Wir sagten gute Nacht und gingen hinauf.

Am nächsten Tag ging ich nach Polhorgan, um zu sehen, wie mein Großvater das Fest überstanden hatte.

Ich beglückwünschte Mrs. Dawson und ihren Mann zu dem Erfolg des Festes. »Sie haben es wundervoll gemacht«, lobte ich sie. Im selben Moment kam auch Dawson. Dann fragte ich, wie es meinem Großvater heute morgen ginge, und sie meinten: »Sehr zufriedenstellend, Madam, er schläft noch, er ist bestimmt müde nach all der Aufregung.«

»Dann will ich ihn nicht stören«, sagte ich. »Ich gehe noch etwas in den Garten.«

»In einer halben Stunde bringe ich ihm seinen Kaffee, Madam.«

»Gut, Mrs. Dawson, dann warte ich solange.«

Dawson folgte mir in den Garten; er tat geheimnisvoll. »Jeder im Haus ist glücklich, daß Sie gekommen sind«, sagte er, »mit einer Ausnahme allerdings.«

»Ich danke Ihnen, Dawson«, sagte ich. »Wer ist die Ausnahme?«

»Die Krankenschwester. Keiner im Haus kann sie leiden, Madam – außer den jungen Männern. Es gibt immer welche, die nicht hinter eine hübsche Larve schauen. Meine Frau und ich hatten immer so etwas wie eine Sonderstellung hier, Madam. Wir leben ja schon so lange mit Seiner Lordschaft zusammen. Wir waren schon da, entschuldigen Sie, wenn ich das erwähne, als noch Miß Lilith zu Hause war.«

»Sie kennen also meine Mutter?«

»Eine ganz reizende junge Lady, und – wenn Sie mir die Freiheit erlauben, Madam – Sie sind ihr sehr ähnlich. Deshalb dachten Mrs. Dawson und ich, daß wir zu Ihnen offen sprechen könnten.«

»Sagen Sie nur ruhig, was Sie auf dem Herzen haben, Dawson.«

»Nun ja, es ist uns nicht geheuer, Madam. Es gab Zeiten, da dachten wir, sie würde ihn heiraten. Es bestand kein Zweifel, daß sie darauf aus war, und wenn ihr das gelungen wäre, hätten Mrs. Dawson und ich uns selbstverständlich nach einer anderen Stellung umgesehen.«

»Miß Grey ... meinen Großvater heiraten?«

»So etwas kommt öfters vor, Madam. Hier und da heiraten reiche alte Herren ihre jungen Krankenschwestern. Sie werden so abhängig von ihnen, daß sie ohne sie gar nicht mehr auskommen können, und die Schwestern ihrerseits haben ein Auge auf das Geld geworfen.«

»Großvater ließe sich bestimmt niemals wegen seines Geldes heiraten. Dazu ist er zu klug.«

»Das sagen wir ja auch. Sie konnte ihr Ziel nicht erreichen, aber...«, er kam näher an mich heran und flüsterte: »Um die Wahrheit zu sagen, Madam, wir halten sie für eine Abenteurerin, wenn Sie es so nennen wollen.«

»Ich verstehe.«

»Und dann ist da noch etwas. Vor längerer Zeit kam unsere verheiratete Tochter zu Besuch. Sie begegnete zufällig Schwester Grey und behauptete fest, sie hätte eine Fotografie von ihr irgendwo in der Zeitung gesehen. Nur war damals nicht der Name Grey erwähnt.«

»Und warum war ihr Bild in der Zeitung?«

»Es handelte sich um einen Gerichtsfall oder dergleichen. Maureen konnte sich nicht mehr genau erinnern, aber sie wußte, daß es etwas Schlimmes war.«

»Haben Sie sie darüber befragt?«

»O nein, Madam, darüber kann man nicht sprechen. Sie wäre sicher beleidigt, und solange wir keinen Beweis haben, kann sie es ja jederzeit ableugnen. Doch wir halten trotzdem unsere Augen offen.«

»Oh... das ist ja Mrs. Pendorric.«

Ich fuhr herum und sah Althea Grey; sie lächelte mir zu. Ich errötete schuldbewußt, es war mir peinlich, daß sie mich dabei ertappte, wie ich mit dem Butler über sie sprach. Ich hätte gern gewußt, ob sie etwas von unserem Gespräch aufgeschnappt hatte.

»Sie sehen nicht so aus, als wenn Sie die halbe Nacht aufgewesen wären«, fuhr sie fort. »Es war ein herrlicher Abend! Lord Polhorgan war über den Verlauf des Festes hoch befriedigt.«

Dawson ging weg, und ich blieb mit ihr allein. Ihr Haar unter dem weißen Käppchen sah wundervoll aus. Ich fragte mich, was ihrem Gesicht so einen besonderen Ausdruck verlieh. Waren es die dichten Augenbrauen, einige Schattierungen dunkler als das Haar? Die Augen, von diesem tiefen, fast violetten Blau, das jede andere Blau überstrahlte? War es diese klassische gerade Nase, die zu ihrer nordischen Blondheit in seltsamem Gegensatz stand?

Selbst wenn sie nichts von unserem Gespräch mitbekommen hatte, wußte sie bestimmt, daß Dawson über sie gesprochen hatte. Hatte dieser junge Mann, mit dem ich getanzt hatte, sie nicht auch irgendwie mit einem Rechtsfall in Verbindung gebracht? War vielleicht Dawsons Verdacht nicht ganz ohne Grund? Ich hielt mich sehr zurück, als wir zusammen dem Hause zugingen.

»Lord Polhorgan hoffte, daß Sie heute kommen würden, und ich sagte, das täten Sie ganz bestimmt.«

»Ich wollte mich erkundigen, wie ihm der Abend bekommen ist.«

»Oh, großartig, und er hat sich so darüber gefreut, wie seine schöne Enkelin gefeiert wurde.«

Ich spürte, wie sie sich heimlich über mich lustig machte, und war froh, als ich endlich mit meinem Großvater allein war.

Eine Woche später schreckte uns ein Telefonanruf in der Nacht auf. Ich hob den Hörer ab, noch ehe Roc die Augen öffnete.

»Hier spricht Schwester Grey. Könnten Sie sofort herüberkommen? Lord Polhorgan geht es sehr schlecht, und er fragt nach Ihnen.«

Ich sprang aus dem Bett.

»Du lieber Himmel, was ist los?« fragte Roc.

Ich unterrichtete ihn. »Wir wollen gleich hinüberfahren«, sagte er.

»Wieviel Uhr ist es?« fragte ich, als wir die kurze Strecke zwischen Pendorric und Polhorgan zurücklegten.

»Kurz nach ein Uhr.«

»Es muß schlimm um ihn stehen, wenn sie uns anruft«, sagte ich. Beruhigend legte Roc seine Hand auf meine.

Als wir die Anfahrt hinauffuhren, öffnete sich die Tür, und Dawson ließ uns ein.

»Ich fürchte, es steht schlecht, Madam.«

»Ich gehe gleich zu ihm.«

Ich lief die Treppe hinauf, Roc folgte mir und wartete draußen, während ich ins Schlafzimmer ging.

Althea Grey kam auf mich zu. »Gott sei Dank, da sind Sie ja!« sagte sie leise. »Er fragt ständig nach Ihnen.«

Ich ging zum Bett hinüber, wo Großvater in den Kissen lag. Er war ganz erschöpft, und man konnte erkennen, daß er an Atemnot litt.

»Großvater«, sagte ich.

Seine Lippen formten den Namen Favel, aber man konnte es nicht hören.

Ich kniete am Bett nieder, ergriff seine Hand und küßte sie. Ich hatte ihn erst vor so kurzer Zeit gefunden. Sollte ich ihn schon wieder verlieren?

»Ich bin da, Großvater. Sobald ich hörte, daß du nach mir verlangst, bin ich gekommen.«

An einer schwachen Kopfbewegung konnte ich erkennen, daß er mich verstand.

Althea Grey stand neben mir. Sie flüsterte: »Er hat keine Schmerzen. Ich habe ihm Morphium gegeben. Es fängt jetzt an zu wirken. Dr. Clement muß jeden Moment da sein.«

Roc stand etwas weiter vom Bett entfernt. Althea Grey ging zu ihm hinüber, und ich wandte meine Aufmerksamkeit wieder meinem Großvater zu.

»Favel«, es war nur ein Flüstern. Seine Finger bewegten sich in den meinen; ich spürte, daß er mir etwas sagen wollte, und brachte mein Gesicht näher an seines heran.

»Bist du da, Favel...«

»Ja, Großvater.«

»Jetzt heißt es... Abschied nehmen, Favel.«

»Nein.«

Er lächelte. »Nur so kurz... aber es war eine sehr schöne Zeit... die glücklichste Zeit... Favel, du mußt...«

In seinem Gesicht zuckte es, und ich beugte mich näher zu ihm. »Sprich nicht, Großvater. Es strengt dich zu sehr an.«

Seine Brauen zogen sich zusammen. »Favel... du mußt achtgeben... es gehört jetzt alles dir... es ist ein Unterschied... wenn du es hast... man ist nie sicher... niemals... Favel... sei vorsichtig...«

»Großvater, bitte, ängstige dich nicht um mich. Denk an nichts anderes als nur an dich. Es wird dir bald bessergehen. Du mußt...«

»Ich konnte sie nicht finden...«, begann er; aber das Atmen strengte ihn zu sehr an. Er schloß die Augen. »Müde... so müde... Favel... bleib... sei vorsichtig... mit Geld ist es anders. Vielleicht hatte ich unrecht... aber ich wollte... paß nur auf dich auf... ich wollte, ich könnte noch bleiben... auf dich aufpassen, Favel.«

Seine Lippen bewegten sich immer noch; aber ich konnte nichts mehr verstehen. Sein Gesicht verfiel und wurde grau.

Er war dem Ende sehr nahe, als endlich Dr. Clement kam.

Wir saßen in dem Zimmer, wo ich so oft mit ihm Schach gespielt hatte – Dr. Clement, Roc, Schwester Grey und ich.

Dr. Clement sagte: »Das kam nicht ganz unerwartet. Der Tod konnte jederzeit eintreten. Hat er nicht geklingelt?«

»Nein. Das hätte ich sonst hören müssen, mein Zimmer liegt gleich nebenan. Die Glocke stand immer neben seinem Bett, falls er in der Nacht nach mir verlangte. Dawson kam zu mir. Er sagte, er hätte bei Lord Polhorgan Licht gesehen und wäre dann zu ihm gegangen. Er schien große Schmerzen zu haben und begann um Luft zu ringen. Ich erkannte schnell, daß ich ihm Morphium geben mußte. Das tat ich dann auch.«

Dr. Clement stand auf und ging zur Tür.

»Dawson«, rief er, »sind Sie da, Dawson?«

Dawson kam ins Zimmer.

»Ich habe gehört, daß Sie in Lord Polhorgans Zimmer kamen und ihn in angsterregendem Zustand vorfanden.«

»Ja, Herr Doktor. Er hatte das Licht angeknipst, und daraufhin ging ich zu ihm, um nach dem Rechten zu sehen. Er versuchte, nach etwas zu fragen, aber ich verstand zuerst nicht, was er wollte. Dann begriff ich, daß er seine Tabletten verlangte. Ich konnte sie nicht finden und rief nach der Schwester. Die hat ihm dann Morphium gegeben.«

»Es scheint, daß sich durch diese Verzögerung der Anfall so verschlimmert hat, daß er nicht mehr damit fertig wurde.«

»Ich habe ihm immer eingeschärft, seine Tabletten griffbereit zu haben«, sagte Althea Grey.

Dawson blickte sie finster an. »Ich fand sie später, nachdem Seine Lordschaft das Morphium bekommen hatte. Die Schachtel lag auf dem Fußboden, sie war aufgesprungen; die Pillen waren überall verstreut; auch die Glocke lag auf dem Fußboden.«

»Er muß sie umgestoßen haben, als er nach den Tabletten langte«, warf Althea Grey ein.

Ich blickte Roc an, der vor sich hinstarrte.

»Ein trauriges Ereignis«, sagte Dr. Clement. »Ich gebe Ihnen ein Beruhigungsmittel, Mrs. Pendorric. Sie sehen aus, als könnten Sie es gebrauchen.«

»Es hat keinen Sinn, hier noch länger zu warten«, sagte Roc. »Wir können vor morgen früh doch nichts tun.«

Dr. Clement lächelte mich traurig an. »Wir konnten es nicht verhindern«, versuchte er mich zu trösten.

»Wenn er seine Tabletten gehabt hätte«, sagte ich, »wäre es vielleicht nicht geschehen.«

»Möglich.«

»Was für ein unglückseliger Zufall...«, begann ich; meine Augen begegneten Dawson, der vor sich hingrübelte.

»Man konnte ihm nicht helfen«, hörte ich Roc sagen. »Man kann sich leicht vorstellen, wie es passierte. Er langte hinüber und stieß dabei die Schachtel und die Glocke vom Tisch.«

Ich zitterte. Roc schob seinen Arm unter meinen.

Es lag etwas in Dawsons Miene, was mich bange machte, und auch die schönen Züge von Althea Grey verbargen irgend etwas.

Welche Worte hatten Roc und Althea wohl gewechselt, als ich mich über meinen sterbenden Großvater gebeugt hatte?

Das hatte alles Dawson angerichtet mit seinem Haß auf die Schwester, mit seinen grundlosen Verdächtigungen. Aber waren sie wirklich grundlos?

Dann hörte ich Rocs zärtliche Stimme.

»Komm, Liebling, du bist ganz erschöpft. Dr. Clement hat recht. Der Schock war zu groß für dich.«

Es folgten traurige Wochen. Jetzt erst, nachdem ich ihn verloren hatte, spürte ich, wie sehr mir Großvater ans Herz gewachsen war. Ich vermißte ihn sehr, nicht nur seine Gesellschaft, nicht nur, weil es mich so stolz und froh gemacht hatte, daß ich Freude in sein einsames Leben gebracht hatte, sondern auch, weil er mir ein Gefühl der Sicherheit gegeben hatte, das nun dahin war. Ich hatte immer gewußt, er hätte alles getan, was in seinen Kräften lag , um mir zu helfen – falls ich seine Hilfe brauchte.

Aber brauchte ich denn seine Hilfe? Hatte ich nicht einen Mann, der mich behüten und beschützen konnte? Doch seit ich meinen Großvater verloren hatte, kam mir aufs neue zu Bewußtsein, wie es in Wahrheit um meinen Mann und mich stand. Er konnte mich erheitern, ja, von Herzen froh machen, und doch war ich seiner nie ganz sicher; ich kannte ihn eigentlich gar nicht. Und trotz dieser Unsicherheit liebte ich ihn unendlich, und meine ganze Glückseligkeit hing von ihm ab. Es machte mich ganz elend, daß ich eifersüchtig war auf seine Bekanntschaft mit Althea Grey, Rachel Bective und sogar Dinah Bond. Aber seit Großvater in mein Leben getreten war, hatte ich einen Mann kennengelernt, der für mich eine tiefe, unkomplizierte Zuneigung hegte.

Und nun hatte ich ihn verloren. Ich war seine Erbin, und tagelang ging der Testamentsvollstrecker bei uns aus und ein. Mir wurde ganz schwindelig, als ich hörte, wie reich ich war, was für ein beachtliches Vermögen Großvater hinterlassen hatte.

Laut Testament bekamen die Dawsons eine auskömmliche Pension; für die Krankenschwester waren tausend Pfund ausgesetzt; an alle Dienstboten hatte er gedacht und sie entsprechend ihrer Dienstzeit belohnt; eine beträchtliche Summe war für Waisenkinder ausgesetzt.

Polhorgan selbst gehörte mir, und das allein war ein Vermögen wert.

Es kam mir so vor, als wären Leute wie die Darks und Dr. Clement nicht mehr ganz so freundlich zu mir, als tuschelten die Leute über mich, wenn ich durchs Dorf ging. Ich war jetzt nicht mehr bloß Mrs. Pendorric, sondern die reiche Mrs. Pendorric. Aber in Pendorric selbst spürte ich den Umschwung am meisten. Ich fühlte, daß Morwenna und Charles sichtlich erfreut waren und daß die Zwillinge mich verstohlen beobachteten. Nur Deborah nahm kein Blatt vor den Mund: »Barbarina war ja auch eine reiche Erbin, aber im Vergleich zu dir war das natürlich gar nichts.«

Jetzt erkannte ich es ganz klar: Was mich auf Pendorric so glücklich gemacht hatte, war, daß Roc mich, ein Mädchen ohne einen Penny, geheiratet hatte, obgleich das Haus und das ganze Anwesen dringend Geld gebraucht hätten. Nun konnte ich mir nicht mehr länger sagen: »Er hat mich nur aus Liebe geheiratet.«

Einige Wochen nach Großvaters Tod hatte ich eine Besprechung mit seinem Notar, der mir nahelegte, ein Testament aufzusetzen. Ich tat es und, abgesehen von ein oder zwei Legaten, vermachte ich alles, was ich besaß, Roc.

Der September kam. Die Abende waren kurz und die Morgenstunden neblig; doch die Nachmittage waren warm wie im Juli.

Nun waren es schon zwei Monate her, daß Großvater gestorben war. Was Polhorgan betraf, hatte ich noch nichts unternommen, und die Dawsons und alle übrigen Dienstboten waren noch dort. Althea Grey hatte sich zu einem langen Urlaub entschlossen, bevor sie sich nach einer neuen Stellung umsehen wollte, und sich eine dieser kleinen Hütten, etwa eine Meile von Pendorric entfernt, gemietet, die man in den Sommermonaten hier den Urlaubern überließ.

Ich hatte mich schon oft gefragt, was ich mit Polhorgan anfangen sollte, und hatte auch schon eine Idee. Ich wollte ein Heim für Waisenkinder daraus machen. Für Kinder, zu denen auch mein Großvater gehört hatte.

Doch als ich mit Roc davon sprach, war er entsetzt.

»Bedenke, was du dir da aufbürdest!«

»Nein, ich glaube, es wäre in Großvaters Sinn.«

»Liebling, in so etwas stürzt man sich doch nicht so Hals über Kopf. Vergiß nicht, es ist doch heute alles anders als früher. Denk nur an all die Behörden, mit denen du dich herumschlagen mußt.

Und hast du dir auch überlegt, was das kostet, so ein Haus zu unterhalten?«

Ich merkte wohl, daß ihm der Gedanke nicht behagte, und schob ihn also vorläufig beiseite, was aber nicht hieß, daß ich ihn ganz aufgeben wollte.

Nie werde ich den Septembertag vergessen, der eine Schrekkenszeit meines Lebens einleitete.

Der Tag begann wie jeder andere. Am Morgen ging ich zu Mrs. Robinson und kaufte Tabak. Deborah bat mich, Haarnadeln für sie zu besorgen, und für Morwenna sollte ich Bast mitbringen für ihre Pflanzen. Beim Weggehen traf ich Rachel und die Zwillinge. Sie wollten einen Spaziergang machen und begleiteten mich bis zu dem kleinen Laden. Als ich wieder nach Hause kam, stieß ich auf Roc und Charles, die auf ihrem Rundgang waren. Erst nach dem Tee machte ich mich auf den Weg und besuchte Jesse, der wie immer vor der Tür saß und die letzten Strahlen der Sonne genoß.

Ein Weilchen setzte ich mich zu ihm, doch bald wurde es ihm zu kühl, und wir gingen ins Haus, wo er mir eine Tasse Tee bereitete. Es machte ihm Freude, ihn mir aufzubrühen, und ich ließ ihn gewähren. Während wir Tee tranken, erzählte Jesse von alten Zeiten, von den Gärten auf Pendorric. Er fand kein Ende, und weil es ihm solchen Spaß machte, ermutigte ich ihn, weiterzuerzählen. So lernte ich viel von dem Leben auf Pendorric vor vierzig, fünfzig Jahren kennen, als Jesse noch jung und kräftig war.

Ich hörte ihm versonnen zu und blieb länger, als ich wollte. Es war sechs Uhr, als ich mich erhob, um heimzugehen.

Da es in dem Häuschen mit den kleinen vergitterten Fenstern immer etwas schummrig war, hatte ich nicht gemerkt, wie dunkel es inzwischen draußen war. Der Nebel war noch dichter geworden; auch die Kirche lag unter dicken Schwaden. Als ich an dem großen Gittertor haltmachte, um einen Blick auf die Grabsteine zu werfen, hörte ich es. Es schien vom Friedhof zu kommen – ein Gesang in dieser seltsamen hohen, ein bißchen unreinen Stimme.

Mir klopfte das Herz, meine Hand zitterte. Ich schaute mich um, aber da war niemand – nur Nebel!

Und doch, irgend jemand sang hier. Ich mußte herausfinden, wer es war. Ich öffnete also das Tor, und ging auf den Friedhof. Ich lenkte den Schritt unwillkürlich zur Grabstätte der Pendorrics.

Es mußte Carrie sein! Sicherlich brachte sie ihrer geliebten Barbarina einen Kranz; sie hatte sie ja auch das Lied oft singen hören.

Die Tür zur Pendorric-Gruft war offen! Das hatte ich noch nie erlebt. Ich hatte stets angenommen, daß man sie nur öffnete, wenn es galt, einen Toten zu bestatten. Ich ging näher heran, und wieder hörte ich die Stimme:

> Er ist lange tot und hin,
> tot und hin, Fräulein!
> ihm zu Häupten ein Rasen grün,
> ihm zu Fuß ein Stein.

Es klang, als käme die Stimme *aus* der Gruft.

Ich ging die Stufen hinunter. »Ist da jemand?« rief ich. »Carrie, sind Sie hier?« Ich beugte mich vor und sah, daß es noch vier oder fünf Steinstufen weiter hinabging. Ich tastete mich hinunter und rief wieder und wieder: »Carrie, Carrie, sind Sie hier?«

Stille. In dem Licht, das durch die offene Tür fiel, sah ich die aufgebahrten Särge. Ich roch die feuchte Erde. Und plötzlich wurde es stockdunkel um mich. Sekundenlang war ich so erschrocken, daß ich mich nicht rühren konnte, nicht ein Wort herausbrachte. Es dauerte eine ganze Weile, bis ich begriff, daß die Tür sich hinter mir geschlossen hatte und ich eingeschlossen war.

»Wer ist da?« schrie ich. »Wer hat die Tür zugemacht?«

Ich versuchte, die Treppe zu finden, aber meine Augen hatten sich noch nicht an das Dunkel gewöhnt, und ich stolperte und fiel der Länge nach auf die kalten Steinstufen.

Außer mir vor Angst krabbelte ich die Stufen hinauf, die ich jetzt vage erkennen konnte. Ich wollte die Tür aufstoßen, aber sie rührte sich nicht. Ich war eingeschlossen.

Ich hämmerte mit den Fäusten gegen die Tür. »Laßt mich heraus«, schrie ich, »laßt mich heraus!«

Gegen die Tür gelehnt, versuchte ich zu überlegen. Irgend jemand hatte mich an diesen schrecklichen Ort gelockt, jemand, der mich los sein wollte. Wie lange konnte ich es hier aushalten? Bald würden sie mich ja vermissen. Roc würde nach mir suchen.

»Roc!« rief ich. »Oh... Roc... Roc...«

Ich barg das Gesicht in den Händen. Ich hatte Angst davor, etwas zu sehen in dieser Totengruft der Pendorrics. Wie lange noch, und ich war eine der ihren.

Plötzlich war mir, als rührte sich etwas neben mir. War das nicht ein Atmen? Ich glaube ja nicht an Geister, versuchte ich mich zu beschwichtigen. Aber das sagt sich leicht am hellichten Tage, und es ist ganz etwas anderes, wenn man lebendig begraben ist unter lauter Toten! Bis zu diesem Moment hatte ich nie wirkliche Angst kennengelernt. Aber ich war nicht allein. Ich wußte es. Ein atmendes, lebendes Wesen war mit in diesem Grab.

Dann berührte eine kleine Hand die meine. Ich schrie auf und hörte meinen Schrei: Barbarina! In diesem Augenblick glaubte ich an die Legende von Pendorric. Ich glaubte, daß Barbarina mich in ihr Grab gelockt hatte, so daß ich jetzt auf Pendorric spuken mußte und sie in Frieden ruhen konnte.

»Favel«, es war ein Flüstern, und die es ausstieß war ebenso entsetzt wie ich.

»Hyson!«

»Ja, Favel, ich bin es, Hyson.«

Welche Erleichterung! Ich war nicht allein. Jemand teilte diesen schrecklichen Ort mit mir. Im ganzen Leben hatte ich mich noch nie so über eine menschliche Stimme gefreut.

»Hyson ... was machst du denn hier?«

Sie kam zu mir die Stufen herauf und schmiegte sich an mich. »Es ist ... so schrecklich ... mit der verschlossenen Tür«, sagte sie.

»Hast du das gemacht, Hyson?«

»Was ... ich?«

»Mich eingeschlossen?«

»Aber ich bin doch mit dir eingeschlossen.«

»Wie bist du denn hierhergekommen?«

»Ich wußte, es würde etwas passieren. Ich wußte es. Ich wollte dir entgegengehen. Ich wollte wissen, ob alles in Ordnung ist.«

»Wie meinst du das? Woher hast du es gewußt?«

»Ich weiß vieles. Ich hörte den Gesang ... die Tür war offen ... da bin ich eben hineingegangen.«

»Bevor ich kam?«

»Ja, eine Minute vorher. Ich versteckte mich unten an der Treppe, als du kamst.«

»Ich verstehe immer noch nicht, was das alles bedeuten soll.«

»Barbarina hat dich hergelockt. Sie wußte nur nicht, daß ich auch hier war.«

»Barbarina ist tot.«

»Sie kann nicht ruhen, bevor du sie nicht ablöst.«

Ich gewann meine Ruhe wieder. Es war erstaunlich, was die Anwesenheit eines kleinen menschlichen Wesens ausmachte.

»Das ist alles Unsinn, Hyson«, sagte ich. »Barbarina ist tot, und die Geschichte von dem Spuk ist nur eine Sage.«

»Sie wartet aber doch auf den Tod einer neuen Braut.«

»Ich habe nicht die Absicht zu sterben.«

»Wir werden beide sterben«, sagte Hyson fast sorglos, und ich dachte mir: Sie weiß nichts vom Tod. Sie hat nie den Tod gesehen. Ich durfte nicht vergessen, wie war nur ein Kind, das sich in der Rolle einer Seherin gefiel.

»Das ist absurd«, sagte ich. »Wir werden nicht sterben. Von irgendwoher dringt sicherlich etwas Luft hier ein. Die anderen werden uns vermissen und uns suchen.«

»Und warum sollte es ihnen in den Sinn kommen, ausgerechnet hier nachzuforschen?«

»Sie werden überall nachschauen.«

»Aber niemals hier in der Gruft.«

Ich schwieg eine Weile und versuchte dahinterzukommen, wer das getan haben mochte. Jemand wollte mich aus dem Weg räumen, hatte gewartet, bis ich in die Gruft hinabgestiegen war, und hatte die Tür hinter mir geschlossen. Meine Angst verflog. Jetzt, da ich die Furcht los war, eine Tote könnte mich hierhergelockt haben, fühlte ich meine Lebensgeister zurückkehren.

»Jemand hat uns eingesperrt. Aber wer?« wandte ich mich an Hyson.

»Barbarina«, flüsterte sie.

»Sei nicht so töricht. Barbarina ist tot.«

»Sie ist hier, Favel – in ihrem Sarg. Da drüben liegt sie neben meinem Großvater. Sie kann nicht ruhen und möchte es doch so gern. Und darum hat sie dich hier eingesperrt.«

»Wer hat die Tür aufgemacht?«

»Barbarina.«

»Und wer hat sie zugeschlossen?«

»Barbarina.«

»Hyson, du spinnst. Denk lieber nach, wie wir hier herauskommen.«

»Wir kommen nicht heraus. Wir müssen hier bleiben«, sagte Hyson, »für immer. Es ist wie in dem Lied vom Mistelzweig. Wenn sie irgendwann mal das Grab öffnen, finden sie nur noch unsere Knochen. Erinnerst du dich nicht mehr an die Nacht nach dem Ball? Da haben wir dir das doch erzählt.«

Ich packte Hyson bei den Schultern. »Hör zu«, sagte ich, »wir müssen einen Weg nach draußen finden. Vielleicht ist die Tür nicht richtig zugeschlossen.« Vorsichtig stand ich auf. »Hyson, komm, wir müssen hier raus. Gib mir deine Hand, und sehen wir uns das hier mal genauer an.«

»Aber das wissen wir doch, hier gibt's nur Tote in ihren Särgen.«

»Versuchen wir's noch mal, vielleicht ist die Tür gar nicht verschlossen. Vielleicht ist sie nur festgeklemmt.«

Wir standen auf der obersten Stufe und schlugen gegen die Tür. Sie rührte sich nicht.

»Wie lange sind wir wohl schon hier?« fragte ich.

»Eine gute Stunde.«

»Ach was, höchstens fünf Minuten. Die Zeit schleicht, wenn einem so etwas passiert. Aber beim Abendessen werden sie uns bestimmt vermissen. Komm, schauen wir uns mal um. Es muß doch irgendwo hier ein vergittertes Luftloch sein. Vielleicht hört man uns, wenn wir rufen.«

»Aber wer soll uns denn hier hören, es ist doch niemand hier auf dem Friedhof.«

»Vielleicht doch. Wenn sie kommen, um uns zu suchen...«

Ich zog sie hoch, und sie klammerte sich fest an mich. Dann kletterten wir vorsichtig die Stufen hinab.

Und dann plötzlich sah ich ein schwaches Licht. Ich ging ihm nach und fand mich vor einem vergitterten Seitenfenster. Ich spähte hindurch; mir war, als sähe ich in einen schmalen Graben. Ich hatte also richtig vermutet, die Gruft bekam von irgendwoher etwas Luft. Ich atmete auf, preßte das Gesicht gegen das Gitter und rief: »Hilfe! Wir sind hier in der Gruft, Hilfe!« Meine Stimme klang dumpf, und wenn ich noch so laut schrie, hier hörte mich niemand, es sei denn, jemand stünde ganz in der Nähe.

»Versuchen wir es noch mal mit der Tür«, sagte Hyson, und wieder tasteten wir uns den Weg zurück zu den Stufen. Und wieder stemmten wir uns gegen die Tür, doch sie gab nicht nach. Hyson schluchzte und zitterte vor Kälte. Ich zog meinen Mantel aus und schlug ihn um uns beide. Und so setzen wir uns nebeneinander oben auf die Stufen, eng umschlungen.

Wir waren bald so steif und klamm, daß wir kaum mehr unsere Glieder rühren konnten.

»Hör mal«, rief Hyson plötzlich voller Angst. »Da ist was.«

Ich lauschte, konnte aber nichts hören.

Hyson an der Hand, tappte ich mühsam die Stufen hinunter.

»Da!« flüsterte sie. »Ich hör es wieder.«

Sie klammerte sich an mir fest, und ich legte beruhigend meinen Arm um sie. Wir schlichen weiter, dorthin, wo das Gitterfenster sein mußte. Aber kein Schimmer kam durch die Finsternis.

Dann bemerkte ich plötzlich einen Lichtstrahl und hörte eine Stimme rufen: »Favel! Hyson!«

Das Licht zeigte mir die kleine, vergitterte Öffnung, und ich stolperte darauf zu. »Hier sind wir... in der Gruft!«

Ich erkannte Deborahs Stimme. »Favel, bist du es, Favel?«

»Hier!« schrie ich, »hier!«

»O Favel... dem Himmel sei Dank! Hyson...?«

»Hyson ist bei mir. Wir sind hier eingesperrt.«

»Eingesperrt...!«

»Bitte, laß uns raus... schnell!«

»Ich komme wieder... so schnell, wie es geht.«

Das Licht verschwand, und Hyson und ich blieben eng umschlungen stehen.

Es schienen Stunden zu vergehen, bis die Tür sich öffnete und Roc die Stufen herunterkam. Wir rannten ihm entgegen – Hyson und ich – und er drückte uns beide fest an sich.

»Was soll das...?« begann er. »Ihr habt uns einen hübschen Schreck eingejagt...«

Morwenna kam mit Charles, der Hyson auf den Arm nahm und sie wie ein Baby wiegte.

Der Schein der Fackeln zeigte uns die feuchten Wände des Grabes und die aufgebahrten Särge; aber Hyson und ich wandten uns schaudernd ab.

Im Auto lehnte ich mich an Roc, zu erschöpft, um sprechen zu können. Endlich brachte ich heraus: »Wie spät ist es?«

»Zwei Uhr«, sagte Roc. »Seit kurz nach acht suchen wir euch.«

Ich ging sofort zu Bett, und Mrs. Penhalligan brachte mir noch eine heiße Suppe. Ich sagte, ich könne bestimmt nicht schlafen; ja, ich hatte Angst davor, Angst zu träumen, ich sei wieder an diesem grausigen Ort.

Aber ich schlief fast sofort ein, und kein Traum störte meinen Schlaf.

Es war neun Uhr morgens, als mich die durch das Fenster hereinfallenden Sonnenstrahlen weckten. Roc saß auf einem Stuhl neben meinem Bett. Ein Glücksgefühl durchströmte mich.

»Nun erzähl mal, was passiert ist«, forderte Roc mich auf.

»Ich hörte jemanden singen, und die Tür zu der Gruft war offen.«

»Und du dachtest, die Pendorrics hätten ihre Särge verlassen und sängen sich ein Liedchen?«

»Ich wußte nicht, wer es war. Ich ging die Stufen hinunter, und dann wurde die Tür hinter mir geschlossen.«

»Und was hast du dann getan?«

»Ich hämmerte gegen die Tür – rief laut. Hyson und ich brauchten beide unsere ganze Kraft. O Roc... es war furchtbar.«

»Es ist nicht der gemütlichste Fleck, um eine Nacht zu verbringen. Das gebe ich zu.«

»Roc, wer könnte es getan haben? Wer hat uns dort eingesperrt?«
»Niemand.«

»Aber irgend jemand muß es doch getan haben. Wenn Deborah nicht vorbeigekommen wäre, säßen wir jetzt noch dort. Der Himmel mag wissen, wie lange wir dort noch hätten bleiben müssen.«

»Wir hätten jeden Millimeter im weiten Umkreis durchgekämmt. Deborah und Morwenna suchten in Pendorricdorf, und die Darks hatten sich ihnen angeschlossen.«

»Es war zu schön, als wir Deborahs Stimme hörten. Aber es erschien uns eine Ewigkeit, ehe sie wieder zurückkam.«

»Sie brauchte doch den Schlüssel, und es gibt meines Wissens nur einen einzigen zu der Gruft. Er hängt im Schrank in meinem Arbeitszimmer, und der ist verschlossen. Sie mußte in jedem Falle zuerst mich finden.«

»Ach, darum dauerte es so lange.«

»Wir haben keine Zeit verloren, das kann ich dir versichern. Und ich kann mir einfach nicht vorstellen, wer den Schlüssel weggenommen und die Gruft aufgeschlossen hat. Nur der Totengräber hat ihn sich vor einigen Wochen ausgeliehen, und er hat sicherlich wieder abgeschlossen.«

»Aber jemand hat uns eingeschlossen.«

Roc antwortete: »Nein, Liebling, die Tür war nicht verschlossen. Das habe ich selber gemerkt, als ich aufschließen wollte.«

»Nicht verschlossen? Aber...«

»Wer sollte euch denn einschließen?«

»Das frage ich mich eben auch.«

»Außer mir hat keiner einen Schlüssel. Seit Jahren gibt es nur noch den einen – den in meinem verschlossenen Schrank. Und der hing an seinem Nagel, ich selber habe ihn abgenommen.«

»Aber Roc, ich verstehe bloß nicht wie...«

»Das ist doch ganz einfach. Es war ein nebliger Abend, nicht wahr? Du gingst durch das große Tor auf den Friedhof. Die Tür der Gruft war offen, weil der alte Pengally sie damals nicht richtig zugeschlossen hatte, und die Tür ist durch den Wind aufgerissen worden.«

»Es war aber ein windstiller Abend. Kein Lüftchen regte sich.«

»Aber in der Nacht vorher hatten wir wahrscheinlich Sturm, und die Tür war schon den ganzen Tag offen, es hat eben nur keiner gemerkt. Nur selten geht jemand zu dem alten Teil des Friedhofs. Na ja, und dann fandest du sie offen und gingst hinein. Die Tür fiel hinter dir ins Schloß.«

»Aber wenn sie gar nicht zugeschlossen war, warum ging sie dann nicht auf, als wir uns mit aller Kraft dagegenstemmten?«

»Ich nehme an, sie klemmte. Außerdem wart ihr wahrscheinlich ganz kopflos, als ihr euch eingeschlossen glaubtet, sonst hättet ihr vielleicht entdeckt, daß sie nur klemmte.«

»Ich kann es einfach nicht glauben.«

Ganz erstaunt sah er mich an. »Was in aller Welt stellst du dir denn vor?«

»Ich weiß es selber nicht genau... aber irgend jemand hat uns eingeschlossen.«

Sanft strich er mir die Haare aus der Stirn. »Nur einer könnte es gewesen sein«, sagte er. »Ich.«

»O Roc... *nein!*«

Er nahm mich in die Arme. »Ich will dir mal was sagen, Liebling«, sagte er. »Ich habe dich viel lieber hier bei mir als dort in der Gruft...«

Er lachte; er verstand diese Angst nicht, die ich nicht mehr loswerden sollte.

5

Ich konnte mir nicht mehr länger etwas vormachen. Irgend jemand hatte mich in die Gruft gelockt und die Tür hinter mir zugeschlossen. Rocs Erklärung, die Tür habe nur geklemmt, wollte mir nicht einleuchten. Gut, im ersten Moment hatte mich Panik ergriffen, aber dann hatte ich Hyson entdeckt, sie getröstet und meine Fassung wiedergefunden. Gemeinsam hatten wir versucht, die Tür zu öffnen, mit unserer ganzen Kraft, aber umsonst; sie war abgeschlossen.

Wenn nun Deborah nicht gekommen wäre, unser Rufen nicht gehört hätte? Wie lange hätten wir es in der Gruft aushalten können? Es kam etwas frische Luft herein, das stimmte; aber womöglich wären wir vor Hunger gestorben. Es kam wirklich nur selten jemand dort vorbei. Aber selbst wenn; wir hätten nichts davon gemerkt, es sei denn, er wäre ganz dicht an das Gitterfenster getreten und hätte uns gerufen.

Ein, zwei Wochen vielleicht, und wir wären tot gewesen.

Und eben darauf hatte es irgend jemand abgesehen. Und wenn man es entdeckte, sollte es wie ein unglücklicher Zufall aussehen. Aber wer war es? Es mußte jemand sein, der durch meinen Tod gewinnen konnte.

Roc? Nein, nicht eine Sekunde lang glaubte ich, daß Roc mich töten wollte. Er war nicht der Mensch, jemanden umzubringen, und schon gar nicht mich. Er war ein Spieler, war mir vielleicht auch untreu, aber einen Mord verüben, nein, das täte er nie und nimmer. Er wußte, als er mich heiratete, daß ich die Enkeltochter eines Millionärs war. Er hatte mich mit meinem Großvater wieder zusammengebracht, hatte mit Recht annehmen dürfen, daß ich einmal dessen Erbin würde. Er brauchte Geld für Pendorric. Doch Roc und ich waren Eheleute, und mein Geld war sein Geld und sicherte uns Pendorric, ob ich nun tot war oder nicht.

In Gedanken ging ich jede Einzelheit durch, und so kam ich auch auf den Tag, an dem Vater gestorben war. Roc war mir an diesem Tag so sonderbar erschienen. Er war nach Hause gekommen und hatte meinen Vater allein ins Meer hinausschwimmen lassen. Und als er erfahren hatte, was geschehen war, war er da nicht geradezu erleichtert gewesen? Oder hatte ich mir das nur eingebildet?

Als ich damals nach dem großen Regen den gefährlichen Klippenpfad genommen hatte, wo das Warnschild entfernt worden war, das war auch so eine Gelegenheit gewesen. Ganz geheuer war mir nicht gewesen danach. Aber wer war mir dann, aus Angst um mich, nachgelaufen? Wie gut, daß mir das wieder einfiel! Bewies es nicht, daß Roc mich liebte, mich beschützen wollte?

Aber wie war es mit Rachel? Althea? Und was war mit Dinah Bond?

Hatte Dinah mir nicht erzählt, daß auch Morwenna einmal in der Familiengruft eingeschlossen worden war? Und was hatte es mit der Unterhaltung zwischen Morwenna und Charles auf sich, die ich mit angehört hatte? Es war verständlich, daß sie über meine Erbschaft sprachen und sich freuten, daß Roc eine reiche Frau hatte statt eines mittellosen Mädchens. Aber warum sollte Morwenna mich los sein wollen? Was änderte das für sie?

Doch wenn ich aus dem Weg geräumt wäre, dann erbte Roc mein Vermögen und könnte wieder heiraten ... Rachel? Althea?

Rachel war dabeigewesen, als wir über die Frau in der Eichentruhe sprachen, und nach Dinah Bonds Gerede hatte Rachel damals Morwenna in die Gruft gelockt. Sie wußte also, wo der Schlüssel hing; aber es gab nur einen einzigen, hinter Schloß und Riegel. Darum mußten sie ja zuerst einmal Roc finden, als es galt, die Gruft aufzuschließen.

Und das wußte Rachel; sie hatte schon einmal, vor langen, langen Jahren, auf irgendeine Art den Schlüssel aus dem Schrank von Rocs Vater an sich gebracht.

Rachel also! Ich hatte sie vom ersten Tag an nicht leiden können. Nun, ich würde sie nicht mehr aus den Augen lassen.

»Ich habe vor, für gut eine Woche ins Moor zu fahren«, sagte Deborah. »Komm doch mit, Favel. Ich würde mich freuen, dir unser Zuhause zu zeigen.«

Das hieße Roc verlassen, schoß es mir durch den Kopf. Ihn Althea überlassen? Rachel? Und ich mußte herausfinden, wer mich aus dem Weg räumen wollte. Natürlich täte es mir einerseits gut, mich eine Woche mit Deborah im Hochmoor zu erholen, aber andererseits würde ich mich die ganze Zeit nach Pendorric sehnen.

»Leider geht es nicht«, sagte ich, »ich habe zuviel zu tun... ganz abgesehen davon, daß Roc...«

»Na gut, dann vielleicht ein andermal. Ich dachte nur, gerade jetzt könntest du ein bißchen Ruhe brauchen.«

»Ich weiß wohl, du meinst es gut. Und ich komme auch bestimmt einmal. Aber könntest du nicht Hyson mitnehmen? Diese Geschichte hat sie mehr aufgeregt, als man glaubt.«

»Warum nicht, dann nehme ich also meine liebe Hyson mit«, erwiderte Deborah. »Aber ich hätte dir so gern unser altes Heim gezeigt. Übrigens, wolltest du nicht gerade ausgehen?«

»Ja, ich wollte nach Polhorgan. Ich habe noch einiges mit Mrs. Dawson zu bereden.«

»Darf ich dich begleiten?«

»Aber gern!«

Wir schlugen den Weg nach Polhorgan ein. Mir war nicht ganz wohl in meiner Haut, weil ich Deborahs Einladung abgelehnt hatte. Also brachte ich noch einmal das Gespräch darauf.

»Natürlich verstehe ich dich, meine Liebe. Du magst deinen Mann nicht allein lassen. Ich hatte mir nur gedacht, nach all dem...«

»Wenn du nicht gewesen wärest, säßen wir vielleicht jetzt noch dort unten. Ich mag gar nicht mehr daran denken. Es ist alles so verworren. Roc behauptet, die Tür sei nicht verschlossen gewesen, nur verklemmt. Es gibt nur einen Schlüssel, und der hing wohlverwahrt in Rocs Schrank.«

»Dann bliebe also nur Roc, der euch eingeschlossen haben könnte«, sagte sie, und ich stimmte in ihr Lachen ein. »Früher gab es einmal zwei Schlüssel«, sagte sie. »Den einen hatte Rocs Vater in seinem Schrank verschlossen, da wo ihn auch Roc aufbewahrt.«

»Und wer hatte den anderen?«

Sie schwieg eine Weile und sagte dann: »Barbarina.«

Danach gingen wir stumm nebeneinander her, bis wir uns bei Polhorgan verabschiedeten.

Seit Großvater tot war, machte es mir keine Freude mehr, nach Polhorgan zu gehen. Alles wirkte so leer, seit er nicht mehr da war, machte einen so unbewohnten Eindruck. Ja, wenn ich Polhorgan mit Waisenkindern bevölkerte, würde es vielleicht wieder zum Leben erwachen.

Mrs. Dawson kam mir entgegen und begrüßte mich.

»Guten Morgen, Madam. Dawson und ich fragten uns schon, ob Sie heute kommen würden. Wollen Sie nicht eine Tasse Kaffee bei uns im Wohnzimmer trinken? Wir haben etwas auf dem Herzen...«

Ich stimmte zu. Zehn Minuten später saß ich in Dawsons gemütlichem Wohnzimmer und trank Kaffee. Dawson kam auf etlichen Umwegen auf den Verdacht zu sprechen, der ihm in der Nacht von Großvaters Tod aufgestiegen war.

»Sie können ganz offen mit mir sprechen, Dawson«, ermunterte ich ihn. »Ich schweige darüber, es sei denn, Sie wollen es anders.«

Dawson seufzte erleichtert auf. »Ich möchte nämlich nicht beim Gericht als Zeuge gegen diese Person auftreten. Obgleich, wenn es sich herausstellen sollte, daß sie schon einmal damit zu tun hatte, auf meine Hilfe gerechnet werden kann.«

»Sie sprechen von Schwester Grey?«

»Von der und keiner anderen«, bekräftigte Dawson. »Ich kann mich nicht damit abfinden, auf welche Art Seine Lordschaft den Tod fand, Madam. Mrs. Dawson und ich haben darüber gesprochen und sind zu dem Schluß gekommen, daß er vorsätzlich herbeigeführt wurde.«

»Sie meinen, weil die Tabletten unter dem Bett lagen?«

»Ja, Madam. Seine Lordschaft hatte an diesem Tag bereits ein oder zwei kleine Anfälle gehabt. Meine Frau und ich hatten festgestellt, daß die Anfälle oft dicht aufeinanderfolgten, und es schien so gut wie sicher, daß er während der Nacht noch einen weiteren Anfall bekommen würde.«

»Hatte er denn nicht die Schwester gerufen, wenn er in der Nacht solche Anfälle bekam?«

»Nur wenn der Anfall so schlimm war, daß er Morphium brauchte. Dann läutete er nach ihr mit der Glocke auf seinem Nachttisch. Aber zuerst hätte er seine Tabletten eingenommen. Die Glocke lag auf dem Fußboden, Madam, und die Pillen ebenfalls.«

»Ja, und es sah ganz so aus, als ob er alles hinuntergestoßen hätte, als er nach seinen Tabletten greifen wollte.«

»Vielleicht sollte es auch nur so aussehen, Madam?«

»Sie glauben also, Schwester Grey habe absichtlich die Tabletten und die Glocke außerhalb seiner Reichweite hingestellt?«

»Ich behaupte dies nur innerhalb dieser vier Wände, Madam.«

»Aber warum sollte sie seinen Tod wünschen? Er hat sie eine gute Stellung gekostet?«

»Dafür hat sie eine gute Erbschaft gemacht«, warf Mrs. Dawson ein. »Was hindert sie daran, sich eine andere Stellung zu suchen, wo sie wieder etwas erben kann?«

»Aber Sie können doch nicht annehmen, daß sie ihre Patienten umbringt, falls sie eine Erbschaft wittert?«

»Warum nicht, Madam?«

»Dawson«, sagte ich, »mein Großvater ist tot und begraben. Und Dr. Clement war überzeugt, daß er eines natürlichen Todes gestorben ist.«

»Meine Frau und ich zweifeln nicht an Dr. Clements Wort. Aber wir glauben, daß Seine Lordschaft zu früh gestorben ist.«

»Das ist eine schreckliche Anklage, Dawson.«

»Ich weiß, Madam, und darum soll sie ja auch innerhalb dieser vier Wände bleiben. Wir wollten Sie nur warnen, Madam; denn diese Person lebt noch in unserer Nachbarschaft.«

Mrs. Dawson blickte gedankenvoll in ihre Kaffeetasse. »Ich habe mit Mrs. Greenock gesprochen«, sagte sie, »der die Cormorant-Hütte gehört.«

»Dort wohnt Schwester Grey jetzt, nicht wahr?«

»Ja, sie will sich ein bißchen ausruhen, ehe sie eine neue Stelle antritt, behauptet sie. Mrs. Greenock hätte das Häuschen viel lieber den ganzen Winter über vermietet. Doch Schwester Grey wollte es nur auf unbestimmte Zeit haben. Aber anscheinend hat

Mr. Pendorric Mrs. Greenock überredet, es Schwester Grey zu überlassen.«

Jetzt begann ich zu verstehen, warum die Dawsons mit mir reden wollten. Sie wollten mich nicht nur auf ihren Verdacht hinweisen, wieso und warum mein Großvater gestorben war, sondern mir auch zu verstehen geben, daß eine Abenteurerin in unserer Mitte weilte, die keine Skrupel kannte und freundschaftlicher mit meinem Mann stand, als sie es für geraten hielten. Wenn sie darauf aus waren, mich zu beunruhigen, dann hatten sie es geschafft.

So unauffällig wie möglich wechselte ich das Gesprächsthema. Wir besprachen die Probleme von Polhorgan, und ich erklärte ihnen, daß vorläufig alles wie bisher weiterlaufen solle, bis ich mich endgültig entschlossen hätte, was ich mit dem Haus anfangen wolle. Auf keinen Fall würde ich verkaufen, und mir wäre es nur lieb, wenn sie hierblieben, und zwar für immer.

Mrs. Dawson versicherte mir mit Tränen in den Augen, wie froh sie seien, daß ich jetzt ihre Herrin sei, und selbst Dawson gab mir zu verstehen, daß es ihm ein Vergnügen sei, mir zu dienen.

Am selben Nachmittag ging ich noch zu Clement, weil ich einmal mit dem Doktor persönlich und ohne Rücksicht auf seinen Beruf über meinen Großvater sprechen wollte.

Mabell Clement kam mir strahlend entgegen, aus dem Töpferhaus, wie sie es nannte, das Haar teils flatternd, teils aufgesteckt, angetan mit einer blauen Baumwollbluse und einem bauschigen, gelben Rock.

»Welch reizende Überraschung«, rief sie munter, »Andrew wird sich freuen. Kommen Sie herein, ich mache Ihnen gleich eine Tasse Tee.«

Andrew erschien und meinte, ich hätte einen glücklichen Zeitpunkt erwischt, er habe nämlich heute seinen freien Nachmittag.

Mabell machte Tee, und als sie den Teewärmer nicht finden konnte, stülpte sie eine Wollmütze über die Kanne. Es gab angebrannten Toast und einen Kuchen, der in der Mitte zusammengefallen war. Ich mochte Mabell gern; sie war einer der wenigen Menschen, die von meinem plötzlichen Wohlstand unbeeindruckt geblieben waren.

Während wir unseren Tee tranken, erzählte ich Dr. Clement, daß ich mir immer noch Gedanken darüber mache, wie Großvater gestorben sei. »Hätte er nicht noch viel länger leben können, wenn er nicht diesen Anfall gehabt hätte?«

»Ja, gut möglich, aber wir mußten immer auf solche Anfälle gefaßt sein, und jeder konnte schlimm ausgehen. Ich war gar nicht überrascht, als der Anruf kam.«

»Aber vielleicht hätte er ihn überlebt, wenn er seine Tabletten rechtzeitig gefunden hätte.«

»Hat Dawson schon wieder mit Ihnen darüber gesprochen?«

»Dawson hat auch mit Ihnen darüber gesprochen, nicht wahr?« entgegnete ich.

»Ja, damals, als Ihr Großvater starb. Er fand die Tabletten und die Glocke auf dem Fußboden.«

»Aber wenn er seine Tabletten oder seine Glocke hätte erreichen können...«

»Ganz offensichtlich hat er es versucht und sie dabei heruntergestoßen. Und so kam es zu diesem schlimmen Anfall und damit zum Ende.«

»Glauben Sie mir, die Dawsons kamen nicht gut aus mit der Krankenschwester«, sagte Mabell. »Krankenschwestern sind von Natur aus herrschsüchtig und Butler von Natur aus die Würde in Person. Und Haushälterinnen neigen dazu, das Haus als ihr eigenes anzusehen, und lassen niemanden gelten außer ihren Brotgebern. Ich halte das Ganze für den üblichen Dienstbotenstreit, und nun sehen die Dawsons eine Chance, noch weiter in diese Kerbe hineinzuhauen.«

»Verstehen Sie«, sagte Andrew, »selbst wenn Dawson den Verdacht aussprechen würde, die Krankenschwester hätte vorsätzlich die Tabletten und die Glocke außer Reichweite gestellt, sie würde es mit Entschiedenheit von sich weisen. Einen Beweis dafür gibt es nicht.«

»Wie lange war sie eigentlich bei ihm?« fragte Mabell.

»Gut achtzehn Monate«, antwortete Andrew.

»War sie eigentlich eine gute Krankenschwester?« fragte ich.

»Sie war recht tüchtig.«

»Mir kam sie immer so... kalt vor«, wandte ich ein. »Ich weiß, ich kann Ihnen beiden vertrauen, und deshalb frage ich Sie: Halten Sie es für möglich, daß die Schwester Großvater frühzeitig ins Grab gebracht hat, weil sie wußte, daß er ihr tausend Pfund ausgesetzt hatte?«

Beide schwiegen. Mabell nahm eine lange Zigarettenspitze, öffnete eine Silberdose und bot mir eine Zigarette an.

»Wenn sie nämlich dazu fähig war«, fuhr ich langsam fort, »so ist es eine ziemlich ernüchternde Vorstellung, daß sie weiterhin in andere Krankenzimmer geht und das Leben anderer Patienten in ihrer Hand liegt.«

Dr. Clement sah mich fest an. Dann sagte er: »Im Augenblick hat sie sich freigenommen, ehe sie einen neuen Posten antritt. Ich halte es für sehr unklug, außerhalb dieses Zimmers von diesem Verdacht zu sprechen.«

Mabell wechselte das Thema in der ihr eigenen, unverblümten Art. »Hoffentlich haben Sie sich wieder ganz erholt von Ihrem Abenteuer.«

»O ... ja.«

»Das war eine schlimme Geschichte«, bemerkte Andrew. »Die Tür klemmte, so war es doch?«

»Ich war überzeugt, daß sie verschlossen war.«

»Nach dem vielen Regen, den wir gehabt haben, konnte es wohl sein, daß die Tür klemmte«, meinte Andrew.

Gedankenvoll strich Mabell die Asche von ihrer Zigarette. »Wer in aller Welt sollte Sie denn einsperren?«

»Das frage ich mich ja auch die ganze Zeit.«

Andrew lehnte sich vor. »Und Sie glauben also nicht, daß die Tür nur klemmte?«

Ich zögerte. Was mußten sie bloß von mir denken? Zuerst kam ich ihnen mit Dawsons Verdacht gegen Schwester Grey, und nun ließ ich durchblicken, daß mich jemand in der Gruft eingeschlossen hätte. Womöglich dachten die beiden noch, ich litte an Verfolgungswahn.

»Es wird allgemein behauptet, daß die Tür geklemmt hat. Es gibt nur einen Schlüssel, und der hing unter Verschluß im Schrank im Arbeitszimmer meines Mannes. Er selber holte ihn, und als er aufschließen wollte, stellte er fest, daß gar nicht zugeschlossen war. Wenn Deborah nicht zufällig diesen Weg genommen hätte, dann weiß der Himmel, wie lange wir noch dort drin hätten bleiben müssen. Vielleicht säßen wir jetzt noch da.«

»O nein!« rief Mabell entsetzt.

»Warum nicht? Solche Sachen sind schon vorgekommen.«

Andrew hob die Schultern. »Nun, diesmal jedenfalls nicht.«

»In Zukunft«, warf Mabell ein, »müssen Sie sehr vorsichtig sein.«

Andrew beugte sich vor. »Ja«, wiederholte er. »In Zukunft müssen Sie sehr vorsichtig sein.«

Mabell lachte nervös auf und sprach dann über einen ungewöhnlichen Topf, den sie in Arbeit hätte. Wenn er gebrannt wäre, müsse ich ihn mir unbedingt anschauen.

Mein Unbehagen wuchs. Ich wollte zu niemandem mehr über die Gedanken sprechen, die mir im Kopf herumgingen; ich fürchtete schon, daß ich den Clements gegenüber zuviel ausgeplaudert hatte. Ja, mit Roc hätte ich gern über meine Ängste gesprochen, aber wahrscheinlich würde er mich nur auslachen – und außerdem hatte er selbst viel zuviel damit zu tun.

Genau eine Woche nach meinem unheimlichen Abenteuer besuchte ich Jesse Pleydell wieder. Er begrüßte mich noch herzlicher als sonst und bedeutete mir, wie froh er sei, mich wiederzusehen.

Wir konnten nicht mehr draußen sitzen – der Nachmittag war zu kühl. Er bestand darauf, daß ich seinen Lehnstuhl nahm, und kochte uns Tee. Als wir uns gegenüber saßen, sagte er: »Ich habe mich sehr aufgeregt, als ich davon hörte. Und ausgerechnet, als Sie von mir kamen... Das gefällt mir ganz und gar nicht.«

»Wir glauben, der Totengräber hat die Tür offengelassen, als er das letztemal dort war; sie muß die ganze Zeit offengestanden haben. Keiner bemerkte es, weil keiner in die Nähe kam.«

»Ich weiß nicht«, sagte Jesse. Eine Weile schwiegen wir, dann fuhr er fort: »Das eine sage ich Ihnen, seien Sie auf Ihrer Hut.«

»Jesse, was wollen Sie damit sagen?«

»Wenn diese alten Augen nicht so blind gewesen wären, dann hätte ich gesehen, wer dort oben auf der Galerie neben ihr stand.«

»Jesse, haben Sie eine Ahnung, wer es gewesen sein könnte?«

Jesse verzog das Gesicht und schlug sich aufs Knie. »Ich fürchte, ich habe eine«, flüsterte er.

»Sie glauben, es war Lowella Pendorric?«

»Ich konnte es nicht erkennen. Aber ich fürchte es. Sie war die neue Braut, und hinterher hieß es, der Tod sei ihr bestimmt, sobald sie Braut von Pendorric wäre. Sie müssen sich vorsehen, Mrs. Pendorric, und Sie dürfen nirgends hingehen, wo Ihnen etwas zustoßen könnte.«

»Vielleicht haben Sie recht, Jesse«, antwortete ich.

Bald darauf ging ich. Vor dem Tor zum Friedhof blieb ich stehen und schaute hinein.

»Hallo, Mrs. Pendorric.«

Es war Dinah Bond. Sie kam auf mich zu und rief: »Ich hab'

davon gehört, Mrs. Pendorric. Wie müssen Sie sich wohl gegrault haben.« Sie sah mich fast belustigt an.

»Sie waren nicht zufällig in der Nähe, als es passierte, wie?« fragte ich.

»O nein, mein Jim hatte mich zum Markt mitgenommen. Wir kamen erst sehr spät zurück. Hörte erst am anderen Morgen davon, und Sie taten mir sehr leid; ich kann gut nachfühlen, wie einem an diesem Ort zumute ist.« Sie kam näher und lehnte sich an das schmiedeeiserne Tor. »Es will mir nicht aus dem Sinn«, fuhr sie fort, »irgend etwas ist sonderbar daran. Fällt es Ihnen nicht auf, daß so was schon zweimal passierte?«

»Was meinen Sie damit?«

»Na ja, Morwenna war doch auch in der Gruft eingeschlossen. Und dann Sie mit Hyson. Sieht ganz so aus, als ob sich jemand daran erinnert hat und es noch einmal versuchte.«

»Sie glauben also, mich hätte jemand dort eingeschlossen? Im allgemeinen glaubt man doch an die verklemmte Tür.«

Sie zuckte die Achseln. »Barbarina war eine reiche Erbin und heiratete einen Pendorric, und Louisa Sellick mußte gehen und in der Nähe von Dozmary leben. Und da sind Sie – schrecklich reich, wie es heißt, Mrs. Pendorric, und Sie sind die neue Braut, und ...«

»Und?«

Sie lachte. »Sie würden mir nicht glauben, was ich Ihnen erzählen könnte. Und doch gehört alles zusammen, mußte alles so kommen, wenn Sie verstehen, was ich meine.«

»Leider verstehe ich kein Wort.«

Sie ging durch das Tor an mir vorbei und lächelte mir zu.

»Sie sind schrecklich reich, Mrs. Pendorric«, sagte sie, »aber Sie sind nicht sehr glücklich dabei.«

Sie blickte noch einmal über ihre Schulter zurück und ging dann auf die Schmiede zu, in ihrem aufreizend schwingenden Gang.

Das alles diente nicht dazu, mich zu beruhigen. Ich sehnte mich danach, mich einmal mit Roc auszusprechen, aber irgend etwas hielt mich zurück, wahrscheinlich weil ich mir selber nicht sicher war, was Roc mit alldem zu tun hatte.

Deborah hatte Hyson und Carrie mit nach Devonshire genommen, und Lowella weigerte sich, ihre Unterrichtsstunden zu nehmen, solange ihre Schwester in Ferien war. »Es wäre Hyson gegenüber nicht fair«, erklärte sie feierlich. »Ich würde ihr so weit voraus sein, daß sie mich nicht mehr einholen könnte.«

Morwenna ließ ihr ihren Willen, und Lowella, die sich plötzlich sehr zu ihrem Vater hingezogen fühlte – ihre Zuneigungen wechselten bei ihr so schnell wie der Wind –, setzte es durch, daß sie fast immer mit ihm zusammen draußen war.

Eines Nachmittags nahm ich den Wagen und fuhr aufs Moor hinaus. An einer einsamen Stelle machte ich halt, zündete mir eine Zigarette an und lehnte mich zurück, um nachzudenken. Jede Einzelheit seit meiner ersten Begegnung mit Roc ging ich durch; doch wie immer ich es auch wendete und drehte, eines war sicher: Er hat es von Anfang an gewußt – er hat die reiche Erbin geheiratet. Barbarina wurde wegen ihres Geldes geheiratet, obwohl ihr Mann Louisa Sellick lieber gehabt hätte. Ich wurde auch wegen meines Geldes geheiratet, und wen hätte mein Ehemann mir vorgezogen?

Nein, ich wollte und konnte es nicht wahrhaben. Roc mußte mich lieben; solche Leidenschaft konnte man nicht heucheln! Niemals hatte er vorgegeben, ein Heiliger zu sein, hatte mir nie weisgemacht, daß ich die erste Frau in seinem Leben sei.

Aber was passierte an dem Tag, als er mit Vater zum Schwimmen ging? Daran durfte ich nicht denken! Vaters Tod hatte mit alldem nichts zu tun. Es war ein Unglücksfall.

Ich warf meine Zigarette weg und fuhr los. Ich war wohl einige Meilen gefahren, als ich merkte, daß ich mich verfahren hatte.

Das Moor sah überall gleich aus, welche Straße man auch nahm. Es blieb mir nur eines übrig, so weit zu fahren, bis der nächste Wegweiser kam. Das tat ich auch, und als ich dann ›Dozmary‹ las, trieb es mich, diesen Jungen, der Roc so ähnlich sah, noch einmal zu Gesicht zu bekommen. Immerhin hatte Louisa Sellick eine Rolle in der Geschichte von Barbarina gespielt, und es sah ganz so aus, als seien ihr Geschick und meines eng miteinander verknüpft.

Ich ließ den Wagen am See stehen; alles sah kalt und grau und öde aus. Da war auch die Straße, die zu dem Haus führte. Schon wollte ich den Weg dorthin einschlagen, als es mir einfiel: Wenn ich den Jungen nun treffe, erkennt er mich womöglich wieder und fragte sich, was mich hierherführt. Ich bog also ab und landete auf einem kleinen Hügel.

Von hier aus hatte ich eine gute Aussicht auf die Vorderfront des Hauses. Ich besah mir das Anwesen in aller Ruhe. Ich erkannte einen Stall, wahrscheinlich hatte der Junge ein eigenes Pferd. Auch eine Garage war da, und der Garten mit den Gewächshäusern war gut gepflegt. Was für ein stattliches Haus, dachte ich, aber wie einsam mußte es für Louisa Sellick sein, weit und breit ohne einen

Nachbarn. Der Junge mußte doch sicherlich tagsüber zur Schule. Und wer war er? Ihr Sohn? Dazu war er zu jung. Er war nicht älter als dreizehn oder vierzehn Jahre.

Plötzlich öffnete sich die Tür der Veranda, und der Junge kam heraus. Selbst von hier aus konnte ich erkennen, wie ähnlich er Roc sah. Er schien mit jemand im Haus zu sprechen, und dann trat sie heraus: die Frau, die jetzt vor Bedivere-Haus stand, war Rachel Bective.

Zusammen mit dem Jungen ging sie auf ein Auto zu; es war der graue Morris aus Pendorric. Sie stieg ein, und der Junge winkte ihr so lange nach, bis sie verschwunden war.

Langsam ging ich zu meinem Wagen und fuhr gedankenvoll nach Hause. Warum, fragte ich mich, besuchte Rachel Bective diesen Jungen, der doch offensichtlich ein Pendorric war?

Bald darauf kam Deborah mit Hyson und Carrie wieder nach Pendorric zurück. Ich fand, daß das Kind blaß aussah und die paar Tage Ferien so gut wie umsonst gewesen waren.

»Lowella hat ihr gefehlt«, meinte Morwenna. »Die eine hält es nicht aus ohne die andere; dabei zanken sie sich dauernd, wenn sie zusammen sind.«

»Ich bin froh, daß du wieder da bist, Deborah, du hast mir sehr gefehlt«, sagte ich.

Das hörte sie gern. »Komm mit mir hinauf, ich habe dir etwas mitgebracht. Es ist etwas, was mir sehr am Herzen liegt.«

»Aber das kann ich doch nicht annehmen.«

»Du mußt, meine Liebe.« Sie hakte mich unter, und ich dachte mir, vielleicht kann ich Deborah fragen. Natürlich nicht rundheraus, aber auf Umwegen vielleicht. Schließlich wußte sie besser als jeder andere, was das alles auf sich hatte.

Ich ging mit ihr hinauf in ihr Schlafzimmer, wo Carrie beim Kofferauspacken war.

»Carrie«, rief Deborah, »wo ist das kleine Geschenk für Mrs. Pendorric?«

»Hier«, sagte Carrie, ohne mir einen Blick zu gönnen.

»Carrie haßt es, ihr geliebtes Moor zu verlassen«, flüsterte Deborah mir zu.

Sie hielt mir einen kleinen Gegenstand in Seidenpapier hin. Ich wickelte ihn aus, und obgleich ich noch nie so etwas Bezauberndes gesehen hatte, war ich bestürzt. Ein mit Jade und Topasen besetzter Rahmen umgab die Miniatur eines jungen Mädchens. Das Haar fiel ihr über die Schultern, und die Augen strahlten ruhige Heiterkeit aus.

»Barbarina«, hauchte ich.

Deborah lächelte. »Ich weiß ja, wie sehr du dich für sie interessierst, und da dachte ich mir, du würdest es gern haben.«

»Es ist wunderwunderschön.«

»Ich freue mich, daß es dir gefällt.«

»Gibt es auch eine von *dir*? Die wäre mir fast noch lieber.«

Meine Worte schienen ihr zu schmeicheln. »Alle wollten immer nur Barbarina malen«, sagte sie. »Vater lud immer wieder Künstler zu uns nach Hause ein, und jeder sagte sofort: Er möchte die Zwillinge malen und wolle mit Barbarina anfangen. Und dabei blieb es; alle vergaßen mich über sie. Ich sagte dir doch, sie hatte etwas, was mir fehlte. Obgleich ich ihr so ähnlich sah, war ich nur ein schwacher Abglanz von ihr.«

»Ich glaube, Deborah, du unterschätzt dich, du warst bestimmt ebenso anziehend wie sie.«

»O Favel, was bist du doch für ein liebes Kind! Ich bin Roc so dankbar, daß er dich gefunden hat und zu uns brachte.«

»Ich habe dankbar zu sein. Jeder ist so freundlich zu mir – du besonders.«

»Ich? Indem ich dich mit alten Fotografien und Redereien von der Vergangenheit langweile?«

»Ich finde es sehr interessant und möchte dich noch viele Dinge fragen.«

»Und was hält dich davon zurück? Komm, setz dich zu mir ans Fenster. Es ist so schön, wieder hier zu sein. Ich liebe das Moor; aber die See ist viel aufregender.«

»Wie mußt du das Moor vermißt haben, als Roc und Morwenna noch klein waren und du dich um sie gekümmert hast!«

»Manchmal, wenn sie in der Schule waren, fuhr ich nach Devonshire.«

»Und in den Ferien, gingen sie da auch nach Devon?«

»Nein, sie blieben fast immer auf Pendorric, und dann brachte Morwenna ja immer Rachel in die Ferien mit, und mit der Zeit wurde das ganz selbstverständlich. Aus irgendeinem Grund liebte Morwenna sie heiß; dabei war sie wirklich kein nettes Kind. Einmal schloß sie Morwenna in die Gruft ein, nur so zum Spaß! Du kannst ja verstehen, wie verstört die arme Morwenna war. Aber das tat der Freundschaft keinen Abbruch. Und als Roc und Morwenna nach Frankreich fuhren, ging Rachel mit.«

»Wann war das?«

»Als sie etwa achtzehn Jahre alt waren. Ich hoffte immer, daß Morwenna sie einmal fallenlassen würde, aber sie tat es nie, und damals wurden die drei sehr gute Freunde. Morwenna wollte unbedingt nach Frankreich. Sie wollte ihr Französisch verbessern und zwei Monate dort bleiben. Ich dachte natürlich, sie wolle drüben auf irgendeine Schule gehen, aber sie behauptete, in einer Pension im täglichen Umgang mit allen möglichen Menschen lerne sie besser Französisch als auf einer Schule. Und so fuhr sie dann nach Frankreich, zusammen mit Rachel und Roc. Ich war damals etwas in Sorge, Roc war so viel mit ihnen zusammen, daß ich fürchtete, er und Rachel . . .«

»Und das wäre dir nicht recht gewesen?«

»Meine Liebe, irgendwie hätte ich Rachel nicht gern als Herrin auf Pendorric gesehen. Sie hat nicht das Format dazu. Sie ist ein wohlerzogenes Mädchen, aber irgend etwas an ihr stört mich. Ich traue ihr nicht ganz. Das bleibt aber unter uns, nicht wahr? Ich würde das keinem anderen gegenüber erwähnen. Man wird den Gedanken nicht los, daß Rachel stets nur auf ihren Vorteil bedacht ist. Vielleicht ist es albern von mir, aber ich kann dir versichern, daß ich damals manche schlaflose Nacht hatte, weil Roc so sehr bemüht war, daß die Mädchen gut in ihrer Pension untergebracht waren. Er blieb dann auch eine Zeitlang dort und besuchte sie später immer wieder. Und jedesmal, wenn er zurückkam, fürchtete ich, er würde mir seine Absichten mitteilen. Gott sei Dank wurde nichts daraus.«

Ich rechnete im Geiste nach: Die drei waren damals achtzehn, und der Junge mußte ungefähr vierzehn sein. Roc ist zweiunddreißig.

Ich hatte schon oft das Gefühl gehabt, daß Rachel irgendeine Macht über die Pendorrics hatte. Es war, als gäbe sie einem dauernd zu verstehen: Behandelt mich als Familienmitglied, sonst . . .! Und besuchte sie nicht den Jungen, der bei Louisa Sellich wohnte?

Ich erwiderte: »Damals war ihr Vater doch schon tot, nicht wahr? Ich meine, Rocs und Morwennas.«

»Ja, sie waren elf, als er starb, sechs Jahre nach Barbarina . . .«

So konnte der Junge also nicht vom Vater sein! O Roc, warum hältst du das alles vor mir geheim – wozu nur? Mein erster Impuls war, jetzt gleich mit Roc darüber zu sprechen, ihm alles zu sagen.

In meinem Zimmer stellte ich die Miniatur auf den Kaminsims

und schaute versonnen in die klaren Augen Barbarinas. Und dann beschloß ich, noch ein wenig zu warten, um vielleicht noch mehr von dem Spinnennetz zu erkennen, in dem ich mich verfing.

Mabell Clement gab ein kleines Fest. Als Roc und ich hinüberfuhren, waren wir beide etwas bedrückt. Mir wollte und wollte dieser Junge auf dem Moor nicht aus dem Sinn. Es drängte mich, mit Roc zu sprechen, und gleichzeitig hatte ich Angst davor, daß Roc mir nicht die Wahrheit sagen würde. Ich wollte es nicht darauf ankommen lassen, daß er mich belog, und versuchte verzweifelt, mir das Glück zu erhalten, das er mir geschenkt hatte.

Mabell war eine wundervolle Gastgeberin; ein jeder fühlte sich wie zu Hause. Natürlich waren auch einige Künstler, die hier seit langem ihr Domizil aufgeschlagen hatten, anwesend, und es schmeichelte mir, als einer meinen Vater erwähnte und mit Hochachtung von seinem Werk sprach.

Von der anderen Seite des Raumes her hörte ich Rocs Lachen und sah ihn im Mittelpunkt einer fröhlichen Gruppe, vornehmlich Frauen.

»Hier möchte Sie jemand sprechen!« Mabell ergriff mich am Ellenbogen; neben ihr stand ein junger Mann.

»John Poldree, erinnern Sie sich?« fragte er.

»Ach ja, der Ball...«

Mabell stieß ihn aufmunternd an und ließ uns allein.

»Es war ein so schönes Fest«, fuhr er fort. »Und ich bedaure sehr, daß...«

Ich nickte.

»Ich wollte Ihnen noch etwas mitteilen, Mrs. Pendorric. Obgleich es heute wahrscheinlich keine Rolle mehr spielt. Es handelt sich um die Krankenschwester.«

»Schwester Grey?«

»Hm! Ich wußte nicht, wo ich sie vorher schon gesehen hatte. Ich hatte ein Bild von ihr in der Zeitung gesehen. Inzwischen ist es mir wieder eingefallen. Ich war damals in Genua, und es war gar nicht so einfach, englische Zeitungen zu bekommen. Ich habe mich vergewissert anhand der alten Nummern hier, und richtig, sie war es. Schwester Althea Stoner Grey. Hätte ich gleich den Doppelnamen gehört, wäre ich sofort darauf gekommen. Aber das Gesicht habe ich nicht vergessen. Man sieht nicht oft so ein makellos geschnittenes Gesicht.«

»Und was haben Sie nun herausgefunden?«

»Ich fürchte, ich habe ihr Unrecht getan. In meiner Erinnerung hatte ich sie mit einem Verbrechen in Verbindung gebracht. Hoffentlich haben Sie dadurch keinen falschen Eindruck gewonnen. Immerhin handelte es sich um etwas Unangenehmes. Sie verlor einen Prozeß. Sie hatte einen alten Mann gepflegt, der ihr nach seinem Tod ein hübsches Sümmchen hinterließ, und die Ehefrau hat das Testament dann angefochten.«

»Wann war denn das?«

»Vor etwa sechs Jahren.«

»Dann hat sie sicherlich, bevor sie zu meinem Großvater kam, noch an zwei Pflegestellen gearbeitet.«

»Das würde ich auch sagen.«

»Sie muß meinem Großvater schon gute Zeugnisse vorgelegt haben. Er gehörte zu den Menschen, die auf so etwas Wert legten.«

»Das ist für eine schöne Frau wie sie nicht schwierig. Sie versteht es, jemanden um den Finger zu wickeln. Sie konnten es ja selbst feststellen; sie ist, glaube ich, ziemlich hartgesotten.«

»Das glaube ich auch.«

Er lachte. »Ich wollte es Ihnen schon die ganze Zeit erzählen, seit ich das Geheimnis gelüftet habe. Wahrscheinlich ist sie inzwischen über alle Berge.«

»Nein, sie lebt noch hier, ganz in der Nähe. Sie hat sich Urlaub genommen und ein Häuschen gemietet. Mein Großvater hinterließ ihr etwas Geld, so daß sie sich eine Erholungspause leisten kann.«

»Das muß ein lukrativer Beruf sein, Privatpflegerin – vorausgesetzt, man wählt sich reiche Patienten aus.«

»Doch kann man nicht immer wissen, ob sie sterben und einem etwas vermachen!«

»Die ist gerissen. Die sucht sich schon die richtigen aus.«

Damit war für ihn der Fall erledigt, nicht aber für mich. Ich konnte Schwester Grey aus meinen Gedanken nicht verscheuchen. Und sooft ich an sie dachte, dachte ich auch an Roc.

Auf der Heimfahrt war ich sehr still.

Seit geraumer Zeit bemerkte ich an Morwenna eine Veränderung. An manchen Tagen kam es mir vor, als träumte sie, und es schienen glückliche Träume zu sein, so verklärt wie sie einherging.

Und eines Abends – wir zogen uns gerade zum Abendbrot um – kam sie in unser Zimmer.

»Ich möchte euch etwas mitteilen.«

»Wir sind ganz Ohr«, bemerkte Roc.

Sie setzte sich und schwieg eine Weile. Roc sah mich an und hob die Brauen.

»Ich wollte es euch nicht sagen, ehe ich nicht ganz sicher war. Charles habe ich es natürlich schon gesagt, und jetzt sollt ihr es wissen ...«

»Sollen wir vielleicht bald das Getrippel kleiner Füße in Pendorrics Kinderstuben hören?« unterbrach sie Roc.

Sie stand auf. »O Roc!« rief sie und warf sich ihm in die Arme. Er ging sie auf und tanzte mit ihr durchs Zimmer. Dann aber hielt er mit betonter Fürsorglichkeit inne. »Ab jetzt heißt es, behutsam mit dir umgehen.« Er legte ihr die Hand auf die Schulter und küßte sie zart auf die Wange. »Ich freue mich für dich. Gott segne dich.«

Echte Rührung lag in seiner Stimme, und beim Anblick dieser geschwisterlichen Zuneigung wurde mir ganz warm ums Herz.

Plötzlich schien sich Morwenna meiner zu erinnern. »Du mußt uns für verrückt halten, Favel.«

»Aber nein. Es ist eine großartige Neuigkeit. Meine herzlichen Glückwünsche!«

»Hoffentlich wird es ein Junge«, sagte Roc.

»Es muß ein Junge werden dieses Mal – es muß.«

»Und was sagt der alte Charlie dazu?«

»Der ist wie närrisch! Er denkt sich schon Namen aus.«

»Sucht euch nur einen guten alten cornischen Namen aus. Aber bitte keinen weiteren Petroc. Davon haben wir noch für eine kleine Weile genug.«

»Und wenn es nun ein Mädchen wird?« fragte ich.

Ein Schatten ging über ihr Gesicht. »Ich würde es schon liebhaben, aber es wäre nicht dasselbe. Ich möchte so gern einen Sohn haben, Favel. Ich kann dir gar nicht sagen, wie gern.«

»Wie soll er heißen? Oder seid ihr euch noch nicht einig?«

»Charles sagt, sein Sohn soll Ennis heißen. Der Name kommt oft bei den Pendorrics vor. Der Name Petroc bleibt dir und Rocs Sohn vorbehalten. So will es der Brauch. Der älteste Sohn des ältesten Sohnes heißt Petroc. Aber der Name Ennis ist ebenfalls so cornisch wie Petroc, er klingt hübsch, findet du nicht auch?«

»Ennis«, wiederholte ich.

»Es wird bestimmt ein Ennis«, fuhr sie fort.

Eines Tages kam Roc damit heraus, daß er mit mir über Land

fahren wolle. Ich hätte von Cornwall ja nur eine kleine Ecke gesehen und sollte nun etwas mehr kennenlernen.

Herbstlicher Nebel lag in der Luft, als wir Pendorric in dem großen Daimler verließen, aber Roc versicherte mir, das Wetter wäre nur in der Frühe so, nicht lange, dann würde die Sonne wieder durchbrechen. Und so war es auch.

Wir fuhren ins Moor nach Norden und aßen in einem Wirtshaus am Wege zu Mittag.

Erst während des Essens wurde mir klar, daß Roc mich zu dieser Fahrt mitgenommen hatte, um ernsthaft mit mir zu reden.

»Nun«, sagte er und füllte mein Glas wieder, »leg mal los.«

»Was denn?«

»Was in dir vorgeht.«

»Was soll in mir vorgehen?«

»Liebling, du weißt ganz genau, was ich meine. Du hast mich in der letzten Woche mit Augen betrachtet, in denen die Frage stand, ob ich nicht vielleicht der König Blaubart sei und du meine neunte Frau.«

»Roc«, erwiderte ich, »obgleich du mein Mann bist und wir seit einigen Monaten verheiratet sind, kenne ich dich eigentlich noch gar nicht richtig.«

Er sah mich mit seinem entwaffnenden Lächeln an. »Ich weiß, was dich stört. Du hast inzwischen entdeckt, daß ich vor meiner Ehe nicht wie ein Mönch gelebt habe. Aber du willst ja wohl nicht die Einzelheitem zu jedem kleinen Seitensprung hören.«

»Nein«, erklärte ich. »Nicht zu jedem. Nur hätte ich gern von den wichtigsten gewußt.«

»Als ich dir begegnete, merkte ich erst, daß alles, was vorher war, nicht die geringste Bedeutung für mich hat.«

»Du hast deine alten Lebensgewohnheiten seit unserer Heirat nicht wiederaufgenommen?«

»Ich versichere dir, daß ich dir treu gewesen bin in Gedanken und in der Tat. Bist du nun zufrieden?«

»Ja, aber ... es gibt Menschen, die dich in einem anderen Licht sehen, und ich frage mich, ob sie auch wissen, daß alles, was zwischen euch war, nun zu bloßer Freundschaft geworden ist.«

»Ich weiß, du denkst an Althea. Damals, als sie herkam, um deinen Großvater zu pflegen, hielt ich sie für die schönste Frau, die ich je gesehen hatte. Wir schlossen Freundschaft. Meine Familie drängte mich ständig zur Heirat. Morwenna war schon seit Jahren verheiratet, und sie lag mir in den Ohren, daß es meine Pflicht sei zu heiraten. Aber nicht eine Frau weckte in mir den Wunsch, sie zu heiraten.«

»Bis du Althea Grey trafst?«

»Ich war noch zu keinem festen Entschluß gekommen. Aber es schien mir nicht unmöglich.«

»Und dann bat dich mein Großvater, uns zu besuchen und mich zu begutachten, und das hieltest du für das bessere Geschäft?«

»Das könnte dein Großvater gesagt haben. Aber es war keine Frage des ›Geschäfts‹. Ich wußte schon genau, daß ich Althea Grey nicht heiraten wollte, noch bevor dein Großvater mich um diese Gefälligkeit bat. Doch als ich dich sah, war es um mich geschehen.«

»Althea war darüber sicherlich nicht begeistert.«

»Schließlich gehören zwei zum Heiraten.«

»Nun beginne ich zu verstehen. Du mußt Althea Grey sehr nahe gestanden haben, ehe du deinen Entschluß geändert hast. Und was ist mit Dinah Bond?«

»Wieso mit Dinah? Sie verhalf sozusagen fast allen jungen Männern in der Umgebung zu dieser Erfahrung.«

»Also nichts Ernsthaftes.«

»Absolut nicht.«

»Und Rachel Bective?«

»Niemals!« sagte er geradezu heftig. Er füllte wieder mein Glas. »Favel, ich frage mich, ob du nicht etwa eifersüchtig bist.«

»Ich glaube nicht, daß ich eifersüchtig bin, jedenfalls nicht ohne Grund.«

»Jetzt weißt du es – du hast keinen Grund.«

»Roc...« Ich zögerte, doch er drängte mich weiterzusprechen.

»Was ist mit dem Jungen im Bevidere-Haus?«

»Wieso?«

»Er sieht aus wie ein Pendorric.«

»Du glaubst doch wohl nicht, er sei der lebende Beweis meiner sündenreichen Vergangenheit, Favel!«

»Trotzdem möchte ich wissen, wer er ist.«

»Weißt du was, mein Herz, du hast nicht genug zu tun. Am Wochenende muß ich auf die Besitzungen an der Nordküste fahren. Komm doch mit. Wir werden ein paar Tage fortbleiben.«

»Ach ja, das wäre schön.«

»Bedrückt dich sonst noch was?«

»Viele Dinge sind mir unklar, und wenn ich an die erste Zeit zurückdenke, als wir uns kennenlernten, kommt es mir vor, als hätte sich seitdem alles geändert. Sogar mein Vater war auf einmal nicht mehr derselbe.«

Roc sah plötzlich ganz ernst aus. Und dann schien er zu einem Entschluß gekommen zu sein. »Es gibt so manches, was du von deinem Vater nicht weißt, Favel.«

»Aber er hat mir immer vertraut. Wir standen uns so nahe – Mutter, er und ich.«

»Nimm nur das eine: Er erzählte dir nicht, daß er deinem Großvater geschrieben hatte.«

Dem mußte ich zustimmen.

»Und warum, glaubst du, hat er deinem Großvater geschrieben?«

»Vielleicht meinte er, es wäre an der Zeit, daß wir uns kennenlernten.«

»Warum sollte er das ausgerechnet damals denken, wenn er es doch neunzehn Jahre lang nicht für nötig gehalten hatte? Ich wollte es dir nicht erzählen, Favel, ich wollte es dir erst nach Jahren sagen. Aber ich bin zu dem Schluß gekommen – in der letzten halben Stunde –, daß keine Geheimnisse zwischen uns bestehen sollen. Er schrieb deinem Großvater, weil er selbst krank war. Er hat sich bei deiner Mutter angesteckt. Sie wollte nicht von ihm fort und er nicht von ihr. Er sagte mir, sie hätte vielleicht etwas länger leben können, wenn sie fortgegangen wäre. Aber sie wollte es nicht. Er machte sich Sorgen um dich, und darum schrieb er deinem Großvater. Er hoffte, daß er dich nach Cornwall einladen würde. Er selbst wäre dann in Capri geblieben. Und wenn es dann mit ihm zu Ende gegangen wäre, wärest du nicht mehr dagewesen.«

»Aber er hätte doch Pflege haben können. Er hätte in ein Sanatorium gehen können.«

»Das habe ich ihm auch gesagt, und ich glaubte auch, er würde es tun.«

»Das alles hat er dir erzählt und nicht seiner eigenen Tochter?«

»Mein Liebling, die Umstände waren außergewöhnlich. Sobald ich in seiner Wohnung auftauchte, wußte er, weshalb ich kam. Außerdem kannte er die Methoden deines Großvaters nur zu gut. So erriet er sofort, daß ich als Kundschafter ausgeschickt worden war.«

»Und du hast es zugegeben, nicht wahr?«

»Dein Vater ließ sich nichts vormachen. Wir kamen jedoch

überein, daß wir dir nichts sagen wollten. Und daß ich schreiben sollte und berichten, was ich gesehen hatte; dann würde der Großvater voraussichtlich seiner Enkelin schreiben und sie nach England einladen. Das war's, was dein Vater erhoffte. Aber, wie du weißt, als wir uns trafen – erübrigte sich alles andere.«

»Und während der ganzen Zeit war er schwer krank.«

»Er wußte, daß er an dem Punkt war, schwer krank zu werden. Und daher freute es ihn ganz besonders, als er hörte, daß wir uns verloben wollten.«

»Und glaubst du nicht, daß er doch etwas bekümmert darüber war?«

Roc lachte. »Vergiß bitte nicht, daß er seine Erfahrungen mit deinem Großvater gemacht hatte. Daß du seine Enkeltochter warst, hieß noch lange nicht, sein Vermögen erben. Wenn er nun dich oder mich nicht hätte ausstehen können, dann wärest du ohne einen Penny ausgegangen. Nein, dein Vater hat sich schon gefreut. Er wußte, daß ich für dich sorgen würde, und ich schmeichle mir, daß es ihm wohler war, dich in meiner Obhut zu wissen als in der deines Großvaters.«

»Aber es kam mir doch so vor, als machte er sich über irgend etwas Gedanken – kurz vor seinem Tod. Was passierte denn nun wirklich an dem Tage, als ihr zusammen zum Baden gingt?«

»Favel, ich glaube, ich weiß, warum dein Vater starb. Er wollte nicht mehr länger leben. Ich glaube, er suchte einen schnellen und schmerzlosen Ausweg und fand ihn. Wir gingen zusammen zum Strand hinunter. Es war – du erinnerst dich sicherlich – spät geworden inzwischen, und die Bucht war so gut wie leer. Als wir am Strand anlangten, fragte er: ›Sag mal, wärst du nicht lieber bei Favel geblieben?‹ Ich konnte es nicht leugnen. ›Kehr um‹, sagte er. ›Laß mich allein, ich möchte allein sein.‹ Dann schaute er mich fest an und sagte: ›Ich bin sehr froh, daß du sie geheiratet hast. Behalt sie lieb.‹«

»Du glaubst also, daß er ins Meer hinausschwamm mit der Absicht, nicht mehr zurückzukehren?«

Roc nickte. Ich war so bewegt, daß ich nicht sprechen konnte.

»Favel«, sagte Roc, »wir wollen jetzt gehen. Dein Vater hat dich mir anvertraut, und so mußt auch du mir trauen.«

Wenn ich mit Roc zusammen war, glaubte ich jedes Wort, was er sagte; nur wenn ich allein war, stiegen Zweifel in mir auf. Hatte sich wirklich alles so zugetragen?

Meine Aussprache mit Roc hatte meine Ängste nicht beseitigt. Sie hatte sie eher vergrößert.

Vielleicht wäre die Lösung des Rätsels im Haus am Dozmary-See zu finden? Wenn ich nun Louisa Sellick besuchte? Warum eigentlich nicht? Ich konnte ihr sagen, wer ich war, daß ich wußte, wie sie zu Pendorric stand.

Ich hatte sie einmal kurz gesehen, sie schien mir eine freundliche Frau zu sein. Konnte ich zu ihr gehen und ihr gestehen, daß ein jeder mich mit Barbarina Pendorric verglich und daß ich mich für jeden interessierte, der sie gekannt hatte? Wohl kaum. Und doch ließ mich dieser Gedanke nicht los.

Das beste war, erst einmal hinzufahren. Ich nahm also den kleinen blauen Morris und fuhr ins Moor.

Als ich vor dem Haus anhielt, öffnete sich die Verandatür, und eine Frau, nicht mehr jung und ziemlich dick, trat heraus; offensichtlich hatte sie mich vom Fenster aus gesehen und wollte mich nun nach meinen Wünschen fragen.

Ich stieg aus und sagte: »Guten Morgen. Mein Name ist Pendorric, Mrs. Pendorric.«

»Oh«, sagte sie. »Mrs. Sellick ist heute nicht da. Ich bin Polly, die Haushälterin.«

»So ... Mrs. Sellic ist also heute nicht zu Hause.«

»Sie bringt den Jungen in die Schule, bleibt über Nacht weg und kommt erst morgen wieder.«

Ich bemerkte, daß die Frau zitterte.

»Geht es Ihnen nicht gut?« fragte ich.

Sie trat näher und raunte: »Sind Sie hier, um den Jungen abzuholen, wie ...?«

Ich blickte sie verdutzt an.

»Na, kommen Sie schon«, fuhr sie fort. »Hier draußen können wir nicht reden.«

Ich folgte ihr über den Rasen ins Haus. Sie öffnete die Tür zu einem gemütlichen Wohnzimmer.

»Setzen Sie sich doch, Mrs. Pendorric. Mrs. Sellick würde es sicher gern sehen, wenn ich Ihnen etwas anbiete. Möchten Sie Kaffee oder lieber von meinem Holunderbeerwein?«

»Mrs. Sellick wußte ja nicht, daß ich komme. Vielleicht sollte ich mich gar nicht aufhalten.«

»Ich freue mich, daß Sie ausgerechnet mich treffen, Mrs. Pendorric. Kommt mir vor wie ein Wink des Schicksals, daß Mrs. Sellick heute mit dem Jungen weggefahren ist.«

»Ich glaube, wir mißverstehen uns.«

»Nein, nein, keinesfalls, Mrs. Pendorric. Sie kommen von Pendorric, und davor hat sie schon immer gezittert. Wie oft hat sie nicht gesagt: ›Ich habe damals keine Bedingungen gestellt, Polly, und werde auch heute keine stellen.‹ Sie bespricht nämlich alles mit mir. Ich bin schon bei ihr, seit sie hier einzog in Bedivere – damals, als er heiratete...«

»Ich verstehe.«

»Soll ich Ihnen nicht doch einen Kaffee machen?«

»Vielen Dank. Mrs. Sellick wäre vielleicht nicht davon erbaut, wenn sie wüßte, daß ich hier in ihrem Haus sitze.«

»Sie ist das liebste, nachsichtigste Wesen, das ich kennen. Mit solchen Menschen wie sie kann man alles machen. Zuerst verlor sie *ihn* und nun gar noch den Jungen. Das wäre zuviel. Sie hat den Jungen bei sich, seit er drei Wochen alt war – seit dem Tag, als Mr. Roc ihn brachte.«

»Mr. Roc!«

»Ich sehe es noch wie heute. Es wurde schon dunkel. Sie kamen geradewegs vom Festland. Mr. Roc fuhr den Wagen. Die junge Frau war ja fast noch ein Kind. Sie hatte den Hut tief heruntergezogen, als ob sie nicht erkannt werden wollte. Sie trug das Baby und legte es in Mrs. Sellicks Arme. Dann ging sie zum Auto zurück und überließ Mr. Roc alles Weitere.«

Rachel! war mein erster Gedanke.

»Sehen Sie, Mrs. Sellick hatte ein schlechtes Gewissen. Sie hatte Rocs Vater geliebt und gedacht, er heirate sie. Und das wollte er eigentlich auch. Es hieß aber, die Pendorrics brauchten Geld, und so heiratete er Miß Hyson. Zwar hat er Louisa nie aufgegeben, und sie war die einzige, an der ihm wirklich lag. Und als seine Frau dann starb, bat er Louisa, ihn zu heiraten. Aber sie wollte nicht mehr, nicht, nachdem seine Frau auf diese Weise gestorben war. Dann war er lange Zeit unterwegs, aber er kam immer wieder zu Louisa zurück. Als er dann starb, brach ihr fast das Herz. Sie hatte sich immer ein Kind von ihm gewünscht, selbst wenn es unehelich gewesen wäre. Sie nahm großen Anteil an den Zwillingen. Die beiden hatten viel von ihrem Vater gehört und von diesem Haus, und einmal kamen sie her, um sich Louisa Sellick anzusehen. Es war schon nach seinem Tod. Von da an kamen sie hin und wieder vorbei. Und Louisa, wie sie nun mal war, sagte, wenn sie mal nicht mehr aus noch ein wüßten, würde sie ihnen nach Kräften helfen. Ja, und dann bekam sie diesen Brief von Mr. Roc. Da gab es nun wirklich großen Kummer. Ein Baby war unterwegs, und ob sie helfen könnte.«

»Ich verstehe.«

»So nahm sie den kleinen Ennis zu sich und war wie eine Mutter zu ihm. Er wuchs zu einem hübschen Kind heran, aber es war nun mal nicht ihr Kind. Und nicht einen Penny nahm sie an, stellte keine Bedingungen. Und deshalb lebte sie dauernd in der Angst, eines Tages komme Mr. Roc und wolle den Jungen wieder holen. Und als sie hörte, er habe geheiratet, stand das fest für sie.«

»Kommt er öfter vorbei, um nach dem Jungen zu schauen?«

»Ja, hin und wieder. Er mag den Jungen schrecklich gern und der Junge ihn auch.« Sie sah mich flehend an. »Bitte, Mrs. Pendorric, Sie sehen so freundlich aus... bitte, verstehen Sie. Er ist jetzt vierzehn Jahre hier. Man kann ihn nicht einfach wegholen.«

»Regen Sie sich bitte nicht darüber auf«, beschwichtigte ich sie. »Das haben wir keineswegs vor.«

Sie atmete auf und lächelte glücklich. »Na ja, als Sie sagten, Sie seien...«

»Es tut mir leid, wenn ich Sie erschreckt habe. Ich hätte lieber nicht kommen sollen. Es war reine Neugier. Ich hörte von Mrs. Sellick und wollte sie gern einmal kennenlernen. Das war alles.«

»Und Sie wollen den Jungen nicht haben?«

»Nein, bestimmt nicht. Das wäre zu grausam.«

»Zu grausam«, wiederholte sie. »Ich danke Ihnen, Mrs. Pendorric. Sie nehmen uns einen Stein vom Herzen. Darf ich Ihnen jetzt eine Tasse Kaffee machen?«

Ich sagte nur zu gern ja, und während Polly in der Küche hantierte, dachte ich: Wie kann ich Roc je wieder trauen? So, wie er mich über den Jungen getäuscht hat, belügt er mich ohne Frage auch in anderen Dingen. Warum hatte er nicht mit mir darüber gesprochen? Es wäre doch so leicht gewesen.

Polly kam mit dem Kaffee, strahlend: Sie hatte ihre Gemütsruhe wieder. Sie erzählte mir noch, wie Louisa und sie es mit der Zeit gelernt hatten, das Moor zu lieben, und wie schwierig die Gartenarbeit hier sei.

»Hier oben auf dem Moor will und will nichts so richtig gedeihen, das können Sie mir glauben, Mrs. Pendorric«, sagte sie gerade, als wir einen Wagen vor dem Haus halten hörten.

»Nanu, Mrs. Sellick kann doch nicht schon wieder zurück sein«, sagte Polly und ging zum Fenster. »Du meine Güte«, fuhr sie fort, »na so was – Mr. Pendorric!«

Ich stand auf. Mir zitterten die Knie, mir war, als würde ich umfallen, und dann hörte ich Rocs Stimme: »Nanu, Polly, da draußen steht ja ein Wagen. Wer ist denn da?«

»Oh, Sie sind's, Mr. Pendorric!« rief Polly munter. »Mrs. Sellick meinte, sie nimmt sich lieber zwei Tage für die Fahrt. Sie will in London übernachten und morgen zur Schule weiterfahren. Sie dachten sicherlich, sie fahre erst heute.«

Er kam durch die Veranda in das Wohnzimmer, wie jemand, der sich gua auskennt.

»Du!« rief er. So wütend hatte er mich noch nie angesehen.

Polly folgte ihm auf dem Fuß und plapperte: »Mrs. Pendorric sagte mir gerade, Sie wollen den Jungen nicht zu sich nehmen.«

»So?« antwortete er und ließ kein Auge von den benutzten Kaffeetassen.

»Und das freut mich von ganzem Herzen. Ich hätt's Ihnen auch gar nicht zugetraut, Mr. Roc, aber immerhin war es nett, endlich Ihre Frau kennenzulernen.«

»Das kann ich mir denken«, erwiderte er böse. »Aber, mein Schatz, warum eigentlich hast du nicht gewartet, bis ich mit dir hierhergefahren wäre?«

»Wie wär's mit einer Tasse Kaffee, Mr. Roc?«

»Nein, vielen Dank, Polly. Ich wollte nur noch mal den Jungen besuchen, ehe er wieder zur Schule muß.«

»Tut mir leid, Mrs. Sellick hätt' Ihnen Bescheid geben sollen, aber Sie wissen ja, sie mag Sie nicht anrufen zu Hause.«

»Ich weiß«, sagte Roc und wandte sich zu mir. »Wie ist es, können wir gehen?«

»Ja«, sagte ich. »Auf Wiedersehen, Polly, und danke für den Kaffee.«

»Es war mir ein Vergnügen.«

Sie stand noch in der Tür, als wir zu unseren Wagen gingen.

In der Nähe der Brücke, wo Arthus seine letzte Schlacht geschlagen haben soll, überholte mich Roc und hielt vor mir an.

»So, du belügst mich also!« warf ich ihm vor.

»Und du steckst deine Nase in Angelegenheiten, die dich überhaupt nichts angehen.«

»Sollte mich der Sohn meines Mannes vielleicht nicht interessieren?«

»Ich hätte nie gedacht, daß du so kleinlich wärst, daß du... herumspionieren würdest.«

»Ich kann gar nicht begreifen, warum du mich angelogen hast, ich hätte bestimmt alles verstanden.«

»Wie lieb von dir! Du bist außerordentlich tolerant und nachsichtig!«

»Roc!«

Sein Blick war so kalt, daß ich zurückschreckte. »Darüber ist wohl nichts mehr zu sagen, oder?«

»Doch, ich denke schon! Mir ist noch so manches unklar.«

»Du wirst schon noch dahinterkommen. Dein System funktioniert ja vorbildlich.«

Er ging zu seinem Wagen und fuhr mir voraus nach Pendorric. Zu Hause sprach Roc zu mir nur das Nötigste; davon, daß ich ihn an die Nordküste begleiten sollte, war nicht mehr die Rede.

Die nächsten Tage wurden mir unerträglich lang, und ich fühlte mich zum erstenmal wieder so trostlos und verlassen wie nach Vaters Tod. Zwei Tage nach diesem verhängnisvollen Besuch in Bedivere ging ich in den Hof und setzte mich unter die Palme. Bald würde der Sommer vorbei sein und mit ihm mein Glück.

Einer von den Zwillingen mußte mich gesehen haben. Er kam heraus und schlenderte summend zu dem Brunnen.

»Hallo«, sagte er. »Mummy sagt immer, wir sollen uns nicht auf die feuchten Sitze setzen. Wir könnten uns sonst den Tod holen. Und wie ist das mit dir?«

»So feucht sind sie gar nicht.«

»Alles ist feucht. Du kriegst noch Lungenentzündung und stirbst.«

Jetzt wußte ich, daß es Hyson war. Mir schien es, daß sie sich seit unserem gemeinsamen Erlebnis in der Gruft verändert hatte. »Allerdings wäre das auch eine Möglichkeit ...«

»Eine Möglichkeit zu sterben, meinst du?«

Sie verzog das Gesicht. »Sprich nicht vom Sterben, ich kann es nicht hören.«

»Seit wann bist du so empfindlich, Hyson?«

Nachdenklich schaute sie zu den Ostfenstern hinauf, als sähe sie dort etwas.

»Erwartest du jemanden?« fragte ich.

Sie gab keine Antwort. Nach kurzer Zeit: »Du warst sicherlich sehr froh, daß ich mit dir zusammen in dem Grab war.«

»Ja, das war ich.«

Sie kam näher, legte ihre Hände auf meine Knie und sah mir ins Gesicht.

»Ich war auch froh, daß ich dabei war«, sagte sie.

»Nanu? Du hast dich doch auch gegrault.«

Sie lächelte ihr seltsames, kleines Lächeln. »Ja, aber wir waren zu zweit, und das ist der Unterschied.«

Sie trat zurück und spitzte ihre Lippen wie zu einem Pfiff.

»Kannst du pfeifen, Favel?«

»Nicht sehr gut.«

»Ich auch nicht. Aber Lowella kann es.«

Wieder sagte sie nichts und schaute zu den Ostfenstern hinauf.

»Da ist es...«, sagte sie.

Man hörte Geigenspiel.

Augenblicklich stand ich auf und packte Hyson am Handgelenk. »Wer ist das?« fragte ich.

»Du weißt es, nicht wahr?«

»Nein, ich weiß es nicht, aber ich will es jetzt wissen.«

»Es ist Barbarina.«

»Barbarina ist tot, das weißt du genau.«

»O Favel, geh nicht dahin. Bedenke, was es bedeutet...«

»Hyson, was weißt du? Wer spielt Geige, wer hat uns eingeschlossen in der Gruft?«

»Es ist Barbarina«, flüsterte sie. »Hörst du ihr Spiel? Sie will uns sagen, daß sie müde wird. Sie will nicht mehr länger warten.«

»Ich gehe jetzt und schaue nach, wer Geige spielt, und du kommst mit. Wir werden zusammen diese Person finden.«

Sie sträubte sich sehr, aber ich zog sie hinter mir her, zum Tor des Ostflügels. Als ich es öffnete, konnte man das Geigenspiel genau hören.

»Komm mit«, sagte ich, und wir stiegen die Treppen hinauf. Die Geige war inzwischen verstummt, aber wir gingen weiter. Ich riß die Tür auf zu Barbarinas Zimmer, die Geige lag auf dem Stuhl wie immer, die Noten waren auf dem Ständer.

Ich sah Hyson an, aber sie hielt die Augen gesenkt und hob den Blick nicht vom Boden.

Noch nie hatte ich mich so gefürchtet, mich so allein gefühlt. Früher hatte ich meine Eltern gehabt, dann meinen Mann, meinen Großvater.

Ich hatte sie alle verloren, und ich konnte sie nicht um Schutz bitten vor einer Gefahr, die, wie ich fühlte, sehr nahe war.

6

Roc ging auf seine Wochenendreise. Beim Abschied sagte er noch zu mir: »Ich wünschte nur, Favel, du hättest nicht herumgeschnüffelt. Der Zeitpunkt war so unglücklich gewählt.«

Er war fast so wie früher und ich sofort bereit, ihm auf halbem Weg entgegenzukommen.

»Es gibt für alles eine einfache Erklärung«, fuhr er fort. »Aber die kann ich dir heute noch nicht geben. Kannst du nicht ein bißchen warten und mir vertrauen?«

»Aber Roc...«

»Schon gut«, sagte er. »Du kannst es nicht. Aber so geht es nicht weiter. Ich werde während meiner Reise darüber nachdenken. Aber eines mußt du mir versprechen: Denk bitte nicht zu schlecht von mir. So ein Schurke, wie du glaubst, bin ich wirklich nicht.«

»O Roc«, sagte ich traurig. »Es ist alles so unnötig. Du hättest mich nicht zu belügen brauchen.«

»Und wer einmal lügt, dem glaubt man nicht. Ist es nicht so?«

»Roc, erzähl es mir doch«, bat ich ihn. »Erzähl es mir jetzt, damit wir wieder glücklich werden können.«

Er zögerte. »Jetzt nicht, Favel.«

»Aber warum nicht jetzt?«

»Es geht nicht nur mich an. Ich muß mich erst noch mit jemand anderem bereden.«

»Aha, ich verstehe.«

»Nichts verstehst du. Hör zu, Favel. Ich liebe dich. Und du mich auch. Du mußt mir vertrauen. Himmel, kannst du das denn nicht?«

Ich brachte kein Ja über die Lippen.

»Na gut.« Er legte seine Hände auf meine Schultern, gab mir einen leichten Kuß, ohne Wärme und ohne Leidenschaft. »Also, dann bis Montag oder Dienstag.«

Und fort war er, ließ mich so enttäuscht und unglücklich zurück wie zuvor – oder fast so.

Es klopfte an die Tür, und Morwenna trat ein. Ich beneidete sie um ihre strahlende Fröhlichkeit.

»Hallo, Favel, da bist du ja. Roc ist richtig ärgerlich abgefahren. Warum hast du ihn nicht besänftigt?« Ich blieb stumm. »Er braust wohl mal auf«, fuhr sie fort, »und dann ist alles wieder gut. Doch ihr zwei lauft ja seit Tagen aneinander vorbei.«

»Mach dir keine Sorgen deswegen.«

»Nein, das tue ich nicht. Aber eine andere ärgerliche Sache ist passiert. Ich mußte meinen Austin in der Garage lassen und möchte dich fragen, ob du heute früh den Morris brauchst.«

»Nimm ihn ruhig«, sagte ich. »Ich kann zu Fuß gehen nach Polhorgan.«

»Wirklich? Ich möchte nämlich nach Plymouth fahren, Wolle kaufen und Strickvorlagen.« Sie gab mir einen Kuß. »Zwischen euch beiden wird es schon bald wieder stimmen, glaub mir«, sagte sie.

Sobald sie fort war, machte ich mich auf den Weg nach Polhorgan. Mr. und Mrs. Dawson kamen mir schon entgegen, und ich sah, daß sie etwas auf dem Herzen hatten.

Als wir im Wohnzimmer saßen und Kaffee tranken, kam es heraus. »Eigentlich wollten wir nichts erwähnen, Madam, aber nun hat zufällig Mrs. Penhalligan mit Mrs. Dawson gesprochen, und dadurch bekam unsere Vermutung neue Nahrung. Also, Madam, am Morgen bevor Seine Lordschaft starb, wurde ich zufällig Zeuge eines Gespräches zwischen der Krankenschwester und Seiner Lordschaft. Seine Lordschaft drohte, sie zu entlassen, wenn sie sich weiterhin mit Mr. Pendorric träfe.«

Ich wollte protestieren, aber meine Kehle war wie zugeschnürt.

»Und es kommt uns ziemlich auffällig vor, daß Seine Lordschaft wenige Stunden später seine Tabletten nicht finden konnte. Meine Frau und ich haben auch nicht vergessen, Madam, daß die Krankenschwester im Testament Seiner Lordschaft mit einem ganz hübschen Sümmchen bedacht worden war.«

Ich hörte kaum noch hin. Meine Gedanken kreisten nur noch um eines: Wieviel Lügen hat Roc mir erzählt? Er gab zu, daß er mit Althea Grey fast verlobt war. Dann hörte er von meiner Existenz und heiratete mich, wie sein Vater Barbarina heiratete. Barbarina wurde wegen ihres Geldes nach Pendorric verheiratet, obwohl ihr Mann immer noch Louisa Sellick liebte. Wurde ich aus dem gleichen Grund geheiratet, während *mein* Mann ein Verhältnis mit Althea Grey hatte? Wer war der Schatten, den Jesse Pleydell an Barbarinas Unglückstag wahrgenommen hatte? War es ihr Mann Petroc Pendorric?

Hatte Althea Grey absichtlich die Pillen zur Seite gestellt? Ehe ich Großvaters Geld erben konnte, mußte er tot sein – und nun mußte ich noch sterben, ehe es endgültig ihr gehörte.

Mrs. Penhalligan hatte mit Mrs. Dawson gesprochen. Wußten sie denn alle schon von dem Streit zwischen Roc und mir? Wußten sie auch den Grund?

Die Dawsons sahen mich voller Mitgefühl an. Wollten sie mir andeuten, daß Roc und Althea Grey ein Liebespaar waren? Nahmen sie an, daß, nachdem die Schwester keine Gewissensbisse gehabt hatte, meinen Großvater umzubringen, sie auch keine bei mir haben würde?

»Wie konnte mein Großvater sich so etwas nur einbilden!« brachte ich schließlich heraus. »Aber er war ja so krank; er regte sich leicht unnötigerweise auf. Es heißt, das sei ein Symptom seiner Krankheit.«

Die Dawsons sahen mich besorgt an. Mrs. Dawson wollte weitersprechen, doch Dawson gebot ihr mit einer Geste zu schweigen. Auf seinem Gesicht lag der zufriedene Ausdruck eines Menschen, der seine Pflicht erfüllt hat.

Als ich Polhorgan verließ, hatte ich Mühe, mir nichts anmerken zu lassen. Ich war außer mir. Es gab so vieles, das ich herausfinden mußte; ich konnte nicht mehr tatenlos zusehen.

Ich wollte mit irgend jemandem sprechen, und wenn Morwenna nicht nach Plymouth gefahren wäre, hätte ich ihr mein Herz ausgeschüttet. Doch da war ja noch Deborah, mit ihr konnte man offen sprechen.

Ich begab mich sogleich in Deborahs Zimmer. Aber sie war nicht da. Unentschlossen machte ich kehrt und überlegte gerade, ob es nicht besser wäre, ins Freie zu gehen, als das Telefon in der Halle klingelte.

Ich meldete mich und hörte ein leises Lachen.

»Ich hoffte, Sie zu erwischen. Hier spricht Althea Grey. Ich möchte Sie fragen, ob Sie mich nicht einmal besuchen wollen, ehe ich abreise.«

»Ehe Sie abreisen?«

»Ja, ich fahre schon sehr bald, morgen.«

»Sie gehen fort?«

»Kommen Sie herüber, und ich werde Ihnen alles genau erzählen. Ich wollte schon lange mal ausführlicher mit Ihnen reden. Wann paßt es Ihnen?«

»Nun ... jetzt.«

»Sehr gut.« Wieder hörte ich ihr leises Lachen, und dann legte sie auf.

Ich lief aus dem Haus und über die Küstenstraße zur Cormorant-Hütte.

Es war ein zutreffender Name; die Möwen und ein paar Kormo-

rane kreisten über der kleinen Bucht. Die Hütte, weiß-blau ange-
strichen, klebte an einem Felsen, der weit ins Meer ragte. Ein
idealer Sommeraufenthalt.

»Hallo!« Ein Fenster flog auf. »Ich habe Sie schon gesehen. Ich
komme.«

Ich stieg langsam den Pfad hinauf, der fast ganz mit Johannis-
kraut überwuchert war. Althea stand schon auf der Schwelle.

»Ich bin gerade beim Packen. Kommen Sie herein und setzen Sie
sich.«

Wir kamen gleich von der Tür in ein Wohnzimmer mit großen
Flügelfenstern, die aufs Meer schauten. Das Zimmer enthielt nur
das Notwendigste.

»Ein großer Unterschied zu Polhorgan«, bemerkte sie und hielt
mir ein Zigarettenetui hin. Sie schaute mich leicht belustigt an. »Es
ist nett von Ihnen, daß Sie zu mir gekommen sind. Ich war froh,
daß ich Sie erwischt habe.«

»Ja, ich war gerade nach Hause gekommen. Roc ist übrigens für
ein paar Tage verreist.«

»Ja, ich weiß.«

Erstaunt zog ich die Augenbrauen hoch. Und wieder glitt dieses
belustigte Lächeln über ihre Züge. »Sie können hier so gut wie
keinen Schritt tun, ohne daß alle darüber Bescheid wissen. Hat Sie
auf dem Weg hierher irgend jemand gesehen?«

»Nein, warum...«

»Weil sonst gleich wieder das Gerede losgehen würde.«

»Ich hatte keine Ahnung, daß Sie Cornwall schon so bald
verlassen wollten.«

»Die Saison ist vorbei. Es ist einsam. Man kann meilenweit
umherwandern, ohne eine Menschenseele zu treffen. Und dafür
habe ich nichts übrig. Aber möchten Sie nicht eine Tasse Tee
haben?«

»Nein, danke.«

»Kaffee vielleicht?«

»Nein, danke, ich kann nicht lange bleiben.«

»Schade. Wir haben nie richtig miteinander geplaudert. Und
es ist hier so friedlich. Ich hab' mir oft gedacht, daß ich Ihnen
ziemlich verdächtig vorkomme, und das möchte ich jetzt richtig-
stellen. Ich habe inzwischen eine andere Anstellung bekommen
und möchte alles klar haben, ehe ich gehe.« Sie streckte ihre
langen, schlanken Beine aus und betrachtete sie zufrieden. »Ein
reicher alter Herr will eine Weltreise machen und braucht eine

Schwester zur ständigen Pflege. Reiche alte Herren scheinen meine Spezialität zu sein.«

»Reiche junge kreuzen wohl niemals Ihren Weg?«

»Das Ärgerliche bei den jungen ist, daß sie keine Krankenschwester brauchen.« Sie brach in Lachen aus. »Mrs. Pendorric, haben Sie keine Angst?«

»Wieso?«

»Nun ja, dies hier ist ein einsamer Fleck, und ich glaube, Sie haben keine hohe Meinung von mir. Es tut Ihnen wohl schon leid, daß Sie gekommen sind, und Sie fragen sich heimlich, wie Sie am besten wieder fort können. Doch erinnern Sie sich bitte, Sie sind aus eigenen Stücken gekommen, haben sofort zugesagt, als ich Sie fragte. Es war vielleicht nicht klug, oder? Jetzt sind Sie hier, und kein Mensch weiß, wo Sie stecken. Sie handeln impulsiv, Mrs. Pendorric, unbesonnen. Kommen Sie und schauen Sie sich diese Aussicht an.«

Sie ergriff meine Hand und zog mich zum Fenster. Sie hielt meinen Arm fest, während sie mit der freien Hand das Fenster öffnete. Steil fiel der Felsen zum Meer hinab, tief unten brachen sich die Wellen.

»Stellen Sie sich vor«, sagte sie ganz dicht an meinem Ohr, »wenn jemand aus diesem Fenster fällt! Der hat keine Chancen mehr. Es wäre nicht ratsam, diese Hütte jemandem zu überlassen, der Neigung zum Schlafwandeln hat oder der einen kleinen Mord beabsichtigt.«

Eine Sekunde lang glaubte ich wirklich, sie hätte mich hergelockt, um mich zu beseitigen – dann wäre der Weg zu Roc und zu Großvaters Vermögen frei.

Es war, als könnte sie meine Gedanken lesen. Aber als sie meinen Arm losließ, schenkte sie mir einen belustigten Blick.

»Ich meine«, sagte sie langsam, »Sie sollten sich wieder hinsetzen.«

»Warum also haben Sie mich hergebeten?« drängte ich.

»Das will ich Ihnen erzählen.« Sie schob mich fast auf das Sofa und setzte sich mir gegenüber in den Lehnstuhl.

»Mrs. Pendorric«, sagte sie, »Sie brauchen keine Angst zu haben. Ich will nur mit Ihnen sprechen. In einigen Tagen bin ich weit fort von hier. Sie waren eifersüchtig auf mich, nicht wahr? Dazu haben Sie keinen Grund. Schließlich haben Sie ihn geheiratet, oder? Es stimmt, einmal hat er daran gedacht, mich zu heiraten.«

»Und Sie?«

»Ich auch, natürlich. Ich hätte eine gute Partie gemacht. Aber ich weiß nicht recht, ob es mir immer gefallen hätte, ich liebe nämlich das Abenteuer. Aber, um die Wahrheit zu sagen: Ich bin heute etwas über dreißig, vielleicht ist es allmählich an der Zeit, mich niederzulassen. Ich mache Ihnen einen Vorschalg, Mrs. Pendorric: Ich werde Ihnen jetzt alles erzählen, was Sie hören wollen.«

Sie lachte mich an, und so seltsam es war, ich war bereit, ihr alles zu glauben. »Was machten Sie, ehe Sie nach Polhorgan kamen?« fragte ich sie.

»Natürlich Krankenpflege.«

»Als Schwester Stoner Grey?«

»Zuletzt nannte ich mich nur Grey. Vorher Stoner Grey.«

»Und warum ließen Sie dann Stoner weg?«

»Wegen der unbequemen Publicity. Nicht daß es mir was ausmachte. Aber es wäre für mich viel schwieriger geworden, einen Pflegeplatz zu bekommen. Die Menschen haben ein gutes Erinnerungsvermögen. Sie wissen ja von der Affäre Stoner Grey. Ich nehme an, die Dawsons haben Ihnen davon erzählt.«

»Sie waren sich nicht ganz sicher. Es war ... ein ähnlicher Fall.«

»Wenn alles gutgegangen wäre, hätte ich die ganze Pflegerei an den Nagel hängen können. Eigentlich war alles in Ordnung. Der alte Herr machte sein Testament zu meinen Gunsten; aber hinterher fanden sie heraus, daß er nicht ganz zurechnungsfähig war, und so gewann seine Frau den Prozeß.«

»Wahrscheinlich haben Sie ihn zu diesem Testament überredet.«

»Natürlich, was denken Sie sonst?« Sie lehnte sich vor. »Sie sind eine nette Frau, Mrs. Pendorric, und ich bin nicht so nett. Ich habe nicht Ihre Vorteile. Keinen Millionär als Großvater, und so eine wie mich bringt man nicht als Frau nach Pendorric. Ich bin eine Abenteuerin, ich liebe die Abwechslung. Das gibt dem Leben erst den richtigen Reiz. Meine Kindheit verbrachte ich auf einem Hinterhof, und das war nicht nach meinem Geschmack. Ich war entschlossen herauszukommen. Ich bin wie Ihr Großvater, nur habe ich nicht seinen Instinkt für Geschäfte. Ich hab' keine Ahnung, wie man es anfangen muß, um Millionen zu verdienen. Aber schließlich ging mir auf, daß ich schön sei, und Schönheit ist immer noch die beste Mitgift für ein Mädchen. Ich lernte Krankenpflege und nahm nur Privatpatienten, mit dem

Hintergedanken, das zu bekommen, was ich wollte. Und so kam ich auch zu ihrem Großvater.«

»Sie hofften also, *er* würde Ihnen sein Geld hinterlassen?«

»Man soll die Hoffnung nicht aufgeben, und außerdem war auch noch Roc da. Mädchen wie ich wägen immer alle Möglichkeiten ab.«

»Und Roc kam Ihnen wohl bald als die bessere vor... nachdem Sie meinen Großvater kennengelernt hatten.«

Sie lachte wieder. »Ganz recht, aber Roc ist zu schlau. Er durchschaute mich. Er mochte mich und ich ihn. Aber er hielt sich immer zurück. Wir wurden gute Freunde, und als er zurückkam, hatte er Sie geheiratet. Er hat ein gutes Herz und wollte mich nicht vor den Kopf stoßen, er war betont nett zu mir.« Wieder lachte sie. »Alles klar nun?«

»Nicht ganz«, erwiderte ich. »Wie war das, als mein Großvater starb?«

Sie schien so ernst zu werden wie während unserer ganzen Unterhaltung noch nicht.

»Ich sag's Ihnen doch, ich nehme alle Gelegenheiten wahr, mein Los zu verbessern, aber eine Mörderin bin ich nicht. Gut, ich gebe es zu, ich nutze die Leute aus. Aber bei Mord mache ich nicht mehr mit.« Wieder kam ein Lächeln in ihre Augen. »Es liegt mir daran, diesen kleinen Punkt noch zu klären, ehe ich fortgehe. Ihr Großvater verlegte oft seine kleine Tablettendose. Sie haben es ja selber einmal miterlebt, wissen Sie noch?«

Und ob ich es noch wußte! Als ich von Polhorgan fortgegangen war, hatte ich Althea und Roc zusammen am Strand von Pendorric getroffen.

»Er ließ seine Tabletten fallen, und es regte ihn auf, daß er sie nicht finden konnte, und in dieser Aufregung stieß er die Glocke herunter. So starb er, Mrs. Pendorric, das kann ich beschwören. Das stimmt allerdings, er war in einem ziemlichen Erregungszustand. Er machte sich Sorgen um Sie, er wußte nämlich, daß Ihr Mann und ich uns näherstanden. Und darüber sprach er mit mir. Es bekümmerte ihn, obgleich ich immer wieder versicherte, daß wir nur noch Freunde seien. Doch das eine sag' ich Ihnen, ich hab' nichts getan, was den Tod Ihres Großvaters beschleunigen konnte.«

»Ich glaube Ihnen«, sagte ich, und das stimmte auch.

»Das freut mich, ich möchte nämlich nicht, daß Sie mir so etwas zutrauen. Alles mögliche... aber keinen Mord.« Sie gähnte und streckte die Arme. »In einem Monat liege ich irgendwo in der Sonne, wenn der Südweststurm die Mauern von Polhorgan peitscht. Aber vorerst heißt es packen.«

Ich erhob mich. »Dann gehe ich wohl lieber.«

Sie begleitete mich zur Tür. Wir sagten uns Lebewohl, und sie schaute mir nach, während ich mich auf den Weg machte.

Althea Grey hatte mich verblüfft mit ihrer entwaffnenden Offenheit. Wollte sie wirklich fort? Immerhin, mit Roc war sie nicht fortgefahren, und allein darin lag schon ein gewisser Trost.

Eigentlich wollte ich noch nicht wieder nach Pendorric zurück. Und es lag mir auch gar nichts mehr daran, mich Deborah anzuvertrauen.

Als ich auf das Haus zuging, kam mir Mrs. Penhalligan entgegengelaufen und stotterte: »O Mrs. Pendorric, ein Unfall...«

Mir stockte das Herz. Roc! durchfuhr es mich. Wäre ich nur mit ihm gefahren...

»Mrs. Morwenna, Madam, ein Unfall mit dem Auto. Das Krankenhaus hat angerufen.«

»Morwenna!?«

»Ja, am Ganter-Hügel.«

»Ist sie...«

»Sie sagen, es ist sehr ernst. Mr. Charles ist schon hingefahren.«

Mir drehte sich alles, aber ich mußte doch irgend etwas sagen. »Die Zwillinge...«, begann ich.

»Miß Bective ist bei ihnen. Sie hat es ihnen gesagt.«

In diesem Augenblick kam Deborah angefahren, stieg aus dem Wagen und rief: »Ist es nicht ein herrlicher Morgen? Nanu... ist was passiert?«

»Morwenna hat einen Unfall gehabt«, sagte ich. »Sie wollte nach Plymouth fahren.«

»Ist es schlimm?«

Ich nickte. »Charles ist schon ins Krankenhaus gefahren.«

»O mein Gott«, sagte Deborah, »und Hyson und Lowella?«

»Sie sind bei Rachel.«

Deborah legte die Hand auf die Augen. »Das ist entsetzlich.« Schluchzen erstickte ihre Stimme. »Gerade jetzt. Wie schwer mag es sie wohl getroffen haben? Und wenn nun dem Kind etwas zugestoßen ist – nicht auszudenken! Wir hätten sie auf keinen Fall fahren lassen dürfen. Sie war in letzter Zeit immer so abwesend.«

»Ja, ich hätte sie nach Plymouth fahren sollen«, sagte ich.

»Oder ich. Was wollte sie denn dort?«

»Wolle kaufen und Strickmuster.«

Plötzlich kam mir etwas in den Sinn, und ich wurde blaß vor Schreck. »Deborah«, begann ich langsam, »Morwenna fuhr nicht ihren eigenen Wagen; sie nahm den kleinen blauen Morris, den ich immer benutze.«

»Na und – sie hat ihn früher stets gefahren, und sie ist eine gute Fahrerin.«

Dieser Zufall schien Deborah nicht so zu beeindrucken wie mich. Ich schüttelte meinen Gedanken gewaltsam ab. Zuerst mußte ich erfahren, welche Ursache der Unfall hatte.

Und selbst wenn zufällig irgend etwas an dem Wagen nicht ganz intakt gewesen wäre, sollte ich nicht so töricht sein und mir einbilden, jemand hätte daran herumgepfuscht und damit gerechnet, ich würde den Wagen benutzen und zu Schaden kommen. Ich war nicht so eine geübte Fahrerin wie Morwenna. Was wäre wohl passiert, wenn ich heute morgen den Wagen genommen hätte?

Deborah legte ihre Hand auf meine.

»Favel, wir wollen nicht gleich das Schlimmste denken. Wir wollen hoffen und beten, daß sie durchkommt.«

Morwennas Leben war in Gefahr – ebenso wie meines. Was ihr heute zugestoßen war, gehörte zu einem Plan, war kein Zufall. Nur war die falsche Person in die Falle gegangen.

Einen Zeugen des Unfalls gab es. Es passierte am Ganter-Hügel, der nicht so steil ist wie die Hügel sonst in Cornwall, aber dafür lang auslaufend, geradewegs bis nach Preganter hinein. Ein Einheimischer hatte gesehen, wie der Wagen plötzlich anfing zu schleudern. Er hatte noch das entsetzte Gesicht einer Frau am Steuer gesehen, ehe der Wagen gegen einen Baum prallte.

Am Spätnachmittag kam ein Anruf aus dem Krankenhaus, und daraufhin fuhr Charles mit den Zwillingen zu Morwenna. Auf seinen Wunsch kamen Deborah und ich mit. Er hatte offensichtlich Angst vor dem, was ihn dort erwartete.

Deborah und ich warteten vor der Tür, Morwenna, hieß es, sei sehr schwach, und nur ihr Mann und die Kinder dürften ins Krankenzimmer.

Niemals werde ich Hysons blasses Gesicht vergessen, als sie aus dem Zimmer kam. Lowella weinte, aber Hyson vergoß nicht eine Träne.

Charles berichtete, daß Morwennas Zustand immer noch sehr ernst sei. Er wollte im Krankenhaus bleiben und bat uns, die Zwillinge nach Hause mitzunehmen. Ich fuhr den Wagen, während Deborah mit den Zwillingen hinten saß, einen Arm um die schluchzende Lowella gelegt, den anderen um Hyson.

In Pendorric warteten Rachel und Mrs. Penhalligan schon auf uns. Wir waren alle sehr schweigsam. Mrs. Penhalligan redete uns zu, doch etwas zu essen. Wir gingen also in den Wintergarten hinüber; dort brach es plötzlich aus Hyson heraus: »Ihr Kopf war ganz verbunden. Sie hat uns nicht erkannt. Mummy hat mich nicht erkannt! Sie muß sterben... Und der Tod ist so schrecklich.«

Deborah legte sanft ihren Arm um das Kind. »Still, mein Liebchen, sei ruhig. Du machst Lowella ja angst.«

Hyson riß sich los, sie blickte wild um sich. »Sie soll auch Angst haben. Wir alle, weil Mummy sterben muß, und ich... ich will es doch nicht.«

»Paß auf, Mummy geht es bald wieder besser«, tröstete sie Deborah. Hyson blickte stumm vor sich hin; plötzlich sah sie mich an. Sie sah mich unverwandt an, bis Deborah es merkte, Hysons Kopf nahm und ihn gegen die Brust drückte.

»Ich nehme Hyson mit in mein Zimmer. Sie kann heute nacht da schlafen. Es war zuviel für sie.«

An der Tür drehte Hyson sich noch einmal zu mir um und rief: »Ich will es nicht... ich will es nicht.«

Roc kam sofort nach Hause zurück, und wieder spürte ich die tiefe Zuneigung, die ihn mit seiner Schwester verband. Er schien unser angespanntes Verhältnis darüber ganz vergessen zu haben.

Die nächsten Tage waren durch Besuche im Hospital ausgefüllt, obgleich nur Charles und Roc zu Morwenna ins Zimmer durften. Deborah war voller Fürsorge für die Zwillinge, und vor allem Hyson brauchte in diesen Tagen viel Aufmerksamkeit und Liebe. Erst jetzt fiel mir auf, wie innig sie ihre Mutter liebte.

Drei Tage nach dem Unfall erfuhren wir, daß Morwenna das Schlimmste überstanden hatte; doch ihr Baby hatte sie verloren; man hatte es ihr aber bis jetzt noch nicht gesagt.

Als Morwenna außer Gefahr war, fuhr Roc wieder fort. Er könnte doch nichts zu Hause tun, wie er sagte; einer müsse sich um die geschäftlichen Belange kümmern, und Charles gehöre jetzt natürlich hier nach Hause, zu Morwenna.

Während der letzten Tage war ich so beansprucht gewesen von Morwennas Unglück, daß mir gar keine Zeit geblieben war, über meine eigene Situation nachzudenken, doch sobald Roc wieder fort war, kamen auch die Ängste wieder, besonders nachdem es als sicher galt, daß ein Versagen der Steuerung den Unfall verursacht hatte.

Ich verbrachte eine schlaflose Nacht. Am nächsten Morgen rief mich Mabell Clement an, ob ich nicht zu ihr hinüberkommen und mit ihr Kaffee trinken wollte. Ihre Stimme klang erregt, und als ich in Tremethick ankam, ergriff Mabell meine Hände und sagte: »Gott sei Dank, daß Sie gekommen sind.«

»Was ist denn los?« wollte ich wissen.

»Ich habe kaum ein Auge zugetan heute nacht, dauernd mußte ich an Sie denken. Auch Andrew macht sich große Sorge. Fast die ganze Nacht haben wir über Sie gesprochen. Andrew meint, es träfen zu viele Zufälle zusammen, als daß man darüber hinweggehen könnte.«

»Sie glauben...«

»Setzen Sie sich nur erst einmal. Ich habe gleich den Kaffee fertig. Andrew muß jeden Augenblick kommen. Es sei denn, das Baby der jungen Mrs. Pegelly läßt auf sich warten.«

»So aufgeregt habe ich Sie noch nie gesehen, Mabell.«

»Ich *war* auch noch nie so aufgeregt. Ich habe bisher auch noch niemanden gekannt, der in der Gefahr schwebte, ermordet zu werden.«

Ich blickte sie entsetzt an. Auf einmal begriff ich, wovon sie sprach. Und die Tatsache, daß dieser Gedanke nicht nur mir, sondern auch ihr gekommen war, gab ihm Gewicht.

»Wir müssen ganz nüchtern denken, Favel. Es hat keinen Zweck zu sagen, ›so was kann mir gar nicht passieren‹. Wir wissen, daß es so etwas gibt. Und Sie sind nun mal sehr reich. Und Reichtum neiden einem die Menschen mehr als alles andere; dafür nehmen sie sogar einen Mord auf sich.«

»Ja, ich glaube, Sie haben recht, Mabell.«

»Nun hören Sie einmal zu, Favel. Jemand hat Sie in diese Gruft gelockt und wollte Sie dort lassen, bis Sie aus Furcht, Hunger oder sonst was sterben würden. Das war die Absicht. Wenn Miß Deborah nicht zufällig dort vorbeigekommen wäre und Ihre Rufe gehört hätte, wären Sie vielleicht jetzt noch dort... oder Ihre Leiche, Ihre und die des kleinen Mädchens.«

»Ja, das mag wohl stimmen.«

»Selbst wenn es eine Erklärung dafür gibt, wenn die Tür geklemmt hätte ... gut, das wäre möglich. Aber daß kurz darauf der Wagen, den sonst nur Sie benutzen, verunglückte, das ist das Seltsame. Als Andrew und ich davon hörten, waren wir wie vor den Kopf gestoßen. Und wie gesagt, uns kam beiden der gleiche Gedanke.«

Ich gab mir Mühe, ruhig zu sprechen, das Zittern in meiner Stimme zu verbergen. »Sie glauben also, die Person, die mich in der Gruft eingeschlossen hat, hat auch an dem Wagen herumgepfuscht?«

»Ich glaube, zwei Ereignisse dieser Art sind kein bloßer Zufall mehr.«

»Da ist noch etwas anderes«, und ich erzählte ihr von der Warntafel auf dem Klippenpfad. »Jemand hatte das Schild entfernt, einer, der wußte, daß ich auf Polhorgan war. Und dann ist natürlich noch die Sache mit dem Geigenspiel und dem Gesang und die Legende von den Bräuten.«

Einige Minuten schwiegen wir, dann platzte Mabell heraus: »Der Gedanke, daß Sie auf Pendorric wohnen, behagt mir ganz und gar nicht.«

»Aber es ist doch mein Zuhause.«

»Meiner Meinung nach sollten Sie für eine Weile fortgehen, um Abstand zu gewinnen. Warum kommen Sie nicht ein, zwei Tage zu uns? Wir machen es uns gemütlich, und hier sind Sie sicher.«

Ja, hier könnte ich Ruhe finden, könnte alles mit Mabell und Andrew besprechen. Aber welchen Grund sollte ich angeben? »Es würde einen seltsamen Eindruck machen«, begann ich.

»Nun, ich könnte Sie ja malen. Wäre das nicht eine gute Ausrede?«

»Kaum. Jeder würde sagen: Warum fährt sie nicht zu den Sitzungen hinüber?«

»Aber der Gedanke, Sie dort zu wissen, behagt uns gar nicht. Wir haben Angst, was als nächstes passieren wird.«

Ich dachte an Roc; dieses Mal hatte er nicht den Vorschlag gemacht, daß ich mitkommen sollte. Warum also sollte ich nicht ein paar Tage meine Freunde besuchen?

»Ich fahre Sie schnell nach Hause«, sagte Mabell, »und Sie packen das Nötigste zusammen.«

Sie war so fest entschlossen und ich so unsicher, daß ich es zuließ, als sie den Wagen aus der Garage holte und mich nach Pendorric fuhr.

Als wir dort ankamen, sagte ich: »Ich will rasch Mrs. Penhalligan Bescheid sagen, daß ich ein, zwei Tage nicht da bin. Ich sage ihr, Sie malen mein Porträt. Allerdings, es wird ihr sonderbar vorkommen.«

»Es sind noch sonderbarere Dinge vorgekommen«, sagte Mabell fest.

Ich ging in mein Zimmer hinauf und packte. Jetzt glaubte ich es auch, daß mir jemand nach dem Leben trachtete, und zwar jemand hier auf Pendorric.

Meine Tasche war gepackt. Charles wollte ich nicht behelligen, aber Deborah wollte ich wenigstens auf Wiedersehen sagen.

Sie saß in ihrem Zimmer und las. Als sie mich sah, sprang sie auf. »Favel, was ist los? Du bist ja ganz verstört.« Sie nahm mich bei der Hand und führte mich zu ihrem Fensterplatz. »Setz dich und erzähle.«

»Ich wollte dir nur sagen, daß ich für ein, zwei Tage zu den Clements gehe.«

Sie sah mich verblüfft an. »Du meinst den Doktor und seine Schwester?«

»Ja, Mabell will mich porträtieren.« Als ich diese Worte aussprach, kamen sie mir sehr kindisch vor. Sie mußte ja merken, daß ich nach einer Ausrede suchte. Sie war immer so lieb zu mir gewesen und würde es bestimmt verstehen, wenn ich ihr die Wahrheit sagte. Und so stotterte ich: »Nun ja, Deborah, ich will fort, und wenn es nur für ein oder zwei Tage ist. Ich muß einmal weg.«

»Das verstehe ich gut. Zwischen dir und Roc steht es im Augenblick nicht gerade zum besten. Ganz abgesehen von allem anderen ... Es wird dir guttun, Liebes, wenn du ein Weilchen von hier fortkommst. Zu den Clements also willst du? Ob das klug ist, meine Liebe? Mabell wohnt ja schließlich nicht allein. Dies hier ist ein kleiner Ort, hier blüht geradezu der Klatsch. Die Leute reden bestimmt darüber, daß der Doktor Gefallen gefunden hat an dir.«

Mir wurde glühend heiß. »Dr. Clement!«

»Er ist ein junger Mann. Und die Leute wetzen sich nun mal gern das Maul. Nun ja, es hat immer Redereien über die Pendorrics gegeben, aber nur über die Männer. Nie über ihre Frauen. Das ist natürlich ungerecht, aber der Lauf der Welt. Die Frauen müssen über jeden Verdacht erhaben bleiben, wegen der Kinder, meine Liebe. Du mußt es selbst wissen, Favel, aber unter diesen Umständen halte ich es nicht für ratsam, wenn du nach Tremethick gehst.«

Ich sah sie immer noch fassungslos an, doch dann mußte ich daran denken, wie interessiert die Clements an meiner Freundschaft gewesen waren. Vor allem Andrew Clement hatte immer sein Vergnügen an meiner Gesellschaft offen gezeigt, und Mabell wußte davon. War sie deshalb immer so freundlich zu mir?

»Mabell Clement wird dich sicherlich verstehen«, redete Deborah weiter. »Wir wollen sie hereinbitten und es ihr erklären.«

Mabell war sehr überrascht, doch Deborah erörterte den Fall sehr taktvoll, und wenngleich Mabell sich ganz offensichtlich nicht überzeugen ließ, machte sie doch keine weiteren Versuche, mich zu überreden.

»Nein, ich weiß, es wäre falsch«, bekräftigte Deborah. »Seht, ihr Lieben, wenn Favel porträtiert werden soll – warum soll sie dann nicht jeden Tag zu Ihnen kommen?« Sie wandte sich an mich. »Und wenn du für eine Weile von hier weg möchtest, warum fährst du dann nicht mit mir übers Wochenende nach Devon? Du wolltest doch schon immer einmal mein Haus sehen. Wenn du willst, können wir morgen schon reisen. Nun, wie wäre das?«

»Das wäre sehr schön«, antwortete ich.

Mabell schien beruhigt, obgleich sie etwas enttäuscht war, daß ich nicht mit ihr zurückfuhr.

Als Mabell fort war, erzählte Deborah Charles, was wir vorhatten. Er fand die Idee ausgezeichnet und meinte, Rachel Bective könne sich um die Zwillinge kümmern, und wenn wir zurückkämen, wisse er wahrscheinlich, wann Morwenna aus dem Krankenhaus entlassen würde.

»Meine Liebe«, sagte Deborah, »ich sehe eigentlich nicht ein, warum wir nicht gleich heute fahren. Warum bis morgen warten? Wenn du fertig bist – ich bin es auch.«

Ich hatte es sehr eilig, von Pendorric wegzukommen, weil ich überzeugt war, daß die Gefahr hier in diesem Haus auf mich lauere.

Während ich noch schnell ein paar Sachen in die Reisetasche stopfte, packte Carrie Deborahs Koffer. Dann fuhr Deborah ihren Wagen zu dem westlichen Eingang, und Carrie kam mit dem Gepäck herunter. Als wir um das Haus herumfuhren, rannten die Zwillinge gerade aus dem nördlichen Tor auf uns zu.

»Hallo, Großmama«, rief Lowella. »Hallo, da ist ja auch die Braut. Wir dürfen heute nachmittag Mummy besuchen. Daddy nimmt uns mit ins Krankenhaus.«

»Das ist ja wundervoll, Liebchen«, erwiderte Deborah. »Paßt auf, bald ist Mummy wieder daheim.«

»Wo fahrt ihr denn hin?« fragte Lowella.

»Favel will endlich einmal mein Haus sehen.«

Hyson zerrte an der Wagentür und rief: »Laß mich mit.«

»Nein, dieses Mal nicht, Liebling. Du bleibst bei Miß Bective. Wir kommen ja bald wieder.«

»Ich will aber mit. Ich will dabeisein. Ich will nicht hierbleiben«, zeterte Hyson.

»Dieses Mal nicht, Schatz«, beruhigte sie Deborah. »Nimm deine Hände weg.« Sie tätschelte sie freundlich. Hyson ließ los, und Deborah fuhr an. Als ich mich umdrehte, sah ich Rachel Bective aus dem Haus treten und Hyson hinter dem Auto herlaufen.

Aber Deborah fuhr bereits rascher, und wir ließen die Auffahrt hinter uns.

Es kam mir vor, als höbe sich Deborahs Stimmung, je weiter wir uns von Pendorric entfernten. Sie sprach viel von Morwenna und welche Erleichterung es sei zu wissen, daß es ihr wieder bessergehe. »Wenn sie wieder gesund ist«, sagte sie, »hole ich sie ins Moor, das wird ihr guttun.«

Auch Carrie war sehr munter, und bald steckte mich die gute Laune an; zum ersten Male seit dem Streit mit Roc fühlte ich mich wieder frei und leicht.

Das Laranton-Manor-Haus lag abseits vom Wege, eine Meile etwa von dem Dorf Laranton entfernt. Es war ein eindrucksvolles Gebäude im Queen-Anne-Stil. Auf dem Grundstück befand sich noch ein Häuschen, in dem, wie Deborah mir erklärte, Mr. und Mrs. Hanson mit ihrem unverheirateten Sohn wohnten und sozusagen als Hauswart bei ihr Dienst taten.

Sie zog einen Schlüssel heraus und öffnete die mit Clematis umrankte Haustür. Es mußte herrlich aussehen, wenn sie blühten.

»Ah, es tut gut, wieder daheim zu sein«, rief sie aus. »Komm herein, mein Schatz. Komm herein und schau dir mein Haus an.«

Mrs. Hanson zeigte keinerlei Überraschung über die unvorhergesehene Rückkehr ihrer Herrin, und Deborah gab ihre Anweisungen in freundlichem, doch bestimmtem Ton.

»Mrs. Hanson, das ist die Frau meines Neffen. Sie wird ein, zwei Tage bei uns bleiben. Carrie soll das blaue Zimmer für sie zurechtmachen.«

»Das blaue Zimmer?« wiederholte Mrs. Hanson.

»Ja, bitte. Das blaue Zimmer, sagte ich. Carrie, leg bitte zwei Wärmflaschen in das Bett. Du weißt, die erste Nacht in einem fremden Bett ist nicht immer die beste. Und dann möchten wir noch etwas zu essen haben, Mrs. Hanson. Es ist eine ganz hübsche Fahrt von Pendorric hierher.«

»Nun werde ich dich einmal so richtig verwöhnen«, fuhr sie fort. »Es ist schön, dich hier zu haben. Das habe ich mir schon lange gewünscht.«

Ich saß an dem großen Fenster, von dem ich eine schöne Aussicht auf den Garten mit dem sauber geschnittenen Rasen und den gepflegten Blumenbeeten hatte. Ich blickte mich im Zimmer um und betrachtete die Kaminecke, die gemütlichen Möbel und die große Vase mit Chrysanthemen auf einem marmornen Wandtischchen.

»Ich habe Mrs. Hanson gebeten, immer Blumen in den Zimmern zu halten«, meinte sie und folgte meinen Blicken. »Vor ihrer Ehe hat Barbarina sich immer um die Blumen gekümmert. Dann habe ich es übernommen, doch ich konnte sie nie so künstlerisch arrangieren wie sie. Ich bin gespannt, was du zu deinem Zimmer sagst. Doch zuerst wollen wir etwas essen. Moorluft macht hungrig.«

»Du bist so glücklich hier, daß es mich eigentlich wundert, warum du so oft in Pendorric bist.«

»Oh, das ist wegen der Familie. Morwenna, Roc, Hyson und Lowella sind in Pendorric zu Hause, und wenn ich mit ihnen zusammensein will, muß ich nach Pendorric fahren. Hyson habe ich schon oft mitgenommen; Lowella bleibt lieber am Meer, doch Hyson hat Geschmack am Moor gefunden.«

»Sie wollte ja auch dieses Mal unbedingt mitkommen.«

»Ich weiß, liebes Kind. Doch ich sagte mir, du brauchst Ruhe. Und solange ihre Mutter noch im Krankenhaus liegt, sollte sie dort bleiben. Es sind so viele Erinnerungen für mich mit diesem Haus verknüpft. Ich könnte mir fast vorstellen, mein Vater lebte noch und Barbarina käme im nächsten Augenblick durch diese Tür dort herein.«

»Kam Barbarina nach ihrer Heirat oft hierher?«

»Ja. Sie liebte dieses Haus. Schließlich war es ihre Heimat.«

Ich mußte denken, daß ich Pendorric zwar entronnen war; aber um den Preis, daß ich in dem Haus wohnte, wo Barbarina ihre Jugend verlebt hatte!

Mrs. Hanson kam herein und meldete, es sei angerichtet.

Nach dem Essen gingen wir wieder in den Salon und nahmen dort den Kaffee. Danach zeigte Deborah mir mein Zimmer, eine geräumige Mansarde in eigentümlicher Form. Zwei Fenster unterbrachen reizvoll die Schrägwand. Das Bett stand in einem Alkoven. Außerdem gab es noch einen Schreibtisch, einen Kleiderschrank, einen Nachttisch und einen Frisiertisch. Das Bett war blau und mit einer blauen Überdecke zugedeckt.

»Wie entzückend!« rief ich aus.

»Nicht wahr? Und ganz oben im Haus, licht und luftig. Schau mal hier aus dem Fenster.«

Wir traten ans Fenster; es war Halbmond, so daß ich hinter dem Garten das Moor erkennen konnte.

»Das mußt du erst einmal bei Tageslicht sehen«, meinte Deborah. »Meilenweit nichts als Moor. Der Stechginster und das Heidekraut wirken so malerisch. Die kleinen Bäche kann man an dem silbernen Aufblitzen in der Sonne erkennen.«

»Da werde ich morgen gleich einen Spaziergang machen.« Sie antwortete nicht, sondern blickte nur verzückt aufs Moor hinaus.

Dann wandte sie sich mir zu. »Soll ich dir auspacken helfen?«

»Das ist nicht nötig. Ich habe ja nur wenig mitgebracht.«

»Da hast du eine Menge Platz für deine Sachen.« Sie öffnete den Kleiderschrank.

Ich holte mein Nachtzeug hervor und die zwei Kleider, die ich mitgenommen hatte, und hängte sie auf die Kleiderbügel.

»Nun will ich dir noch die anderen Zimmer zeigen«, sagte sie.

Ich genoß den Rundgang durch das Haus. Ich sah das Kinderzimmer, wo Deborah und Barbarina zusammen gespielt hatten, das Musikzimmer, wo Barbarina Geige spielen gelernt hatte, und das große Wohnzimmer mit dem Flügel. Und immer wieder warf ich einen Blick hinaus in den Garten mit der hohen Mauer.

»An diesen Mauern wachsen die herrlichsten Pfirsiche. Der Gärtner hob die schönsten immer für Barbarina auf.«

»Warst du nicht ein bißchen eifersüchtig auf sie?« fragte ich.

»Eifersüchtig auf Barbarina? Nie und nimmer! Warum auch? Sie und ich waren so verbunden, wie Zwillinge es nur sein können. Wie hätte ich auf sie eifersüchtig sein können!«

»Barbarina muß glücklich gewesen sein, dich zur Schwester zu haben.«

»Ja, sie war glücklich – nur zum Schluß nicht mehr.«

»Was ist ihr nun wirklich zugestoßen?« Wie unter einem Zwang mußte ich diese Frage stellen. »Es war doch ein Unfall, oder?«

Sie wandte sich ab. »Es hieß, daß jemand mit auf der Galerie war.«

»Glaubst du das?«

»Ja.«

»Wer denn?«

»Viele Leute sagten, er sei es gewesen.«

»Ihr Mann?«

»Nun, die Gemüter waren erregt wegen Louisa Sellick. Er besuchte sie noch immer. Auch als er Barbarina heiratete, gab er sie nicht auf. Barbarina heiratete er nur wegen ihres Geldes. Er brauchte es. Häuser wie Pendorric brauchen ständig Futter.«

»Du meinst, er hätte Barbarina getötet, um ihr Vermögen zu erben und Louisa Sellick zu heiraten?«

»Es gab manchen, der das glaubte.«

»Aber er hat sie nicht geheiratet.«

»Vielleicht wagte er es nicht.« Sie lächelte mich an. »Reden wir lieber nicht darüber. Es ist nicht fair Petroc gegenüber.«

»Verzeih. Sie ist mir so nahe hier in diesem Haus.«

»Reden wir von etwas anderem. Erzähl mir, was du am liebsten tun möchtest, solange du hier bist.«

»Soviel wie möglich von dem Land sehen. Ich werde morgen ganz früh aufstehen. Schließlich bin ich nur ganz kurze Zeit hier, und da gilt es, jeden Augenblick auszukosten.«

»Dann wünsche ich dir einen guten und ruhigen Schlaf. Ich schicke dir Mrs. Hanson mit einem Schlummertrunk. Was möchtest du haben? Tee? Punsch? Kakao? Oder Milch?«

Ich bat um ein Glas Milch.

Während wir die schöne Treppe hinaufstiegen, meinte sie: »Ruhig hast du es hier oben, ganz ruhig. Barbarina sagte immer, es sei ihr das liebste Zimmer vom ganzen Haus. Es war ihr Zimmer, bis sie nach Pendorric übersiedelte.«

»Barbarinas Zimmer?«

»Es ist mein hübschestes Schlafzimmer. Darum habe ich es dir zugedacht. Du magst es doch, wie? Sonst lasse ich dir ein anderes herrichten.«

»Ja, schon ...«

Plötzlich lachte sie auf. »Spuken muß sie in Pendorric, nicht hier in Manor-Haus.«

Sie zog die Vorhänge zu, und der Raum wurde noch gemütlicher. Dann knipste sie die Lampe auf dem Nachttisch an.

»Wenn das nicht bequem ist! Ich hoffe, es ist dir warm genug. Haben sie dir auch zwei Wärmflaschen ins Bett gelegt?« Sie fühlte nach. »Ja, da sind sie.« Sie lächelte mir zu. »Gute Nacht, meine Liebe, schlaf gut.« Dann nahm sie mein Gesicht in ihre Hände und küßte mich. »Die Milch kommt gleich. Wann willst du sie haben – in fünf, in zehn Minuten?«

»In fünf Minuten bitte«, antwortete ich.

»Na, dann gute Nacht.«

Ich war allein. Ich zog mich aus, schob die Vorhänge beiseite und schaute aufs Moor hinaus.

Es klopfte, und zu meiner Überraschung brachte mir Deborah selbst die Milch auf einem kleinen Tablett. Sie stellte sie auf den Nachttisch.

»So, meine Liebe, da hast du dein Glas Milch.«

»Ich danke dir.«

»Laß sie nicht kalt werden! Und schlaf gut.« Sie küßte mich nochmals und ging hinaus.

Ich setzte mich auf die Bettkante, nahm das Glas und nippte von der heißen Milch.

Dann legte ich mich ins Bett, doch ich war überhaupt nicht müde. Ich sah mich im Zimmer um nach einem Buch. Schließlich zog ich die Nachttischschublade auf und entdeckte ein Buch mit Ledereinband. Ich nahm es und las, von Kinderhandschrift auf die erste Seite geschrieben: *Das Tagebuch von Deborah und Barbarina Hyson.* Es ist bestimmt das einzige Tagebuch, das von zwei Personen gleichzeitig geführt wird, doch sind wir nicht zwei gewöhnliche Personen, sondern Zwillinge. Unterzeichnet: *Deborah Hyson. Barbarina Hyson.* Ich besah mir die zwei Unterschriften; sie hätten von einer Hand geschrieben sein können.

Meine Entdeckung machte mich ganz aufgeregt. Ich nahm noch einen Schluck von der Milch.

Barbarinas Aufzeichnungen! Wenn ich sie lesen würde, konnte ich vielleicht etwas mehr von ihr erfahren. Vielleicht gab mir das Buch einen Fingerzeig, wie Barbarina zu Tode gekommen war. Aber das war ein Tagebuch von Kindern; Barbarina hatte es mit ihrer Schwester Deborah geteilt. Es würde wohl kaum etwas über ihr Leben auf Pendorric darinstehen.

Doch überzeugen mußte ich mich, und so öffnete ich das Buch. Da stand unter dem *6. Dezember:* ›Heute kam Petroc. Wir finden, so einen netten Jungen haben wir noch nie kennengelernt. Er prahlt ein bißchen, aber das tun alle Jungen. Wir glauben, er mag uns auch, er hat uns nämlich zu seinem Geburtstag nach Pendorric eingeladen.‹

Die nächste Eintragung war der *12. September*. ›Carrie näht uns neue Kleider. Sie kann sie nicht auseinanderhalten und will Schildchen dranheften: Barbarina. Deborah. Aber wozu? Wir tragen doch immer unsere Sachen abwechselnd. Die von Barbarina gehören Deborah und umgekehrt; aber sie sagte, jede müsse ihre eigenen haben.‹

Es handelte sich um ein kindliches Aneinanderreihen von Episoden aus ihrem Leben hier in diesem Haus im Moor. Ich hatte keine Ahnung, wer was geschrieben hatte; es hieß niemals *ich*, sondern immer nur *wir*. Ich las weiter, bis ich zu einer leeren Seite kam, wo ich zuerst glaubte, es sei zu Ende; doch einige Seiten weiter waren wieder Eintragungen, diesmal andere. Die Schriftzüge waren ausgeglichener, und ich schloß daraus, daß das Tagebuch vergessen und später wieder aufgegriffen worden war. Ich las:

13. August. ›Ich hatte mich im Moor verlaufen. Es war wunderbar.‹ Mir klopfte das Herz, das hatte Barbarina geschrieben.

16. August. ›Petroc hat Vater gefragt, und Vater ist begeistert. Er hat natürlich so getan, als wäre er überrascht. Dabei haben wir doch alle nur darauf gewartet. Ich bin so glücklich. Wäre ich doch schon in Pendorric! Dann kann ich Deborah entkommen. Ja, Deborah, die bis jetzt immer mit mir eins war. Sie empfindet das gleiche für Petroc wie ich. Ehe wir Petroc kennenlernten, war alles wunderbar. Doch das ist jetzt vorbei. Ich will weg – weg von Deborah. Ich kann ihre Augen einfach nicht mehr ertragen, wenn sie mich ansieht, als haßte sie mich. Fange ich an, sie zu hassen?‹

1. September. ›Gestern fuhren Vater, Deborah und ich auf Besuch nach Pendorric. Die Vorbereitungen zur Hochzeit kommen rasch voran, und ich bin so aufgeregt. Heute, bei einem Ausritt mit Petroc, hab' ich Louisa Sellick gesehen. Die Leute sagen, sie sei eine Schönheit. Sie sieht so traurig aus. Sie weiß, sie hat Petroc für immer verloren. Ich fragte Petroc nach ihr. Vielleicht hätte ich nichts sagen sollen. Petroc sagte, alles sei aus und vorbei. Ist das wahr? Wenn nicht, wäre ich in der Lage, sie umzubringen. Ich will Petroc mit niemandem teilen. Manchmal wünschte ich, ich würde einen anderen lieben. George Fanshawe wäre ein guter Ehemann geworden, und er hat mich so geliebt, oder Tom Kellerway. Aber es mußte Petroc sein. Wenn doch Tom oder George sich in Deborah verliebt hätten – warum taten sie es eigentlich nicht? Wir sehen uns so ähnlich, daß man uns nicht auseinanderhalten kann, und doch verlieben sie sich nicht in Deborah. Sie hält sich immer im Hintergrund, ich nie. Sie glaubt, sie steht in meinem Schatten, und so glauben es die anderen auch allmählich. Wie gut, daß Deborah nicht weiß, daß ich das alte Tagebuch wiedergefunden habe. Nun kann ich schreiben, wie mir ums Herz ist.‹

3. September. ›Pendorric! Ein wundervolles altes Haus! Ich liebe es. Und Petroc! Was ist es nur, das ihn von allen anderen unterscheidet? Er ist so fröhlich – doch manchmal habe ich Angst. Ist er innerlich nicht bei mir?

3. Juli. ›Heute fiel mir das alte Tagebuch in die Hand. Es sind Jahre vergangen, seit ich hier hineingeschrieben habe. Ich sehe, daß ich nur die Tage und Monate notiert habe, nicht aber die Jahre. Das sieht mir ähnlich! Ich weiß nicht, warum ich wieder schreiben will. Vielleicht zum Trost. Seit die Zwillinge geboren wurden, habe ich nicht mehr daran gedacht. Erst jetzt wieder. Letzte Nacht wachte ich auf, und er war nicht da. Ich mußte an diese Frau denken, an Louisa Sellick. Ich hasse sie. Womöglich besucht er sie immer noch – und andere auch. Was Wunder bei einem Mann wie ihm. Hätte ich einen treuen Ehemann haben wollen, hätte ich nicht einen so attraktiven Mann wie Petroc heiraten dürfen. Die Dienstboten sehen mich schon mitleidig an, zum Beispiel Mrs. Penhalligan – sogar der alte Jesse. Manchmal meine ich, ich müsse verrückt werden. Doch wenn ich mit Petroc darüber reden möchte, bleibt er nie ernst bei der Sache. Er sagt: Was denn, natürlich liebe ich dich. Und wenn ich dann fragte: Wie viele außerdem noch? antwortet er: Ich habe nun einmal ein großes Herz. Für ihn ist das Leben ein einziger Spaß, aber nicht für mich.‹

Ich war so ins Lesen vertieft, daß ich gar nicht merkte, wie müde ich war. Ich mußte gähnen, die Lider wurden mir schwer, und doch mußte ich weiterlesen.

8. August. ›Deborah war die letzten vierzehn Tage hier. Sie kommt jetzt oft. Sie ist ganz anders als früher, viel lebendiger. Sie lacht herzlicher, ja, irgend etwas hat sie verwandelt. Die anderen sehen es vielleicht nicht so – sie kennen sie ja auch nicht so gut wie ich. Gestern setzte sie sich meinen Reithut auf – den schwarzen mit dem blauen Band –, stellte sich vor den Spiegel und sagte: Ich glaube, nicht einer könnte dich und mich unterscheiden – nicht *einer*. Und das stimmt, sie ist fast genau wie ich, seitdem sie so vor Leben sprüht. Selbst die Dienstboten haben sie schon mit mir verwechselt, sie mit Mrs. Pendorric angesprochen statt mit Miß Hyson. Sie hat ihren Spaß daran, aber mir kommt es vor, als würde sie gern an meiner Stelle sein. Wenn sie wüßte! Aber das würde ich nicht einmal ihr erzählen! Das ist zu demütigend. Nein, ich kann nicht einmal zu Deborah davon sprechen, wie oft ich nachts aufwache und Petroc liegt nicht neben mir; wie ich dann aufstehe und im Zimmer herumlaufe, mir vorstelle, was er wohl macht. Wenn sie wüßte, was ich erdulde, sie würde sich nicht an meinen Platz wünschen. Sie sieht Petroc, wie ihn viele andere auch sehen – einen faszinierenden Mann, wie man ihm nicht oft begegnet. Es ist ein Unterschied, seine Frau zu sein. Manchmal hasse ich ihn.‹

20. August. ›Gestern gab es wieder eine Szene zwischen uns. Petroc sagt, er wisse nicht, was werden solle, wenn ich mich nicht besser in der Hand habe. Er sagt, ich sei zu egoistisch. Er sagt: Laß mir mein Leben, und ich lasse dir deines. Was ist das für eine Ehe!‹

27. August. ›Seit über einer Woche war er nicht mehr bei mir. Manchmal denke ich, alles ist aus. Er sagt, er kann Szenen nicht leiden. Natürlich kann er das nicht, weil er im Unrecht ist. Es darf keinen Skandal geben. Petroc haßt Skandale. Pendorric brauchte Geld. Darum hat er mich geheiratet. Ich hatte es. Es war einfach. Heirate das Geld, und alle Sorgen haben ein Ende! Warum ist er äußerlich so amüsant, so reizend – und so wertlos und grausam im Inneren? Wenn ich nur auch so heiter und gelassen sein könnte wie er! Wenn ich nur sagen könnte: So ist Petroc nun mal. Man muß ihn nehmen, wie er ist. Aber das kann ich nicht. Dazu liebe ich ihn zu sehr. Deborah könnte mich trösten, aber selbst sie hat sich verändert.‹

29. August. ›Vom Fenster aus sah ich Deborah heute von einem Ausritt zurückkommen. Sie trug einen Hut mit einem blauen Band, aber nicht meinen. Sie hatte sich genau den gleichen angeschafft. Als sie von den Stallungen kam, gingen die Kinder gerade mit der Nurse zu einem Spaziergang fort. Sie riefen ihr zu: Hallo, Mummy! Deborah beugte sich zu ihnen herab und küßte zuerst Morwenna und dann Roc. Die Nurse sagte: Morwennas Knie heilt sehr schön, Mrs. Pendorric. Mrs. Pendorric! Ich haßte Deborah in diesem Augenblick, und ich haßte mich selbst. Warum hat es Deborah nicht richtiggestellt? Sie ließ die Nurse in dem Glauben, sie sei die Mutter der Kinder – die Herrin des Hauses.‹

2. September. ›Wenn das so weitergeht, bringe ich mich um. Kein Petroc mehr. Keine Eifersucht mehr. Ich sehne mich manchmal danach. Oft kommt mir die Legende von den Bräuten in den Sinn. Die Dienerschaft glaubt steif und fest, daß Lowella Pendorric hier spukt. Sie gehen nicht nach Einbruch der Dunkelheit auf die Galerie, wo ihr Bild hängt. Diese Lowella starb ein Jahr nach ihrer

Hochzeit, kurz nachdem sie einem Sohn das Leben geschenkt hatte; sie wurde von der Geliebten ihres Mannes verflucht. Wenn ich so mein Leben auf Pendorric betrachte, bin ich bereit zu glauben, daß auf den Frauen des Hauses ein Fluch liegt.‹

12. September. ›Deborah ist immer noch da. Sie hat scheint's keine Lust, heimzukehren ins Moor. Und wie sie sich verändert hat. Manchmal kommt es mir vor, als würde sie immer mehr wie ich und ich immer mehr wie sie. Sie legt es geradezu darauf an, meine Sachen zu benutzen, als wären es ihre. Gestern, als wir wieder einmal miteinander sprachen, nahm sie eine Jacke von mir – aus senffarbenem Stoff. Du trägst sie ja kaum, sagte sie. Sie schlüpfte hinein, und wie ich sie so ansah, hatte ich das eigenartige Gefühl, als wäre ich Deborah und sie Barbarina. Es kam mir vor, als sähe ich mir selbst zu. Deborah zog die Jacke wieder aus, doch als sie hinausging, nahm sie sie wie absichtslos über den Arm, und ich habe sie seither nicht mehr gesehen.‹

14. September. ›Ich weine viel. Ich bin ganz erschöpft. Kein Wunder, Petroc läßt sich kaum mehr sehen. Seit einigen Wochen schläft er im Ankleideraum. Ich versuche, mir selbst einzureden, daß es besser so sei. Dann weiß ich wenigstens nicht, ob er da ist oder nicht, und brauche mich nicht mit der Frage abzuquälen, mit wem er die Nacht verbringt. Aber ich tue es trotzdem.‹

20. September. ›Ich kann es immer noch nicht fassen. Ich muß es niederschreiben. Ich werde sonst verrückt. Alles andere kann ich ertragen, aber dieses nicht. Von Louisa Sellick weiß ich und kann es sogar verstehen – und verzeihen. Immerhin wollte er sie heiraten. Aber das! Ich hasse Deborah. Es ist kein Platz für zwei von uns auf dieser Welt. Vielleicht war es das niemals. Es wäre besser gewesen, wir wären ein Wesen geworden. Petroc und Deborah! Es ist nicht zu fassen! Aber warum eigentlich nicht? Warum sollten wir uns nicht Petroc teilen, wie wir uns schon so vieles andere geteilt haben. Nach und nach hat sie mir alles genommen – meinen Mann, meine Persönlichkeit. Die Art, wie sie jetzt lacht, wie sie singt – das ist nicht Deborah; das ist Barbarina. Ich bin äußerlich ruhig und lasse alle in dem Glauben, daß es mich nicht kümmert. Ich lächele sie an und heuchle Interesse – so wie heute, als der alte Jesse Pflanzen in die Halle bringen wollte. Es würde zu kalt draußen und das Gewächshaus sei nicht das Richtige. Armer alter Jesse! Er ist fast blind. Ich habe ihm gesagt, wir würden uns schon um ihn kümmern, und das tut Petroc bestimmt. Das muß man ihm lassen – er ist immer gut zu seinen

Leuten. Deborah und Petroc – ich habe sie zusammen gesehen. Ich weiß es. Er geht in ihr Zimmer. Es liegt neben der Galerie, nicht weit von dem Bild von Lowella Pendorric. Ich lag gestern nacht wach und hörte die Tür. Deborah und Petroc. Wie ich sie hasse – alle beide! Es sollte nicht zwei von uns geben. Vieles habe ich erduldet – aber dieses nicht!‹

21. September. ›Ich bin zu dem Entschluß gekommen, Selbstmord zu begehen. Ich kann nicht mehr. Ich frage mich nur noch wie. So würde sich auch die Legende wieder bewahrheiten von der Braut von Pendorric, und ich, Barbarina, würde dieses Mal die Braut sein.‹

Der Rest der Seite war leer, und ich glaubte schon, am Ende des Tagebuches zu sein. Ich war schrecklich müde. Doch als ich umblätterte, fand ich noch weitere Eintragungen, und was ich da las, machte mich hellwach vor Entsezen.

19. Oktober. ›Sie glauben, ich sei tot. Doch ich bin noch da, nur sie wissen es nicht. Selbst Petroc hat keine Ahnung. Es ist nur gut, daß er es nicht ertragen kann, lange in meiner Nähe zu sein, vielleicht würde er sonst die Wahrheit erkennen. Die meiste Zeit ist er unterwegs. Louisa Sellick tröstet ihn. Es kümmert mich jetzt nicht mehr. Alles ist anders geworden. Ich sollte nichts in dieses Buch schreiben. Es ist viel zu gefährlich, doch ich muß es niederschreiben. Ich fürchte, ich vergesse es sonst. Das Buch darf niemandem in die Finger geraten. Nur Carrie hat es einmal gesehen, und sie weiß sowieso alles. Ich fühle mich jetzt lebendiger denn je. Plötzlich kam mir die Erleuchtung, wie eine neue Braut den Platz von Lowella Pendorric einnehmen könnte, damit sie endlich Ruhe fände in ihrem Grab. Deborah trat in mein Zimmer. Sie trug meine senffarbene Jacke, ihre Augen leuchteten; ich sah es ihr an, daß er die Nacht bei ihr gewesen war. Du siehst müde aus, Barby, sagte sie. Müde! Sie würde auch müde sein, hätte sie so wie ich die ganze Nacht wach gelegen. Auch sie mußte bestraft werden. Es gab keine Entschuldigung für sie, und ich bezweifelte, ob sie und Petroc nach meinem Tode sich noch lieben würden. Petroc machte sich wirklich Sorgen um die Galerie, sagt sie. Man wird wahrscheinlich die ganze Galerie erneuern müssen. Wie besitzergreifend redete sie von Petroc und Pendorric! Alle ihre Sinne waren erfüllt von Petroc. Sie nahm eines meiner Halstücher – Petroc hatte es mir einmal in Italien gekauft –, ein hübsches Stück aus smaragdgrüner Seide. Wie absichtslos legte sie es sich um den Hals. Es paßte vorzüglich zu dem senffarbenen Jackett. Irgend etwas brach in mir, als sie das Halstuch ergriff. Mein Mann – mein Halstuch. Ich hatte das Gefühl, als wenn ich kein eigenes Leben mehr führte. Ich frage mich heute, warum ich es ihr nicht entriß. Aber ich tat es nicht. Komm mit und schau dir auch mal die Galerie an, bat sie mich, es ist wirklich gefährlich; morgen sollen die Arbeiter kommen. Wie unter einem Zwang folgte ich ihr auf die Galerie hinaus; wir standen unter dem Bild von Lowella Pendorric. Hier, sagte sie, schau, Barby. Dann geschah es. Ich beugte mich vor und stieß sie mit aller Kraft hinunter. Ich höre noch ihren Entsetzensschrei. Ich höre noch ihre Stimme. Ich höre sie immer wieder: Nein, Barbarina! Dann weiß ich bestimmt, daß ich Barbarina bin und Deborah in der Gruft von Pendorric ruht. Sie halten mich für tot, und doch lebe ich die ganzen Jahre mit ihnen. Doch nur wenn ich dieses Buch lese, weiß ich genau, wer ich bin.‹

20. Oktober. ›Ich sollte nichts mehr in dem Buch notieren. Doch kann ich nicht widerstehen. Irgend jemand war in der Halle, und ich hatte Angst. Doch war es nur der alte Jesse, der nicht sehen konnte. Ich stand oben auf der Galerie und betrachtete das zersplitterte Holz. Ich brachte es nicht über mich, hinunter in die Halle zu blicken. Der alte Jesse lief, um Hilfe zu holen; er hatte mich sicherlich nicht gesehen, doch ahnte er, daß etwas nicht stimmte; ich lief in das erste beste Zimmer. Es war Deborahs Zimmer. Ich warf mich auf ihr Bett mit klopfendem Herzen. Ich wußte nicht, wie lange ich dort lag. Es kam mir wie Stunden vor, aber natürlich handelte es sich nur um Minuten. Stimmen, Schreckensschreie. Was ging in der Halle vor sich? Es trieb mich nachzusehen, aber ich mußte bleiben, wo ich war. Nach einiger Zeit klopfte es, und Mrs. Penhalligan kam herein. Sie stotterte: Miß Hyson, ein Unglück, ein schreckliches Unglück. Ich setzte mich auf und starrte sie an. Sie sagte: Das Geländer auf der Galerie. Es war schlechter, als wir annahmen. Mrs. Pendorric... Ich starrte sie immer noch an, sie lief hinaus, und ich hörte noch von draußen ihre Stimme: Miß Hyson hat einen fürchterlichen Schock erlitten. Die Ärmste. Das wundert mich gar nicht – sie standen sich so nahe und waren sich so ähnlich.

Ich ging zum Meer hinunter. Es war grau und kalt. Ich brachte es nicht fertig. Man spricht vom Tod; aber wenn man ihm gegenübersteht... Ich hatte schreckliche Angst. Sie ließen mich im Bett, bis alles vorbei war. Ich begegnete Petroc erst im Beisein anderer wieder. Und das war gut so, ich hatte Angst, er würde seine eigene Frau wiedererkennen. Doch auch er hatte sich verändert. Er war nicht mehr derselbe. Seine Fröhlichkeit war dahin, sein Leicht-sinn. Er fühlte sich schuldig. Die Dienstboten wisperten, das hätte so kommen müssen. Barbarina hätte sterben müssen, damit Lo-wella Pendorric ruhen könnte. Im Dunkeln ging keiner mehr dort oben auf der Galerie vorbei. Sie glauben nun, daß Barbarina auf Pendorric spukt. Und sie tut es auch. Sie verfolgt Petroc bis zu seiner Sterbensstunde. So hat sich die Legende bewahrheitet, und die Braut von Pendorric hat ihr Ende gefunden, wie es vorausge-sagt wurde, und sie wird keine Ruhe in ihrem Grab finden. Ich kann die Kinder nicht verlassen. Sie nennen mich nun Tante Deborah. Ich *bin* Deborah. Ich bin ruhig und heiter. Nur Carrie weiß Bescheid. Manchmal nennt sie mich Miß Barbarina. Doch wird sie mir keinen Schaden zufügen, dazu liebt sie mich zu sehr. Ich war immer ihr Liebling, ich war überhaupt aller Liebling. Jetzt hat sich das geändert. Die Menschen verhalten sich mir gegenüber anders.

Sie nennen mich Deborah, und es ist so, daß Deborah lebt und Barbarina gestorben ist.‹

1. Januar. ›Es gibt nichts mehr zu sagen. Barbarina ist tot. Petroc spricht kaum mit mir. Er glaubt vielleicht, ich hätte es aus Eifersucht getan, in der Hoffnung, daß er mich dann heiraten würde; er hat Angst vor der vermeintlichen Wahrheit. Und meine ganze Sorge gilt den Kindern, Petroc ist mir gleichgültig gewor-den. Ich bin jetzt glücklicher, als ich während meiner ganzen Ehe gewesen bin; obgleich ich an meine Schwester denken muß. Bei Nacht besucht sie mich und blickt mich an, traurig und anklagend. Sie kann nicht ruhen. Sie läßt mir und Petroc keine Ruhe. So geht die Sage, und sie muß auf Pendorric spuken, bis eine andere junge Braut sie ablöst. Dann kann sie ihren Frieden finden.‹

Und dann folgte eine letzte Eintragung. Ein kurzer Satz:

›Einmal kommt eine neue Braut auf Pendorric, und dann soll Barbarina ihre Ruhe haben.‹

Barbarina also hatte mich in dieses Haus gelockt – so wie damals in die Gruft. Sie wollte mich umbringen. Was sollte ich nur tun? Ich war allein in diesem Haus, allein mit Barbarina und Carrie.

Ich mußte meine Tür abschließen. Vergeblich versuchte ich, aus dem Bett zu kommen, meine Beine trugen mich nicht , und trotz meiner Aufregung kam ich nicht an gegen diese Schlaftrunken-heit. Ich spürte, wie mir das Buch aus den Fingern glitt und ich in tiefen Schlaf fiel.

Plötzlich fuhr ich hoch. Wo war ich? Da war der Nachttisch, das Tagebuch fiel mir ein – und da wußte ich, wo ich war.

Ich fühlte, daß mich etwas geweckt hatte, und ich folgerte daraus, daß ich nicht allein war. Jemand war noch in diesem Zimmer.

Ich war so müde – zu müde, um mich zu ängstigen, zu müde, um mich aufzuregen, daß ich nicht allein im Zimmer war. Ich träume, dachte ich. Natürlich träume ich. Aus den Schatten formte sich eine Person. Es war eine Frau in einem blauen Morgenmantel. Als der Mondschein auf ihr Gesicht fiel, wußte ich, wer es war.

Die Lider legten sich mir schwer auf die Augen; undeutlich hörte ich ihre Stimme:

»Diesmal, kleine Braut, gibt es keinen Ausweg. Jetzt werden sie nicht länger von Barbarinas Geist tuscheln, sondern von deinem.«

Ich wollte schreien, aber ein Instinkt warnte mich davor. Noch nie in meinem Leben hatte ich solche Angst gehabt, aber auch noch nie war ich so schläfrig gewesen. Das Entsetzen kämpfte gegen meine Müdigkeit an.

Sie stand am Fußende meines Bettes und sah auf mich herab, während ich sie durch meine halbgeschlossenen Augenlider beobachtete und darauf wartete, was als nächstes geschehen würde.

Aus einem Impuls heraus wollte ich sie anreden, doch irgend etwas warnte mich davor; ich mußte wissen, was sie vorhatte.

Plötzlich wurde mir alles klar. Man hatte mir ein Schlafmittel gegeben in der Milch. In der Milch, die Deborah mir gebracht hatte. Nein – nicht *Deborah*. Aber ich hatte die Milch nicht ganz ausgetrunken.

Sie lächelte. Dann bemerkte ich ihre Hände, und es sah so aus, als wenn sie etwas über mein Bett sprühte. Sie ging zum Fenster und bückte sich; dann richtete sie sich auf und lief, ohne noch einen Blick auf mein Bett zu werfen, aus dem Zimmer.

Ich wurde hellwach. Vor mir stand die Wand in Flammen. Die Gardinen brannten lichterloh. Für ein, zwei Sekunden starrte ich sie entgeistert an. Ein Geruch von Petroleum stieg mir in die Nase. Mit einem Satz war ich aus dem Bett und an der Tür. In der nächsten Sekunde stand mein Bett in hellen Flammen. Ich riß an der Türklinke, einen gräßlichen Augenblick lang glaubte ich, ich sei eingeschlossen – wie damals in der Gruft. Ich stieß die Tür auf und hatte noch die Geistesgegenwart, sie hinter mir zuzuschlagen. Dann sah ich sie. Sie rannte den Korridor entlang, und ich lief hinter ihr her. Sie sah sich um und erkannte mich.

»Du wolltest mich töten – *Barbarina*!« schrie ich.

Sie erschrak. Ich hörte sie flüstern: »Das Tagebuch... O mein Gott, sie hat das Tagebuch gelesen.«

Ich packte sie am Arm. »Du hast mein Zimmer in Brand gesteckt«, sagte ich hastig. »Das Feuer breitet sich aus. Wo ist Carrie? Auf diesem Stockwerk? Carrie! Carrie! Komm schnell!«

Barbarinas Lippen bewegten sich; sie sagte immer nur vor sich hin: »Es steht... in dem Tagebuch... sie hat das Tagebuch gesehen...«

Carrie kam uns entgegengestürzt.

»Carrie!« schrie ich. »Mein Zimmer brennt! Rufen Sie schnell die Feuerwehr!«

»Carrie. Carrie! Sie *weiß* es...«, stöhnte Barbarina.

Ich zerrte Carrie am Arm. »Zeigen Sie mir, wo das Telefon ist. Wir haben keine Zeit zu verlieren. Wir müssen das Haus verlassen. Verstehen Sie mich nicht?«

Ich zog Carrie die Treppe hinunter. Ich sah nicht zurück. Barbarina würde uns schon folgen!

Aber ich sah Barbarina nie wieder. Während wir nach der Feuerwehr telefonierten, brannte das oberste Stockwerk lichterloh.

Ich glaube immer noch, daß sie an nichts weiter gedacht hat als an das Tagebuch. Sie wollte es um keinen Preis verlieren, enthielt es doch für sie den Schlüssel zu allem, was ihr geschehen war. Und ich mag nicht daran denken, wie Barbarina sich in das Zimmer stürzte, das einer Hölle glich.

Es dauerte fast eine Stunde, ehe die Feuerwehr das abseits gelegene Haus erreicht hatte, und dann war es zu spät. Erst nachdem wir nach der Feuerwehr telefoniert hatten und die Hansons im Haus waren, vermißten wir Barbarina. Hanson stieg noch die Treppe hinauf, um sie zu retten, doch es war hoffnungslos. Wir mußten Carrie zurückhalten; sie wollte unbedingt ihre Herrin aus den Flammen herausholen.

Ich erinnere mich noch, wie ich in Hansons Häuschen saß und Tee trank, als ich plötzlich eine vertraute Stimme hörte.

»Roc!« schluchzte ich und lief ihm entgegen; wir hielten uns eng umschlungen. Und das war ein Roc, so wie ich ihn noch nie gesehen hatte – stark in seinem Wunsch und Willen zu beschützen, schwach in seiner Sorge um mich, zu jedem Kampf bereit gegen die Mächte, die mich bedrohten, und voller Angst, daß mir ein Leid geschehen könne.

7

Seit jener Nacht ist ein Jahr vergangen, und doch ist die Erinnerung an dieses Erlebnis in mir noch so lebendig, als wäre es gestern gewesen.

Wie oft sage ich zu Roc: »Wenn ich nicht so in das Tagebuch vertieft gewesen wäre, hätte ich das ganze Glas Milch ausgetrunken und nicht gemerkt, wie Barbarina in mein Zimmer kam – und das wäre mein Ende gewesen.«

Es ist sehr schwierig zu verstehen, was in Barbarina vorgegangen ist. Sie muß davon überzeugt gewesen sein, sie sei Deborah. Sonst hätte sie diese Rolle nie so blendend spielen können. Je mehr sie sich wie Deborah benahm, desto ähnlicher wurde sie ihr – genau wie Deborah, als Petroc ihr Geliebter wurde, Barbarina immer mehr glich. Der Fluch, der auf den Bräuten von Pendorric lag, wurde ihr zur Wahnvorstellung. Es könnte gut sein, daß sie wirklich geglaubt hat. Deborahs Geist wäre in ihren Körper eingezogen, und sie wäre Deborah; und durch den ständigen Gedanken an die Schwester, die sie selbst in den Tod geschickt hatte, glaubte sie sich von ihr verfolgt und sann nur darauf, daß eine andere junge Braut diese Rolle auf Pendorric übernahm. Aber wer vermag den Gedankengängen eines kranken Gemüts zu folgen?

Carrie wurde schon immer von ihren Schützlingen beherrscht und war nun mit in die morbide Traumwelt eingeschlossen; Barbarina und Deborah waren ein und dieselbe, und Carrie glaubte es, obwohl sie allein wußte, daß Deborah zu Tode gekommen war. Von Carrie erhielten wir ein paar flüchtige Einblicke in Barbarinas Wahnvorstellungen; aber die Jahre, die sie mit Barbarina zusammengelebt hatte, hatten auch ihre Gesundheit angegriffen; Roc war besorgt, daß sie durch die Aufregung richtig krank werden könne. Er schickte sie in die Obhut seiner alten Nanny, die ein kleines Haus an der Küste hatte. Dort lebt sie noch heute.

Barbarina hatte Hyson ganz in ihren Bann gezogen. Sie sah in Lowella und Hyson eine Wiederholung von sich und Deborah, und da sie die meiste Zeit glaubte, Deborah zu sein, hatte sie eine große Zuneigung zu der weniger anziehenden Hyson gefaßt. Und Hyson war von der seltsamen Art Barbarinas fasziniert, die sich dem Mädchen gegenüber mehr offenbarte als sonst jemandem. Und wie Barbarina lernte sie es, sich in ihre eigene Traumwelt einzuspinnen. Barbarina hatte ihr immer wieder vorgesagt, daß sie, Barbarina, noch am Leben sei, und Hyson hatte ihr geglaubt; sie glaubte, daß Barbarina mich in den Tod locken wollte, damit sie endlich Ruhe in ihrem Grab fände.

Von Carrie erfuhren wir auch, daß Barbarina manchmal in das Musikzimmer ging und dort Geige spielte und das Ophelia-Lied sang und daß sie auf mich bei Polhorgan wartete, um das Warnschild auf dem Klippenpfad vorher zu entfernen, in der Hoffnung, ich würde dort verunglücken. Sie lockte mich auch in das Grab, zu dem sie einen zweiten Schlüssel hatte. Sie hätte mich dort meinem Schicksal überlassen, wenn nicht Hyson vermißt worden wäre. Daraufhin hatte sie es mit dem Wagen versucht, aber wieder hatte der Zufall ihren Plan vereitelt.

Wie leicht hätte die Legende der Bräute von Pendorric weiterleben können! Wäre Barbarina eine kaltblütige Mörderin gewesen, hätte ich keine Chance gehabt; aber sie vermochte Traum und Wirklichkeit nicht zu trennen. Welchen Schaden hätte sie wohl Hyson zugefügt, wäre ich nicht nach Pendorric gekommen? Das Kind war übernervös und hatte den Kopf voller fantastischer Vorstellungen. Sie war schon so weit zu glauben, sie stünde im gleichen Verhältnis zu Lowella wie Deborah zu Barbarina. Barbarina hatte sie für sich gewonnen, weil sie sie der fröhlicheren Schwester vorzog, und damit fing das Übel an. Doch dann begannen die Ereignisse gegen Barbarina zu arbeiten. Hyson hatte das schreckliche Erlebnis in der Gruft mit mir zusammen durchgemacht. Sie wußte durch die Andeutungen, die Barbarina dem Kind gegenüber machte, daß an diesem Tage etwas passieren würde. Sie glaubte, daß die Gestalt, die sie im Kirchhof gesehen hatte, als sie sich versteckte, der Geist Barbarinas gewesen sei. Und als Barbarina die Tür zu der Gruft öffnete und dort das Lied sang, um mich anzulocken, schlüpfte Hyson hinein. Und von dem Augenblick an ahnte Hyson die Schrecken des Todes, daß er nicht leicht und sanft kam, sondern daß man erst leiden müßte, bis man erlöst würde.

Dann sah sie ihre Mutter im Krankenhaus und wußte sofort, daß ich eigentlich dort liegen sollte. Sie hatte Angst um mich, weil sie mich gern hatte, und als sie mich mit Barbarina davonfahren sah, ahnte sie, was mir bevorstand, und bekam einen Nervenzusammenbruch. Ihr Vater rief sofort Dr. Clement, aber es brauchte einige Zeit, bis sie ihre unzusammenhängenden Worte verstanden. Dr. Clement verständigte sofort Roc, und Roc fuhr unverzüglich nach Manor-Haus.

Seit Roc zu mir nach Devon gekommen war und die Schrecken

ein Ende hatten, lernte ich erst, was Sicherheit und Ruhe bedeuteten.

Ich erfuhr auch, wer der Junge war, der auf dem Moor bei Louisa Sellick lebte. Morwenna gestand Charles, daß es ihr Sohn sein. Der Junge war der Sproß einer kurzen, leidenschaftlichen Liebe, die ihr mit siebzehn Jahren begegnet war. Rachel Bective, die sich als Kind so nach Pendorric gesehnt und Morwenna mit der Drohung in die Gruft eingeschlossen hatte, sie erst wieder herauszulassen, wenn sie wieder eingeladen würde, hatte sich damals als gute Freundin erwiesen. Sie blieb in dieser schweren Zeit bei Morwenna, und natürlich hatte auch Roc ihnen geholfen. Es war seine Idee gewesen, Louisa Sellick um Hilfe zu bitten, und er und Rachel brachten ihr dann das Kind; Louisa war nur zu froh, daß sie endlich einmal etwas für Petrocs Kinder tun konnte.

»Ich durfte es dir nicht sagen, ich hatte Morwenna geschworen, es geheimzuhalten«, sagte Roc. »Ich habe oft mit ihr darüber gesprochen, ob wir dich nicht einweihen sollten, aber leider hatte sie große Angst vor Charles.«

Während des vergangenen Jahres hatten wir viel Arbeit, Polhorgan in ein Waisenhaus umzuwandeln. Rachel Bective wird als Erzieherin für die Waisen dort tätig sein, und Dr. Clement übernimmt die ärztliche Betreuung. Auch die Dawsons werden bleiben, obgleich sicherlich dann und wann kleine Meinungsverschiedenheiten zwischen ihnen und Rachel auftreten werden. Ich mag Rachel immer noch nicht – und das wird sich wohl auch nie ändern –, aber ich habe ihr in Gedanken so viel Unrecht getan, daß ich mir alle Mühe gebe, nett zu ihr zu sein.

Die Zwillinge sind nun auf der Schule – jeder in einer anderen. Vorher war Hyson mit ihrer Mutter noch zur Erholung in Bournemouth, und wir hoffen, daß Hyson mit der Zeit die dunklen Vorstellungen, die ihr Barbarina vermittelt hat, vergessen wird.

Morwenna ist ein Stein vom Herzen gefallen, der ihr vierzehn Jahre das Leben schwergemacht hat, und Charles erwies sich zu ihrer Überraschung weniger selbstgerecht, als sie geglaubt hatte. Er war eigentlich nur traurig und nahm es ihr ein bißchen übel, daß sie ihm so wenig vertraut hatte.

Nun sind Louisa und Ennis also auf Pendorric. Morwenna wollte den Jungen nicht Louisa wegnehmen, und ich glaube fest, daß mit der Zeit Ennis für Charles der Sohn wird, den er nicht hatte.

Es kann gut sein, daß wir eines Tages Pendorric nicht mehr halten können und für die Öffentlichkeit freigeben müssen.

Natürlich werden wir immer unsere eigene Wohnung behalten, aber es wird nicht mehr dasselbe sein. Roc hat sich schon mit dem Gedanken vertraut gemacht.

Mein ganzes Geld soll für Polhorgan bleiben, so will es Roc.

Wie oft neckt er mich damit, daß ich geglaubt habe, er hätte mich nur wegen des Geldes geheiratet und mir nach dem Leben getrachtet. »Und doch«, meinte er, »liebtest du mich – auf deine Art.«

Und er hat recht. Während der gefahrvollen Monate liebte ich Roc aus ganzem Herzen. Wenn wir zusammen durch den Klippengarten von Pendorric gehen, hinunter zur Pendorric-Bucht, und nach Polhorgan hinübersehen, hoch oben auf den Klippen, oder nach Cormorant-Haus, wo Althea Grey sich einmal aufhielt, erinnern wir uns der Zweifel, die doch unsere Liebe nicht verringern konnten – die nur ein Zeichen dafür waren, daß wir die Entdeckungsreise in unser gemeinsames Leben erst angetreten hatten.

Die siebente Jungfrau

1

Zwei Tage nachdem man die Gebeine der eingemauerten Nonne in St. Larnston Abbas gefunden hatte, trafen wir zusammen: Justin und Johnny St. Larnston, Mellyora Martin, Dick Kimber und ich, Kerensa Carlee. Ich trug zwar einen ebenso großartigen Namen wie sie, aber ich wohnte in einer Lehmkate, und sie waren die vornehmen Herrschaften.

Abbas gehörte seit Jahrhunderten den St. Larnstons. Ehe sie es erwarben, war es ein Kloster gewesen. Eindrucksvoll, natürlich aus cornischem Gestein erbaut, zeigten seine Wachttürme einen rein normannischen Stil.

Bisher war ich noch nie in Abbas gewesen, aber die nähere Umgebung kannte ich sehr gut. Einzigartig war das Haus nicht.

Nur die *sechs Jungfrauen* unterschieden St. Larnston Abbas von den anderen Herrenhäusern.

Wenn man der Legende Glauben schenken durfte, so war der Name insofern falsch, als es sich um sechs Frauen handelte, die – eben, weil sie keine Jungfrauen mehr waren – in Steine verwandelt wurden. Mellyoras Vater, Reverend Charles Martin, nannte sie ›Menhire‹. *Men* ist das cornische Wort für Stein, und *hir* heißt lang.

Auch die Sage, daß es eigentlich sieben Jungfrauen gewesen seien, stammte von Reverend Martin. Sein Urgroßvater hatte die gleiche Leidenschaft für alte Dinge gehabt wie er, und eines Tages stieß Reverend Martin auf einige Notizen, die in einem alten Schrank vergraben waren. Sie enthielten unter anderem die Geschichte der sieben Jungfrauen.

Die Sage erzählt, einst hätten sechs Novizinnen und eine Nonne ihre Unschuld verloren, und die Novizinnen seien daraufhin aus dem Kloster gejagt worden. Als sie gegangen waren, tanzten sie auf der Wiese in der Nähe, um ihren Trotz zu beweisen, und wurden alsbald in Steine verwandelt. Zu jener Zeit glaubte man daran, daß es einer Stätte Glück bringe, wenn man einen lebenden Menschen in sie einmauere. Und also verurteilte man die Nonne, deren Sünde noch schwerer wog, dazu, eingemauert zu werden.

Reverend Martin behauptete, die Geschichte sei Unsinn. Die

Steine müßten schon lange Zeit, bevor das Kloster erbaut wurde, auf der Wiese gestanden haben. Aber die Menschen von St. Larnston liebten die Sage von den Jungfrauen und glaubten daran.

Sie glaubten schon eine ganze Weile daran, als eine Mauer im ältesten Teil von Abbas einstürzte und Sir Justin St. Larnston anordnete, den Schaden sofort zu beheben.

Reuben Pengaster arbeitete genau an der Stelle, wo man auf die ausgehöhlte Mauer stieß, und er schwor, daß er eine Frau dort habe stehen sehen.

»Eine Sekunde lang stand sie dort«, behauptete er. »Wie ein Gespenst. Dann war sie fort, und nichts als Staub und diese alten Gebeine blieben übrig.«

Von da an, so hieß es, benahm sich Reuben sonderbar. Er war nicht verrückt, aber er war auch nicht wie andere Leute.

»Er hat etwas gesehen, was nicht für Menschen bestimmt ist«, sagten die Leute. »Und das hat ihm den Sinn verwirrt.«

Aber man fand tatsächlich Knochen in jener Wand, und die Experten waren sich einig, daß sie von einer jungen Frau stammten.

Es war ein heißer Tag. Ich verließ unsere Kate kurz nach dem Mittagessen. Jeder hatte eine Schüssel mit Quillet bekommen – Joe, Grandma Bee und ich. Diese Art Erbsenbrei wurde in Cornwall oft in Hungerszeiten gegessen, weil es billig ist und satt macht.

Ich war zwölf Jahre alt, mit schwarzen Haaren und schwarzen Augen, und obwohl ich ziemlich mager war, hatte ich doch schon etwas, was die Männer zweimal nach mir schauen ließ. Wenn ich mich auch damals noch nicht sehr gut kannte, war ich mir doch einer Eigenschaft bewußt: Ich war stolz. Ich hatte jenen Stolz, der zu den sieben Todsünden gehört. Mein Gang war keck und hochmütig, als wäre ich kein Kind aus dem Dorf, sondern gehörte zu einer Familie wie der der St. Larnstons.

Unsere Kate stand abseits von den anderen in einem kleinen Dickicht. Sie bestand nur aus vier getünchten Lehmwänden und einem Strohdach – primitiver konnte eine Wohnung nicht sein.

Ich rannte von unserem Häuschen aus an der Kirche und am Doktorhaus vorbei, durch das Pendelgatter und quer über das Feld in einer Abkürzung zu der Abbas-Auffahrt. Diese Auffahrt war eine dreiviertel Meile lang, und am Ende stand ein kleines Pförtnerhäuschen. Ich verließ den Weg, kroch durch die Hecke und traf auf die Auffahrt, wo sie unweit vom Haus in Rasen überging.

Atemlos hielt ich inne, schaute mich um und lauschte auf das Rascheln der Insekten im hohen Gras. In einiger Entfernung erkannte ich das Dach vom Dower-Haus, wo Dick Kimber wohnte. Mein Herz schlug rasch. Gleich würde ich mich auf verbotenem Grund befinden, und Sir Justin war hart solchen Leuten gegenüber, besonders in seinen Wäldern. Aber ich bin ja erst zwölf, sagte ich mir. Einem Kind konnte er doch nicht viel anhaben.

Konnte er nicht? Jack Toms war mit einem Fasan in der Tasche erwischt und des Landes verwiesen worden. Für sieben Jahre hatte man ihn nach Botany Bay verbannt, und er war noch dort. Damals war er elf, als man ihn erwischte.

Aber mein Interesse galt nicht den Fasanen. Ich tat nichts Böses, und man behauptete, daß Sir Justin den Mädchen gegenüber nachsichtiger sei als den Knaben.

Durch die Bäume konnte ich das Haus sehen. Das war eine aufregende Aussicht, war doch der Rasen auf der einen Seite nur durch eine Buchsbaumhecke von der Wiese getrennt, auf der die sechs Jungfrauen standen. Ziemlich unpassend befand sich dicht neben den Jungfrauen die alte Zinnmine. Man fragte sich oft, warum die St. Larnstons diese Überreste der Mine nicht beseitigt hatten.

Ich mußte quer über den Rasen laufen, wo man mich womöglich von einem der Fenster aus sehen konnte. Ich flog schier durch die Luft, bis ich ganz dicht an der grauen Hausmauer war. Ich wußte, wo ich die Mauer finden konnte.

Vorsichtig setzte ich meinen Weg rund um das Haus fort und kam zu einem kleinen Gatter, das in einen ummauerten Garten führte. Auf der gegenüberliegenden Seite war eine Schubkarre gegen die Mauer gelehnt. Auf dem Boden lagen Ziegelsteine und Handwerkszeug der Arbeiter. Jetzt wußte ich, daß ich an der richtigen Stelle war.

Rasch lief ich hinüber und spähte in das Loch in der Mauer. Innen war eine kleine Höhle, so groß wie eine kleine Kammer, etwa sieben Fuß hoch und sechs Fuß breit. Man sah es deutlich, daß die dicke, alte Mauer absichtlich hohl gelassen worden war, und als ich sie betrachtete, glaubte ich fest daran, daß die Legende von der siebenten Jungfrau auf Wahrheit beruhte.

Es trieb mich, an demselben Fleck zu stehen, wo das Mädchen damals gestanden hatte, zu fühlen, wie es ist, eingeschlossen zu sein. Ich kletterte also in das Loch, wobei ich mir die Knie abschürfte, denn es war ziemlich hoch. Drinnen in der Mauer stellte ich mich mit dem Rücken zum Licht und versuchte mir vorzustellen, wie ihr wohl zumute gewesen sein mußte, als man sie zwang, sich hier, wo ich jetzt stand, hinzustellen und zu wissen, daß man sie jetzt einmauerte und sie für den Rest ihres kurzen Lebens in tiefster Finsternis allein ließ. Wie gut konnte ich ihr Grauen, ihre Verzweiflung nachempfinden.

Ein Hauch von Moder lag in der Luft, ein Hauch von Tod, redete ich mir ein, und meine Fantasie war in diesen Sekunden so lebhaft, daß ich mir wirklich einbildete, die siebente Jungfrau, das sei ich. Ich hätte leichtsinnig meine Unschuld weggeworfen und sei zur Strafe zu diesem schrecklichen Tod verurteilt. Und leise sagte ich zu mir selbst: »Ich würde es wieder tun.«

Ich, an ihrer Stelle, wäre stolz gewesen, meine Furcht zu zeigen, und ich hoffte nur, sie war es ebenfalls gewesen.

Menschenstimmen riefen mich wieder in mein Jahrhundert zurück.

»Und ich will es sehen!« Diese Stimme kannte ich. Sie gehörte Mellyora Martin, der Tochter des Reverend. Ich verachtete sie wegen ihrer stets sauberen gestreiften Baumwollkleider, die sie nie schmutzig machte, wegen ihrer langen weißen Strümpfe und ihrer schwarzen, glänzenden Schnürstiefelchen. Sie war zwölf Jahre alt, genau wie ich. Ich sah sie manchmal im Pfarrhaus am Fenster sitzen, über ein Buch gebeugt, oder im Garten unter dem Ahornbaum, zusammen mit ihrer Gouvernante. Ihr Haar war, wie manche sagen würden, golden. Ich nannte es gelb. Ihre Augen waren groß und blau, ihre Haut war weiß und zart getönt.

»Du wirst dich schmutzig machen.« Das war Johnny St. Larnston.

Nun erwischen sie mich, überlegte ich, und ausgerechnet ein St. Larnston. Aber es war bloß Johnny, der, wie es hieß, in einer Hinsicht, aber eben nur, was Frauen betraf, seinem Vater nachschlug. Johnny war vierzehn. Ich hatte ihn manchmal mit seinem Vater gesehen. Johnny war viel größer als ich, und ich war schon groß für mein Alter. Er war blond, wenn auch nicht so wie Mellyora, und er sah nicht wie ein St. Larnston aus. Ich war froh, daß es nur Johnny und Mellyora waren.

»Das macht mir nichts aus. Johnny, glaubst du wirklich an diese Geschichte?«

»Natürlich.«

»Die arme Frau! Eingemauert zu werden – lebendig!«

»Hallo!« Diesmal war es eine andere Stimme. »Kinder, geht weg von der Mauer!«

»Wir wollen sehen, wo man die Nonne gefunden hat«, antwortete Johnny.

»Unsinn! Wer sagt denn, daß es eine Nonne war? Alles nur Ammenmärchen!«

Mellyora lugte durch die Öffnung. Sie brauchte einige Sekunden, um ihre Augen an das Dunkel zu gewöhnen, und schon hielt sie erschrocken den Atem an. Bestimmt hielt sie mich in diesen kurzen Sekunden für den Geist der siebenten Jungfrau.

»Aber...«, stotterte sie. »Sie...«

Johnnys Kopf erschien. Ein kurzes Schweigen, dann murmelte er: »Es ist nur eins von den Katenkindern.«

»Sei doch vorsichtig! Wer weiß, ob die hält!« Die Stimme gehörte Justin St. Larnston, dem Schloßerben, keinem Jungen mehr, sondern einem Mann, der nur während der Semesterferien zu Hause war.

»Aber ich sage dir doch, da sitzt jemand drin«, erwiderte Johnny.

»Erzähl mir bloß nicht, daß die Dame immer noch da ist!«

Wieder eine andere Stimme; sie gehörte Dick Kimber, der im Dower-Haus wohnte und mit dem jungen Justin in Oxford studierte.

»Komm und sieh selbst!« rief Johnny.

Ein anderes Gesicht starrte mich an. Es war braun und von dunklem wirrem Haar umrahmt. Die braunen Augen lachten.

»Das ist nicht die Jungfrau«, kommentierte Dick Kimber.

»Woher weißt du das denn, Kim?« fragte Johnny.

Und schon schob Justin sie beiseite, um auch hereinzuschauen. Er war sehr groß und dünn; seine Augen blickten ernst, und seine Stimme war ganz ruhig. »Wer ist das?« fragte er.

»Ich bin kein das«, antwortete ich. »Ich bin Miß Kerensa Carlee.«

»Wieso treibst du dich hier herum? Komm sofort heraus!«

Ich zögerte, weil ich nicht wußte, was er im Sinn hatte.

»Was ist los?« fragte Dick Kimber, den sie Kim nannten. »Warum kommst du nicht heraus?«

»Geh erst fort, dann komme ich«, erwiderte ich.

Er wollte schon in die Höhle kriechen, als Justin ihn warnte: »Vorsicht, Kim. Du bringst die ganze Mauer zum Einsturz.«

Kim blieb, wo er war. »Wie war gleich dein Name?«

»Kerensa Carlee.«

»Großartig. Aber jetzt kommst du wohl besser heraus.«

»Geh erst fort.«

Sie lachten über mich, und als ich aus dem Loch herauskroch und fortlaufen wollte, schlossen sie einen Kreis um mich. Eine Sekunde lang kam mir der Kreis der Steine in den Sinn, und es war fast das gleiche unheimliche Gefühl wie da drinnen in der Mauer.

Mellyora schaute verlegen weg, und in diesem Moment erkannte ich, daß ich sie unterschätzt hatte. Sie war sanft, aber nicht einfältig, und sie wußte viel besser als die anderen, wie mir zumute war.

»Du brauchst keine Angst zu haben, Kerensa«, sagte sie.

»So, braucht sie nicht?« widersprach Johnny. »Miß Kerensa Carlee wird des unbefugten Eindringens für schuldig befunden. Sie ist in flagranti ertappt worden. Wir müssen uns eine Strafe für sie ausdenken.«

Natürlich neckt er mich. Er wollte mir nichts Böses tun.

Kim sagte: »Es sind also nicht nur die Katzen, die an Neugier sterben.«

»Sei vorsichtig!« befahl Justin. Dann wandte er sich mir zu. »Du hast wohl keine Ahnung, wie gefährlich es ist, über eine eben zusammengefallene Mauer zu klettern? Überhaupt, was machst du hier?« Er wartete keine Antwort ab. »Hau ab! Je schneller, desto besser.«

Ich lief; doch als ich zu dem Gatter des ummauerten Gärtchens kam, in sicherer Entfernung von ihnen, blieb ich stehen und blickte zurück.

Noch immer standen sie im Halbkreis und sahen mir nach. Mellyora war die einzige, die ich genauer ansah, und sie blickte ganz betroffen zurück.

Grandma Bee saß vor der Kate, als ich zu Hause ankam. Den Stuhl gegen die Wand gelehnt, die Pfeife im Mund und die Augen halb geschlossen, lächelte sie vor sich hin.

Ich warf mich an ihrer Seite nieder und berichtete, was geschehen war.

Grandma Bee liebte Joe und mich, und es war herrlich, von ihr geliebt zu werden. Aber noch schöner war es zu wissen, daß ich den ersten Platz bei ihr einnahm. Joe war so etwas wie ein kleiner Schoßhund. Wir liebten ihn auf eine mütterliche Weise, doch

Grandma und mich verknüpfte ein ganz besonderes Band, und das wußten wir auch.

Sie war eine weise Frau. Das heißt, sie war nicht nur eine kluge Frau, sondern sie war in der Umgebung bekannt für ihre besonderen Kräfte, und alle möglichen Leute kamen zu ihr. Sie heilte ihre Leiden, und sie vertrauten ihr mehr als dem Arzt.

Wir lebten von Grandmas Weisheit, und das nicht einmal schlecht.

Die Sonne schien auf ihr weiches blauschwarzes Haar, das ihren Kopf umkränzte. Es gab ihr ein stolzes Aussehen.

»An was denkst du?« fragte ich.

»An den Tag, als du kamst. Erinnerst du dich?«

Ich lehnte meinen Kopf gegen ihre Knie. Die Erinnerung stieg wieder in mir auf.

Unsere ersten Jahre verbrachten Joe und ich am Meer. Unser Vater hatte eine kleine Kate am Kai, ähnlich wie wir sie jetzt mit Grandma bewohnten. Nur hatte unsere noch einen großen Keller, wo wir nach reichem Fang die Sardinen salzten und lagerten.

Ich mußte mich immer um Joe kümmern. Unsere Mutter starb, als er vier Jahre alt war und ich sechs. Manchmal, wenn unser Vater auf See war und die Stürme tobten, daß wir glaubten, unsere Hütte würde ins Meer gefegt, wiegte ich Joe und sang ihm etwas vor, bis er ruhig wurde.

Die beste Zeit war, wenn das Meer ruhig war, und die schwerste, wenn die Sardinenschwärme an unsere Küste kamen. Wächter, die in dieser Zeit die Küste beobachteten, meldeten die Schwärme.

Joe und ich arbeiteten zusammen im Keller und legten immer eine Lage Salz auf eine Lage Fisch, bis ich dachte, meine Hände würden nie wieder warm werden und nie wieder den Fischgeruch verlieren.

Aber das waren die guten Zeiten gewesen. Dann kam jener Winter, wo kein einziger Fisch mehr in unserem Keller war und die Stürme so entsetzlich rasten, wie sie es seit achtzig Jahren nicht mehr getan hatten.

In Vaters Augen sah ich die Verzweiflung. Ich beobachtete, wie er Joe und mich nachdenklich ansah, als wenn er zu einem Entschluß kommen müßte.

Einmal sagte er zu mir: »Eure Mutter hat euch sicher viel von eurer Grandma erzählt. Ich glaube, sie hätte euch gern bei sich, dich und Klein Joe.«

Ich ahnte nicht, was seine Worte bedeuteten, bis er sein Boot klarmachte. Er, der sein Leben auf dem Meer zugebracht hatte, wußte wohl, was er riskierte. Ich erinnere mich gut, wie er in der Kate kam und nach mir rief.

»Sie sind zurück!« sagte er. »Es gibt Sardinen zum Frühstück. Paß auf Joe auf, bis ich wiederkomme.«

Ich sah ihm nach, wie er ging, und sah auch die anderen am Ufer. Sie redeten auf ihn ein, und ich wußte, was sie ihm sagten; aber er hörte nicht.

Vater kam nie wieder. Wir waren allein. Ich wußte nicht, was wir tun sollten, und durfte es doch Joe nicht zeigen.

Eine Weile halfen uns die Nachbarn. Aber es waren schlechte Zeiten, und sie sprachen davon, uns ins Armenhaus zu stecken. Und dann fiel mir ein, was Vater von unserer Grandma gesagt hatte, und ich erklärte Joe, daß wir sie suchen gehen wollten. So machten Joe und ich uns auf den Weg nach St. Larnston, und nach langer Zeit und vielen Mühsalen kamen wir zu Grandma Bee.

Und nie vergesse ich die erste Nacht in Grandma Bees Kate. Joe wurde in eine Decke gewickelt und bekam heiße Milch zu trinken. Ich mußte mich hinlegen, und dann wusch Grandma Bee mir die Füße und strich Salbe auf die wunden Stellen. Am anderen Morgen waren sie geheilt, was mir wie ein Wunder vorkam.

Grandma Bee gab mir zu essen und kleidete mich. Sie gab mir auch meine Würde und meinen Stolz.

Schnell, wie es eben Kinder tun, gewöhnten wir uns an unser neues Leben. Statt in einem Fischerdorf wohnten wir nun unter Bergleuten; obwohl die St.-Larnston-Mine geschlossen war, gab die Fedder-Mine doch noch vielen Menschen aus St. Larnston Arbeit. Grandma schimpfte über das Akkordsystem. Hatte ein Mann einen schlechten Tag und war seine Ausbeute gering, dann war seine Bezahlung entsprechend. Auch schimpfte sie über die Bergwerksgesellschaft, die ihre eigenen Läden unterhielt, wo die Bergleute alles kaufen mußten, manchmal zu überhöhten Preisen.

»Ich hab' Durst, Liebchen«, sagte Grandma. »Geh und hol mir einen Fingerhut voll von meinem Schlehdornschnaps.«

Ich ging in die Kate. Sie bestand aus einem einzigen Raum, doch war ein kleiner Nebenraum angebaut, wo sie ihre Tränke braute und oft auch ihre Kunden empfing. Der eine Raum war unser Schlaf- und Wohnzimmer zugleich. Pedro Balencia, Grandma Bees Mann, den man einfach nur Pedro Bee rief, weil die Leute seinen Namen nicht aussprechen konnten, hatte die Kate in einer Nacht erbaut. Wer das nämlich in einer Nacht schaffte, dem gehörte, nach einem alten Brauch hier, der Grund und Boden, auf dem sie stand.

Pedro kam aus Spanien. Vielleicht hatte er einmal davon gehört, daß die cornischen Menschen einen Schuß spanisches Blut in sich hätten, seit den Tagen, da spanische Segler die Küste überfallen und die Frauen vergewaltigt hatten.

Pedro liebte Grandma, die wie ich Kerensa hieß. Er liebte ihr schwarzes Haar und ihre Augen, die ihn an Spanien erinnerten. Sie heirateten und lebten zusammen in der Kate, die er binnen einer Nacht gebaut hatte, und sie hatten eine Tochter – meine Mutter.

Obgleich wir nur einen Raum hatten, gab es noch den Talfat, ein großes Brett in halber Höhe an der Wand, das weit in den Raum hineinragte. Dieser Talfat, auf den wir über eine Leiter, die immer in der Ecke stand, hinaufkletterten, diente Joe und mir als Schlafstätte.

Joe lag gerade dort oben.

»Was machst du da?« rief ich.

Er gab mir keine Antwort, und ich wiederholte meine Frage, worauf er eine Taube hochhielt.

»Sie hat sich ein Bein gebrochen«, erklärte er. »Aber paß auf, in ein, zwei Tagen ist es wieder heil.«

Die Taube hielt still in seiner Hand, und ich sah, daß er eine Schiene konstruiert hatte, an die er das Bein gebunden hatte. Was mich bei Joe vor allem erstaunte, war nicht, daß er für Vögel und andere Tiere so etwas machen konnte, sondern daß die Tiere sich während seiner Behandlung ruhig verhielten.

»Und wenn sie dann geheilt ist?« fragte ich.

»Nun, dann fliegt sie fort und ernährt sich selbst.«

Ich fand unsere Vorratskammer immer wieder geradezu aufregend. Ähnliches hatte ich noch nie gesehen. Zu beiden Seiten standen Arbeitstische voller Töpfe und Flaschen. Quer über der Decke war ein Balken, an dem alle möglichen Kräuter zum Trocknen hingen. Über der Feuerstelle hing ein riesiger schwarzgeräucherter Kessel, und unter den Tischen standen die Krüge mit Grandmas selbstgebrauten Säften. Ich wußte, in welchem der Schnaps war, goß ein wenig in ein Glas und brachte es ihr.

Während sie nippte, kauerte ich mich wieder neben sie.

»Grandma«, bat ich, »sag mir, ob ich jemals erreichen werde, was ich mir wünsche.«

Lächelnd wandte sie sich mir zu und meinte: »Nanu, Liebling, du redest ja wie eines dieser Mädchen, die zu mir kommen und wissen wollen, ob ihr Liebster ihnen treu sei. Das hätte ich nicht von dir gedacht.«

»Aber ich möchte es doch so gern wissen.«

»Dann hör mir zu. Die Antwort ist einfach. Kluge Menschen lassen sich nie die Zukunft voraussagen. Sie machen sie selbst.«

Den ganzen Tag über konnten wir die Schüsse hören. Das bedeutete, es war eine Gesellschaft in Abbas. Wir hatten die Wagen anfahren sehen und wußten Bescheid; sie schossen Fasanen in den Wäldern.

Joe lag auf dem Talfat mit einem Hund, den er vor einer Woche vor dem Verhungern gerettet hatte. Er war gerade wieder kräftig genug, um herumzuspringen, aber er wich nicht von Joes Seite. Joe teilte sein Essen mit ihm und war glücklich, ihn gefunden zu haben. Aber jetzt war er unruhig. Ich kannte das noch vom Vorjahr her und wußte, daß er an die armen Vögel dachte, die erschreckt aufflatterten, ehe sie tot auf die Erde fielen.

Ich machte mir Sorgen um Joe, weil er so finster blickte und ich in ihm so manchen Zug von mir selbst erkannte. Ich wußte daher nie genau, was er im Sinn hatte.

Grandma ahnte, daß ich mir Sorgen machte, und schlug vor, mit ihr in den Wald Kräuter sammeln zu gehen.

»Du darfst dich nicht aufregen, Mädchen«, sagte sie. »Es ist nun mal seine Art, und es wird ihm immer Kummer machen, wenn Tiere leiden.«

»Grandma, ich wünsche – ich wünsche, er könnte Arzt werden und nach den Menschen sehen. Ob sie wohl eine Menge kosten würde, so eine Ausbildung?«

»Weißt du denn überhaupt, ob er will, mein Kind?«

»Er will doch immer alles heilen. Warum nicht auch Menschen? Da kriegte er wenigstens Geld dafür, und die Leute hätten Respekt vor ihm.«

»Wenn es ihm bestimmt ist, wird er es tun.«

»Du hast doch gesagt, nichts wäre vorherbestimmt. Die Menschen sollten sich ihre eigene Zukunft bauen.«

»Jeder richtet sich sein Leben selbst ein, Liebling. Er macht es so, wie er will, genauso wie du tust, was dir gefällt.«

Als wir müde wurden, setzten wir uns unter einen Baum, und ich überredete Grandma, mir von früher zu erzählen.

Wenn Grandma erzählte, kam es wie ein Zauber über mich, als wäre ich es selber, die all das erlebte. Ja, mir war auch zumute, als wäre ich Grandma selbst, umworben von Pedro, dem jungen Bergmann, der so anders war als die übrigen Männer und der immer so hübsche Lieder vorsang, spanische Lieder, die sie nicht verstand.

»Grandma, du hast ihn geliebt, du hast ihn wirklich geliebt.«

»Er war der mir bestimmte Mann, und ich wollte keinen anderen haben.«

»Du hattest also nie einen anderen Liebsten?«

»Dein Grandpa war kein duldsamer Mensch«, gab sie zur Antwort. »Er hätte jeden, der ihn beleidigte, ohne viel Federlesens umgebracht.«

»Hat er denn jemals jemanden getötet, Grandma?«

»Nein, aber er hätte es getan – er würde es getan haben, wenn er gewußt hätte ...«

»Was gewußt, Grandma?«

Nach langem Schweigen sagte Grandma: »Aber es ist schon so lange her ...«

»Daß du einen anderen Mann geliebt hast?«

»Es war keine Liebe. Ich werde es dir erzählen – als Warnung. Es ist ganz gut, wenn man weiß, wie es in der Welt aussieht, vielleicht geht es dir auch einmal so. Dieser andere war Justin St. Larnston – nicht dieser Sir Justin. Sein Vater.«

Ich setzte mich kerzengerade auf, mit weit geöffneten Augen.

»Du, Grandma – und Sir Justin St. Larnston?«

»Sein Vater. Aber es war kein großer Unterschied zwischen ihnen. Er war böse.«

»Aber warum ...«

»Um Pedros willen.«

»Aber ...«

»Das sieht dir ähnlich, gleich zu urteilen, ohne die Tatsachen gehört zu haben, Kind. Nachdem ich nun einmal angefangen habe, muß ich dir auch alles erzählen. Er sah mich und stellte mir nach. Ich gehörte zu den Katenkindern der St. Larnstons und war versprochen. Er mußte wohl Erkundigungen über mich eingezogen und erfahren haben, daß ich Pedro heiraten wollte. Ich weiß es noch wie heute, wie er mich in die Enge trieb, dort in dem ummauerten Gärtchen dicht beim Haus.«

Ich nickte.

»Wie dumm ich war. Ich war auf dem Weg zur Küche, wo ich eines der Mädchen besuchen wollte. Und dort in dem Garten lauerte er mir auf und stellte mich. Er versprach mir eine Stellung für Pedro, eine sichere und besser bezahlte als im Bergwerk – wenn ich vernünftig wäre. Pedro brauchte es ja nicht zu erfahren. Ich aber widerstand ihm, sagte, ich liebte Pedro, wollte ihn heiraten, und daß es für mich nie einen anderen gäbe als Pedro.«

»Und dann?«

»Und dann wurde Pedro übel mitgespielt. Die St.-Larnston-Mine arbeitete damals noch, und er war in seiner Hand. Ich dachte, er hätte mich vergessen, aber nein. Je mehr ich mich sträubte, um so größer wurde sein Verlangen. Pedro erfuhr nichts davon. Das war das Wunder. Und dann eines Nachts, ehe wir heirateten, ging ich zu dem anderen. Ich sagte mir, wenn es ein Geheimnis bliebe und er Pedro in Frieden ließe, dann wäre es wohl besser so.«

»Grandma!«

»Du bist entsetzt, mein Liebling. Darüber bin ich froh. Aber ich will dir erklären, warum ich es tun mußte. Ich habe oft darüber nachgedacht und weiß, daß es richtig war. Meine Zukunft gehörte Pedro. Ich wollte, daß wir für immer zusammen in dieser Kate bleiben und unsere Kinder um uns, die Jungen Pedro ähnelnd und die Mädchen mir. Und ich überlegte: Was bedeutet schon das eine Mal, wenn ich dafür die Zukunft für uns erkaufe? Und ich tat recht daran. Du hast keine Ahnung, wozu der alte Sir Justin fähig war. Er hatte kein Gefühl für unsereinen. Wir waren für ihn wie Fasane, die sie heute schießen – eigens zu diesem Zweck aufgezogen. Er hätte Pedro mit der Zeit getötet. Er hätte ihm eine gefährliche Arbeit gegeben, und ich hatte es in der Hand, daß er uns in Ruhe ließ, weil ich erkannte, daß es für ihn eine Art Sport war. Und deshalb ging ich hin.«

»Oh, ich hasse die St. Larnstons!« stöhnte ich.

»Die Zeiten ändern sich, Kerensa, und die Menschen mit ihnen. Die Zeiten sind schwer, aber nicht so schwer wie damals, als ich in deinem Alter war. Und wenn deine Kinder heranwachsen, dann werden sie es wiederum etwas leichter haben. Das ist der Lauf der Welt.«

»Grandma, und was passierte dann?«

»Es war nicht zu Ende. Einmal war nicht genug. Er mochte mich gut leiden. Mein schwarzes Haar, Pedros ganzer Stolz. Auch er liebte es. Es lag ein Eishauch über meinem ersten Ehejahr, Kerensa. Es hätte so schön sein können, aber ich mußte zu ihm gehen, verstehst du. Und wenn Pedro davon erfahren hätte – er hätte ihn umgebracht, leidenschaftlich und stolz wie er war.«

»Hattest du Angst, Grandma?«

Sie runzelte die Stirn, als wollte sie sich erinnern. »Es war ein verwegenes Spiel, fast ein Jahr lang, bis ich fühlte, daß ich ein Kind bekommen würde... Und ich wußte nicht von wem. Kerensa, ich wollte dieses Kind nicht, ich wollte es nicht. Ich sah es vor mir, stellte mir vor, wie es heranwuchs, dem anderen ähnlich sah... Ein Spott für Pedro, wie ein Flecken, der sich nie und nimmer auswaschen ließ. Nein, ich konnte es ihm nicht antun. Aber ich bekam das Kind nicht, Kerensa. Ich wurde sehr krank und war dem Tode nahe. Aber ich verlor das Kind – und er verlor das Interesse an mir, vergaß mich. Und ich tat, was ich konnte, um alles wiedergutzumachen. Pedro behauptete immer, ich sei die sanfteste Frau von der Welt, obwohl ich anderen gegenüber manchmal heftig werden konnte. Und manchmal glaube ich, daß ich, eben weil ich mich an ihm versündigt hatte, so sanft zu ihm war, ihm jeden Wunsch von den Augen ablas. Und das fand ich seltsam, so als ob Gutes aus Bösem käme. Aber es half mir, viel vom Leben zu verstehen, und damals war es auch, daß sich diese Fähigkeit in mir entwickelte, anderen zu helfen. Deshalb, Kerensa, sollte man nie eine Erfahrung verwünschen, sei sie gut oder böse. Es liegt etwas Gutes in jedem Bösen, genauso wie Böses im Guten steckt. Zwei Jahre darauf wurde deine Mutter geboren – unsere Tochter, Pedros und meine. Ihre Geburt kostete mich fast das Leben, und ich konnte keine Kinder mehr haben. Was ich zuvor erlebt hatte, war wohl schuld daran. Aber es war ein schönes Leben. Die Jahre vergingen, und das Böse wurde vergessen. Dann jedoch kam der Tag der Trauer. Pedro war zur ersten Tagesschicht weggegangen. Ich wußte, daß sie Sprengungen unter der Erde durchführten und daß Pedro einer der Hauer war, die als erste die losgesprengte Kohle in die Loren schaufen mußten. Ich hatte keine Ahnung, was dort unten passiert war – das weiß man nie genau, aber ich wartete den ganzen Tag am Schachtausgang, daß sie ihn mir brächten. Zwölf Stunden wartete ich, dann brachten sie ihn mir. Es war nicht mehr mein geliebter, fröhlicher Pedro. Er lebte zwar noch – einige Minuten lang – gerade lange genug, um Lebewohl zu sagen.«

Sie stand abrupt auf, und wir gingen zur Kate zurück.

Joe war mit Squab fortgegangen, und sie nahm mich in die Vorratskammer mit. Da stand ein alter Holzkasten, der immer verschlossen war. Heute öffnete sie ihn und ließ mich hineinsehen. Da lagen zwei spanische Kämme und Mantillas. Einen der Kämme steckte sie sich ins Haar und legte die Mantilla darüber.

»So«, sagte sie, »sah er mich gern. Wie oft sagte er, wenn er sein Glück gemacht hätte, nähme er mich mit nach Spanien. Dann würde ich auf dem Balkon sitzen und mich mit dem Fächer fächeln, während die große Welt vorbeiflaniere.«

»Du siehst wunderschön aus, Grandma.«

»Einen davon bekommst du, wenn du etwas älter bist«, erklärte sie mir. »Und wenn ich eines Tages sterbe, gehören beide dir.«

Dann steckte sie mir den zweiten Kamm ins Haar und legte mir die andere Mantilla um, und als wir so nebeneinander standen, war es überraschend zu sehen, wie ähnlich wir uns waren.

Ich wurde wach durch den Mondschein, obwohl wirklich nicht viel davon in unsere Kate fiel. Die Stille war ungewöhnlich. Ich richtete mich auf und überlegte, was nicht stimmte. Es war kein Laut zu hören, weder Grandmas noch Joes Atem. Grandma war gegangen, um bei einer Geburt zu helfen, erinnerte ich mich. Aber wo war Joe?

»Joe!« rief ich. »Joe, wo bist du?«

Ich spähte hinüber zu seinem Platz auf dem Talfat, aber er war leer.

»Squab!« rief ich. Aber es kam kein Laut.

Ich stieg die Leiter hinunter. Zwei Sekunden genügten, um mich in der Kate umzusehen. Ich ging in den Vorratsraum, aber auch dort war Joe nicht.

War es möglich, daß Joe ein solcher Narr war und in den Wäldern nach verwundeten Vögeln suchte? Wenn er dahin ginge, betrat er verbotenes Gelände, und wenn man ihn erwischte... Gerade in dieser Jahreszeit wurde das unbefugte Eindringen besonders hart bestraft.

Ich überlegte, wie lange er schon weg sein könnte, öffnete die Haustür und sah hinaus. Es mußte kurz nach Mitternacht sein.

Dann ging ich wieder in die Kate zurück, setzte mich hin und wußte nicht, was tun.

Ich wartete und wartete – doch weder Grandma noch Joe kamen. Ungefähr eine Stunde mußte ich so gesessen haben, als ich es nicht mehr länger aushielt. Ich zog mich an und verließ die Kate in Richtung der Abbas-Wälder.

Die Luft war kalt, aber das störte mich nicht. Ich rannte den ganzen Weg bis zum Wald. Dann stand ich am Waldrand und überlegte. Nach Joe zu rufen, wagte ich nicht. Falls ein Wildhüter in der Nähe war, zöge das nur seine Aufmerksamkeit auf mich. Wenn Joe tatsächlich in den Wald gegangen war, würde es nicht leicht sein, ihn zu finden.

Ich stand an einem Verbotsschild, das die Leute vor dem Betreten der Wälder warnte.

»Joe«, flüsterte ich und fragte mich, ob ich nicht schon zu laut gerufen hätte. Ich ging ein Stück in den Wald hinein und überlegte, wie dumm ich doch war. Es wäre besser, wieder nach Hause zu gehen. Vielleicht war er schon wieder zurück.

Ich zögerte die Rückkehr hinaus, weil etwas mir sagte, daß Joe bestimmt nicht in der Kate wäre, wenn ich ginge. Und dann hörte ich ein Geräusch. Angespannt lauschte ich. Es war das Winseln eines Hundes.

»Squab!« Meine Stimme klang mir als Echo aus dem Wald zurück. Ein Rascheln im Gehölz – und dann: Da war er! Er schmiegte sich an mich, winselte leise und sah mich an, als wollte er mir etwas sagen.

Ich kniete nieder. »Squab, wo ist er! Wo ist Joe?«

Er lief ein kleines Stück voraus, hielt inne und sah zu mir zurück, und ich merkte, daß er mir sagen wollte, Joe sei irgendwo im Wald und er wolle mich zu ihm bringen. Ich folgte ihm.

Als ich Joe sah, blieb mir fast das Herz stehen. Ich starrte fassungslos auf ihn und auf die versteckte Falle, in die er hineingeraten war. Joe auf verbotenem Grund gefangen – gefangen in einer Menschenfalle!

Vergeblich rüttelte ich an dem grausamen Eisen, aber es gab meinen schwachen Kräften nicht nach.

»Joe«, flüsterte ich. Squab jaulte, rieb sich an mir und sah mich flehentlich an. Aber Joe gab keine Antwort.

In ohnmächtiger Wut zerrte ich an den versteckten Zähnen, aber ich konnte sie nicht auseinanderbringen. Eine panische Angst kam über mich. Ich mußte meinen Bruder befreien, ehe er in der Falle gefunden wurde. Wenn er noch lebte, würde er vor Gericht gestellt werden. Und Sir Justin würde keine Gnade kennen. Ich mußte handeln.

Meine Hände bluteten. Ich wußte nicht, wie man dieses schreckliche Ding auseinanderbrachte. Ich versuchte es mit meiner ganzen Kraft, aber ich schaffte es nicht.

Squab sah mich erwartungsvoll an. Ich streichelte ihn und sagte zu ihm: »Bleib hier bei ihm.«

Mein Atem flog, als ob ich schluchzte, während ich über die Straße rannte. Vielleicht hörte ich deshalb nicht die Schritte hinter mir, bis sie mich fast eingeholt hatten.

»Hallo!« rief eine Stimme. »Wo brennt's denn?«

Ich kannte diese Stimme, sie gehörte einem Feind – dem, den sie Kim nannten.

Er durfte mich nicht fangen. Er durfte nichts wissen, sagte ich mir. Aber er hatte längere Beine als ich.

»Kerensa!«

»Laß mich los!«

»Wieso fliegst du hier um Mitternacht durch die Lande? Bist du eine Hexe? Natürlich bist du eine. Als du mich hörtest, hast du deinen Besenstiel weggeworfen.«

Ich versuchte, meinen Arm freizubekommen, aber er hielt mich fest. Ganz dicht brachte er dann sein Gesicht an das meine.

»Hast du Angst?« fragte er. »Vor mir?«

Ich wollte ihn mit dem Fuß stoßen. »Ich habe keine Angst vor Ihnen.«

Dann mußte ich an Joe denken, der in der Falle lag, und fühlte mich so elend und hilflos, daß mir die Tränen in die Augen stiegen.

Sofort war er wie verwandelt. »Sei ruhig«, sagte er, »ich will dir nichts tun.« Ich fühlte, daß etwas Freundliches in dem Menschen stecken mußte, der mit solcher Stimme sprechen konnte.

Er war jung, stark und größer als ich, und in diesem Augenblick durchzuckte mich ein Gedanke; vielleicht wußte er, wie man eine Falle aufmacht.

»Es handelt sich um meinen kleinen Bruder«, stieß ich hervor.

»Wo?«

Ich blickte hinüber zum Wald. »Dort in der Falle.«

»Großer Gott!« rief er. »Zeig mir den Weg!«

Als ich ihn zu der Stelle führte, kam uns Squab schon entgegen. Kim war jetzt sehr ernst geworden. Aber er wußte, wie man es anstellen mußte, eine Falle zu öffnen.

»Ich weiß allerdings nicht, ob wir zwei es schaffen.«

»Wir müssen es.« Ich sagte es voller Inbrunst, und seine Mundwinkel verzogen sich leicht.

Er zeigte mir, was ich zu tun hatte, und wir arbeiteten zusammen. Aber die grausame Folter wollte ihren Gefangenen nicht freigeben.

»Drück mit aller Macht«, kommandierte er. Ich legte mein ganzes Gewicht auf das Eisen, und langsam öffnete Kim die Feder.

Ich stieß einen tiefen Seufzer der Erleichterung aus. Wir hatten Joe befreit.

»Joey«, flüsterte ich. So hatte ich ihn immer als Baby genannt. »Sei bitte nicht tot. Bitte, bitte, sei nicht tot.«

Ein toter Fasan war zu Boden gefallen, als wir meinen Bruder aus der Falle zogen, und ich sah, wie Kim einen kurzen Blick darauf warf. Aber er sagte nichts.

»Ich glaube, sein Bein ist gebrochen«, sagte er. »Wir müssen vorsichtig sein. Es ist vielleicht besser, wenn ich ihn trage.« Sanft hob er Joe auf seine Arme, und in dem Augenblick liebte ich Kim, weil er so ruhig und freundlich und voller Fürsorge war.

Squab und ich liefen neben ihm her, während er Joe trug. Ich hätte am liebsten laut gejubelt. Doch als wir auf die Straße kamen, fiel mir wieder ein, daß Kim nicht nur zu denen da oben gehörte, sondern daß er auch ein Freund der St. Larnstons war.

Angstvoll fragte ich ihn: »Wohin gehen Sie?«

»Zu Dr. Hilliard. Er braucht sofort einen Arzt.«

»Nein!« rief ich entsetzt.

»Warum nicht?«

»Verstehen Sie nicht – er wird fragen, wo wir ihn gefunden haben. Und die anderen werden auch bald sehen, daß da jemand in der Falle war. Bestimmt merken sie das. Sehen Sie das nicht ein?«

»Wozu stiehlt er auch Fasane?« brummte er.

»Nein, nein, er hat noch nie gestohlen. Er wollte den Vögeln helfen. Er sorgt sich immer um die Vögel, und um andere Tiere. Bitte, bringt ihn nicht zum Arzt! Bitte, bitte!«

»Wohin denn sonst?« fragte er.

»In unsere Kate. Grandma kann genausoviel wie ein Doktor. Und dann erfährt niemand etwas davon.«

Er hielt inne, und ich dachte schon, er würde meinem Flehen nicht nachgeben. Doch dann sagte er: »Ist gut. Aber ich finde doch, er braucht einen Doktor.«

Grandma stand schon in der Tür, voller Angst, wo wir bloß steckten. Während ich noch atemlos hervorstieß, was passiert sei, trug Kim Joe ins Haus hinein und legte ihn auf den Fußboden, auf den Grandma schnell eine Decke ausgebreitet hatte. Joe sah ganz schmächtig aus.

»Ich glaube, sein Bein ist gebrochen«, sagte Kim.

Grandma nickte.

Zusammen banden sie das Bein an einem Stock fest, und es kam mir wie ein Traum vor, Kim in unserer Kate zu sehen und von Grandma Befehle entgegenzunehmen. Er blieb auch noch, während sie Joes Wunden auswusch und sie mit Salbe behandelte.

Als sie damit fertig war, sagte Kim: »Und trotzdem meine ich, Ihr solltet den Doktor rufen.«

»Es ist besser so«, antwortete Grandma fest, die von mir wußte, wo wir ihn gefunden hatten.

Kim zuckte mit den Schultern und ging fort.

Die ganze Nacht wachten wir bei Joe, Grandma und ich, und am nächsten Morgen wußten wir, daß er am Leben bleiben würde.

Wir hatten Angst. Joe lag auf seiner Matte, zu krank, um sich um irgend etwas zu kümmern. Jedesmal, wenn wir Schritte hörten, schreckten wir auf, lauschten voller Angst, ob sie kämen, um Joe abzuholen.

Und irgendwann klopfte es an der Tür.

Mellyora Martin stand draußen und lächelte uns an. Sie sah reizend aus in ihrem lilaweißen Leinenkleid, ihren weißen Strümpfen und ihren schwarzen Schnallenschuhen. Sie trug einen Weidenkorb am Arm, der mit einem weißen Tuch bedeckt war.

»Guten Tag«, sagte sie mit ihrer süßen hellen Stimme.

Weder Grandma noch ich gaben eine Antwort. Wir waren beide zu erleichtert, um etwas anderes zu zeigen als eben unsere Erleichterung.

»Ich habe davon erfahren, und nun bringe ich das hier für den kleinen Patienten«, fuhr Mellyora fort und hielt uns den Weidenkorb entgegen.

Grandma nahm ihn ihr ab und fragte: »Für Joe?«

Mellyora nickte. »Ich traf Mr. Kimber heute früh, und er erzählte mir, daß der Junge beim Klettern von einem Baum gefallen sei. Und ich dachte, daß ihm dies vielleicht Freude machen würde.«

Mit einer Stimme, so demütig, wie ich sie noch nie von meiner Grandma gehört hatte, sagte sie: »Ich danke Ihnen vielmals, Miß.«

Mellyora lächelte. »Ich hoffe nur, daß er bald wieder gesund wird. Auf Wiedersehen.«

Wir blieben an der Tür stehen und sahen ihr nach. Dann brachten wir ohne ein Wort den Korb in die Kate. Unter dem Tuch lagen Eier, Butter, ein halbes gebackenes Huhn und ein Laib hausgemachtes Brot.

Grandma und ich sahen uns an. Kim hatte also nichts verraten. Und wir brauchten uns nicht weiter zu fürchten.

Joe brauchte lange, ehe er gesund wurde. Er lag auf seiner Matte, Squab neben sich, und tat und sprach stundenlang nichts. Lange Zeit konnte er nicht laufen, und als er es endlich versuchte, stellten wir fest, daß er zum Krüppel geworden war.

Wochenlang blieb er in sich gekehrt, und erst als ich ihm ein Kaninchen mit verletztem Fuß brachte, taute er auf.

Weihnachten kam, und getreu eines jahrhundertealten Brauches kamen Körbe voll Eßwaren aus Abbas, und wir durften in einigen Waldstücken Reisig sammeln. Es war nicht so wie das Weihnachten im Jahr zuvor, weil Joe nicht herumlaufen konnte und wir uns damit abfinden mußten, daß sein Bein wohl nie mehr richtig in Ordnung käme.

Aber ein Unglück kommt selten allein. Es muß im Februar gewesen sein, als sich Grandma eine Erkältung zuzog. Sie war fast niemals krank, und wir nahmen deshalb in den ersten Tagen wenig Notiz davon. Dann erwachte ich eines Nachts von ihrem Husten. Ich kletterte von dem Talfat herunter, um ihr etwas von ihrem eigenen Sirup zu bringen. Es brachte ihr zwar vorläufig Linderung, heilte aber den Husten nicht ganz. Einige Nächte später hörte ich sie reden, und zu meinem Entsetzen stellte ich fest, daß sie mich nicht erkannte, als ich an ihr Bett kam. Immer wieder nannte sie mich Pedro.

Ich hatte schreckliche Angst, sie würde sterben, und saß die ganze Nacht an ihrem Bett. Gegen Morgen hörten die Fieberfantasien auf. Als sie soweit war, mir zu erklären, welche Kräuter ich aufzubrühen hätte, fühlte ich mich besser. Drei Wochen lang pflegte ich sie nach ihren eigenen Anweisungen, und allmählich begann sie sich zu erholen.

Aber aus war es mit den saftigen Schweinebraten. Kein dankbarer Patient ließ mehr einen Sack voll Erbsen oder Kartoffeln auf unserer Schwelle. Wir mußten bescheiden essen, wenn wir zweimal pro Tag eine Mahlzeit haben wollten.

Eines Morgens beim Frühstück erzählte ich Grandma von einer Idee, die mir während der Nacht gekommen war.

»Grandma«, sagte ich, »ich finde, ich sollte etwas verdienen.«

Sie schüttelte den Kopf, aber ich sah den Ausdruck ihrer Augen. Ich war jetzt fast dreizehn Jahre alt. Hatte je von einem Mädchen in meinem Alter gehört, das nicht Grandma Bees Enkelin war und wie eine Dame nichts tat? Grandma wußte, daß etwas geschehen mußte. Joe konnte nicht helfen, aber ich war kräftig und gesund.

»Wir wollen es uns überlegen«, meinte sie.

»Das habe ich schon.«

»Es soll nur eine Zeitlang sein«, sagte Grandma. »Im Sommer bin ich wieder auf dem Damm.«

»Ich werde nächste Woche auf den Trelinketer Markt gehen«, erklärte ich fest. Der Markt wurde zweimal im Jahr in Trelinket abgehalten – einem Dorf gut zwei Meilen von St. Larnston entfernt.

Ich machte mich allein auf den Weg, mit einem Herzen so schwer wie Blei und mit verwundetem Stolz. Wie oft hatte ich nicht, wenn Grandma und Joe über den Mark geschlendert war, hingeschielt zu den Männern und Frauen auf dem Heuerpodest, und wie glücklich war ich immer gewesen, nicht unter ihnen zu sein. Daß ein Mensch sich so feilbieten mußte wie auf einem Sklavenmarkt war eine Erniedrigung, wie ich sie mir schlimmer nicht vorzustellen vermochte. Aber wer Arbeit suchte, dem blieb nichts anderes übrig. Die Arbeitgeber kamen eigens auf den Markt, um Dienstboten, die ihnen gefielen, anzuheuern. Heute war ich eine von ihnen.

Dicht neben einer Geflügelbraterei befand sich das Heuerpodest. Voller Scham blinzelte ich dorthin. Einige standen schon darauf, wie ein Häuflein Elend. Kein Wunder. Wem macht es schon Freude, sich so zur Arbeit feilzubieten!

Aber ich hatte Grandma versprochen, mir eine Arbeit zu suchen. Ich konnte nicht gut umkehren und ihr berichten, daß mich der Mut im allerletzten Augenblick verlassen hätte.

Entschlossen näherte ich mich der Plattform, stieg die knarrende Holzstiege hinauf, und dann stand ich zwischen den anderen.

Arbeitgeber, die Leute suchten, musterten uns interessiert und schätzten unsere Fähigkeiten ab. Ich erkannte Bauer Pengaster darunter. Wenn er mich nähme, wäre es nicht das Schlechteste. Es hieß, daß er gut zu seinen Leuten sei, und ich konnte vielleicht kleine Leckerbissen zu unserer Kate mit heimnehmen.

Dann sah ich zwei näher kommen, vor denen ich unwillkürlich und entsetzt zurückwich. Es waren der Butler und die Haushälterin von Abbas. Nur ein Grund konnte sie auf den Markt geführt haben, und richtig: Sie hielten geradewegs auf die Heuerplattform zu. Auf einmal packte mich die Angst. Immer hatte ich davon geträumt, eines Tages auf St. Larnston Abbas zu leben. Nun merkte ich, wie leicht mein Traum Wirklichkeit werden konnte: Ich würde auf Abbas leben, aber als Dienstmagd.

Ich kämpfte mit mir. Sollte ich nicht doch von dem Podest herunterspringen und nach Hause laufen? Ich hörte mich Grandma alles erklären. Sie würde Verständnis dafür haben.

Dann erblickte ich Mellyora, zart und frisch in einem mauvefarbenen Leinenkleid, den Rock mit Falbeln geschmückt, das Mieder eng anliegend, Halsausschnitt und Ärmel mit Spitze besetzt, in weißen Strümpfen und schwarzen Schnürschuhen. Ihr blondes Haar sah unter ihrem Strohhut hervor.

Und im selben Augenblick sah sie auch mich, und aus war es mit meiner Fassung. Sie kam rasch auf mich zu, als traute sie ihren Augen nicht, und blieb genau vor mir stehen.

»Kerensa, du?« rief sie. »Du verdingst dich?«

»Es scheint so«, antwortete ich grob.

»Aber bisher brauchtest du das doch nicht?«

»Die Zeiten sind schlecht«, murmelte ich.

Das Paar von Abbas kam näher. Der Butler hatte schon die Augen auf mich gerichtet, und sie blickten mich lebhaft und nachdenklich an. Mellyora glühte vor Erregung; sie schluckte, und die Worte überschlugen sich fast, als sie sagte: »Kerensa, wir suchen jemanden. Willst du ins Pfarrhaus kommen?«

Es war die Rettung. Mein Traum kehrte sich nicht gegen mich. Ich kam nicht durch die Hintertür nach St. Larnston Abbas. Nähme ich den Weg, würde mein Traum nie in Erfüllung gehen, das spürte ich.

»Ins – ins Pfarrhaus«, stammelte ich. »Sie wollen jemanden einstellen?«

»Ja, wir brauchen – jemanden. Wann kannst du anfangen?«

Haggety, der Butler, war jetzt ganz dicht herangekommen. Er sagte: »Guten Morgen, Miß Martin.«

»Guten Morgen.«

»Ich freue mich, Sie zu sehen, Miß. Mrs. Rolt und ich wollen ein paar Mädchen für die Küche aussuchen.« Er sah zu mir, und seine kleinen Augen glänzten.

»Die würde passen«, sagte er. »Wie heißt du?«

Ich hob meinen Kopf hoheitsvoll. »Sie kommen zu spät«, erwiderte ich. »Ich bin schon in festen Händen.«

Dieser Tag besaß einen Hauch von Unwirklichkeit. Ich hatte das Gefühl, daß dies alles mir nicht wirklich passierte, daß ich bald aufwachen und mich auf meiner Schlafstelle wiederfinden würde, träumend wie immer oder mit Grandma Bee lachend.

In Wirklichkeit aber ging ich neben Mellyora Martin, und sie hatte mich eingestellt, damit ich im Pfarrhaus arbeitete – sie, ein Mädchen, nicht älter als ich.

Ich fragte: »Geht das in Ordnung?«

»Was?«

»Daß Sie mich mitgenommen haben?«

»Es wird schon in Ordnung gehen.«

»Aber...«

»Wir werden es schon deichseln«, sagte sie.

Die Leute drehten sich nach uns um, als wir durch die Menge schritten. Wir bildeten einen scharfen Kontrast: sie so blond, ich so dunkel; sie hübsch angezogen und ich, obgleich sauber, im Kittel; sie in schwarzen, glänzenden Schuhen, ich barfuß.

Sie führte mich an den Rand des Feldes, auf dem der Jahrmarkt stattfand. Dort stand ein Wagen mit einem Pony, der, wie ich wußte, zum Pfarrhaus gehörte. Auf dem Bock saß die ältliche Gouvernante, die ich oft in Mellyoras Begleitung gesehen hatte.

»Oh, Miß Kellow, ich muß Ihnen erklären...«, begann Mellyora hastig und verlegen.

»Und ob du das mußt«, lautete die Antwort. »Also bitte.«

»Das ist Kerensa Carlee. Ich habe sie eingestellt.«

»Du hast – was?«

Nun war es an Mellyora, eine hoheitsvolle Miene aufzusetzen, und sie konnte das sehr gut. »Steig ein, Kerensa. Miß Kellow, fahren Sie uns bitte nach Hause.«

»Aber Mellyora...«

Sie war ein Drachen, diese Miß Kellow. Ich schätzte sie auf Anfang Vierzig. Sie hatte schmale Lippen und wachsame Augen. Ich fühlte eine ungewöhnliche Sympathie für sie, denn in gewisser Weise war sie auch nur eine Angestellte.

Wir rollten die Straße zurück nach St. Larnston, und keiner sprach, während wir an den Katen vorbeifuhren, und so kamen wir zu der grauen Kirche mit ihrem hohen Turm und dem Friedhof mit den umgefallenen Grabsteinen. Dahinter lag das Pfarrhaus.

Miß Kellow fuhr an der Haustür vor, und Mellyora sagte: »Komm mit, Kerensa.«

Ich stieg mit ihr aus, und Miß Kellow fuhr den Wagen zu der Remise.

Ich sagte: »Sie hätten mich nicht einstellen sollen, nicht wahr?«

»Aber sicher«, gab Mellyora zurück. »Wenn ich es nicht getan hätte, wärst du nach Abbas gekommen und dagegen sträubte sich doch alles in dir.«

Sie stieß die Tür auf, und wir gelangten in eine große Diele, wo auf einer Eichentruhe eine Schüssel voll Märzenbecher und Anemonen stand. Eine Uhr aus Großvaters Zeiten tickte in einer Ecke, und gegenüber der Tür war eine breite Treppe.

Mellyora bedeutete mir, ihr zu folgen, und wir stiegen die Treppe hinauf. Auf dem Treppenabsatz öffnete sie eine Tür.

»Warte in meinem Schlafzimmer«, sagte sie, »bis ich dich rufe.«

Die Tür schloß sich hinter mir, und ich war allein. Noch nie war ich in so einem Zimmer gewesen. Zartblaue Vorhänge hingen an dem großen Fenster, und eine blaue Überdecke lag auf dem Bett. An den Wänden hingen Bilder, und die rosa Tapete hatte ein Muster aus himmelblauen, ineinanderverschlungenen Kränzchen.

Ein paar Minuten darauf öffnete sich die Tür, und Mellyora lächelte mir triumphierend zu.

Reverend Martin kam auf mich zu, und in dem Tonfall, den ich von der Kanzel kannte, sagte er: »Du willst uns also zur Hand gehen, Kerensa. Ich hoffe, du wirst dich bei uns wohl fühlen.«

2

Bald wurde mir klar, welch große Chance Mellyora mir gegeben hatte, und obgleich ich später so manches Seltsame hier erleben sollte, erschien mir das erste Jahr im Pfarrhaus als die schönste Zeit meines Lebens. Das lag wohl vor allem daran, weil ich merkte, daß ich in eine neue Welt aufsteigen konnte.

Natürlich hatte ich auch meine Feinde im Hause. An erster Stelle stand Miß Kellow. Selber eine Pfarrerstochter, kehrte sie dauernd ihre Wünsche hervor, eifrig darauf bedacht zu beweisen, daß nur ein Unglück daran schuld war, daß sie sich ihren Lebensunterhalt verdienen mußte. Mrs. Yeo war Köchin und Haushälterin, die sich als Oberhaupt des Personals betrachtete, einschließlich von Miß Kellow. Zwischen den beiden schwelte eine Fehde, die mir zum Vorteil gereichte. Außerdem gab es noch den Stallknecht Tom Belter und den Pferdejungen Billy Toms, die mich eigentlich ganz gern sahen. Aber mir lag nichts an ihren Vertraulichkeiten, mit denen sie Kit und Bess, die beiden Hausmädchen, bedachten, was ich ihnen schnell klarmachte.

Meine gehobene Stimmung legte sich nach den ersten Tagen, nachdem ich Mellyora nicht zu sehen bekam und Töpfe und Pfannen scheuern oder den Bratspieß drehen oder Gemüse putzen und die Fußböden aufwischen mußte. Aber als Gegenleistung bekam ich gut zu essen.

Ich wischte gerade den Steinboden des Kühlhauses, wo Butter, Käse und Milch aufbewahrt wurden, als Belter in die Küche kam und mit Mrs. Yeo plauderte. Ich hörte, wie er ihr einen lauten Kuß gab, und spitzte die Ohren.

»Hör auf, junger Mann«, sagte Mrs. Yeo kichernd. Er aber tat dies keineswegs, sondern man hörte, wie sie sich balgten und heftig atmeten. Dann sagte sie: »Setz dich schon hin und hör auf. Sonst sehen die Mädchen dich noch, und es wäre nicht gut für sie zu erfahren, was für eine Sorte Mann du bist, Master Belter.«

»Nein, das ist unser Geheimnis, Mrs. Yeo.«

»Hör auf. Hör auf!«

Dann: »Wir haben das Mädchen von Grandma Bee hier, weiß du das schon?«

»Ja, ich hab' sie gesehen. Scharf wie eine Herde Affen.«

»Oh, du selbst bist auch nicht ohne. Warum ist sie überhaupt hier? Der Pfarrer hat es schon schwer genug, uns alle zu füttern. Und dann kommt noch sie daher. Und wenn's zu Tisch geht, hält sie sich ganz hübsch ran, besser als an ihre Arbeit.«

»Steht es denn so schlecht?«

»Ach, du weißt doch, wenn der Pfarrer einen Penny hat, gibt er zwei aus.«

Doch schnell fanden sie ein interessanteres Thema als des Pfarrers Angelegenheiten oder meine Ankunft, aber ich blieb mit meinen Gedanken noch dabei.

Eigentlich konnte ich es nicht glauben. Sicherlich war es nur Dienstbotengeschwätz.

Ich war bereits eine Woche im Pfarrhaus, als mir mein großes Glück bewußt wurde. Man hatte mich zum Saubermachen in Mellyoras Zimmer geschickt, während sie in der Bibliothek von Miß Kellow unterrichtet wurde. Sobald ich allein war, ging ich zu dem Bücherregal und schlug eines der Bücher auf.

Ich fragte mich, ob ich mir nicht selbst das Lesen beibringen könnte, wenn ich so ein Buch nähme, mir die Form der Buchstaben einprägte, sie nachmalte und sie auswendig lernte. Darüber vergaß ich ganz, das Zimmer sauberzumachen. Ich saß auf dem Fußboden, zog ein Buch nach dem anderen heraus und versuchte, die

Buchstaben miteinander zu vergleichen, um herauszufinden, was sie bedeuteten. Ich saß noch da, als Mellyora hereinkam.

»Was machst du denn da?« fragte sie.

Hastig schlug ich das Buch zu und antwortete: »Ich mache Ihr Zimmer sauber.«

Sie lachte. »Unsinn. Du sitzt auf dem Fußboden und liest. Ich wußte gar nicht, daß du es kannst.«

Ich fühlte, wie meine Lippen zu zittern begannen, und sofort änderte sich ihre Miene.

»Warum siehst du denn in die Bücher hinein?« fragte sie freundlich. »Bitte, sag es mir. Ich möchte es wissen.«

Es war das ›bitte‹, was mich mit der Wahrheit herausplatzen ließ. »Es ist nicht fair«, sagte ich. »Ich könnte auch lesen, wenn es mir jemand beibringen würde.«

»Du möchtest also lesen können.«

»Natürlich will ich gern lesen und schreiben können, mehr als alles auf der Welt.«

Sie saß auf dem Bettrand, kreuzte ihre hübschen Füße und betrachtete ihre Lackschuhe. »Da ist doch ganz einfach«, sagte sie. »Du mußt eben Unterricht haben.«

»Wer soll ihn mir geben?«

»Ich natürlich.«

Das war der Anfang. Sie lehrte es mich, obgleich sie mir hinterher gestand, sie hätte gedacht, daß ich dessen bald müde würde. Müde? Ich war unermüdlich.

Mellyora war über meine Fortschritte erstaunt. An dem Tag, an dem ich ohne Hilfe meinen Namen schreiben konnte, war sie ganz gerührt.

Einige Tage später rief mich Reverend Martin in sein Studierzimmer. Er war sehr mager, hatte freundliche Augen und eine Haut, die mir von Tag zu Tag gelber zu werden schien. Sein lichtes braunes Haar war immer zerzaust und unordentlich.

»Meine Tochter sagte mir, daß sie dir das Schreiben beigebracht hat. Das ist sehr schön. Sehr gut. Du möchtest lesen und schreiben lernen, Kerensa?«

»Ja, sehr gern.«

»Warum?«

»Weil ich Bücher lesen möchte. Bücher wie die Bibel.«

Das gefiel ihm. »Da du die Anlage dazu hast, müssen wir alles tun, um dir zu helfen. Meine Tochter will, daß du ab morgen mit ihr zusammen bei Miß Kellow Unterricht nimmst. Ich werde Mrs.

Yeo sagen, daß sie dir für diese Stunden deine sonstigen Pflichten erläßt.«

Ich versuchte gar nicht erst, meine Freude zu verbergen.

Miß Kellow empfing mich mit steinerner Miene. Gleich würde sie mir erzählen, daß sie, wenn auch verarmt, so doch eine Lady sei, die bestimmt nicht so tief sinke, so eine wie mich kampf- und widerspruchslos zu unterrichten.

»Das ist heller Wahnsinn«, sagte sie, als ich mich vorstellte.

»Warum?« fragte Mellyora.

»Wie können wir mit dem Unterricht fortfahren, wenn ich ihr erst das Abc beibringen muß?«

»Sie kann es schon. Sie kann auch schon lesen und schreiben.«

Natürlich versuchte sie, mir alles schwerzumachen. Aber mein Wunsch, zu lernen und ihr Unrecht zu geben, war so groß, daß ich nicht nur Mellyora und Miß Kellow in Erstaunen setzte, sondern mich ebenfalls. Nachdem ich die Kunst des Lesens und Schreibens beherrschte, konnte ich mir leicht selbst weiterhelfen. Mellyora gab mir Buch um Buch, und ich verschlang alles gierig. Ich erfuhr die aufregendsten Dinge über andere Länder und was in der Vergangenheit geschehen war. Bald konnte ich soviel wie Mellyora, und mein geheimer Plan war, sie noch zu überflügeln.

Aber immer noch mußte ich mich gegen Miß Kellow zur Wehr setzen. Sie haßte mich und versuchte dauernd zu beweisen, wie unsinnig es sei, die Zeit mit mir zu verschwenden, bis ich endlich einen Weg fand, sie zum Schweigen zu bringen.

Ich hatte sie genau beobachtet, weil ich bereits wußte, wenn man einen Feind hat, muß man ihn so gründlich wie nur möglich kennenlernen. Miß Kellow hatte ein Geheimnis. Ihr bangte vor einer unsicheren Zukunft. Sie wollte nicht unverheiratet bleiben, denn das empfand sie als einen Makel auf ihrer Weiblichkeit. Und allmählich wurde es mir klar, daß sie sich Hoffnungen auf Reverend Martin machte.

Eines Tages, als Mellyora das Zimmer bereits verlassen hatte und ich noch die Bücher aufräumte, fiel mir ein Stoß herunter. Sie lachte hämisch.

»So geht man nicht mit Büchern um.«

»Ich konnte nichts dafür, daß sie herunterfielen, oder?«

»Bitte sei respektvoller, wenn du mit mir sprichst.«

»Warum?«

»Weil ich hier eine gewisse Stellung einnehme, weil ich eine Dame bin – etwas, was du nie sein wirst.«

Nachdenklich legte ich die Bücher wieder auf den Tisch und sah sie genauso verächtlich an, wie sie mich gemustert hatte.

»Nun«, sagte ich, »wenigstens würde ich bestimmt nicht Jagd machen auf einen alten Pfarrer, nur damit er mich heiratet.«

Sie wurde ganz blaß. »Wie kannst du es wagen...«

Meine Worte saßen so genau, wie ich es beabsichtigt hatte.

»Oh, ich wage es wohl. Ich kann Sie ebensogut verspotten wie Sie mich. Hören Sie zu, Miß Kellow, wenn Sie mich anständig behandeln, bin ich auch zu Ihnen höflich. Ich sage kein Wort mehr, und Sie geben mir Unterricht, als ob ich Mellyoras Schwester wäre. Einverstanden?«

Sie gab keine Antwort; sie konnte es nicht, dazu zitterten ihre Lippen zu sehr. Deshalb ging ich hinaus, meines Sieges bewußt. Und ich hatte recht. In Zukunft tat sie ihr Bestes, mir beim Lernen zu helfen, und mokierte sich nicht mehr über mich.

Kein Mensch konnte sich mehr über meine Fortschritte freuen als Mellyora. Wenn ich sie übertrumpfte, war sie ehrlich entzückt. Sie betrachtete mich als eine Art Pflanze, die sie großzog, und wenn ich einmal nicht so gut war, blickte sie mich vorwurfsvoll an.

Ich bekam ein Zimmer neben Mellyora und verbrachte die meiste Zeit in ihrer Gesellschaft. Sie fand Freude daran, mir allerhand beizubringen, und so lehrte sie mich auch reiten und führte mich Runde um Runde auf ihrem Pony über die Wiese.

Mellyora und ich waren ungefähr gleich groß, doch ich war viel schlanker als sie, und wenn ich Kleider von ihr erbte, die sie nicht mehr tragen mochte, brauchte ich sie nur enger zu machen. Ich kann mich noch gut erinnern, wie ich das erstemal nach Hause ging in einem blauweißen Leinenkleid, mit weißen Strümpfen und schwarzen Lackschuhen – lauter Geschenke von Mellyora.

Als ich durch das Dorf lief, traf ich Hetty Pengaster, die Tochter des Bauern. Bis zu dem Tag, wo ich mein Glück auf dem Trelinketer Markt machte, hatte ich Hetty immer beneidet. Sie war die einzige Tochter von Pengaster. Er hatte noch zwei Söhne: Thomas, der ihm auf dem Hof half, und Reuben, der bei Baumeister Pengrant arbeitete. Das war der junge Mann, der behauptet hatte, die siebente Jungfrau gesehen zu haben, als die Mauer auf Abbas einstürzte, und der seitdem wunderlich war.

Hetty war der Liebling im Hause, drall und hübsch, so daß die alten Frauen den Kopf schüttelten und sagten, die Pengasters sollten nur aufpassen, damit Hetty nicht ein Baby in der Wiege habe, ehe sie einen Ring am Finger trage. Ich wußte, was sie meinten: ihre Art zu gehen, die Blicke, die sie den Männern zuwarf, und ihre vollen sinnlichen Lippen.

Übrigens war sie so gut wie verlobt mit Saul Cundy, der in der Fedder-Mine arbeitete. Eine seltsame Verbindung. Saul war ein ernster Mann und mindestens zehn Jahre älter als Hetty. Sicherlich lag ihrer Familie an dieser Heirat; Saul war nämlich kein gewöhnlicher Bergmann. Man nannte ihn Cap'n Saul, und er durfte sogar Leute einstellen.

Spottend rief sie mir zu: »Nanu, ist das nicht Kerensa Carlee? So aufgezäumt... Wohl auf dem Kriegspfad, was?«

Ich antwortete in einem Ton, den ich Mellyora abgelauscht hatte: »Ich besuche meine Grandma.«

»Oh, so ist das, meine Gnädigste. Na, dann mach dir nur nicht die Hände schmutzig mit unsereinem.«

Ich hörte sie hinter mir herlachen. Aber es machte mir nicht das geringste aus, ja, ich fühlte mich sogar geschmeichelt.

Ich traf Grandma allein an, und ihre Augen strahlten vor Stolz, als sie mich umarmte.

»Wo ist Joe?« fragte ich.

»Du kennst Mr. Pollent, den Tierarzt. Er hat eine gute Praxis draußen am Molenter Weg. Nun, er hat bei uns hereingeschaut. Er hatte gehört, daß unser Joe ein Herz für Tiere hat. Und so einen suchte er gerade. Er will ihn anlernen und eines Tages einen Tierarzt aus ihm machen.«

»Heißt das, Joe ist zu Mr. Pollent gezogen?«

»Natürlich, was denkst du denn? So eine Chance bekommt er nur einmal in seinem Leben geboten.«

»Ein Tierarzt! Mir wäre lieber, er würde ein richtiger Arzt.«

»Tierarzt ist ein sehr schöner Beruf, Liebling.«

»Es ist aber nicht dasselbe«, meinte ich nachdenklich.

»Immerhin ist es ein Anfang. Für ein Jahr ist er dort versorgt, dann bekommt er Gehalt. Und Joe war so glücklich wie ein König. Er hatte ja doch nichts weiter im Kopf als seine Tiere.«

Ich hörte nicht richtig hin, dazu war ich viel zu zufrieden mit mir selber. Gewiß, ein bißchen ärgerte ich mich, weil es nur der Tierarzt war, der Joe aufgenommen hatte. Wenn es Dr. Hilliard gewesen wäre, wäre ich mir wie eine Zauberin vorgekommen, die den Schlüssel zum irdischen Königreich gefunden hat.

Aber es war ein Start für Joe, und es gab jetzt in unserer Kate mehr zu essen. Die Leute kamen wieder zu Grandma. Sie glaubten wieder an sie.

Ja, wir waren alle vom Glück begünstigt. Noch nie hatte es solche Zeiten für uns gegeben.

Mellyora und ich waren bald unzertrennlich. In vielen Dingen ahmte ich sie nach; ich ging wie sie, ich sprach wie sie, ich hielt die Hände ruhig, wenn ich redete, erhob nicht die Stimme, zügelte mein Temperament, blieb kühl und wurde nicht hitzig. Es war ein faszinierendes Studium.

Aber ich mußte noch viel erreichen. Ich war immer etwas niedergeschlagen, wenn Mellyora Einladungen erhielt und Besuche machte. Manchmal begleitete sie Miß Kellow, manchmal ihr Vater, aber niemals ich.

Nach einem Besuch auf Abbas war Mellyora immer sehr angeregt, sicherlich weil auch für sie dieser Ort eine besondere Anziehung besaß. Es mußte wunderbar sein, einfach als Gast nach Abbas zu kommen.

Ich ging immer zur Morgenandacht, und ich freute mich schon jedesmal darauf, vor allem deswegen, weil ich dann einen von Mellyoras Strohhüten aufhatte und eines ihrer Kleider trug, und wenn ich so im Chorgestühl saß, fühlte ich mich groß und bedeutend. Ich liebte auch die Musik, die mich immer in höhere Sphären versetzte, und ich gefiel mir darin, Gott zu loben und zu danken, der Träume wahr machte.

An diesem Tag, wohl weil Ostern war, wohnte die ganze Familie von Abbas dem Gottesdienst bei. Da saß Sir Justin, dessen Gesicht immer röter wurde – genau wie das vom Pfarrer immer gelber –, sooft ich ihn sah; neben ihm saß seine Frau Lady St. Larnston; groß, mit einer langen, leicht gebogenen Nase, machte sie einen herrischen und arroganten Eindruck. Ferner die beiden Söhne, Justin und Johnny, die sich nicht viel verändert hatten, seitdem ich sie in dem ummauerten Garten getroffen hatte.

Dann wurde ich gewahr, daß auch Mellyora neben mir unverwandt dorthin blickte; hingerissen und vollkommen versunken sah sie unentwegt auf Justin St. Larnston. Ein Schimmer von innerem Glück lag auf ihrem Gesicht, und sie sah noch hübscher aus als sonst. Sie ist fünfzehn, sagte ich mir, alt genug also, um sich zu verlieben, und sie liebt den jungen Justin St. Larnston.

Wieder blickte ich auf die St. Larnstons, und ehe der Gottesdienst vorüber war, wußte ich, nach wem Johnny Ausschau hielt. Nach Hetty Pengaster!

Die Nachmittagssonne schien warm für diese Jahreszeit, und Mellyora bekam Lust spazierenzugehen. Wir setzten die großen Sonnenhüte auf, weil Mellyora meinte, wir dürften unseren Teint nicht durch die Sonne verderben lassen.

Ich dachte schon, sie wolle sich mir anvertrauen, als sie sagte: »Ich möchte dir heute nachmittag etwas erzählen, Kerensa.«

Ich war überrascht, als sie quer über die zur Pfarrei gehörende Wiese zu der Hecke ging, die den Garten vom Friedhof trennte. In der Hecke befand sich ein Loch, durch das wir schlüpften.

Sie wandte sich lächelnd nach mir um. »Kerensa«, sagte sie, »es ist herrlich, mit dir auszugehen, viel besser als mit Miß Kellow.«

»Was wollen Sie mir erzählen?« fragte ich.

»Zuerst will ich dir etwas zeigen. Wie lange lebst du schon in St. Larnston?«

»Mit acht Jahren kam ich hierher.«

»Jetzt bist du fünfzehn. Dann kannst du davon nichts wissen. Es sind seitdem zehn Jahre vergangen.«

Sie führte mich um die Kirche herum auf die Seite, wo ein oder zwei jüngere Grabsteine standen, und blieb vor einem stehen. Sie winkte mich zu sich. »Bitte, lies!«

»Mary Anna Martin«, las ich, »38 Jahre. Mitten im Leben begraben. Nun lies noch den Namen, der darunter steht.«

»Kerensa Martin. Kerensa?«

Sie nickte mir lächelnd zu, mit zufriedener Miene.

»Kerensa! Ich liebe deinen Namen. Ich mochte ihn vom ersten Augenblick an, als er mir zu Ohren kam. Kerensa Martin war meine Schwester. Sie wurde nur drei Wochen und zwei Tage alt, und der Todestag ist derselbe wie jener darüber.«

»Also starb Ihre Mutter kurz nach der Geburt Ihrer Schwester. Und Ihre Schwester auch?«

Mellyora nickte. »Ich wünschte mir eine Schwester. Ich war damals fünf Jahre alt, und es schien mir, als hätte ich jahrelang auf eine kleine Schwester gewartet...«

»Ich verstehe.«

»Siehst du, und als ich dich da oben auf dem Podest stehen sah, da... Und auch dein Name war Kerensa. Begreifst du nun?«

»Und ich dachte, Sie – du hättest Mitleid mit mir.«

»Alle Menschen auf dem Heuerpodest tun mir leid, aber ich kann sie nicht alle mit nach Hause nehmen, oder? Papa regt sich sowieso schon dauernd über die Rechnungen auf.« Sie lachte. »Ich bin so froh, daß du da bist.«

Wir schlossen uns noch enger zusammen nach diesem Gespräch auf dem Friedhof. Mellyora wollte mir das Gefühl geben, ich sei ihre Schwester. Und mir war das durchaus nicht unangenehm. Als ich ihr Haar für die Nacht bürstete, begann ich von Justin St. Larnston zu sprechen.

»Wie findest du ihn?« fragte ich sie und sah, wie Röte ihre Wangen überflog.

»Er ist nett, finde ich.«

»Netter als Johnny?«

»Johnny!« Es klang geringschätzig.

»Spricht er viel mit dir?«

»Wer, Justin? Er ist immer freundlich zu mir, wenn ich hinkomme, aber er hat viel zu tun. Er arbeitet doch. Noch in diesem Jahr will er seinen Abschluß machen, und dann wird er für immer daheim sein.«

»Du magst ihn?«

Sie nickte und lächelte dabei.

»Mehr als Kim?« fuhr ich fort.

»Kim? Oh, das ist ein Wilder!« Sie krauste ihre Nase. »Ich mag Kim auch. Aber Justin ist so – ritterlich. Kim ist nicht so.«

Mellyora und ich waren Schwestern; wir teilten Geheimnisse, Abenteuer, unser ganzes Leben. Sie sollte Justin St. Larnston nur den Vorzug geben. Aber Kim war mein Ritter.

Miß Kellow hatte wieder einmal einen ihrer Migräneanfälle, und Mellyora, die immer mit den Kranken fühlte, bestand darauf, daß sie sich hinlegte.

Nachdem sie Miß Kellow versorgt hatte, ließ Mellyora mich rufen und sagte, sie hätte Lust auszureiten.

Mellyora bestieg ihr Pony, während ich Cherry nahm, der sonst die Kutsche zog.

In kurzer Zeit waren wir auf dem Moor, und die Schönheit der Landschaft nahm mir schier den Atem. Nirgends eine Spur einer menschlichen Behausung, nichts als Moor und Himmel und spitze Felsen, die hier und da aus der Moorlandschaft herausragten.

Mellyora berührte leicht die Flanken ihres Ponys und setzte zum Galopp an; ich folgte ihr. Wir verließen den Weg und ritten durch das Gras, bis Mellyora vor einem eigenartig geformten Stein innehielt. Als ich sie einholte, sah ich, daß es Steinplatten waren, die aufrecht im Erdreich standen, und eine Steinplatte lag oben drauf.

»Unheimlich!« sagte Mellyora. »Es ist eine Begräbnisstätte. Vor drei- bis viertausend Jahren vor Christi Geburt bauten die Menschen, die hier lebten, dieses Grab.«

Ich sah sie an. Der Wind zauste ihre blonden Locken, die unter dem Reithut hervorsahen. Sie war sehr hübsch.

»Was spürst du dabei, Kerensa?«

»Daß einem nicht viel Zeit bleibt.«

»Viel Zeit für was?«

»Zum Leben ... Um zu tun, was man will. Sich zu nehmen, was man will.«

Wir banden unsere Pferde fest und setzten uns mit dem Rücken gegen die Steine, während die Pferde Gras rupften und Mellyora mir wiedergab, was ihr Vater ihr über diese Altertümer in Cornwall erzählt hatte.

»Wir können nicht mehr weit von den Ländereien der Familie Derrise sein«, sagte Mellyora nach längerer Pause und stand auf, um zu zeigen, daß sie weiterreiten wollte. »Sie sind die reichsten Leute in der Gegend. Sie besitzen eine Menge Land.«

»Mehr als die St. Larnstons?«

»Viel mehr. Auf geht's!«

Sie stieg auf, und wir ritten weiter, sie voran.

»Man kann sich leicht im Moor verirren, weil alles so gleichförmig aussieht. Man muß sich eine Wegmarke suchen – zum Beispiel diesen spitzen Felsen dort. Wahrscheinlich ist es der Derrise-Stein. Und wenn er es ist, weiß ich auch, wo wir sind.«

Der Weg stieg an, als wir auf den Stein zuritten. Der Findling lag auf einer kleinen Anhöhe. Es war ein grauer Stein von seltsam gezeichneter Form, den man von fern leicht für einen Mann von riesenhaften Ausmaßen halten konnte.

Wir stiegen wieder von unseren Pferden, banden sie an einen Strauch und kletterten den Hügel zu dem Stein hinauf. Es war steiler, als wir gedacht hatten, und als wir die Spitze erreicht hatten, rief Mellyora aufgeregt: »Schau!«

Als ich ihrem Blick folgte, sah ich das große Gutshaus. Mit seinen Mauern und Wachttürmen sah es aus wie eine Festung, wie eine Oase in der Wüste. Wir standen auf Derrises Grund.

»Es ist wie ein Schloß.«

»Gewiß, und obwohl die Derrises die wohlhabendsten Leute in

Ost-Cornwall sein sollen, liegt auf ihnen doch ein Fluch. Die Familie ist vom Wahn heimgesucht. Immer wieder bricht er durch. Die Leute behaupten, es sei gut, daß keine Söhne da seien, die Linie weiterzuführen, und daß mit dieser Generation die Derrises samt ihrem Schicksal ausstürben.«

»Ich habe bis heute noch nie von ihnen gehört.«

»Was? Noch nie? Du kennst die Geschichte gar nicht! Dann will ich sie dir erzählen. Vor 2000 Jahren gebar eine Derrise ein Ungeheuer – es war schrecklich. Sie schlossen es in ein geheimes Zimmer ein und nahmen sich einen starken Mann, der es bewachen sollte. Den Leuten gegenüber behaupteten sie, das Baby sei tot geboren worden. Sie schmuggelten ein totes Baby ins Haus, das dann in der Gruft der Derrises beigesetzt wurde. Inzwischen lebte das Ungeheuer weiter. Sie hatten alle Angst vor ihm, denn es war nicht nur mißgebildet, sondern auch böse. Manche sagten, der Teufel sei der Liebhaber der Mutter gewesen. Sie hatten aber auch noch Söhne, und einer von ihnen heiratete nach etlicher Zeit und brachte seine Frau ins Haus. In der Hochzeitsnacht wurde Versteck gespielt, und die Braut lief davon, sich zu verstecken. Es war in der Weihnachtszeit, und der Kerkermeister wollte dem Festmahl nicht fernbleiben. Er trank zuviel Bier und fiel betrunken in Schlaf. Aber er hatte den Schlüssel in der Tür des Ungeheuers steckenlassen. Die junge Braut, die das Haus noch nicht kannte, sah den Schlüssel im Schloß, drehte ihn um, und das Ungeheuer sprang sie an. Es hat sie nicht verletzt, weil sie blond und lieblich war; aber sie war mit ihm zusammen eingeschlossen und schrie verzweifelt um Hilfe, so daß alle, die nach ihr suchten, wußten, wo sie war. Ihr Mann erriet, was passiert war, schnappte sich eine Flinte, brach in das Zimmer ein und schoß das Ungeheuer nieder. Die junge Frau jedoch wurde wahnsinnig, und das Ungeheuer verfluchte im Sterben alle Derrises und prophezeite, daß das, was der jungen Frau zugestoßen sei, immer wieder in der Familie auftreten sollte.

Die jetzige Lady Derrise ist ein bißchen verrückt, wie man sagt. Bei Vollmond geht sie hinaus aufs Moor und tanzt rund um den Felsen. Sie hat eine Gesellschafterin, die gleichzeitig eine Art Wärterin ist. Aber der Fluch stirbt jetzt aus, weil das Ende der Linie gekommen ist. Es gibt nur noch Judith.«

»Die Tochter der Lady, die bei Vollmond um den Stein tanzt?«
Mellyora nickte.

»Glaubst du eigentlich an die Geschichte von den Jungfrauen?« fragte ich.

Mellyora zögerte. »Nun – wenn ich zwischen den Steinen stehe, scheinen sie mir lebendig.«

»Mir auch.«

Sie kehrte der vor uns liegenden Szenerie den Rücken und sagte: »Es ist Zeit heimzugehen.«

Auf dem Heimritt waren wir zuerst sehr ernst. Doch bald trieb es uns beide, die düstere Stimmung abzuschütteln. Mellyora sagte, daß es nirgends auf der Welt so viele Legenden gäbe wie in Cornwall.

»Warum ist das so?« wollte ich wissen.

»Weil wir der Menschenschlag sind, dem so etwas passiert, nehme ich an.«

Die Zeit verrann schnell, weil ein Tag wie der andere war. Ich hatte mich an mein bequemes Leben gewöhnt, und immer, wenn ich zu Grandma in die Kate kam, erzählte ich ihr, daß das Leben einer Dame genauso herrlich wäre, wie ich es mir immer vorgestellt hätte.

»Es ist doch seltsam, daß sich alles so zum Guten gewendet hat«, sagte ich.

»Wie ein Sommer nach einem harten Winter«, stimmte Grandma mir zu. »Denke aber daran, mein Kind, daß die Winterzeit wiederkommen kann und wird. Ewig Sommer zu haben, wäre unnatürlich.«

Aber ich glaubte an den ewigen Sommer. Nur einige nichtige Dinge trübten mein angenehmes Leben. Das eine war, wenn ich Joe zusammen mit dem Tierarzt durch den Ort fahren sah, auf dem Weg zu den Stallungen von Abbas. Er stand dann hinten auf der Kutsche, und ich fand es meines Bruders unwürdig, wie ein Diener zu fahren.

Immer noch haßte ich es, wenn Mellyora in ihrem besten Kleid und mit langen weißen Handschuhen Besuche machte. Ich wollte dabeisein, wollte lernen, wie man einen Salon betritt und wie man leichte Konversation macht. Aber natürlich: Mich lud niemand ein.

Justin St. Larnston hatte die Universität verlassen, und wir sahen ihn jetzt häufig. Oft begegnete ich ihm, wenn er durchs Dorf fuhr. Ihm oblag schon ein Gutteil der Verwaltung, damit er, wenn es an der Zeit war, das Gut als Herr übernehmen konnte. Wenn Mellyora bei mir war, verneigte er sich höflich und lächelte sogar, aber es war ein melancholisches Lächeln.

Kim, der etwas jünger war als Justin, besuchte noch die Universität. Mit Freuden sah ich dem Tag entgegen, da auch er fertig sein würde. Vielleicht würden wir ihn dann ebenfalls öfter im Dorfe treffen.

Eines Nachmittags saßen wir im Garten auf dem Rasen und stickten, als Bess über den Rasen auf uns zugelaufen kam und rief: »Miß, schreckliche Nachricht von Abbas!«

Mellyora wurde um einen Hauch blasser und ließ ihre Handarbeit ins Gras fallen.

»Was für welche?« drängte sie, und ich wußte, sie hatte Angst, Justin sei etwas Schreckliches zugestoßen.

»Sir Justin – der Schlag hat ihn getroffen in seinem Arbeitszimmer, sagen die Leute. Der Doktor ist schon da. Es steht schlimm mit ihm, sehr schlimm. Er lebt bestimmt nicht mehr lange, sagen sie.«

Als Bess wieder ins Haus ging, blieben wir auf dem Rasen sitzen, aber weiterarbeiten mochten wir nicht. Ich wußte, daß Mellyora mit ihren Gedanken bei Justin war. Wenn sein Vater stürbe, würde er Sir Justin sein, und Abbas würde ihm gehören.

Die nächsten Nachrichten kamen von Miß Kellow. Sie las jeden Morgen die Anzeigen der Zeitung, weil sie, wie sie zu verstehen gab, an den Geburten, Todesfällen und Heiraten in den berühmten Familien, bei denen sie angestellt gewesen war, sehr interessiert war.

Sie kam in unseren Unterrichtsraum, die Zeitung in der Hand.

»Interessante Neuigkeiten stehen in der Zeitung«, begann sie.

Mellyora mimte Interesse. »Oh?«

»Es gibt eine Hochzeit auf Abbas.«

Mellyora schwieg.

»Ja«, fuhr Miß Kellow in ihrer langsamen, kribbelig machenden Art fort, die uns so lange wie möglich in Spannung halten sollte. »Justin St. Larnston hat sich verlobt.«

Ich hatte nicht geahnt, daß ich jemals den Schmerz eines anderen Menschen so heftig empfinden konnte. Mir konnte es ja gleich sein, wenn Justin St. Larnston heiratete. Aber arme Mellyora, mit ihren Träumen!

»Wen wird er denn heiraten?« fragte Mellyora, betont deutlich.

»Ja, es ist eigenartig, daß sie es gerade jetzt bekanntgeben«, sagte Miß Kellow, eifrigst bemüht, die Antwort noch weiter hinauszuziehen, »wo Sir Justin doch so krank ist und jeden Augenblick sterben kann. Aber vielleicht ist das der Grund.«

»Wer?« fragte Mellyora.

Miß Kellow konnte es nun nicht länger zurückhalten.

»Miß Judith Derrise«, sagte sie.

Nachdem sie die Neuigkeit gehört hatte, lief Mellyora in ihr Zimmer und wollte niemanden sehen. Sie sagte, sie habe Kopfschmerzen und wolle allein sein.

Sir Justin starb nicht, aber er blieb gelähmt. Es bestand also kein Grund, die Hochzeit hinauszuschieben, und sechs Wochen nach dem Aufgebot fand sie statt.

Ein paar Schaulustige aus St. Larnston gingen hinüber zur Kirche von Derrise, wo das Paar getraut wurde. Mellyora war nervös und fragte sich, ob sie und ihr Vater wohl eine Einladung bekämen. Doch sie hätte sich nicht zu fürchten brauchen, es kam keine.

Sir Justins Leben war nicht länger in Gefahr, und sein Sohn hatte eine junge Frau nach Abbas gebracht. Die St. Larnstons hatten also guten Grund zum Feiern und beschlossen, einen Ball zu geben.

Die Einladungen wurden verschickt, und Mellyora und ihr Vater erhielten eine. Das junge Paar war für die Flitterwochen nach Italien gefahren, und mit diesem Ball wollte man ihre Heimkehr feiern. Es sollte ein Maskenball werden, eine große Angelegenheit.

Ich war mir über Mellyoras Gefühle nicht ganz im klaren. Sie schien zwischen Aufregung und Niedergeschlagenheit zu schwanken. Sie hatte sich verändert, seit sie erwachsen wurde. Sie war einst so fröhlich gewesen. Ich hingegen war neidisch und konnte es nicht verbergen.

Etwa vier Tage nachdem sie die Einladung erhalten hatte, kam sie mit ernster Miene aus dem Arbeitszimmer ihres Vaters.

»Papa geht es nicht gut«, sagte sie. »Übrigens merke ich das schon seit einiger Zeit.«

Auch mir war es aufgefallen; seine Hautfarbe wurde mit jedem Tag gelber.

»Er meint«, fuhr sie fort, »er wird nicht zu dem Ball gehen können.«

»Soll das heißen, du gehst auch nicht?«

»Ich kann nicht gut allein gehen.«

Sie zuckte die Schultern, und am selben Nachmittag fuhr sie mit Miß Kellow in der Ponykutsche fort.

Als sie zurückkam, stürzte sie in mein Zimmer, mit leuchtenden Augen und geröteten Wangen.

»Aschenputtel, wie würde es dir gefallen, mit auf den Ball zu gehen?«

»Mellyora! Du meinst...«

Sie nickte.

»Du bist eingeladen. Das heißt; nicht eigentlich du. Sie hat nicht die leiseste Ahnung...«

»Wie hast du das fertiggebracht?«

»Heute nachmittag sprach ich bei Lady St. Larnston vor, es war sowieso Empfangstag. Bei der Gelegenheit berichtete ich ihr, daß Papa sich nicht wohl fühle und nicht in der Lage sei, mich zum Ball zu begleiten, und dann sagte ich, ich hätte eine Freundin hier – ob seine Einladung nicht auf sie übertragen werden könnte. Sie war sehr gnädig.«

»Aber wenn sie erfährt...«

»Sie wird nicht. Ich habe deinen Namen geändert, falls sie dich kennen sollte. Sie hatte den Eindruck, du seist meine Tante, obwohl ich nichts dergleichen gesagt habe. Es ist ja ein Maskenball. Sie wird uns an der Treppe empfangen, und du mußt versuchen, würdig zu wirken... Jeder wird fabelhaft aussehen. Übrigens, du bist Miß Carlyon.«

»Miß Carlyon«, murmelte ich.

Sie schlang plötzlich ihre Arme um mich und drückte mich. »Es ist so schön, eine Schwester zu haben«, sagte sie. »Was sagt doch immer deine Grandma vom Teilen?«

»Geteilte Freude ist doppelte Freude, geteiltes Leid ist halbes Leid.«

»Das ist wahr. Jetzt, da du mitkommst, bin ich ganz närrisch vor Freude.« Sie schob mich fort und setzte sich auf das Bett. »Als erstes müssen wir uns entscheiden, was für ein Kostüm wir anziehen wollen, und dann müssen wir beratschlagen, wie wir am besten an sie herankommen.«

Die Tage gingen dahin, und wir sprachen von nichts anderem als von dem Ball und Sir Justins Gesundheit. Wir hatten solche Angst, er könne sterben und der Ball würde abgesagt.

Natürlich erzählte ich auch Grandma Bee davon.

»Ich möchte als Spanierin gehen«, erklärte ich ihr. »Es ist das Allerschönste, was ich je erlebt habe.«

Sie meinte: »Erwarte nicht zuviel, mein Liebling.«

»Ich erwarte überhaupt nichts«, antwortete ich. »Ich sage mir ja selbst, daß ich nach Abbas – als Gast gehe. Ich werde ein rotes Samtkleid tragen. Grandma, du solltest das Kleid sehen!«

Grandma ging in ihren Vorratsraum, und ich folgte ihr und beobachtete, wie sie die Schachtel öffnete und die Kämme und die beiden Mantillas herausholte. »Komm, wir wollen es anprobieren.«

Sie hob mein Haar ein bißchen hoch und steckte den Kamm hinein. Es war ein großer Kamm, mit Brillanten besetzt. »Du siehst genauso aus wie ich in deinem Alter, Liebling. Nun die Mantilla.«

Sie legte sie mir über den Kopf und trat zurück. »Wenn es so gemacht wird, wie es sich gehört, dann wagt keiner, dich anzurühren«, erklärte sie. »Ich würde gern selbst dein Haar richten, Enkelin.«

Es war das erstemal, daß sie mich so anredete, und ich fühlte ihren Stolz auf mich daraus.

Schließlich kam der Tag des Balles. Mellyora und ich zogen unsere Kostüme an, und Grandma kam ins Pfarrhaus, um mir die Haare aufzustecken.

Sie bürstete es und tat einige von ihren Tropfen darauf, daß es glänzte und schimmerte. Dann kamen der Kamm und die Mantilla an die Reihe. Mellyora klatschte in die Hände vor Bewunderung, als sie das Ergebnis sah.

»Jeder wird auf Miß Carlyon schauen!« sagte sie.

Grandma ging heim, und Miß Kellow fuhr uns nach Abbas. Unsere Kutsche paßte nicht ganz zwischen all die anderen feinen Wagen, aber das machte uns nur Spaß, und mich brachte sie zu dem Höhepunkt eines Traumes.

Ich war überwältigt, als ich in die Halle trat. Ich versuchte, alles auf einmal zu sehen, und bekam doch nicht mehr als einen undeutlichen Eindruck. Ein Lüster mit, wie mir schien, Hunderten von Kerzen; Wandteppiche an den Wänden, Töpfe mit Blumen, deren Duft die Luft erfüllte; Menschen überall.

Um Mitternacht sollte die Demaskierung stattfinden, aber bis dahin war der Ball vorbei, und ich brauchte mir wegen meiner Aschenputtelrolle keine Sorge mehr zu machen.

Am anderen Ende der Halle befand sich ein breiter und wunderschöner Treppenaufgang, und wir folgten der Menge dorthin, wo Lady St. Larnston, ihre Maske in der Hand, die Gäste empfing.

Wir standen in einem langen und hohen Raum, wo an beiden Seiten die Porträts derer von St. Larnston aufgehängt waren.

Ein Mann im grünen Samtwams und in langen grünen Hosen kam auf uns zu.

»Sagt, wenn ich mich irre«, sprach er uns an, »aber ich glaube, ich habe es erraten. Es sind die goldenen Locken.«

Es war Kims Stimme, aber in diesem Kostüm hätte ich ihn nicht erkannt.

»Sie sehen zauberhaft aus«, fuhr er fort. »Und die spanische Dame nicht minder.«

»Kim, Sie hätten es nicht so bald erraten sollen«, schmollte Mellyora.

»Nein, ich hätte so tun sollen, als hätte ich keine Ahnung. Ich hätte eine Menge Fragen stellen und es erst kurz vor Mitternacht erraten sollen.«

»Zumindest aber«, meinte Mellyora, »haben Sie nur mich erkannt.«

Er hatte sich mir zugewandt, und ich sah seine Augen durch die Maske.

»Ich muß gestehen, ich bin verwirrt. Spricht sie nur Spanisch?«

»Nein, sie spricht Englisch.«

»Spanische Dame«, sagte er, indem er sich an mich wandte, »ich hoffe, meine Gegenwart stört Sie nicht.«

»Nein, sie stört mich nicht.«

»Darf ich die beiden jungen Damen zum Büfett führen?«

»Das wäre sehr nett«, sagte ich.

Kim trat zwischen uns, nahm uns bei den Ellbogen und schob uns durch die Menge.

Wir saßen an einem kleinen Tisch in der Nähe des Podiums, wo lange Tafeln mit Speisen aufgebaut waren. Noch nie hatte ich eine so reichliche Tafel mit Speisen und Getränken gesehen.

Es war amüsant, Haggety zu beobachten, wie er sich um das Büfett kümmerte, sich unterwürfig verbeugte und ganz anders wirkte als der selbstbewußte Butler, der mich auf dem Trelinketer Markt hatte einstellen wollen.

Wenn man jung ist und den Hunger kennt, kann man immer mit Genuß essen, ganz gleich, wie aufgeregt man ist, und so sprach ich all den Köstlichkeiten, die Kim uns brachte, tüchtig zu, während ich von dem Bier nippte, das Haggety mir einschenkte.

Kim sah uns mit Vergnügen beim Essen zu, und ich wußte, daß er über mich nachdachte. Ich spürte, wie er überlegte, ob er mich nicht schon einmal getroffen hätte, und ich freute mich, daß er sich den Kopf zerbrach.

»Sehen Sie«, sagte er, während wir Bier tranken, »da kommt der junge Borgia.«

Ich blickte hoch und sah ihn. Er war in schwarzen Samt gekleidet; eine kleine Kappe thronte auf seinem Kopf, und er hatte sich einen Bart angeklebt. Er sah erst Mellyora und dann mich an. Sein Blick blieb an mir haften.

Er verneigte sich und sagte theatralisch: »Ich glaube, ich habe die blonde Griechin schon einmal auf unseren St. Larnstoner Pfaden wandeln sehen.«

Ich wußte sofort, daß es Johnny St. Larnston war; ich erkannte ihn an seiner Stimme, genauso wie vorhin Kim.

»Aber ich bin sicher, daß ich diese spanische Dame noch nie zu Gesicht bekommen habe.«

»Ich wäre meiner nicht immer so sicher«, antwortete Mellyora.

Er zog einen Stuhl, und ich fühlte mich unbehaglich.

»Sie sind eine Freundin von Mellyora«, sagte er. »Ich weiß Ihren Namen. Sie sind Miß Carlyon.«

»Es ist nicht fein, die Gäste in Verlegenheit zu bringen«, wies ihn Mellyora kurz zurecht.

»Meine liebe Mellyora, der ganze Witz eines Maskenballs besteht darin, die Personen der Gesellschaft noch vor der Demaskierung zu erraten. Miß Carlyon, meine Mutter erzählte mir, daß Mellyora eine Freundin mitbringen würde, weil ihr Vater nicht mitkommen kann. Eine Anstandsdame, eine Tante, sagte meine Mutter. Aber Sie sind bestimmt nicht Mellyoras Tante.«

»Nein, ich verrate nichts«, antwortete ich. »Sie müssen schon bis zur Demaskierung warten.«

»Wenn ich bis zu diesem aufregenden Moment an Ihrer Seite bleiben darf, kann ich warten.«

Die Musik setzte ein, und ein schönes stattliches Paar eröffnete den Ball. Der Mann im Regencykostüm mußte Justin sein und die große, schlanke, dunkelhaarige Dame seine junge Frau.

Ich konnte meine Augen nicht von Judith St. Larnston wenden, die noch vor kurzem Judith Derrise gewesen war. Sie trug ein karmesinrotes Samtkleid, dem meinen in der Farbe ziemlich ähnlich, aber viel kostbarer. Ihr dunkles Haar war in der Art der Pompadour frisiert, was sie etwas größer als Justin erscheinen ließ, der ja auch schon sehr groß war. Sie sah äußerst attraktiv aus, aber was mir vor allem auffiel, war die nervöse Spannung, die sich in den ruckartigen Bewegungen ihres Kopfes und ihrer Hände verriet. Ich sah, wie sie Justins Hand umklammerte, und selbst während des Tanzes machte sie den Eindruck, als wollte sie ihn nie mehr loslassen.

»Eine reizvolle Frau«, sagte ich.

»Wollen wir tanzen?«

Ich bekam es mit der Angst, womöglich merkte man, wenn ich mit Johnny St. Larnston tanzte, daß ich noch nie mit einem Mann getanzt hatte.

Johnny nahm meine Hand und drückte sie warm.

Die Kapelle, die am anderen Ende des Ballsaales ihren Platz hatte, spielte einen Walzer. Ich dachte noch an mein Herumwalzen mit Mellyora im Schlafzimmer und hoffte nur, mein Tanz möge nicht meine geringe Erfahrung verraten. Doch es war einfacher, als ich dachte. Ich war geschickt genug, keinen Verdacht zu erregen.

»Wie gut unsere Schritte zusammenpassen«, lobte Johnny.

Mellyora verlor ich während des Tanzes aus den Augen, und ich fragte mich, ob Johnny das vielleicht beabsichtigt hatte. Als wir wieder miteinander auf den vergoldeten Stühlen saßen und ich von jemand anderem zum Tanz aufgefordert wurde, war ich ziemlich erleichtert, Johnny zu entkommen.

Wir bekamen noch mehr zu essen und Wein zu trinken, und ich wünschte, der Abend möge nie enden. Ich wußte, daß es mir schrecklich sein würde, das rote Samtkleid auszuziehen und meine Haare wieder herunterzulassen.

Ich machte beim Kotillon mit. Von meinen Partnern gaben sich die einen väterlich, andere wieder flirteten mit mir. Ich wurde mit allen fertig und hielt mich für sehr geschickt und fragte mich, warum ich je nervös gewesen war.

Ich tanzte gerade mit Johnny, als er sagte: »Hier ist es so überfüllt. Wir wollen nach draußen gehen.«

Ich folgte ihm die Treppe hinunter, hinaus auf den Rasen, wo ein paar Gäste tanzten. Es war ein reizender Anblick. Die Musik konnte man deutlich durch die offenen Fenster hören, und die Kleider der Männer und Frauen sahen im Mondschein fantastisch aus.

Wir tanzten quer über den Rasen und kamen zu der Hecke, die die Wiesen auf Abbas von dem Feld trennte, wo sich die sechs Jungfrauen und die alte Mine befanden.

»Wohin führen Sie mich?« fragte ich.

»Die Jungfrauen ansehen.«

Er nahm mich bei der Hand, und wir liefen zusammen über das Gras. Ich lehnte mich gegen einen der Steine, und er kam dicht an mich heran und drängte mich zurück. Er versuchte, mich zu küssen, doch ich wehrte ihn ab.

»Warum reizen Sie mich?« fragte er.

»Ich möchte nicht geküßt werden.«

»Sie sind ein seltsames Wesen, Miß Carlyon. Zuerst fordern Sie mich heraus, und dann zeigen Sie sich spröde. Ist das fair?«

»Ich kam, um die Jungfrauen im Mondschein zu sehen.«

Er hatte seine Hände auf meine Schultern gelegt und drückte mich gegen den Stein. »Sechs Jungfrauen. Es könnten sieben sein heute nacht.«

»Wie meinen Sie das?«

»Kennen Sie die Legende nicht? Jeder, der im Mondschein steht und einen der Steine berührt, ist in Gefahr.«

»Wovor? Sie sind ungezogen, junger Mann!«

»Dann«, sagte er, »bin ich gezwungen, meine Neugier und Ungeduld mit Gewalt zu stillen.« Mit einer raschen Bewegung griff er nach meiner Maske, und als er sie in Händen hielt, hörte ich einen überraschten Ausruf.

»So – Miß Carlyon!« rief er und lachte. »Habe ich recht oder nicht? Ich erinnere mich gut an dich. Du bist kein Mädchen, das man leicht vergißt, Miß Carlyon. Und was machst du auf unserem Ball?«

Ich entriß ihm die Maske.

»Ich war eingeladen.«

»Du hast uns alle ganz hübsch getäuscht. Meine Mutter pflegt im allgemeinen nicht die Dorfbewohner zu einem Ball in St. Larnston einzuladen. Natürlich, für eine Gegenleistung könnte ich mich mit dem Schwindel einverstanden erklären.«

»Von Gegenleistung ist hier nicht die Rede.«

Er legte seinen Kopf zur Seite und betrachtete mich mit leichtem Erstaunen. »Du machst dich ganz schön wichtig, kleine Dorfschönheit.«

»Ich wohne im Pfarrhaus«, erwiderte ich. »Und ich werde dort erzogen. Und nun möchte ich wieder zum Ball zurückkehren.«

»Ohne Maske? Zweifellos erkennen Sie einige Dienstboten – Miß Carlyon.«

Ich wandte mich ab und begann zu laufen.

Er lief mir nach und ergriff meinen Arm. »Wohin läufst du?«

»Solange ich nicht im Ballsaal bin, geht Sie das nichts an.«

»Du willst uns doch noch nicht verlassen? Nein, bitte tu das nicht. Ich habe doch nur Spaß gemacht. Das mußt du noch lernen. Ich will nicht, daß du uns verläßt, ich will dir helfen. Kannst du die Maske wieder reparieren?«

»Ja, mit Nadel und Faden.«

»Gut, ich besorge sie dir, wenn du mit mir kommst.«

Ich zögerte, traute ihm noch nicht, aber die Versuchung war zu groß.

Er führte mich zu einer Mauer, die mit Efeu bewachsen war. Als er ihn beiseite schob, kam eine Tür zum Vorschein. Wir gingen hindurch und standen in dem ummauerten Garten, genau gegenüber der Stelle, wo man die Gebeine entdeckt hatte.

Er öffnete die mit Eisen beschlagene Tür, und wir befanden uns in einem feuchten, dumpfen Durchgang. Eine Laterne hing an der Wand und verbreitete ein schwaches Licht. Johnny nahm sie herunter, hielt sie hoch über seinen Kopf und wandte sich grinsend zu mir um. Er sah teuflisch aus, und ich wollte fortlaufen, aber ich wußte, wenn ich das tat, konnte ich nicht mehr zum Ball zurückkehren. Also folgte ich ihm die Wendeltreppe hinauf.

Er sah sich nach mir um und sagte mit hohler Stimme: »Wir sind jetzt in dem Teil des Hauses, der früher das alte Kloster war. Hier lebten einstmals unsere Jungfrauen. Unheimlich, nicht wahr?«

Ich stimmte ihm zu.

Am oberen Ende der Treppe hielt er inne. Ich sah einen Korridor, von dem, wie mir schien, eine Reihe Zellen abgingen, und als ich Johnny in eine folgte, erkannte ich das in die Wand eingelassene steinerne Lager, das als Bett für eine Nonne gedient haben mochte. Dann sah ich einen schmalen Spalt, ohne Glasschutz, vielleicht das Fenster.

Johnny setzte die Laterne nieder und grinste mich an.

»Nun holen wir Nadel und Faden«, sagte er.

Ich war plötzlich hellwach. »Sicher werden wir das hier nicht finden.«

»Macht nichts. Es gibt wichtigere Dinge im Leben, das kann ich dir versichern. Gib mir die Maske.«

Ich weigerte mich und wandte mich zum Gehen, aber er war sofort neben mir. Mit einer Bewegung, die ihn überraschte und zu der ich alle meine Kräfte aufbot, schob ich ihn fort. Er stolperte nach hinten und fiel über die Laterne.

Das war mein Glück. Ich floh den Korridor entlang, die Maske krampfhaft in der Hand, und suchte nach der Wendeltreppe.

Ich konnte sie nicht finden, aber ich stieß auf eine andere, die aufwärts führte, und obwohl mir klar war, daß ich nicht weiter in das Haus eindringen durfte, wenn ich es verlassen wollte, wagte ich nicht umzukehren, aus Angst, wieder Johnny zu begegnen.

Ich entdeckte noch mehrere Alkoven gleich dem, den mir Johnny gezeigt hatte. Ab und zu blieb ich stehen und lauschte und überlegte, ob es nicht klüger wäre, denselben Weg wieder zurückzugehen. Mein Herz raste, und immer wieder mußte ich mich heimlich umsehen.

Ich versuchte, ruhig nachzudenken, was ich von dem Haus wußte. Der alte Flügel war der Teil des Hauses, der in den ummauerten Garten sah. Da mußte ich sein, vielleicht ganz dicht bei dem Fleck, wo die Gebeine der Nonne gefunden worden waren. Dieser Gedanke ließ mich schaudern. Es war düster in den Gängen, und der Fußboden war nackt und kahl; er bestand aus kaltem Stein wie die Wendeltreppen.

Am Ende des steinernen Ganges befand sich eine schwere Tür, die ich vorsichtig öffnete. Es war wie ein Schritt in eine andere Welt. Der Gang war mit Teppichen ausgelegt, und Lampen hingen an den Wänden. Ich konnte den Klang der Musik hören – gedämpft zwar –, den ich zuvor ganz verloren hatte.

Erleichtert atmete ich auf.

Das Haus war weitläufig. An einer Tür hielt ich inne, und in der Hoffnung, sie würde mich in den Flügel des Hauses führen, wo der Ball stattfand, drückte ich sacht die Klinke nieder und öffnete sie. Mir blieb vor Schreck der Atem weg. In dem matten Licht der abgedeckten Lampe neben dem Bett war mir in den ersten Sekunden, als blickte ich auf einen Leichnam. Dort lag ein Mann, von Kissen gestützt, dessen Mund und ein Auge auf der linken Seite heruntergezogen waren. Dann wurde mir klar, daß man mich gesehen hatte, denn ein seltsamer Laut kam von dem Wesen in dem Bett. Rasch schloß ich die Tür wieder. Mein Herz schlug mir bis zum Halse.

Der Mann, den ich da im Bett hatte liegen sehen, war der klägliche Rest von Sir Justin. Mich entsetzte der Gedanke, daß jemand, der ehemals so robust, so hochmütig gewesen war, sich so verändern konnte.

Ich packte die zerrissene Maske fester und blieb zögernd an einer halbgeöffneten Tür stehen. Beim Hineinsehen erkannte ich ein Schlafzimmer. Zwei Lampen an der Wand warfen ein spärliches Licht. Plötzlich kam mir ein Gedanke: Vielleicht sind auf dem Toilettentisch Stecknadeln. Ich spähte nochmals den Gang hinunter. Es war keine Menschenseele zu sehen, und so schlüpfte ich in das Zimmer. An dem Spiegel, der mit Satinbändern umschlungen war, hing ein Nadelkissen mit Stecknadeln. Ich nahm einige heraus und wollte gerade wieder zur Tür gehen, als ich Stimmen auf dem Gang vernahm.

Tödlicher Schrecken erfaßte mich. Ich mußte so rasch wie möglich den Raum verlassen.

Ich sah mich um und erblickte zwei Türen. Ohne weiter nachzudenken, öffnete ich eine und schlüpfte hinein. Da stand ich in einem mit Kleidern vollgehängten Schrank. Doch es galt, keine Zeit zu verlieren. Ich schloß die Tür und hielt den Atem an.

Nach einigen angstvollen Sekunden wußte ich, daß jemand das Zimmer betreten hatte. Ich hörte, wie sich die Tür schloß, und wartete – jeden Nerv zum Zerreißen gespannt – nur noch darauf, entdeckt zu werden.

Eine Stimme sagte: »Aber was ist denn, Judith?«

Es war eine müde Stimme, die, wie ich wußte, Justin St. Larnston gehörte.

»Ich mußte dich sehen, Liebling. Nur ein paar Minuten allein mit dir sein. Ich mußte mich beruhigen, versteh mich bitte.«

Judith, seine Frau! Ihre Stimme klang so, wie ich es erwartet hatte. Sie sprach in kurzen Sätzen, als wäre sie atemlos.

»Judith, du darfst dich nicht so aufregen.«

»Aufregen? Aber wie kann ich denn, wenn... Ich sah dich und das Mädchen zusammen tanzen.«

»Hör zu, Judith.« Seine Stimme klang langsam und fast ein wenig geziert. »Sie ist nur die Pfarrerstochter.«

»Sie ist schön. Du findest das auch, nicht wahr? Und jung – so furchtbar jung... Und die Art, wie sie dich ansah, als ihr zusammen tanztet.«

»Judith, das ist alles absurd. Ich kenne sie von Kindesbeinen an. Natürlich mußte ich mit ihr tanzen. Du kennst auch die gesellschaftlichen Pflichten.«

»Du kennst meine Gefühle. Ich wußte das, Justin. Von dir und dem Mädchen. Und wenn du auch lachst, es war etwas zwischen euch, und ich mußte mich erst wieder fassen.«

»Aber wirklich, Judith, da gibt es nichts. Du bist meine Frau, nicht wahr? Ist das nicht genug?«

»Alles, eben alles! Ich könnte es nicht ertragen...«

»Wir wollen es vergessen. Und wir sollten nicht hierbleiben, wir können unmöglich so verschwinden.«

»Es ist gut, aber küß mich zuvor, Justin.«

Schweigen, und ich meinte, sie müßten mein Herz schlagen hören.

»Komm, Judith, wir wollen gehen.«

»Noch einmal, Liebster. O Liebster, ich wünschte, wir müßten nicht mehr zu diesen langweiligen Leuten zurück.«

Schweigen. Das Schließen einer Tür. Ich wollte hinausstürzen, zwang mich aber, noch zu bleiben und bis zehn zu zählen. Dann öffnete ich vorsichtig die Tür, blickte mich in dem leeren Raum um, floh zur Zimmertür und erreichte mit einem Aufseufzen der Dankbarkeit den Flur.

Die Musik wurde lauter, und ich erreichte den Treppenaufgang, wo uns Lady St. Larnston empfangen hatte. Nun wußte ich Bescheid. In meiner Angst hatte ich vergessen, die Maske aufzusetzen, als ich Mellyora und Kim sah.

»Deine Maske!« rief Mellyora.

Ich hielt sie hoch. »Sie ist kaputt, aber ich habe schon Stecknadeln gefunden.«

Kim sagte: »Na, na, ich glaube beinahe, das ist Kerensa.«

Schamerfüllt sah ich ihn an, und Mellyora wandte sich ihm zu.

»Warum nicht?« fragte sie fast zornig. »Kerensa wollte auch den Ball besuchen. Warum sollte sie nicht? Ich sagte, sie sei meine Freundin, und das ist auch wahr.«

»Ja, warum auch nicht?« stimmte Kim zu.

»Wie ging sie kaputt?« fragte Mellyora.

»Meine Stiche waren nicht fest genug, nehme ich an.«

»Eigenartig. Zeig mal her.« Sie nahm meine Maske. »Oh, das ist es. Gib mir die Nadeln. So, jetzt hält sie.«

Mellyora setzte mir wieder die Maske auf, und ich war erleichtert, als ich mich wieder hinter ihr verstecken konnte.

»Wir waren gerade draußen im Garten«, sagte Mellyora. »Der Mond scheint wundervoll.«

»Ja, ich war auch draußen.«

»Wir wollen wieder in den Ballsaal gehen«, sagte Mellyora. »Es bleibt uns nicht mehr viel Zeit.«

Wir gingen in Kims Begleitung zurück. Ein Herr kam und bat mich zum Tanz. Ich fühlte mich selig, maskiert zu sein und wieder tanzen zu können, und insgeheim gratulierte ich mir zu meiner Flucht.

Später tanzte ich noch einmal mit Kim. Ich wollte herausbringen, was er dazu sagte. Er war offensichtlich belustigt.

Ich berichtete ihm alles, was passiert war, während er auf der Universität gewesen war. Wie Mellyora mich auf dem Markt gesehen und mitgenommen hatte. Er hörte aufmerksam zu.

»Ich bin froh, daß es so gekommen ist«, erklärte er mir. »Das ist für euch beide gut.«

Ich wurde rot vor Freude. Er war so ganz anders als Johnny St. Larnston.

»Und dein Bruder?« fragte er. »Wie gefällt es ihm bei unserem Tierarzt?«

»Woher wissen Sie das denn?«

Er lachte. »Nun, es interessiert mich, was er für Fortschritte macht, schließlich habe ich ihn Pollent empfohlen.«

»Sie ...«

»Ja, ich bat ihn, dem Jungen eine Chance zu geben.«

»So war das also. Ich sollte Ihnen danken.«

»Tu's nicht, wenn du nicht willst.«

Viele Gefühle bewegten mich in dieser Nacht, aber wenn ich mit Kim tanzte, fühlte ich mich wirklich glücklich. Ich wünschte, es wäre ewig so weitergegangen. Aber ein Tanz ist schnell zu Ende, wenn man den Partner seiner Wahl hat, und viel zu bald schlugen die Uhren, die man in den Saal gebracht hatte, um Mitternacht anzuzeigen. Alle auf einmal. Die Musik hörte auf zu spielen. Es war Zeit, die Masken abzunehmen.

Kim führte mich hinaus, damit niemand wissen sollte, daß Miß Carlyon in Wirklichkeit die arme Kerensa Carlee war.

Als Belter uns zum Pfarrhaus heimfuhr, sprachen weder Mellyora noch ich sehr viel. Beide hatten wir noch die Musik in den Ohren und in uns den Rhythmus des Tanzes.

Ruhig gingen wir in unsere Zimmer. Physisch war ich müde und hatte doch noch kein Bedürfnis zu schlafen.

Aber ich konnte doch nicht die ganze Nacht vor dem Spiegel stehen und traumverloren mein Spiegelbild anstarren. Also nahm ich im Schein von zwei Kerzen widerwillig den Kamm aus meinem Haar, ließ es über die bloßen Schultern fallen und hängte das rote Samtkleid auf.

Ich konnte nicht einschlafen. Ich dachte noch immer daran, wie ich mit Kim tanzte, mit Johnny kämpfte, mich im Kleiderschrank versteckt hielt und an den gräßlichen Augenblick, als ich die Tür zu Sir Justins Zimmer öffnete und ihn dort liegen sah.

Kein Wunder also, daß ich, als ich endlich schlief, von Alpträumen geplagt wurde. Mir träumte, Johnny mauerte mich ein, und ich erstickte, während Mellyora versuchte, mit bloßen Händen die Ziegelsteine beiseite zu reißen, und ich wußte genau, sie konnte mich nicht rechtzeitig retten.

Schreiend wachte ich auf und sah Mellyora neben meinem Bett stehen.

»Wach auf, Kerensa!« rief sie. »Du träumst schlecht.«

Ich setzte mich auf und starrte auf ihre Hände.

»Was, um Himmels willen, ist denn los?«

»Mir träumte, ich würde eingemauert, und du versuchtest, mich zu retten. Ich erstickte.«

»Das ist kein Wunder; du warst schier unter deiner Decke begraben. Und denk nur an all den Wein, den du getrunken hast.«

Sie setzte sich auf mein Bett und lachte über mich; aber ich konnte meinen Traum nicht so schnell abschütteln.

»Was für ein Abend«, sagte sie. Als meine Schlaftrunkenheit wich, fiel mir ein, was ich im Wandschrank mit angehört hatte.

»Du hast mit Justin getanzt, nicht wahr?« fragte ich.

»Natürlich.«

»Seine Frau hat das nicht gern gesehen.«

»Woher weißt du denn das?«

Ich erzählte ihr, was mir zugestoßen war. Ihre Augen wurden ganz weit, und sie sprang auf, packte mich an den Schultern und schüttelte mich. »Kerensa, ich hätte es mir ja denken können, daß irgend etwas passieren würde. Komm, sag mir jedes Wort, was du in dem Schrank gehört hast.«

»Ich habe dir alles gesagt, so gut ich mich erinnern kann. Ich war vor Angst fast tot.«

»Das kann ich mir denken. Was hast du bloß gemacht?«

»Ich weiß nicht mehr. Ich dachte mir nur, daß es das einzige war, was ich machen konnte. Hatte sie recht, Mellyora?«

»Recht?«

»Mit ihrer Eifersucht?«

Mellyora lachte. »Sie ist mit ihm verheiratet.«

Eine Weile schwiegen wir, jede mit ihren eigenen Gedanken beschäftigt. Dann brach ich das Schweigen und sagte: »Ich glaube, du hast Justin immer gern gehabt.«

Es war die Zeit, Vertrauen und innerste Geheimnisse auszutauschen. Der Zauber des Festes hing noch über uns, und Mellyora und ich fühlten uns in dieser Nacht inniger verbunden denn je.

»Übrigens, Kim hat mir heute erzählt, er ginge fort.«

»Oh?«

»Nach Australien, glaube ich.«

»Wann denn? Bald?« Meine Stimme klang bestürzt, obwohl ich versuchte, mich zu beherrschen.

»Über kurz oder lang. Er segelt mit seinem Vater. Wie er sagt, will er eine Zeitlang in Australien bleiben, er hat da nämlich einen Onkel.«

Die Hochstimmung vom Ball war wie weggeblasen.

»Bist du müde?« fragte Mellyora.

»Ja, es muß schon sehr spät sein.«

»Fast schon früher Morgen.«

»Wir sollten noch ein bißchen schlafen.«

Sie nickte und ging in ihr Zimmer.

Ungefähr eine Woche nach dem Fest war es, als Dr. Hilliard dem Pfarrhaus einen Besuch abstattete. Ich war gerade auf dem Rasen vor dem Haus, als sein Einspänner vorfuhr und er mir guten Morgen zurief. Ich wußte, daß Reverend Martin ihn kürzlich konsultiert hatte, und nahm an, daß er nach ihm schauen wollte.

»Reverend Martin ist nicht zu Hause«, erklärte ich ihm.

»Gut. Ich möchte auch mit Miß Martin sprechen. Ist sie da?«

»O ja.«

Ich führte ihn in den Salon und suchte Mellyora. Sie nähte in ihrem Zimmer und schien überrascht, als ich ihr berichtete, daß Dr. Hilliard mit ihr sprechen wollte.

Eine halbe Stunde später fuhr die Kutsche wieder davon, die Tür zu meinem Gesicht flog auf, und Mellyora stürzte herein. Ihr Gesicht war schneeweiß, und ihre Augen wirkten fast schwarz. So hatte ich sie noch nie gesehen.

»O Kerensa!« rief sie. »Es ist schrecklich!«

»Erzähl doch! Was ist denn?«

»Es handelt sich um Papa. Dr. Hilliard sagt, er sei ernstlich krank.«

»O Mellyora.«

»Er sagt, Papa habe ein Gewächs. Ein Kollege, den Papa auf seinen Rat hin aufgesucht hat, habe es bestätigt. Papa hat mir nichts davon erzählt. Ich wußte nicht, daß er bei diesen Ärzten war. Kerensa, ich kann es nicht ertragen. Sie sagen, er muß sterben.«

»Aber das können sie gar nicht wissen.«

»Sie sind sich dessen aber fast sicher. Drei Monate noch, glaubt Dr. Hilliard.«

»O nein!«

»Außerdem sagte er, Papa dürfe nicht mehr arbeiten, er stehe dicht vor dem Zusammenbruch. Er gehöre ins Bett . . .« Sie vergrub das Gesicht in den Händen. Ich ging zu ihr hin und legte die Arme um sie.

Alles hatte sich verändert. Jeden Tag ging es Reverend Martin schlechter. Mellyora und ich pflegten ihn. Sie bestand darauf, ihm jede Aufmerksamkeit zukommen zu lassen, und ich bestand darauf, ihr zu helfen.

David Killigrew kam ins Pfarrhaus. Er war ein Hilfsgeistlicher, der die Pfarrerspflichten übernehmen sollte.

Der Herbst kam ins Land, und Mellyora und ich gingen kaum noch aus dem Haus. Wir hatten wenig Unterricht, obwohl Miß Kellow immer noch bei uns war. Die meiste Zeit verbrachten wir im oder in der Nähe des Krankenzimmers.

Oft saß David Killigrew bei Reverend Martin und plauderte mit ihm über die Gemeinde. Auch mit uns unterhielt er sich, und in kurzer Zeit vergaßen wir fast, was seine Anwesenheit in unserem Hause bedeutete, war es, als gehörte er schon immer zur Familie. Er heiterte uns auf und gab uns das Gefühl, daß er für unsere Gesellschaft dankbar war.

Weihnachten kam – ein trauriges Weihnachten für uns.

Am Dreikönigstag kam Kim.

Ich sah ihn auf seiner braunen Stute ankommen und dachte, wie hübsch und männlich er aussähe. Er war weder schlecht wie Johnny noch fromm wie Justin: Er war genauso, wie ein Mann sein sollte.

Ich wußte, was ihn herführte. Er selber hatte uns gesagt, daß er zum Abschied noch einmal vorbeikäme. Je näher der Termin der Abreise rückte, um so in sich gekehrter wurde er.

Ich ging ihm entgegen, weil ich mir einbildete, daß ich ihm den Abschied schwermache.

»Nanu«, rief er, »das ist ja Miß Kerensa.«

»Ich sah Sie kommen.«

Belter kam und nahm ihm das Pferd ab, und Kim ging auf das Haus zu. Ich wollte ihn aufhalten, um ihn noch ein bißchen für mich zu haben, ehe Mellyora und Miß Kellow dazukamen.

»Wann fahren Sie?« fragte ich und versuchte, dabei meinen Kummer nicht offen zu zeigen.

»Morgen.«

»Ich glaube, Sie haben nicht ein bißchen Lust dazu.«

»Ein bißchen schon«, erwiderte er. »Im übrigen aber fahre ich nur widerwillig von zu Hause fort.«

»Kim«, rief ich leidenschaftlich, »wenn Sie aber doch nicht fort wollen!«

»Aber ich will übers Meer fahren und dort mein Glück machen.«

»Warum?«

»Um reich und berühmt wieder nach Hause zu kommen.«

»Und dann?«

»Will ich mich hier niederlassen, heiraten und eine Familie gründen.«

Das waren fast die gleichen Worte, die David Killigrew gebraucht hatte. Vielleicht wünschten sie es alle.

»Dann fahren Sie, Kim«, sagte ich fest.

Er lachte, neigte sich vor und küßte mich leicht auf die Stirn. Eine Woge des Glücks überflutete mich, und doch war ich gleichzeitig verzweifelt.

»Du siehst wie eine Prophetin aus«, sagte er, als wollte er seinen Kuß entschuldigen.

Er schob seinen Arm unter meinen, und wir gingen zusammen ins Haus.

Im Salon warteten Mellyora und Miß Kellow, und sobald wir eintraten, läutete Miß Kellow nach dem Tee.

Kim erzählte hauptsächlich von Australien, von dem er viel zu wissen schien. Er glühte vor Begeisterung.

O Kim, dachte ich, wie gern würde ich mit dir gehen!

Aber ich war mir nicht sicher, ob das ehrlich gemeint war. Ich wollte doch wie eine Dame auf St. Larnston Abbas leben.

»Kerensa ist gedankenvoll.« Kim musterte mich belustigt – oder war es zärtlich?

»Ich habe mir das alles gerade vorgestellt. Sie erzählen so packend.«

»Warte ab, bis ich erst wiederkomme.«

»Und dann?«

»Dann habe ich noch mehr zu erzählen.«

Er gab jedem die Hand zum Abschied, und dann küßte er Mellyora und mich.

»Ich komme wieder«, sagte er. »Ihr werdet es sehen.«

Einige Wochen nach Kims Abreise traf ich Johnny St. Larnston in der Nähe des Pengaster-Hofes. Ich hatte Grandma besucht und ihr einen Korb mit Eßwaren gebracht. Ich war noch ganz in Gedanken. Obwohl sie angeregt von dem Tag erzählt hatte, den sie im Haus des Tierarztes verbracht hatte, wo sie zum Weihnachtsfest eingeladen gewesen war, sah sie schmal aus, und ihre Augen blickten müde. Auch hatte ich bemerkt, daß sie immer noch zu stark hustete.

»Hallo!« Johnny saß auf dem Zaun, der Pengasters Felder umgrenzte. Er sprang herunter und paßte seine Schritte den meinen an.

»Ich hoffte, wir würden uns treffen.«

»So.«

»Darf ich deinen Korb tragen?«

»Nicht nötig. Er ist leer.«

»Und wohin gehst du, mein schönes Kind?«

Ich beschleunigte meine Schritte. »Ich habe es wirklich eilig.«

»Wie schade. Ich hoffte, wir könnten unsere Bekanntschaft erneuern. Ich hätte dich, glaube mir, gern schon früher getroffen. Aber ich war fort und bin gerade erst wiedergekommen.«

»Sie werden bald wieder umkehren, glaube ich.«

»Heißt das, du hoffst es? O Kerensa, warum können wir nicht Freunde werden? Ich möchte es gern, weißt du.«

»Vielleicht schlagen Sie den falschen Weg ein, Freunde zu gewinnen.«

»Dann mußt du mir den richtigen zeigen.«

Er ergriff meinen Arm und zog mich herum, so daß ich ihn anblicken mußte. Ein Glitzern lag in seinen Augen, das mich erschreckte. »Lassen Sie mich bitte in Ruhe«, sagte ich. »Und nicht nur für jetzt, sondern für immer. Ich bin keine Hetty Pengaster.«

Er war so verblüfft, daß ich ihm mit Leichtigkeit entkommen konnte. Ich lief, und als ich über die Schulter zurücksah, stand er immer noch da und starrte mir nach.

Ende Januar wurde Reverend Martin so krank, daß der Doktor ihm Beruhigungsmittel geben mußte, nach denen er stundenlang schlief. Mellyora und ich saßen still dabei. Wir nähten oder lasen und unterhielten uns, und hin und wieder stand eine von uns auf und sah ins Krankenzimmer. David Killigrew leistete uns jeden freien Augenblick Gesellschaft, und seine Gegenwart tat uns wohl.

Ich sah auf und bemerkte, daß Davids Augen auf mir ruhten. Er lächelte, als er merkte, daß ich seinen Blick auffing. Dieser Blick verriet mir etwas. Hatte ich mich geirrt?

Ich war verwirrt. So war die Sache keineswegs gedacht.

Und ein paar Tage später wurde mein Verdacht zur Gewißheit.

Ich war mir sicher nach jener Unterhaltung. Es war kein richtiger Heiratsantrag. David war nicht der Mann, der sich einer Frau erklärte, ehe er sie nicht unterhalten konnte. Und als Hilfsgeistlicher mit einer alten Mutter, die er zu versorgen hatte, war er dazu nicht in der Lage. Aber wenn er die St.-Larnston-Pfarrei bekäme – er glaubte daran, wie jeder andere auch –, dann wäre das etwas anderes.

Wir beide saßen allein am Kamin – Mellyora war bei ihrem Vater –, als er zu mir sagte: »Sie betrachten das hier als Ihr Heim, Miß Carlee?«

Ich stimmte ihm zu.

»Ich habe davon gehört, wie Sie hierherkamen.«

Ich wußte, das war unausbleiblich.

»Ich bewundere, was Sie geleistet haben«, fuhr er fort. »Ich meine, Sie sind ganz – ganz wundervoll. Ich kann mir vorstellen, daß Sie hoffen, das Pfarrhaus nie verlassen zu müssen.

»Dessen bin ich mir nicht so sicher«, erwiderte ich.

»Natürlich sind Sie nicht sicher. Es gibt Umstände im Leben, die viel Nachdenken erfordern. Ich habe selbst über mein eigenes Leben nachgedacht. Sehen Sie, Miß Carlee, ein Mann in meiner gegenwärtigen Position kann sich eine Heirat nicht leisten. Aber wenn sich die Position ändern sollte...«

Er hielt inne, und ich überlegte: Er wird mich um meine Hand bitten, wenn Reverend Martin tot ist und er seine Nachfolge antritt.

»Ich glaube«, fuhr er fort, »Sie würden eine hervorragende Pfarrfrau abgeben, Miß Carlee.«

Ich lachte. »Ich? Das glaube ich nicht.«

»Aber warum nicht?«

»Alles stimmt nicht. Meine Herkunft zum Beispiel.«

»Meine liebe Miß Carlee, Sie unterschätzen sich selbst.«

»Sie kennen mich wenig.« Ich lachte abermals. Wann hatte ich mich je selbst unterschätzt? Ich war in gewisser Weise ebenso arrogant wie Lady St. Larnston. Wirklich, dachte ich, Liebe macht blind, denn es wurde mir immer deutlicher, daß David Killigrew in mich verliebt war.

»Das eine steht fest für mich«, fuhr er fort, »was Sie wollen, das gelingt Ihnen auch, und außerdem...«

Er sprach nicht zu Ende, denn Mellyora kam herein. Ihr Gesicht war vor Angst verzerrt.

»Ich glaube, es geht ihm schlechter«, sagte sie.

Es war Ostern, und die Kirche war mit Narzissen geschmückt, als Reverend Martin starb. In unserem Haus herrschte Trauer, und Mellyora war untröstlich. Wenngleich wir es auch so lange gewußt hatten, daß der Tod kommen würde, bedeutete er dennoch einen schweren Schlag für uns. Mellyora verbrachte den Tag in ihrem Zimmer und wollte niemanden sehen.

Der Tag der Beerdigung kam, und Glockengeläute schien das ganze Haus auszufüllen. Mellyora sah wunderschön aus in ihrem schwarzen Kleid und mit dem Schleier vor dem Gesicht.

Die Trauergesellschaft kam ins Pfarrhaus, Lady St. Larnston und Justin unter ihnen; sie kamen in unseren Salon, wo Schinkenbrote und Wein gereicht wurden. Justin widmete sich die meiste Zeit Mellyora. Er war freundlich, zuvorkommend und schien ernstlich um sie besorgt zu sein. David war an meiner Seite. Ich glaubte, daß er mich sehr bald fragen würde, ob ich seine Frau werden wolle. Während die Gäste ihre Brote aßen und den Wein tranken, den Belter servierte, sah ich mich selbst als Herrin dieses Hauses und Mrs. Yeo und Belter meine Anweisungen entgegennehmen.

Und doch . . . Ich empfand für David Killigrew nichts von dem, was ich für Kim empfand.

In jener Nacht ging ich in Mellyoras Zimmer und fand sie am Fenster sitzen, wie sie über den Rasen zum Friedhof hinblickte.

»Du wirst dich erkälten«, sagte ich. »Geh ins Bett.«

Sie schüttelte den Kopf, und so legte ich einen Schal um ihre Schultern und zog einen Stuhl neben den ihren und setzte mich.

»Kerensa, nun wird alles anders. Fühlst du es nicht?«

»Es muß wohl so sein.«

»Ich habe ein Gefühl, als ob ich in einer Art Purgatorium lebte, auf der Grenzscheide zwischen zwei Leben. Das alte ist vergangen, und das neue beginnt bald.«

Sie begann zu weinen. Ich legte den Arm um sie, führte sie zu Bett und gab ihr ein Beruhigungsmittel.

Die Zukunft gestaltete sich nicht so, wie wir sie uns vorgestellt hatten.

David Killigrew bekam die Pfarrstelle nicht. Statt dessen zog Reverend James Hemphill mit seiner Frau und drei Töchtern ins Pfarrhaus.

David blieb Hilfsgeistlicher und mußte den Traum von der Heirat beiseite schieben und sein Leben wieder mit seiner verwitweten Mutter teilen. Er meinte, wir müßten uns schreiben – und hoffen.

Mellyora war in diesen Wochen sichtlich gereift, und von mir nahm ich das gleiche an. Wir fanden uns plötzlich jeglicher Sicherheit beraubt.

Mellyora nahm mich mit in ihr Zimmer, wo wir in Ruhe miteinander sprechen konnten. Sie sah ernst aus, aber die Furcht vor der Zukunft hatte den Kummer über den Verlust ihres Vaters verdrängt.

»Setz dich, Kerensa. Wie ich höre, hat mein Vater so wenig hinterlassen, daß ich mir meinen Lebensunterhalt selbst verdienen muß.«

»Was hast du nun vor?« fragte ich.

»Darüber möchte ich mit dir sprechen, weil es dich ja schließlich auch betrifft. Auch du mußt von hier fort.«

»Wir werden schon Mittel und Wege finden, unseren Lebensunterhalt zu verdienen. Ich werde mit Grandma sprechen.«

»Kerensa, ich will nicht, daß wir getrennt werden.«

»Ich auch nicht.«

Sie lächelte mich zaghaft an. »Wenn wir irgendwo zusammensein könnten... Vielleicht könnten wir eine Schule gründen, oder etwas anderes.«

»Wo?«

»Irgendwo hier in St. Larnston.«

Es war eine völlig verrückte Idee, und ich sah deutlich, daß sie selbst nicht daran glaubte.

»Wann müssen wir hier fort?« fragte ich.

»Die Hemphills kommen gegen Ende des Monats. Da haben wir also noch drei Wochen Zeit. Mrs. Hemphill ist sehr freundlich. Sie sagte, es mache nichts, wenn ich noch etwas länger bleiben wollte.«

Ich hätte mit Mellyora weinen mögen. Ich merkte, daß alles, was ich erworben hatte, mir wieder genommen wurde. Nein, nicht alles. Als unwissendes Mädchen war ich ins Pfarrhaus gekommen; nun war ich eine junge Frau, fast so gut erzogen wie Mellyora. Ich könnte ebensogut wie sie als Gouvernante gehen.

Dieser Gedanke gab mir Mut und Vertrauen. Ich würde mit Grandma darüber reden. Ich wollte noch nicht verzweifeln.

Einige Tage später schickte Lady St. Larnston nach Mellyora.

Mellyora zog ihren schwarzen Mantel an und setzte den schwarzen Strohhut auf, und Miß Kellow, die uns Ende der Woche verließ, fuhr sie nach Abbas.

Nach ungefähr einer Stunde kamen sie zurück. Mellyora ging in ihr Zimmer und rief mich zu sich.

»Ich hab's geschafft«, rief sie. »Lady St. Larnston hat mir eine Stelle angeboten, und ich habe sie angenommen. Ich soll ihre Gesellschafterin werden. Nun müssen wir doch nicht von hier fort.«

»Wir?«

»Du glaubst doch nicht, daß ich dich im Stich lasse?« Sie lächelte mich an und war wie in früheren Zeiten. »Oh, ich weiß, daß wir das beide nicht gern tun. Aber schließlich ist es etwas Handfestes. Ich werde ihre Gesellschafterin sein, und für dich wäre auch eine Stelle da.«

»Und das wäre?«

»Zofe von Mrs. Justin St. Larnston.«

»Zofe?«

»Ja, Kerensa. Das kannst du gut machen. Du mußt dich um ihre Kleider kümmern, ihr Haar bürsten und dich allgemein nützlich machen.«

Ich war zu verblüfft, um zu reden.

Mellyora sprach rasch weiter: »Als sie mich fragte, sagte sie, das sei das beste, was sie für mich tun könne. Sie meinte, gewissermaßen sei sie uns verpflichtet, und sie könnte mich nicht so mittellos dasitzen lassen. Dann berichtete ich ihr, daß du schon lange bei uns lebtest und ich dich gleichsam als meine Schwester betrachtete und dich nicht gern allein ließe. Sie dachte eine Weile nach und sagte dann, daß Mrs. Larnston eine Zofe benötige und daß auch du kommen könntest. Ich sagte ihr, du wärst sicher sehr dankbar.«

Sie war ganz atemlos, und ein unmißverständliches Leuchten glimmte in ihren Augen. Sie wollte auf Abbas leben, und wenn es als Gesellschafterin von Lady St. Larnston war. Und ich wußte auch warum. Sie konnte den Gedanken nicht ertragen, von St. Larnston fort zu müssen, während Justin hier lebte.

Ich stand am Fenster meines Zimmers und dachte: Jetzt bist du hier. Du lebst hier – und trotz der Umstände war ich glücklich.

Das Zimmer war klein und lag dicht neben den Räumen, die Justin und Judith St. Larnston bewohnten. Eine Klingel war oben an der Wand angebracht, und wenn sie erklang, war es meine Pflicht, zu meiner Herrin zu eilen. Vom Fenster aus konnte ich über den Rasen bis zur Hecke sehen, die ihn von den Feldern trennte; ich konnte auch gerade noch die sechs Jungfrauen und das stillgelegte Bergwerk erkennen.

Wir waren frostig empfangen worden. Sehr zum Unterschied von damals, als wir in unseren Masken begrüßt wurden. Belter, nun angestellt bei den Hemphills, fuhr uns hinüber.

Mrs. Rolt empfing uns ein bißchen herablassend, als wenn es ihr ganz gut gefiele, daß wir jetzt in dieser Position wären, besonders ich.

»Ich werde eines der Mädchen fragen lassen, ob die gnädige Frau Sie empfangen möchte«, sagte sie. Sie führte uns zu einer der Hintertüren und betonte maliziös lächelnd, daß wir wohl aus Versehen bei dem großen steinernen Portal, das in die Haupthalle führte, vorgefahren seien. In Zukunft hätten wir diesen Eingang nicht mehr zu benutzen.

Mrs. Rolt nahm uns mit in die Küche, einen riesigen Raum mit gewölbter Decke und Steinfußboden. Zwei Mädchen saßen am Tisch und putzten Silber.

»Geh hinauf zur Lady und sag ihr, die neue Gesellschafterin und die Zofe seien gekommen. Sie wollte sie persönlich sehen.«

Ein Mädchen stand auf und ging zur Tür.

»Nicht du, Daisy«, rief Mrs. Rolt hastig. »Du meine Güte! Dein Haar sieht aus, als wenn man dich rückwärts durch eine Hecke gezerrt hätte. Geh du, Doll.«

Ich sah mir Daisy an. Es war ein Mädchen mit einem runden nichtssagenden Gesicht, schwarzen Korinthenaugen und dickem, borstigem Haar, das ihr fast bis zu den buschigen Brauen herabwuchs. Doll war kleiner, zierlicher und hatte im Gegensatz zu ihrer Kameradin einen aufgeweckten Gesichtsausdruck, der fast schlau zu nennen war. Sie ging durch die Küche in einen angrenzenden Raum, und ich hörte das Wasser laufen. Als sie wieder erschien, trug sie eine saubere Schürze. Mrs. Rolt nickte ihr wohlwollend zu, und als Doll verschwunden war, wandte sie sich wieder uns zu.

»Die gnädige Frau hat bestimmt, daß Sie mit uns im Gesinde-
raum essen.« Das galt mir. »Mr. Haggety wird Ihnen Ihren Platz
zeigen.« Dann zu Mellyora: »Sie dürfen Ihre Mahlzeiten auf Ihrem
Zimmer einnehmen, Miß.«

Ich fühlte, wie mir die Röte in die Wangen stieg, und ich wußte,
daß Mrs. Rolt es bemerken und sich darüber freuen würde.

»Natürlich wissen Sie Bescheid, wie es in einem großen Haus
zugeht, Miß.« Sie sah mich kurz an, und das spöttische Lächeln
zuckte wieder um ihre Mundwinkel, mit dem sie mir bedeutete,
daß zwischen Mellyoras Stellung und meiner ein weltweiter Unterschied bestünde.

Doll kam zurück und meldete, daß die Lady uns jetzt zu sehen
wünsche, und Mrs. Rolt forderte uns auf, ihr zu folgen. Wir stiegen
ungefähr ein Dutzend Steintreppen hinauf. Oben befand sich ein
grüner, torbogenartiger Durchgang, der zu dem Haupttrakt des
Hauses führte. Wir gingen einige Korridore entlang, ehe wir in die
Haupthalle kamen. Dann stiegen wir die Haupttreppe empor, an
die ich mich noch von der Ballnacht her erinnerte.

Ich meinte einige Korridore wiederzuerkennen, durch die ich
damals in der Ballnacht in meiner Angst gerannt war. Schließlich
langten wir vor einer Tür an, und Mrs. Rolt klopfte.

Als sie hereingebeten wurde, sagte sie in einem ganz veränder-
ten Tonfall: »Gnädige Frau, die neue Gesellschafterin und die Zofe
sind gekommen.«

»Bringen Sie sie herein, Mrs. Rolt.«

Mrs. Rolt warf den Kopf zurück, und wir betraten das Zimmer.
Es war groß und hoch, mit riesigen Fenstern, die auf den schönen
Rasen hinausgingen. Feuer brannte in einem großen Kamin.

»Kommen Sie näher«, sagte die Lady. Dann: »Es ist gut, Mrs.
Rolt. Warten Sie draußen, bis ich Sie rufen lasse.«

Wir traten näher, und Mrs. Rolt zog sich zurück.

»Bitte setzen Sie sich, Miß Martin«, sagte Lady St. Larnston.
Mellyora setzte sich, während ich stehenblieb, hatte sie mich doch
nicht zum Sitzen aufgefordert. »Wir wollen nicht im einzelnen
erörtern, worin Ihre Pflichten bestehen, das werden Sie selber
merken mit der Zeit. Ich nehme an, Sie lesen gut. Meine Augen
haben sehr nachgelassen, und ich brauche Sie jeden Tag zum
Vorlesen. Sie treten Ihren Dienst sofort an. Haben Sie eine gute
Handschrift? Sie werden auch einen Teil meiner Korrespondenz
erledigen müssen. Wir haben Ihnen ein freundliches Zimmer
zugedacht. Es liegt neben meinem Schlafzimmer, damit Sie gleich

zur Hand sind, wenn ich Sie während der Nacht brauchen sollte. Hat Ihnen Mrs. Rolt gesagt, wo Sie Ihre Mahlzeiten einnehmen werden?«

»Ja, gnädige Frau.«

»Gut, ich glaube, das wäre alles. Lassen Sie sich jetzt Ihr Zimmer zeigen und packen Sie aus.«

Sie wandte sich nun mir zu, hob die Lorgnette und musterte mich kühl von oben bis unten.

»Und das ist Carlee.«

»Kerensa Carlee«, sagte ich so stolz wie damals, als ich in der Mauer stand.

»Ich habe schon einiges von dir gehört, und ich habe dich aufgenommen, weil Miß Martin mich darum bat. Ich hoffe, du wirst uns nicht enttäuschen. Mrs. Justin St. Larnston ist, glaube ich, im Augenblick nicht zu Hause. Du bekommst dein Zimmer gezeigt. Dort wartest du, bis sie nach dir schickt, was sie sicherlich gleich, wenn sie nach Hause kommt, tun wird. Sie weiß ja, daß du heute kommen solltest. Und jetzt geh und ruf Mrs. Rolt herein.«

Ich öffnete die Tür so ruckartig, daß Mrs. Rolt hastig zurückwich. Sicherlich hatte sie am Schlüsselloch gelauscht.

»Mrs. Rolt«, befahl Lady St. Larnston, »zeigen Sie Miß Martin und Miß Carlee ihre Zimmer!«

»Ja, gnädige Frau.«

Als wir hinausgingen, spürte ich, wie Lady St. Larnston mir nachsah, und ich fühlte mich recht niedergeschlagen. Das war noch demütigender, als ich es mir vorgestellt hatte.

»Die Familie hat ihre Zimmer alle in diesem Teil des Hauses«, erklärte Mrs. Rolt. »Das ist das der gnädigen Frau, und die nächste führt in Ihr Zimmer, Miß Martin. Den Gang weiter hinunter haben Mrs. Justin und seine Frau ihre Zimmer.« Sie nickte mir zu. »Und du auch.«

Und so wurde ich zu meinem Zimmer geführt, einem Mädchenzimmer – aber keinem gewöhnlichen Dienstmädchenzimmer, wie ich mir sagte. Ich war Zofe hier, war nicht Doll oder Daisy gleichgestellt. Ich war zu etwas Besonderem berufen, und das wollte ich dem Küchenpersonal so bald wie möglich klarmachen.

Ich ging zum Fenster und sah auf den Rasen und die sechs Jungfrauen hinaus.

Und das war der Moment, wo ich zu mir sagte: Jetzt bist du da.

Du lebst hier. Und unwillkürlich überkam mich ein Triumphgefühl, daß ich da war, wo ich schon immer sein wollte. Meine
Traurigkeit verflog.

Ich stand noch am Fenster, als die Tür sich öffnete. Ich wußte
sofort, wer es war. Sie war groß und dunkel. Anmutig stand sie da
in ihrem perlgrauen Reitkostüm, mit von dem Ausritt noch glü-
henden Wangen. Das war also meine Herrin, Judith St. Larnston.
Sie war schön und sah nicht unfreundlich aus.

»Du bist Carlee«, sagte sie. »Man sagte mir, du seiest gekommen.
Das freut mich. Meine Garderobe ist in großer Unordnung. Du
wirst sie sicher in Ordnung bringen.«

Diese kurze, abgehackte Sprechweise erinnerte mich augenblicklich an die schreckerfüllten Sekunden in dem Schrank.

»Ja, Madam.«

Ich stand mit dem Rücken zum Fenster, so daß ich im Schatten
war; das Licht fiel voll auf ihr Gesicht. Ich bemerkte die rastlosen
topasfarbenen Augen, das Zittern der Nasenflügel und die vollen,
sinnlichen Lippen.

»Hast du deinen Koffer schon ausgepackt?«

»Nein.« Ich wollte sie nicht öfter als unumgänglich notwendig
mit ›Madam‹ anreden. Insgeheim gratulierte ich mir schon zu
dieser Herrin, die wahrscheinlich milder und nachsichtiger sein
würde als die Mellyoras.

»Gut, wenn du fertig bist, kommst du in mein Zimmer. Du weißt
doch, wo es ist? Nein, natürlich nicht. Wie solltest du auch? Also
komm, ich zeig's dir.«

Sie führte mich von meinem Zimmer ein paar Schritte den
Korridor entlang.

»Diese Tür führt in mein Schlafzimmer und den Ankleideraum.
Klopfe, wenn du fertig bist.«

Ich nickte und ging zurück in mein Zimmer. Ich nahm den
gräßlichen Hut ab und fühlte mich noch besser. Dann ordnete ich
mir das Haar, das ich hochgekämmt hatte, und der Anblick der
schwarz glänzenden Haarrollen gab mir wieder Selbstvertrauen.

Wie befohlen ging ich zu dem anderen Zimmer, klopfte leise
und wurde hereingebeten. Sie saß vor dem Spiegel und blickte
müßig auf ihr Spiegelbild.

Sie sah mich im Spiegel, wandte sich um und starrte mich an.
Ihre Blicke blieben auf meinem Haar haften.

»Wie alt bist du, Carlee?«

»Fast siebzehn.«

»Du bist noch sehr jung. Glaubst du, du schaffst es?«

»O ja. Ich weiß, wie man Haare frisiert, und kümmere mich gern um Kleider.«

»Ich hatte keine Ahnung...« Sie biß sich auf die Lippen. »Ich meinte, du wärst älter.« Sie kam auf mich zu und blickte mich unverwandt an. »Es wäre mir lieb, wenn du dir meine Garderobe ansehen würdest. Bring sie in Ordnung. Ein Abendkleid hat es besonders nötig. Ich bin mit dem Absatz in den Spitzen hängengeblieben. Dann brauche ich dich, um meine Sachen jeden Abend gegen sieben Uhr herauszulegen. Du wirst mir das Wasser für mein Bad bringen und mir beim Ankleiden helfen.«

»Jawohl«, sagte ich. »Welches Kleid möchten Sie heute abend anziehen?«

»Das graue Satinkleid.«

»Gut.«

Sie setzte sich wieder vor den Spiegel und begann, nervös mit den Kämmen und Bürsten zu spielen, während ich zu dem Garderobenschrank ging und die Kleider herausnahm. Ich war starr vor Staunen. Noch nie hatte ich etwas so Prächtiges gesehen. Ich fand das graue Satinkleid, sah es genau an und legte es auf das Bett, als sich die Tür öffnete und Justin St. Larnston hereinkam.

»Mein Liebling...« Es war nur ein Flüstern, aber ich hörte die ruhelose Leidenschaft durchklingen. Sie war aufgestanden und auf ihn zugegangen. Trotz meiner Gegenwart hätte sie ihn umarmt, wenn er sie nur ein wenig dazu ermuntert hätte. »Ich wunderte mich schon, wo du bliebst, hatte gehofft, du...«

»Judith!« Seine Stimme klang kalt und wie eine Warnung.

Sie lachte und sagte: »Oh, das ist Carlee, die neue Zofe.«

Wir blickten uns an. Er sah fast noch genauso aus wie der junge Mann, der mit dabei war, als man mich in der Mauer aufspürte. Doch er erkannte mich nicht wieder.

Er sagte zu mir: »Du kannst gehen, Carlee. Mrs. Larnston wird nach dir klingeln, wenn sie dich braucht.«

Ich neigte leicht den Kopf, und während ich durch das Zimmer schritt, spürte ich, wie sie mich beobachtete und gleichzeitig auch ihn. Ich wußte, was sie dachte, nach dem, was ich damals im Schrank mit angehört hatte, hier in diesem Zimmer. Sie war eine leidenschaftlich eifersüchtige Frau; sie betete ihren Mann an und konnte es nicht ertragen, wenn er andere Frauen ansah – nicht einmal ihre eigene Zofe.

Diese ersten Tage auf Abbas werden mir wohl für immer im

Gedächtnis bleiben. Das Haus selbst fesselte mich fast noch mehr als seine Bewohner. Eine stickige Atmosphäre von Zeitlosigkeit umgab alles.

Ich fing an, das Haus zu lieben, und da es uns glücklich macht zu lieben, fühlte ich mich nicht unglücklich, trotz all der kleinen Demütigungen in dieser Zeit. In den Gesinderäumen hatte ich mich durchgesetzt und hatte sogar Spaß gehabt an dem Kampf, zumal ich mich rühmen durfte, daß ich Siegerin geblieben war. Ich war nicht so schön wie Judith Derrise mit ihren feingemeißelten Gesichtszügen oder wie Mellyora mit ihrem zarten Charme; aber mein schwarzglänzendes Haar und meine großen Augen, die Zorn und Stolz so gut zum Ausdruck bringen konnten, machten mich attraktiver.

Ich war groß und sehr schlank und besaß einen undefinierbaren fremdländischen Hauch, den ich, wie ich bald merkte, gut zu meinem Vorteil ausnutzen konnte.

Auch Haggety fiel es auf. Er setzte mich bei Tisch neben sich, was Mrs. Rolt mit scheelen Augen sah. Sie hatte ihn deswegen zurechtgewiesen. Aber er hatte nur erwidert: »Oh, laß gut sein, meine Liebe, immerhin ist sie eine Zofe, wie du wissen solltest – ein nicht zu übersehender Unterschied zu deinen Mädchen.«

»Und woher stammt sie? Das sollte auch niemand vergessen.«

»Da kann man nichts machen. Das, was sie jetzt ist, damit müssen wir rechnen.«

Es war eine große Gesellschaft, die sich um den langen, schmalen Tisch zum Essen versammelte, nachdem die Familie gegessen hatte. Mrs. Rolt und Mrs. Salt, die Köchin, sorgten dafür, daß uns nichts fehlte, und so kam es, daß wir besser aßen als die, die sich zum Essen in dem prunkvollen Speisesaal niedersetzten.

Ich hatte mich in den Rhythmus der Tage eingelebt. Meine Herrin war in keiner Weise unfreundlich, ja sie war großzügig. Gleich in den ersten Tagen schenkte sie mir ein grünes Kleid, das sie nicht mehr leiden konnte, und meine Pflichten waren nicht zu schwierig. Es machte mir Vergnügen, ihr Haar zu bürsten, und auch ihre Kleider interessierten mich. Ich hatte viel Freizeit, und dann ging ich in die Bibliothek, entlieh mir ein Buch und verbrachte Stunden mit Lesen in meinem Zimmer, während ich auf ihr Klingeln wartete.

Mellyoras Leben war nicht so einfach. Lady St. Larnston war entschlossen, den größten Nutzen aus ihren Diensten zu ziehen. Mehrere Stunden am Tag mußte sie ihr vorlesen, mußte ihr mitten in der Nacht Tee kochen; sie mußte ihr den Kopf massieren, wenn sie Kopfschmerzen hatte, was häufig vorkam; sie mußte sich auch um Lady St. Larnstons Korrespondenz kümmern, Botengänge machen, sie begleiten, so oft sie Besuche in ihrer Kutsche unternahm. Tagsüber hatte Mellyora kaum eine freie Minute. Ehe noch die erste Woche vorbei war, kam Lady St. Larnston die Idee, daß Mellyora, die ja ihren Vater gepflegt hatte, auch Sir Justin von Nutzen sein könne. So kam es, daß Mellyora, wenn sie nicht bei Lady St. Larnston war, sich im Krankenzimmer aufhielt.

Arme Mellyora! Obwohl sie ihre Mahlzeiten in ihrem Zimmer einnehmen durfte und fast wie eine Dame behandelt wurde, war ihr Los viel härter als meines.

Ich war diejenige, die sie in ihrem Zimmer besuchte. Sobald meine Herrin fortging – sie hatte die Angewohnheit, lange Ritte zu unternehmen, oft auch allein –, lief ich in Mellyoras Zimmer, in der Hoffnung, sie dort zu finden. Selten hatten wir lange Zeit füreinander, denn bald erklang die Klingel, und sie mußte mich allein lassen. Dann las ich, bis sie wiederkam.

»Mellyora«, sagte ich eines frühen Abends, »was denkst du, wenn diese alte Frau dich schikaniert?«

»Ich versuche, an gar nichts zu denken und kümmere mich nicht weiter darum.«

»Ich glaube nicht, daß ich meine Gefühle derart verstecken könnte wie du. Ich bin glücklich dran. Judith ist nicht so schlimm.«

»Judith...« sagte Mellyora langsam.

»Also gut: Mrs. Justin St. Larnston. Sie ist eine seltsame Frau. Sie ist immer so aufgeregt, als wenn das Leben schrecklich tragisch wäre – als wenn sie sich fürchtete... Da! Jetzt rede ich auch schon in der abgehackten Sprechweise wie sie.«

»Justin ist nicht so glücklich mit ihr«, überlegte Mellyora.

»Ich glaube, er ist so glücklich, wie er mit irgend jemandem nur sein kann.«

»Was weißt du davon?«

»Ich weiß, daß er kalt ist wie ein Fisch und sie so heiß wie ein feuriger Ofen.«

»Zanken sie sich?«

»Er zankt sich nicht. Er ist dazu zu kühl. Er macht sich nichts daraus, sie hingegen – zuviel. Ich mag sie eigentlich gern. Und wenn ihn schon alles nicht berührt, warum hat er sie dann überhaupt geheiratet?«

»Justin ist ein guter Mensch. Du verstehst ihn eben nicht. Ich kenne Justin schon mein ganzes Leben lang...«

Die Tür von Mellyoras Zimmer wurde plötzlich aufgerissen, und Judith stand auf der Schwelle, mit wilden Augen und bebenden Nasenflügeln. Sie sah mich auf dem Bett liegen und dann Mellyora, die von ihrem Stuhl aufgesprungen war.

»Oh«, sagte sie. »Ich dachte nicht...«

Ich stand von dem Bett auf und fragte: »Suchten Sie mich, Madam?«

Die Wildheit war aus ihrem Gesicht gewichen, und ich konnte eine große Erleichterung darin lesen.

»Haben Sie mich gesucht?« fuhr ich hilfreich fort.

Mit einem Unterton von Dankbarkeit antwortete sie: »O ja, Carlee. Ich – ich hatte mir gedacht, daß du hier bist.«

Ich ging auf die Tür zu. Sie zögerte noch. »Ich wollte – ich wollte nur, daß du heute abend etwas früher kommst. Fünf bis zehn Minuten vor sieben.«

»Jawohl, Madam«, sagte ich.

Sie neigte den Kopf und ging.

Mellyora sah mich voller Erstaunen an.

»Was soll das bedeuten?« flüsterte sie.

»Ich denke, du weißt es«, antwortete ich. »Sie war überrascht, nicht wahr? Weißt du auch warum? Weil sie mich hier fand und nicht wie erwartet...«

»Wen?«

»Justin.«

»Sie muß verrückt sein.«

»Sie ist eine Derrise, wie du weißt.«

»Und du meinst, sie ist eifersüchtig auf mich und Justin?«

»Sie ist auf jede hübsche Frau eifersüchtig, die in seinen Gesichtskreis tritt.«

Ich sah Mellyora an. Sie konnte die Wahrheit nicht vor mir verbergen. Sie liebte Justin St. Larnston.

Immer noch fand ich Zeit, hin und wieder Grandma zu besuchen. Es war bei einer solchen Gelegenheit, daß sie mich bat, auf meinem Heimweg einige Kräuter für Hetty Pengaster mitzunehmen. Hetty würde darauf warten, und Hetty war, wie ich wußte, eine der besten Kundinnen von Grandma. Deshalb willigte ich gern ein.

So kam es, daß ich mich an einem heißen Nachmittag auf dem Weg nach Larnston Barton, Pengasters Hof, befand.

Ich sah Tom Pengaster auf den Feldern arbeiten, und ich fragte mich, ob es wohl stimmte, daß er Doll den Hof machte, wie sie gegenüber Daisy angedeutet hatte. Er wäre ein guter Fang für Doll. Barton war ein reicher Hof, und Tom – und nicht sein wunderlicher Bruder Reuben, der manchmal seltsame Dinge tat – würde den Hof eines Tages erben.

Plötzlich sah ich Reuben Pengaster vom Taubenschlag mit einem Vogel in der Hand herkommen. Reuben bewegte sich eigenartig schlingernd vorwärts. Er hatte stets etwas Seltsames an sich.

»Hallo, du«, rief er. »Wohin willst du?«

Während er sprach, streichelte er den Vogelkopf, und ich merkte, daß er mit seinen Gedanken viel mehr bei dem Tier war als bei mir.

»Ich bringe ein paar Kräuter für Hetty«, erklärte ich ihm.

»Kräuter für Hetty?« Er lachte.

»Wo ist Hetty jetzt?« fragte ich.

»Sicher ist sie in der Küche, mit der alten Mutter Pengallon.«

»Ich will sie suchen«, sagte ich.

»Ich bringe dich hin«, versprach er und ging neben mir her. Er sprach mit der Taube, und ich wurde im Augenblick an Joe erinnert, als er auf seinem Bett lag und einer Taube das Bein verband. Ich bemerkte, was für plumpe Hände er hatte und wie zart diese den Vogel hielten.

Er führte mich durch ein gekacheltes Waschhaus in einen mit Fliesen ausgelegten Gang. Dann riß er eine Tür auf und deutete in die riesige Küche mit zwei großen Fenstern, einer offenen Feuerstelle, einem Backofen, roten Kacheln und einem gewaltigen Tisch. An den Deckenbalken hingen ein Schinken, Speckseiten und Kräuterbündel.

An dem Tisch saß Mrs. Pengallon und schälte Kartoffeln. Sie war seit dem Tode von Mrs. Pengaster die Wirtschafterin auf dem Hof, eine große, gutmütig dreinblickende Frau, die im Augenblick ungewöhnlich melancholisch aussah. Hetty war auch in der Küche und bügelte eine Bluse.

»Nanu«, rief Hetty, als wir eintraten, »wenn mich nicht alles täuscht, ist das Kerensa Carlee. Wir fühlen uns sehr geehrt, meine Liebe. Komm herein, falls du nicht zu vornehm für unsereins bist.«

»Hör doch mit dem Unsinn auf«, warf Mrs. Pengallon ein. »Es ist doch nur Kerensa Carlee. Komm herein, mein Kind, und sag, hast du nicht irgendwo meinen Tabs gesehen?«

»Vermissen Sie Ihren Kater, Mrs. Pengallon?« fragte ich, ohne weiter auf Hetty zu achten.

»Seit zwei Tagen. Es paßt so gar nicht zu ihm. Er war zwar immer draußen, kam aber immer zur Essenszeit, schnurrte immer nach seiner Milch.«

»Vielleicht wird er woanders gut gefüttert, Mrs. Pengallon.«

»Das glaube ich nicht, mein Kind. Er weiß, wo er daheim ist. Noch nie ist er so lange fortgeblieben. Ein richtiger Nestsitzer, das ist mein Tabs. O lieber Gott, wenn er nur endlich zu mir zurückkäme!«

»Ich will meine Augen offenhalten«, versprach ich ihr. »Übrigens bin ich nur gekommen, um Hetty die Kräuter zu bringen.«

Hetty riß sie mir aus der Hand und stopfte sie in ihre Kleiderschürze. Ich wandte mich zum Gehen.

»Und vergiß nicht, deine Großmutter zu fragen«, rief mir Mrs. Pengallon nach. »Ich denke Tag und Nacht daran, was wohl mit meinem Tabs geschehen ist.«

In diesem Augenblick fing ich einen Blick zwischen Hetty und Reuben auf. Ich erschrak, denn er kam mir – teuflisch vor. Sie hatten ein Geheimnis miteinander, und ich konnte mir gut vorstellen, daß das, was für sie amüsant war, nicht unbedingt auch amüsant für andere sein mußte.

Ich war so mit meinen eigenen Angelegenheiten beschäftigt, daß ich gar nicht bemerkte, was mit Mellyora geschah. Oft hörte ich erhobene Stimmen aus dem Nebenzimmer. Sicherlich machte Judith ihrem Mann wieder Vorwürfe wegen irgendwelcher eingebildeter Nachlässigkeiten. Diese Szenen wurden mit der Zeit ziemlich langweilig, und obgleich ich meine Herrin recht gut leiden mochte, galt meine Sympathie – wenn man es überhaupt so nennen will – Justin, auch wenn er mich kaum beachtete.

Aber wie gesagt, ich gewöhnte mich an den Zustand, und ich merkte nicht einmal, wie die Spannung wuchs und welche Wirkung sie auf die drei betroffenen Personen ausübte: Justin, Judith und – Mellyora.

Zwei Dinge geschahen, die mir von großer Bedeutung schienen.

Erst entdeckte ich zufällig, was mit Mrs. Pengallons Kater geschehen war. Doll verriet es mir. Sie fragte mich, ob Grandma ihr nicht auch solche Kräuter geben könnte wie Hetty Pengaster. Ich antwortete, ich würde ihr beim nächsten Besuch welche mitbringen. Dann erwähnte ich nebenbei, daß Mrs. Pengallon ihren Kater vermißte.

Doll begann zu kichern. »Die sieht ihren Kater nie wieder.«

»Sicherlich hat er ein neues Heim gefunden?«

»Ja, unter der Erde.«

Fragend blickte ich Doll an, und sie zuckte mit den Schultern. »Reuben hat ihn umgebracht. Ich hab's selber gesehen. Richtig wild war er. Der alte Kater hatte sich eine von seinen Tauben geschnappt – und da hat er sich den alten Kater geschnappt und ihm den Garaus gemacht, mit bloßen Händen.«

Ich wechselte das Thema, vergaß es aber nicht, und als ich Grandma besuchte, erzählte ich ihr alles von dem Kater. »Sie haben ihn hinter dem Haus vergraben«, erklärte ich ihr. »Wenn dich also Mrs. Pengallon fragt, weißt du Bescheid.«

Ich nahm an diesem Tag Dolls Kräuter nicht mit. Sie sollte nicht merken, daß ich bei Grandma gewesen war. Am nächsten Tag erschien Mrs. Pengallon bei Grandma und bat sie, ihr mit ihrer Zauberkraft den Kater suchen zu helfen.

Grandma konnte sie nun auf den kleinen Garten hinter Reubens Taubenschlag hinweisen, und als Mrs. Pengallon den noch frisch umgegrabenen Boden sah und ihren Kater dort verscharrt fand, war sie voller Haß auf den Mörder und voller Kummer über den Verlust ihres Lieblings. Aber nachdem diese Gefühle ein wenig abgeflaut waren, geriet sie außer sich vor Bewunderung über Grandmas Weisheit, und auf Tage hinaus waren die geheimen Kräfte von Grandma Bee das Thema in den Katen.

Wir saßen um den Tisch und aßen Abendbrot. Es war ein anstrengender Tag gewesen. Judith war mit Justin am frühen Morgen ausgeritten. Sie hatte bezaubernd ausgesehen in ihrem perlgrauen Kostüm mit dem kleinen smaragdgrünen Tuch um den Hals. Wenn sie glücklich war, sah sie sehr hübsch aus, und da Justin bei ihr war, war sie sehr zufrieden. Ich aber wußte, daß diese Zufriedenheit nicht lange anhielt; immer lag sie auf der Lauer, und eine kleine Geste, eine Veränderung in Justins Stimme konnte sie auf den Gedanken bringen, daß er ihrer müde sei.

Den Vormittag verbrachte ich bei Grandma, und kurz nach Mittag kam Judith schon wieder zurück, allein. Sie war so erregt, daß sie sich mir anvertraute. Wahrscheinlich brauchte sie unbedingt jemanden, zu dem sie sprechen konnte.

Justin und sie waren zum Essen zu ihrer Familie hinübergeritten. Danach gingen sie wieder und ... Sie hielt inne, und ich erriet, daß sie in Streit geraten waren.

Sie hatten zusammen Derrise verlassen. Justin hatte ärgerlich seinem Pferd die Peitsche gegeben und war fortgeritten, und sie hatte geweint.

Sie kam nach Abbas zurück in der Hoffnung, ihn hier vorzufinden, und als er nicht da war, packte sie eifersüchtige Angst.

»Kerensa«, rief sie – sie hatte schon gemerkt, daß ich etwas dagegen hatte, nur bei meinem Nachnamen gerufen zu werden, »wo ist die Gesellschafterin?«

»Miß Martin?«

»Natürlich. Natürlich. Wo ist sie? Suche sie, sofort!«

»Möchten Sie mit ihr sprechen?«

»Mit ihr sprechen? Nein. Ich will wissen, wo sie ist.«

Ich verstand. Es schoß mir durch den Kopf: Wie, wenn Justin nun bei Mellyora wäre? Wie ruhig und freundlich müßte Mellyoras Gegenwart auf ihn wirken, nach dieser stürmischen, leidenschaftlichen Frau.

Ich sagte ruhig, ich wollte versuchen, Mellyora zu finden. Ich führte meine Herrin wieder in ihr Zimmer, sorgte dafür, daß sie sich aufs Bett legte, und dann ging ich.

Ich brauchte nicht lange, um Mellyora zu finden. Sie war mit Lady St. Larnston im Garten beim Rosenpflücken. Mellyora ging neben ihr her und trug den Korb und die Schere.

Nun konnte ich zu meiner Herrin zurückkehren und ihr berichten, daß Mellyora bei ihrer Herrin im Garten sei.

Judith war sichtlich erleichtert, aber immer noch erregt. Mir wurde ganz angst und bange, daß sie womöglich krank würde.

Ich mußte ihre langen Haare bürsten, was sie beruhigte, und jedesmal, wenn wir unten ein Geräusch hörten, stürzte sie ans Fenster, in der Hoffnung, daß Justin zurückkäme.

Beim Abendessen sah ich, daß Mrs. Rolt irgend etwas auf der Zunge brannte. Aber es war typisch für sie, den Leckerbissen bis zuletzt aufzuheben.

Mrs. Salt plapperte mit ihrer leisen, eintönigen Stimme von ihrem Mann, und ihre Tochter Jane war die einzige, die wirklich zuhörte.

Doll streichelte ihr Haar, das sie mit einem neuen blauen Band zusammengebunden hatte, und flüsterte Daisy zu, Tom Pengaster habe es ihr geschenkt.

»Jeder kriegt seinen Teil ab«, begann Mrs. Rolt, und ich ahnte die

Neuigkeit, mit der sie noch zurückhielt, »ob die da oben oder unsereiner.«

»Ein wahres Wort, meine Liebe«, seufzte Haggety.

»Man könnte es vielleicht eine einseitige Verbindung nennen, und das ist für keinen gut, wenn Sie mich fragen.«

Haggety nickte zustimmend und wandte seine hervorquellenden Augen Mrs. Rolt zu, während sein Fuß mich unter dem Tisch anstieß.

»Wohlgemerkt«, fuhr Mrs. Rolt fort, »das eine sag' ich Ihnen: Mr. Justin ist nicht der Mann, der sich solchen Ärger aufhalst.«

»Wegen einer anderen Frau, meinen Sie das, Beste?« fragte Haggety.

»Ja, genau das meine ich, Mr. Haggety. Da liegt der Hase im Pfeffer, wenn Sie mich fragen. Der eine so, der andere so. Ihm liegt ja anscheinend nicht einmal an einer Frau, geschweige denn an zweien.«

Wir waren alle still und warteten, daß sie weiterspräche. Endlich war sie bei ihrem Leckerbissen, und wir sperrten Mund und Nase auf.

»Die Lady schickte heute nachmittag nach mir. Sie wünschte, das Zimmer einer gewissen Person sollte gerichtet werden. Sie war sehr ungnädig, das kann ich Ihnen sagen. Es hatte viel Ärger gegeben. Sobald Mr. Justin nach Hause kam, ließ sie ihn rufen. Ich mußte aufpassen und ihn sofort zu ihr schicken, und das tat ich dann auch. Sie war gerade unten. Mrs. Justin, in Tränen aufgelöst, klammerte sich an ihn: ›O Liebling – Liebling – wo warst du nur?‹«

Ein Kichern lief um den Tisch, aber Mrs. Rolt war darauf aus, weiterzureden.

»Ich trat dazwischen: ›Die gnädige Frau möchte Sie sehen, Mr. Justin‹, sagte ich, ›und zwar unverzüglich.‹ Er freute sich sichtlich, endlich von ihr loszukommen, von ihrem ›Liebling – Liebling‹, und er ging geradewegs zur Lady. Nun, ich wußte, was geschehen war, sie hatte es mir selber gesagt. Ich bohnerte gerade den Flur vor ihrem Zimmer, als ich sie zufällig sagen hörte: ›Alles nur wegen dieser Person. Es ist eine Schande.‹«

Sie hielt inne und hob ihren Bierkrug an die Lippen, trank, leckte sich die Lippen und blickte uns triumphierend an. »Mr. Johnny kommt nach Hause. Sie haben ihn heimgeschickt. Sie wollten ihn nicht mehr dort haben, nachdem er sich mit dieser Person eingelassen hat.«

Ich starrte auf meinen Teller. Ich wollte nicht, daß irgend jemand merkte, wie tief diese Worte mich trafen.

Johnnys Gegenwart im Haus veränderte alles. Ich merkte bald, daß er fest entschlossen war, mein Liebhaber zu werden, und mich als Dienstmädchen vorzufinden, amüsierte und freute ihn.

Gleich am ersten Tag suchte er mich auf. Ich saß in meinem Zimmer und las, als er hereinkam. Ärgerlich stand ich auf, weil er nicht einmal angeklopft hatte.

»Das trifft sich gut, schöne Maid«, sagte er und verbeugte sich ironisch.

»Möchten Sie nicht bitte klopfen, wenn Sie etwas von mir wollen?«

»Ist das der Brauch?«

»Ich erwarte es.«

»Du wirst immer mehr erwarten, als du erhalten wirst.«

»Was wünschen Sie?«

Er lächelte belustigt. »Alles«, erwiderte er. »Eben alles.«

»Ich bin die Zofe Ihrer Schwägerin.«

»Ich weiß Bescheid. Deswegen kam ich ja aus Oxford zurück.«

»Ich habe eine leise Ahnung, daß es ein ganz besonderer Grund war, weswegen Sie zurück mußten.«

»Natürlich hast du das! Dienstboten lauschen an den Türen. Und ich will wetten, daß es einige Bestürzung gegeben hat, als die Neuigkeit eintraf.«

»Ich lausche nicht an Türen. Aber ich kenne Sie und weiß, warum junge Männer gewöhnlich wieder heimgeschickt werden...«

»So klug bist du geworden? Ich kann mich noch erinnern... Doch warum in die Vergangenheit schweifen? Die Zukunft verspricht viel interessanter zu werden. Auf unsere Zukunft, Kerensa.«

»Ich wüßte nicht, inwiefern Ihre und meine Zukunft etwas Gemeinsames hätten.«

»Du weißt es nicht? Dann mußt du es lernen.«

»Mir genügt, was ich gelernt habe.«

»Sei nicht so genügsam, Kerensa, meine liebe Kleine. Das ist unklug. Fangen wir mal gleich an, dich in die Lehre zu nehmen. So zum Beispiel...«

Er wollte nach mir greifen, doch ich stieß ihn wütend weg. Er zuckte mit den Schultern.

»Muß ich dir zuerst den Hof machen? O Kerensa, was für eine Zeitverschwendung! Meinst du nicht, daß wir schon genug Zeit vergeudet haben?«

Ärgerlich sagte ich: »Ich arbeite hier – leider. Aber das heißt nicht, daß ich Ihre Dienerin bin. Verstehen Sie das?«

»Aber Kerensa, weißt du denn nicht, daß alles, was ich will, ist, dir zu gefallen?«

»Dann ist es ganz einfach. Wenn Sie mir aus dem Weg gehen, halte ich mich auch von Ihnen fern – und das gefiele mir am besten.«

»Was für Worte! Welcher Nimbus, welche Gnade! Das hätte ich nicht von dir erwartet, Kerensa. Also kann ich nicht einmal einen Kuß bekommen. Ich bin hier – und du auch. Unter demselben Dach. Ist das nicht reizvoll?«

Damit ging er, aber in seinen Augen glitzerte es drohend. An meiner Tür gab es kein Schloß, und ich war unruhig.

Am folgenden Abend nach dem Essen zogen sich Justin, Johnny und Lady St. Larnston in den Salon der Lady zurück. Haggety, der den Wein servierte, erzählte uns in der Küche, daß Mr. Johnny auf Herz und Nieren geprüft und seine Zukunft ernsthaft diskutiert würde. Alle waren sehr besorgt, schien es, außer Johnny.

Ich ging zu Mellyora und traf sie, wie sie am Fenster saß und in den mondhellen Garten hinaussah. Ihr Teetablett – Symbol ihres einsamen Lebens – stand auf einem Tisch dicht neben ihr.

»Nanu, hast du endlich mal frei?« fragte ich.

»Ja, aber nicht lange.« Sie verzog das Gesicht. »In ein paar Minuten muß ich gehen, mich zu Sir Justin ans Bett zu setzen.«

»Sie nutzen dich aus.«

»Oh, das macht mir nichts aus.«

Sie sah strahlend aus wie eine liebende Frau. Mellyora, dachte ich, du bist so verwundbar. Ich habe Angst um dich.

»Und nun«, sagte ich und wechselte das Thema, »ist Johnny wieder da...«

»Oh, Johnny! Das war zu erwarten. Johnny ist und bleibt Johnny.«

Es klang richtig selbstgefällig. Wie anders war doch Justin, gab sie damit zu verstehen. Dann kam mir Judith in den Sinn, die fast das gleiche gesagt hatte.

Ein Band zwischen uns war zerrissen. Je tiefer ihr Gefühl für diesen einen Menschen wurde, um so weniger Zeit blieb ihr für die anderen.

Ich fragte sie, ob sie etwas von Kim gehört hätte, worauf sie mich sekundenlang ganz verdutzt ansah, als müßte sie sich erst mühsam an ihn erinnern.

»Kim – o nein. Er schreibt nie. Er sagt immer, er sei kein Briefschreiber, doch eines Tages wird er zurückkommen.«

»Glaubst du das?«

»Natürlich. Das stand fest bei ihm. Es war eine Art Versprechen, und Kim hält immer, was er verspricht.«

Eine große Freude stieg in mir auf. Ich stellte mir vor, wie er nach St. Larnston zurückkäme und eines Tages auch nach Abbas.

»Es wird Zeit für mich«, sagte Mellyora, »ich muß zu Sir Justin.« Und so ging ich wieder in mein Zimmer. Ich stand eine Zeitlang am Fenster, dachte an Kim, an die Ballnacht. Dann ging ich zum Spiegel hinüber und zündete die Kerzen an.

Ich nahm die Nadeln aus meinem Haar und ließ es über meine Schultern fallen. Dicht und voll, war es schöner als Judiths. Flink begann ich, es hochzustecken. Wo waren meine spanischen Kämme? Wo die Mantilla? Ich schmückte mich mit beidem und stand dann entzückt vor meinem eigenen Spiegelbild.

Ich ging wieder zum Fenster. Da draußen die Steine, die einen Kreis bilden und die nie ganz aus meinen Gedanken wichen! Hatte ich mir nicht schon immer einen Besuch bei Mondschein vorgenommen? Warum nicht?

Bald war ich dort.

Wie aufregend die Steine im Mondlicht aussahen! Lebendig! Die sechs Jungfrauen! Und ich war die siebente. Hatte es sich wirklich so zugetragen, wie die Legende berichtet? Hatten sie wirklich hier getanzt? Hatte die Strafe sie mitten im Tanz getroffen, sie in Stein verwandelt, sie für alle Zeiten auf diesen Fleck gebannt?

Schritte. Ein leises Pfeifen. Ich lehnte mich gegen einen der Steine und wartete. Mein Instinkt verriet mir, wer mir hierher gefolgt war.

»Sieh mal an, die siebente Jungfrau ist heute nacht hier!«

Ich war wütend auf mich selbst, daß ich gekommen war. Johnny hatte mich demnach weggehen sehen. In diesem Augenblick haßte ich ihn.

Er war in den Kreis getreten und grinste mich an.

»Miß Carlyon in eigener Person!« rief er aus. »Die spanische Dame!«

»Darf ich mein Haar vielleicht nicht so frisieren, wie ich will?«

»Und ob du das darfst, so steht es dir nämlich am besten.«

»Ich will dir mal was sagen, meine spanische Dame. Du würdest meine Anträge unter ganz bestimmten Umständen nicht zurückweisen.«

»Ich verstehe Sie nicht.«

»Du hast schon immer eine sehr hohe Meinung von dir selbst gehabt. Und wenn ich fragen würde, ob du mich heiraten willst, würdest du meine Frage sehr ernsthaft erwägen, und ich kann dir garantieren, daß du nicht lange brauchst, um die Vorteile zu sehen.«

Ich hielt den Atem an. Bei seinen Worten stieg ein Bild in mir auf: Ich lebte auf Abbas, wie ich es mir immer erträumt hatte. Wenn ich Johnny heiratete, würde mein Traum wahr werden. Wie ein Blitz durchfuhr es mich, daß es der einzig mögliche Weg war. Aber fast im selben Augenblick wußte ich, daß er mich zum besten hielt.

Hoheitsvoll erwiderte ich: »Ich will nichts mehr von Ihren Vorschlägen hören!«

Er lachte. »Aber nur weil du weißt, daß ich dir den einen, den du hören willst, nicht mache.«

Ich wandte mich ab, doch er ergriff meinen Arm. »Kerensa...« Er brachte sein Gesicht nah an meines, und das Verlangen in seinen Augen erschreckte mich.

Trotz meiner Anstrengungen konnte ich mich nicht von ihm befreien. Er drückte mich fest an sich, und ich fühlte seine Zähne an den meinen. Ich preßte sie zusammen. Ich haßte ihn. Ich haßte ihn so glühend, daß ich gerade Genuß an meinem Haß empfand. In diesem Augenblick entfachte Johnny St. Larnston eine Erregung in mir, wie ich sie noch nie gespürt hatte. Sie war nicht ohne Verlangen. Vielleicht, überlegte ich später, als ich wieder allein war und meine Gefühle zu analysieren versuchte, war das Verlangen, das ich spürte, das nach einem Haus, nach einem anderen Lebensstandard als dem, in den ich hineingeboren worden war, nach der Erfüllung eines Traumes. Mein Wunsch nach diesen Dingen war so heftig, daß vielleicht ein anderes Verlangen herbeigerufen wurde durch jemanden, der mir diese Wünsche erfüllen konnte.

Ich hielt ihn von mir ab und sagte: »Sie täten besser daran, vorsichtig zu sein. Ich werde mich beschweren, wenn Sie versuchen sollten, mich zu verführen, und bei Ihrem Ruf wird man mir sicherlich glauben.«

Ich spürte, daß er den Wechsel in meinen Gefühlen bemerkt

hatte und mir den Weg freigeben wollte. Ich entzog mich seiner Umklammerung, gab ihm – wie schon einmal bei einer anderen Gelegenheit – einen kleinen Stoß und war frei. Ich wandte mich um und schritt hoheitsvoll zum Haus.

Mein Zimmer war in Mondschein getaucht. Ich setzte mich voll Schrecken auf. Irgend etwas hatte mich geweckt.

Ich war in Gefahr. Ein sechster Sinn sagte mir das. Scharf spähte ich umher: Jemand war im Zimmer. Ich konnte die Umrisse einer Person erkennen, die im Armstuhl saß und mich beobachtete.

Ich stieß einen erstickten Schrei aus, denn die Person hatte sich bewegt. Schon immer hatte ich geahnt, daß es auf Abbas spukte. Nun war es gewiß.

Ein leises Lachen klang an mein Ohr, und ich erkannte, daß mein Besucher Johnny war, wie ich es gleich hätte erraten sollen.

»Sie!« rief ich. »Wie konnten Sie es wagen!«

Er setzte sich auf die Kante meines Bettes und sah mich an.

»Ich bin sehr waghalsig, Kerensa, vor allem, wenn es um dich geht.«

»Es wäre besser, Sie gingen – sofort.«

»O nein. Glaubst du nicht, es wäre besser, wenn ich bliebe?«

Ich sprang aus dem Bett.

»Wenn Sie nicht sofort gehen, rufe ich um Hilfe.«

»Das würde ich nicht tun, Kerensa.«

»Sie sind nicht ich, und ich, das sage ich Ihnen, ich rufe.«

»Du hast kein Gefühl für die Wahrheit. Du denkst, du haßt mich, und dabei sehnst du dich nach meiner Liebe. Aber du redest dir ein, daß die Dame, die du zu werden versuchst, auf Heirat bestehen muß, ehe sie einen Liebhaber empfängt.«

Ich rannte zur Tür und stieß sie auf. Dann zischte ich: »Ich gebe Ihnen zehn Sekunden Zeit, Johnny St. Larnston. Wenn Sie dann noch nicht draußen sind und wenn Sie versuchen sollten, mich anzurühren, schreie ich dermaßen, daß Ihr Bruder und seine Frau aufwachen.«

Er merkte, daß es mir ernst war mit dem, was ich sagte, und war für den Augenblick geschlagen. Er ging an mir vorbei in den Korridor hinaus, wobei er mich wütend und feindselig ansah.

Ich brachte es nicht über mich, wieder zu Bett zu gehen. Ich ging zum Fenster und sah hinaus. Der Mond beleuchtete die Wiesen und dahinter das Feld mit dem Kreis der Steine.

Eine geraume Weile stand ich da. Ich hörte eine Uhr Mitternacht schlagen. Und dann sah ich Johnny aus dem Haus kommen. Ich sah ihm nach, wie er das Feld entlangging und die Straße zum Dorf einschlug. Sie führte auch zu Larnston Barton.

Mein Gefühl sagte mir, daß er nun, nachdem er bei mir kein Glück gefunden hatte, zu Hetty Pengaster ging.

Ich schlich den Korridor entlang zu Mellyoras Zimmer und klopfte leise an die Tür. Als keine Antwort kam, ging ich hinein. Mellyora flüsterte ich.

»Kerensa!« Sie setzte sich mit einem Ruck auf. »Was ist los?«

»Es ist schon wieder gut. Aber ich will nicht wieder in mein Zimmer gehen.«

»Was soll das heißen? Was ist los?«

»Johnny kam zu mir. Und ich fühle mich so unsicher, wenn er jederzeit hereinkommen kann.«

»Johnny!« sagte sie gedankenvoll.

Ich nickte. »Er wollte mich verführen, und ich fürchte mich vor ihm.«

»Oh – Kerensa!«

»Hab' keine Angst. Ich will nur bei dir bleiben.«

Sie rückte beiseite, und ich schlüpfte zu ihr ins Bett.

»Du zitterst ja«, sagte sie.

»Es war auch schlimm.«

»Meinst du nicht, du solltest – fortgehen?«

»Fort von Abbas? Wohin?«

»Ich weiß auch nicht – irgendwohin.«

»Um in einem anderen Haus zu arbeiten, auf jemand anderen zu hören?«

»Vielleicht, Kerensa, wäre es das Beste für uns beide.«

Es war das erstemal, daß sie etwas von ihren eigenen Schwierigkeiten verlauten ließ, und ich bekam einen Schrecken. In diesem Augenblick wußte ich, daß ich Abbas niemals freiwillig verlassen würde.

»Ich werde mit Johnny schon fertig werden«, sagte ich.

»Aber diese Geschichte jetzt . . .«

»Jeder wird verstehen, wessen Schuld es ist, falls die Rede darauf kommt.«

»Kerensa, du bist so stark.«

»Ich mußte mich mein ganzes Leben lang allein durchschlagen. Du hattest einen Vater, der für dich sorgte. Mach dir keine Sorgen um mich, Mellyora.« Eine Weile blieben wir still. Dann fragte ich: »Darf ich das Zimmer mit dir teilen, solange er hier ist?«

»Du weißt doch, daß du das darfst.«

»Dann«, schloß ich, »brauche ich nichts mehr zu fürchten.«

Es dauerte lange, bis wir einschliefen.

Judith wußte natürlich, daß ich in Mellyoras Zimmer schlief, doch als ich andeutete, weshalb, schwieg sie dazu.

Johnny beobachtete mich mit schwelenden Blicken. Er begehrte mich wie nie zuvor, und doch rührte er sich nicht.

Und immer wieder hörte ich Judiths erhobene Stimme aus den Räumen, die sie mit Justin teilte, und merkte es ihr an, wie sie von Tag zu Tag ruheloser wurde.

Mellyora hingegen schien in einem Glücksrausch zu leben. Ich glaubte auch zu wissen warum, hatte ich sie doch zusammen mit Justin eines Tages von meinem Fenster aus beobachtet. Sie trafen sich zufällig und wechselten nur ein Wort; aber ich beobachtete, wie sein Blick ihr folgte, wie sie sich umwandte nach ihm und sie einige Sekunden lang still standen und sich anschauten.

Sie hatten sich selbst verraten. Judiths Verdacht war begründet.

Sie liebten sich, und sie hatten es zugegeben, wenn nicht mit Worten, so doch durch einen Blick.

Wir saßen bei Tisch, als die Klingel aus Sir Justins Zimmer erklang. Ein paar Sekunden starrten wir einander an, dann lief Haggety die Treppen hinauf, Mrs. Rolt ihm auf den Fersen.

Wir blickten uns an. Das Klingeln hörte nicht auf, bis sie das Zimmer erreicht hatten, und wir wußten, es war kein gewöhnliches Rufen.

Nach kurzer Zeit kam Haggety zurück in die Küche. Und Polore, der Dienstbote, wurde sofort zu Dr. Hilliard geschickt.

Zum Glück war Dr. Hilliard zu Hause, und binnen einer halben Stunde traf er mit Polore ein. Er blieb lange Zeit in Sir Justins Zimmer.

Wie ein Druck lag es auf dem Haus. Jeder sprach nur im Flüsterton, und als Dr. Hilliard gegangen war, berichtete uns Haggety, daß Sir Justin einen weiteren Schlaganfall erlitten habe. Er lebe zwar noch, aber seiner Meinung nach würde er die Nacht nicht überstehen.

Dr. Hilliard kam täglich zweimal, und jeden Morgen glaubten wir, daß Sir Justin den Tag nicht überleben würde, und doch mußte er sich noch eine ganze Woche quälen.

Mellyora kam kaum noch aus dem Krankenzimmer heraus. Ich

blieb wieder in meinem Zimmer, da ich nun sowieso allein war, ob ich nun dort schliefe oder hier.

Sie bekam wenig Schlaf in diesen sechs Tagen, was ihr aber anscheinend nichts ausmachte. Sie war etwas schmaler geworden und sah eigentlich noch reizender aus als sonst. Ein Leuchten ging von ihr aus. Ich, die ich sie so gut kannte, wußte, daß es ihr, jedenfalls im Augenblick, genügte, sich in dem Bewußtsein zu sonnen, daß Justin sie liebte.

Sir Justin war tot, und die Atmosphäre begann sich zu klären, sobald die Vorbereitungen für die Beerdigung begannen. An allen Fenstern wurden die Rolläden heruntergelassen, und wir bewegten uns im Hause in einem düsteren Dämmern. Doch es gab keine wirkliche Trauer, denn keiner hatte Sir Justin geliebt, und sein Tod war so lange schon vorauszusehen gewesen.

Es ging nach dem Motto: Sir Justin ist tot, lang lebe Sir Justin! Die Dienerschaft gewöhnte sich schnell an die neue Form der Anrede. Judith wurde zu »Mylady«, und fast unmerklich rückte die verwitwete Lady St. Larnston in den Hintergrund.

Ich hatte nun keine Angst mehr vor Johnny. Ja, ich war geradezu auf neue Zusammenstöße mit ihm erpicht. Ich war nämlich während Sir Justins Siechtum bei Grandma Bee gewesen und hatte mit ihr über Johnny gesprochen.

Sie war sehr nachdenklich geworden und hatte dann gesagt: »Wenn er schon von Heirat spricht, dann hat er bestimmt insgeheim selber daran gedacht.«

»Aber nur«, erwiderte ich, »als an etwas, das niemals in Frage kommt.«

Grandma schüttelte den Kopf und betrachtete mich liebevoll. »Wieso, Kerensa?« fragte sie. »Ich schwöre es dir, wenn du wie eine Dame gekleidet bist und irgendwohin kommst, wo dich keiner kennt, dann hält dich jeder für eine Dame.«

Ich wußte wohl, sie hatte recht. Ich selber hatte mit aller Kraft auf dieses Ziel hingearbeitet. Es war der erste und wesentlichste Schritt.

Ich lag auf Mellyoras Bett. Wenn das Haus still geworden war, wollte ich in mein Zimmer zurückgehen.

»Aber willst du wirklich in deinem Zimmer schlafen, Kerensa?« hatte Mellyora gefragt. »Fühlst du dich denn sicher?«

»Du meinst vor Johnny?« sagte ich verächtlich. »Darüber mach dir nur keine Sorgen. Ich weiß schon, wie ich Johnny zu behandeln habe.«

Sie verschränkte die Hände hinter dem Rücken und schaute zur Decke. Und wieder fiel es mir auf, wie glückstrahlend sie aussah.

»Mellyora«, sagte ich, »warum sagst du es mir nicht?«

»Was?«

»Irgend etwas ist doch geschehen, nicht wahr? Und«, fuhr ich fest fort, »es hat etwas mit Justin zu tun.«

»Sir Justin«, korrigierte sie mich sanft.

»Gut, Sir Justin, der Herr des Hauses.«

»Wie anders als sein Vater wird er sein. Die Pächter werden ihn gern haben. Er wird freundlich sein und so gerecht, wie es sein Name besagt...«

»Ja, vollkommen, in jeder Hinsicht«, sagte ich, »außer daß er so töricht war, sich die falsche Frau zu nehmen.«

»Kerensa; was sagst du da?«

»Du hast mich schon richtig verstanden. Ich spreche nur das aus, was du schon lange denkst – und er vielleicht ebenfalls.«

Sie drehte sich plötzlich zu mir um und warf sich mir in die Arme. Ich hielt sie fest umschlungen, während ihr Körper von stummem Schluchzen erschüttert wurde.

»Komm, sprich dich aus«, sagte ich. »Du weißt doch, was dir zustößt, betrifft mich auch. Du liebst Justin – Sir Justin. Ich weiß es längst.«

Sie löste sich aus meinen Armen und sah mich an. »Er liebt mich, Kerensa. Er sagt, er habe mich schon immer geliebt. Er habe es nur nicht gewußt – bis es zu spät war.«

»Das hat er dir gesagt?«

»Er hätte es wohl nie eingestanden. Aber einmal, als wir beide am Bett seines Vaters wachten – es war schon nach Mitternacht und totenstill im Haus –, da gab es einen Augenblick, wo die Wahrheit unmöglich länger zu verheimlichen war.«

»Was ist das für ein Mann, der gegen seinen Willen heiratet?«

»Das verstehst du nicht. Weil er gut und freundlich ist, deshalb hat er sie geheiratet.«

Ich zuckte die Schultern und sah, wie sie mit sich kämpfte, ob sie es mir sagen sollte, und da sie die unausgesprochene Kritik an Justin nicht ertragen konnte, entschied sie sich schließlich dazu.

»Sein Vater wünschte die Heirat, noch ehe er krank wurde. Aber Justin weigerte sich, weil er ohne Liebe nicht heiraten wollte. Sein Vater war wütend, und es gab viele Streitereien, und während

292

einer solchen Auseinandersetzung traf ihn der erste Schlaganfall. Justin war zu Tode erschrocken, verstehst du, weil er sich schuldig fühlte. Und als sein Vater so krank wurde, glaubte er, es würde ihm helfen, gesund zu werden, wenn er sich seinen Wünschen beugte. So heiratete er Judith. Allerdings wußte er sehr bald, was für ein schrecklicher Fehler das war.«

Ich erwiderte nichts. Ich glaubte Justin jedes Wort. Sie waren beide von gleicher Art, sie und Justin. Wie wunderbar hätten sie zusammengepaßt! Und wenn sie Justin geheiratet hätte, wäre ich in ganz anderer Eigenschaft hierhergekommen. Oh, warum hatte Justin nicht Mellyora geheiratet?

Judith hatte Kopfschmerzen und war früh zu Bett gegangen. Es war neun Uhr, und da ich mich danach sehnte, Grandma wiederzusehen, schlüpfte ich aus dem Haus und lief zu unserer Kate.

Sie rauchte gemütlich ihre Pfeife und freute sich wie immer, mich zu sehen. Wir saßen und schwatzten. Ich berichtete ihr, daß sich Johnnys Haltung anscheinend änderte und daß ich ihn nicht mehr verstünde. Er war in der letzten Zeit kühler zu mir, und es gab Augenblicke, da glaubte ich, er hätte die Jagd aufgegeben; allerdings war er am nächsten Tag wieder entschlossener denn je.

Als es dunkel wurde, zündete Grandma zwei Kerzen an. Ich war schon wieder bei meinem Lieblingsthema, dem Haus, und stockte plötzlich, weil etwas am Fenster sich bewegte. Ich hatte gerade noch Zeit, einen dunklen Schatten, der sich rasch entfernte, auszumachen.

»Grandma«, rief ich, »da ist jemand draußen!«

Grandma erhob sich ziemlich langsam und ging zur Tür. Dann kehrte sie sich zu mir um und schüttelte den Kopf. »Da ist niemand.«

»Aber jemand hat hereingesehen.« Ich ging auch zur Tür und spähte ins Dunkel. »Wer ist da?« rief ich.

Keine Antwort.

»Wer könnte das gewesen sein?« fragte ich. »Wer könnte da draußen gestanden und uns heimlich beobachtet haben? Und wer weiß, wie lange schon?«

»Vielleicht war es jemand, der mich allein sprechen wollte«, lautete Grandmas beruhigende Erklärung. »Der kommt schon wieder, jedenfalls, wenn es ihm dringend ist.«

Aber das unbehagliche Gefühl, daß man mir nachspionierte, blieb. Ich hatte keine Lust mehr zum Erzählen, und da es mittlerweile schon spät war, wurde es Zeit für mich, nach Abbas zurückzukehren.

Ich hatte keine Gelegenheit, Grandma wieder zu besuchen, bis ich meine Entscheidung getroffen hatte. Und das war eigentlich auch gut so, fand ich, denn diese Entscheidung mußte ich ganz allein treffen, mit offenen Augen, und ich allein mußte die volle Verantwortung dafür tragen.

Judith wurde allmählich zur Plage. Ich entdeckte Züge in ihrem Charakter, die ich bisher noch nicht gekannt hatte. Sie hatte einen Jähzorn, der sich um so heftiger entlud, da sie ihn so lange hatte beherrschen müssen. Die Zukunft in diesem Haus würde bestimmt sehr stürmisch werden. Und Judith würde Mellyora sicherlich nicht mehr lange im Hause dulden.

In dieser Nacht stieg bitterer Ärger in mir auf. Ich haßte alle, die mich demütigten, und Judith tat es. Sie hatte gesagt, ich solle mich vorsehen – sie wolle mich loswerden, wollte sich selber ihre Zofe aussuchen. Sie war Lady St. Larnston und brauchte sich von niemandem etwas sagen zu lassen.

Ich ging in mein Zimmer, und obgleich es schon spät war, kämmte ich mein Haar nach spanischer Art und steckte den Kamm und die Mantilla auf. Das war schon zu einer lieben Gewohnheit geworden, die mich jedesmal wieder an den Ball erinnerte und daran, wie ich mit Kim getanzt hatte.

Ich las, und es war schon Mitternacht vorbei, als ich leise Schritte hörte, die sich meinem Zimmer näherten.

Ich sprang vom Bett hoch und blies die Kerzen aus. Als Johnny hereinkam, stand ich hinter der Tür.

Es war ein fremder Johnny. Ich hatte keine Ahnung, was ihn so verwandelt hatte. Ich wußte nur, daß ich ihn so noch nie gesehen hatte. Er war ruhig und gelassen, und eine eigenartige Entschlossenheit ging von ihm aus.

»Was wünschen Sie?« fragte ich.

Er legte den Finger auf den Mund und bat mich, still zu sein.

»Gehen Sie raus, oder ich schreie.«

»Ich will mit dir reden. Ich muß mit dir reden.«

»Ich habe keine Lust, mit Ihnen zu reden.«

»Du mußt mich anhören. Du mußt mir helfen.«

»Ich verstehe Sie nicht.«

Er stand ganz dicht vor mir, und jegliche Streitsucht war von ihm gewichen. Er war wie ein bettelndes Kind, und das war fremd an Johnny.

»Ich will dich heiraten«, sagte er.

»Was!«

»Ich sagte, ich will dich heiraten.«

»Was ist das nun wieder für ein Spiel?«

Er nahm mich bei den Schultern und schüttelte mich. »Du weißt es«, flüsterte er. »Du weißt es. Ich bin bereit, den Preis zu bezahlen. Ich erkläre hiermit, daß ich dich heiraten werde.«

»Und Ihre Familie?«

»Da wird die Hölle los sein. Aber ich sage: zum Teufel mit der Familie. Ich werde dich heiraten. Ich verspreche es.«

»Ich bin mir aber nicht sicher, ob ich Sie heiraten will.«

»Natürlich willst du das. Darauf hast du ja nur gewartet, Kerensa. Ich meine es ernst. Noch nie im Leben habe ich etwas ernsthafter gemeint. Im Grunde will ich gar nicht heiraten. Es wird viel Ärger geben. Aber ich versichere dir, daß ich dich heiraten werde.«

»Das ist doch nicht möglich.«

»Ich fahre nach Plymouth.«

»Wann?«

»Heute nacht – nein, es ist ja schon Morgen. Heute also. Ich nehme den ersten Zug. Kommst du mit mir?«

»Weshalb dieser plötzliche Entschluß?«

»Du weißt es. Warum heuchelst du?«

»Ich glaube, Sie sind verrückt!«

»Ich habe dich immer begehrt. Und es ist die einzige Möglichkeit. Kommst du mit mir?«

»Ich traue Ihnen nicht.«

»Wir müssen einander vertrauen. Ich werde dich heiraten. Ich schwöre es dir.«

»Wie soll ich wissen...«

»Du weißt, was geschehen ist. Wir werden dann zusammen sein. Was einmal geschehen ist, ist geschehen. Ich will dich heiraten, Kerensa.«

»Ich brauche Zeit, es mir zu überlegen.«

»Ich gebe dir bis vier Uhr Zeit. Sei dann fertig. Wir verlassen das Haus sofort. Ich werde inzwischen ein paar Sachen zusammenpakken. Und du auch. Zum Bahnhof nehmen wir die Kutsche, um rechtzeitig am Zug zu sein.«

»Das ist ja Irrsinn«, sagte ich.

Er zog mich an sich, und ich wußte mir seine Umarmung nicht zu deuten; es lag Verlangen darin, Leidenschaft und vielleicht auch Haß. »Du bekommst also deinen Willen, und ich bekomme meinen Willen.«

Dann ließ er mich allein.

Ich setzte mich wieder ans Fenster. Ich dachte an die Demütigung am Abend zuvor. Ich dachte an die Erfüllung meines Traumes. So wie ich es mir vorgestellt hatte, würde es Wirklichkeit werden.

Ich liebte Johnny nicht. Aber seine Sinnlichkeit rührte etwas in mir an. Ich war dazu da, zu heiraten und Kinder zu gebären – Kinder, die St. Larnstons sein würden.

Und schon ging mein Traum ein Stück weiter. Justin und Judith hatten keine Kinder. Und ich sah meinen Sohn: Sir Justin. Ich, die Mutter des Erben auf Abbas!

Das war es wert. Die Heirat mit Johnny – alles.

Ich setzte mich hin und schrieb einen Brief an Mellyora und legte noch einen zweiten dazu für Grandma.

Ich hatte meine Entscheidung getroffen.

Mit dem Fünf-Uhr-Zug fuhr ich nach Plymouth.

Johnny hielt sein Wort, und kurz darauf war ich Mrs. Johnny St. Larnston.

4

Die Tage nach unserer Flucht aus Abbas kamen mir heute noch wie ein Traum vor, und erst Wochen später, als ich als Mrs. St. Larnston auf Abbas zurückkehrte und all meine Kraft brauchte, mir den Platz zu erkämpfen, der mir zustand, wurde das Leben wieder zur Wirklichkeit.

Ich hatte keine Angst vor dem Tag unserer Heimkehr. Es gab in mir kaum Platz für andere Regungen als ein unbändiges Triumphgefühl. Aber Johnny fürchtete sich, und ich lernte begreifen, daß ich einen Schwächling geheiratet hatte.

Während unserer morgendlichen Fahrt nach Plymouth hatte ich mir fest vorgenommen, nicht eher nach Abbas zurückzukehren, als bis ich Mrs. St. Larnston war, und ich war entschlossen, nach Abbas zurückzukehren. Doch ich hätte mir darum keine Sorgen zu machen brauchen. Johnny unternahm keinerlei Versuch, sein Versprechen nicht zu halten. Ja, er schien ebenso erpicht auf die Zeremonie zu sein wie ich und hielt sich sogar von mir fern, bis alles vorüber war. Dann verbrachten wir einige Tage als Flitterwochen in einem Hotel in Plymouth.

An die Flitterwochen mit Johnny erinnere ich mich nicht gerade gern, selbst heute noch nicht. Das einzige, was uns verband, war die Wollust. Ich liebte ihn nicht und er mich auch nicht. Was er für mich empfand, war höchstens eine neidische Bewunderung für meine Zähigkeit, und es gab Augenblicke, wo er, glaube ich, froh war, daß ich so stark war. Und doch gab uns diese körperliche Vereinigung in den ersten Wochen immerhin so viel Genuß, daß jede Überlegung, in was wir beide uns da eingelassen hatten, dahinter zurückstand.

Für mich war es der Gipfel meiner schönsten Träume. Und aus diesen Träumen stieg ein neuer Traum, ein noch anspruchsvollerer: Ich wollte leidenschaftlich gern ein Kind haben. Mein ganzer Körper schrie nach einem Kind, einem Knaben, dem Erben von St. Larnston!

Johnny erzählte ich davon nichts. Er spürte meine Sehnsucht, die seinem Verlangen nach mir gleichkam, und verstand meine Leidenschaft völlig falsch. Aber das entzündete wiederum sein Begehren, und immer wieder betonte er, welche Lust ich ihm gäbe. »Ich bereue nichts – nichts!« rief er und lachte dabei und erinnerte mich daran, daß ich nichts hatte von ihm wissen wollen. »Du bist eine Hexe, Kerensa. Deine Grandma ist eine, und du bist vom gleichen Schlag. Die ganze Zeit über warst du genauso verrückt nach mir wie ich nach dir, und dabei hast du mich behandelt, als wäre ich dir zuwider. Und was ist nun mit dem Pfarrer, he?«

»Sei deiner nicht zu sicher, Johnny«, warnte ich ihn.

Doch er lachte mir ins Gesicht und nahm mich, und ich gab mich ihm hin und hoffte insgeheim, jetzt, wer weiß, empfange ich meinen Sohn.

Johnny vermochte sich dem Augenblick hinzugeben, ohne mit einer Silbe an die Zukunft zu denken, und später begriff ich, daß dieser Charakterzug die Quelle all seiner Nöte war. Während der Wochen in Plymouth waren wir das jung verheiratete Paar, schwelgend in der Lust, sich zu besitzen. Er ließ keinen Gedanken an unsere Heimkehr aufkommen, bis der Tag da war, an dem wir nach Abbas abreisen mußten.

Johnny hatte seinem Bruder geschrieben, daß wir heimkämen, und ihn darum gebeten, uns Polore an den Bahnhof zu schicken.

Niemals werde ich vergessen, wie wir aus dem Zug stiegen. Ich trug ein Reisekostüm aus grünem Velours mit schwarzen Borten besetzt, dazu einen grünen Velourshut mit schwarzen Bändern.

Johnny schien seine Familie zu hassen, aber ich entdeckte, daß er sich im Grunde vor ihr fürchtete. Es war typisch für Johnny, das zu hassen, was ihm Angst einflößte. Manchmal machte er Andeutungen über unser Verhältnis, die mich verblüfften. Ich hätte ihn zu diesem Schritt gezwungen, sagte er, aber er glaube nicht, daß es ihm jemals leid täte. Wir zwei verständen uns, wir würden zusammenhalten, und wir hätten es ja erlebt, oder etwa nicht, daß wir einander nötig hätten?

Polore war ganz verlegen, als er mich begrüßte. Was sollte er auch schließlich zu einer Frau sagen, die mit am Dienstbotentisch gesessen hatte und sich plötzlich als eine zum Haus gehörige Lady entpuppte?

»Guten Tag, Mr. Johnny. Guten Tag – Madam.«

»Guten Tag, Polore«, sagte ich. »Hoffentlich ist auf Abbas alles wohlauf?«

Polore streifte mich mit einem Seitenblick. Ich konnte mir vorstellen, wie er diesen Fall heute abend bei Tisch schildern würde.

Als wir vor dem Tor vorfuhren, kam Polore damit heraus, daß die alte Lady St. Larnston befohlen hätte, uns, sobald wir angekommen seien, zu ihr zu führen.

Johnny war ein bißchen nervös, aber ich hielt meinen Kopf hoch. Ich hatte keine Angst. Ich war jetzt Mrs. St. Larnston.

Sir Justin und Judith waren bei ihr. Sie blickten uns voll Erstaunen an, als wir eintraten.

»Komm her, Johnny«, sagte Lady St. Larnston, und als Johnny durch den Raum auf ihren Stuhl zuschritt, blieb ich an seiner Seite.

Sie bebte vor Zorn, und ich konnte mir gut vorstellen, wie ihr zumute gewesen war, als sie die Neuigkeit hörte.

»Nach all dem Ärger, den du uns schon verursacht hast«, fuhr sie fort, und ihre Stimme zitterte dabei, »nun noch das. Ich bin nur froh, daß dein Vater diesen Tag nicht mehr erlebt hat.«

»Mutter, ich . . .«, begann Johnny.

Sie hob die Hand und hieß ihn schweigen.

»Noch nie in meinem Leben hat ein Mitglied meiner Familie dem Namen derer von St. Larnston solche Schande angetan.«

Ich antwortete für ihn: »Das ist keine Schande, Lady St. Larnston. Wir sind verheiratet.«

»Ich hatte gehofft, es sei eine deiner üblichen Eskapaden gewesen, Johnny«, sagte sie und ignorierte mich. »Aber das ist noch schlimmer, als ich erwartet hatte.«

Sir Justin war näher getreten und stand nun neben dem Stuhl seiner Mutter. Er legte eine Hand auf ihre Schulter und sagte beruhigend: »Mutter, was geschehen ist, ist geschehen. Wir wollen das beste daraus machen. Kerensa, ich heiße dich in unserer Familie willkommen.«

Aber in seinem Gesicht war kein Willkommensgruß zu lesen. Ich konnte deutlich erkennen, daß er über unsere Heirat ebenso entsetzt war wie seine Mutter. Doch Justin war ein Mensch, der immer den friedlichen Weg vorzog.

Mir war fast die Haltung von Lady St. Larnston lieber.

Judith kam nun hinzu und unterstützte ihren Mann. »Du hast recht, Liebling, Kerensa ist nun eine St. Larnston.«

Ihr Lächeln war wärmer. Alles, was sie von den St. Larnstons verlangte, war die ganze und ungeteilte Aufmerksamkeit Justins.

»Danke«, erwiderte ich. »Wir sind ziemlich müde von der Reise. Ich möchte mich gern waschen. Die Züge sind so schmutzig. Und außerdem, Johnny, hätte ich gern etwas Tee.«

Alle starrten mich verblüfft an, und ich glaube fast, Lady St. Larnston bewunderte mich mit geheimem Neid. Denn obgleich sie auf Johnny wütend war, daß er mich geheiratet hatte, konnte sie mir die Anerkennung nicht versagen, daß ich ihn dahin gebracht hatte.

»Ich habe dir noch eine Menge zu sagen.« Lady St. Larnston blickte Johnny an.

Doch ich unterbrach sie: »Wir können später weiterreden.« Ich lächelte dabei meine Schwiegermutter an. »Der Tee täte uns gut.«

Ich schob meinen Arm unter Johnnys, und da alle vor Verblüffung starr waren, hatte ich Zeit, ihn aus dem Zimmer zu ziehen, ehe noch jemand etwas sagen konnte.

Wir gingen in sein Zimmer, und ich klingelte.

Johnny sah mich mit dem gleichen Ausdruck an, den ich auf den Gesichtern seiner Verwandten wahrgenommen hatte. Aber noch ehe er Zeit zum Reden fand, erschien Mrs. Rolt. Sicherlich war sie während der Unterhaltung mit der Familie nicht weit weg gewesen.

»Guten Tag, Mrs. Rolt«, begrüßte ich sie. »Bitte schicken Sie uns doch sofort den Tee herauf.«

Eine Sekunde lang schnappte sie nach Luft und antwortete dann: »Eh – jawohl – Madam.«

Ich sah es vor mir, wie sie in die Küche kam, wo die anderen schon auf sie lauerten.

Johnny lehnte sich gegen die Tür und brach in lautes Gelächter aus.

»Eine Hexe!« rief er. »Ich habe eine Hexe geheiratet!«

Ich sehnte mich danach, Grandma zu besuchen, aber zuerst mußte ich mit Mellyora sprechen.

Ich suchte sie in ihrem Zimmer auf. Sie erwartete mich schon. Aber als ich die Tür öffnete, starrte sie mich mit einem geradezu entsetzten Blick an.

»Kerensa!«

»Mrs. St. Larnston«, erwiderte ich lachend.

»Du hast Johnny wirklich geheiratet?«

»Ich habe den Trauschein. Willst du ihn sehen?« Ich streckte die Hand aus, an der der schlichte goldene Ring zu sehen war.

»Wie konntest du nur!«

»Ist das so schwer zu verstehen? Das ändert doch alles. Jetzt heißt es nicht mehr: ›Carlee, tu dies, tu jenes.‹ Ich bin die Schwägerin meiner ehemaligen Herrin, die Schwiegertochter von Mylady. Stell dir das vor! Die arme kleine Kerensa Carlee, das Kind aus der Kate! Nein, Mrs. St. Larnston, wenn ich bitten darf!«

»Kerensa, manchmal machst du mir angst.«

»Ich mache dir angst?« Ich blickte ihr keck ins Gesicht. »Du brauchst dich nicht um mich zu ängstigen. Ich kann für mich selber sorgen.«

»Es scheint so. Nun bist du also keine Kammerzofe mehr. Kerensa, war es das wert?«

»Das bleibt abzuwarten, oder?«

»Ich begreife immer noch nicht.«

»Nein, das wirst du niemals.«

»Und nur weil er dir eine Stellung bot, die dir genehm war?«

Es lag eine Spur von Sarkasmus in ihrer Stimme, was mir nicht gefiel.

»Immerhin«, sagte ich, »war er frei und konnte mich heiraten.«

Trotzig stürzte ich aus dem Zimmer. Ich hatte Mellyoras wunden Punkt getroffen. Doch einige Minuten später kam ich zurück und ertappte Mellyora auf dem Bett liegend, den Kopf in die Kissen vergraben. Ich warf mich neben sie.

»Jetzt ist es wieder so, wie es früher war«, tröstete ich sie.

»Nein, es ist ganz anders.«

»Nun ja, nur mit vertauschten Rollen. Im Pfarrhaus hast du für mich gesorgt. Und heute bin ich an der Reihe, mich um dich zu kümmern.«

»Ich kann dir einfach nicht glauben. Was ist bloß mit dir geschehen, Kerensa?«

»Ja, was ist bloß mit uns geschehen?« fragte ich.

Dann lagen wir ruhig auf dem Bett und überlegten, was wohl aus ihrer Liebe zu Justin werden möge.

Ich konnte es kaum mehr erwarten, Grandma zu sehen, und befahl Polore am nächsten Tag, mich zu ihrer Kate zu fahren. Wie genoß ich das Aussteigen, so fabelhaft angezogen in meinem grün-schwarzen Kleid! Ich trug Polore auf, mich in einer Stunde wieder abzuholen.

Grandma sah mich ängstlich an.

»Nun, mein Kind?« Das war alles, was sie sagte.

»Nun bin ich Mrs. St. Larnston, Grandma.«

»So hast du also bekommen, was du wolltest?«

»Es ist der Anfang.«

»Oh?« Sie riß die Augen weit auf, fragte aber mit keinem Wort, was ich damit meine. Statt dessen nahm sie mich bei den Schultern und blickte mir aufmerksam ins Gesicht. »Du siehst glücklich aus«, sagte sie endlich.

Dann warf ich mich in ihre Arme und drückte sie fest an mich. Als ich sie wieder losließ, wandte sie sich ab, und ich wußte, sie wollte nicht, daß ich die Tränen in ihren Augen sähe. Ich setzte meinen Hut ab, zog den Mantel aus, stieg auf den Talfat, machte es mir gemütlich und schwatzte, während sie ihre Pfeife rauchte.

Bald würde ich ein Kind haben, ganz bestimmt, einen Jungen – einen St. Larnston.

»Und, Grandma, wenn Justin keine Kinder bekommt, wird mein Sohn einmal Abbas erben. Er wird ein Sir werden, Grandma. Wie gefällt dir das? Sir Justin St. Larnston, dein Urenkel.«

Grandma blickte versonnen dem Rauch ihrer Pfeife nach.

»Du wirst immer ein neues Ziel vor dir haben, mein Kind«, sagte sie nach einer Weile. »Vielleicht muß man so leben. Vielleicht ist es am besten so, wie alles gekommen ist.«

Wie genoß ich meine neue Stellung! Ich kam nie in Verlegenheit. Ich hatte diese Rolle still für mich so oft geprobt, daß ich sie vollkommen beherrschte und vollendet spielen konnte. Johnny und ich hatten unseren Spaß daran, wenn ich die Unterhaltung nachahmte, wie sie in der Küche vor sich ging. Ich konnte meine Befehle genauso kühl erteilen wie die alte Lady St. Larnston und besser noch als Judith. Judith und ich wurden mit der Zeit Freundinnen. Manchmal kämmte ich ihr das Haar, weil sie noch immer ohne Zofe war, aber ich ließ sie deutlich merken, daß es sich dabei um eine schwesterliche Geste handele.

Voller Spannung wartete ich auf die ersten Anzeichen einer Schwangerschaft. Ich war fest davon überzeugt, daß ich bald einen Sohn haben würde, und wenn ich sagen könnte, ich erwarte ein Kind, würde sich meine Stellung im Haus sofort ändern. Nichts wünschte die alte Lady St. Larnston so sehr wie ein Enkelkind, und sie hatte bei Judith die Hoffnung schon aufgegeben.

Eines Tages fuhr ich aus, um meinen Bruder beim Tierarzt zu besuchen. Ich wollte mit ihm reden, denn ich hatte Johnny das Versprechen abgerungen, daß er meinen Bruder Medizin studieren ließe. Ich konnte es kaum abwarten, Joe die gute Nachricht zu bringen.

Mr. Pollents Haus, das mir einst so großartig vorgekommen war, wirkte bescheiden auf mich, doch es war ein stattliches Anwesen. Es stand etwas abseits der Straße auf einem großen Grundstück, umgeben von Stallungen, Zwingern und anderen Anbauten.

Eine der Pollenttöchter kam in die Halle und begrüßte mich.

»Oh, kommen Sie doch bitte ins Zimmer«, rief sie.

Ich folgte ihr in den Salon, der offensichtlich nur zu besonderen Gelegenheiten benutzt wurde. Das fand ich sehr schmeichelhaft. Ich nahm auf dem Stuhl, der mir angeboten wurde, Platz und besah mir die Porzellanhunde auf dem Kaminsims.

»Ich würde gern mit Joe sprechen«, sagte ich.

»O ja, Mrs. St. Larnston. Ich gehe und sage ihm Bescheid. Bitte, entschuldigen Sie mich für ein oder zwei Minuten.«

Ich war gerade dabei, das Silber und Porzellan im Eckschrank zu begutachten und mir zu sagen, daß die Pollents, wenn auch nicht gerade reich, so doch wohlhabend waren, als Miß Pollent zurückkam und mir mitteilte, Joe habe sie gebeten, mich zu ihm zu führen, weil er gerade nicht von seiner Arbeit weg könne.

Daß Joe anscheinend den Respekt der Pollents nicht teilte, verletzte mich ein bißchen, aber ich verbarg mein Gefühl und ließ mich zu Joe führen, der in einem Raum an einem Tisch stand und eine Flüssigkeit in einer Flasche schüttelte.

Seine Freude war echt, als ich zu ihm hinging und ihn küßte.

Er hielt die Flasche hoch und zeigte sie mir: »Eine neue Mischung«, erklärte er. »Mr. Pollent und ich glauben, etwas gefunden zu haben, was bisher noch niemand verwendet hat.«

»So, habt ihr das?« sagte ich. »Ich habe gute Neuigkeiten für dich, Joe.«

Er lachte. »Ja, ich weiß, du bist nun Mrs. St. Larnston. Wir haben alle davon gehört, wie du mit Johnny nach Plymouth ausgerissen bist.«

Ich runzelte die Stirn. Er mußte noch lernen, sich wie ein Gentleman auszudrücken.

»Ehrenwort«, fuhr er fort, »was für eine Aufregung! Du und Mr. St. Larnston und Hetty Pengaster, alle liefen sie am gleichen Tag weg.«

Ich war überrascht. »Hetty Pengaster?«

»Hast du noch nichts davon gehört? Ja, sie lief auch fort. Genau wie du. Die Pengasters waren in heller Aufregung, und Saul Cundy wollte den Kerl umbringen. Aber so ist es eben. Doll meint, sie ist nach London gegangen, sie hätte schon immer davon gesprochen, daß sie da mal gern hinwollte.«

Wie seltsam, daß sie ausgerechnet am selben Tag von zu Haus fortgelaufen war wie Johnny und ich.

»Sie ist also nach London gegangen«, sagte ich.

»Je nun, keiner hat bis jetzt etwas von ihr gehört, aber man vermutet so. Im Sommer war nämlich mal ein junger Mann aus London hier, und Doll sagt, er und Hetty hätten immer zusammengesteckt.«

Ich sah Joe an. Daß er mit seinem Leben so zufrieden war, ärgerte mich.

»Ich habe herrliche Neuigkeiten für dich, Joe«, begann ich.

Er blickte mich an, und ich fuhr fort: »Alles hat sich jetzt verändert. Du hast es nicht mehr nötig, in dieser einfachen Stellung zu bleiben.«

Er zog die Augenbrauen hoch und sah mich verdutzt an.

»Ich wollte schon immer etwas für dich tun, Joe, und jetzt bin ich in der Lage dazu. Ich kann dir dazu verhelfen, Arzt zu werden. Du kannst es Mr. Pollent heute abend berichten. Du mußt noch viel studieren, und ich will morgen zu Dr. Hilliard gehen und ihn um Rat fragen. Dann...«

»Ich weiß gar nicht, wovon du redest, Kerensa«, unterbrach er mich, während die Röte ihm langsam ins Gesicht stieg.

»Ich bin jetzt eine St. Larnston, Joe. Weißt du, was das bedeutet?«

»Ich sehe nicht ein, was das für eine Veränderung für mich bedeuten sollte«, sagte er. »Ich bleibe hier bei Mr. Pollent. Hier gehöre ich hin.«

»Aber du kannst studieren, Joe. Du kannst Arzt werden.«

»Das könnte ich nicht. Ich bin Tierarzt und hier...«

»O Joe, willst du denn gar nicht vorankommen?«

Er sah mich an, und sein Blick war so kalt, wie ich es noch nie bei ihm beobachtet hatte.

»Ich will in Ruhe gelassen werden. Das ist alles«, sagte er.

»Aber Joe...«

Er hinkte auf mich zu, und als er dicht vor mir stand, sagte er: »Das Ärgerliche an dir ist, Kerensa, daß du immer den lieben Gott spielen willst. Alle sollen nach deiner Pfeife tanzen. Aber ich will das nicht. Und ich bleibe hier bei Mr. Pollent, hier gehöre ich hin.«

»Du bist ein Narr, Joe Carlee«, erklärte ich.

»In deinen Augen vielleicht. Und wenn ich ein Narr bin, dann möchte ich gern einer bleiben.«

Ich war wütend. Hier stieß ich auf den ersten Widerstand. Ich wußte genau, was ich wollte: Mrs. St. Larnston auf Abbas; ihr Sohn erbt einmal den Titel; ihr Bruder ist Arzt im Ort; ihre Grandma wohnte in – sagen wir mal dem Dower-Haus. Ich wollte, daß sich mein Traum bis ins kleinste erfüllte.

Und Joe, der immer so nachgiebig war, widersprach mir. Ärgerlich wandte ich mich ab. Als ich energisch die Tür öffnete, fiel ich fast über eines der Mädchen, das offensichtlich am Schlüsselloch gelauscht hatte. Ich übersah sie, und sie stürzte ins Zimmer.

Ich hörte sie noch rufen: »O Joe, du gehst doch nicht fort, nicht wahr?«

Und ich wartete, bis Joe erwiderte: »Nein, nein, Essie. Du weißt, daß ich euch nie verlassen werde.«

Ich war nun seit zwei Monaten verheiratet und erwartete ein Kind.

Anfangs, als es noch eine Vermutung war, erzählte ich niemandem davon außer Grandma. Erst als ich ganz sicher war, gab ich es bekannt.

Mein Triumph übertraf meine Erwartungen.

Die erste Person auf Abbas, die es erfahren sollte, war meine

Schwiegermutter. Ich ging zu ihrem Zimmer und klopfte an. Sie war allein und nicht gerade erfreut, gestört zu werden.

»Ich habe jetzt keine Zeit für dich«, sagte sie.

»Ich möchte, daß du die erste bist, die meine Neuigkeit erfährt«, begann ich kühl. »Aber wenn du es nicht wünschst, soll es mir gleich sein, wenn du nicht Bescheid weißt.«

»Um welche Neuigkeit handelt es sich?«

»Darf ich mich setzen?«

Sie nickte, nicht gerade gnädig.

»Ich werde ein Kind haben«, sagte ich.

Sie senkte die Augen, aber ich konnte noch gut das Aufleuchten darin erkennen.

Ich stand auf. »Wenn du mich beleidigen willst, gehe ich lieber. Aber vorher möchte ich dir noch sagen, daß diese Annahme falsch ist. Die Geburt meines Kindes wird es beweisen, und ich nehme an, daß du erst einen Beweis brauchst, ehe du mir Glauben schenkst. Es tut mir leid, daß ich es für richtig hielt, zuallererst dir davon zu berichten. Es war dumm von mir.«

Hoheitsvoll verließ ich das Zimmer, und als ich die Tür schloß, glaubte ich sie flüstern zu hören: »Kerensa.« Noch nie hatte sie mich bei meinem Vornamen genannt. Ich ging zu den Räumen, die ich mit Johnny teilte.

Ich wollte zu Grandma gehen, um mir bei ihr Trost zu holen für meine gekränkte Eitelkeit. Aber während ich meinen Mantel anzog, klopfte es.

Mrs. Rolt stand draußen. »Lady Larnston läßt sagen, sie würde sich freuen, Sie zu sehen, Madam.«

»Ich wollte gerade ausgehen«, antwortete ich. Ich zögerte noch, doch dann zuckte ich die Schultern. »Nun gut. Ich gehe bei ihr vorbei. Danke, Mrs. Rolt.«

Ich öffnete die Tür zu Lady St. Larnstons Wohnzimmer und blieb an der Tür stehen.

»Kerensa«, rief sie, und ihre Stimme war voll Wärme, »komm her.«

Ich kam langsam näher.

»Bitte, setz dich.«

Auf einer Stuhlkante ließ ich mich nieder, um ihr durch mein Gebaren zu zeigen, wie wenig mir ihre Freundlichkeit bedeutete.

»Deine Neuigkeit hat mich sehr gefreut«, fuhr sie fort.

Ich konnte die Freude, die in mir aufstieg, nicht verbergen.

»Ich hatte es mir so gewünscht – mehr als alles auf der Welt«, antwortete ich. »Ich möchte einen Sohn haben.«

Von diesem Augenblick an änderte sich unser Verhältnis zueinander. Zwar bedauerte sie nach wie vor unsere Heirat, aber ich erwartete schon ein Baby – ein Enkelkind für sie. Das hatte Judith in all den Jahren nicht geschafft.

»Ich bin glücklich darüber«, sagte sie. »Doch du mußt auf dich achten, Kerensa.«

»Ich werde alles tun, um einen gesunden Jungen zu bekommen.«

Sie lachte. »Wir wollen nicht allzu sicher sein, daß das Kind ein Junge wird. Auch wenn es ein Mädchen sein sollte, wird es willkommen sein. Du bist noch jung. Die Jungen folgen nach.«

»Ich will aber einen Sohn«, beteuerte ich eifrig.

Sie nickte. »Wir können nur hoffen. Morgen zeige ich dir selbst die Kinderzimmer. Es ist lange her, daß es Babys auf Abbas gab.«

Unsere Blicke trafen sich. Ich hatte gesiegt. Diese stolze alte Frau, die noch vor nicht allzu langer Zeit über Johnnys Heirat empört gewesen war, war rasch mit der Schwiegertochter ausgesöhnt, in der sie einen verwandten Charakter erkannte.

Ich lebte nur noch für den Tag, an dem das Kind zur Welt kommen sollte.

Johnny? Ich kümmerte mich nicht um ihn. Selbst seine Stellung hatte sich geändert. Zum erstenmal in seinem Leben schien er die Billigung der Familie zu genießen. Er hatte ein Kind gezeugt – etwas, das Justin bisher nicht fertiggebracht hatte. Wenn wir allein waren, machte er sich über Justin lustig.

»Er war immer so untadelig. Mein ganzes Leben lang hab' ich unter Justin gelitten. Es ist aufreizend, einen Heiligen zum Bruder zu haben. Aber etwas können die Sünder eben doch besser als die Heiligen.« Er lachte und umarmte mich. Ich schob ihn weg mit dem Hinweis, wir müßten auf das Kind achtgeben.

Ich sah kaum, was um mich herum vorging. Es kam mir nicht in den Sinn, daß mein Glück auf jemanden, der mir so nahestand wie Mellyora, seine Wirkung tun mußte. Nicht einmal, als sie sagte: »Wer hätte das gedacht, daß alles einmal so kommen würde, als du auf dem Trelinketer Markt standest!« verstand ich, was sie meinte: Wenn es dir so ergangen ist, warum sollte sich nicht auch mein Leben auf wunderbare Weise ändern?

Und während dieser Zeit meiner Schwangerschaft wuchs die Liebe zwischen Justin und Mellyora. Und da sie beide so harmlos und lauter waren, mußte jeder ihnen ansehen, wie es um sie stand, ganz zu schweigen von Judith.

Sie hatte nach meiner Heirat keine Zofe mehr engagiert. Doll half ihr hin und wieder, und manchmal, wenn sie etwas vorhatte, frisierte ich sie. Eines Tages, als Justin und sie mit Hemphills essen wollten, ging ich zu ihrem Zimmer, um, wie versprochen, ihre Haare zu richten.

Ich klopfte leise, doch es kam keine Antwort. Daraufhin öffnete ich die Tür und rief: »Judith, bist du da?«

Keine Antwort. Aber dann sah ich sie. Sie lag rücklings auf dem Bett, das Gesicht der Zimmerdecke zugewandt.

Ich näherte mich dem Bett, hörte einen tiefen Seufzer und sah, daß ihre Augen offen waren.

»O Kerensa«, flüsterte sie.

»Was ist denn?«

Sie schüttelte den Kopf.

»Du weinst ja.«

»Warum sollte ich nicht?«

»Irgend etwas ist nicht in Ordnung.«

»Irgend etwas ist immer nicht in Ordnung.«

»Judith, erzähl es mir. Was ist passiert?«

»Er macht sich nichts aus mir«, murmelte sie undeutlich, flüsternd, und ich erriet, daß sie mich kaum wahrnahm und mit sich selber sprach. »Es ist schlimmer geworden, seit sie da ist. Glaubt er, ich sähe das nicht? Es liegt doch ganz offen zutage. Sie verzehren sich ja nacheinander. Sie hätten schon zusammen geschlafen ... Aber sie sind ja so gute Menschen. Wie ich diese guten Menschen verabscheue, und doch – wenn sie das täten, ich brächte sie um. Sie ist so lieb und zart, wie? Solch eine ruhige, harmlose kleine Dame. So zu bedauern. Sie muß so schwere Zeiten durchstehen. Ihr Vater ist tot, und sie, die Arme, muß hinaus in die grausame Welt und muß sich ihr Brot verdienen. Arme, arme Mellyora. So ein hartes Leben. Sie braucht einen Beschützer. Ich werde sie beschützen.«

Ich flüsterte: »Pst, Judith. Man kann dich hören.«

»Kerensa.« Sie lachte. »Die Kammerzofe, die uns jetzt den Erben schenken wird. Auch das richtet sich nur gegen mich, verstehst du? Kerensa, das Kind aus dem Dorf, kann den St. Larntons den Erben geben, während ich eine elende, unfruchtbare Frau bin. Ein vertrockneter Feigenbaum. Das ist Judith. Alles dreht sich um die liebe Kerensa. Wir müssen Kerensa schonen. Vor einigen Monaten war sie noch Carlee, wurde sie hier nur geduldet. Und nun ist sie heilig, die werdende Mutter des geheiligten Erben auf St. Larnston.«

»Judith«, rief ich streng. »Was ist nur los? Was ist denn passiert?« Und als ich mich über sie beugte, wußte ich Bescheid, roch ich den Alkohol.

Sie packte mich am Arm. »O Kerensa, laß es nicht zu – laß es nicht zu!«

Sie weinte leise vor sich hin. Ich redete ihr gut zu: »Ich werde dir helfen. Aber du mußt auch tun, was ich dir sage. Ich lasse mir jetzt Kaffee kommen und bringe ihn dann zu dir. Die Dienstboten brauchen dich nicht so zu sehen. Sie reden schon sowieso zuviel. Ich bin gleich wieder zurück.«

Sie nickte. »Du bist meine Freundin, Kerensa, ja?«

Ich lief in mein Zimmer und klingelte nach Doll.

»Bitte, bring mir etwas Kaffee, Doll. Rasch!«

Bald kam sie mit dem Kaffee zurück, und kaum war sie wieder aus dem Zimmer, eilte ich damit zu Judith. Ich hatte die Tür schon auf, als Mrs. Rolt auf dem Korridor auftauchte.

Wenn sie errieten, zu welchem Zweck ich den Kaffee verlangte, dann war ihnen auch klar, daß Judith trank. Und höchstwahrscheinlich wußten sie Bescheid; sie konnte ja gar nicht an den Whisky heran, ohne daß Haggety es merkte, und bald würde er es Justin berichten, schon um sich selbst zu decken. Also hatte sie das Trinken wohl erst kürzlich angefangen. Es bestand vielleicht noch Aussicht, sie davon abzubringen.

Der Mai war heiß in diesem Jahr. Es war ein schöner Monat, gerade richtig, überlegte ich, daß mein Kind diese Welt betrat. Die Hecken leuchteten in der Pracht ihrer wilden Blumen, und alles stand in herrlichster Blüte.

Es war nicht leicht; aber mit gleichgültiger Ruhe ließ ich den quälenden Schmerz über mich ergehen. Ich begrüßte ihn geradezu, denn es bedeutete, daß mein Kind bald geboren würde.

Dr. Hilliard und die Hebamme waren an meinem Bett, während es mir vorkam, als hielte das ganze Haus vor Spannung den Atem an und wartete auf den ersten Schrei des Kindes.

Ich weiß noch, wie ich dachte, daß die Pein der eingemauerten Nonne nicht größer hätte sein können als meine. Und doch genoß ich sie. Wie unterschied sie sich von ihrer: Bei ihr war es der Schmerz der Verzweiflung, bei mir der Schmerz des Triumphes.

Schließlich kam er – der lang erwartete Schrei eines Kindes.

Ich sah meine Schwiegermutter mit meinem Baby auf den Armen. Sie weinte.

Es waren Tränen der Freude und des Stolzes. Sie kam an mein Bett, und von ihr hörte ich die glückliche Botschaft zuerst. »Ein Junge, Kerensa, ein süßer, gesunder Junge.«

Ich lag im Bett, das Haar fiel mir über die Schulter, und ich trug ein weißes Spitzenjäckchen mit grünen Bändern – ein Geschenk meiner Schwiegermutter.

Das Baby lag in seiner Wiege, und sie beugte sich zu ihm herab. Dabei wurde ihr Gesicht so sanft vor lauter Liebe, daß sie wie eine andere Frau wirkte.

»Wir müssen einen Namen für ihn finden, Kerensa.«

Sie kam an mein Bett und setzte sich lächelnd neben mich.

Ich sagte: »Ich dachte an Justin.«

Voll Erstaunen sah sie mich an. »Aber das kommt nicht in Frage.«

»Warum? Ich mag Justin. Es gab immer Justin St. Larnstons.«

»Wenn Justin einen Sohn haben wird, wird dieser Justin heißen. Wir müssen den Namen für ihn aufheben.«

»Justin – einen Sohn haben?«

»Ich bete jede Nacht, daß er und Judith gesegnet werden, so wie du und Johnny.«

Ich zwang mich zu einem Lächeln. »Natürlich. Ich dachte bloß, daß wenigstens ein Justin in der Familie sein sollte.«

»Das sollte es auch. Aber es sollte der Sohn des ältesten Sohnes sein.«

»Sie sind schon so lange verheiratet...«

»O ja, aber sie haben noch viele Jahre vor sich. Ich hoffe, vor meinem Tode noch ein Haus voller Kinder zu erleben.«

Ich fühlte mich zurückgesetzt. Dann tröstete ich mich damit, daß der Name nicht von Bedeutung war.

»An welchen anderen Namen hättest du noch gedacht?« fragte sie.

Sie beobachtete mich, und da ich wußte, was für eine schlaue alte Frau sie war, wollte ich nicht, daß sie meine Gedanken folgen konnte.

Spontan sagte ich: »Carlyon.«

»Carlyon?« wiederholte sie.

»Es ist ein guter Name«, sagte ich. »Ich mag ihn.«

Sie wiederholte ihn und rollte ihn über die Zunge. »Ja«, gab sie zu, »ich mag ihn auch, Carlyon John – der andere nach seinem Vater. Wie wäre das?«

Johnny nach seinem Vater. Carlyon nach seiner Mutter.

Ich wurde ein anderer Mensch. Zum erstenmal in meinem Leben liebte ich jemanden mehr als mich selbst. Das einzige, das mich interessierte, war mein Sohn.

Er war ein schönes, kräftiges Kind, und das einzige, was er von mir geerbt hatte, waren seine großen, dunklen Augen; doch lag in ihnen eine Heiterkeit, die in meinen nie zu finden war.

Lady St. Larnston erörterte die Frage, ob wir eine Säuglingsschwester für ihn nehmen sollten. Sie zählte eine Reihe Mädchen aus dem Dorf auf, die in Frage kamen, doch ich wies sie alle zurück. Eine Art Schuldgefühl war über mich gekommen. Ich litt unter der absurden Angstvorstellung – fast wie unter einer Vorahnung –, daß Judith etwas zustoßen und Justin Mellyora heiraten könne.

Trotz allem wollte ich Mellyora helfen und hatte auch schon einen Plan.

»Ich möchte nicht, daß er lernt, wie ein Dorfkind zu sprechen«, erklärte ich meiner Schwiegermutter.

»Aber wir hatten immer diese Mädchen als Pflegerinnen«, erinnerte sie mich.

»Ich wünsche das Beste für Carlyon.«

»Meine liebe Kerensa, das wollen wir alle.«

»Ich hatte an Mellyora Martin gedacht.« Ich sah, wie erstaunt meine Schwiegermutter mich anblickte, und fuhr eilends fort: »Sie ist eine Lady. Sie liebt ihn, und sie kann gut mit Kindern umgehen. Sie könnte ihn auch unterrichten, wenn er größer wird. Sie könnte seine Erzieherin sein, bis er zur Schule kommt.«

Sie bedachte die Unbequemlichkeit, auf Mellyora verzichten zu müssen. Sie würde sie vermissen, und doch leuchteten ihr die Vorzüge ein. Es würde schwierig sein, ein Kindermädchen von den Qualitäten der Pfarrerstochter zu bekommen.

An jenem Tag entdeckte ich, daß die alte herrschsüchtige Dame bereit war, ihrem Enkelsohn Opfer zu bringen.

Ich ging zu Mellyora. Sie hatte einen anstrengenden Nachmittag mit Lady St. Larnston hinter sich und lag müde auf ihrem Bett. Sie kam mir vor wie eine Narzisse, die lange kein Wasser mehr bekommen hat.

»Arme Mellyora! Meine Schwiegermutter ist ein Tyrann. Aber in Zukunft wird es besser werden.«

Sie machte ihre hübschen blauen Augen ganz weit auf, und eine Spur von Trauer schien in ihnen aufzuschimmern.

»Du bekommst eine neue Herrin.«

Sie richtete sich auf und blickte mich angstvoll an. Du brauchst keine Angst zu haben, dachte ich. Du wirst nicht von Justin getrennt. Und der Teufel in mir flüsterte: Nein, solange du hier bist und diese hoffnungslose Liebe zwischen dir und Justin besteht, hat er kein Verlangen nach seiner Frau und bekommt sie auch kein Kind, das meinen Carlyon verdrängt.

Wenn mich solche Gedanken überfielen, wollte ich immer besonders nett zu Mellyora sein und sagte deshalb schnell: »Ich werde deine neue Herrin sein, Mellyora. Du wirst Carlyons Pflegerin.«

Wir umarmten uns, und für einen Augenblick waren wir wieder die zwei jungen Mädchen im Pfarrhaus.

»Du wirst zu ihm eine Tante sein«, fuhr ich fort.

»Von etwas anderem wird gar nicht gesprochen. Wir sind doch Schwestern, nicht wahr?«

Welche Veränderungen hatte Carlyon auf Abbas eingeführt! Es gab niemanden, der nicht von seinem Liebreiz angetan gewesen wäre. Selbst Johnny hatte etwas von seinem Spott verloren und wurde zum stolzen Vater. Mir bedeutete das Kind natürlich mein ein und alles auf der Welt. Mellyora hatte mehr Ruhe, als sie seit langer Zeit gehabt hatte. Sie war dem Baby so zugetan, daß ich manchmal fürchtete, es würde sie mehr lieben als mich. Lady St. Larnston wurde beim Anblick ihres Enkelsohnes ebenfalls ganz weich; die Dienstboten beteten ihn an, und wenn er im Garten war, fand jeder einen Vorwand, um zu ihm hinauszugehen. Und wahrscheinlich war er der einzige im Haus, an dem sie nichts auszusetzen hatten.

Doch einen Menschen gab es, vielleicht auch zwei, die nicht so glücklich darüber waren, daß er da war. Für Judith war er ein ständiger Vorwurf und für Justin wohl auch. Ich hatte Justin beobachtet, wie er voll Sehnsucht auf meinen Sohn schaute, und konnte in seinen Gedanken lesen, und Judith hatte ihre noch nie zu verbergen vermocht. Sie hegte einen wilden Groll in ihrem Herzen, als wenn sie mit ihrem Schicksal haderte: Warum kann ich nicht ein Kind haben?

Seltsamerweise zog sie gerade mich ins Vertrauen.

Manchmal ging ich zu ihr und saß mit ihr zusammen. Ich hatte eine Art, sie zum Sprechen zu bringen, die sie beruhigend fand, mich dagegen aufregte.

So heuchelte ich Zuneigung und erschlich mir ihr Vertrauen, und sobald der Whisky ihren Kopf umnebelte, war sie geradezu redselig. Jeden Tag ritt sie allein aus, und zwar, wie ich wohl wußte, um sich Whisky aus den Schenken zu holen.

Als Justin die leeren Flaschen im Schrank entdeckte, war er über ihre heimliche Trunksucht entsetzt.

Zuerst war sie obenauf. »Er war so wütend. So habe ich ihn überhaupt noch nicht gesehen. Er muß sich doch um mich sorgen, Kerensa, wenn er so zornig wird? Er sagte, ich ruiniere meine Gesundheit. Und weißt du, was er tat? Er nahm mir den Whisky weg, damit ich meine Gesundheit nicht zugrunde richte.«

Aber diese Hochstimmung dauerte nicht an. Ich wußte, wie sehr sie schon von ihrem Whisky abhängig war. Einmal kam ich in ihr Zimmer und traf sie, wie sie weinend über einem Brief saß.

»Ich schreibe an Justin«, schluchzte sie. Ich blickte ihr über die Schulter und las: »*Mein Liebster, was habe ich Dir getan, daß Du mich so behandelst? Manchmal glaube ich, Du haßt mich. Warum hast Du das Mädchen mit dem albernen sanften Gesicht und den babyblauen Augen lieber als mich? Was kann sie Dir schon geben, was ich nicht...*«

Ich fragte sie: »Willst du das wirklich an Justin schicken?«

»Warum nicht? Warum sollte ich nicht?«

»Judith, du bist nicht bei Sinnen.«

»Ich bin verrückt nach einem Schluck. Er hat mir meinen einzigen Trost genommen, Kerensa. Warum soll ich mich nicht trösten? Er tröstete sich auch. Was meinst du, wohin sind er und das Mädchen gegangen, Kerensa?«

»Du bist kindisch. Du bildest es dir bloß ein. Dazu sind beide zu sehr« – ich hielt inne und fuhr fort – »auf ihren Ruf bedacht, um mehr als nur Freunde zu sein.«

»Freunde!« schrie sie auf. »Sie lauern ja nur auf den Augenblick, da sie sich lieben können. Worüber reden sie zusammen, Kerensa? Über die Tage, wenn ich nicht mehr hier bin!«

»Du bist nicht bei Sinnen.«

»Du willst mir nicht helfen. Keiner will mir helfen, keiner...« Sie schwieg und lächelte still vor sich hin.

Offensichtlich war ihr ein Gedanke gekommen. Aber ich ahnte noch nicht welcher. Das ging mir erst ein paar Tage später auf.

Damals ritt sie zu ihrem alten Heim hinüber und brachte Fanny Paunton mit. Fanny war Kindermädchen auf Derrise gewesen und hatte dann andere Pflichten zugeteilt bekommen, als sie nicht länger mehr im Kinderzimmer gebraucht wurde.

Fanny wurde Judiths neue Zofe.

Die Angelegenheit zwischen Judith und Justin interessierte mich plötzlich nicht mehr. Mein Sohn war krank. Eines Morgens, als ich mich über die Wiege beugte, stellte ich fest, daß er Fieber hatte. Ich war sehr erschrocken und schickte sofort zu Dr. Hilliard.

Carlyon hätte Masern, sagte der Arzt, kein Grund zur Aufregung. Es sei eine normale Kinderkrankheit.

Kein Grund zur Aufregung! Ich war außer mir vor Angst.

Tag und Nacht wachte ich bei ihm; niemand außer mir durfte ihn pflegen.

Johnny setzte sich neben mich.

»Weißt du, was mit dir los ist?« fragte er. »Du brauchst mehr Kinder. Dann würdest du dich nicht so über das eine aufregen. Was würdest du zu einem halben Dutzend kleiner Söhne und Töchter sagen? Du bist zur Mutter geschaffen. Und dem kann abgeholfen werden, Kerensa.«

»Sei nicht frech«, begehrte ich auf.

Aber als es Carlyon besser ging und ich wieder vernünftiger denken konnte, stellte ich mir vor, wie es mit einer großen Familie wäre, und dachte an die vielen kommenden Jahre, wenn ich die große alte Dame auf Abbas sein würde, nicht nur mit Sir Carlyon und seinen Kindern, sondern mit noch vielen anderen – meinen Kindern, meinen Enkeln. Ich würde ihnen das sein, was Grandma Bee mir gewesen war.

Meine Träume meldeten sich weiter.

Johnny hatte mir einen Weg in die Zukunft gewiesen, der mir gut schien.

Carlyon hatte keine Beschwerden mehr nach seiner Krankheit und war bald wieder der alte. Er konnte jetzt laufen und sprechen. Und es machte den größten Spaß, ihn zu beobachten.

Im Rosengarten spielte Carlyon mit einem Holzreifen, den er mit einem Stöckchen antrieb. Mellyora saß mit einer Näharbeit dicht an der Jungfrauen-Mauer, als ich in den Garten kam.

Carlyon war nun schon fast zwei Jahre alt und groß für sein

Alter, ein gutartiges Kind, und meistens war er glücklich, wenn er mit sich selbst spielen konnte, obgleich er auch gern mit anderen zusammen war. Oft mußte ich mich wundern, daß ein Mann wie Johnny und eine Frau wie ich so ein Kind haben konnten.

Damals war ich einundzwanzig, und oft, wenn ich auf Abbas herumging, hatte ich das Gefühl, ich hätte mein ganzes Leben hier gelebt.

Lady St. Larnston alterte sichtlich. Sie litt vor allem an Rheumatismus, der sie meist auf ihre Zimmer verbannte. Hin und wieder leisteten Mellyora oder ich ihr Gesellschaft. Mellyora las ihr meistens vor; doch wenn ich es tat, unterbrach sie mich stets, und es dauerte nicht lange, dann plauderten wir meistens über Carlyon.

Das bedeutete, daß ich allmählich zur Herrin im Haus wurde, eine Tatsache, die die Dienstboten akzeptierten, und nur gelegentlich sah ich einen Ausdruck über ihre Gesichter huschen, der mir sagte, daß sie sich noch an die Zeit erinnerten, als ich eine der Ihren gewesen war.

Grandma ging es nicht so gut, wie ich es gern gesehen hätte. Doch ich konnte mich nicht mehr so darüber aufregen wie früher. Ich hatte vor, sie in einem eigenen kleinen Haus in der Nähe von Abbas unterzubringen, mit jemandem, der sich um sie kümmerte. Doch war das eine Sache, die ich noch nicht mit mir besprochen hatte, weil ich wußte, sie würde diesen Vorschlag im Augenblick nicht gut aufnehmen.

Joe war mit Essie Pollent verlobt, und Mr. Pollent wollte ihn am Tage seiner Hochzeit zu seinem Partner machen. Ich fühlte Unwillen in mir hochsteigen, wenn ich sah, wie Grandma sich darüber freute.

Mein Wunsch nach weiteren Kindern war noch nicht in Erfüllung gegangen, doch Grandma tröstete mich, das sei normal, und außerdem sei es besser für die Gesundheit, eine Pause von zwei oder drei Jahren einzulegen. Ich hätte ja noch das ganze Leben vor mir.

So standen die Dinge an jenem Morgen, als ich mich zu Mellyora und Carlyon in den Rosengarten gesellte.

Ich setzte mich neben Mellyora und versank für einige Augenblicke in Betrachtung meines Sohnes.

Ich merkte endlich, daß Mellyora etwas auf dem Herzen hatte, und im Nu war mein Glück getrübt.

»Woran denkst du?« fragte ich.

Sie überlegte und gab dann zur Antwort: »Ich denke an Judith, Kerensa.«

»Ja?« fragte ich.

»Gestern kam ich an ihrem Zimmer vorbei. Die Tür stand offen, und ich hörte sie schluchzen. Ich ging hinein. Sie lag auf dem Bett, vollkommen betrunken. Es war ein schrecklicher Anblick, Kerensa. Sie erkannte mich gar nicht. Sie lag dort mit verglastem Blick, stöhnte und murmelte vor sich hin. Ich konnte nicht verstehen, was sie sagte. Aufgeregt suchte ich nach Fanny. Fanny war in ihrem Zimmer – in dem du einmal gewohnt hast. Sie lag ebenfalls auf ihrem Bett und stand nicht auf, als ich hereinkam. Ich sagte zu ihr: ›Ich glaube, Lady St. Larnston braucht Sie. Sie scheint krank zu sein!‹ Aber sie lag nur da und sah mich höhnisch und verächtlich an. ›Was Sie nicht sagen, Miß Martin!‹ erwiderte sie nur. Ich fuhr fort: ›Ich hörte sie stöhnen und kam deshalb herein, um nach ihr zu schauen. Bitte gehen Sie zu ihr und tun Sie etwas.‹ Sie lachte. – ›Der Lady geht es ganz gut, Miß Martin‹, sagte sie und fuhr dann fort: ›Ich wußte gar nicht, daß Sie sich um meine Herrin sorgen.‹ Ach, es war einfach scheußlich. Es ist zu bedauerlich, daß diese Person hierherkam. Ich war so wütend, Kerensa.«

Ich blickte Mellyora an und erinnerte mich, wie sie für mich gekämpft hatte, als sie mich von Trelinket ins Pfarrhaus brachte. Wenn es nötig war, konnte Mellyora kämpfen. Und sie würde auch jetzt nichts einstecken.

Mellyora fuhr fort: »Ich mußte sie zum Schweigen bringen aus Angst, sie würde noch irgend etwas Schreckliches sagen, etwas, das ich nicht so einfach hinunterschlucken könnte, und sagte schnell: ›Jemand versorgt Lady St. Larnston heimlich mit Whisky, und ich glaube, das sind Sie.‹ Sie grinste wieder und ließ dabei ihre Augen zum Schrank wandern. Ich ging darauf zu, öffnete ihn und sah sie – Flaschen über Flaschen – einige voll, einige leer. Sie holt sie für Judith – und Justin versucht inzwischen, ihrem Trinken Einhalt zu gebieten.«

»Und was kannst du dabei tun, Mellyora?«

»Ich weiß nicht. Es macht mir Kummer.«

»Das Gerede über dich und Justin bekümmert mich mehr als Judiths Trinkerei.«

»Wir sind unschuldig«, sagte sie stolz, »und Unschuldige haben nichts zu fürchten.«

Am nächsten Tag fuhr Johnny in Familiengeschäften nach Plymouth. Es war seltsam, wie er sich seit unserer Hochzeit zu seinen Gunsten verändert hatte, und ich konnte mir gut vorstellen, daß er in zwanzig Jahren seinen schlechten Ruf verloren haben würde.

Manchmal fragte ich mich, ob Johnny mir wohl treu war; aber das machte mir keine große Kopfschmerzen. Meine Stellung war gesichert, und ich hatte alles, was ich von Johnny wollte.

Als er wiederkam, brachte er einen Elefanten mit. Er war aus grauem Tuch gearbeitet und hatte Räder unter den Füßen, so daß man ihn ziehen konnte. Ich habe später noch größere und schönere gesehen, aber in diesen Tagen kam er uns prachtvoll vor.

Mein einziger Kummer war, daß es nicht mein Geschenk gewesen war.

In diesem Sommer gab es heimliche Machtkämpfe auf Abbas. Die Lage hatte sich verschlechtert, seit Fanny gekommen war – Fanny, die nicht nur Judith mit Alkohol versorgte, sondern auch noch ihr Mißtrauen stärkte. Sie haßte Mellyora, und die beiden, sie und Judith, versuchten Mellyora Abbas zu verleiden.

Mellyora berichtete mir nicht von allen Beleidigungen, die sie erdulden mußte, aber manchmal war sie so aufgeregt, daß sie nicht länger schweigen konnte.

Verliebte Leute spielen gern den Vogel Strauß. Sie stecken den Kopf in den Sand und glauben, weil sie niemanden sehen, könnten auch sie nicht gesehen werden. Sogar ein so kaltblütiger Mensch wie Justin konnte verliebt und dumm sein. Er und Mellyora waren übereingekommen, daß sie sich hin und wieder allein sehen müßten, und ritten daher gelegentlich aus – nicht zusammen – und trafen sich dann, allerdings nie zweimal am selben Ort. Ich konnte mir gut vorstellen, wie sie ernsthaft miteinander sprachen, ehe sie sich verabschiedeten, um getrennt wieder nach Hause zu kommen. Aber natürlich wurde es bemerkt, wenn sie beide am selben Nachmittag verschwanden.

Eines Morgens, als ich in die Küche ging, um die Anordnungen für den Tag zu treffen, kam mir eine Bemerkung zu Ohren, die mich stutzig machte. Haggety hatte sie fallenlassen, und Mrs. Rolt hatte ihm kichernd zugestimmt. Fanny hätte sie zusammen gesehen. Fanny wüßte etwas. Pfarrerstöchter seien genauso wie Dorfschlampen. Fanny würde die Wahrheit herauskriegen, und wenn sie etwas gefunden hätte, würde das jemandem sehr leid tun. Auf Fanny könnte man sich verlassen. Ihr entginge so gut wie nichts.

Ich ließ mir nicht anmerken, daß ich sie gehört hatte, sondern gab nur meine Befehle.

Doch als ich die Treppen wieder hinaufstieg, machte ich mir Gedanken. Wenn Fanny nicht bald aus dem Haus kam, würde es Ärger geben, und das Ende wäre womöglich, daß Mellyora Abbas verlassen mußte.

Ich ging zu Judith. Es war am frühen Nachmittag, und ich wußte, daß sie sich nach dem Essen zurückzog in ihr Zimmer und sich dort in den Schlaf trank.

Ich klopfte leise an die Tür, und als keine Antwort kam, klopfte ich nochmals stärker. Ich konnte Gläserklirren hören und das Schließen einer Schranktür. Sie wahrte immer noch den Schein, daß sie nicht trank.

»Oh«, rief sie, »du bist es.«

»Ich wollte mit dir plaudern.«

Als ich näher trat, konnte ich den Alkohol an ihrem Atem riechen und an den glasigen Augen bemerken. Ihr Haar war unordentlich.

»Judith«, sagte ich sanft zu ihr, »du bist sehr unglücklich.«

Sie gab keine Antwort, aber ich sah, wie ihre Mundwinkel zuckten.

»Ich wünschte, ich könnte irgend etwas für dich tun.«

Sie schüttelte den Kopf.

»Ist es denn klug, so viel zu trinken?« fuhr ich fort. »Fanny holt alles für dich, ich weiß. Es ist aber falsch von ihr. Seit sie hier ist, geht es dir schlechter.«

»Ich will Fanny hierhaben. Sie ist meine Freundin.« Sie kniff ihren Mund eigensinnig zusammen.

»Eine Freundin, die Schnaps für dich schmuggelt, während Justin sich sorgt, daß du nicht trinkst, weil er für deine Gesundheit fürchtet?«

Sie sah hoch, und es blitzte in ihren Augen auf. »So? Vielleicht wäre es ihm lieber, ich wäre tot.«

»Welcher Unsinn! Er will dich gesund haben. Schick Fanny fort. Ich weiß, wie schlecht ihr Umgang für dich ist. Werde wieder gesund – und stark. Wenn deine Gesundheit wieder kräftig genug ist, kannst du vielleicht ein Kind bekommen, was Justin sehr freuen würde.«

Sie wandte sich um und ergriff meinen Arm. Ihre Finger krallten sich in meine Haut.

»Davon verstehst du nichts, wenn du es auch glaubst. Alle glauben, es zu verstehen. Sie denken, es sei mein Fehler, daß wir keine Kinder haben. Was aber ist, wenn ich sage, es liegt an Justin?«

»Judith? Du meinst...«

Sie ließ mich los und zuckte wieder mit den Schultern und wandte sich dem Spiegel zu. »Was macht es schon aus? Bürste mir das Haar, Kerensa. Das beruhigt. Dann binde es nach hinten, weil ich mich hinlegen und etwas schlafen will.«

Ich nahm die Bürste. Was meinte sie damit? Wollte sie andeuten, Justin sei nicht zeugungsfähig?

Ich war aufgeregt. Wenn es tatsächlich so wäre, dann bestand keine Gefahr, daß jemand Carlyons Platz einnehmen würde. Und Mellyoras und Justins Probleme verschwanden angesichts dieser wichtigen Frage.

Mir fiel ein, daß Judith damals, als ich noch ihre Zofe gewesen war, oft von ihrer alten Kinderfrau, Jane Carwillen, gesprochen hatte, die jahrelang bei ihrer Familie gelebt und schon die Kinderfrau von Judiths Mutter gewesen war. Ich wußte von Judith, daß sie jetzt die Familie verlassen hatte und in einer Hütte auf dem Besitz der Derrises lebte. Ich entschloß mich, einmal nach Derrise hinüberzureiten und mit Jane Carwillen zu reden; vielleicht erfuhr ich etwas von Belang.

Am nächsten Tag überließ ich Carlyon Mellyora und ritt dem Moor zu.

Auf dem Weg traf ich ein paar Tagelöhner, die ich nach dem Haus von Miß Carwillen fragte. Rasch hatte ich es gefunden. Ich band mein Pferd an einen Zaun und klopfte an die Tür. Es blieb eine kleine Weile still, ehe ich langsame Schritte vernahm. Dann wurde die Tür von einer verhutzelten Frau geöffnet.

Ihr Rücken war krumm, und sie ging an einem Stock. Ihr Gesicht war schrumpelig wie ein alter Apfel, und sie lugte unter überhängenden, zottigen Augenbrauen zu mir auf.

»Entschuldigen Sie, wenn ich störe«, sagte ich. »Ich bin Mrs. St. Larnston aus Abbas.«

Sie nickte. »Ich weiß, du bist Kerensa, Bees Mädchen.«

»Ich bin die Schwägerin von Judith«, erwiderte ich kühl.

»Und was willst du von mir?« fragte sie.

»Ich möchte mit Ihnen reden. Ich mache mir Gedanken um Judith.«

»Komm herein«, sagte sie und wurde etwas freundlicher.

Ich trat in das Zimmer, und sie führte mich zu einem hochlehnigen Stuhl vor einem Torffeuer. Ich setzte mich neben sie, und sie begann: »Was ist mit Mrs. Judith los?«

Da sie so geradeheraus war, nahm ich auch kein Blatt vor den Mund und sagte brüsk: »Sie trinkt zuviel.«

Diese Bemerkung traf sie sichtlich. Sie preßte die Lippen zusammen.

»Ich bin gekommen, weil ich mir Sorgen um sie mache und dachte, Sie könnten mir vielleicht einen Rat geben.«

»Wie das?«

»Wenn sie ein Kind bekommen könnte, würde ihr das, glaube ich, helfen. Und wenn sie nicht mehr soviel tränke, würde sich auch ihre Gesundheit wieder bessern.«

»Die Familie ist unfruchtbar«, antwortete sie. »Sie hatten immer Schwierigkeiten damit. Sie sind, was das anbelangt, wie verhext.«

»Ich habe von einem Fluch gehört, der die Familie verfolgt«, sagte ich. »Vor langer Zeit soll eine Derrise ein Ungeheuer zur Welt gebracht haben.«

Sie pfiff durch die Zähne. »Es gibt wilde Gerüchte in allen alten Familien. Der Fluch hat nichts mit einem Ungeheuer zu tun. Unfruchtbarkeit und – Trunksucht, darin besteht der Fluch. Das eine kommt zum anderen.«

»So ist das also mit dem Familienfluch«, sagte ich. Und nach einer kurzen Pause: »Sie glauben also, es ist unwahrscheinlich, daß Judith je Kinder haben wird?«

»Wer kann das wissen? Aber sie ist nun schon geraume Zeit verheiratet, und soweit ich weiß, gab es bisher noch keine Anzeichen dafür. Ihre Großmutter hatte zwei Kinder. Aber den Jungen, der sowieso nicht sehr kräftig war, hat sie verloren. Nur das Mädchen blieb ihr. Das war die Mutter meines jungen Fräuleins. Als sie heiratete, nahm ihr Mann den Namen Derrise an, damit dieser erhalten blieb. Und es half wenig, scheint's.«

Nein, bestätigte ich mir wieder, sie wird keine Söhne gebären. Ihr Verhältnis zu Justin war zu sehr abgekühlt. Mein Carlyon würde eines Tages Abbas besitzen.

»Und diese Trinkerei«, murmelte die alte Frau und schüttelte den Kopf. »Das tut nicht gut.«

»Es ist schlimmer geworden, seit Fanny Paunton im Haus ist.«

»Fanny Paunton ist bei ihr?«

»Ja. Sie ist als Zofe dort. Wußten Sie das nicht?«

Traurig schüttelte sie den Kopf. »Das gefällt mir gar nicht. Ich konnte Fanny Paunton noch nie leiden.«

»Ich auch nicht. Ich weiß bestimmt, daß sie Alkohol ins Haus schmuggelt.«

»Warum kommt sie nie mehr zu mir? Ist lange her, daß ich sie gesehen habe. Sage ihr, sie fehlt mir. Ja, früher, da kam sie regelmäßig. Aber in letzter Zeit...«

»Vielleicht seit Fanny da ist. Ich würde sie gern fortschicken. Aber Judith will nichts davon wissen.«

»Sie stand immer zu denen, die ihr dienten. Und du sagst, es ist noch schlimmer geworden, seit Fanny da ist. Nun, das wundert mich gar nicht, wenn man bedenkt...«

»Was?«

Jane Carwillen rückte näher zu mir. »Daß Fanny Paunton eine heimliche Säuferin ist.«

Meine Augen glänzten auf. Sollte ich sie beim Trinken ertappen, würde es keine Entschuldigung mehr geben.

»Man trifft sie nicht oft betrunken an«, fuhr Jane fort. »Aber es gibt Zeiten, da geht es mit ihr durch. Man kann es sehen. Diese Laschheit. Der Blick ihrer Augen. Diese Trägheit... Oh, ich kenne das. Wie oft hab' ich sie erwischen wollen, kam aber immer zu spät.«

»Wenn ich sie betrunken erwische, entlasse ich sie«, sagte ich.

»Du mußt auf die Anzeichen aufpassen«, flüsterte sie. »Wenn du flink bist, kannst du sie erwischen. Sei auf der Hut.«

»Ich werde aufpassen. Ich glaube, es ist das beste für meine Schwägerin, wenn ich sie von dieser Person befreie.«

Im Juni dieses Jahres hatte Mr. Pollent beim Reiten einen Unfall. Joe übernahm die Praxis, und es bestand kein Grund, die Hochzeit mit Essie noch weiter hinauszuzögern.

Am Hochzeitstag fuhren Mellyora und ich in der Kutsche zur Kirche. Grandma war schon die Nacht über in Pollents Haus geblieben. Daß ihre Enkel es so weit gebracht hatten, erwies sich auch in der Achtung, die man ihr zollte, und ich träumte schon von jenem nicht mehr fernen Tag, da sie in irgendeinem Häuschen des St.-Larnston-Besitzes das Leben einer vornehmen alten Dame führen sollte.

Die Kirche war für die Hochzeit eigens geschmückt worden, denn die Pollents waren eine hochangesehene Familie. Alles reckte die Hälse und tuschelte, als ich mit Mellyora unserem Platz zuschritt, kam es doch sehr selten vor, daß eine St. Larnston bei einer solchen Hochzeit dabei war. Und ich sah auch, wie viele heimliche Blicke auf Mellyora, die Pfarrerstochter, fielen, die jetzt das Kindermädchen meines Sohnes war.

Reverend Hemphill vollzog die Trauung, und es dauerte nicht lange, da traten Essie und Joe aus der Kirche, um in den Wagen des Tierarztes zu steigen, der sie wieder nach Hause bringen sollte, wo das Festmahl schon auf sie und ihre Gäste wartete.

Nach alter Tradition wurden Reiskörner geworfen und ein Paar alte Schuhe hinten an den Wagen gebunden. Essie, kichernd und blutübergossen, hing an Joes Arm, wohingegen Joe es fertigbrachte, gleichzeitig stolz und ein wenig dumm dreinzuschauen.

Der Empfang war typisch für solche Gelegenheiten. Die Gäste drängten sich im Salon, im Wohnzimmer und in der Küche. Der Küchentisch war beladen mit Eßwaren, die die Pollent-Mädchen seit Wochen vorbereitet haben mußten.

Die Gesellschaft wurde immer vergnügter. Es gab die üblichen Witze und Anspielungen und natürlich auch den »Shallal«, diese Katzenmusik, die nur zu dem einen Zweck veranstaltet wurde, soviel Krawall wie möglich zu vollführen.

Joe und Essie ließen den ganzen Unsinn mit Vergnügen über sich ergehen.

Jill Pengert, eine Hausfrau mit Mann und drei Söhnen, die alle im Bergwerk arbeiteten, setzte sich neben Grandma und fragte sie bange, ob etwas Wahres an den Gerüchten sei.

»Wollen sie die Fedder-Mine schließen, Mrs. Bee?« fragte Jill.

Grandma antwortete, sie könnte zwar nicht so weit in die Zukunft blicken, aber sie wüßte, daß man fürchtete, das Erz ginge dort zu Ende.

»Was soll dann aus uns werden, wenn die Fedders schließen?« wollte Jill wissen. »Denken Sie doch an all die Männer, die dann ohne Arbeit sind.«

Grandma schüttelte den Kopf, und als Saul Cundy in die Nähe kam und mit Tom Pengaster sprach, rief Jill: »Was wissen Sie von den Gerüchten, Cap'n Saul?«

Saul antwortete: »Du hast doch gehört, daß kein Erz mehr da ist, nicht wahr? Nun, du bist nicht die erste.«

»Aber ist es denn wahr, Cap'n?«

Saul starrte in seinen Schlehenwein und sah dabei aus, als wüßte er mehr, als er zu erzählen für klug hielt. »Das ist in ganz Cornwall dasselbe«, sagte er schließlich. »Seit Jahren sind die Bergwerke in Betrieb. Sie sagen, da gäbe es nicht mehr soviel Reichtum unter dem Dreck. Unten bei St. Ives haben schon ein oder zwei Gruben geschlossen.«

»Du lieber Himmel!« rief Jill. »Und was wird dann aus uns?«

»Verlaß dich drauf, ehe wir nicht jedes Krümchen Zinn aus dem Schacht geholt haben, lassen wir ihn nicht schließen«, beruhigte sie Saul.

»Ich wußte noch gar nichts von dem Gerücht, daß die Fedders schließen wollen«, flüsterte ich Grandma zu.

»Davon habe ich schon reden hören, als ich noch so groß war«, antwortete Grandma und hielt ihre Hand etwa einen Fuß breit über den Boden.

Nach Joes Hochzeit überstürzten sich die Ereignisse, bis sie zu jener Krise führten, die mich für den Rest meines Tages verfolgen sollte.

Ich ließ Fanny nicht aus den Augen, um keine Gelegenheit zu verpassen, sie zu ertappen. Und mein Tag kam.

Dinner auf Abbas war immer eine ziemlich förmliche Angelegenheit. Justin saß an dem einen Ende des Tisches, Judith am anderen. Oft gab ich Haggety das Zeichen, wenn angerichtet werden sollte. Die alte Lady St. Larnston war zu müde, mich in meine Schranken zu verweisen, und Judith fiel es nicht einmal auf, daß ich das tat, was ihr zukam. Justin allerdings schien meine Anmaßung zu stören; Johnny hingegen amüsierte sich darüber, halb spöttisch und halb belustigt. Ja, er wurde es nie müde, Vergleiche zwischen uns anzustellen, die zeigten, wieviel glänzender ich mich benahm als Judith.

Ihre Trunksucht machte sich bereits stark bemerkbar: Ihre Hände zitterten, wenn sie das Glas an die Lippen führte, und gierig trank sie ihren Wein aus, den sie verstohlen immer wieder nachfüllte.

An diesem Abend nun machte Judith einen schlimmeren Eindruck als sonst. Ihr Kleid war unordentlich zugeknöpft, und ihre Haare, nur liederlich aufgesteckt, lösten sich bereits im Nacken.

Eine plötzliche Eingebung sagte mir, daß sie sich an diesem Abend selbst angezogen hatte.

Sollte ich Fanny diesmal ertappen?

Das Mahl schien sich endlos hinzuziehen. Aber schließlich überließen wir Johnny und Justin ihrem Portwein. Auf dem Weg zum Salon entschuldigte ich mich und lief hinauf in Fannys Zimmer.

Ein paar Sekunden lang stand ich davor und lauschte. Dann klinkte ich vorsichtig die Tür auf und spähte hinein. Sie lag auf dem Bett, vollkommen betrunken. Der Whiskydunst schlug mir entgegen.

Ich eilte wieder in den Speisesaal hinunter, wo die Männer noch über ihrem Portwein saßen.

»Es tut mir leid«, unterbrach ich sie, »aber ich muß euch beide sofort sprechen. Fanny muß umgehend aus dem Haus.«

»Was ist denn passiert?« fragte Johnny.

»Wozu wollen wir uns etwas vormachen«, sagte ich. »Judith geht es schlechter, seit Fanny da ist. Das überrascht mich nicht. Fanny ermuntert sie zum Trinken. Nun liegt diese Person oben auf ihrem Bett – total betrunken.«

Justin war blaß geworden, und Johnny lachte kurz auf.

Ich übersah meinen Mann und wandte mich an Justin. »Sie muß sofort gehen. Du mußt es ihr sagen.«

»Natürlich muß sie gehen«, bestätigte Justin.

»Geh in ihr Zimmer und überzeug dich selbst«, sagte ich.

Er tat es und sah alles.

Am nächsten Morgen ließ er Fanny kommen und befahl ihr, ihre Koffer zu packen und umgehend das Haus zu verlassen.

Judith war verzweifelt. Sie war von Fanny abhängig geworden. Ich sprach lange mit ihr und versuchte, ihr zuzureden, sich doch zusammenzunehmen, aber sie blieb melancholisch. »Sie war meine Freundin«, jammerte sie. »Und deshalb mußte sie gehen.«

Es geschah eine Woche nach Fannys Weggang, als Judith mit einer brennenden Kerze nach Whisky suchte. Ich kam erst dazu, als das Drama schon seinen Höhepunkt erreicht hatte. Hinterher erfuhr ich, daß Judith vergeblich in Fannys Schrank nach Flaschen gesucht hatte. Und dabei hatte sie die brennende Kerze hingestellt und vergessen. Die Tür stand offen, es gab einen plötzlichen Luftzug, und die Vorhänge standen in hellen Flammen.

Justin war, wie so oft, auf einem seiner einsamen Ausritte. Sicherlich schmiedete er während dieser Ritte wilde Pläne, die er – wie er nun einmal war – doch niemals ausführte.

Ich konnte mir gut vorstellen, wie er nach einem solchen Ausritt, wenn sein Pferd im Stall versorgt war, auf das Haus zuging und sein Blick das Fenster von Mellyoras Zimmer suchte.

Und in jener Nacht sah er Qualm aus dem Teil des Hauses steigen, in dem sie schlief. Was war natürlicher, als daß er in ihr Zimmer stürzte?

Sie berichtete mir später, sie sei aufgewacht und habe den Brand gerochen. Sie hatte sich den Morgenmantel übergeworfen und wollte gerade nachforschen, als die Tür aufgerissen wurde und Justin auf der Schwelle stand.

Wie konnten sie in einem solchen Moment ihre Gefühle verbergen? Er mußte sie umarmt haben, und Judith, immer noch auf der Suche nach ihrem Trostspender, bekam endlich das zu sehen, was sie sich schon so lange ausgemalt hatte: Mellyora im Morgenmantel, das Haar offen, und Justin hielt sie in seinen Armen und gab ihr die Zärtlichkeit, nach der sie sich selbst so leidenschaftlich sehnte.

Judith begann zu kreischen und weckte uns alle auf.

Das Feuer war bald gelöscht. Es war nicht einmal nötig, die Feuerwehr zu alarmieren; nur die Vorhänge und ein Teil der Wand waren beschädigt. Aber anderer, größerer Schaden war angerichtet worden.

»Endlich habe ich euch erwischt!« schrie Judith. »Glaubt nur nicht, ich hätte euch nicht gesehen! Du warst in ihrem Zimmer; du hast sie im Arm gehalten – sie geküßt... Du meinst, ich wüßte es nicht. Jeder weiß doch Bescheid. Solange sie hier ist, geht das schon. Deshalb hast du sie nur herkommen lassen.«

»Judith«, warnte Justin sie, »du hast wieder getrunken.«

»Natürlich habe ich getrunken. Was habe ich denn sonst schon? Würdet ihr nicht auch trinken?«

»Wir müssen sie auf ihr Zimmer bringen«, sagte Justin. Und er sah mich flehend an, so daß ich auf Judith zutrat und sie beim Arm nahm.

»Judith«, sagte ich fest zu ihr, »dir geht es nicht gut. Du bildest dir Sachen ein, die es gar nicht gibt. Komm, ich bringe dich in dein Zimmer.«

Mrs. Rolt nahm einen Arm von Judith, ich den anderen, und obgleich sich Judith losmachen wollte, waren wir beide zu stark für sie. Ich erhaschte einen Blick von Mellyora; sie war fassungslos. Ich sah Justins Qual und Scham. Noch nie, das konnte ich mir vorstellen, hatte Abbas, seit es stand, eine solche Szene erlebt – und das Schlimmste war, daß alles vor den Augen der Dienstboten geschah. Auch Johnny sah ich. Sein Lächeln war schadenfroh.

Zwischen uns eingezwängt, schleppten Mrs. Rolt und ich Judith, die wie von Sinnen war, in ihr Zimmer. Ich schloß die Tür und sagte: »Am besten bringen wir sie gleich zu Bett, Mrs. Rolt.«

Und das taten wir und deckten sie gut zu. »Dr. Hilliard hat ihr ein Beruhigungsmittel verschrieben«, fuhr ich fort. »Ich glaube, wir sollten es ihr geben.«

Ich reichte es Judith, und zu meiner Überraschung nahm sie es ohne Widerstreben. Dann fing sie leise zu weinen an. »Wenn ich nur ein Kind hätte, dann wäre alles anders«, murmelte sie. »Aber kann ich es denn? Er ist ja nie bei mir. Er kümmert sich überhaupt nicht um mich. Er kümmert sich nur um sie. Nie kommt er zu mir. Er schließt sich in sein Zimmer ein. Die Tür ist verriegelt. Warum nur? Sag mir's. Weil er nicht will, daß ich weiß, wo er ist. Ich weiß es doch. Er ist bei ihr.«

»Sie waren mir eine große Hilfe«, erklärte ich Mrs. Rolt. »Aber hier ist nichts mehr zu tun. Ich fürchte, Lady St. Larnston ist krank – sehr krank.«

Sie hatte die Augen gesenkt, und ich merkte, daß sie Bescheid wußte.

Mellyora war in großer Not.

»Du mußt doch einsehen, Kerensa, daß ich hier nicht mehr länger bleiben kann. Ich muß fort.«

»Du mußt die Ruhe bewahren. Du bist unschuldig. Also benimm dich auch so. Überzeuge die Leute...«

»Nach dieser schrecklichen Szene? Wie kann ich das?«

»Du darfst keine Angst haben. Laß den Dingen ihren Lauf. Vielleicht fällt mir etwas ein.«

Aber was sollte ich mir einfallen lassen? Ich konnte ihnen nicht helfen. Arme Mellyora! Armer Justin! Ich hielt sie nach wie vor für Menschen, die sich in ihr Schicksal, mochte es noch so unerträglich sein, fügten. Sie waren nicht wie ich.

Indessen studierte Mellyora die Zeitungen, schrieb auf Annoncen. Eine Pfarrerstochter mit Erfahrung als Gesellschafterin und gleichzeitig als Kindererzieherin hatte es nicht schwer, eine Stelle zu finden.

Jedes Jahr kam ein kleiner Zirkus nach St. Larnston. Das große Zelt wurde auf einer Wiese außerhalb des Dorfes aufgebaut, und drei Tage lang hörten wir den Klang von Musik aus der Ferne. Schon eine Woche vorher und noch einige Zeit danach war von nichts anderem die Rede, und seit alters her hatten alle Dienstboten auf Abbas einen halben Tag frei, um den Zirkus zu besuchen.

An diesem Morgen kam ein Brief für Mellyora. Sie rief mich in ihr Zimmer, um ihn mir vorzulesen. Es war die Antwort auf eine Bewerbung.

»Du kannst nicht gehen«, widersprach ich ihr, fast ärgerlich. »Du und ich, wir gehören zusammen.«

»Nicht mehr, Kerensa. Du bist eine respektable, verheiratete Frau, wohingegen ich...«

Was sollte ich nur tun? Das Leben ging nicht so, wie ich wollte. Ich konnte den Verlust Mellyoras nicht ertragen; sie gehörte zu meinem Leben.

»Irgend etwas wird passieren und dem ein Ende machen«, meinte ich und ballte die Hände. Mellyora schüttelte den Kopf. Gebrochenen Herzens fügte sie sich in ihr Geschick.

Mellyora hatte zurückgeschrieben und um eine Unterredung gebeten. Ich war sicher, wenn sie sich vorstellte, dann bekäme sie auch den Posten. Ihre künftige Herrin würde ihr weniger bezahlen, als üblich war, und sich selbst dazu beglückwünschen, eine Pfarrerstochter eingestellt zu haben.

Johnny war nach Plymouth gefahren, geschäftlich, wie er sagte. Justin ritt sofort nach dem Essen allein aus, und ich verbrachte wie stets ein paar Stunden des Nachmittags mit Carlyon, damit Mellyora frei hatte. Und als ich sie in ihrem Reitkostüm die Treppen herunterkommen sah, nahm ich an, sie wolle sich mit Justin treffen.

Sie waren beide sehr niedergeschlagen, denn es würde bald keine Gelegenheit mehr geben, sich zu sehen.

»Mellyora«, sagte ich, »ich hoffe, Justin überredet dich zum Bleiben.«

Sie wurde rot und sah in solchen Momenten ganz entzückend aus. »Er weiß so gut wie ich«, antwortete sie, »daß es der einzige Weg ist.«

Ich ging weiter hinauf ins Kinderzimmer, wo ich Carlyon fand, der nun von den Zirkustieren plapperte.

Wir gingen zusammen in den Rosengarten hinunter, wo die alte Lady St. Larnston, die in letzter Zeit arg an Rheuma litt, in ihrem Rollstuhl saß. Als sie Carlyon sah, leuchteten ihre Augen auf, und als er auf sie zulief und sich auf die Fußspitzen stellte, um ihr einen Kuß zu geben, beugte sie sich zu ihm.

»Kerensa, Liebes, wo ist Judith?«

»Sie ruht.«

Ruhen, so nannten wir es, wenn wir ausdrücken wollten, daß Judith nicht repräsentabel war. Wenn Besuche kamen, hieß es: Sie fühlt sich nicht ganz wohl. Sie ruht.

Seit Fanny fort war, ging es ihr etwas besser. Es stimmte auch, daß sie weniger trank, aber sie hatte ein ständiges Verlangen danach, das sich zur Manie zu entwickeln schien.

Wir schwiegen, jeder mit seinen eigenen Gedanken beschäftigt, und plötzlich bemerkte ich, daß Carlyon ausgestreckt im Gras lag und sein kleiner Körper von Schluchzen erschüttert wurde. Ich lief zu ihm hin und hob ihn auf.

»Was ist denn, mein Schatz?« fragte ich.

Er klammerte sich an mich, und es dauerte eine gewisse Zeit, ehe er sprechen konnte.

»Mein Elefant«, sagte er, »mein Elefant ist weg.«

»Aber, Liebling, du mußt doch wissen, wo er ist.«

»Ich habe überall gesucht. Er ist weggelaufen.«

»Sicher wartete er im Kinderzimmer auf dich.«

Er schüttelte den Kopf. »Ich habe schon nachgeschaut.«

»Ich gehe und suche ihn«, erklärte ich ihm. »Du bleibst solange hier bei Großmama.«

Sofort heiterte sich sein Gesicht auf, und ich setzte ihn meiner Schwiegermutter auf den Schoß. Sie lächelte.

Ich verließ Carlyon, sichtlich getröstet von der schläfrigen Stimme seiner Großmutter, die ihm irgendeine Geschichte zum hundertsten Male erzählte. Als ich den Fuß in das Haus setzte, überkam mich eine Vorahnung. Aber vielleicht bilde ich mir das jetzt nur ein.

Welch eine Stille! Alle waren fort.

Nur Judith lag oben in ihrem Zimmer, mit zerzaustem Haar, mit dem gedunsenen Gesicht und den stieren und blutunterlaufenen Augen der Trunksüchtigen. Mich fröstelte, obwohl es ein warmer Nachmittag war.

Zuerst ging ich ins Kinderzimmer, aber das Spielzeug war nirgends zu finden. Lächelnd erinnerte ich mich, wie er den Elefanten traurig hinter sich hergezogen hatte. Wann hatte ich den Elefanten zuletzt gesehen? Als Mellyora Carlyon in mein Zimmer brachte, ehe sie fortging. Sie waren zusammen den Korridor entlang und die Haupttreppe hinuntergegangen.

Als ich an der obersten Stufe der Treppe angelangt war, sah ich den Elefanten. Er lag auf der zweiten Stufe, und ein Schuh hatte sich in ihm festgehakt.

Ich ging näher heran. Ein hochhackiger Schuh hatte sich in dem Tuch des Elefantenfells verfangen. Wessen Schuh war es? Ich hielt den Schuh in der einen und das Spielzeug in der anderen Hand, und plötzlich entdecke ich die Gestalt am Fuße der Treppe.

Mein Herz schlug zum Zerspringen, während ich die Treppe hinunterlief. Es war Judith.

»Judith«, flüsterte ich und kniete neben ihr nieder. Sie war ganz still. Sie atmete nicht mehr, und ich wußte, sie war tot.

Das Haus schien mich zu beobachten. Ich war hier ganz allein – zusammen mit dem Tod. In der einen Hand hielt ich noch immer den Schuh, in der anderen den Spielzeugelefanten. Ich konnte mir alles ganz genau vorstellen. Der Elefant lag oben auf der Treppe. Judith kam, etwas unsicher, und achtete nicht auf das Spielzeug. Ich sah es vor mir, wie sie darauftrat, der Absatz blieb in dem Tuch hängen – sie verlor das Gleichgewicht und fiel hinunter . . .

Und all das, weil mein Sohn sein Spielzeug auf der Treppe liegengelassen hatte – eine Todesfalle, unschuldig gestellt.

Ich schloß die Augen und hörte schon das Geflüster.

Der kleine Junge ist an ihrem Tod schuld . . . Solche Geschichten waren ganz nach ihrem Herzen und hatten ein zähes Leben.

Und er würde es erfahren, und wenn es auch nicht seine Schuld war, würde allein schon der Gedanke, für ihren Tod verantwortlich sein, sein Glück trüben.

Ich legte den Schuh auf die Treppe, doch den Elefanten brachte ich zurück ins Kinderzimmer. Keiner sollte behaupten können, Judith hätte wegen der Unachtsamkeit meines Kindes sterben müssen.

Dann lief ich aus dem Haus, um Dr. Hilliard zu holen.

5

Tod auf Abbas. Eine stille Atmosphäre. Die Vorhänge waren zugezogen, um die Sonne auszuschließen. Die Dienstboten schlichen auf Zehenspitzen umher und flüsterten nur noch.

Ich erinnere mich noch, wie ich in der heißen Sonne die Straßen entlanglief, wie ich Dr. Hilliard schlafend im Garten fand, wie ich ihm zurief, daß sich ein Unfall ereignet hätte, und wie wir zusammen wieder nach Abbas gingen. Das Haus war noch immer ganz still. Der Schuh lag neben ihr; nur der Elefant war im Kinderzimmer. Ich stand daneben, als er ihr armes Gesicht berührte.

»Es ist schrecklich«, murmelte er, »schrecklich.« Er blickte die Treppe hinauf und warf anschließend einen Blick auf ihren Schuh. »Sie hatte getrunken.«

Ich nickte.

Er stand auf. »Ich kann nichts mehr tun.«

»War sie gleich tot?« fragte ich.

Er zuckte die Schultern. »Es ist anzunehmen. Hat niemand ihren Sturz bemerkt?«

Ich erklärte ihm, daß alle Leute im Zirkus seien.

»Und wo ist Sir Justin?«

Ich wußte, wo er war: bei Mellyora. Und dann packte mich zum erstenmal die Furcht. Er war ja jetzt frei – frei – für Mellyora.

Später kamen Judiths Eltern nach Abbas. Ihre Mutter war Judith sehr ähnlich: wie eine Statue, mit dem gleichen gequälten Ausdruck in den Augen, was ja auch nicht zu verwundern war bei diesem Todesfall.

Sie ging in das Zimmer, wo Judith aufgebahrt war, und ich hörte das verzweifelte Schluchzen und ihre Vorwürfe: »Was habt ihr meiner Tochter angetan? Weshalb ließ ich sie nur in dieses Haus?«

Auch Jane Carwillen kam; ein Stallknecht von Derrise brachte sie. Sie sah auf Judith herab. Sie weinte nicht, sie sprach nicht, aber ich konnte den Kummer in ihrem Gesicht lesen und ahnte, daß ihr hundert kleine Erlebnisse aus Judiths Kindheit in den Sinn kamen.

»Und noch so jung«, sagte sie schließlich. »Warum mußte das sein?«

Beruhigend flüsterte ich ihr zu: »Man muß sich damit abfinden.«

Wütend wandte sie sich mir zu. »Es hätte nicht zu passieren brauchen. Sie war jung. Das ganze Leben lag noch vor ihr.«

Sie drehte sich um, und als wir zusammen das Totenzimmer verließen, stießen wir auf Justin. Der haßerfüllte Blick, den ihm Jane Carwillen zuwarf, erschreckte mich.

Mrs. Rolt wartete unten in der Halle. Sie ging geschäftig auf Jane Carwillen zu.

»Vielleicht hätte Miß Carwillen gern ein Glas Wein zum Trost getrunken?« fragte sie.

»Für mich gibt es keinen Trost«, antwortete sie.

»Geteilter Schmerz ist halber Schmerz«, sagte Mrs. Rolt. »Wenn Sie uns Ihr Herz öffnen, öffnen wir Ihnen unsere Herzen.«

War das eine heimliche Andeutung? Sollte das vielleicht heißen, Mrs. Rolt hätte etwas zu berichten, was Jane wissen sollte?

Vielleicht dachte auch Jane so. Sie stimmte zu, mit in die Küche zu kommen und dort ein Glas Wein zu trinken.

Eine halbe Stunde später ging ich unter einem Vorwand in die Küche. Ich wußte wohl, was Jane dort zu tratschen hatte: wie Judith ihren Mann und Mellyora wegen eines Liebesverhältnisses angeklagt hatte. Und zum erstenmal hieß es, daß Judiths Tod kein Unfall war.

Das Urteil nach der gerichtlichen Untersuchung lautete: Unfall. Judith war, so schien es, in halbtrunkenem Zustand auf der Treppe gestolpert und zu Tode gestürzt.

Ich sagte unter Eid aus, wie ich sie gefunden hatte, und erklärte, wie ich ins Haus gekommen sei, um nach dem Spielzeug meines Sohnes zu suchen, und Judith am Fuße der Treppe liegend entdeckt hätte.

Niemand zweifelte an meiner Aussage, obgleich ich fürchtete, daß mich meine Nervosität verraten könnte. Aber man nahm natürlich an, daß ich aufgeregt wäre.

Sir Justin schien um zehn Jahre gealtert zu sein. Ich sah es ihm an, wie er sich selbst Vorwürfe machte. Und Mellyora sah aus wie ihr eigener Schatten. Sie haßte es, mit irgend jemandem der Dienstboten zusammenzutreffen.

Aber wahrscheinlich war ich selbst der unruhigste Mensch im ganzen Haus. Die Zukunft meines Sohnes war in Frage gestellt.

Und gerade jetzt, da ich Angst hatte, daß ich alles, was ich für Carlyon wünschte, verlieren könnte, sehnte ich mich nach einem starken Mann an meiner Seite, der mich tröstete. Es machte mich traurig, daß dieser Mann nicht mein Ehemann war und daß meine Heirat nur ein schmutziger Handel gewesen war.

In banger Sorge wartete ich darauf, was als nächstes geschehen würde, und dann begriff ich, daß mir das Schicksal abermals eine Chance gab.

Ein Gerücht kam auf.

Ich erfuhr davon, als ich zufällig eine Bemerkung aus der Küche hörte. Mrs. Rolt hatte eine durchdringende Stimme.

»Das eine Recht gilt für die Reichen, das andere für die Armen. Tödlicher Unfall! Unfall – ich bitte euch! Und wo war er? Und sie? Bessie Culturther hat die beiden gesehen, wie sie im Trecannonwald spazierengingen – die Pferde angebunden – händchenhaltend –, nur ein paar Tage vorher! Ob sie Pläne gemacht hatten? Vielleicht. Und wo waren sie, als die Lady ihren tödlichen Unfall hatte? Na ja, man darf ja nicht fragen, weil es die Herrschaften sind.«

Gerüchte, Geschwätz. Das konnte schlimme Ausmaße annehmen.

Wo war Sir Justin, als seine Frau die Treppe hinunterstürzte? Wie hatte er doch gesagt bei der gerichtlichen Untersuchung? Er habe eines seiner Pferde trainiert. Ich konnte mir gut den großen Tisch in den Gesinderäumen vorstellen, wie sie zusammenhockten wie ein Haufen Detektive und die Geschichte säuberlich zusammensetzten.

Die Zeit war klug gewählt: Das Haus wie ausgestorben, die Dienstboten im Zirkus, Mr. Johnny auf Geschäftsreise, Mrs. St. Larnston mit ihrem Kind und der alten Dame im Garten. War Sir Justin noch einmal zurückgekommen? Hatte er seine Frau die Treppe hinuntergestoßen?

Es war am Tage der Beerdigung. Die Kränze und Blumen nahmen kein Ende. Der Duft der Lilien, der Geruch des Todes, durchzog das ganze Haus.

Wir fürchteten uns alle vor diesem Gang. Als ich meinen Hut aufsetzte, schien mir aus dem Spiegel ein fremdes Gesicht entgegenzustarren. Schwarz stand mir nun einmal nicht; ich hatte mein Haar in der Mitte gescheitelt und es hinten im Nacken zu einem dicken Knoten aufgesteckt. Dazu trug ich schwarze Jett-Ohrringe und eine entsprechende Halskette.

Meine Augen wirkten unnatürlich groß, mein Gesicht war durchscheinend und bleich.

Johnny in seinem schwarzen Zylinder und dem schwarzen Jackett wirkte würdevoller als gewöhnlich. Er stellte sich neben mich vor den Spiegel.

»Du siehst königlich aus«, sagte er und beugte sich so vor, daß er meinen Hut nicht berührte, und küßte mich auf meine Nasenspitze.

Plötzlich lachte er. »Bei Gott«, meinte er, »in der Nachbarschaft reden sie schon über uns.«

Mich schauderte es. Ich haßte seinen selbstgefälligen Blick.

»Jeder wußte, daß er sie los sein wollte.«

»Sie war seine Frau.«

Er wiederholte spottend meine Worte. »Was ist nur in meine kleine, kluge Frau gefahren. Na, Kerensa, was glaubst du denn?«

»Daß er unschuldig ist.«

»Du bist wirklich naiv. Leider bist du die einzige, die das glaubt.«

»Aber das Gericht...«

»Tödlicher Unfall! Das kann viel heißen. Aber das sage ich dir: Das vergißt hier niemand, und wenn Justin Mellyora heiratet, was er sicherlich vorhat nach einer schicklichen Wartezeit, wird das Gerücht nie verstummen. Du weißt, wie es in dieser Gegend ist.«

Er hatte recht. Ich mußte die Wahrheit sagen. Ich mußte erklären, daß Judith über den Elefanten gestolpert war, daß ich es gesehen und nur nicht gewollte hatte, daß man meinem Kind die Schuld gab.

Ich zitterte. Ich hatte bei der Gerichtsverhandlung nicht die volle Wahrheit gesagt. Wie sollte ich jetzt damit herausrücken? Aber durfte ich es für mich behalten, da der eigene Bruder Justin für einen Mörder hielt?

Die Glocken der Kirche begannen zu läuten.

»Es ist Zeit«, sagte Johnny. Er nahm meine Hand. »Wie kalt deine Hand ist! Kopf hoch! Es ist nicht meine Beerdigung.«

Es sollte noch schlimmer kommen, als wir gefürchtet hatten. Nicht nur die Leute aus dem Dorf waren erschienen, sondern auch die ganze Nachbarschaft, Meilen im Umkreis, hatte sich anscheinend aufgemacht, um Judiths Beerdigung beizuwohnen.

Die Luft in der Kirche war zum Ersticken, der Liliengeruch unerträglich, und Reverend John Hemphill schien für immer weiterreden zu wollen.

Meine Gedanken weilten in der Vergangenheit, und ich erinnerte mich an alles, was Mellyora mir Gutes getan hatte. Dann war der Gottesdienst vorbei, und wir mußten hinaus zu der Gruft. Reverend John Hemphill stieg die Kanzel herab. Oh, dieser Begräbnisgeruch!

Dann bemerkte ich Jane Carwillen. Es war ein außergewöhnlicher Anblick – die alte Frau, tief gebeugt, wie sie ihren Weg auf den Sarg zu nahm.

Vor dem Sarg blieb sie stehen, hob ihren Stock und deutete auf das St.-Larnston-Kirchengestühl.

»Sie ist fortgegangen, meine Kleine«, begann sie leise, dann erhob sie ihre Stimme: »Ich verfluche alle, die ihr Übles taten!«

Mrs. Hemphill – wie immer die tatkräftige Pfarrfrau – kam rasch aus dem Kirchengestühl und schob ihren Arm unter den von Jane.

Als Mrs. Hemphill sie fortzog, hörte man ein lautes Schluchzen, und ich sah, wie Judiths Mutter das Gesicht in den Händen verbarg.

»Warum habe ich sie heiraten lassen?« Diese Worte mußten viele gehört haben, und nun schien jedermann auf ein Zeichen vom Himmel zu warten, ein Erkennungszeichen von oben, als Rache an jenen, die man für Judiths Mörder hielt.

Judiths Vater legte einen Arm um seine Frau. Justin wollte gerade hinausgehen, als hinten, wo die Dienstboten von Abbas saßen, neue Unruhe entstand.

Ich hörte die Worte: »Sie ist ohnmächtig geworden.«

Und ich wußte, wer es war, noch ehe ich mich umdrehte. Ich war es, die zu ihr hinlief und ihr den Kragen öffnete.

Aufmerksam standen die Dienstboten um mich herum, und ich wußte, was sie dachten.

Ein Gottesurteil – hier am heiligen Ort!

Sobald ich konnte, ging ich in Mellyoras Zimmer, das immer noch im Halbdunkel lag, weil noch keiner die Rolläden aufgezogen hatte.

Sie hatte ihre Haare gelöst, lag auf dem Bett und sah so jung und hilflos aus, daß ich an die Tage unserer Kindheit denken mußte.

»O Mellyora«, sagte ich mit zitternder Stimme.

Sie streckte mir die Hand entgegen, und ich ergriff sie. Ich kam mir vor wie Judas.

»Was nun?« fragte ich.

»Das ist das Ende«, erwiderte sie.

Ich haßte mich selbst, als ich flüsterte: »Aber weshalb? Nun – bist du doch frei.«

»Frei?« Sie lachte bitter auf. »Noch nie waren wir weniger frei.«

»Das ist doch lächerlich. Sie steht nicht mehr zwischen euch. Mellyora, laß uns offen zueinander sprechen.«

»Du weißt sehr gut, was die Leute reden.«

»Daß er sie – vielleicht mit deiner Hilfe – getötet hat.«

Sie stützte sich auf einen Ellbogen, und ihre Augen flammten. »Wie können sie es wagen! Wie können sie nur so etwas von Justin behaupten?« Sie fuhr fort: »Wir haben miteinander gesprochen. Es ist aus, Kerensa. Wir wissen es beide.«

»Aber...«

»Du mußt das begreifen. Ich kann ihn unmöglich heiraten. Siehst du nicht ein, daß das sonst alles bestätigen würde?«

»Du willst fort?« fragte ich.

»Er will mich nicht gehen lassen. Er will, daß ich bei dir bleibe. Er meint, du bist stark und meine Freundin. Er sagt, bei dir bin ich geborgen.«

Ich versteckte das Gesicht in den Händen. Ich hätte den Spott, der meinen Mund verzog, nicht verheimlichen können.

»Und nach gewisser Zeit, wenn alles vergessen ist – dann wird er dich heiraten?«

»Aber nein. Niemals werden wir heiraten, Kerensa. Er geht fort.«

»Justin geht fort?« Es schwang ein hoffnungsvoller Unterton in meiner Stimme.

»Es ist die einzige Möglichkeit. Und er glaubt, es ist am besten so. Er will nach dem Fernen Osten gehen. China oder Indien.«

»Das kann doch nicht wahr sein.«

»Aber ja, Kerensa. Er könnte es nicht ertragen, hier zu bleiben und doch von mir getrennt zu sein. Er will mich nicht heiraten, weil vor allem ich unter den Beleidigungen und Verdächtigungen zu leiden hätte. Er will, daß ich bei dir bleibe. Es gäbe nur eine Möglichkeit, daß er sich anders entschlösse . . .«

»Und die wäre?«

»Wenn man etwas beweisen könnte. Wenn jemand gesehen hätte . . . Aber wir wissen ja, keiner hat es gesehen. Es gibt keine Möglichkeit, unsere Unschuld zu beweisen, als diese eine – eben die Trennung. Wenn wir auf das verzichten, was ihrer Meinung nach uns zu diesem Verbrechen getrieben hat.«

Das war der Augenblick.

Ich mußte es ihr gestehen, mußte sagen, Judith sei über Carlyons Spielzeug gestolpert. Ich selber hatte das Spielzeug weggenommen, weil ich nicht wollte, daß auch nur ein Schatten auf meinen Sohn fiele.

Nur ich konnte Justin und Mellyora den Weg frei machen; sie könnten heiraten.

Nein, ich konnte es nicht. Abbas war für Carlyon bestimmt. Sir Carlyon. Wie stolz würde ich sein, wenn ihm eines Tages der Titel gehörte. Ich war eine Ehe ohne Liebe eingegangen; ich hatte hart um das, was ich wünschte, gekämpft; ich hatte viel aushalten müssen.

Und das sollte ich alles Mellyoras wegen wegwerfen?

Ich hatte Mellyora gern. Aber was war das schon für eine Liebe zwischen Justin und Mellyora? Wenn ich an Mellyoras Stelle gewesen wäre, hätte ich dann meinen Liebsten fortgehen lassen?

Hätte ich einem Mann meine Liebe geschenkt, der so leicht klein beigeben würde?

Nein, eine Liebe wie die ihre war das Opfer nicht wert.

6

Man kann die unerfreulichen Ereignisse des Lebens für Tage, Wochen oder Monate vergessen, bis plötzlich irgend etwas eintritt und sie einem mit häßlicher Deutlichkeit wieder vor Augen stehen.

Ich saß an meinem Schreibtisch und überlegte, was wir zu Abend essen sollten. Die Fedders wollten kommen. Sie hatten geschäftlich mit Johnny zu reden. Johnny war nicht erfreut, aber er hatte sie einladen müssen. Ich wußte recht gut, daß Johnny und Geschäft nicht zusammenpaßten.

Man konnte kaum übersehen, daß unser Besitz nicht mehr so geschickt geführt wurde wie zu Justins Zeiten. Von verschiedenen Seiten kamen Klagen. Die Bauern sagten, in Sir Justins Tagen sei dies und jenes getan worden, was jetzt vernachlässigt würde.

Es waren schon zwei Jahre vergangen, seit Justin uns verlassen hatte. Zur Zeit war er in Italien. Er schrieb selten. Ich wartete immer darauf, daß eines Tages ein Brief für Mellyora dabeisein würde, mit der Bitte, ihm zu folgen.

Wenn man jemandem großes Unrecht zugefügt hat, ändern sich die eigenen Gefühle diesem Menschen gegenüber. Es gab Zeiten, da ich Mellyora geradezu haßte. In Wirklichkeit haßte ich mich selbst; aber für jemanden wie mich war das schwierig. Als einziger Ausweg blieb, den zu hassen, der diesen Selbsthaß verursacht hatte. Jetzt war ich die Herrin auf Abbas; keiner stand mir mehr im Weg, und in den zwei Jahren, seit Justin fortgegangen war, hatte ich meine Stellung gefestigt.

Lady St. Larnston war im vergangenen Jahr still entschlafen, und wieder hatte es eine Beerdigung auf Abbas gegeben.

Es klopfte an die Tür. Es war Haggety.

Verwünscht seien die Erinnerungen! Ich mußte daran denken, wie sein Fuß damals unter dem Tisch den meinen berührt hatte. Das Glitzern in seinen Augen, das soviel bedeutete wie: Wir zwei verstehen uns!

Ich haßte ihn, wenn ich daran dachte, und mußte mich dazu zwingen, in ihm nur den Butler zu sehen.

»Nun, Haggety?« fragte ich und fuhr zu schreiben fort, weil mir das alles durch den Kopf ging.

Er hüstelte. »Eh, Madam – hm . . .«

Nun sah ich auf. Es lag keine Respektlosigkeit in seinen Zügen, vielmehr Verlegenheit. Geduldig wartete ich.

»Es ist wegen des Weines, Madam.«

»Für heute abend? Ja und? Wenden Sie sich an Mr. Larnston deswegen.«

»Eh – Madam. Es dreht sich darum: Für heute abend haben wir noch genug, aber dann . . .«

Voll Erstaunen sah ich ihn an.

»Madam, der Lieferant . . . Er will erst Geld.«

Ich fühlte, wie sich meine Wangen röteten. »Was soll denn das heißen?«

»Nun, Madam, es steht noch eine große Rechnung aus . . .«

»Und warum haben Sie mir die Rechnung nicht längst gegeben?«

Ein Lächeln der Erleichterung ging über seine Züge. »Sehr wohl, Madam. Ich hatte geahnt, daß Sie so etwas sagen würden. Hier ist sie, und wenn Sie sich darum kümmern, wird es keinen Ärger mehr geben.«

Ich warf nicht einen Blick auf die Aufstellung, die er mir reichte, und sagte nur: »Was nimmt dieser Mensch sich eigentlich heraus. Vielleicht sollten wir den Weinlieferanten wechseln.«

Haggety kramte in seiner Tasche und brachte eine zweite Rechnung zum Vorschein. »Wir haben wie gesagt schon zwei, und bei beiden ist es dasselbe.«

Haggety ging, und sofort besah ich mir die Weinrechnungen. Zu meinem Entsetzen stellte ich fest, daß wir – beide zusammengerechnet – etwa 500 Pfund schuldeten.

Fünfhundert Pfund! Kein Wunder, daß sie sich weigerten, weiter an uns zu liefern, ehe wir nicht bezahlt hatten. Wie konnte Johnny nur so nachlässig sein!

Plötzlich kam mir ein Verdacht. Was machte Johnny mit dem Geld von dem Gut? Ich hatte mein Haushaltsgeld, mit dem ich kleinere Rechnungen beglich und kaufte, was wir brauchten. Warum fuhr Johnny so oft nach Plymouth – viel öfter als Justin?

Es war höchste Zeit, daß ich mit Johnny sprach.

Was wußten wir schon voneinander? Er bewunderte mich

immer noch, begehrte mich immer noch. Wenn auch nicht mehr mit dem leidenschaftlichen Feuer wie einst, nicht mehr mit der gleichen Besessenheit, die ihn dazu getrieben hatte, mich trotz der Familie zur Frau zu nehmen, so war sie doch noch da, diese körperliche Leidenschaft. Ich ahnte, es gab noch andere Frauen. Die St. Larnstons – mit Ausnahme von Justin – waren eben so. Sein Vater war so gewesen und auch sein Großvater, der seine Rolle in Grandmas Leben gespielt hatte.

Johnny konnte sein eigenes Leben führen, aber die Bewirtschaftun des Gutes war nicht allein seine Angelegenheit. Wenn wir Schulden hatten, mußte ich davon wissen.

Plötzlich kam mir zum Bewußtsein, wie nachlässig ich gewesen war. Das Gut von St. Larnston war deshalb so wichtig, weil es eines Tages Carlyon gehören würde.

Ich mußte herausbringen, ob die Weinrechnungen aus Unachtsamkeit nicht bezahlt worden waren oder aus einem anderen, alarmierenden Grund.

Alles war so gekommen, wie ich es mir ausgedacht hatte. Mit Joes Mangel an Ehrgeiz hatte ich mich abgefunden. Grandma hatte ihre Kate aufgegeben und lebte nun bei den Pollents. Ich wußte wohl, daß es die beste Lösung war, und doch tat es mir weh, weil sie bei Joe leben mußte anstatt bei mir.

Ja, ich war zu zufrieden gewesen. Ich durfte nicht länger in Unklarheit bleiben über unsere finanziellen Verhältnisse.

Ich legte mein Schreibzeug weg und schloß den Schreibtisch. Ich wollte ins Kinderzimmer gehen, um nach Carlyon zu sehen, was mich noch jedesmal beruhigt hatte.

Ich riß die Tür zum Kinderzimmer auf. Es war leer.

»Wo seid ihr?« rief ich.

Ich öffnete die Tür zum Nebenzimmer, wo Carlyon seine Mahlzeiten einnahm, und stand plötzlich Mellyora gegenüber.

»Hast du ihn gesehen?« fragte sie mich, und ich bemerkte, daß sie Angst hatte.

»Nein.«

»Aber wo...«

Bestürzt sahen wir uns an, und mir wurde ganz elend und schlecht bei dem Gedanken, Carlyon sei etwas zugestoßen.

»Ich dachte, er sei bei dir.«

»Wie lange vermißt du ihn schon?«

»Ich ließ ihn nach dem Frühstück allein. Er zeichnete gerade sein Pony.«

»Wir müssen ihn finden«, sagte ich. »Er muß irgendwo stecken.«
Mit lauter Stimme rief ich: »Carlyon! Wo bist du?«

Sie kam mir nach. Aber nein, im Kinderzimmer war er nicht.

Nun wurde die schreckliche Angst zur Gewißheit. Carlyon war verschwunden. Ich trommelte das ganze Haus zusammen, um nach ihm zu suchen. Jeder Winkel auf Abbas wurde durchsucht, jeder Dienstbote befragt.

Als ich aus dem Haus rannte, traf ich Mellyora. Voller Hoffnung blickte ich sie an, doch sie schüttelte nur den Kopf.

»Er ist nicht im Haus«, sagte sie.

Nun suchten wir das Grundstück ab, immer seinen Namen rufend. In der Nähe der Ställe sah ich Polore.

»Ist der kleine Herr verschwunden?« fragte er.

»Haben Sie ihn gesehen?«

»Noch keine Stunde her, Madam. Er sprach mit mir über sein Pony. War wohl krank geworden heute nacht, und das erzählte ich ihm.«

»Und seitdem haben Sie ihn nicht mehr gesehen?«

»Nein, Madam, seither nicht mehr.«

Ich kann nicht ausdrücken, was ich während der Suche durchmachte. Immer von neuem schöpfte ich Hoffnung, und wieder und wieder wurde ich enttäuscht. Ich kam mir vor, als durchlebte ich Jahre voller Marter und Qual. Ich machte Mellyora Vorwürfe. Sollte sie nicht auf ihn aufpassen? Wenn ihm etwas zugestoßen sein sollte, durchzuckte es mich, habe ich für alles bezahlt, was ich Mellyora angetan habe.

Ich sah Johnny auf den Stall zureiten und rief ihn an.

»Was zum Teufel . . .«, begann er.

»Carlyon ist verschwunden.«

»Verschwunden? Wo?«

»Wenn wir das wüßten, wäre ich nicht weg.« Meine Angst war so groß, daß ich mir durch Ärger Luft machen mußte. Meine Lippen zitterten, ich konnte es nicht unterdrücken.

Ich ging zu Johnny und griff ihn am Arm. »Johnny«, sagte ich, »wenn er zum Bergwerk gelaufen ist . . .«

Noch nie zuvor hatte ich Johnny so erschrocken gesehen, und ein warmes Gefühl für ihn durchflutete mich.

»Nein«, rief er. »Nein!«

»Wir müssen Gewißheit haben«, sagte ich. »Sie müssen hinuntersteigen.«

»In die Mine hinuntersteigen? Bist du verrückt, Kerensa?«

»Aber er könnte doch dort sein.«

»Das ist heller Wahnsinn.«

»Vielleicht liegt er jetzt unten, verletzt...«

»Einen Sturz dort hinunter übersteht er nicht lebend.«

»Johnny!«

Ich stieß ihn weg und lief zu den Ställen. Ich wollte Polore und noch einige andere Männer zusammenrufen. Sie mußten sich ohne Verzug ans Werk machen. Ich war wie besessen.

»Polore!« schrie ich. »Polore!« Dann hörte ich Hufgetrappel, und meine Schwägerin Essie kam in den Hof geritten.

Ich blickte kaum zu ihr hinüber. Ich hatte jetzt keine Zeit für sie. Doch sie rief mich an. »Kerensa, Joe sagte, ich solle sofort zu euch reiten und euch Bescheid sagen. Sicher wärt ihr in großer Aufregung. Carlyon ist bei seinem Onkel.«

Fast wäre ich vor Erleichterung in Ohnmacht gefallen.

»Er kam vor etwa einer Viertelstunde bei uns an und erzählte irgend etwas über sein Pony.«

Johnny stand neben mir.

»O Johnny!« Ich weinte und sah wohl, er war ebenso glücklich wie ich. Dann warf ich mich in seine Arme, und wir hielten uns ganz fest. Nie hatte ich mich meinem Mann so verbunden gefühlt.

Ungefähr eine Stunde später brachte Joe Carlyon nach Abbas zurück. Carlyon stand neben Joe in der Kutsche; Joe hatte ihn die Zügel halten lassen, so daß Carlyon meinte, er kutschiere den Wagen selbst.

Selten hatte ich ihn so glücklich gesehen.

Auch Joe war glücklich. Er liebte Kinder und sehnte sich nach einem eigenen Sohn, doch bisher war nichts zu bemerken, daß Essie ihm einen schenkte.

»Mama!« rief Carlyon, sobald er mich sah, »Onkel Joe will mein Carpony wieder ganz machen.«

Carpony war der Name, den er selbst für das Pony erfunden hatte; er leitete sich her von Carlyons Pony.

Joe bemerkte meine Aufregung. »Ich schickte Essie rüber in der Minute, wo er bei uns eintraf«, sagte er freundlich. »Ich wußte, wie dir zumute war.«

»Ich danke dir, Joe.«

»Ein sauberer kleiner Bursche ist er, kann schon meine Kutsche fahren. Und was jetzt?«

»Ich kann schon die Kutsche fahren«, wiederholte Carlyon

glücklich. »Doch jetzt komm, und dann machst du mir mein Carpony wieder heil, ja?«

Es herrschte ein kameradschaftlicher Ton zwischen den beiden, der mich störte. Es lag nicht in meiner Absicht, daß der künftige Sir Carlyon zu intim mit dem Tierarzt verkehrte.

Ich hob Carlyon aus dem Wagen. »Liebling«, sagte ich, »ein andermal lauf nicht fort, sondern sag erst Bescheid.«

Joe untersuchte das Pony. »Dem fehlt nicht viel.«

Gedankenvoll kratzte er sich am Kopf.

»Ich glaube auch, daß ihm nicht viel fehlt«, wiederholte Carlyon und kratzte sich ebenfalls am Kopf.

»Es ist nichts, was wir nicht in Ordnung bringen könnten, scheint mir.«

Carlyon lächelte und hatte nur noch Augen für seinen wunderbaren Onkel Joe.

Die Gesellschaft am Abend war kaum ein Erfolg. Es ergab sich keine Gelegenheit mehr, tagsüber mit Johnny über die Weinrechnungen zu sprechen, und erst als wir bei Tische saßen, erinnerte ich mich wieder daran.

Die Fedders waren ein uninteressantes Paar. James Fedder war Ende Fünfzig, seine Frau einige Jahre jünger. Ich hatte nichts mit ihr gemeinsam.

Ich war erleichtert, als Mellyora, Mrs. Fedder und ich uns in den Salon zurückziehen konnten. Es war ein langweiliger Abend, und ich war heilfroh, als es für die Fedders Zeit war heimzugehen.

Im Schlafzimmer wollte ich dann die Geschichte mit den Rechnungen mit meinem Mann bereden.

»Haggety hat mich erschreckt«, fing ich an. »Er zeigte mir heute zwei Rechnungen von den Weinlieferanten. Er sagte, sie würden uns nicht eher wieder mit Wein beliefern, bevor wir die Rechnungen bezahlten.«

Johnny gähnte und heuchelte Gleichgültigkeit. »Meine liebe Kerensa, unsereiner braucht Rechnungen nicht im gleichen Moment zu bezahlen, da sie ins Haus kommen.«

»Die Rechnungen müssen aber bezahlt werden, Johnny.«

»Womit?«

»Mit Geld.«

Er hob die Schultern. »Wenn du welches hast, will ich gern bezahlen.«

»Johnny, sag mir ehrlich, sind wir in Schwierigkeiten – finanziellen Schwierigkeiten?«

»Geldverlegenheiten gibt's immer mal.«

»Haben wir kein Geld mehr?«

»So ist es.«

»Und was wirst du tun?«

»Auf ein Wunder hoffen und beten.«

»Johnny, wie schlimm steht es?«

»Das weiß ich nicht. Aber wir werden uns schon durchbeißen. Wir haben es noch immer getan.«

»Wir müssen uns darüber einmal ernsthaft unterhalten. Bald.« Plötzlich schoß mir etwas durch den Kopf. »Du bist doch nicht etwa James Fedder um Geld angegangen?«

Er lachte. »Fedder suchte nach einem lieben Freund, der ihm zu Hilfe käme. Leider hatte er sich heute abend den falschen ausgesucht.«

»Er wollte von dir Geld borgen?«

Johnny nickte.

»Und was hast du gesagt?«

»Ich habe ihm gesagt, daß ich selbst knapp sei. Jedenfalls geht es mit Fedders Bergwerk zu Ende. Und es hat keinen Zweck, noch mehr Geld hineinzustecken.«

»Das Bergwerk«, sagte ich, »natürlich, das Bergwerk.«

Er starrte mich an.

»Ich weiß, es ist nicht gerade angenehm für uns hier, aber wenn es die einzige Möglichkeit ist ... Und wenn wirklich noch Zinn vorhanden ist, wie die Leute behaupten ...«

Er preßte die Lippen zusammen, und seine Augen sprühten Feuer.

»Was sagst du da?«

»Wenn es die einzige Möglichkeit ist ...«

Er schnitt mir das Wort ab. »Du«, sagte er so leise, daß ich ihn kaum verstand, »du – was fällt dir ein, mir damit zu kommen?« Er packte mich bei den Schultern und schüttelte mich roh. »Wer bist du denn, daß du dir einbildest, du könntest Abbas regieren?«

Seine Augen blitzten mich so grausam an, daß ich glaubte, er haßte mich.

Dann wandte er sich abrupt ab.

Von diesem Tag an fand ich keine Ruhe mehr. Meine Aufmerksamkeit konzentrierte sich auf Johnny, weil mir plötzlich klar wurde, daß er nicht fähig war, das Gut zu leiten, und daß diese seine Unfähigkeit Carlyons Zukunft bedrohte.

Ich verstand von Geschäften wenig, aber ich wußte, wie schnell untaugliche Menschen in Schwierigkeiten geraten konnten. Ich wollte mit Grandma sprechen und nahm Carlyon mit.

Essie kam aus dem Haus und begrüßte uns – wie immer etwas schüchtern in meiner Gegenwart. Sie führte uns in Grandmas Zimmer. Grandma lag zu Bett, da sie, wie sie sich ausdrückte, heute keinen guten Tag hatte.

Ihr schwarzes Haar war in zwei Zöpfe geflochten, und sie sah gealtert aus. Sie schien bei den Pollents nicht recht zu Hause zu sein, obgleich Essie alles tat, um ihr ein Heim zu schaffen.

Essie hatte Joe berichtet, daß wir da seien, und als er zur Tür hereintrat, rutschte Carlyon vom Bett herunter und sauste zu meinem Bruder. Joe hob ihn hoch über seinen Kopf.

»So, du bist wohl gekommen, um mir zur Hand zu gehen?«

»Ja, Onkel Joe, ich bin gekommen, um dir zur Hand zu gehen.«

»Nun gut, ich muß heute morgen noch zu Bauer Pengaster. Es handelt sich um ein Pferd. Ich glaube, alles, was es braucht, ist etwas Kleiebrei. Was meinst du, Kollege?«

Carlyon legte den Kopf auf die Seite. »Ja, ich glaube auch, alles, was es braucht, ist etwas Kleiebrei, Kollege.«

Joe blickte mich an, und aus seinen Augen leuchtete das Vergnügen. Mir blieb nichts anderes übrig, als zuzustimmen.

»Du bringst ihn mir heute nachmittag doch wieder vorbei, Joe?«

Joe nickte. »Ich denke, daß uns unsere Rundfahrt bei euch vorbeiführt. Ich muß sowieso noch einen Blick in die Abbas-Ställe werfen.«

Carlyon lachte laut auf. »Besser, wir gehen, Kollege«, sagte er, »wir haben heute einen schweren Tag vor uns.«

Als sie hinausgegangen waren, sagte Grandma zu mir: »Du und ich, wir verstehen uns, Enkelin. Ich kenne deine Gedanken; sie arbeiten wie die meinen. Du hast etwas auf dem Herzen. Und du wolltest mit mir darüber sprechen.«

»Es handelt sich um Johnny.«

»Aha!«

»Ich fürchte, er verschleudert das Geld. Das Geld, das eigentlich Carlyon gehört.«

»Habt ihr euch auseinandergelebt?«

»Manchmal denke ich, daß ich nicht viel von Johnny weiß.«

»Es gibt wenige – und seien sie sich noch so nahe –, die in des anderen Herz blicken können.«

Ich fragte mich, ob sie mein Geheimnis wüßte, ob sie es mit ihrer besonderen Gabe durchschaut habe. Schnell fuhr ich fort:

»Was soll ich tun, Grandma? Ich will ihm Einhalt gebieten, damit er das Geld nicht noch weiter vergeudet.«

»Kannst du ihn dazu bringen, Kerensa?«

»Ich bin nicht sicher.«

Sie stieß einen langen Seufzer aus. »Ich sorge mich um dich, Kerensa. Manchmal wache ich in diesem Zimmer auf, und alles erscheint mir so fremd in der Nacht, und dann sorge ich mich um dich. Ich frage mich, ob deine Heirat richtig war.«

»Als ich Johnny heiratete, habe ich richtig gewählt«, erwiderte ich, und fügte hinzu: »Für mich.«

Ein kleines Lächeln huschte über Grandmas Lippen.

»Dann bin ich schon zufrieden«, meinte sie. »Dann brauche ich mich nicht länger um dich zu sorgen. Wie konnte ich auch daran zweifeln? Du wußtest schon immer, was du wolltest, schon als kleines Kind. Und dieser neue Ärger? Gräm dich nicht. Alles wird sich einrenken. Du wirst schon Mr. Johnny St. Larnston nach deiner Pfeife tanzen lassen.«

Nach dem Gespräch mit Grandma fühlte ich mich besser. Ich fuhr allein nach Abbas zurück und nahm mir vor, Johnny dazu zu bringen, mich in alles, was das Gut betraf, einzuweihen.

Es war nicht leicht, Johnny festzulegen. Als ich versuchte, mit ihm über Geschäfte zu reden, wurde er frivol, und doch merkte ich ihm an, daß ihm nicht wohl in seiner Haut war.

»Was schlägst du vor, was wir tun sollen?« fragte er mich. »Willst du mit deinem Zauberstab winken?«

»Vielleicht sollten wir unsere Ausgaben einschränken.«

»Eine brillante Idee. Du fängst an.«

»Wir beide. Laß uns sehen, wo wir mit Sparen anfangen können.«

Er legte mir die Hände auf die Schultern. »Meine kleine, kluge Frau...«

»Können wir nicht ernsthaft reden?«

»Das will ich ja. Und ich bitte dich, dich nicht einzumischen.«

»Johnny, wenn es einen Ausweg gibt, finde ich ihn. Schließlich müssen wir an Carlyons Zukunft denken.«

Er schüttelte mich. »Ich warne dich, Kerensa. Ich will deine Ratschläge nicht. Ich will deine Hilfe nicht.«

»Aber es betrifft doch uns beide.«

Er stieß mich von sich und ging.

Ich hatte das unangenehme Gefühl, daß nicht nur der Mangel an Geld Johnny auf dem Herzen lag.

Da waren die Nachmittage, an denen er nach Plymouth fuhr und erst spät in der Nacht heimkehrte. Eine andere Frau? Ein plötzlicher Verdacht kam mir: Vielleicht ruinierte sie ihn? Es war mir nicht um mich zu tun, sondern um Carlyon.

Johnny war von Natur nachlässig. Hin und wieder vergaß er, seinen Schreibtisch abzuschließen.

Ich tat ja alles nur für Carlyon, sagte ich mir, und dennoch war es mir unangenehm, seine privaten Papiere zu durchsuchen. Aber ich mußte es tun, um Carlyons willen.

An einem Morgen, als Johnny wieder einmal seinen Schreibtisch unverschlossen ließ, erfuhr ich, was ich wissen wollte.

Johnny spielte. Das erklärte auch seine Fahrten nach Plymouth. Er steckte tief in Schulden, und der größte Teil seiner Verbindlichkeiten bestand aus Spielschulden.

Ich mußte dem ein Ende machen.

Johnny war am Nachmittag fortgegangen, wahrscheinlich wieder in den Spielklub. Ich war wütend auf ihn, hatte ihn beschimpft und ihm vorgehalten, was er mache, und ob er so verrückt sei zu glauben, er könne ein Vermögen gewinnen. Und ich hatte bemerkt, daß er das tatsächlich hoffte.

Plötzlich hörte ich ungewohnte Geräusche, Füßegetrappel und Stimmengewirr.

Die Türglocke läutete. Dann herrschte Stille, und ich hörte Haggetys Schritte; dann abermals Stimmen, und endlich kam Haggety ins Eßzimmer.

Ich blickte auf, als er eintrat. »Nun, was ist, Haggety?«

Er räusperte sich. »Es ist eine Deputation da, Madam. Sie wollen Mr. St. Larnston sprechen.«

»Was ist das für eine Deputation?«

»Je nun, Madam, Leute von Fedders, glaube ich, und außerdem ist noch Saul Cundy dabei.«

Ich wußte, weshalb sie gekommen waren. Sie wollten die St.-Larnston-Mine nach Zinn untersuchen. Wenn es dort noch etwas zu holen gab, warum sollte es ihnen dann nicht Arbeit und Brot geben? Und warum auch nicht?

Ich sagte: »Ich will mit den Männern sprechen, Haggety. Führe sie in die Bibliothek.«

Ich ging in die Bibliothek zu den Männern. Saul Cundy war ein Hüne von Gestalt. Ein barscher Mann, eine Führernatur, dachte ich, und ich fragte mich aufs neue, was er eigentlich an Hetty Pengaster gefunden hatte.

Saul war ihr Sprecher, und deshalb wandte ich mich an ihn. »Sie wollten meinen Mann sprechen, aber er ist nicht zu Hause. Er holt oft meinen Rat in geschäftlichen Dingen ein. Sie können mir also sagen, was Sie herführt. Ich werde es ihm selbstverständlich ausrichten.«

Saul Cundy und ich maßen uns mit Blicken. Sicher erinnerte er sich, daß ich Grandma Bees Enkelin war. Schließlich entschloß er sich, mit mir zu reden.

»Nun, Madam«, begann er, »es ist nun wirklich soweit. Die Fedder-Mine wird geschlossen, und das bringt viele von uns in Not. Wir glauben aber, daß da noch gutes Zinn in der St.-Larnston-Mine steckt und möchten das untersuchen, und falls es stimmt, möchten wir hier weiterarbeiten.«

»Das ist nicht mehr als recht und billig«, antwortete ich. Man konnte die Erleichterung auf ihren Gesichtern lesen, und ich fuhr fort: »Sobald mein Mann zurückkommt, werde ich ihm von Ihrem Besuch berichten und die Sache erörtern.«

Saul Cundy redete schon weiter: »Gut, Madam, aber man sollte nicht zu lange zögern. Es würde die Gemüter beruhigen, wenn wir die Werkzeuge herrichten könnten.«

»Und was gibt Ihnen die Gewißheit, daß noch Zinn in der St.-Larnston-Mine ist?«

»Ja, wissen Sie, unsere Großväter haben es unseren Vätern erzählt, unsere Väter haben es uns erzählt, wie der Schacht ganz plötzlich geschlossen wurde, einer Laune wegen, sagt man. Na, und jetzt kommen harte Zeiten auf uns zu, und das sind Zeiten, wo die Herren ihre Launen nicht so sehr zur Schau tragen sollten.«

Das klang wie eine Drohung, und Drohungen liebte ich nicht, aber ich sah die Gründe ein.

»Ich werde ganz bestimmt mit meinem Mann darüber reden«, versicherte ich ihnen.

»Und sagen Sie ihm, daß wir wiederkämen, Madam.«

Ich neigte den Kopf, und sie gingen respektvoll hinaus.

Ich erwachte, als Johnny in dieser Nacht heimkam. Noch ehe ich sprach, sah ich den Ausdruck der Verzweiflung in seinen Augen. Wie gut ich diesen Ausdruck mittlerweile kannte. Er hatte verloren.

Um so besser. Nun würde er ebenso eifrig wie alle anderen nach einer Möglichkeit suchen, das Bergwerk wieder in Gang zu bringen.

Ich setzte mich im Bett auf und rief ihm entgegen: »Johnny, es war eine Abordnung da.«

»Eine was?«

»Saul Cundy war mit einigen Arbeitern da. Sie wollten dich veranlassen, die St.-Larnston-Mine wieder zu öffnen.«

Er setzte sich aufs Bett und starrte mich an.

»Hör zu, Johnny. Irgend etwas muß geschehen. Es wird viel Unglück geben, wenn die Fedder-Mine schließt. Du kannst unsere Mine nicht stilliegen lassen, wenn sie den Leuten Arbeit geben kann.«

Er wandte sich um; sein Mund zuckte. Ich hatte nicht geahnt, daß es ihm so elend ging.

Er blickte mich an, als wollte er mich umbringen.

»Die Grube wird nicht angerührt«, sagte er.

»Johnny!«

Er ging aus dem Zimmer. Und er kam nicht zurück, sondern verbrachte die Nacht in seinem Ankleidezimmer.

Johnny blieb unzugänglich. Er wollte die Grube nicht wieder aufmachen. Noch nie hatte ich ihn so eigensinnig gesehen. Er war verändert; sonst war er immer leichtsinnig und unbekümmert gewesen, und ich konnte diesen Wechsel nicht begreifen. Warum war er so eisern dagegen? Er hatte nie so viel auf die Ehre der Familie gegeben wie Justin.

Im Dorf war alles verändert. Unheil drohte; die Männer sahen verdrossen und mürrisch drein. Wir, die St. Larnstons, konnten ihnen vielleicht Arbeit geben und weigerten uns.

Einmal wurde ein Stein nach Johnny geworfen, als er durch das Dorf ritt. Er wußte nicht, wer ihn geworfen hatte, und er wurde auch nicht verletzt, aber es war ein Zeichen.

Ich versuchte nicht, ihm Vorwürfe zu machen, denn ich hatte den Eindruck, daß das seinen Eigensinn noch steigern würde. Er war kaum mehr zu Hause. Er kam leise um Mitternacht heim und schlich in sein Ankleidezimmer. Er mied mich.

Ich war früh zu Bett gegangen.

Johnny würde sicherlich erst um Mitternacht oder noch später nach Hause kommen. Ich mußte noch einmal mit ihm sprechen. Ich mußte ihn an seine Pflicht unserem Sohn gegenüber erinnern.

Irgend etwas trieb mich aus dem Bett ans Fenster.

Ich stand gern an diesem Fenster, weil ich von dort aus den Kreis der Steine sehen konnte, die mich immer wieder in ihren Bann zogen. Und was mir auch geschah, stets sagte ich mir, daß es nichts sei, verglichen mit dem, was diese jungen Geschöpfe damals erleiden mußten. Vielleicht war das der Grund, weshalb ihr Anblick mich immer wieder tröstete.

Ich stand ganz still. Einer der Steine hatte sich bewegt. Eine der Jungfrauen war zum Leben erwacht. Nein. Es war jemand anders dort, jemand mit einer Laterne. Da waren noch mehr Laternen... Die Lichter bewegten sich gespenstisch um die Steine. Eine Gestalt war für einen Augenblick klar zu erkennen; sie trug eine Art Helm. Gespannt beobachtete ich sie; dann sah ich noch andere Gestalten. Sie standen in dem Kreis der Steine, und alle trugen Helme.

Plötzlich kam mir ein Gedanke. Konnten das Saul und seine Freunde gewesen sein, die da zusammenkamen, um ihre weiteren Pläne zu besprechen?

In jener Nacht hörte ich Johnny nicht heimkommen.

Ich mußte wohl geschlafen haben, als er kam – und es daher verpaßt haben, mit ihm zu sprechen.

Am nächsten Morgen erhob er sich spät und ging aus. Er fuhr nach Plymouth und ging dort in seinen Klub.

Am nächsten Morgen sah ich, daß das Bett im Anklcidezimmer unberührt geblieben war und wartete den ganzen Tag auf ihn, um endlich mit ihm zu sprechen.

Aber auch in der folgenden Nacht kam er nicht heim. Und als abermals eine Nacht und ein Tag verstrichen waren und er noch immer nicht zurückgekommen war, begannen wir zu fürchten, daß ihm etwas zugestoßen sei.

Wir stellten Nachforschungen an, und dabei erwies es sich, daß er den Klub zwei Tage zuvor um Mitternacht verlassen hatte.

Die Suche begann, die Nachforschungen nahmen ihren Anfang.

Aber niemand konnte eine Spur von Johnny finden. Und als eine Woche vergangen war und sich nichts Neues ergeben hatte, wurde ich mir darüber klar, daß er wirklich verschwunden war.

7

Ich war eine Frau ohne Ehemann, und doch konnte ich mich nicht Witwe nennen. Was war Johnny zugestoßen?

Ich versuchte, die Ruhe zu bewahren. Ich erzählte Carlyon, sein

Vater sei einige Zeit verreist, und damit gab er sich zufrieden. Ich versuchte, mich auf zwei Möglichkeiten einzustellen: auf seine Rückkehr oder ein Leben ohne ihn.

Man sprach nicht sofort davon, das Bergwerk aufzumachen. Ich nahm an, das würde später kommen. Man hatte mir eine Frist gegeben wegen des Schlages, den ich durch das Verschwinden meines Mannes erlitten hatte.

Mellyora und ich waren allein in meinem Wohnzimmer. Es war wie in alten Zeiten, als wir zusammen im Pfarrhaus gewesen waren. Wir fühlten es beide, und es brachte uns einander näher.

»Das ist jetzt eine Wartezeit, Mellyora«, sagte ich. »Das Leben wird sich bald ändern.«

Sie nickte und ließ die Nadel sinken.

»Keine Nachricht von Johnny, tagein, tagaus«, grübelte ich. »Wann, meinst du, werden sie die Suche nach ihm aufgeben?«

»Ich weiß es nicht. Ich vermute, man wird ihn als Vermißten auf einer Liste führen, so lange, bis wir Nachricht von ihm haben.«

»Er hatte viele Feinde in St. Larnston«, fuhr ich fort. »Weißt du noch, wie böse er damals war, als einer einen Stein geworfen hatte? Vielleicht haben ihn die Leute von St. Larnston umgebracht, weil er die Grube nicht öffnen wollte. Ihr Dasein stand auf dem Spiel. Sie wußten, daß ich für die Öffnung war.«

»Du – Kerensa!«

»Ich werde nun die Herrin auf Abbas sein, wenn nicht...«

»Abbas gehört Justin, Kerensa.«

»Aber er ist fortgegangen, und seitdem hat Johnny den Besitz verwaltet. Bis er zurückkommt...«

»Ich glaube nicht, daß er zurückkommt. Ich habe dir das bisher nicht erzählt, aber er will nun zu einer Entscheidung kommen. Er möchte in Italien bleiben und in einen Mönchsorden eintreten.«

»Stimmt das wirklich?« Ich hätte gern gewußt, ob es mir gelang, den freudigen Ton in meiner Stimme zu unterdrücken. Justin ein Mönch! Er würde nie heiraten! Nun war der Weg frei für Carlyon. Nichts konnte mehr zwischen ihm und seinem Erbe stehen.

»Es ist wie ein neuer Anfang. Johnny ist tot, Kerensa. Davon bin ich fest überzeugt. Und ich glaube, was du sagst, ist richtig. Nicht ein einzelner, sondern mehrere haben ihn umgebracht. Sie haben ihn ermordet, damit sie und ihre Frauen und Kinder leben können. Du bist frei, Kerensa. Die hungrigen Männer von St. Larnston haben dich befreit. Auch ich bin frei, frei von einem Traum. Justin wird in einen Mönchsorden eintreten; ich werde nicht mehr dasitzen und beim Nähen träumen, nicht mehr auf einen Brief warten, nicht mehr auffahren, wenn ich jemanden ankommen höre. Und ich habe meinen Frieden. Ich bin eine Frau geworden. Es ist wie eine Befreiung. Auch für dich, Kerensa, denn du konntest mich nicht täuschen. Du hast Johnny geheiratet, du hast ihn ertragen wegen der Stellung, die er dir gab. Du hast erreicht, was du wolltest, und genug dafür bezahlt. Es ist ein neuer Anfang für dich wie für mich.«

Ich sah sie an und dachte: Sie hat recht. Keine Vorwürfe mehr. Ich habe Mellyoras Leben nicht zerstört, als ich Abbas für Carlyon rettete. Es braucht kein Bedauern mehr zu geben.

In einer plötzlichen Regung trat ich auf Mellyora zu und schlang die Arme um sie. Sie blickte lächelnd zu mir auf, und ich beugte mich herab und küßte sie auf die Stirn.

»Du hast recht«, sagte ich. »Wir sind frei.«

In den nächsten Wochen machte ich zwei Entdeckungen. Der Anwalt der Familie besuchte mich auf Abbas und brachte niederschmetternde Nachrichten. Seit einigen Jahren war das Vermögen der St. Larnstons im Schwinden, und Sparsamkeit war dringend geraten.

Judith Derrise hatte die Vermögensanlage durch ihre Mitgift aufgebessert; allerdings wurde die Auszahlung über Jahre verteilt, und da sie nun tot war und es keine Kinder aus dieser Ehe gab, wurde der Rest der Mitgift einbehalten. Johnnys Spiel hatte das Unheil beschleunigt, das mit vorsichtigen Sparmaßnahmen aufgehalten worden und, wäre Judith am Leben geblieben, nicht über uns hereingebrochen wäre. Johnny hatte eine Reihe Ländereien mit schweren Hypotheken belastet, um seine Spielschulden zu zahlen. In wenigen Monaten würde Kapital aufgenommen werden müssen. Es schien keinen anderen Ausweg zu geben, als Abbas zu verkaufen.

Der Anwalt blickte mich freundlich an. Ich tat ihm leid. Mein Mann war verschwunden. Über große Summen aus dem Gut konnte keine Rechenschaft abgelegt werden, aber sie waren durch Johnnys Hände gegangen, der sie wahrscheinlich beim Spiel verloren hatte. Jedenfalls: Johnny war fort, und an mir lag es, für meinen Sohn zu retten, was zu retten war.

»Ich denke, Mrs. St. Larnston«, schlug der Anwalt vor, »Sie sollten Abbas verlassen und ins Dower-Haus ziehen, das jetzt gerade leersteht. Wenn Sie dort lebten, könnten Sie Ihre Ausgaben beträchtlich verringern.«

»Und Abbas?«

»Vielleicht finden Sie einen Pächter. Aber ich bezweifle, daß das Ihre Schwierigkeiten beseitigt. Vielleicht ist es notwendig, Abbas zu verkaufen.«

»Abbas verkaufen! Seit Generationen war es im Besitz der Familie St. Larnston.«

Er hob die Schultern. »Viele solche Landsitze wechseln heutzutage den Besitzer.«

»Da ist noch das Bergwerk«, sagte ich. »Es hat Abbas schon einmal gerettet. Es wird Abbas wieder retten.«

Ich bat Saul Cundy um seinen Besuch. Ich begriff nicht, weshalb die Bewegung für die Öffnung des Bergwerks zum Stillstand gekommen war. Ich war fest entschlossen, sollte es dort noch Zinn geben, dann sollte es auch gewonnen werden.

Ich wurde schon ungeduldig, als Haggety schließlich Saul Cundy anmeldete.

»Führe ihn sofort herein«, rief ich.

Mit dem Hut in der Hand trat er ein. Aber mir schien, daß es ihm schwerfiel, meinen Blicken zu begegnen.

»Nehmen Sie Platz«, sagte ich. »Ich glaube, Sie wissen, warum ich Sie habe rufen lassen.«

»Ja, Madam.«

»Nun, Sie wissen auch, daß wir keine Nachricht von meinem Mann haben und daß Sir Justin weit fort und nicht in der Lage ist, hier die Geschäfte zu führen. Sie waren vor einiger Zeit der Sprecher einer Abordnung, und ich tat damals mein möglichstes, um meinen Mann davon zu überzeugen, daß ihr recht hattet. Nun will ich meine Zustimmung zu den Schürfungen geben. Wenn man Zinn in der St.-Larnston-Mine findet, dann wird es Arbeit geben für alle, die arbeiten wollen.«

Saul Cundy drehte seinen Hut in den Händen hin und her und starrte auf die Spitzen seiner Stiefel.

»Madam«, sagte er, »das würde zu nichts führen. Die St.-Larnston-Grube ist erschöpft. Dort gibt es kein Zinn mehr und also auch keine Arbeit für uns hier in der Gegend.«

Ich erschrak. Alle meine Pläne zur Rettung von Abbas zerstörte dieser langsam sprechende Riese.

»Unsinn«, sagte ich. »Woher wollen Sie das wissen?«

»Weil, Madam... Wir haben schon nachgeforscht, und zwar bevor Mr. Johnny – bevor Mr. St. Larnston fortging.«

»Ihr habt nachgeforscht?«

»Ja, Madam. Wir mußten doch an unseren Lebensunterhalt denken. So haben sich ein paar von uns nachts an die Arbeit gemacht. Ich selbst bin dann hinuntergestiegen. Deshalb weiß ich ganz genau, in der St.-Larnston-Mine gibt es kein Zinn mehr.«

»Aber – ich – ich werde Fachleute kommen lassen.«

»Das kostet Sie einen Haufen Geld, Madam. Und wir alten Zinngimpel erkennen Zinn, wenn wir es sehen. Wir haben unser Leben lang im Bergwerk gearbeitet, Madam. Da können wir uns nicht irren.«

»So, deshalb habt ihr keine Anstrengungen weiter gemacht, daß die Grube wieder geöffnet würde.«

»Stimmt, Madam. Ich und die anderen Kumpel ziehen nach St. Agnes. Dort gibt es Arbeit für uns. Das beste Zinn aus Cornwall kommt aus St. Agnes. Ende der Woche ziehen wir weg und nehmen unsere Frauen und Kinder mit. Dort gibt es Arbeit für uns.«

»Das sehe ich ein. Da gibt es nichts mehr zu sagen.«

»Es tut mir leid, Madam«, sagte er.

»Ich wünsche euch Bergmannsheil in St. Agnes«, antwortete ich. »Dir und allen, die dort hinziehen.«

»Ich danke Ihnen, Madam.«

Erst als er gegangen war, wurde mir die volle Bedeutung von alledem klar.

Ich wußte natürlich, daß die Männer, die ich von meinem Fenster aus gesehen hatte, die Kumpel gewesen waren. Sie waren in jener Nacht in die Grube eingestiegen und hatten festgestellt, daß sie nicht mehr fündig war. Dann überkam mich der Gedanke: Das war, ehe Johnny verschwand. Sie hatten also gewußt, daß ihnen die Grube nichts mehr zu bieten hatte. Weshalb also hätten sie Johnny dann töten sollen?

Nein, diese Männer hatten ihn nicht umgebracht. Aber wer? Oder lebte Johnny vielleicht doch noch?

Ich entschied, daß wir ins Dower-Haus zögen. Haggety und die Salts fanden eine andere Stellung. Tom Pengaster heiratete schließlich Doll, und Daisy kam mit uns ins Dower-Haus. Die Anwälte übernahmen die Verwaltung des Gutsbesitzes. Die Polores und Tralances blieben in ihren Katen und taten weiter ihre Arbeit, während Mrs. Rolt auf Abbas als Haushälterin zurückblieb, und Florrie Trelance aus dem Dorf ging ihr zur Hand.

Abbas sollte mit allen Möbeln vermietet werden; so bestand wenigstens die Aussicht, daß Carlyon, wenn er mündig war und es sich leisten konnte, dort zu leben, es so vorfand, wie er es verlassen hat.

Jeden Tag ging ich nach Abbas, um nach dem Rechten zu sehen.

Bisher hatten sich nur zwei Pächter gemeldet. Der eine fand Abbas viel zu groß, der andere meinte, es sei unheimlich. Ich dachte schon, es würde leerstehen bleiben, bis wir eines Tages dort wieder einziehen könnten.

Ich hatte mich oft darüber gewundert, wie unerwartet die wichtigen Ereignisse über mich hereinbrechen. Ich meinte, man müßte vorher einen Wink empfangen, ein kleines Vorzeichen. Aber das gibt es selten.

An jenem Morgen erhob ich mich ziemlich spät, weil ich verschlafen hatte. Als ich mich angekleidet hatte und herunterkam, fand ich einen Brief von den Maklern vor, in dem es hieß, sie würden uns am selben Nachmittag einen Interessenten schicken und hofften, daß mir die Zeit um drei Uhr passen würde.

Kurz nach drei Uhr tönte laut der Türklopfer.

Ich blieb in der Bibliothek, und Mrs. Rolt ging hinaus, um den Besucher einzulassen. Ich war traurig. Ich wollte nicht, daß ein anderer auf Abbas wohnte, und doch wußte ich, daß es sein mußte.

Da klopfte es an der Tür, und Mrs. Rolt erschien mit sehr erstauntem Gesicht. Und dann hörte ich eine Stimme. Mrs. Rolt trat zur Seite, und ich glaubte zu träumen, denn es war wie ein Traum – ein lang gehegter Traum, der Wirklichkeit wurde.

Kim kam auf mich zu.

Ich glaube, das waren die glücklichsten Wochen meines Lebens. Es ist nicht leicht, alles genau aufzuzeichnen, was geschah. Ich erinnere mich nicht, wie er mich in seine Arme nahm; ich sehe noch sein Gesicht dicht an dem meinen und das Lachen in seinen Augen.

»Ich wollte nicht, daß sie meinen Namen nannten. Ich wollte dich überraschen.«

Er hätte sich nicht sehr verändert, sagte ich. Er blickte mich an. »Aber du hast dich verändert. Ich habe immer behauptet, du würdest eine bezaubernde Frau werden. Nun bist du es geworden.«

Wie soll ich Kim beschreiben? Er war heiter, ja ausgelassen wie ein Junge, ein Spaßvogel und dabei doch zartfühlend und weich. Er war witzig, aber nie verletzend. Ich glaube, das war es, was ihn zu einem außergewöhnlichen Menschen machte. Er lachte mit den Menschen und niemals über sie.

SeinVater sei tot, erzählte er. Damals, als er nicht mehr zur See gefahren sei, hätten sie sich zusammen in Australien eine Farm gekauft. Sie hätten sie billig bekommen und ihr Geld mit Viehzucht gemacht. Doch, von heute auf morgen sozusagen, hätte er sich gesagt, daß er nun genug Geld gescheffelt hätte, und dann hätte er die Farm für einen guten Preis verkauft, und da sei er nun, ein reicher Mann. »Nun, wie findest du das?«

Ich fand es wunderbar. Ich fand alles wunderbar.

Wir redeten so viel, daß die Zeit wie im Flug verging.

»So, du hast geheiratet, Kerensa?«

Ich berichtete von Johnnys Verschwinden; wie Justin fortgegangen war, als Judith starb; wie schwere Zeiten über uns gekommen waren und daß wir deshalb Abbas verpachten müßten.

»Soviel ist daheim geschehen«, sagte er. »Und ich habe es nicht gewußt.«

»Aber du mußt doch an uns gedacht haben. Sonst hättest du nicht heimkommen wollen.«

»Ich habe immer an euch gedacht. Wie oft habe ich gesagt: Ich möchte wissen, wie es zu Hause aussieht. Eines Tages werde ich hinfahren und es mir angucken. Da hat also Kerensa Johnny geheiratet, und Mellyora – Mellyora hat nicht geheiratete, wie ich. Ich muß Mellyora sehen. Und deinen Sohn will ich auch sehen. Kerensa mit einem Sohn! Und du hast ihn Carlyon genannt! Oh, ich erinnere mich an Miß Carlyon. Kerensa, das sieht dir ähnlich.«

Ich nahm ihn mit ins Dower-Haus. Mellyora war gerade von einem Spaziergang mit Carlyon heimgekommen. Sie starrte Kim an, als sähe sie einen Geist. Dann lag sie vor Freude lachend und weinend in seinen Armen.

Ich beobachtete die beiden. Sie begrüßten sich wie alte Freunde, die sie ja auch waren. Doch schon begann meine Liebe zu Kim von mir Besitz zu ergreifen. Ich konnte es nicht leiden, daß seine Aufmerksamkeit auch nur einen Augenblick von mir abgelenkt wurde.

Ich besuchte Grandma Bee alle Tage, denn eine innere Stimme

sagte mir, daß ihr wohl nicht mehr allzuviel Zeit blieb. Und dann saß ich an ihrem Bett, und sie erzählte von alten Tagen, was sie so gern tat. Manchmal schien sie sich ganz in der Vergangenheit zu verlieren wie jemand, der in einem Irrgarten umhergeht; dann wieder war ihr Geist völlig klar und aufgeschlossen.

Eines Tages sagte sie zu mir: »So viele Male schon lag es mir auf der Zunge, es dir zu erzählen, und immer dachte ich: Nein, lieber nicht. Aber jetzt sage ich nicht länger nein, Kerensa, denn jetzt liegt der Schimmer der Liebe über dir, und wenn ich recht habe, bist du frei.«

»Grandma, du weißt, daß Johnny tot ist?«

»Ich hab' ihn nicht sterben sehen. Aber ich weiß, was los ist, und ich glaube, ich habe recht.«

Ich rückte noch dichter an ihr Bett. Träumte sie? Dachte sie wirklich an Johnny, oder hatte ihr Geist sich in der Vergangenheit verloren?

Sie mußte meine Gedanken erraten haben, denn sie lächelte liebevoll und sagte: »Nein, ich bin ganz klar im Kopf, Kerensa, und ich will dir nun alles erzählen, was geschehen ist, und wie es kam. Ich habe es dir bisher nicht gesagt, weil ich nicht wußte, ob es gut für dich sei, es zu erfahren. Kannst du dich noch an die Nacht erinnern, als du aus Abbas zu mir kamst? Du warst damals Kammerzofe bei der, die die Treppe hinunterfiel, und als du hier warst, sahst du einen Schatten am Fenster. Erinnerst du dich, Kerensa?«

»Ja, Grandma, ich erinnere mich.«

»Jemand blickte herein, als ob er mich sprechen und selbst von keinem gesehen sein wollte. Es war Hetty Pengaster – sie trug seit fünf Monaten ein Kind und war voller Angst. Sie sagte, sie hätte Angst, daß es herauskäme, und ihr Vater sei so streng und hätte sie Saul Cundy versprochen, und sie könnte ihn doch nicht nehmen. Sie war voller Angst, das arme Ding. Sie wollte alle Spuren von dem, was gewesen war, verwischen und von vorn anfangen. Sie hatte erkannt, daß Saul der richtige Mann für sie sei. Und sie wünschte, sie hätte nicht auf den anderen gehört, der ihr den Hof machte.«

Ich sagte leise: »Es war Johnnys Kind?«

Grandma fuhr fort: »Ich sagte, sie solle mir erzählen, wer der Vater sei, aber das wollte sie nicht. Sie sagte, sie dürfe es nicht erzählen. Er hätte es ihr verboten. Er würde etwas für sie tun, sagte sie. Sie glaubte, er würde sie heiraten; aber ich konnte ihr versichern, daß sie sich da gründlich irrte. Dann ging sie fort, sie war ganz verwirrt. Sie hatte solche Angst vor Saul.«

»Und sie erzählte dir nicht, daß Johnny der Vater war?«

»Nein, sie erzählte es nicht, aber ich ahnte es. Ich wußte, wie er dich verfolgte, und aus diesem Grunde wollte ich feststellen, ob er es war. Ich sagte zu ihr: ›Hast du nicht Angst, daß dich einer sieht, wenn du ihn triffst, und daß es Saul oder deinem Vater zu Ohren kommt?‹ Sie verneinte. Sie träfen sich immer auf der Wiese bei den Jungfrauen, und dort seien sie wohl sicher. Im Dunkeln gingen die Leute nicht gern dorthin. Ich kann dir nicht sagen, wie aufgeregt ich war. Ich wollte unbedingt wissen, ob es Johnny war. Ich sagte mir, Kerensa wird in ihr Verhängnis rennen, genau wie sie. Ich überlegte mir, was ich tun sollte, wenn ich herausfände, daß Johnny der Vater von Hettys Kind war. Deshalb ging ich in jener Nacht zu der Wiese und wartete dort. Ich verbarg mich hinter der größten Jungfrau, und ich sah, wie sie sich trafen. Der Mond war im Zunehmen, und die Sterne leuchteten. Ich sah genug. Hetty weinte, und er sprach auf sie ein. Ich konnte nicht verstehen, was sie redeten; sie waren von den Steinen zu weit entfernt. Sie standen dicht am Grubenschacht. Ich glaube, sie drohte ihm, sich hinabzustürzen, wenn er sie nicht heiraten würde. Ich wußte, sie würde es nicht wirklich tun. Aber er war erschrocken. Ich vermute, er versuchte sie zu überreden, St. Larnston zu verlassen. Ich schlich mich von den Steinen weg, um besser verstehen zu können, was sie redeten. Ich hörte sie sagen: ›Ich bring mich um, Johnny. Ich stürze mich da hinunter.‹ Und er sagte: ›Sei doch nicht albern. So was machst du doch nicht. Du kannst mich nicht zum Narren halten. Geh heim zu deinem Vater und sag's ihm. Er wird dich schon zur rechten Zeit verheiraten.‹ Da wurde sie wirklich böse; einen Augenblick stand sie wie schwebend am Rande der Grube. Ich wollte ihm schon zurufen: Laß sie! Sie tut's nicht! Aber er ließ sie nicht gehen. Er packte ihren Arm – plötzlich hörte ich sie aufschreien, und dann – stand er allein...«

»Grandma, er brachte sie um!«

»Ganz bestimmt kann ich es nicht sagen. Ich konnte nicht genug sehen. Und sogar wenn ich besser gesehen hätte, wüßte ich's nicht genau. Gerade stand sie noch dort, wie schwebend am Rand der Grube, und drohte, sich hinabzustürzen, und dann war sie verschwunden.«

Tausend Dinge begannen sich zu klären und zu einem Bild zusammenzufügen: sein merkwürdiges Benehmen, sein Wunsch, von hier fortzukommen, seine Angst, das Bergwerk könnte wieder aufgemacht werden. Dann starrte ich Grandma entgeistert an, denn mir fiel plötzlich ein, daß er schnurstracks heimgegangen sein und mir seinen Heiratsantrag gemacht haben mußte.

Langsam fuhr Grandma fort: »Einen Augenblick stand er wie versteinert. Dann blickte er wild um sich und erblickte mich im Licht des zunehmenden Mondes. Er sah mein dunkles, hoch aufgekämmtes Haar, meine Mantilla, meinen Kamm. Er sagte: ›Kerensa!‹ Leise, fast flüsternd, aber es drang zu mir durch die Stille der Nacht. Dann schaute er zurück zu dem Schacht, hinab ins Dunkel, und ich rannte davon. Ich rannte durch den Kreis der Steine und quer über die Wiese. Ich hatte schon die Straße erreicht, als ich ihn von neuem rufen hörte: ›Kerensa! Kerensa, komm hierher!‹«

»Grandma«, sagte ich, »er dachte, ich wäre dort gestanden. Er dachte, ich hätte ihn gesehen.«

Sie nickte. »Ich ging nach Hause und saß die ganze Nacht da und überlegte mir, was ich tun sollte. Und am Morgen brachte mir Mellyora Martin deinen Brief. Du warst auf und davon nach Plymouth, um Johnny St. Larnston zu heiraten.«

»Jetzt verstehe ich«, sagte ich langsam. »Er machte mir einen Heiratsantrag, um mich zu bestechen, damit ich nichts sagte. Und ich glaubte, er könnte nicht leben ohne mich. Was für eine Ehe war das!«

Ich war wie betäubt von dem, was ich gehört hatte. Mein Leben schien einen anderen Sinn bekommen zu haben. Johnny hatte mich nicht so verzweifelt ersehnt, sondern nur mein Stillschweigen.

»Es war eine Lektion, die du lernen mußtest, Kind. Vielleicht hast du sie jetzt gelernt. Vielleicht weißt du jetzt, daß man das Glück in einer Kate finden kann, ebenso wie in einem Herrschaftshaus. Und nun kannst du von vorn anfangen.«

»Ist das möglich?«

Sie nickte. »Hör zu. Johnny war dagegen, daß das Bergwerk wieder geöffnet würde, und Saul Cundy war unbedingt dafür. Saul wollte feststellen, ob die Grube noch zinnhaltig sei. Er wollte einsteigen, und er tat es auch. Aber er fand dort auch Hetty. Er wußte, warum sie dort lag, und er wußte auch, daß Johnny schuld daran war, denn die üblen Nachreden waren ihm zu Ohren gekommen. Und Johnny ging fort und heiratete dich an jenem Tag, als sie verschwand – nun, das sagte genug.«

Ich hielt den Atem an. »Du glaubst, Saul hat Johnny ermordet, weil er Hetty in dem Schacht entdeckt hat?«

»Ich kann es nicht genau sagen, weil ich es nicht gesehen habe. Aber Saul erzählte nichts davon, daß er Hetty gefunden hätte, und ich weiß doch, daß sie dort liegt. Und warum sagte er nichts? Weil er ein Mann ist, der von Jugend auf den Vornehmen den Kampf angesagt hat, und weil er fest entschlossen war, daß Johnny den vollen Preis bezahlen sollte. Er lauerte Johnny auf, als er vom Spiel kam, und ich vermute, er brachte ihn um und warf ihn in den Schacht zu Hetty. Dann zog er fort nach St. Agnes, weit fort von St. Larnston.

»Das ist eine furchtbare Geschichte, Grandma.«

»Vergiß die Vergangenheit. Die Frau, die du heute bist, ist nicht dieselbe, die du gestern warst. Daran mußt du denken. Trauere nicht mehr um das, was gewesen ist. Sag nicht, daß es ein Unglück war. Nenne es eine Erfahrung. Sage dir: Durch all das bin ich die geworden, die ich heute bin, und das ist gut so, denn ich bin durch Feuer gegangen.«

»Aber Johnny ist vermißt . . .«

»Öffne das Bergwerk, Mädchen. Dort wirst du ihn finden. Davon bin ich überzeugt. Ihn und Hetty. Der alte Skandal wird noch einmal aufleben, aber das ist besser, als wenn du dein ganzes Leben an einen Vermißten gebunden bist.«

»Ich will es tun, Grandma«, erwiderte ich. Aber noch während ich es sagte, durchfuhr mich ein Gedanke, der mir den Atem stocken ließ. Grandma sah mich fragend an, und ich schrie auf: »Ich kann nicht. Denk doch an Carlyon!«

»Wieso an Carlyon?«

»Siehst du das nicht ein? Sie werden sagen, er sei der Sohn eines Mörders!«

Grandma schwieg eine Weile. Dann sagte sie: »Du hast recht. Das wäre nicht gut. Das würde während seines ganzen Lebens einen Schatten auf ihn werfen. Aber was soll aus dir werden, mein Liebling? Sollst du denn nie heiraten dürfen?«

Es war, als hätte ich zwischen Kim und Carlyon zu wählen, aber ich kannte Carlyons empfindsamen und weichen Charakter, und ich durfte nie zulassen, daß er der Sohn eines Mörders genannt würde.

Grandma begann langsam zu sprechen: »Es gibt einen Ausweg, Kerensa. Sie können nicht genau feststellen, wann Hetty gestorben ist. Wenn sie in den Schacht hinabsteigen, wird man sie finden –

und man wird auch Johnny finden. Ich nehme an, Saul Cundy brachte Johnny um, und ich vermute, daß Saul inzwischen weit, weit fort ist. Laß alles noch eine Weile beim alten und laß dann den Schacht öffnen. Da gibt es noch allerhand für mich zu tun. Ich will es so hinstellen, als ob Hetty wieder dagewesen und gesehen worden wäre. Und Johnny ist nach Plymouth gefahren, um Hetty zu treffen, und Saul hat sie entdeckt – und sie beide umgebracht. Ja, er wußte, daß es in dem Bergwerk kein Zinn gibt. Warum sollte er sie nicht beide umgebracht haben und ihren Leichnam dort hingeworfen haben?«

Ich starrte sie ungläubig an und dachte: Du lenkst das Leben so, wie du es willst. Das war ihr Glaubensbekenntnis. Ja, warum eigentlich nicht?

»Grandma«, sagte ich fest, »ich glaube nicht, daß Johnny Hetty umgebracht hat. Es war ein Unglücksfall.«

»Es war ein Unglücksfall«, stimmte sie beruhigend zu. Sie verstand. Der Vater meines Carlyon durfte kein Mörder sein. Er durfte auch nicht in einem solchen Verdacht stehen.

Wir warteten einen Monat. In dieser Zeit machte ich einen Ausflug nach St. Agnes. Ich wollte sehen, wie es Saul Cundy ginge. Er war nicht da. Ich hörte, er sei seit einigen Tagen nicht zur Arbeit gekommen. Man nahm an, daß er mit seiner Familie das Land für immer verlassen hätte, denn sie waren buchstäblich verschwunden, und niemand wußte, wohin sie gegangen waren.

Wahrhaftig, das war ein Sieg!

Ich hatte mich in meinem Schlafzimmer eingeschlossen. Den ganzen Vormittag über waren die Sachverständigen an der Arbeit gewesen. Man hatte mir gesagt, daß erst alles abgesichert werden müsse, bevor man hinabsteigen könne.

Kim kam zu Pferd herüber ins Dower-Haus. Ich war froh, daß Mellyora mit Carlyon ausgegangen war. Daisy meldete ihn an, und ich antwortete, ich käme gleich. Ich betrachtete mich im Spiegel. Ich war eine junge Frau, man konnte sogar sagen: in voller Blüte. Ich war schön in meinem lavendelfarbenen Morgenrock mit den Spitzen an Hals und Ärmeln und mit den seidenen Schleifen. Mein Haar hatte mehr Glanz. Ich trug es hoch aufgekämmt. Das Feuer in meinen Augen ließ sie größer erscheinen. Ich gefiel mir selbst, als ich hinunterging, um Kim zu begrüßen. Und ich wußte, daß sich vielleicht gerade an diesem Tag zeigen würde, ob ich frei war.

Als ich die Tür des Wohnzimmers öffnete, sah ich ihn breitbeinig, die Hände in den Taschen, am Kamin stehen. Es lag ein zärtliches Lächeln auf seinen Lippen, und ich war sicher, daß es mir galt.

Er kam auf mich zu und nahm meine beiden Hände in die seinen, seine Augen lächelten leicht belustigt.

»Kerensa!« Er sprach sogar meinen Namen aus, als ob ihn das heiter stimmte.

»Gut, daß du da bist.«

Er lachte und zog mich zum Fenster.

»Was für ein Lärm ist das heute auf der Wiese!«

»Ja. Endlich sind sie an der Arbeit.«

»Und das Ergebnis bedeutet viel für dich, Kerensa?«

Ich errötete. In diesem Augenblick hatte ich Angst, daß er den wahren Grund kenne. Während seiner Abwesenheit schienen Kims Augen durchdringender geworden zu sein; sie hatten einen Ausdruck von Hellsichtigkeit, der mich anzog, aber auch ein wenig beunruhigte.

»Es ist sehr wichtig, daß wir das Bergwerk wieder in Betrieb setzen können.«

Wir saßen an einem kleinen Tisch und nippten an dem Wein. Er blickte sich im Zimmer um und sagte: »Du hattest das ausdrucksvollste Gesicht von der Welt, Kerensa. Du konntest nie deine Gefühle verbergen.«

»Wie beunruhigend! Ich hoffe, daß das jetzt nicht mehr der Fall ist.«

»Welch ein Spott! Welch ein Stolz! Noch nie habe ich jemanden erlebt, der so spöttisch und so stolz ist.«

»Ich war ein böses Kind.«

Er wollte von der Vergangenheit sprechen. Er ließ mich von dem Tag erzählen, als ich mich auf dem Trelinketer Markt hatte verdingen wollen und wie Mellyora gekommen und mich bei sich angestellt hatte. Und ich erzählte ihm auch, wie traurig Reverend Charles Martin gestorben war und wir entdecken mußten, daß wir bettelarm waren.

Dann mußte er erzählen. Er sprach von dem einsamen Leben im Dower-Haus. Er hatte seinen Vater geliebt, der aber fast immer auf See war, so daß er der Sorge der Dienerschaft überlassen war.

»Ich hatte nie das Gefühl, ein richtiges Zuhause zu haben, Kerensa.«

»Und du hast dich danach gesehnt?«

»Ich sehnte mich danach, ein Glied einer großen Familie zu sein.

Siehst du, ich bin ein einsamer Mann, Kerensa. Ich bin stets einsam gewesen, und mein Traum war es, eine große Familie zu besitzen, die sich nach allen Seiten ausbreiten würde.«

Ich lächelte. War das nicht auch mein Traum? Sah ich mich nicht selbst als die große alte Lady auf Abbas? Nun stellte ich mir uns beide zusammen vor, Kim und mich, wenn wir alt wären. Abgeklärt und glücklich würden wir unseren Enkeln beim Spiel zuschauen.

Dann berichtete er, wie einsam es auf der Farm gewesen wäre und welches Heimweh er gehabt habe.

Wie gut ich ihn verstand. War nicht sein Traum auch mein Traum? Unser Gespräch stockte. Mellyora und Carlyon kamen zurück. Carlyon lachte und jauchzte mit ihr, als sie über den Rasen aufs Haus zukamen.

Wir gingen beide zum Fenster. Ich sah das Lächeln auf Kims Lippen und glaubte, er beneide mich um meinen Sohn.

An jenem Tag kam Kim noch einmal ins Dower-Haus. Ich sah ihn kommen und sah auch seine bestürzte Miene. Ich erwartete ihn schon in der Halle.

»Kerensa!« Er schritt auf mich zu, nahm meine Hände und blickte mir lange ins Gesicht.

»Ja, Kim?«

»Kerensa . . .« Er legte den Arm um mich, und ich lehnte mich an ihn, spielte die schwache Frau. Nur allzu gern lehnte ich mich an ihn; seine Sorge um mich tat mir unendlich wohl.

»Kim, laß mich nicht in Ungewißheit. Es handelt sich um die Grube, nicht wahr?«

Er schüttelte den Kopf und hielt meine Hände ganz fest. »Sie haben in der Grube etwas gefunden. Sie fanden . . .«

Ich hob meine Augen zu den seinen und suchte darin den Ausdruck des Sieges hinter dem der Besorgnis. Aber ich konnte nur seine Sorge um mich in ihnen entdecken.

»Es ist Johnny«, fuhr er fort. »Sie haben Johnny gefunden.«

Ich schlug die Augen nieder. Ich stieß einen leisen Schrei aus. Er führte mich zu einem Sofa und stützte mich. Ich lehnte mich an ihn. Am liebsten hätte ich den Triumphschrei ausgestoßen: Ich bin frei!

Noch nie hatte es in St. Larnston solch eine Aufregung gegeben. Die Leichen von Johnny und Hetty Pengaster waren in dem Schacht gefunden worden. Man entsann sich, daß erst jüngst gemunkelt worden war, Hetty Pengaster sei in Plymouth und sogar noch näher bei St. Larnston gesehen worden. Die Leute wußten noch, daß Johnny einst in sie verliebt gewesen und daß er oft nach Plymouth gefahren sei. Hetty hatte St. Larnston plötzlich verlassen, als er mich heiratete. Was war also natürlicher, als daß Johnny sie in Plymouth untergebracht hatte, um sie aus dem Weg zu räumen, als er mich heiratete?

Es schien alles so einfach zu sein. Saul Cundy war mißtrauisch geworden, hatte sich auf die Lauer gelegt, hatte Johnny und Hetty beieinander gesehen und sich gerächt. Saul war immer für Gerechtigkeit gewesen, und jetzt hatte er das bewiesen, indem er das Gesetz in die eigene Hand nahm.

Hettys Leiche war nur durch ein Medaillon zu identifizieren, das sie getragen hatte und das die Pengasters als ein Geschenk von Saul an sie wiedererkannten. Johnnys Leichnam war besser erhalten, was eine Zeitlang Verwirrung stiftete. Doch bald erklärte man es sich so, daß Johnnys Körper im Fallen wohl etwas Erde ins Rutschen gebracht hätte, die ihn am Grund des Schachtes bedeckte, wodurch die Leiche teilweise von der Luft abgeschlossen wurde.

Die Nachforschungen gingen weiter. Die Polizei wollte Saul Cundy vernehmen und fuhr nach St. Agnes, um ihn dort zu suchen. Aber als man ihn dort nicht finden konnte, weil er anscheinend das Land mit unbekanntem Ziel verlassen hatte, verstärkte das den Verdacht, und die Geschichte, die die Dorfleute zusammengeflickt hatte, wurde als wahr anerkannt. Niemand würde jemals die Wahrheit erfahren. Selbst Grandma und ich wußten nicht genau, ob Johnny Hetty umgebracht hatte. Daß Saul Cundy Johnny umgebracht hatte, davon allerdings waren wir überzeugt.

Es fand sich nicht genug Zinn in der Grube, um die Arbeit im Bergwerk rentabel zu machen; aber die Grube hatte mir geschenkt, was ich wünschte. Sie hatte bewiesen, daß ich Witwe und frei war, den Mann zu heiraten, den ich liebte.

An dem Tag, an dem Grandma diese Nachricht vernahm, schien sie plötzlich schwächer zu werden. Es war, als hätte sie ihr Werk getan, wäre nun bereit, in Frieden zu scheiden. Eine furchtbare Schwermut überkam mich; denn all meine Freude und mein Glück dünkte mir nicht vollständig zu sein, wenn ich sie verlöre.

Die letzten Tage blieb ich bei ihr. Essie hieß mich herzlich willkommen, und auch Joe war froh, mich da zu haben. Carlyon war bei ihm, und da ich den Jungen nicht im Krankenzimmer haben wollte, verbrachte er die ganze Zeit mit Joe.

Und dann kam der letzte Nachmittag in Grandmas Leben. Ich saß an ihrem Bett, und die Tränen liefen mir über die Wangen, mir, die ich mich nicht erinnern konnte, je geweint zu haben, außer vor Wut.

»Sei doch nicht traurig, mein Herzenskind«, sagte sie.

»O Grandma«, weinte ich, »wie könnte ich dich je vergessen?«

»Dann denke an die glücklichen Zeiten, mein Kind.«

»Glückliche Zeiten! Was für glückliche Zeiten kann es für mich geben, wenn du nicht mehr da bist?«

»Nun weine nicht, mein Liebling. Ich muß gehen, und du mußt bleiben; aber ich verlasse dich im Glück. Du bist frei, meine Liebe. Da ist der Mann deines Herzens, der auf dich wartet... Es ist gleichgültig, wo ihr seid, wenn ihr nur beisammen seid. Gräme dich nicht um die alte Grandma Bee, da du den Mann hast, den du liebst.«

»Grandma, ich möchte, daß du lebst und bei uns bist. Ich möchte, daß du unsere Kinder siehst. Ich darf dich nicht verlieren; denn etwas sagt mir, es wird ohne dich nie mehr so sein wie früher.«

»Ach, mein Liebes, es bleibt uns nur noch wenig Zeit, um uns zu sagen, was gesagt werden muß. Binde mein Haar auf, Kerensa!«

»Es wird dich stören.«

»Nein, binde es auf. Ich möchte es um meine Schultern fühlen.« Ich gehorchte.

»Es ist immer noch schwarz, obgleich ich in der letzten Zeit zu müde war, es zu pflegen. Deines muß auch so bleiben, Kerensa. Du mußt schön bleiben, denn er liebt dich zum Teil deswegen. Mein Häuschen ist noch genauso, wie ich es verließ, nicht wahr?«

»Ja, Grandma«, antwortete ich wahrheitsgemäß.

»Dann lauf hin, Kerensa. Im Eckschrank findest du meinen Kamm und meine Mantilla. Beides gehört dir. Dort findest du auch das Rezept, das dein Haar allezeit schwarz und glänzend erhält. Mit den richtigen Kräutern ist es leicht zuzubereiten. Sieh, Liebling, ich habe nicht ein graues Haar, so alt, wie ich bin. Versprichst du mir, daß du hingehst, Kerensa?«

»Ich verspreche es!«

»Und noch etwas mußt du mir versprechen, mein liebes Kind: daß du nicht um mich trauerst. Denk an das, was ich dir gesagt habe. Es kommt eine Zeit, da die Blätter an den Bäumen welken, und ich bin ein welkes Blatt, das abfallen muß.«

Ich vergrub mein Gesicht in ihrem Kissen und begann zu schluchzen. Sie strich mir über das Haar, und wie ein Kind flehte ich sie an, mich zu trösten.

Sie starb in jener Nacht. Und als ich am nächsten Morgen zu ihr kam, lag sie ganz friedlich da; ihr Gesicht hatte sich verjüngt, ihr Haar war sauber geflochten; sie sah aus wie eine Frau, die bereit ist, in Frieden zu scheiden, weil ihr Werk getan ist.

Es war Kim, der mich im Verein mit Carlyon und Mellyora nach Grandma Bees Tod tröstete. Sie alle taten ihr Bestes, um mich aus meiner Trübsal zu reißen, und tatsächlich fand ich Trost, denn in diesen Tagen wurde mir zur Gewißheit, daß Kim mich liebte, und ich sagte mir, daß er nur warte, bis ich mich von dem Schrecken über die Auffindung von Johnnys Leiche und Grandmas Tod erholt hätte.

Wie oft fand ich ihn und Mellyora zusammensitzen und über mich reden und beratschlagen, wie sie mich zerstreuen und ablenken könnten.

Die Kate lag abseits vom Dorf in einem kleinen Tannendickicht. Jetzt war ich froh darüber.

Ich mußte versuchen, mich an ihre Worte zu erinnern. Ich mußte versuchen, das zu tun, was sie wünschte. Das bedeutete, das Vergangene zu vergessen, nicht zu grübeln, sondern glücklich und weise zu leben, wie sie es von mir verlangt hatte.

Vielleicht lag es an der nachmittäglichen Stille, vielleicht an meiner Aufgabe; aber mich beschlich ein unbehagliches Gefühl, das seltsame Empfinden, daß ich nicht allein sei, daß irgendwo, nicht weit von mir, mich jemand beobachtete, der schlimme Absichten hatte.

»Ist da jemand?« rief ich.

Ich lauschte. Vollkommene Stille um mich her.

Ich lachte mich aus. Ich zwang mich, wenn sich auch etwas in mir sträubte, weiterzugehen. Ich eilte weiter zu der Kate und ging hinein. Wegen des plötzlichen Schreckens in dem Dickicht schob ich den schweren Riegel vor. Ich lehnte mich an die Tür und sah mich um.

Ich ging in das Vorratshaus und fand das Rezept, wie Grandma gesagt hatte. Die Decke war feucht. Wenn die Kate bewohnt werden sollte, mußte das Dach repariert werden. Und schon überlegte ich, ob ich es nicht zu einem netten kleinen Haus ausbauen sollte.

Plötzlich stand ich ganz still. Irgend jemand drückte die Türklinke nieder, ganz verstohlen.

Ich verließ die Vorratskammer, ging in den Wohnraum, lief rasch zur Tür und wartete dort, daß sich die Klinke bewegte. Nichts geschah. Dann plötzlich wurde das Fenster einen Augenblick verdunkelt. Ich, die ich die Kate so gut kannte, wußte sofort, daß jemand dort stand und hereinblickte.

Ich rührte mich nicht. Aber mir zitterten die Knie, und der kalte Schweiß brach mir aus.

Plötzlich war es hell im Zimmer, und ich wußte, daß die Person, die zum Fenster hereingesehen hatte, nicht mehr da war.

»Grandma«, flüsterte ich, »steh mir bei, Grandma!«

Wer konnte mir hierher gefolgt sein? Wer konnte mir Leid zufügen wollen?

Mellyora? Weil ich ihr Leben zerstört hatte? Als ob Mellyora jemals einem Menschen ein Leid zufügen könnte!

Johnny? Weil er mich geheiratet hatte, obwohl er es nicht hätte zu tun brauchen? Hetty? Weil er mich geheiratet hatte, als es so wichtig war, daß er sie heiratete?

Ich hatte Angst vor Geistern!

Das war unsinnig. Ich öffnete die Tür der Kate und trat hinaus. Niemand war zu sehen.

Ich rief: »Ist da jemand? Will einer etwas von mir?«

Keine Antwort. Hastig verschloß ich die Tür und rannte durch das Dickicht zur Straße.

Ich fühlte mich erst sicher, als ich das Dower-Haus sehen konnte.

Die Wochen gingen dahin. Für mich war es eine Zeit des Wartens, und manchmal glaubte ich, Kim empfände das gleiche. Oft glaubte ich, jetzt, jetzt wolle er zu mir sprechen. Carlyon war sein Freund geworden, obwohl keiner Joe in Carlyons Liebe und Hochachtung verdrängen konnte.

Wir waren wie eine gemütliche Familie – Kim und ich, Carlyon und Mellyora. Ich war ihr Mittelpunkt, um den sich alles drehte.

Eines Morgens brachte mir Haggety einen Brief von Kim. Während ich ihn las, blieb Haggety wartend stehen, denn er sollte, wie er sagte, gleich die Antwort mitbringen.

»Meine liebe Kerensa«, las ich, *»ich habe Dir etwas zu sagen, was ich*

eigentlich schon lange vorhatte, aber ich dachte, daß Du unter den jetzigen Umständen noch nicht in der Lage seist, eine Entscheidung zu treffen. Wenn es noch zu früh ist, mußt Du mir verzeihen, und wir wollen es für eine Zeit vergessen. Wo können wir am besten miteinander sprechen? Hier auf Abbas? Oder soll ich lieber ins Dower-Haus kommen? Würde es Dir um drei Uhr heute nachmittag passen? Herzlichst, Kim.«

Ich frohlockte. Jetzt! Jetzt ist der Augenblick gekommen, der wichtigste Augenblick meines Lebens!

Haggety stand neben mir, während ich schrieb.

»Lieber Kim,
vielen Dank für Deinen Brief. Ich bin äußerst begierig zu hören, was Du mir zu sagen hast, und will gern heute nachmittag um drei Uhr nach Abbas kommen, Kerensa.«

Beim Lunch fanden mich Mellyora und Carlyon verändert.

»So gut hast du noch nie ausgesehen«, sagte Mellyora.

»Du siehst aus, als hättest du etwas bekommen, was du dir schon lange gewünscht hast«, fügte Carlyon hinzu. »Hast du etwas bekommen, Mama?«

»Ich habe heute morgen nichts geschenkt bekommen, wenn du das meinst.«

»Ich dachte, du hättest etwas bekommen«, beharrte er.

Wenn ich wiederkomme, werden sie es erfahren, dachte ich. Gleich nach dem Lunch zog ich das lilafarbene Seidenkleid an und kämmte mein Haar sehr sorgfältig, den spanischen Kamm steckte ich hinein. Er machte mich größer und gab mir ein königliches Aussehen – eine würdige Schloßherrin auf Abbas. Ja, er sollte stolz auf mich sein.

Endlich konnte ich mich auf den Weg machen. Es war ein milder Herbst, und die Sonne ließ die Zweige der Tannen glänzen. Die Liebe schärft die Sinne, jeden einzelnen.

Ich wollte nicht zu früh kommen, deshalb blieb ich auf der Wiese in dem Kreis der Steine stehen, die in meinem Leben zu einem Symbol geworden waren. Auch sie hatten das Leben geliebt, aber sie waren die törichten Jungfrauen gewesen. Sie glichen Schmetterlingen, die zur Sonne erwacht waren; gar zu toll hatten sie in ihren Strahlen getanzt, waren dahingesunken und gestorben.

Ich betete, meine Ehe möge fruchtbar werden. Ich hatte meinen geliebten Sohn und wollte noch mehr Kinder haben – von Kim und mir. Carlyon würde Titel und Abbas erben. Er war ein St. Larnston, und Abbas war das Eigentum der St. Larnstons gewesen, solange man denken konnte. Aber ich würde prächtige Zukunftspläne schmieden für die Söhne und Töchter, die Kim und ich haben würden.

Ich ging über den Rasen nach Abbas.

Ich stand an dem großen Portal und läutete. Haggety erschien.

»Guten Tag, Madam. Mr. Kimber erwartet Sie in der Bibliothek.«

Kim kam auf mich zu, ich spürte seine Erregung. Er nahm mir den Mantel ab und zeigte keine Überraschung darüber, daß ich die Trauerkleidung abgelegt hatte. Er blickte mir ins Gesicht und nicht auf mein Kleid.

»Wollen wir uns zuerst unterhalten und später den Tee nehmen?« fragte er. »Es wird mancherlei zu besprechen sein.«

»Ja, Kim«, antwortete ich eifrig, »laß uns jetzt reden.«

Er schob seinen Arm unter meinen und führte mich zum Fenster. Da standen wir nebeneinander und schauten über den Rasen. Ich konnte den Kreis der Steine in der Wiese sehen und dachte, dies sei der ideale Platz für einen Heiratsantrag.

»Ich habe viel darüber nachgedacht, Kerensa«, begann er, »und wenn ich zu früh nach deinem Schicksalsschlag spreche, mußt du mir verzeihen.«

»Bitte, Kim«, sagte ich ernst, »ich bin bereit zu hören, was du mir zu sagen hast.«

Er zögerte noch immer, dann begann er: »Seit meiner Kindheit ist mir dieser Ort vertraut. Justin war mein bester Freund, und ich glaube, die Familie hatte Mitleid mit mir einsamem Jungen. Gern machte ich mit Justins Vater einen Rundgang über das Gut. Er sagte oft, er wünschte, seine eigenen Söhne hätten mein Interesse an dem Besitz.«

Ich nickte.

»Wie oft habe ich mir gewünscht, daß es mir gehöre. Ich erzähle dir das alles, damit du erkennst, daß ich sehr gut über den Zustand Bescheid weiß, in den Abbas gekommen ist. Ein großes Gut wie dieses verfällt sehr schnell, wenn ihm die rechte Hand fehlt. Es braucht Kapital und harte Arbeit. Ich könnte ihm geben, was ihm fehlt. Ich besitze das Kapital, aber vor allem – ich liebe Abbas. Verstehst du mich, Kerensa?«

»Vollkommen. Abbas braucht einen Mann, einen starken Mann, der es versteht und es liebt und der bereit ist, ihm seine Zeit zu widmen.«

»Ich bin der Mann. Ich kann Abbas retten. Mancherlei müßte geschehen, sonst gerät es in Verfall. Kerensa, ich möchte Abbas kaufen. Ich weiß, das ist eine Angelegenheit für die Rechtsanwälte. Ich weiß noch nicht genau, was Justin dazu meint. Aber ich wollte zuerst mit dir sprechen, um zu erfahren, wie du darüber denkst, weil ich weiß, daß du das Haus liebst.«

Ich blickte ihm ins Gesicht. Er war erhitzt, und seine Augen blickten ins Weite, als gewahrte er weder den Raum noch mich, als sähe er in die Zukunft.

Ich sagte langsam: »Ich dachte, das Gut würde eines Tages Carlyon gehören. Er würde den Titel erben, wenn Justin nicht heiraten und einen Sohn bekommen würde – und das ist wohl kaum noch zu erwarten. Dein Vorschlag kommt ein wenig unerwartet.«

Er nahm meine Hand, und mein Herz tat einen hoffnungsvollen Sprung. Er sagte: »Ich bin ein taktloser Narr, Kerensa. Ich hätte die Sache anders vorbringen sollen, nicht so damit herausplatzen. In meinem Kopf wälze ich die verschiedensten Pläne. Es ist unmöglich, dir jetzt alles zu erklären.«

Das war genug. Ich glaubte, ihn zu verstehen. Das war nur der Anfang seines Planes. Er wollte Abbas kaufen und mich dann bitten, die Herrin zu werden.

»Ich bin jetzt ein wenig langsam von Begriff, Kim«, sagte ich. »Ich habe Grandma so sehr geliebt, und ohne sie...«

»Meine liebste Kerensa! Du sollst dich nie mehr verloren und einsam fühlen. Du weißt, ich bin da, um für dich zu sorgen – ich – Mellyora – Carlyon.«

Ich wendete mich ihm zu und legte meine Hand auf seinen Arm. Er nahm sie und küßte sie schnell. Das genügte mir. Ich war immer ungeduldig gewesen. Ich wollte alles erfüllt sehen, sobald ich mir darüber klar war, wie sehr ich es mir wünschte.

Kim betrieb den Kauf von Abbas und des St. Larnstonschen Gutes. Es waren verwickelte Unterhandlungen; aber während wir auf den Abschluß warteten, ließ er schon eine Reihe Reparaturen ausführen.

Abbas war voll von Arbeitern. Eines Tages, als Kim mich herumführte, um mir zu zeigen, wie es vorwärtsging, entdeckte ich Reuben Pengaster.

Ich hatte Mitleid mit Reuben und allen Pengasters. Es mußte ein Schlag für sie gewesen sein, als Hettys Leiche gefunden wurde. Doll hatte Daisy erzählt, Bauer Pengaster hätte sich drei Tage und drei Nächte in seine Schlafkammer eingeschlossen, ohne ein Wort zu sprechen. Ich wußte, daß Reuben seine Schwester innig geliebt hatte; aber als ich ihn in Abbas bei der Arbeit sah, sah er glücklicher aus als seit langem.

Er war beim Hobeln, und sein Unterkiefer zitterte, als freute er sich über einen geheimen Spaß.

»Wie geht's denn vorwärts, Reuben?« fragte Kim.

»Ganz gut, Sir, glaub' ich.«

Kim erklärte, was hier geschah, und wir gingen weiter. Dann fiel mir ein, daß ich an Grandmas Häuschen gern einige Renovierungen vornehmen lassen wollte, und sagte es Kim.

»Bitte doch Reuben, einmal hinzugehen und dir einen Voranschlag zu machen. Er wird es gern tun.«

Ich ging zurück zu Reuben.

»Ich hätte gern einige Reparaturen an Grandmas Häuschen vorgenommen, Reuben«, sagte ich.

»O ja.« Er hobelte weiter, aber ich konnte sehen, daß er sich freute.

»Ich denke daran, einen kleinen Anbau zu machen und die Kate zu einem richtigen kleinen Haus auszubauen. Meinst du, das wäre möglich?«

»Ich meine schon. Ich müßte es mir mal genau ansehen.«

»Gut, willst du mal kommen?«

Er hielt mit der Arbeit inne und kratzte sich am Kopf.

»Wann wäre es Ihnen recht, Madam? Wenn ich hier morgen mit der Arbeit fertig bin?«

»Das wäre ausgezeichnet.«

»Als gut, ungefähr um sechs Uhr.«

»Da wird es schon dunkel. Du solltest es bei Tageslicht sehen.«

Er kratzte sich wieder am Kopf. »Nun ja, ich könnte wohl auch schon um fünf Uhr dort sein. Da hätten wir noch eine Stunde lang Tageslicht, ja?«

»Also gut, Reuben. Morgen um fünf Uhr an der Kate.«

»Ganz recht, Madam.«

Während ich auf dem Weg zur Kate war, dachte ich daran, wie ich das letztemal hier war, und ich fühlte, wie die Unruhe wieder in mir aufstieg.

Als ich das Dickicht betrat, blickte ich mich immer wieder um, weil ich mir einbildete, verfolgt zu werden. Ich war pünktlich. Ich würde genau um fünf Uhr dort sein. Ich hoffte, auch Reuben würde zur Zeit kommen. Wenn er da war, würden sich meine Angstvorstellungen zerstreuen.

Ich kam zur Tür, schloß auf und trat ein. Ängstlich sah ich mich um. Die Kate war immer dunkel gewesen, weil die Fenster so klein waren. Ich wünschte, ich hätte lieber einen hellen Vormittag abgewartet, um Reuben hierherzubitten. Immerhin, ich würde ihm zeigen können, was ich gemacht haben wollte, und das war alles, was nötig war.

Mein Herz klopfte in wildem Schrecken. Es war das gleiche wie damals. Jemand bewegte die Türklinke. Ich rannte zur Tür, und als ich mich dagegenlehnte, erschien wieder der Schatten am Fenster.

Ich starrte hin. Dann begann ich zu lachen. »Reuben«, rief ich, »du bist es. Einen Augenblick, ich laß dich herein.«

Ich lachte erleichtert, als er in die Kate trat – der gute, wohlbekannte Reuben, kein düsterer Fremdling.

»Nun«, sagte ich lebhaft, »es ist nicht die beste Tageszeit für unser Geschäft.«

»Oh, die Tageszeit ist gut genug, Madam.«

»Nun, vielleicht für unseren Zweck. Du wirst noch einmal an einem Vormittag herkommen müssen. Du siehst, es sind viele Reparaturen nötig. Aber ich denke ans Ausbauen. Wir wollen einen Plan machen. Nur eines möchte ich unbedingt. Dieser Raum muß genauso bleiben, wie er ist. Immer wollte ich ihn so erhalten, wie er ist, mit dem alten Talfat an der Wand. Verstehst du, Reuben?«

Er sah mich nur an, während ich redete, aber er sagte: »Oh, ich sehe schon, Madam.«

»Gut«, fuhr ich fort. »Wollen wir es uns einmal ansehen, solange wir noch Tageslicht haben? Ich fürchte, es ist nicht mehr viel übrig.«

»Für unsere Hetty gibt es gar keines mehr«, sagte er.

Ich wandte mich um und sah ihn scharf an. Sein Gesicht war faltig, und er sah aus, als ob er dem Weinen nahe sei.

»Es tut mir leid«, sagte ich freundlich. »Es war schrecklich. Ich kann dir nicht sagen, wie leid es mir tut.«

»Ich will Ihnen jetzt erzählen, wie leid es mir tut, Madam.«

»Wir müssen das Licht noch ausnutzen. Es wird bald dunkel sein.«

»Ja«, sagte er, »bald wird es für Sie so dunkel sein wie für unsere Hetty.«

Etwas in seiner Stimme, in seiner Art, wie er mich immer weiter anstarrte, begann mich zu beunruhigen.

»Und jetzt das Dach«, sagte ich lebhaft. »Was denkst du von dem Dach?«

Eine Sekunde blickte er auf. »Ich meine, an dem Dach müßte was gemacht werden.«

»Schau her, Reuben«, sagte ich. »Es war ein Fehler, zu dieser Tageszeit hierherzukommen. Nicht einmal ein klarer Tag hätte uns da genützt. Ich will dir den Schlüssel zu der Hütte geben. Ich möchte, daß du an einem Vormittag herkommst und alles gründlich untersuchst. Wenn du das getan hast, kannst du mir berichten, und ich werde entscheiden, was wir tun können. Ist es recht so?«

Er nickte.

»Ich fürchte, es ist zu dunkel, um jetzt irgend etwas zu unternehmen. Es gab nie viel Licht hier, auch nicht an den sonnigen Tagen. Aber am Vormittag wird es am besten sein.«

»O nein«, sagte Reuben. »Jetzt ist's am besten. Die Stunde hat geschlagen. Jetzt ist die Zeit gekommen.«

Ich versuchte es zu überhören und machte einen Schritt zur Tür hin. »Nun, Reuben?« murmelte ich.

Aber er kam mir zuvor und verstellte mir den Weg.

»Ich möchte Ihnen was erzählen«, begann er.

»Was denn?«

»Sie ist kalt und tot, unsere Hetty.« Sein Gesicht spiegelte seine Erregung wider. »Sie war hübsch – wie ein kleiner Vogel, unsere Hetty. Es war nicht recht. Er hätte sie heiraten müssen, und Sie haben es erreicht, daß er Sie heiratete statt Hetty. Ihm kann ich's nicht mehr heimzahlen, das hat Saul besorgt.«

»Das ist nun vorbei, Reuben«, flüsterte ich besänftigend und versuchte an ihm vorbeizukommen, aber er hielt mich fest.

»Ich seh's noch, wie die Mauer einstürzte. Ja, ich hab' sie gesehen. Eine Minute war sie da – und in der nächsten nicht mehr. Sie erinnerte mich an jemanden.«

»Vielleicht hast du in Wirklichkeit gar nichts gesehen, Reuben«, sagte ich, froh, daß er nicht mehr von Hetty sprach, sondern von der siebenten Jungfrau.

»Für eine Minute war sie da«, murmelte er, »und in der nächsten war sie verschwunden. Wenn ich nicht die Steine beiseite geräumt hätte, wäre sie noch dort, bis auf den heutigen Tag. Eingemauert war sie dort, alles wegen ihrer schrecklichen Sünde.

Sie lag dort mit einem Mann, und sie hatte die heiligen Gelübde getan. Und sie wäre noch dort – aber ich...«

»Es war nicht deine Schuld, Reuben. Und sie war tot.«

»Alles durch mich«, sagte er, »und sie sah aus wie...«

»Wie wer?« fragte ich zaghaft.

Seine irren Augen starrten mich an. »Wie du.«

»Nein, Reuben, das bildest du dir ein.«

Er schüttelte den Kopf. »Sie hat gesündigt«, sagte er. »Und du hast gesündigt. Unsere Hetty hat gesündigt. Sie hat bezahlt. Aber du nicht.«

»Ach, quäl dich doch nicht länger, Reuben!«

»Ich quäle mich auch nicht«, antwortete er. »Bald ist alles erledigt.«

»Dann ist ja alles in Ordnung. Und jetzt gute Nacht. Du kannst den Schlüssel behalten. Er liegt auf dem Tisch.«

Ich versuchte zu lächeln, ich nahm alle Kraft zusammen. Ich mußte an ihm vorbeikommen, ich mußte rennen.

Aber er war neben mir, und als ich seine Finger an meinem Arm fühlte, spürte ich sofort seine Kraft.

»Du gehst nicht!« befahl er.

»Ich muß, Reuben. Sie werden schon auf mich warten.«

»Andere warten«, sagte er, »andere warten auf dich.«

»Wer?«

»Sie«, sagte er. »Hetty und sie... Die in der Mauer.«

»Reuben, du weißt nicht, was du redest.«

»Ich weiß genau, was ich zu tun habe. Ich habe es ihnen versprochen.«

»Wem? Wann?«

»Ich habe gesagt: Hetty, quäl dich nicht, mein Kleines. Du hast falsch gehandelt. Er hätte dich heiraten sollen, statt dich zu ermorden. Aber da war noch sie, weißt du... Sie kam aus der Mauer heraus und wollte dir ein Leid antun, und ich war derjenige, der sie herausließ. Sie ist böse... Sie gehört wieder in die Mauer. Quäl dich nicht. Du wirst zu deinem Frieden kommen.«

Er näherte sein Gesicht dem meinen und begann zu lachen – jenes, gräßliche Lachen, das mich für den Rest meines Lebens verfolgen sollte. »Du weißt, Kerensa, wohin du gehörst.«

»Reuben«, sagte ich, »du bist mir schon früher einmal hierher zur Kate gefolgt.«

»Ja«, sagte er. »Du hattest dich eingeschlossen. Und ich war nicht bereit. Ich mußte bereit sein. Jetzt bin ich es.«

»Reuben, laß mich gehen«, flehte ich.

»Ich ließ dich heraus«, sagte er. »Es war gräßlich, was ich getan habe. Schau, was du unserer Hetty angetan hast.«

»Hör zu, Reuben . . .«

»Die Zeit zum Zuhören ist vorüber. Ich habe schon dein kleines Nest, das dich erwartet. Dort wirst du ruhen, so behaglich wie bis zu dem Tag, an dem ich dich störte. Und dann kannst du nie mehr jemandem schaden. Und ich kann Hetty erzählen, was ich getan habe.«

»Hetty ist tot. Du kannst ihr nichts mehr erzählen.«

Als er mich losließ, wollte ich zur Tür, aber es gab kein Entrinnen. Ich hörte sein Lachen, sah seine Hände, seine starken, geschickten Hände, spürte sie um meinen Hals . . .

Die kalte Nachtluft erweckte mich wieder zum Leben. Ich fühlte mich krank und elend, und mein Hals schmerzte. Meine Glieder waren verkrampft, und ich rang nach Luft.

Obwohl mich Dunkel umgab, spürte ich doch ein unangenehmes Rütteln. Ich wollte schreien, aber kein Laut kam aus meiner Kehle. Ich wollte die Arme bewegen, aber es ging nicht und plötzlich begriff ich, daß sie auf den Rücken gebunden waren.

Ich wurde irgendwohin gebracht, und Reuben brachte mich dorthin.

Ich mußte um Hilfe schreien. Ich mußte Kim wissen lassen, daß ich in den Händen eines Wahnsinnigen war, eines Wahnsinnigen, der mich für die siebente Jungfrau hielt. Ich wollte nach Kim rufen, aber ich brachte nur einen unterdrückten Laut zustande, und mir wurde klar, daß mein Körper von einem Stück rauhen Stoffes bedeckt war, vermutlich einem Sack.

Wir hielten. Die Decke wurde fortgezogen, und ich blickte hinauf zu den Sternen. Es war also Nacht, und ich sah den ummauerten Garten, die Mauer . . .

Ich hörte sein leises Lachen, jenes entsetzliche Lachen, das mich nie mehr verlassen würde.

Er hatte mich dicht an die Mauer geschoben. Was war mit ihr geschehen? Da war das Loch, wie es damals gewesen war. Da war die Höhle.

Er hatte mich aus dem Schubkarren gezogen, in dem er mich von der Kate hergebracht hatte. Ich konnte seinen schweren Atem hören, als er mich in die Höhlung zwängte.

»Reuben«, hauchte ich. »Nicht – um Gottes willen, Reuben . . .«

»Ich hatte Angst, du wärst tot«, sagte er. »Das wäre nicht richtig gewesen. Ich bin mächtig froh, daß du noch am Leben bist.«

Ich versuchte zu sprechen, mit ihm zu reden. Ich versuchte zu rufen. Aber meine Kehle war wie zugeschnürt, und obwohl ich meinen ganzen Willen zusammennahm, konnte ich keinen Ton hervorbringen.

Ich sah den Ziegelstein in seiner Hand und wußte, was er tun würde.

Als meine Sinne schwanden, dachte ich plötzlich: Alles, was ich getan habe, hat mich hierhergebracht, gerade wie all ihre Taten sie zu dieser Stelle brachten. Wir waren einen ähnlichen Weg gegangen, aber ich habe es nicht gewußt. Ich hatte gedacht, ich könnte das Leben nach meinen Wünschen lenken. Aber vielleicht hatte sie dasselbe gedacht.

Durch einen Nebel von Schmerz und Ungewißheit hörte ich eine Stimme, eine heißgeliebte Stimme.

»Lieber Gott!« sagte sie. Und dann: »Kerensa! Kerensa!« Zwei Arme hoben mich hoch, zärtlich, mitleidig.

»Meine arme, arme Kerensa.«

Kim war zu mir gekommen. Kim hatte mich gerettet, Kim trug mich in seinen Armen aus der Dunkelheit des Todes nach Abbas.

Ich war mehrere Wochen krank. Sie behielten mich auf Abbas, und Mellyora war da, um mich zu pflegen.

Es war eine schreckliche Prüfung gewesen, weit schlimmer, als ich zuerst gedacht hatte. Jede Nacht erwachte ich, in Schweiß gebadet. Ich träumte, ich stände in der Mauerhöhlung, und Teufel seien fieberhaft dabei, mich einzumauern.

Eines Nachts lag ich wach und schluchzte in Mellyoras Armen.

»Mellyora«, sagte ich, »ich verdiene den Tod, denn ich habe gesündigt.«

»Pst«, sagte sie besänftigend, »so etwas mußt du nicht denken.«

»Aber ich habe gesündigt – genauso schwer wie sie. Und noch mehr. Sie brach ihr Gelübde. Ich brach die meinen. Ich brach die Gelübde der Freundschaft, Mellyora.«

»Du hast schlimme Träume gehabt.«

»Schlimme Träume von einem schlimmen Leben.«

»Du hattest ein schreckliches Erlebnis. Du brauchst dich nicht zu fürchten.«

»Manchmal denke ich, Reuben sei im Zimmer, und ich schreie laut, und niemand hört mich.«

»Sie haben ihn nach Bodmin gebracht. Er ist schon seit langem krank gewesen. Es ist nämlich immer schlimmer geworden.«

»Seit Hetty verschwand?«

»Ja.«

»Wie kam es, daß Kim da war und mich rettete?«

»Er hatte gesehen, daß jemand sich an der Mauer zu schaffen machte. Er sprach mit Reuben darüber, und Reuben behauptete, sie sei wieder eingestürzt. Er sagte, er würde es am nächsten Tag in Ordnung bringen. Aber Kim konnte nicht verstehen, wieso sie wieder einstürzen konnte, da sie erst vor kurzem wieder aufgebaut worden war. Und dann, als du nicht nach Hause kamst, ging ich zu Kim – natürlich.«

»Ja«, sagte ich sanft, »natürlich gingst du zu Kim.«

»Ich wußte, daß du zu der Kate gegangen warst, also gingen wir zuerst dorthin. Sie war nicht verschlossen, und die Tür stand offen. Da erschrak Kim. Er lief fort. Denn Reuben hatte etwas Merkwürdiges zu ihm gesagt über Hetty. Und da muß ihm der Gedanke gekommen sein.«

»Er erriet, was Reuben tun wollte?«

»Er erriet, daß etwas Seltsames im Gange war und daß wir es vielleicht an der Mauer herausfinden könnten. Gott sei Dank, Kerensa.«

In der Nacht wachte ich schluchzend auf. Ich hatte einen bösen Traum gehabt. Ich stand mit Mellyora auf der Treppe, und sie streckte mir den Spielzeugelefanten entgegen.

Ich sagte: »Der hat sie getötet. Du bist jetzt frei, Mellyora – frei.«

Mellyora stand neben mir. Ihr schönes Haar war in zwei Zöpfe geflochten, dicht und glänzend.

»Mellyora«, sagte ich.

»Es ist schon gut. Es war nur ein böser Traum.«

»Aber sie sind ein Teil der Vergangenheit, Mellyora. Ach, du weißt nichts. Ich fürchte, ich bin böse geworden.«

»Nun, nun, Kerensa, sag doch nicht so etwas.«

»Man sagt, Beichten tue der Seele gut. Mellyora, ich will beichten.«

»Mir?«

»Ich habe dir Unrecht getan.«

»Du hast schlecht geträumt, Kerensa.«

»Ja, und deshalb muß ich es dir erzählen. Du wirst mir nicht verzeihen. Nicht in deinem innersten Herzen, obwohl du es sagen wirst. Ich schwieg, als ich hätte reden sollen. Ich habe dein Leben zerstört, Mellyora.«

»Was sagst du? Du darfst dich nicht aufregen. Komm, nimm dies hier und versuche zu schlafen.«

»Hör mir zu, Judith trat fehl. Erinnerst du dich an Nelly – den Elefanten, Carlyons Spielzeugelefanten?«

Sie sah beunruhigt aus. Es war klar, sie dachte, ich fantasiere.

»Erinnerst du dich?« beharrte ich.

»Aber natürlich. Er liegt noch irgendwo.«

»Judith stolperte über ihn.«

Sie runzelte die Brauen.

»Der Riß«, fuhr ich fort, »du hast ihn ausgebessert. Judiths Absatz hat ihn verursacht. Er lag auf der Treppe, und sie fiel über ihn. Zuerst versteckte ich den Elefanten, weil ich nicht wollte, daß Carlyon getadelt würde, und dann... Später dachte ich, wenn sich herausstellte, daß es ein Unfall gewesen war, würde Justin niemals fortgegangen sein. Er hätte dich geheiratet; du hättest einen Sohn bekommen, der alles bekommen hätte – alles, was ich für Carlyon haben wollte.«

Es war still im Zimmer. Nur das Ticken der Uhr auf dem Kaminsims war zu hören.

»Hast du mich gehört, Mellyora?« fragte ich.

»Ja«, sagte sie ruhig.

»Und haßt du mich jetzt?«

Sie schwieg eine Weile, und ich dachte: Ich habe sie verloren. Ich habe Mellyora verloren. Zuerst Grandma, nun Mellyora.

»Es ist alles schon so lange her«, antwortete Mellyora schließlich.

»Aber du hättest Justin heiraten können. Du hättest die Herrin auf Abbas sein können. Du hättest Kinder haben können. O Mellyora, wie sehr mußt du mich hassen!«

»Ich könnte dich niemals hassen, Kerensa, außerdem...«

»Wenn du dich an all das erinnerst, wenn es dir wieder klar vor Augen steht, wenn du an all das denkst, was du verloren hast, wirst du mich hassen.«

»Nein, Kerensa.«

»Oh, du bist so gut – zu gut. Manchmal hasse ich deine Güte, Mellyora. Sie macht dich so schwach. Ich würde dich mehr bewundern, wenn du vor Zorn über mich auflodern würdest.«

»Aber jetzt könnte ich das gar nicht. Es war böse von dir. Es war schlimm von dir. Aber es ist vorbei. Und jetzt will ich dir danken, Kerensa, denn ich bin froh, daß du das getan hast.«

»Froh – froh, daß du den Mann verloren hast, den du liebtest? Froh über ein Leben in Einsamkeit?«

»Vielleicht habe ich Justin nie geliebt, Kerensa. Oh, ich bin nicht so sanftmütig, wie du glaubst. Wenn ich ihn geliebt hätte, hätte ich ihn niemals gehen lassen. Wenn er mich geliebt hätte, wäre er niemals fortgegangen. Justin liebt das Leben in der Einsamkeit. Er ist jetzt so glücklich wie nie zuvor. Und ich auch. Es wäre ein Verhängnis gewesen, wenn wir geheiratet hätten. Du hast uns davor bewahrt, Kerensa. Aus falschen Motiven heraus, ja – aber du hast uns gerettet. Und darüber bin ich froh. Ich bin jetzt so glücklich. Ohne dich hätte ich das Glück nie kennengelernt. Daran mußt du dich erinnern.«

»Du willst mich nur trösten, Mellyora. Du willst das immer. Aber ich bin kein Baby mehr.«

»Eigentlich wollte ich es dir jetzt noch nicht erzählen. Ich wollte warten, bis es dir wieder besser ginge. Dann wollten wir feiern. Wir sind alle furchtbar aufgeregt. Carlyon hält es für eine Riesenüberraschung, und es wird ein großes Fest werden. Wir warten nur noch, bis es dir wieder gutgeht.«

»Feiern – was?«

»Ich will dir erzählen, damit du beruhigt bist. Die anderen wollten nicht, daß ich es dir sage. Sie wollten eine Überraschung daraus machen.«

»Ich verstehe nichts.«

»Im selben Augenblick, als er zurückkam, wußte ich es. Und er auch. Er wußte, daß es der Hauptgrund gewesen war, daß er wieder heimkam.«

»Wer?«

»Kim natürlich. Er hat mich gebeten, ihn zu heiraten. O Kerensa, das Leben ist herrlich! Und du hast es für mich erhalten! Siehst du nun ein, daß ich dir nur danken kann? Wir werden bald heiraten!«

»Du – und Kim... O nein! Du und Kim?«

Sie lachte. »Die ganze Zeit hast du dich gegrämt und an Justin gedacht. Aber die Vergangenheit ist erledigt, Kerensa. Was vergangen ist, ist nicht mehr wichtig. Das, was vor uns liegt, zählt. Verstehst du das?«

Ich legte mich zurück und schloß die Augen. Ja, ich verstand. Meine Träume waren alle zerronnen. Ich erkannte, daß ich nichts aus der Vergangenheit gelernt hatte.

Ich sah der Zukunft entgegen, die so düster war wie das Loch zwischen den Mauern. Ich war in meinem Kummer eingemauert.

Auf Abbas gibt es jetzt Kinder – Mellyoras und Kims Kinder. Der Älteste, Dick, nach seinem Vater so genannt, ist zehn Jahre alt und sieht Kim so ähnlich, daß, wenn ich sie beieinander sehe, meine Bitterkeit fast unerträglich wird.

Ich wohne im Dower-Haus, und fast jeden Tag gehe ich über die Wiese an dem Kreis der Steine vorüber zu dem Haus. Mellyora ist eine wunderbare Schloßherrin. Nie habe ich jemanden gekannt, der so zum Glück geschaffen ist wie sie.

Carlyon wächst heran. Er ist groß und sieht Johnny kaum ähnlich; dennoch ist er trotz allem ein St. Larnston. Er ist jetzt sechzehn und verbringt mehr Zeit bei Joe als bei mir.

Einmal sprach ich mit Carlyon über seine Zukunft, und mit strahlenden Augen sagte er: »Ich will mit Onkel Joe zusammenarbeiten.«

Ich war empört und erinnerte ihn daran, daß er eines Tages Sir Carlyon sein würde, und versuchte ihm die Zukunft so hinzustellen, wie ich sie für ihn erträumte. St. Larnston konnte ihm nun nicht mehr gehören, natürlich, aber ich wollte, daß er Verwalter auf einem großen Gut würde, so wie es seine Vorfahren seit Generationen gewesen waren.

Er war betrübt, er wollte mich nicht kränken und glaubte, ich wäre von ihm enttäuscht.

Das hatte zwischen uns eine Kluft aufgetan, die mit jedem Tag größer wurde. Joe wußte davon und meinte, der Junge solle selbst wählen. Joe hat mich gern, obgleich ich manchmal glaube, er hat Angst vor mir.

Er unterhält sich mit dem Jungen; er hat versucht, ihm klarzumachen, daß das Leben eines Landtierarztes für einen ungebildeten Menschen wie ihn ausreichend genug sei, aber nicht für einen Sir Carlyon.

Aber Carlyon bleibt fest und ich auch. Ich merke, daß er es vermeidet, allein mit mir zu sein.

Häufig schreibt mir David Killigrew. Er ist immer noch Pfarramtskandidat, und seine Mutter lebt auch noch. Eigentlich sollte ich David schreiben, daß ich nie wieder heiraten wolle. Aber ich unterlasse es.

Es macht mir Spaß, David hoffen und warten zu lassen. Es gibt mir das Gefühl, wenigstens für einen Menschen wichtig zu sein.

Kim und Mellyora behaupten zwar, daß ich auch ihnen wichtig sei. Mellyora nennt mich ihre Schwester – Kim mich Schwägerin. Kim, nach dem mein Herz und mein Körper ruft! Wir waren füreinander bestimmt. Manchmal bin ich kurz davor, es ihm zu sagen, aber er merkt es nicht. Er erzählte mir einmal, daß er Mellyora begonnen habe zu lieben, als er erfuhr, daß sie mich vom Trelinketer Markt mitgenommen hatte.

Ich muß sie zusammen sehen und muß heucheln. Ich war bei der Geburt der Kinder zugegen. Zwei Buben und zwei Mädchen. Und es werden noch mehr werden. Der Älteste wird Abbas erben. Er wird dazu erzogen, es zu lieben und dafür zu arbeiten.

Warum mußte das alles mit mir geschehen, die ich geplant und gearbeitet habe...?

8

Mellyora und Kim kamen an diesem Abend von Abbas herüber.

Sie waren voller Sorge.

»Du sollst zu uns kommen, Kerensa, bis sie ihn finden.«

Ich blieb kühl. Ich hatte es weit gebracht in der Kunst, meine Gefühle zu verbergen.

»Wen finden?«

»Reuben Pengaster. Er ist ausgebrochen. Sie glauben, er würde hierher zurücklaufen.«

Ich lachte. »Ich habe keine Angst.«

»Hör zu, Kerensa.« Jetzt sprach Kim mit strenger Stimme und die Augen umschattet von Sorgen um mich. »Ich habe es von Bodmin gehört. Sie sind in großer Sorge. In den letzten Tagen hat er sich eigenartig benommen. Er sagte, er hätte noch etwas zu erledigen. Es sei etwas, das er eigentlich schon früher hätte machen sollen, ehe sie ihn ergriffen hätten, meinte er. Sie sind sicher, daß er hierherkommt.«

Ich sagte: »Du übertreibst. Laßt mich nur hier. Mir geschieht schon nichts.«

»Das ist verrückt«, ereiferte sich Kim, und Mellyora fing fast an zu weinen.

»Dann kommen wir eben herüber«, fuhr Kim fort.

Ich war ganz glücklich, ihn so besorgt zu sehen; doch wollte ich, daß er sich die ganze Nacht um mich sorgte.

»Ich will euch nicht hier haben und bleibe da«, erklärte ich abschließend. »Das ist alles Übertreibung. Reuben Pengaster hat mich schon längst vergessen.«

Ich schickte sie fort und wartete.

Es wurde Nacht im Dower-Haus. Carlyon war auf der Schule. Daisy war noch bei mir. Ich hatte ihr aber nichts gesagt, weil ich sie nicht ängstigen wollte. Sie schlief in ihrem Zimmer.

Ich saß an meinem Fenster. Es war eine mondlose, kalte Nacht, und die Sterne leuchteten.

Würde er einen Weg finden, um in das Haus zu kommen? Würde ich seinen verstohlenen Schritt vor der Tür hören, jenes jähe Auflachen? Es klang mir noch in den Ohren. Ich hörte es in meinen Träumen. Dann sah ich wieder die dicken, starken Hände, die sich um meine Kehle schlossen.

Und deshalb saß ich hier – von Angst erfüllt und zugleich voll Hoffnung. Ich wollte mir endlich über mich selbst klarwerden. Ich wollte endlich wissen, ob ich nun eigentlich froh oder traurig darüber war, daß ich noch lebte.

Er würde mich töten; vielleicht würde er mich irgendwo verstekken, bis er mich in eine Mauer einmauern konnte. Das war es, was er glaubte, noch tun zu müssen.

Eingemauert als siebente Jungfrau! Seit Jahren war ich eingemauert, abgeschlossen von allem, was das Leben schön macht. Kein Sonnenstrahl wärmte mich, mein Leben war tot.

Waren da nicht Schritte? Ich ging zum Fenster und sah eine dunkle Gestalt im Schatten der Gartenhecke. Meine Kehle war wie zugeschnürt, und als ich schreien wollte, brachte ich keinen Ton heraus.

Reuben war dort unten.

Wie ich so am Fenster stand, für Sekunden unfähig, mich zu rühren oder zu überlegen, was ich jetzt tun sollte, trat plötzlich alles wieder vor mich, so deutlich, als erlebte ich es zum zweitenmal: das Entsetzen, als ich mit Reuben allein in der Kate war, und später dann die eisige Angst, als ich in der kalten Nachtluft wieder zur Besinnung kam, den Tod in der Mauer vor Augen.

Da wurde mir klar, daß ich nicht sterben wollte. Ich wollte leben.

Und Reuben war dort unten und lauerte darauf, mich umzubringen.

Die Schattengestalt war hinter der Hecke verschwunden, und ich wußte, sie hatte sich zum Haus hin bewegt.

Wie lange würde es noch dauern, bis er einen Weg ins Haus fand? Alle Türen waren zugesperrt, doch Menschen wie Reuben, die von einem einzigen Gedanken besessen sind, gelingt es meistens, einen Ausweg aufzuspüren.

Ich verließ das Schlafzimmer und ging durch das stille Haus, die Treppe hinunter zur Hintertür. Da war eine Glasfüllung in der Tür, und mein Herz tat vor Entsetzen einen Sprung, durch das Glas konnte ich die Umrisse eines Mannes erkennen.

Reuben stand also auf der anderen Seite der Tür. Wenn er keinen anderen Weg findet, stößt er das Glas ein. Ich konnte mir vorstellen, wie seine Hand durch das Loch kam und den Riegel zurückschob. Dann war ich ihm auf Gnade und Ungnade ausgeliefert.

Ich wollte das Haus verlassen. Ich begann durch die Halle zur Vordertür zu laufen, als ich mich an Daisy erinnerte. Ich lief also zu ihrem Zimmer und weckte sie auf. Sie war schon immer ein bißchen dumm gewesen, und ich vergeudete keine Zeit mit Erklärungen.

»Zieh schnell etwas an«, befahl ich. »Wir müssen nach Abbas, sofort!«

Während sie ihre Sachen zusammensuchte, dachte ich nur: Ich will nicht sterben. Ich will leben – aber anders.

Ich griff nach Daisys Hand und rannte mit ihr die Treppen hinab. Ich riß den Riegel an der Vordertür zurück.

Als wir aus dem Haus traten, wurde ich mit festem Griff am Arm gepackt, und in diesem Bruchteil einer Sekunde wußte ich, daß ich mit aller Kraft um mein Leben kämpfen würde.

»Kerensa!«

Nein, nicht Reuben war es. Kim! Ängstlich und mit strengem Gesicht.

»Ach so – du bist es.«

»Mein Gott«, sagte er kurz. »Glaubst du denn, wir ließen dich allein?«

»Wir? Mellyora auch? Immer Mellyora und Kim.

»Also seid ihr hier ums Haus geschlichen! Ihr habt mich erschreckt. Ich sah euch vom Schlafzimmer aus. Ich dachte, es sei Reuben.«

»Das ist nur gut« erwiderte er. »Vielleicht bist du jetzt bereit und kommst mit uns nach Abbas.«

Also gingen wir. Ich schlief die ganze Nacht nicht. Ich saß am Fenster in dem Haus, das eine so große Rolle in meinem Leben gespielt hatte. Ich sah die Sonne in dem scharlachroten Himmel aufgehen, und die Steine wurden für einen Augenblick in rosa Glut getaucht.

Am Morgen hörten wir dann, daß sie Reuben gefangen hatten.

Ein Jahr nach jener Nacht hörten wir vom Tode Reubens.

Mellyora brachte mir die Nachricht. Sie sagte nichts, doch ich wußte, wie sie sich um mich geängstigt hatte. Sie strahlte an jenem Tag, und ich liebte sie. Meine überquellende Liebe wärmte mich wie die Sonne.

Kim kam zu uns.

»Nun kann ich wieder ruhig schlafen«, sagte er. »Ich will dir nur sagen, daß ich die ganze Zeit in Angst schwebte, er würde wieder ausbrechen und dich holen.«

Ich lächelte ihn an. Es lag kaum noch Bitterkeit darin.

Kim war nicht für mich bestimmt. Ich bewunderte ihn, noch immer liebte ich ihn; aber meine Liebe war anders geworden. Meine Gefühle zu ihm hatten sich allmählich gewandelt. Ich hatte sogar eingesehen, daß unsere Ehe, hätten wir geheiratet, nicht das geworden wäre, was sie mit Mellyora wurde. Sie waren füreinander geschaffen; Kim und ich dagegen nicht.

Grandma wollte, daß ich heiratete; sie wollte mich so glücklich wissen, wie sie mit Pedro gewesen war. Vielleicht gab es jemanden auf der Welt, der mich lieben könnte und den ich auch lieben könnte und mit dem zusammen ich Großmutters Worte beweisen könnte, daß das Glück gleichermaßen Gast in einer armseligen Kate wie in einem großen Herrschaftshaus zu sein vermag.

Und Carlyon? Auch unser Verhältnis hat sich geändert. Ich liebe ihn genauso innig wie früher, doch weiß ich jetzt, wie wertvoll mir mein Leben ist und wie kostbar ihm das seine. Wir haben zusammen über die Zukunft gesprochen, und Joe war dabei. Carlyon wird zur Universität gehen, und wenn er alt genug ist, um zu entscheiden, welchen Beruf er ergreifen möchte, soll er seiner inneren Stimme folgen.

Wir sind oft zusammen, und ich habe große Freude an meinem Sohn.

So bin ich nun aus meiner Dunkelheit herausgekommen. Nicht länger mehr bin ich von den Steinen umschlossen, die ich mit eigener Hand um mich aufgestellt hatte.

Vielleicht kommt auch für mich der Tag, wo mein Leben so ausgefüllt sein wird wie das von Grandma mit Pedro – ein gutes Leben; ein Leben, wie es ungebeten zu Mellyora kam und mir bisher versagt blieb; ein Leben voll Liebe. Denn Liebe heißt geben; geben, ohne zu fordern. Ein Leben, das sich in Hingabe verströmt.

Das ist es, was ich langsam begreife. Und wenn ich meine Lektionen gemeistert habe – wer weiß, vielleicht kommt dann das gute Leben auch noch zu mir.

Die Rache der Pharaonen

1
Der Fluch

Der plötzliche, geheimnisumwitterte Tod von Sir Edward Travers in den achtziger Jahren löste nicht nur in seiner engeren Heimat, sondern im ganzen Land Verblüffung und zum Teil abenteuerliche Vermutungen aus.

Die Schlagzeilen der Tagespresse lauteten etwa so:

TOD DES BERÜHMTEN ARCHÄOLOGEN SIR EDWARD TRAVERS IST ER DEM FLUCH DER PHARAONEN ZUM OPFER GEFALLEN?

Und in unserem Lokalblättchen stand:

Der Tod unseres verehrten Sir Edward, der kürzlich aufs neue zu einer Ausgrabungsexpedition ins Land der Pharaonen aufgebrochen war, wirft abermals die Frage auf, ob nicht etwas Wahres an dem alten Glauben ist, jeder, der die Totenruhe der altägyptischen Könige störe, setze sich ihrer Feindschaft und Rache aus. – Wie dem auch sei, Sir Edwards plötzlicher Tod führte zum vorzeitigen Abbruch dieses Forschungsunternehmens.

Sir Ralph Bodrean, unser Gutsherr und Sir Edwards vertrautester Freund, hatte die Expedition finanziell unterstützt. Daß er bei Erhalt der Todesnachricht einen Schlaganfall erlitt, trug natürlich zur Gerüchtebildung bei. Es war zwar schon sein zweiter, und er erholte sich auch diesmal, aber seine Gesundheit war zweifellos angegriffen, und die Abergläubischen sahen in dieser Tatsache eine weitere Folge des mysteriösen Fluches.

Das Begräbnis des toten Forschers fand auf dem heimischen Friedhof statt. Sein einziger Sohn Tybalt, der als Nachwuchs-Archäologe ebenfalls schon einige Aufmerksamkeit erregte, folgte dem Sarg als erster der Leidtragenden. Ihm folgten zahlreiche Vertreter der Wissenschaft, des Adels und – selbstverständlich – der Presse. Ich glaube kaum, daß unsere kleine, aus dem zwölften Jahrhundert stammende Dorfkirche je zuvor eine so illustre Trauergemeinde gesehen hat.

Ich war damals die sogenannte Gesellschaftsdame Lady Bodreans, der Frau des ebengenannten apoplektischen Sir Ralph. Die Stellung entsprach meiner Natur in keiner Weise; nur die Armut hatte mich genötigt, sie anzunehmen.

Während der Trauerfeierlichkeiten, wohin ich Lady Bodrean

begleitete, konnte ich meine Augen nicht von Tybalt Travers losreißen. Seit unserer ersten Begegnung hatte ich hingebend, töricht und hoffnungslos für ihn geschwärmt, denn daß ich bei einem so vornehmen und gelehrten jungen Herrn keine Chance haben konnte, blieb mir voll bewußt. Für mich war er der Inbegriff aller männlichen Tugenden. Er war gottlob kein geleckter Schönling, sondern nur groß, sehnig und mittelbrünett von Haut- und Haarfarbe; er hatte eine durchgeistigte Gelehrtenstirn, verdächtig sinnliche Lippen, eine vorspringende, arrogant wirkende Nase und tiefliegende, verschleiert dreinblickende graue Augen. Man wußte nie so recht, was hinter seinem überlegenen und distanzierten Gebaren stecken mochte. Gerade deshalb sagte ich mir oft: Es dauert sicher ein Leben lang, bis man ihn versteht – aber welch aufregende und lohnende Forschungsaufgabe wäre das!

Nach der Beerdigung kehrten Lady Bodrean und ich unverzüglich nach Keverall Court, dem alten Familienstammsitz, zurück. Sie klagte und nörgelte noch ausdauernder als gewöhnlich, und ihre Laune besserte sich nicht, als sie erfuhr, daß inzwischen mehrere Zeitungsberichterstatter dagewesen seien, um sich nach Sir Ralphs Befinden zu erkundigen.

»Die reinsten Aasgeier!« schimpfte sie. »Natürlich können sie es kaum erwarten, daß auch er stirbt... Das würde so schön in ihre idiotischen Fluch-Stories passen!«

Ein oder zwei Tage später führte ich Lady Bodreans Hunde spazieren, wie es zu meinen täglichen Pflichten gehörte. Und ebenso gewohnheitsmäßig lenkte ich meine Schritte zur Villa Gizeh, dem Wohnsitz der Familie Travers. Ich stand, wie so oft, vor dem schmiedeeisernen Tor und blickte sehnsüchtig nach dem Haus. Darauf, daß Tybalt selbst herauskommen würde, war ich keineswegs gefaßt – aber zur Flucht war es zu spät; er hatte mich schon gesehen und kam auf mich zu.

»Guten Tag, Judith. Was machen Sie denn hier?«

Ich erfand rasch einen plausibel klingenden Grund. »Lady Bodrean wollte gern wissen, wie es Ihnen geht.«

»Danke, gut. Aber kommen Sie doch herein.«

Sein unerwartetes Lächeln war beglückend. Lächerlich! Wie hatte ich, die sonst so vernünftige und stolze Judith Osmond, in eine derart alberne und aussichtslose Verliebtheit verfallen können?

Er führte mich zwischen ziemlich verwildertem Gebüsch den Gartenweg hinauf und öffnete die schwere Haustür, an der ein exotischer Metallklopfer in Form einer grinsenden Dämonenfratze angebracht war. Hatte Sir Edward beabsichtigt, damit ungebetene Besucher abzuschrecken?

Drinnen schluckten dicke Orientteppiche jeden Schall. Unsere Schritte wurden lautlos. Tybalt geleitete mich in einen vorwiegend in Dunkelblau und Gold gehaltenen Salon, der ebenfalls durch schwere Vorhänge und Teppiche wie gepolstert war. Sir Edward hatte jeglichen Lärm verabscheut. Dafür sprangen einem überall Beweise seiner Forschertätigkeit ins Auge – in diesem Zimmer waren es die rarsten fernöstlichen Fundstücke. Nur der Konzertflügel brachte einen Hauch unseres viktorianischen Englands hinein.

Tybalt bot mir einen Sessel und setzte sich mir gegenüber.

»Wir bereiten eine neue Expedition an die Stelle vor, die mein Vater vorzeitig im Stich lassen mußte«, erzählte er mir nach wenigen Einleitungsfloskeln.

»Oh... halten Sie das für klug?«

»Aber Judith! Glauben Sie etwa an die Gerüchte um den Tod meines Vaters?«

»N-nein, natürlich nicht.«

»Es stimmt schon, daß er kerngesund war oder schien – und trotzdem hat es ihn erwischt. Das kommt vor. Ich glaube, er war gerade einer ganz großen Entdeckung auf der Spur.«

»Man hat doch eine Obduktion vorgenommen?«

»Ja, aber erst hier in England. Die Todesursache ließ sich nicht mehr mit Sicherheit ermitteln – Grund genug für alle möglichen Spekulationen. Und dazu noch Sir Ralphs Schlaganfall...«

»Sie meinen, da ist schon ein gewisser Zusammenhang?« fragte ich.

»Ein ganz alltäglicher. Sir Ralph war natürlich erschüttert über den Tod seines alten Freundes. Dazu kommt sein zu hoher Blutdruck; er hatte ja schon mal einen Anfall ohne jeden mysteriösen Anlaß, und die Ärzte haben ihm seit Jahren empfohlen, ein bißchen mehr auf seine Gesundheit zu achten. Dennoch treibt es mich jetzt mehr denn je nach Ägypten. Ich muß wissen, was mein Vater beinahe entdeckt hätte und... ob dieses Vorhaben wirklich etwas mit seinem Tode zu tun hat.«

»Nehmen Sie sich in acht!« fuhr es mir heraus.

»Ich glaube, damit einen Wunsch meines Vaters zu erfüllen«, erwiderte Tybalt lächelnd.

Ich nahm wieder Haltung an. »Wann reisen Sie ab?«

»Die Vorbereitungen dauern wahrscheinlich noch ein Vierteljahr, und dann...«

In diesem Moment unterbrach uns das Hereinkommen einer Dame, die Tabitha Grey hieß und mich wie alles in der Villa Gizeh brennend interessierte. Sie war schön, aber auf eine so unaufdringliche Weise, daß man es erst nach mehrmaligem Sehen merkte. Ihr Charme war seltsam mit stiller Resignation gemischt. Mir war nie ganz klar geworden, welche Stellung sie eigentlich hier einnahm; wahrscheinlich die einer sehr privilegierten Hausdame.

»Judith läßt herzliche Grüße von Lady Bodrean ausrichten«, erklärte Tybald, bevor ich zu Worte kam.

»Darf ich Ihnen eine Tasse Tee anbieten?« fragte Tabitha.

Ich lehnte dankend ab: Meine Ausgangszeit sei ohnehin schon überschritten. Tabitha lächelte verständnisinnig. Jedermann wußte, daß Lady Bodrean keine sehr angenehme Brotgeberin war.

Tybalt begleitete mich zurück. Diese nie erwartete Höflichkeit warf mich fast um, und obwohl er nur von der bevorstehenden Expedition sprach, schwebte ich wie auf Wolken, besonders als er in ganz ernsthaftem Ton sagte:

»Ich wünschte, Sie könnten mitkommen.«

Es war wie ein Wunder, wie ein Traum, von dem ich damals noch nicht wußte, daß er sich tatsächlich erfüllen würde. Wie hatte dieses Märchen nur angefangen? Ich überlegte krampfhaft... Wahrscheinlich schon an meinem vierzehnten Geburtstag, als ich in einem frischausgehobenen Grab ein Bruchstück aus der Bronzezeit fand.

2
Der Bronzeschild

Mein vierzehnter Geburtstag war eines der denkwürdigsten Daten meines Lebens, nicht nur wegen meines ersten archäologischen Fundes, sondern weil ich erstmals etwas über meine eigene Herkunft erfuhr.

Doch ich will der Reihe nach erzählen. Der Schild kam zuerst. Es war ein früher, heißer Julinachmittag, und das Pfarrhaus schien menschenleer, weil weder meine »Tanten« Dorcas und Alison (unser Verwandtschaftsgrad war nicht ganz klar) noch ihr Vater, Reverend James Osmond, noch die beiden Hausmädchen zu sehen oder zu hören waren. Ich nahm an, daß die Mädchen sich in der mittäglichen Freizeit zwecks vertraulicher Herzensergießungen in ihre Dachkammer zurückgezogen hatten, Dorcas im Garten arbeitete, Alison nähte oder stickte, und daß der ehrwürdige Reverend im Studierzimmer über seiner nächsten Predigt eingeduselt war.

Ich irrte mich, zumindest in bezug auf Dorcas und Alison, die aufgeregt in einem ihrer Schlafzimmer zusammensaßen und beratschlagten, wie sie's »dem Kinde sagen« sollten. Mit vierzehn Jahren, meinten sie, dürfe ich nicht länger im dunkeln gelassen werden ...

Inzwischen war ich schon auf dem Friedhof und sah zu, wie Pegger, unser alter Totengräber, ein Grab aushob. Der Friedhof hatte von jeher eine magische Anziehungskraft auf mich ausgeübt. Manchmal, wenn ich mitten in der Nacht aufwachte, hockte ich mich aufs Fensterbrett und schaute mit wohligem Gruseln auf die Grabsteine hinunter. Bei Nebel konnte ich mir einbilden, sie regten sich, und gleich würde ich hier oder da ein emporsteigendes Totengerippe erblicken. Aber auch bei hellem Mondschein oder Stockdunkelheit und Regen arbeitete meine Fantasie; ich kam immer auf meine Kosten.

Pegger hielt im Graben inne, um sich mit seinem großen roten Taschentuch den Schweiß von der Stirn zu wischen und mich, wie es seine Art war, sehr streng anzusehen.

»Für Ihr Alter, Miß Judith«, sagte er, »haben Sie viel Sinn für die letzten Dinge. Darin gleichen wir uns wohl. Wenn ich hier in der Grube stehe und die Erde hochschaufle, denke ich stets an denjenigen, der hinein soll – ich kenne ja alle mein Leben lang.«

Pegger sprach mit Grabesstimme, was natürlich mit seinem Beruf zusammenhing. Er hatte das Amt des Totengräbers von seinem Vater und Großvater geerbt und wirkte mit der silberweißen Mähne und dem langen Bart schon rein äußerlich wie eine Prophetenfigur aus dem Alten Testament.

»Dies wird die letzte Ruhestätte von Josiah Polgrey«, fuhr er fort. »Siebzig Jahre währte sein Leben, und nun tritt er vor das Angesicht seines Schöpfers.« Pegger schüttelte bekümmert den Kopf. Offenbar schätzte er Josiahs Chancen in der Ewigkeit nicht sehr hoch ein.

»Gott urteilt vielleicht nicht so streng wie Sie, Mr. Pegger«, meinte ich.

»Hüten Sie Ihre Zunge, Miß Judith!« mahnte er. »Das grenzt ja an Gotteslästerung!«

»Ach was. Der buchführende Engel weiß, wie ich's gemeint

habe.« Und da Mr. Pegger die Augen gen Himmel verdrehte, fügte ich besänftigend hinzu: »Haben Sie überhaupt schon zu Mittag gegessen? Es muß doch ungefähr halb drei sein!«

Ich hatte das unberührte rote Baumwollbündel auf dem Nachbargrab bemerkt, das, wie ich aus Erfahrung wußte, den kalten Imbiß enthielt, den Mrs. Pegger ihrem Mann an arbeitsreichen Tagen mitzugeben pflegte.

Er folgte meinem Blick, stieg aus der Grube, setzte sich auf den Nebenhügel und knüpfte das Bündel auf.

»Wie viele Gräber mögen Sie wohl schon in Ihrem Leben gegraben haben?« fragte ich.

»Ich habe das Zählen aufgegeben, Miß Judith.«

»Und nach Ihnen wird Ihr Sohn Totengräber sein, nicht wahr?«

»Wenn es Gott gefällt«, erwiderte Pegger indigniert, »werde ich selbst noch ein paar Gräber schaufeln, ehe ich den Spaten an meinen Ältesten weiterreiche.«

»Sicher gehört auch viel Augenmaß dazu«, sinnierte ich. »Für die kleine Mrs. Edney müßten Sie wahrscheinlich keine so große Grube ausheben wie zum Beispiel für ... na ja, sagen wir Sir Ralph Bodrean.«

Auf diese raffiniert-beiläufige Art brachte ich die Rede endlich auf Sir Ralph, von dem ich nie genug hören konnte. Und da die Sünden der Mitmenschen Mr. Peggers Lieblingsthema waren, hoffte ich einige mir noch unbekannte Details zu erfahren. Sir Ralph war in jeder Hinsicht überlebensgroß, auch als »Sünder«.

Ich hatte unseren Gutsherrn von frühester Kindheit an ehrfurchtsvoll angestaunt. Wenn er mit seinen Vollblutpferden auf der Dorfstraße an mir vorbeifuhr oder -ritt, klopfte mir das Herz. Ich knickste, wie Dorcas es mir beigebracht hatte, und meistens hob er die schweren Lider, sah mich einen Moment mit halbem Lächeln an und grüßte herablassend zurück. Irgendwer hatte den alten lateinischen Spruch auf ihn übertragen: »Hütet eure Töchter, wenn Caesar in Sicht ist!« Nun, und der Caesar unserer Gegend hieß Sir Ralph Bodrean. Ihm gehörte fast das ganze Dorf mitsamt den ausgedehnten Ländereien weit und breit. Seine Pächter betrachteten ihn als guten Herrn und sahen vor lauter Respekt gern durch die Finger, wenn ihre Töchter sich mit ihm über Sitte und Anstand hinwegsetzten. Diese Großherzigkeit sicherte ihnen Arbeit und Brot, und die zahlreichen illegitimen Sprößlinge wurden besser versorgt als die meisten ehelich geborenen Bauern- und Tagelöhnerkinder unserer Zeit.

In den Augen des frommen Totengräbers war Sir Ralph natürlich der Inbegriff des Lasters. Da er in Anbetracht meiner Jugend nicht von fleischlichen Sünden zu reden wagte, begnügte er sich mit einer Aufzählung der läßlicheren, die jedoch nach Mr. Peggers Meinung in ihrer Gesamtheit auch schon genügten, diesen Sünder zum ewigen Höllenfeuer zu verdammen. Zum Beispiel die vielen Gesellschaften! Die Jagden! Seine allgemeine Prunk- und Verschwendungssucht! Seine reichen, eleganten und oft lautstarken Freunde, die aus Plymouth und sogar aus London kamen und die schlichten Altvätersitten auf dem Lande zu verderben drohten!

Was mich betraf, so sah ich diese glänzenden Zugvögel stets gern, und besonders glücklich schätzte ich mich, täglich – außer samstags und sonntags – ins Herrenhaus zu dürfen, um am Unterricht der einzigen ehelichen Tochter Sir Ralphs, Theodosia, und seines Neffen Hadrian teilzunehmen. Dies war eine sehr große Vergünstigung für die Enkelin Reverend Osmonds, die sonst kaum zu einer soliden Schulbildung gekommen wäre. Die kleinen Bodreans hatten eine Gouvernante, und für einige Fächer war Oliver Shrimpton, unser junger Pfarramtsgehilfe, zuständig.

Doch an diesem Julinachmittag behielt ich die Freude über meine bevorzugte Stellung für mich, um Mr. Peggers interessanten Redefluß nicht zu dämmen. Er beklagte Sir Ralphs Unsitte, »seine Nase in Dinge zu stecken, die Gott der Herr wohlweislich verborgen hält«.

»Was meinen Sie denn damit, Mr. Pegger?«

»Wissen Sie nicht, Miß Judith, daß er hier auf Carters Wiese Ausgrabungen vornehmen will? Ich nenne das Gottes Erde aufwühlen, nach heidnischem Zeug buddeln, er und seine feinen Freunde aus der Großstadt... Kein gottesfürchtiger Mensch brächte das über sich!«

»Aber Mr. Pegger, es handelt sich um eine sehr ehrbare Wissenschaft: Archäologie, Altertumsforschung.«

»Ganz gleich, wie sie's nennen. Wäre es Gottes Wille, diese Dinge ans Tageslicht zu bringen, so hätte er sie nicht mit Erde zugedeckt.«

»Ich glaube nicht, daß Gott persönlich sie zugedeckt hat.«

»Wer sonst?«

»Die Zeit«, erwiderte ich naseweis.

Mr. Pegger seufzte, stieg in das halbfertige Grab zurück und grub weiter.

»Stellen Sie sich doch vor«, spann ich meinen Faden fort, »wir fänden hier Überreste einer römischen Siedlung! Das würde uns weltberühmt machen!«

»Wir brauchen keine Weltberühmtheit, Miß Judith. Uns ziemt allein...«

»Gottesfurcht«, nahm ich ihm das Wort aus dem Munde. »Nehmen Sie's mir nicht übel, aber ich finde Sir Ralphs Vorhaben großartig. Es ist ja kein plötzlicher Spleen. Er hat sich immer für Altertumsforschung interessiert, und berühmte Wissenschaftler zählen zu seinen Freunden. Vielleicht heißt seine Tochter deswegen Theodosia und sein Neffe Hadrian.«

»Heidnische Namen!« donnerte Mr. Pegger aus der Grube.

»Sachte, sachte... Wissen Sie nicht, daß Theodosia ›Gottesgeschenk‹ bedeutet? Und Hadrian... So hieß, glaube ich, ein römischer Kaiser.«

»Ordentliche Christenmenschen taufen ihre Kinder nicht so«, beharrte er.

»Na, ich heiße wenigstens Judith. Die steht schon in der Bibel. Aber Dorcas, Alison, Lavinia... Was mag Lavinia bedeuten?«

»Ach, Miß Lavinia«, murmelte Pegger. »Wie traurig, daß sie so jung und in Sünden sterben mußte.«

»So schrecklich sündhaft kann sie nicht gewesen sein. Alison und Dorcas sprechen stets sehr liebevoll von ihr.«

Auf dem Treppenabsatz des Pfarrhauses hing ein Bildnis der jüngsten Pfarrerstochter, das meine Fantasie von klein auf ebenso beschäftigt hatte wie der Friedhof. Ich malte mir gern aus, daß Lavinia zuweilen um Mitternacht herumspukte und wir am nächsten Morgen den Rahmen leer finden würden, weil sie versäumt hatte, rechtzeitig mit dem Schlage eins wieder hineinzukommen.

»Wir sind allzumal Sünder«, behauptete Mr. Pegger störrisch, »besonders die Weiber.«

»Na, hören Sie mal! Lavinia bestimmt nicht.«

Er lehnte sich einen Moment auf den Spatengriff und kratzte in seiner weißen Prophetenmähne. »Sie war die Hübscheste von den dreien.«

Wenn mir Lavinias Porträt nicht bekannt gewesen wäre, hätte das nicht viel besagt, denn Dorcas und Alison waren zwar sympathisch und bieder, aber durchaus keine Schönheiten. Außerdem zogen sie sich so spießig an, wie man es von Pfarrerstöchtern erwartete – oder wie es auf dem Lande einzig vernünftig und praktisch war. Lavinia hingegen trug auf dem Bild ein Samtkleid und einen Federhut. Aber vielleicht war das nur für die Porträtsitzungen ausgeliehen.

»Schlimm, daß sie gerade an jenem Tag mit der Eisenbahn fahren mußte«, sagte ich aus meinen Gedanken heraus.

»So geht es, Miß Judith. Keiner denkt daran, daß er im nächsten Moment vor Gottes Richterstuhl stehen kann. Tuet Buße, auf daß ihr nicht in euren Sünden dahinfahrt...«

»Herrje, Mr. Pegger, hören Sie doch endlich mit Ihren Sünden auf. Lavinias Vater und ihre älteren Schwestern haben sie innig geliebt. Das spricht doch wohl für sie.«

Merkwürdigerweise ließ Mr. Pegger das Thema fallen. Er wischte sich die Stirn, murmelte etwas über die Hitze und stieg aus dem Grab, denn er war fertig. Ich beugte mich über die gähnende schwarze Höhle, und plötzlich ergriff ich den Spaten und sprang hinunter.

»Was soll denn das?« stieß Mr. Pegger erschrocken hervor.

»Nichts weiter... Ich möchte nur mal wissen, wie man sich in Ihrem Beruf vorkommt.« Ich grub schon hastig. »Wie modrig das riecht!«

»Kommen Sie heraus! Sie machen sich doch nur schmutzig!«

»Bin ich schon. Puh, wie man in die lockere Erde einsinkt... Wenn die Seitenwände nun zusammenrutschen? Haben Sie nie Angst, lebendig verschüttet zu werden?«

»Mein Leben ist in Gottes Hand. Kommen Sie heraus.«

Ich beachtete ihn nicht, denn soeben war der Spaten auf etwas Hartes gestoßen. Ich ging in die Knie, wühlte mit den Händen nach und beförderte schließlich ein arg patiniertes, seltsam geformtes Stück Metall zutage. »Sehen Sie mal, Mr. Pegger«, schrie ich aufgeregt. »Was mag das sein?«

Er bückte sich zu mir hinunter. »Irgendein alter Sargbeschlag«, knurrte er. »Jetzt kommen Sie aber raus, Miß Judith.« Er streckte mir die Hand hin, und diesmal ließ ich mir willig hinaufhelfen, freilich nicht ohne meinen Fund.

»Aber schauen Sie doch genau hin, Mr. Pegger. Sind da nicht irgendwelche Gravierungen drauf – oder wie das heißt?«

»Werfen Sie's lieber weg. Sie könnten sich an den dreckigen Zacken verletzen«, riet Mr. Pegger.

Ich dachte nicht daran. Ich nahm es mit nach Hause und reinigte es vorsichtig. Das Bruchstück schien aus Bronze zu sein, war leicht gewölbt und zeigte tatsächlich einige tief eingeritzte Zeichen oder Ornamente. Dennoch war ich nicht ganz bei der Sache, denn das

Gespräch mit dem Totengräber hatte meine Gedanken auch sehr stark auf Lavinia zurückgeführt, die jüngste Tochter des Reverend Osmond, die bei einem Zugunglück auf der Strecke Plymouth–London ums Leben gekommen war.

»Sie war auf der Stelle tot«, hatte Dorcas mir oft versichert, wenn wir die Blumen auf ihrem Grab in Ordnung brachten, »und das ist noch ein Segen... Besser tot als ein Krüppel fürs Leben wie manche der anderen Opfer damals. Sie war gerade erst einundzwanzig geworden. Eine Tragödie.«

»Was suchte sie denn in London, Dorcas?« hatte ich gefragt, als ich zum erstenmal davon hörte.

»Eine Stellung.«

»Als was?«

»Oh... als Gouvernante oder so etwas Ähnliches.«

»Nanu, weißt du's denn nicht genau?«

»Ich nehme es an... Sie wohnte damals bei einer entfernten Verwandten.«

»Bei welcher?«

»Himmel, Kind, deine ewigen Fragen! Ich sag' dir ja, eine *entfernte* Verwandte. Wir kannten sie kaum und hören nichts von ihr. Lavinia hatte sie wegen... wegen ihrer Stellungssuche um Rat gebeten, und so ergab es sich, daß sie später ausgerechnet in Plymouth in den Unglückszug stieg. Die Nachricht von ihrem Tod hat uns fast das Herz gebrochen.«

»Ach so, darum habt ihr mich ins Haus genommen. Als Ersatz für Lavinia.«

»Liebling, niemand ist ›Ersatz‹ für jemand anderen und schon gar nicht für Lavinia. Du bist du selbst, und wir haben dich um deinetwillen lieb.«

»Aber nicht so wie Lavinia. Ich ähnele ihr kein bißchen, oder?«

»Nein, kein bißchen.«

»Sie war bestimmt immer artig und sanft, nie vorlaut, frech oder rechthaberisch und so weiter... Alles, was ich bin.«

»Übertreibe nicht, Judith. Nein, sie war nicht wie du, aber auch sie konnte bei aller Sanftmut manchmal recht... eigensinnig sein.«

»Nun gut, jedenfalls habt ihr mich nur ins Haus genommen, weil sie tot war. Und ich war ein Waisenkind und irgendwie mit euch verwandt.«

»Ja... in gewisser Weise.«

»Komisch, ihr scheint nur ›entfernte Verwandte‹ zu haben, so um sechzehn Ecken herum. Wer waren denn meine nächsten Verwandten? Meine Eltern zum Beispiel?«

»Das wirst du schon alles zu seiner Zeit erfahren«, hatte Dorcas mit einer gewissen Hast geantwortet. »Warte doch, bis du größer bist. Wir wissen ja selbst nicht so genau Bescheid.«

An dieses Gespräch dachte ich, während ich in meinem Zimmer am Waschtisch stand und das gefundene Bronzestück putzte. Ich trocknete es gerade, als es an die Tür klopfte.

»Herein!« rief ich erstaunt, weil innerhalb der Familie selten geklopft wurde. Dennoch waren es Dorcas und Alison, die auf der Schwelle erschienen, und zwar mit so feierlichen Gesichtern, daß mir angst und bange wurde. Ich vergaß meinen Fund und fragte beklommen: »Ist etwas passiert?«

»Wir haben dich nach Hause kommen hören«, sagte Alison.

»Oje, war ich wieder so ein Trampel?«

Sie tauschten einen lächelnden Blick. »Nein, nein«, sagte Dorcas dann, »wir haben auf dich gewartet und deshalb die Ohren gespitzt.«

Hierauf entstand eine Pause. Ich spürte, daß etwas Ungewöhnliches in der Luft lag. »Ihr habt doch was«, drängte ich endlich. »Nun sagt's schon!«

»Ruhig, Kind... nichts Besonderes. Nichts Schlimmes. Wir überlegen schon seit einiger Zeit, wie wir dich aufklären sollen, und da der vierzehnte Geburtstag gewissermaßen ein Meilenstein ist...«

Ich hätte beinahe gelacht. »Macht's nicht so spannend«, sagte ich.

Alison holte tief Luft, und Dorcas nickte ihr ermutigend zu. »Also, Judith, die Sache ist die... Du bist bei uns aufgewachsen, und wir haben dich immer bei der Meinung gelassen, du seiest eine entfernte Verwandte.«

»Über sechzehn Ecken«, ergänzte ich.

»Aber das stimmt nicht.«

Ich zuckte zusammen und blickte von einer zur andern. »Wer bin ich denn dann?«

»Unser liebes Pflegetöchterchen.«

»Ja, das weiß ich, aber wer sind oder waren meine Eltern.«

Alison räusperte sich. »Du warst bei dem Eisenbahnunglück dabei... im selben Zug wie Lavinia.«

»Was? Ihr sagtet immer, damals sind so viele Menschen ums Leben gekommen. Waren meine Eltern dabei?«

»Ähem... ja, wahrscheinlich.«

»Himmel, wißt ihr denn nicht, wie das alles ablief und wer sie waren?« schrie ich ungeduldig.

»Schsch, Liebling, reg dich nicht auf! Nein, leider war die Identität deiner Eltern trotz aller Nachforschungen nicht festzustellen. Sie... waren sehr entstellt und hatten keine Papiere bei sich. Du, das Baby, warst wie durch ein Wunder unverletzt geblieben; und um in unserer Trauer um Lavinia irgend etwas zu tun, haben wir dich adoptiert.«

»Was wäre aus mir geworden, wenn ihr das nicht getan hättet?«

»Oh, dann hätte sich bestimmt ein anderer gefunden.«

Ich bekam feuchte Augen, als ich an all ihre Güte und all meine Ungezogenheit dachte. Herrgott, wie hatten sie sich aufgeopfert, und wie hatte ich sie fast vierzehn Jahre lang geplagt!

Impulsiv stürzte ich auf sie zu und versuchte beide gleichzeitig in die Arme zu schließen.

»Judith, Judith, nicht so stürmisch!« lächelte Dorcas, obwohl ihre Augen naß waren. Freilich hatte sie sowieso ein bißchen »dicht am Wasser gebaut«, wie es bei uns hieß.

Alison sagte gefaßter: »Du warst uns ein Trost, Kleine. Wir brauchten etwas zum Liebhaben, nachdem Lavinia nicht mehr war.«

»Danke für die Aufklärung«, sagte ich. »Kein Grund zum Heulen. Vielleicht bin ich eine verschollene Prinzessin oder die Erbin eines Großgrundbesitzers, und meine Familie hat sich seit über dreizehn Jahren halb kaputt gesucht...«

Alison und Dorcas zwangen sich wieder zum Lächeln. »Wie schon gesagt, leider war nichts Genaues festzustellen. Viele der Katastrophenopfer damals waren bis zur Unkenntlichkeit... verletzt. Papa konnte unsere arme Lavinia zwar noch identifizieren, aber er kam furchtbar erschüttert zurück.«

»Warum habt ihr mir immer erzählt, ich wäre mit euch verwandt?«

»Weil wir deine kindliche Unbefangenheit so lange wie möglich erhalten wollten. Vielleicht hattest du außer deinen Eltern gar keine Familie mehr. Jedenfalls ist nie eine Suchanzeige aufgegeben worden. Wir haben uns jahrelang darum gekümmert.«

»Wie aufregend! Dann bin ich womöglich ein königlicher Bastard oder ein Zigeunerkind« – Dorcas und Alison zuckten zusammen – »oder eine Spanierin. Sehe ich mit dem schwarzen Haar und den braunen Augen nicht ziemlich spanisch aus? Na ja, ich gebe zu, hier in Cornwall ist das nichts Apartes. Seit die Spanier mit ihrer Armada bei uns notlandeten, herrscht eine beträchtliche Rassenmischung.«

»Judith, du fantasierst zuviel«, begann Dorcas.

»Ich bin froh, daß sie es so sachlich aufnimmt«, unterbrach Alison.

»Ja, wie sollte ich's denn sonst aufnehmen? Ich hab' oft genug nach meinen Eltern gefragt. Nun weiß ich endlich, daß sie mich nicht böswillig verlassen oder ausgesetzt haben, sondern daß *sie* die Bedauernswerten sind. Ich werde nie mehr einen Groll gegen Unbekannt hegen.«

»Da wir deinen Namen nicht wußten, hat Vater dich Judith getauft.«

»Danke, ich bin mit meinem Namen zufrieden. Und Dank für die nette Geburtstagsüberraschung. Ich finde alles wunderbar romantisch. Aber nun guckt euch mal an, was ich heute gefunden habe. Sieht aus wie ein Museumsstück, nicht?«

»Was ist es?«

»Keine Ahnung. Diese eingekerbten Linien sind vielleicht Runen. Was meinst du, Dorcas?«

»Wo und wie hast du das gefunden?«

»In dem frischen Grab, das Mr. Pegger gerade für Josiah Polgrey ausgehoben hat. Ich hab' ein bißchen mitgebuddelt und bin dabei auf dieses Ding gestoßen. Mal sehen, was es wert ist. Auf jeden Fall ist es ein Geburtstagsgeschenk von Josiah Polgrey und irgendeinem Toten, der vielleicht vor Tausenden von Jahren hier gelebt hat.«

»Kind, was für Ideen!« Alison drehte mein kostbares Fundstück nachdenklich hin und her. »Ja, ich glaube, ich habe so was schon in Museen gesehen. Sir Ralph würde dir auf Anhieb sagen können, ob es von Bedeutung ist.«

»Ihr glaubt also auch, daß es etwas bedeutet?«

Wieder tauschten meine beiden Nenntanten Blicke. Dann sagte Alison langsam:

»Möglich. Nimm es auf alle Fälle mit nach Keverall Court, Judith, und frage, ob Sir Ralph es sehen möchte. Er interessiert sich ja für solche alten Sachen.«

Ich strahlte.

Da Sir Ralph sowieso Ausgrabungen auf Carters Wiese plante, war es bestimmt ein großes Plus für mich, daß ich als allererste etwas gefunden hatte.

»Ich gehe gleich hin!« rief ich begeistert.

»Ja, aber wasche dich vorher, zieh dich um und kämme dich.«

Ich lachte, und mein Herz quoll vor Liebe über. Dorcas und Alison waren so rührend gut – und so herrlich normal!

Außerdem war es immer noch mein Geburtstag; ich hatte eben erfahren, daß ich ein geheimnisvolles Findelkind war und daher Gott weiß was sein konnte, und zu alledem hatte ich wahrscheinlich einen ganz ungewöhnlichen Fund aus der Bronzezeit gemacht. Aber ihre größte Sorge war, daß ich ordentlich gewaschen, gekleidet und gekämmt vor das Angesicht des Herrn trat!

Ich ging durch einen der Torbögen in den Hof, schnupperte in Richtung des Pferdestalls und tippte auf den altertümlichen Prellstein, was bekanntlich Glück bringt. Die schwere, eisenbeschlagene Tür zur Halle des Herrenhauses knarrte beim Öffnen. Wie still es heute war! Ich schaute auf die Ritterrüstungen und Waffen zu beiden Seiten der breiten, geschwungenen Treppe und auf das schöne alte Zinngeschirr, das, solange ich mich erinnern konnte, den musealen Refektoriumstisch schmückte. Heute stand auch eine große Vase mit frischen Blumen darauf.

Wo mochten Hadrian und Theodosia wohl gerade sein? Ich malte mir aus, wie ich ihnen morgen von meinem Fund erzählen würde, der in meinen Augen schon zu etwas Unerhörtem und Einzigartigem angewachsen war. Die berühmtesten Archäologen der Welt würden sich vor mir verbeugen, die Ehrendoktorate würden mir förmlich nachgeworfen, und... und...

Hinter mir wurde ein Stuhl gerückt. Ich hatte den Diener Derwent, der den Eingang zu bewachen hatte, aus seinem wohligen Dösen aufgeschreckt.

»Ach, Sie sind's nur, Judith«, murmelte er erleichtert.

»Bitte melden Sie mich Sir Ralph. Es handelt sich um eine Angelegenheit von äußerster Tragweite«, erklärte ich hochtrabend.

Derwent hob halb amüsiert die Brauen. »Geben Sie nicht so an, Miß. Ich kenne Ihre Tricks.«

»Es ist kein Trick. Ich habe etwas Einmaliges gefunden. Meine Tanten meinten, ich müsse es sofort Sir Ralph zeigen, und weh dem, der es ihm vorenthält!«

»Sir Ralph und Lady Bodrean sitzen gerade beim Tee.«

»Egal – sagen Sie ihm wenigstens, daß ich hier bin und warum!«

Immerhin war Sir Ralphs Steckenpferd allgemein so bekannt

und geachtet, daß ich binnen fünf Minuten wirklich in die Bibliothek geführt wurde, wo er mich inmitten seiner exotischen Souvenirs erwartete. Ich legte einfach mein Bronzestück vor ihm auf den Tisch und merkte gleich, daß es den gewünschten Eindruck auf ihn machte.

»Mich laust der Affe«, sagte er. »Wo hast du denn das her?«

Ich erzählte ihm von meinem Friedhofserlebnis. Seine buschigen Brauen ruckten in die Höhe. »Was hast du denn auf dem Friedhof zu schaffen?«

»Ich wollte mal wissen, wie man sich als Totengräber fühlt.«

Sir Ralph konnte auf zweierlei Arten lachen: Die eine war ein brüllendes Röhren, die andere ein kaum hörbares Glucksen tief unten in der Kehle, und die zeigte meist an, daß er sich wirklich amüsierte. Heute gluckste er.

»Bronzezeit«, sagte er sachlich, als er sich endlich ausgegluckst hatte.

»Ja, das dachte ich mir auch schon. Interessant, ja?«

»Sicher. Bist ein braves Kind. Falls du noch was findest, bring es nur immer gleich zu mir.« Damit wies er mit dem Kinn zur Tür, aber ich war nicht gesonnen, mich so kurz abfertigen zu lassen.

»Sie wünschen mein Fundstück zu behalten, Sir, wenn ich Sie recht verstanden habe?« fragte ich.

Er verengte die Augen und mahlte kurz mit den Kiefern.

»Was heißt ›mein‹ Fundstück!« blaffte er mich an. »Es ist nicht deins.«

»Wieso? Ich habe es doch gefunden.«

»Finden heiß nicht Behalten. Zumindest nicht bei Gegenständen dieser Art, mein Kind. Die gehören nämlich der Nation.«

»Komisch!«

»Du wirst im Lauf der nächsten Jahre noch vieles komisch finden.«

»Es ist also wirklich von archäologischem Wert?«

»Was weißt du von Archäologie?«

»Oh, allerhand. Da wird in großem Stil gebuddelt, und man findet herrliche Sachen: römische Bäder und Mosaiken und kaputte Statuen und so weiter.«

»Das klingt ja fast, als würdest du gern mal ›in großem Stil‹ mitmachen?«

»Und ob! Ich würde mich dazu eignen. Ich würde sicher Sachen finden, von denen die anderen bisher nicht mal etwas geahnt haben.«

Jetzt lachte er sein röhrendes Gelächter. »An Selbstbewußtsein fehlt es dir jedenfalls nicht! Aber wenn du dir unter Archäologie vorstellst, daß man nur fortlaufend römische Villen und trojanische Schätze entdeckt, bist du auf dem Holzweg. In den meisten Fällen geht ein ungeheurer Kraft-, Geld- und Zeitaufwand drauf, und alles, was man findet, ist ein kleiner Dreck – wie dein Bronzeschildstückchen. Von der Sorte haben wir mehr als genug. Und die meisten Fachkollegen finden ihr Leben lang nichts Besseres.«

»Ich würde *große* Entdeckungen machen«, behauptete ich zuversichtlich.

Er legte mir die Hand auf die Schulter und drängte mich sanft zur Tür. Aber da ich ihn kannte und bewunderte, war ich ob dieser milden Art des Abschiebens nicht weiter beleidigt. Schließlich hatte er zugegeben, daß mein Fund das Bruchstück eines Schildes aus der Bronzezeit war, und ich war stolz darauf, meinen ersten Beitrag zur internationalen Wissenschaft geleistet zu haben.

Nicht nur bei mir selbst, sondern auch bei meinen adligen Mitschülern Hadrian und Theodosia hatte ich merklich an Prestige gewonnen, wie ich vor Beginn des nächsten Unterrichts in Keverall Court erfreut feststellte. Ich hatte die beiden, besonders Theodosia, immer ein bißchen minderbegabt gefunden, obwohl sie etwas älter waren als ich. Seit ich aus den engen Pfarrhausverhältnissen auf Hadrian und Theodosia losgelassen war, hatte ich im Handumdrehen die Führung im Schulzimmer an mich gerissen, und die beiden Sanften, Blonden, Blauäugigen hörten widerspruchslos auf mein Kommando.

Sir Ralph hatte seiner Tochter und seinem Neffen offenbar von meiner »Ausgrabung« erzählt und mich gelobt, weil ich so gescheit gewesen war, sie ihm zu bringen. Das stärkte mein Ansehen ungemein, und ich nützte die Situation nach Kräften aus. Im Laufe meiner dramatischen Erzählungen wurde das kümmerliche Bronzestück zu reinem Gold, das ein prähistorischer König extra für mich im Boden vergraben hatte.

Nachmittags stiftete ich Theodosia und Hadrian an, sich Spaten zu besorgen und unter meiner Leitung auf Carters Wiese zu graben, um den Forschern die dort vermuteten Schätze vor der Nase wegzuschnappen. Wir wurden entdeckt und tüchtig ausgescholten; aber Sir Ralph hielt es nach diesem Beweis unseres Eifers für richtig, uns in die Grundbegriffe der Archäologie einführen zu lassen. Miß Graham, die vielgeprüfte Gouvernante, mußte sich deshalb durch Stöße von Fachliteratur hindurcharbeiten und uns das Wichtigste in leicht faßlicher Form beibringen. Hierbei war ich weitaus begeisterter bei der Sache als die anderen, und Sir Ralph, der sich Bericht erstatten ließ, schien sich allmählich wirklich für mich zu interessieren.

Um diese Zeit zog sein Freund Sir Edward Travers nebst Familie in den ehemaligen Witwensitz des Bodrean-Gutes. Das Gerücht von vielversprechenden Ausgrabungsstätten hatte ihn angezogen, zumal er schon lange ein ruhiges Landhaus in der Nähe seines Freundes suchte. Er gab gelegentlich Gastvorlesungen in Oxford, befand sich aber meistens auf Forschungsreisen. Seine Zeitungsberichte und Bücher waren in Fachkreisen wohlbekannt.

In unserem stillen Dörfchen herrschte nicht geringe Aufregung, als die Kunde von dem neuen glanzvollen Zuwachs ruchbar wurde. Am meisten freute sich natürlich Sir Ralph, wie mir Tochter und Neffe erzählten, besonders im Hinblick auf seine Ausgrabungspläne.

Das neue Heim der Familie Travers wurde in »Villa Gizeh« umbenannt, nach den ägyptischen Pyramiden, wie Dorcas vermutete. Anhand des Konversationslexikons stellten wir fest, daß sie recht hatte.

Nun war das düstere alte Haus mit dem verwilderten Garten also wieder bewohnt, was mich um das Vergnügen brachte, Theodosia mit Spukgeschichten zu ängstigen. Allerdings gab ich mich nicht so ohne weiteres geschlagen. »Wenn ein Haus mal verhext ist«, raunte ich mit gekonntem Schaudern, »bleibt es für immer und ewig verhext. Ihr werdet ja merken, daß es da nicht mit rechten Dingen zugeht!«

Und wirklich verbreiteten sich bald sonderbare Gerüchte: Das Haus sei voll von so merkwürdigen Mitbringseln aus aller Welt, daß es der Dienerschaft vor dem Betreten einiger Zimmer gruselte. Wäre Sir Edward nicht ein so berühmter Gelehrter gewesen, dessen Glanz auf sie zurückstrahlte, so hätten die meisten nach wenigen Wochen gekündigt.

Sir Edward war Witwer. Sein Sohn Tybalt war schon erwachsen und studierte; seine Tochter Sabina hingegen war ungefähr gleichaltrig mit Theodosia, Hadrian und mir und nahm deshalb bald an unserem Hausunterricht teil.

Tybalt war mir zuwider, lange bevor ich ihn persönlich kennenlernte – nur weil seine Schwester so hemmungslos für ihn schwärmte. Ihren Reden zufolge war er allwissend, allmächtig, herrlich von außen und innen, kurzum gottähnlich. Sabina redete fast ununterbrochen, ohne sich um die Reaktion ihrer Zuhörer zu kümmern, falls man ihr überhaupt zuhörte. Gegen ironische Randbemerkungen war sie immun. Ich sagte Hadrian unter vier Augen, das käme von dem unnatürlichen Leben in dem alten Spukhaus mit einem stets zerstreuten Gelehrten-Vater und teils verängstigten, teils angsteinflößenden Dienstboten. Zwei davon waren nämlich Ägypter namens Mustapha und Absalam. Sie trugen lange weiße Burnusse und glitten auf ihren Sandalen so lautlos durchs Haus, daß sie beständig gerade da auftauchten, wo man nicht auf sie gefaßt war, und das brave einheimische Personal erschreckten. Waren sie nun Spitzel oder nicht?

Im übrigen war Sabina hübsch; das mußte ihr der Neid lassen. Sie hatte ein kleines, herzförmiges Gesicht, seidige blonde Locken und große graue Augen mit langen Wimpern. Theodosia, die selbst wenig Reize aufwies, bewunderte sie selbstlos. Die Freundschaft der beiden Mädchen bewirkte, daß Hadrian und ich uns notgedrungen enger zusammenschlossen als zuvor. Manchmal trauerte ich der Zeit nach, als die Familie Travers noch nicht dagewesen war und wir ein so vertrautes kleines Trio gebildet hatten – das heißt im Klartext: Ich sah meine Hauptrolle bedroht. Dorcas hatte mich immer ermahnt, die andern nicht so herumzukommandieren und zu verlangen, daß jedermann meine Ansichten teilte. Schließlich kamen Hadrian und Theodosia aus einem großen Hause und ich nur aus einer armseligen Pfarre. Daß ich am Unterricht der vornehmen Kinder teilnehmen durfte, war eine große Gunst, aber ich benahm mich, als sei ich die Tochter des Hauses und die andern die Almosenempfänger. Ich hatte Dorcas oft zu erklären versucht, das käme nur von Hadrians Energielosigkeit, und Theodosia sei ohnehin zu dumm, um je eine eigene Meinung zu haben.

Doch nun war Sabina auf der Bildfläche erschienen – nicht nur hübsch, sondern stets freundlich und gutgelaunt, nie ausfallend und somit ein ziemliches Gegenstück zu mir. Ihre blonden Locken fielen von Natur immer auf die gepflegteste Weise, während ich meine dichte schwarze Mähne kaum bändigen konnte, ganz egal, wie ich sie zu binden oder zu stecken versuchte. Ihre grauen Augen funkelten, wenn sie Spaßiges erzählte, und leuchteten, wenn sie von dem angebeteten Bruder Tybalt sprach. Sie war eine

Art Fee, deren Gegenwart die Atmosphäre unseres Schulzimmers vollkommen veränderte.

Von ihr erfuhren wir natürlich auch genau, wie es in der Villa Gizeh zuging. Ihr Vater vergrub sich oft tagelang in seinem Studierzimmer und ließ sich nur von den katzenpfötigen ägyptischen Dienern Mustapha und Absalam bedienen. Dann speiste Sabina allein mit der Hausdame Tabitha Grey, die nebenbei ihre Klavierlehrerin war. Sabina nannte sie »Tabby«. Ehe ich sie kannte, stellte ich mir unter ihr ein mausgraues mittelalterliches Wesen vor. Als ich sie dann zum erstenmal sah – eine aparte, interessante jüngere Dame –, war ich sehr verblüfft.

Ich sagte Sabina, wenn sie Personen so schlecht beschreiben könnte, würde es mich gar nicht wundern, wenn sich ihr vergötterter Bruder als mickriger, kurzsichtiger Student entpuppte, der für nichts als verstaubte Papyri und Mumien Sinn hätte und vor allem Lebendigen kläglich versagte.

Sabina lachte nur. »Warte, bis du ihn siehst.«

Wir alle (offen gestanden, auch ich) konnten kaum erwarten, daß er zu den Semesterferien von Oxford nach Hause kam. Aber kurz vor dem ersehnten Termin berichtete Sabina mit Tränen in den Augen, er käme nun doch nicht. In Northumberland waren Ausgrabungen begonnen worden, an denen er während der ganzen Ferien teilnehmen wollte. Und ihr Vater, Sir Edward, hatte die Absicht, zu ihm zu stoßen.

Glücklicherweise kam während der Semesterferien ein Stellvertreter, Tybalts Studiengenosse Evan Callum. Um sich ein bißchen Geld zu verdienen, hatte er es übernommen, uns in die Anfangsgründe der Archäologie einzuführen.

Er machte seine Sache so gut, daß ich bald nicht mehr an Tybalt dachte und mich mit Feuereifer auf den neuen Lehrstoff warf, während die anderen nur mäßig interessiert waren. Manchmal spazierte ich nachmittags mit Evan Callum zu Carters Wiese, und er erläuterte mir die praktischen Seiten des dortigen Vorhabens. Einmal trafen wir dabei zufällig Sir Ralph Bodrean.

»Na, immer noch neugierig auf Altertümer?« erkundigte er sich jovial.

Ich sagte, mehr denn je.

»Hast du inzwischen noch was gefunden?«

»Leider nein, aber ich hab' ja auch nicht viel Gelegenheit.«

Er knuffte mich spaßhaft in die Rippen. »Bilde dir bloß nicht ein, daß man dauernd was findet, auch wenn man Gelegenheit hat. Du kannst mit deinem Erstling schon ganz zufrieden sein.« Sein innerliches Glucksen deutete an, daß er sich freute, mich weiter so eifrig bei der Sache zu sehen.

Etwas später zeigte mir einer der Arbeiter, die für die Ausgrabungen angeheuert waren, wie man zerbrochene Tongefäße provisorisch zusammensetzte (»Erste Hilfe« nannte er es), bis sie fachgerecht restauriert werden konnten und eventuell von einem Museum angekauft wurden.

Zunächst war ich etwas ernüchtert von dem vielen Kleinkram, der beachtet werden mußte und sich mit meinen hochfliegenden Träumen nicht vertrug, aber dann sah ich die Notwendigkeit ein und begeisterte mich für alles, auch das scheinbar Nebensächliche.

Außerdem übernahm jetzt Tabitha Grey unsere Musikstunden, die bisher von der armen, überforderten Miß Graham mehr schlecht als recht mit abgehalten worden waren, so daß wir jetzt auf mehreren Gebieten eine ungewöhnlich gründliche und umfassende Bildung genossen. Dorcas und Alison waren entzückt und betonten unermüdlich, daß wohl kein anderes armes Mädchen hierzulande je so ein Glück gehabt hätte und daß ich guten Gebrauch davon machen sollte.

Das tat ich schon aus eigenem Antrieb, außer in Miß Grahams Handarbeitsstunden. Häkeldeckchen und Kreuzstichmuster machten mich geradezu rebellisch – solch eine sinnlose Zeitvergeudung! Aber von den Stunden bei Evan Callum konnte ich nie genug haben. Tagtäglich lag ich ihm in den Ohren, was ich noch tun könnte, um später auf möglichst große und weite Expeditionen mitgenommen zu werden, und er meinte lachend, für eine Frau sei das heutzutage schwierig, es sei denn, sie heirate beizeiten einen Archäologen. Sonst dämpfte er meinen Enthusiasmus nicht, denn es machte ihm selbst Spaß, eine so gelehrige Schülerin zu haben.

Die alten Ägypter hatten es mir besonders angetan, weil sie laut Evan noch unheimlich viele Rätsel aufgaben. »Im Tal der Könige sind noch ungeahnte Schätze verborgen, Judith«, pflegte er zu sagen, und selbstverständlich träumte ich davon, daß *ich* sie entdecken und die Hochachtung solcher Koryphäen wie Sir Edward Travers erringen würde.

Ich muß gestehen, daß er mich bisher enttäuscht hatte. Wenn man ihn überhaupt einmal traf, war er in Gedanken so weit weg, daß er uns junges Gemüse völlig übersah. Seine Augen waren stets mit seltsamem Ausdruck in weite Fernen gerichtet – wahrscheinlich in die Tiefen der Vergangenheit.

»Sein gräßlicher Sohn Tybalt ist sicher genauso«, sagte ich zu Hadrian.

Tybalt war für mich inzwischen ein Inbegriff pedantischen, verknöcherten Strebertums geworden, gerade weil Sabina so von ihm schwärmte. Hadrian und ich zogen sie oft ziemlich taktlos damit auf, aber sie war so gutartig, daß sie nur lachte und sagte:

»Denkt, was ihr wollt. Was kümmert es Tybalt? Er ist über dummes Geschwätz doch haushoch erhaben!«

Trotz allem zog mich die Villa Gizeh magisch an, und ich freute mich auf die neueingeführten Klavierstunden bei Tabithy Grey, obwohl ich beklagenswert unmusikalisch war. Aber meine Fantasie geriet in Wallung, sooft ich das »verwunschene« alte Haus betrat. »Es hat was Bedrohliches«, sagte ich zu Hadrian, der mir wie üblich zustimmte.

Düster war die Villa auf jeden Fall. Zum Teil waren die wildwuchernden Büsche und Bäume, die sie umgaben, daran schuld, aber auch drinnen war alles mit dicken Vorhängen und prunkvoll gemusterten Wandteppichen verhängt. Jeder Laut war so gedämpft, daß man selten jemanden kommen oder gehen hörte. Infolgedessen hatte ich in diesem Hause dauernd das Gefühl, heimlich beobachtet zu werden. Außerdem wohnte eine hexenartige alte Frau unter dem Dach, offenbar in einer für sie reservierten, abgeschlossenen Wohnung. Nachdem ich sie einmal am Fenster gesehen hatte, fragte ich Sabina nach ihr.

»Das ist Nanny Tester. Sie war schon Mutters Kinderfrau und dann Tybalts und meine.«

»Was macht sie da oben?«

»Nichts. Sie wohnt eben dort.«

»Aber ihr braucht doch keine Kinderfrau mehr!«

»Denkst du vielleicht, wir werfen alte Dienstboten hinaus, nachdem sie uns jahrzehntelang treu ergeben waren?« erwiderte Sabina, ausnahmsweise etwas indigniert.

»*Ich* halte sie für eine Hexe.«

»Halte sie für was du willst, Judith Osmond. Für uns ist und bleibt sie die gute alte Nanny Tester.«

»Sie hat bestimmt den bösen Blick. Immer klebt sie am Fenster, wenn wir kommen, und weicht nur zurück, wenn wir hinaufblicken und damit zeigen, daß wir ihr Spionieren bemerkt haben.«

»Was brauchst du dich um unsere Nanny zu kümmern?« meinte Sabina achselzuckend, und darauf wußte ich ausnahmsweise keine Antwort.

Das große Musikzimmer war noch das hellste und normalste im ganzen Haus, obwohl auch dort reichlich chinesische Vasen, Drachen und Figuren verteilt waren – fette, schläfrig lächelnde Buddhas in einer Sitzhaltung, die ich erfolglos nachzuahmen versuchte, zerbrechliche Damen mit undurchdringlichen und Mandarine mit grausamen Gesichtern. Und wenn ich unter »Tabbys« Anleitung meine Tonleitern und Etüden klimperte, fand ich sie nicht minder rätselhaft als die gemalten oder geschnitzten chinesischen Damen ringsumher.

Sooft sich die Gelegenheit bot, stahl ich mich vor oder nach dem Unterricht auch in die anderen Zimmer, wobei ich den armen Hadrian zum Mittun zwang. Er fand dieses Herumstöbern mit Recht unverschämt, aber er wagte nicht, sich zu sträuben, weil ich ihn sonst der Feigheit bezichtigt hätte.

Von Evan Callum wußten wir, daß Sir Edward nicht nur an altchinesischen, sondern auch an altägyptischen Entdeckungen maßgeblich beteiligt war, und die Geschichte der Pharaonenzeit faszinierte mich am allermeisten. Evan zeigte uns sehr gute Abbildungen und erklärte die dargestellten Szenen und Götterkulte. Ich lauschte hingerissen, wenn von Amon Ra, Isis, Osiris und Horus die Rede war, und begriff vollkommen, warum sie manchmal Falken-, Ibis- oder Schakalköpfe trugen: nämlich zum Zeichen ihrer über alles Menschliche hinausgehenden Macht.

Der Horusfalke zum Beispiel war ein Symbol des durchdringenden, untrüglichen Blickes... Das mußte doch jedem einleuchten.

Aber noch mehr beschäftigten mich die eigentümlichen Begräbnisriten der alten Ägypter, die ihre Könige und Großen einbalsamierten, so daß die sterbliche Hülle Jahrtausende überdauerte, während die Seele mit allem gewohnten Prunk für das Leben im Jenseits versehen wurde, sogar mit Sklaven, die sich mit ihren toten Herren oder Herrinnen einmauern lassen mußten, um ihnen auch in der Ewigkeit weiterzudienen.

»Diese Sitte, den Vornehmen oft die erlesensten Kostbarkeiten ins Grab mitzugeben, hat natürlich von jeher die Räuber angelockt«, erklärte Evan. »Manche Grabkammern sind schon vor Jahrhunderten ausgeplündert worden, ungeachtet der Legende vom Fluch der Pharaonen, der jeden treffen soll, der frevelhaft ihren Frieden stört.«

Ich war von alledem so fasziniert, daß ich am liebsten viele andere Stunden geschwänzt hätte, um sie mit Evan zu verbringen und ihn nach weiteren Einzelheiten über die alten Ägypter auszufragen. Als Sabina beiläufig erwähnte, sie hätte schon einmal eine echte Mumie gesehen, wurde ich fast neidisch.

»Wo?« fragte ich.

»Vater hat sie in einer Art Sarg mitgebracht, und...«

»Es heißt ›Sarkophag‹«, verbesserte Evan.

»Aha, danke. Der Sarkophag steht noch in einer Kammer bei uns in der Villa, aber die Mumie ist jetzt im Britischen Museum, glaube ich. Sie sah gräßlich aus«, fügte Sabina schaudernd hinzu. »Ich bin froh, daß sie weg ist.«

»Wie schade!« rief ich. »So etwas Interessantes – stell dir doch nur vor, jemanden im Haus zu haben, der vor Jahrtausenden so lebendig war wie wir!«

Im Laufe der nächsten Tage beschloß ich, mir wenigstens den Sarkophag zeigen zu lassen, ob es Sabina nun paßte oder nicht, und als Theodosia das nächstemal Einzelunterricht bei Tabby hatte (sie war uns im Klavierspiel weit voraus), nötigte ich Sabina, Hadrian und mich zu der bewußten Kammer zu führen. Ich wußte schon vom Hörensagen, daß die Dienstboten aus abergläubischer Furcht stets einen weiten Bogen darum schlugen.

Die Kammer enthielt nur deckenhohe Bücherregale und den Sarkophag, der in eine Ecke gerückt war. Er ähnelte einem steinernen Wassertrog, aber um seinen oberen Rand zogen sich mehrere Reihen von eingeritzten Hieroglyphen.

Ich ging in die Hocke, um sie von nahem zu sehen.

»Mein Vater ist noch mit der Entzifferung beschäftigt«, erklärte Sabina. »Wenn er fertig ist, kommt auch der Sarkophag ins Britische Museum.«

»Ich wünschte, die Mumie wäre noch drin«, seufzte ich, indem ich einige Hieroglyphen vorsichtig mit dem Finger nachzog.

»Ach was, so sehenswert sind Mumien wirklich nicht. Du kannst dich in jedem größeren Museum davon überzeugen. Nichts weiter als stocksteife Figuren, die von oben bis unten in einem dicken Wickelverband stecken.«

Ich richtete mich aus der Hocke auf und ließ meinen Blick über die dichtgedrängten Bücherrücken streifen. Viele der Titel waren in Sprachen oder Schriftzeichen gedruckt, die ich nicht kannte.

»Dieser Raum hat wirklich eine seltsame Atmosphäre«, sagte ich. »Kein Wunder, daß die Dienstboten sich graulen. Merkt ihr es nicht auch?«

»Ach Unsinn, du willst uns ja nur wieder einschüchtern«, antwortete Hadrian. »Es ist nur ein bißchen düster – das macht der Baum vor dem Fenster.«

»Aber ich höre auch was: so ein geisterhaftes Stöhnen...«

»Das ist der Wind im Kamin«, sagte Sabina abwehrend. »Nun kommt wieder raus; wir dürfen uns hier nicht erwischen lassen.«

Sie und Hadrian waren sichtlich erleichtert, als sich die Tür hinter uns schloß, aber mir ging das kurze Erlebnis nicht mehr aus dem Sinn. In den nächsten Tagen borgte ich mir von Evan alles Erreichbare über Mumien und Begräbnisriten. Da ich wie immer, wenn ich von einer Idee besessen war, von nichts anderem reden konnte, fiel ich meiner Umgebung beträchtlich auf die Nerven.

»Nun hör endlich auf mit deinen langweiligen Mumien!« schalt Sabina einmal, und Theodosia nickte dazu. »Schließlich sind es nur verdorrte uralte Leichen. Wenn man sie auswickelt und der frischen Luft aussetzt, zerfallen sie zu Staub. Findest du einen Haufen Staub so begeisternd?«

»Ja, denn ich stelle mir immer vor, wie sie einst ausgesehen und gelebt haben mögen.«

»Schön, meinetwegen, aber laß uns endlich damit in Ruhe.«

Ich ließ die Mädchen tatsächlich etwas mehr in Ruhe, aber nur, weil es mir gelungen war, Hadrian auf meine Seite zu ziehen und einen absonderlichen Streich mit ihm auszuhecken. Ich wollte nämlich durchaus wissen, wie man sich als Mumie in einem Sarkophag fühlte, und zugleich den verständnislosen Mädchen einen heiligen Schrecken einjagen. Hadrian stibitzte ein paar alte Bettlaken, die wir in Streifen rissen und in unseren Notentaschen versteckten, als die nächste Klavierstunde nahte. Theodosia kam zuerst dran, und während sie spielte, schlichen Hadrian und ich in die Kammer. Ich umhüllte Kopf und Hals mit einem Leinenstück, in das ich vorsorglich drei kleine Löcher für Augen und Nase geschnitten hatte, und Hadrian mußte mich kunstgerecht mit den langen Bettuchstreifen umwickeln. Dann krabbelte ich einigermaßen mühselig in den Sarkophag, rückte mich zurecht und schickte Hadrian wieder zu den andern, nachdem ich ihm nochmals eingeschärft hatte, wie er sie in die Kammer locken sollte.

Meine einzige Entschuldigung ist meine kindische Gedankenlosigkeit. Damals fand ich meinen Einfall ungeheuer witzig und mich sehr tapfer, denn als ich so in der kalten Steinmulde lag, wandelten mich doch leise Zweifel an, ob diese Keckheit nicht den Zorn der alten Götter auf mich herabbeschwören würde.

Die Zeit wurde mir lang, bis endlich die Tür aufging. Ich hörte Sabina ungehalten sagen: »Was ist da schon groß zu sehen... Judith scheint dich mit ihrer Verrücktheit angesteckt zu haben!« Dann trat sie mit Hadrian und Theodosia ein, und im nächsten Moment ertönte ein gellender Schrei. Ich fuhr unwillkürlich in meinen behindernden Wickeln in die Höhe. Etwas Schlimmeres hätte ich nicht tun können. Theodosia wankte, als die gespenstische Gestalt so plötzlich von den Toten auferstand, und sank ohnmächtig zu Boden.

»Es ist doch nur Judith!« und »Keine Angst, ich bin's bloß!« schrien Hadrian und ich gleichzeitig, aber es war zu spät – Theodosia rührte sich nicht mehr.

»Ich glaube, sie ist tot«, sagte Sabina, deren Gesicht so weiß war wie meine Vermummung. »Du hast sie umgebracht.«

»Theodosia, nein!« jammerte ich, so rasch wie möglich aus dem Sarg kletternd. »Du kannst nicht tot sein! Deswegen stirbt man doch nicht gleich!«

Ich zuckte zusammen. Auf der Schwelle stand ein hochgewachsener fremder Mann, der allen mir bekannten Leuten so wenig glich, daß ich ihn in der allgemeinen Verwirrung sekundenlang wirklich für eine rächende Gottheit hielt. Wütend genug sah er aus.

Er starrte mich an, die mit teilweise herabhängenden Bandagen beschämt dastand, und dann fiel sein Blick auf Theodosia.

»Großer Gott!« stieß er hervor und kam rasch vollends herein, um sie aufzuheben.

»Sie ist vor Schreck ohnmächtig geworden«, stammelte Sabina. »Judith hat sich heimlich als Mumie verkleidet.«

»Was für ein Blödsinn!« Er warf mir einen so verächtlichen Blick zu, daß ich froh war, mein knallrotes Gesicht noch hinter dem weißen Fetzen verborgen zu wissen.

»Ist sie tot, Tybalt?« fragte Sabina drängend.

Er antwortete nicht, sondern kehrte uns den Rücken und trug Theodosia auf seinen Armen hinaus. Sabina folgte ihm.

Während ich mich mit Hilfe des stummen und bestürzten Hadrian aus den Binden wickelte und sie zu einem Bündel zusammenrollte, kam Sabina zurückgelaufen.

»Die Erwachsenen sind sehr besorgt um Theodosia«, berichtete sie und fügte mit einem Anflug von Schadenfreude hinzu: »Und auf euch beide haben sie alle eine Riesenwut.«

»Hadrian kann nichts dafür«, sagte ich edel. »Es war *meine* Idee, nicht wahr, Hadrian?«

Er bestätigte es.

»An deiner Stelle würde ich nicht weiter stolz darauf sein«, meinte Sabina streng. »Du hättest Theodosia zu Tode erschrecken können.«

»Ist sie wieder bei Besinnung?« fragte ich ängstlich.

»Das schon, aber sie ist noch kreidebleich und zittrig und schnappt nach Luft.«

»Na, Hauptsache, sie erholt sich.«

Tybalt, Sabinas sagenhafter großer Bruder, kam mit finsterer Miene herein, maß Hadrian und mich von oben bis unten mit einem vernichtenden Blick und fragte, was wir beiden uns eigentlich bei diesem blödsinnigen Streich gedacht hätten.

Hadrian sah mich an und überließ mir die Antwort wie gewöhnlich.

»Ich wollte doch nur mal eine Mumie spielen«, murmelte ich.

»Sind Sie nicht schon ein bißchen zu groß für solche Kindereien?«

Ich fühlte mich ganz klein und häßlich und gedemütigt.

»Haben Sie nicht mal daran gedacht, welche Wirkung Ihr sogenannter Spaß auf Uneingeweihte ausüben könnte?«

»Nein, so schlimm habe ich's mir nicht vorgestellt.«

»Nächstes Mal überlegen Sie sich gefälligst vorher, was Sie tun. Das menschliche Gehirn ist nämlich zum Denken da, falls Ihnen das noch nicht aufgegangen sein sollte.«

Hätte jemand anderer mich so zurechtgewiesen, so wäre ich um eine schnippische Antwort nicht verlegen gewesen. Aber Tybalt war eine Ausnahmepersönlichkeit. Das war mir vom ersten Moment an klar geworden.

Er wandte sich zu Hadrian. »Und was hast du zu sagen?«

»Nur dasselbe wie Judith. Wir habes es nicht böse gemeint.«

»Also, dann laßt solche Dummheiten künftig bleiben.« Er schritt hocherhobenen Hauptes hinaus.

»Nun kennen wir den großen Tybalt!« sagte Hadrian mit einer Grimasse, als er außer Hörweite war.

»Das kann man wohl sagen«, stimmte ich ungewöhnlich wortkarg zu.

»Dabei hast du immer behauptet, er sei bestimmt ein mickriger, kurzsichtiger Stubenhockertyp.«

»Na, da hab' ich mich eben geirrt. Gehen wir jetzt lieber.«

Von der Treppe aus hörten wir Tybalts Stimme aus einer halb offenen Tür: »Wer ist eigentlich diese freche Göre?«, womit selbstverständlich ich gemeint war.

Sabina kam uns in der Halle entgegen. »Ihr sollt jetzt nach Hause gehen – ich meine, zu euch, Hadrian. Theodosia wird mit dem Wagen hingebracht. Ihr werdet schon noch eure Abreibung kriegen.«

Und die schien sie uns diesmal von Herzen zu gönnen.

Miß Graham, die Gouvernante, erwartete uns mit bekümmerter Miene – aber so sah sie meistens aus. Erst viel später begriff ich, daß die Arme in der dauernden Angst lebte, wegen unserer Untaten zur Verantwortung gezogen oder gar entlassen zu werden.

»Mr. Tybalt Travers hat Theodosia hergefahren und sich bei Sir Ralph über eure Ungezogenheit beschwert. Ihr müßt beide mit einer strengen Strafe rechnen. Theodosia liegt schon im Bett. Lady Bodrean ist sehr besorgt und hat nach dem Arzt geschickt. Ihr wißt doch, daß Theodosia etwas anfällig ist.«

Ich fand im stillen, daß Theodosia sich furchtbar anstellte. Sie wußte doch nun, daß die »Mumie« niemand anderes als ich gewesen war, und sollte mittlerweile über den Schreck hinweggekommen sein!

Doch half alles nichts; wir wurden in die riesige Bibliothek zitiert, die mit Kunstschätzen und Altertümern aus aller Welt vollgestopft war wie ein Museum und mich normalerweise brennend interessiert hätte. Aber jetzt sah ich nur die beiden gebieterischen Gestalten, die uns bedrohlich entgegenstarrten.

»Was hat dieser Blödsinn zu bedeuten, he?« polterte Sir Ralph.

Hadrian war in Gegenwart seines Onkels sowieso immer wie mit Stummheit geschlagen, so daß es mir überlassen blieb, abermals eine Entschuldigung zu stottern.

»Erstens ist es euch verboten, Sir Edwards Arbeitsräume zu betreten, und zweitens, mit wissenschaftlichen Objekten derart groben Unfug zu treiben. Ich werde euch den gebührenden Denkzettel verpassen. Strafe muß sein.«

Ich wollte Tybalt nicht zeigen, daß ich Angst hatte. Die schlimmste Strafe, die ich mir ausmalen konnte, war Ausschluß von den Lektionen bei Evan Callum.

»Und was hast du zu sagen?« Sir Ralph funkelte jetzt den armen Hadrian an.

»Es ... es sollte ... nur ein Ulk sein ...«

»Ein schöner Ulk!«

»Es war *meine* Idee«, verteidigte ich ihn.

»Natürlich.« Sir Ralph wandte sich wieder mir zu. »Judith, die Rädelsführerin.« Ich merkte mit Erleichterung, daß er innerlich gluckste, wenn auch nur sekundenlang. »Ab ins Pfarrhaus, junge Dame. Du wirst schon sehen, was bei solchen Streichen herauskommt. – Und du, teurer Neffe, verzieh dich auf dein Zimmer! Ich werde dir eine Tracht Prügel verabreichen, an die du dein Leben lang denken wirst. Marsch!«

Armer Hadrian! Mit sechzehn Jahren noch so gedemütigt zu werden – und das obendrein im Beisein Tybalts!

Im Pfarrhaus empfingen mich Dorcas und Alison sehr aufgeregt. Mein sündhafter Schabernack hatte sich offenbar herumgesprochen wie ein Lauffeuer.

»Aber Judith, wenn Sir Ralph dir nun das Haus verbietet?«

»Hat er das vor?« fragte ich entsetzt.

»Nein, aber er hat dir eine Strafarbeit geschickt, und wir sollen aufpassen, daß du sie gewissenhaft ausführst. Natürlich können wir unter diesen Umständen keinen Widerspruch riskieren.«

»Schon recht. Was ist das für eine Strafarbeit?«

»Du bekommst Stubenarrest, um ein Buch zu lesen, das Mr. Callum für dich ausgesucht hat, und einen ausführlichen Aufsatz darüber zu schreiben ... Bei Wasser und Brot, und wenn es eine Woche dauert.«

Lieber, guter Evan! Als ob das eine Strafe für mich wäre! Das Buch handelte von den Dynastien Altägyptens und war ungemein fesselnd geschrieben, so daß ich schöne Stunden darüber verbrachte, zumal unsere Köchin sich weigerte, Sir Ralphs Befehl zu befolgen. Sie sei nicht seine Angestellte, sagte sie, und sie denke nicht daran, die liebe Kleine verhungern zu lassen. Es machte mir Spaß, daß ich plötzlich für sie, die mich sonst oft »Teufelsbraten« titulierte, »die liebe Kleine« war. Jedenfalls schmuggelte sie mir gerade jetzt einige meiner Leibgerichte in die Klausur.

Trotzdem erledigte ich meine Arbeit in Rekordzeit, und Evan erzählte mir später im Vertrauen, daß Sir Ralph sie mit großem Wohlgefallen gelesen hätte.

Wir wuchsen heran, und manches änderte sich, jedoch so allmählich, daß wir es kaum gewahr wurden.

Tybalt war jetzt öfter in der Villa Gizeh. Einer meiner Lieblings-träume war um diese Zeit, daß ich eine unerhörte Entdeckung machte oder Hieroglyphen von so ungeahnter Bedeutsamkeit entzifferte, daß ich die wissenschaftliche Welt erschütterte und Tybalt mir vor Bewunderung unverzüglich Herz und Hand antrug. Dann würden wir nach Ägypten gehen, weitere Ruhmestaten vollbringen und weltberühmt werden. »Dir verdanke ich alles«, pflegte Tybalt am Ende des Traumes zu sagen.

Leider schenkte er mir in Wirklichkeit kaum Beachtung, und wenn er überhaupt je an mich dachte, so wahrscheinlich nur an die nichtsnutzige Göre, die sich als Mumie herausstaffierte, um ande-re harmlose Mädchen zu erschrecken.

Theodosia stand ihm viel näher als ich. Ungeachtet ihrer Zim-perlichkeit schien er sie zu mögen. Außerdem sahen sie sich oft bei Tisch, denn die Bodreans luden Vater und Sohn Travers regelmä-ßig ein, während ich nach beendetem Unterricht ins Pfarrhaus zurückmußte.

Hadrian wurde mit achtzehn auf die Universität geschickt, um Archäologie zu studieren, was mehr dem Wunsch seines Onkels als seinem eigenen entsprach, aber als »armer Verwandter« hatte er keine andere Wahl. Onkel Ralph hatte ihn einst aus Gnade und Barmherzigkeit in Keverall Court aufgenommen; folglich hatte Onkel Ralph zu bestimmen, was aus ihm werden sollte.

»Du Glücklicher!« seufzte ich neidvoll, als er sich verabschiede-te. »Was gäbe ich darum, wenn ich an deiner Stelle Archäologie studieren dürfte!«

»Kann ich mir denken«, erwiderte er trocken. »Du warst ja immer die Aktivere von uns beiden.« Womit er zart die Tatsache umschrieb, wie sehr ich ihn während der gemeinsamen Schuljahre herumkommandiert hatte.

Er fehlte mir. Wenig später verließ uns auch Evan Callum, der inzwischen promoviert hatte und eine Assistentenstelle an einer anderen Universität bekam. Wir Mädchen wurden zwar noch weiter von Miß Graham, Oliver Shrimpton und Tabitha Grey unterrichtet, aber man merkte, daß das Schwergewicht sich all-mählich auf andere Gebiete verlagerte.

Dorcas versuchte, mir einiges von dem beizubringen, was sie »Hausfrauenkünste« nannte, also Kochen, Backen, Einmachen und so weiter. Ich hatte dazu weder viel Lust noch Talent, wenn ich mir auch ihr zuliebe Mühe gab. »Du wirst es brauchen, wenn du deinen eigenen Haushalt führst«, meinte sie sorgenvoll. »Denke daran, daß du demnächst achtzehn wirst, Judith. Viele Mädchen sind in dem Alter schon verheiratet.«

Ich wußte, daß sie und Alison sich um meine Zukunft Sorgen machten und mich gern recht bald unter die Haube gebracht hätten, und ich wußte auch mit wem, nämlich mit unserem jungen Pfarramtsgehilfen Oliver Shrimpton.

Oliver war allgemein beliebt. Er war nicht gerade ehrgeizig, aber mit vollem Herzen bei seinem Beruf und versprach ein Seelsorger im wahrsten Sinne des Wortes zu werden. In den letzten zwei oder drei Jahren, als Reverend James Osmond immer klappriger wurde, hatte Oliver ihm schon den größten Teil der Gemeindearbeit abgenommen. Er kam gut mit den alten Damen zurecht, und die nicht ganz so alten himmelten ihn an. Ein paar späte Mädchen konnten sich gar nicht genug für unsere kirchlichen Angelegenheiten betätigen. Ob sie ebensoviel frommen Eifer entfaltet hätten, wenn Oliver nicht noch zu haben gewesen wäre?

Er und ich hatten uns immer gut vertragen. Zwar hatte ich in seinen Fächern nicht besonders geglänzt, aber da wir nun schon so lange unter einem Dach lebten, war er in meinen Augen so etwas wie ein großer Bruder geworden. Manchmal gab ich im stillen vor mir selber zu, daß ich mich wahrscheinlich an den Gedanken gewöhnt hätte, seine Frau zu werden und den Rest meines Lebens im Pfarrhaus zu verbringen, wenn Tybalt mir nie in den Weg gekommen wäre. Natürlich war es beschlossene Sache, daß Oliver Reverend Osmonds Amtsnachfolger werden würde, falls dieser starb oder sich zur Ruhe setzte.

Niemand wußte von meinen Gefühlen für Tybalt. Darüber konnte ich nicht sprechen, zumal es mir selbst lächerlich vorkam, in jemanden verliebt zu sein, der kaum von meiner Existenz Notiz nahm.

Aber auch das änderte sich ein wenig, was ich in erster Linie Tabitha Grey verdankte. Sie hatte bemerkt, wie sehr es mich betrübte, daß die Stunden bei Evan Callum aufgehört hatten. Übrigens kam mir Tabitha jetzt viel jünger vor als früher. Es ist wohl immer so, daß einem mit vierzehn Leute von vierundzwanzig schon ziemlich alt scheinen, während man mit achtzehn durchaus einen Blick für den reiferen Charme einer Achtundzwanzigjährigen bekommt. Und Tabitha hatte einen ganz eigenen Charme. Sie wurde von Fernerstehenden mit »Mrs. Grey« angeredet und mußte folglich einmal verheiratet gewesen sein. Vielleicht war sie sehr jung Witwe geworden – das hätte die sanfte Melancholie erklärt, die ich manchmal in ihren Zügen zu lesen glaubte. Meist gab sie sich liebenswürdig und heiter, aber in jeder Weise zurückhaltend. Daß sie mit ihrer schlanken Gestalt, ihrem gewellten, dunklen Haar und den lichtbraunen Augen sehr schön sein konnte, besonders am Klavier, wenn ihr Ausdruck sich zauberhaft vergeistigte, habe ich wohl schon irgendwo erwähnt.

»Wieso ist sie eigentlich Hausdame bei euch?« fragte ich Sabina einmal. »Sie wirkt doch wie eine Lady – als ob sie es gar nicht nötig hätte!«

»Auch vornehme Damen müssen sich manchmal ihr Brot selber verdienen«, erwiderte Sabina. »Für uns ist sie ein Geschenk des Himmels. Sie sorgt für alles und alle, sogar für Nanny Tester, obwohl die es nicht zugeben will – sie hält den Haushalt in Schwung und die Dienstboten auf Trab. Sie versteht eine Menge von Vaters und Tybalts Arbeit; beide fachsimpeln stundenlang mit ihr über Ausgrabungen und all den Kram.«

Das gab Tabitha und mir etwas Gemeinsames, und eines Tages nach der Klavierstunde wagte ich, sie darauf anzusprechen. Erfreulicherweise ging sie lebhafter als sonst auf das Thema ein. Sie erzählte mir sogar, daß sie mit Sir Edward und einer Gruppe anderer Forscher einmal bei der Ausgrabung einer römischen Niederlassung in Kent gewesen sei.

»Wenn Sabina heiratet und aus dem Hause ist, kann ich wieder mit«, fügte sie hinzu. »Ein Jammer, Judith, daß Sie ein Mädchen sind. Als Junge hätten Sie bei Ihrem Interesse Archäologie zum Beruf machen können.«

»Leider hätten wir in der Pfarre sowieso nicht genug Geld für das Studium gehabt. Ich kann von Glück sagen, daß die Bodreans mich so lange hier am Privatunterricht teilnehmen ließen. Nun muß ich bald selbst ans Geldverdienen denken, obwohl ich nicht weiß, was für eine Stellung für mich in Frage käme. Wahrscheinlich bestenfalls Kindermädchen oder Gouvernante.«

»Wer weiß, was das Schicksal noch mit Ihnen vorhat«, sagte Tabitha lächelnd und lieh mir einige Bücher. »Einstweilen lesen und lernen Sie nur weiter, soviel Sie können.«

Etwa vierzehn Tage später, als ich einen Abendspaziergang zur Villa Gizeh machte, um die Bücher zurückzugeben, hörte ich schon beim Herankommen Klavierspiel und sah vorsichtig durch die Fenstertür in den großen Salon. Aber Tabitha saß nicht allein am Flügel, wie ich gedacht hatte, sondern spielte vierhändig mit Tybalt.

Als das Stück zu Ende war, lächelte er ihr zu, und ich dachte: Ach, wenn er mich doch auch mal so anlächelte!

Wie es meistens geht, spürten die beiden, daß sie beobachtet wurden, und wandten die Köpfe gleichzeitig der Glastür zu. Ich fühlte mich wie ertappt und schämte mich; aber sie schienen zu meiner Ehre anzunehmen, ich hätte nur nicht stören wollen, solange das Musikstück dauerte.

»Kommen Sie doch herein, Judith«, rief Tabitha freundlich. »Ah, Sie bringen die Bücher zurück, danke. Ich habe sie ihr geborgt, Tybalt, weil sie schon seit Jahren echtes Interesse für diese Dinge zeigt.«

Tybalt las die Titel und sah mich zum erstenmal mit warm aufleuchtenden Augen an.

»Haben Sie sie wirklich von Anfang bis Ende gelesen?«

»Natürlich. Für mich ist das spannender als jeder Roman.«

»Dann müssen wir noch mehr für sie heraussuchen, Tabitha.«

»Das war ohnehin meine Absicht.«

Wir plauderten noch eine Viertelstunde angeregt zu dritt. Nie, seit Evan Callum weg war, hatte mich ein Gespräch so mitgerissen. Und dann begleitete Tybalt mich sogar zur Pfarre zurück, trug die neugeborgten Bücher und erzählte so unbefangen von seinen bisherigen Forschungsabenteuern, als wäre ich seinesgleichen.

Ich lauschte beseligt.

An der Tür des Pfarrhauses fragte er mich ganz ernsthaft, ob er mich wirklich nicht gelangweilt hätte.

»Aber Sie wissen nun doch, wie sehr mich das alles interessiert!« erwiderte ich ebenso ernst.

»Ach ja, richtig, Sie sind ja schon mal selber als Mumie aufgetreten, wenn ich mich recht erinnere.«

Wir lachten und schüttelten uns die Hände, und er meinte, wir müßten uns bald wieder einmal unterhalten. Inzwischen sollte ich fleißig lernen. Er würde Tabitha noch ein paar Bücher geben, die für meine Altersstufe geeignet wären. »Oh – danke!« hauchte ich überwältigt, und damit trennten wir uns.

Dorcas mußte uns aus dem Fenster gesehen haben, denn als ich hereinkam, fragte sie:

»War das nicht Tybalt Travers?«

»Ja. Er war zufällig dabei, als ich Mrs. Grey die Bücher zurückgab, und hat mich dann netterweise nach Hause gebracht.«

»Oh!« war alles, was Dorcas im Moment äußerte. Aber tags

darauf sagte sie: »Wie ich höre, erwartet man allgemein die baldige Verlobung von Tybalt Travers und Theodosia Bodrean.«

Jetzt war die Reihe an mir, »oh« zu sagen. Hoffentlich waren mir meine inneren Gefühle nicht anzusehen.

»Nun ja«, fuhr Dorcas zögernd fort, »schließlich ist es ein naheliegender Gedanke. Die alten Herren sind seit Jahrzehnten befreundet und würden sicher gerne sehen, daß die Familien sich durch Heirat vereinigten.«

Nein, dachte ich, bloß das nicht. Tybalt und die dumme kleine Theodosia... das ist doch einfach unmöglich.

Aber natürlich wußte ich, daß es in hohem Grade wahrscheinlich war.

Oliver Shrimpton wurde ganz unerwartet zu einer Audienz beim Bischof von Dorsetshire aufgefordert. Wie es schien, sollte ihm eine vakant gewordene Pfarre in der Stadt angeboten werden. Dorcas und Alison waren ganz verstört.

»Was sollen wir nur ohne Oliver anfangen«, klagte Dorcas. »Selbstverständlich hat er die Ehre verdient, aber...«

Oliver fuhr zum Bischof, und nie habe ich meine Nenntanten so glücklich gesehen wie bei seiner Rückkunft. Ich saß lesend in meinem Zimmer, als sie hereinplatzten.

»Er hat abgelehnt!« riefen sie strahlend.

»Wer?« fragte ich, ohne aufzublicken.

»Oliver natürlich!«

»Warum?«

»Hörst du eigentlich zu, Judith?«

Ich hob endlich den Kopf und lächelte entschuldigend. »Ich brauche immer ein bißchen Zeit, um aus dem alten Ägypten in unser Pfarrhaus zurückzufinden.«

»Du vergräbst dich viel zu tief in diese Schwarten. Meiner Meinung nach ist das gar nicht gut für dich. Also, Oliver hat mit dem Bischof gesprochen und die angebotene Lebensstellung mit der Begründung ausgeschlagen, er habe Vater versprochen, sein Nachfolger zu werden, und fühle sich an sein Versprechen gebunden.«

»Wie anständig von ihm«, sagte ich. »Echt Oliver. Nun brauchen wir keine Angst mehr zu haben, ihn zu verlieren.«

»Er muß uns alle hier wirklich gern haben«, meinte Dorcas.

»Sagen wir: eine von uns besonders«, ergänzte Alison vielsagend.

In den Semesterferien kam Evan Callum für einige Wochen in die Villa Gizeh zurück. Natürlich wurde er mitsamt seinen Gastgebern auch sehr oft nach Keverall Court eingeladen, und mir stattete er mehrere Besuche im Pfarrhaus ab. Er sagte, ich sei seine begabteste Schülerin gewesen, und es sei eine Schande, daß man Mädchen keine besseren Studien- und Berufschancen einräumte.

Miß Graham fand eine andere Stellung und verließ uns, und damit war der Unterricht vorbei. Auch die Klavierstunden hörten auf – ich hatte nun einmal nicht das Zeug zu einer auch nur leidlichen Pianistin –, aber zum Glück brauchte ich nun keinen Vorwand mehr, um zur Villa Gizeh zu pilgern und in der Bibliothek zu kramen. Alle Bücher, die nicht gerade zu Sir Edwards kostbarsten Erstausgaben gehörten, wurden mir gern geliehen.

Von Sabina und Theodosia sah ich in dieser Zeit nur wenig. Als erwachsene junge Damen waren sie offenbar ganz von den Gesellschaften in Anspruch genommen, die jetzt in den beiden befreundeten Häusern stattfanden und zu denen ich natürlich nicht eingeladen wurde. Für mich schickte es sich, Dorcas und Alison bei der Gemeindearbeit zu helfen, also den Bettlägrigen Blumen und Essen zu bringen, schwachsichtigen alten Leuten vorzulesen und mit unserem klapprigen kleinen Einspänner zum Einkaufen ins Städtchen zu fahren. Äußerlich verwandelte ich mich schon halb und halb in die typische Pfarrerstochter. Was blieb mir auch anderes übrig, als mich mit meinem Los abzufinden?

Weihnachten sorgte ich mit Oliver für das Julfeuer und den Weihnachtsbusch – ein Gebilde aus zwei rechtwinklig ineinandergesteckten Holzreifen, das mit Immergrün geschmückt wurde. Dieser uralte keltische und somit heidnische Brauch wurde bei uns in Cornwall noch allerorten geübt, und obwohl er in einem christlichen Pfarrhaus eigentlich fehl am Platze war, fanden wir ihn schöner als den Christbaum, der eine ausländische Erfindung war. Ich zog mit dem Kirchenchor zum traditionellen Weihnachtsliedersingen herum, und wir wurden in Keverall Court mit Kuchen und heißem Teepunsch bewirtet. Bei dieser Gelegenheit sah ich auch Theodosia und Hadrian und gedachte sehnsüchtig der schönen alten Zeiten.

Neujahr brachte eine Kältewelle – eine Seltenheit bei uns. Alle Bäume glitzerten im Rauhreif, und die Kinder konnten sogar auf den zugefrorenen Teichen Schlittschuh laufen. Aber unser lieber Reverend James zog sich eine schwere Erkältung zu, und dem Husten folgte ein Herzanfall. Binnen einer Woche war er tot.

Seine alternden Töchter, Dorcas und Alison, waren tief erschüttert. In ihre Trauer mischte sich Angst vor der ungewissen Zukunft. Wie sollte es nun weitergehen? Ich wußte, daß Oliver und ich jetzt ihre einzige Hoffnung waren. Er war ja Reverend Osmonds Nachfolger, und wenn ich ihn heiratete, konnten wir alle miteinander in der Pfarre weiterleben, wie wir es gewohnt waren.

Obwohl sie es nicht offen aussprachen, wurde mir bei ihren Seufzern und kläglichen Blicken jedesmal ganz flau zumute. Wie sollte ich ihnen schonend beibringen, daß ich Oliver nicht heiraten konnte, weil ich einen anderen liebte? Konnte ich laut und deutlich sagen: Ich mag Oliver sehr gern. Er ist ein guter Mensch. Aber ihr müßt verstehen, daß das für eine Ehe nicht genügt. Mein Herz gehört Tybalt... Ich weiß, daß er sich nicht viel aus mir macht, jedenfalls nicht auf diese Weise. Sicher wird er Theodosia heiraten; sie ist ja die passendste Partie für ihn. Aber das hilft alles nichts – ich liebe ihn.

Nein, das konnte ich den armen Tanten nicht sagen. Es war eine bedrückende Situation.

Doch auch Oliver begann sich in seiner neuen Würde zu verwandeln. Zu uns war er so freundlich und hilfsbereit wie immer, aber natürlich geboten es Zucht und Sitte, wie Dorcas betonte, daß wir woanders hinzogen, solange er Junggeselle blieb... falls sich nicht bald eine Lösung fände... Welche Lösung sie meinte, war klar. Und es fand sich auch eine, sogar sehr bald. Arme Dorcas! Arme Alison!

Alison brachte das Problem als erste ins Gespräch. Ich glaube, Oliver hatte es auch schon vorgehabt, aber in seiner Gutherzigkeit gefürchtet, es sähe so aus, als könne er uns nicht schnell genug loswerden.

»Da die Gemeinde nun einen neuen Pfarrer hat, der nicht mit uns verwandt ist«, sagte Alison, »gehört es sich für uns, daß wir umziehen.«

Er machte ein merkwürdig erleichtertes Gesicht. Dann erwiderte er:

»Wie gut, daß Sie davon anfangen. Ich wollte schon ein paar Tage lang mit Ihnen sprechen. Ich möchte nämlich demnächst heiraten.«

Dorcas strahlte, als wäre *sie* die zukünftige Braut.

»Natürlich wollte ich der jungen Dame keinen Antrag machen«, fuhr Oliver fort, »ehe ich ihr eine sichere Lebensstellung zu bieten hätte. Nun ist das der Fall ... und ich habe bei ihr Glück gehabt. Sie hat meinen Antrag angenommen.«

Alison schaute mich vorwurfsvoll an. Warum hast du uns das noch nicht gesagt? stand in ihrem Blick zu lesen. Du kanntest doch unsere Sorgen!

Aber bevor ich meiner eigenen Überraschung Ausdruck verleihen konnte, sagte Oliver:

»Miß Sabina Travers ist bereit, mich zu heiraten.«

Wir gratulierten – ich von ganzem Herzen, Dorcas und Alison wie vor den Kopf geschlagen.

Später kamen sie in mein Zimmer und empörten sich:

»Wer hätte Oliver so etwas zugetraut! Uns alle hinters Licht zu führen!«

»Wieso?« sagte ich. »Hat er je andere Heiratsabsichten geäußert?«

»Nein, aber...«

»Sabina paßt sehr gut zu ihm, finde ich. Sie war zwar kein Kirchenlicht in Latein und Griechisch, genausowenig wie ich, aber sie und Oliver mochten sich von Anfang an. Außerdem ist sie hübsch und echt weiblich und wird bestimmt eine prächtige Pfarrersfrau abgeben.«

»Aber dazu ist sie doch viel zu oberflächlich! Ich habe noch nie ein ernsthaftes Wort von ihr gehört.«

»Um so besser wird sie sich mit der Gemeinde verstehen. Ihre Heiterkeit wirkt ansteckend, und wenn sie für alle Nöte das passende freundliche Wort hat, fragt kein Mensch danach, ob es wirklich tiefempfunden ist oder nicht. Ich halte das für ideal.«

Dorcas bekam feuchte Augen. »Judith, du brauchst vor uns nicht die Tapfere zu spielen...«

Ich unterbrach sie mit hellem Auflachen. »Nun hört mal zu, ihr beide. Ich hätte Oliver nicht genommen, selbst wenn er mir einen Antrag gemacht hätte. Für mich war er viel zu sehr der große Bruder, und Geschwisterehen sind verboten.« Ich ging auf die Betrübten zu und umarmte sie. »Oliver scheint auch so gedacht zu haben, nicht wahr? Jedenfalls liebt er Sabina, und wir haben seine Gefühle zu respektieren.«

Sie waren gerührt wie immer bei meinen nicht allzu häufigen Zärtlichkeitsbeweisen.

»Wir dachten ja nicht an uns«, murmelte Dorcas, »sondern an deine Zukunft.«

»Und die sieht eben anders aus, als ihr dachtet«, sagte ich leichthin. »Oliver und Sabina! Sieh mal an! Da wird Oliver ja Tybalts Schwager!«

Alison und Dorcas tauschten einen konsternierten Blick. Was hatte denn das mit ihren Sorgen zu tun? Dann gab sich Alison einen Ruck und sagte:

»Ja, also nun müssen wir sofort beratschlagen, wo wir bleiben sollen.«

Und wir beratschlagten.

Reverend James Osmond hatte keine irdischen Reichtümer angehäuft. Seine Töchter konnten sich mit der winzigen Rente nur eben so durchschlagen, wenn sie eine billige Wohnung fanden. Was mich betraf, so war ich finanziell noch von ihnen abhängig – ein unhaltbarer Zustand, auch wenn sie mit Freuden das Wenige, das sie hatten, mit mir teilten.

»Es stand ja immer fest, daß ich mir mein Brot einmal selbst verdienen müßte«, sagte ich.

»Na ja«, gab Dorcas zu, »darum waren wir auch so glücklich, daß du wenigstens eine gute Schulbildung bekommen konntest. Vielleicht findet sich bald etwas Passendes.«

Doch während wir drei noch bedrückt in eine unsichere Zukunft sahen, sprang Sir Ralph wieder einmal als Retter ein. Er bot meinen Tanten »für ein Butterbrot« ein leerstehendes Cottage auf seinem Grundbesitz an und mir eine Stelle als Gesellschafterin. Bei wem? Bei niemand Geringerem als seiner Gemahlin, Lady Bodrean. Sie brauchte jemanden zum Vorlesen, zur Hilfe bei Wohltätigkeitsveranstaltungen und Empfängen, zum Erledigen ihrer Korrespondenz. Sir Ralph, offenbar entschlossen, unser Wohltäter zu sein, hatte mich vorgeschlagen, und Lady Bodrean war bereit, mich in die engere Wahl zu ziehen.

Alison und Dorcas waren entzückt.

»Auf Regen folgt Sonne«, jauchzten sie. »Der liebe Gott wendet doch alles zum Guten. Wir haben unser Cottage, und du brauchst nicht in die Fremde hinaus. Du kannst uns oft besuchen. Wie herrlich ... Vorausgesetzt – äh –, daß du mit Lady Bodrean einigermaßen auskommst.«

»Ja, da liegt der Hase im Pfeffer«, bestätigte ich lächelnd, aber mit gemischten Gefühlen. Diese waren nicht ohne Grund. Von Kind an hatte ich gewußt, daß Lady Bodrean durchaus dagegen war, daß ich mit ihrer Tochter und ihrem Neffen zusammen erzogen wurde – nur hatte sie gegen den Befehl ihres Gatten nichts ausrichten können. Bei den seltenen Gelegenheiten, bei denen ich sie sah, hatte sie mich ihre Mißachtung mit eisigen Blicken spüren lassen. Ich meinerseits hatte auch nie versucht, mich bei ihr einzuschmeicheln; die Abneigung war gegenseitig. Aber wenn ich – natürlich wieder nur auf Sir Ralphs Wunsch – eine bezahlte Stellung bei ihr einnehmen sollte, befand ich mich von vornherein in einer ganz anderen und recht heiklen Lage.

Lady Bodrean empfing mich in ihrem Privatsalon, der mit Möbeln und Nippes aller Art vollgestopft war. Die Sesselbezüge waren von ihr selbst gestickt, desgleichen zwei Kaminschirme. Vor ihr stand ein Gobelinrahmen mit einer begonnenen Arbeit, an der sie emsig stichelte, als der Diener mich ins Zimmer wies.

Eine oder zwei Minuten lang würdigte sie mich keines Blickes, als ob ihre Arbeit ihr wichtiger wäre als ich. Wäre ich von Natur schüchtern gewesen, so hätte mich schon dies entmutigt.

»Oh, Miß Osmond«, geruhte sie endlich zu sagen. »Sie kommen wegen der Stellung. Sie dürfen sich setzen.«

Ich setzte mich kerzengerade und erhobenen Hauptes, obwohl das Blut mir in den Wangen brannte.

»Trauen Sie sich zu, alle Pflichten einer Gesellschafterin zu erfüllen und sich nützlich zu machen?«

»Jawohl, Lady Bodrean.«

»Sie werden mich an meine gesellschaftlichen und philanthropischen Verpflichtungen erinnern und mir von Fall zu Fall dabei behilflich sein. Sie werden mir täglich die Zeitungen vorlesen. Sie werden sich um meine beiden Lieblinge ›Orange‹ und ›Limone‹ kümmern.«

Die beiden Seidenspitze, die rechts und links von ihrer Herrin auf weichen Kissen ruhten, hoben die Köpfe, als sie ihre Namen hörten, und sahen mich fast so hochnäsig an wie Lady Bodrean. Der eine kläffte kurz, der andere schniefte.

»Ruhig, meine Süßen«, sagte Lady Bodrean zärtlich zu ihnen hinab und wandte sich dann wieder eiskalt zu mir. »Sie werden mir selbstverständlich zur Verfügung stehen, wann immer ich Sie brauche. Über Gehalt und Ausgang reden wir noch. Zunächst lesen Sie mir bitte probeweise einen Zeitungsartikel vor.«

Sie reichte mir die heutige *Times* und tippte achtlos auf irgendeine Spalte. Ich las die Kommentare zur Entlassung Bismarcks vor und über den Plan unserer Regierung, Helgoland an Deutschland zu verkaufen.

Lady Bodrean musterte mich während des Lesens scharf durch die Lorgnette, die sie an einer Goldkette um den Hals trug. Diese Behandlung mußte sich eine künftige Angestellte vermutlich gefallen lassen.

»So, das genügt«, sagte sie und zeigte mir damit, daß das Schicksal Helgolands sie nicht die Spur interessierte. »Sie können sofort bei mir anfangen. Ich nehme an, es paßt Ihnen so.«

Ich erwiderte heuchlerisch sanft, daß ich ein paar Tage zum Ordnen meiner Angelegenheiten brauche, obwohl es da nichts zu ordnen gab. Nur einen Aufschub wollte ich haben – und dem alten Drachen zeigen, daß ich mich nicht vom ersten Moment an wie eine Sklavin behandeln ließ! Sie gewährte mir denn auch gnädig eine Frist von anderthalb Tagen, aber dann erwartete sie, daß ich pünktlich zum Dienst antrat.

Auf dem Rückweg zu Dorcas und Alison, die bereits ihr gemütliches Cottage bezogen hatten, versuchte ich, nur an die Vorteile meines neuen Lebensabschnitts zu denken. Ich würde im Dienst Lady Bodreans oft die Zähne zusammenbeißen müssen, das war mir klar. Aber – welch holder Trost – ich würde öfter als früher Gelegenheit haben, Tybalt zu sehen!

3
Monate der Knechtschaft

Mein Zimmer in Keverall Court lag gleich neben dem meiner Brotgeberin, damit sie mich jederzeit rufen oder herbeiklingeln konnte. Sonst war an dem Zimmer nichts auszusetzen; alle Räume des Hauses, auch die kleineren, waren hübsch, und zu meiner törichten Wonne konnte ich vom Fenster aus das Dach der Villa Gizeh über viele Baumkronen hinweg erspähen.

Im übrigen brauchte ich keine zwei Wochen, um festzustellen, daß Lady Bodrean mich absichtlich schikanierte. Sie klingelte mit Vorliebe spätabends, wenn ich schon zu Bett gegangen war, und jammerte über chronische Schlaflosigkeit. Dann mußte ich ihr Tee machen und vorlesen, bis ihr die Augen zufielen, egal, ob ich mich dabei blau fror oder mir die Schwindsucht holte, denn sie schwor auf kalte Schlafzimmer. Freilich lag sie unter ihrer herrlichen Daunendecke, während ich, nur in Nachthemd und Frisierumhang, neben ihrem Bett saß.

Trotz dieser Zumutungen machte ich ihr nie etwas recht. Sie nörgelte ununterbrochen an mir herum, so daß ich sogar ihrer Zofe Jane regelrecht leid tat.

»Lady Bodrean scheint Sie auf dem Kieker zu haben«, sagte sie mir in einer ruhigen Minute. »Nehmen Sie's nicht zu schwer – so sind die feinen Damen nun mal. Ich habe es schon oft miterlebt. Ein einfaches Zimmermädchen oder eine Köchin oder so hat's besser – erstens finden sie jederzeit eine neue Stellung, und zweitens werden sie weniger beachtet. Aber Gesellschafterinnen und Zofen – puh! Da muß man sich beizeiten ein dickes Fell zulegen!«

Leider hatte ich noch nicht das nötige Fell, und außerdem hatte ich schikanöse Ungerechtigkeiten nie ertragen können. Bis vor kurzem hatte ich mit der Tochter des Hauses auf gleichem Fuß verkehrt und sie im Unterricht, außer in Musik, weit überflügelt. Warum nun dieser völlige Wandel . . . nur weil ich Geld verdienen mußte?

Wenn ich mit Theodosia zusammentraf, was sich ja nicht vermeiden ließ, hatte ich den Eindruck, daß sie unsere Kinderfreundschaft gern fortgesetzt hätte, wenn nur ihre Mutter nicht dagegen gewesen wäre. Bosheit und Stolz waren Theodosia fremd. Sie hatte wenig eigene Züge, tat, was man von ihr verlangte, und trug daher nichts zur Verbesserung meiner Position bei.

Begegnete ich Sir Ralph, so fragte er mich jedesmal mit dem wohlbekannten amüsierten Glucksen, wie ich mit meinem neuen Leben zurechtkäme. Was sollte ich antworten? Etwa: »Ihre Frau ist ekelhaft zu mir, und ich würde auf der Stelle kündigen, wenn mich nicht noch anderes in der Heimat hielte . . .«? Nein, das konnte ich natürlich nicht sagen.

Dorcas und Alison trösteten mich mit ihrer Teilnahme, sooft ich sie besuchte, und dort ließ ich Dampf ab, indem ich Lady Bodrean mitsamt ihrer Lorgnette und ihrer ewigen Stickerei imitierte. Im übrigen sagte ich mir optimistisch, daß diese Prüfung ja bei meiner Jugend nicht ewig dauern könne. Ich hatte immer noch meine Träume . . .

Zum Beispiel: Bodreans gaben ein Souper, und eine der eingeladenen Damen sagte im letzten Moment ab. Was tun? Man konnte sich doch unmöglich zu dreizehn zu Tisch setzen! Nun ja, in so einem Notfall mußte man auf die Gesellschafterin zurückgreifen. »Sie ist ganz passabel – schließlich wurde sie hier bei uns erzogen.« Theodosia borgte mir ein Abendkleid, in dem sie selbst schrecklich fad aussah, das mir aber wunderbar stand, und flüsterte mir zu: »Deinen Tischherrn kennst du schon.« – »Oh, welch unerwartetes und erfreuliches Wiedersehen!« rief Tybalt und widmete sich mir den ganzen Abend so, daß jeder merkte, wie hingerissen er von mir und unserer Unterhaltung war. »Ich danke dem Himmel«, sagte er laut und vernehmlich, »daß Lady XY heute verhindert war...«

Träume, nichts als Träume. Aber was sonst hätte mir über jene trübseligste Zeit meines Lebens hinweghelfen sollen?

Ich hatte wieder einmal vorlesen müssen, bis ich heiser wurde.

»Ihre Stimme ist heute nicht gut, Miß Osmond«, tadelte Lady Bodrean. »Wie ärgerlich ... Sie wissen, ich lege hauptsächlich Wert darauf, gut vorgelesen zu bekommen.«

Sie saß an ihrem Stickrahmen; die Nadel mit roten, blauen oder violetten Wollfäden flog hin und her, und ich wußte genau, daß sie kaum zuhörte. Hätte ich ihr wenigstens aus den Büchern vorlesen dürfen, die ich nach wie vor von Tabitha Grey geborgt bekam! Oft packte mich unbändige Lust, es einfach zu tun und abzuwarten, ob sie den Unterschied merkte oder nicht.

Manchmal hörte sie zu sticken auf, lehnte sich in ihrem Sessel zurück und schloß die Augen. Unsicher, ob sie schlief oder nicht, las ich weiter und machte nur gelegentlich längere Pausen, um zu sehen, ob sie es merkte. Zuweilen schlief sie wirklich, aber wenn ich dann aufhörte, wachte sie plötzlich auf und fragte mich scharf, warum ich nicht mehr läse.

»Ich dachte, Sie seien eingeschlafen, Mylady«, antwortete ich dann demütig, »und ich wollte Sie nicht stören.«

»Unsinn«, fuhr sie mich an, »ich schlafe nie. Lesen Sie gefälligst weiter. *Ich* werde Ihnen mitteilen, wann Sie aufhören sollen.«

An jenem Tag, den ich besonders in Erinnerung habe, ließ sie mich lesen, bis mir die Augen tränten und meine Stimme fast versagte. Ich dachte wieder einmal an Kündigung, egal um welchen Preis – aber ach, dann hätte ich Tybalt wahrscheinlich nie mehr gesehen!

In solchen Kreisen erwiesen sich Orange und Limone als wahrer Segen, zumal sie sich, vermutlich ganz gegen die Absicht ihrer Herrin, rasch an mich gewöhnt hatten. Da ich sie täglich ausführen mußte, kam ich aus dem Haus und hatte oft Gelegenheit, einen Abstecher zur Villa Gizeh zu machen und ein Viertelstündchen mit Tabitha Grey zu plaudern.

Als ich diesmal eintrat, spürte ich sofort, daß etwas Ungewöhnliches in der Luft lag. Tabitha zog mich mit strahlenden Augen in den Salon und erzählte mir, Sir Edward bräche demnächst zu einer Expedition nach Ägypten auf, und sie dürfe mitkommen. »Nun, da Sabina verheiratet ist«, sagte sie, »werde ich hier nicht mehr so gebraucht.«

»Wird Ihnen eine bestimmte Aufgabe zugeteilt?« fragte ich atemlos.

»Offiziell natürlich nicht, aber inoffiziell kann ich mich auf mancherlei Art nützlich machen – als Sekretärin, Organisatorin, kurz als Mädchen für alles. Und ich verstehe ja mittlerweile einiges von der Sache.«

»Wie ich Sie beneide!« seufzte ich ekstatisch.

Sie lächelte verständnisinnig. »Ich weiß. Lady Bodrean ist als ›schwierig‹ bekannt.«

»Wird Tybalt seinen Vater begleiten?« fragte ich.

»Selbstverständlich. Es handelt sich um eines der größten Forschungsunternehmen, die es bisher gegeben hat. Die Fachwelt spricht seit Wochen von nichts anderem mehr. Sie wissen ja, daß Sir Edward als vielleicht bedeutendster lebender Archäologe gilt.«

Ich nickte. »Und sein Sohn Tybalt tritt in seine Fußstapfen.«

Tabitha sah mich so nachdenklich an, daß ich schon fürchtete, zuviel von meinen Gefühlen verraten zu haben.

»Gewiß, er ist in jeder Beziehung das Ebenbild seines Vaters«, antwortete sie. »Solche Männer kennen nur eine wahre Leidenschaft: ihren Beruf. Wer näher mit ihnen zu tun hat, sollte stets daran denken.«

»Aber Tybalt ist doch noch nicht ganz so ein zerstreuter Gelehrter wie sein Vater«, sagte ich. »Sir Edward scheint allerdings keinen gewöhnlichen Sterblichen mehr zu sehen.«

»Oh, manchmal kommt er aus den Wolken herunter – oder sagen wir in diesem Fall besser, aus dem Boden herauf. Menschen wie er sind schwer zu verstehen. Es dauert ein Leben lang, bis man sie kennt – sofern es überhaupt gelingt.«

»Wahrscheinlich sind sie gerade deshalb so interessant«, meinte ich.

Sie lächelte sanft. »Ich habe schon oft gedacht, solche Männer täten besser daran, ein Mönchsdasein zu führen und keine Familie zu gründen.«

»Haben Sie die verstorbene Lady Travers noch gekannt?«

»Ja, kurz vor ihrem Tod.«

»Und Sie meinen, Sir Edward ist als Witwer glücklicher als zu ihren Lebzeiten?«

»Das habe ich nicht gesagt. ›Glück‹ ist ein dehnbarer Begriff. Ich kam als ... nun, ziemlich privilegierte Haushälterin in die Familie. Wir kannten sie schon seit ein paar Jahren, und als sich die Notwendigkeit ergab ... nahm ich wohl oder übel die Stellung an wie Sie die Ihrige.«

»Und bald danach ist Lady Travers gestorben?«

»Ja.«

Die knappe Antwort befriedigte mich wenig. Ich wollte mehr über Tybalts Mutter wissen. Und da es mir (wie Dorcas und Alison oft genug gerügt hatten) an Takt mangelte, platzte ich heraus: »Es war eine unglückliche Ehe, nicht wahr?«

Tabitha erschrak ein wenig über meine Direktheit. »Tja ... Sie hatten nicht viel Gemeinsames. Und, wie schon gesagt, hervorragende Wissenschaftler wie Sir Edward sind selten Mustergatten.«

Ich verstand: Dies war eine persönliche Warnung an mich.

Nach einer kurzen Pause wechselte Tabitha das Thema und sagte in fröhlichem Ton:

»Evan Callum will uns in der Osterwoche wieder besuchen und Hadrian natürlich auch. Sie werden sich beide sehr für Sir Edwards geplante Expedition interessieren.«

Wie ich nach Keverall Court zurückkam, wußte ich nicht. Ich träumte schon wieder. Ich träumte, daß Tabitha erkrankte und nicht mitkonnte. »Woher einen Ersatz nehmen?« fragte Sir Edward, und Tybalt rief: »Ich hab's – natürlich Judith Osmond! Sie war schon als halbwüchsiges kleines Ding Feuer und Flamme für unseren Beruf!«

Wie gemein von mir, Tabitha eine Krankheit an den Hals zu wünschen! – Lady Bodrean holte mich bei der Rückkehr eiskalt aus meinen Träumen zurück.

»Ich muß mich doch sehr wundern, Miß Osmond«, sagte sie. »Soviel Zeit brauchen Sie nicht, um Orange und Limone auszuführen. Ich habe schon seit einer halben Stunde vergeblich nach Ihnen geklingelt.«

Meine Unfähigkeit, nichts als »niedere Magd« zu sein, trat immer wieder allzu deutlich hervor, und Lady Bodrean versteifte sich eben deshalb darauf, mich in die Knie zu zwingen.

Sie erinnerte mich beständig daran, daß ich für meine Dienste bezahlt wurde. Sie beschnitt meine Freiheit, wo es nur ging. Sie schickte mich zu irgendeiner Besorgung und zählte die Minuten, die ich dazu brauchte. Sie ließ keine Gelegenheit aus, mich zu demütigen, und ich gab ihr leider manche Gelegenheit. Wenigstens, sagte ich mir oft, weiß ich jetzt erst richtig zu würdigen, wie liebevoll Dorcas und Alison für mich gesorgt haben. Ich werde ihnen ewig dankbar sein.

Nie vergesse ich die unnachahmliche Art, in der Lady Bodrean mir eines Tages ihren ersten großen Hausball ankündigte.

»Eine junge Dame von Stand – meine Tochter – muß auf angemessene Art in die Gesellschaft eingeführt werden. Soweit sind Sie hoffentlich über die Gepflogenheiten höherer Kreise informiert, Miß Osmond. Wiewohl Sie selbst nicht dazugehören, haben Sie einige Jahre Unterricht hier genossen, und ein schwacher Begriff von vornehmer Lebensart dürfte auch bei Ihnen hängengeblieben sein.«

»Nichts vermisse ich heutzutage mehr als Vornehmheit«, gab ich zurück.

Meine Ironie entging ihr vollkommen. »Sie mögen sich glücklich preisen«, fuhr sie belehrend fort, »einen kurzen Blick in höhere Sphären geworfen zu haben. *Ich* war und bin allerdings der Meinung, daß es ein Fehler ist, Kindern aus kleinen Verhältnissen eine bessere Erziehung zukommen zu lassen, als es ihrem Stand entspricht.«

»Zuweilen«, erwiderte ich samtweich, »befähigt es Kinder aus kleinen Verhältnissen, zum Beispiel aus Pfarrhäusern, den hohen Herrschaften nützlicher zu sein als ganz Ungebildete.«

»Es sollte mich freuen, wenn Sie sich zu dieser Ansicht durchgerungen haben, Miß Osmond. Sie zeigen nicht immer soviel Bescheidenheit.«

Die Borniertheit dieser Frau war erschreckend. Jedermann wußte, daß Sir Ralph sie nur ihres Geldes wegen geheiratet hatte. Dieses Motiv ging über meinen Horizont; aber *was* ich verstand, war, daß er sich oft anderweitig getröstet hatte.

»Sie werden in diesen Tagen viel zu tun bekommen«, fuhr Lady Bodrean fort. »Einladungskarten müssen gedruckt, geschrieben und versandt werden, und das ist noch das Wenigste. Sie haben ja keine Ahnung, Miß Osmond, was ein vornehmer Hausball an Vorbereitungen erfordert.«

»Da ich aus der Hefe des Volkes stamme«, erwiderte ich, »kann man von mir sicher nicht viel Erfahrung verlangen.«

»Sehr richtig. Nun haben Sie Gelegenheit, Ihre ersten Erfahrungen zu sammeln. Es wird Ihnen auf Ihrem weiteren Berufsweg zugutekommen.«

»Ich werde mich nach meinen *bescheidenen* Kräften bemühen«, versicherte ich mit einem angedeuteten Knicks.

Aber Ironie war, wie schon gesagt, auf Lady Bodrean verschwendet.

Auf dem Korridor traf ich Lady Bodreans Zofe Jane, eine robuste Fünfzigerin.

»Wie wär's mit einem Täßchen Tee?« fragte sie mich augenzwinkernd. »Ich hab' gerade welchen gemacht.«

Sie hatte einen kleinen Spirituskocher in ihrem Zimmer, das sie sich sehr gemütlich nach eigenem Geschmack eingerichtet hatte. Ich folgte ihrer Einladung gern. Als wir saßen und sie den Tee einschenkte, fragte sie:

»Na, hat sie wieder an Ihnen herumgenörgelt?«

»Meine Gesellschaft behagt ihr nun mal nicht«, seufzte ich. »Warum wirft sie mich nicht kurzerhand raus?«

»Oh, mit so einer einfachen Lösung dürfen Sie nicht rechnen. Ich kenne sie. Sie braucht jemanden, auf dem sie dauernd rumhacken kann. Ich bin schon vor ihrer Heirat bei ihr im Dienst gewesen. Seitdem ist es von Jahr zu Jahr schlimmer mit ihr geworden.«

»Da müssen Sie ja auch allerhand ausgestanden haben, Jane.«

»Ach, ich habe im Lauf der Zeit gelernt, wie man sie hinkriegt. Zucker, Miß Osmond?«

»Danke, ja.« Ich rührte nachdenklich in meiner Tasse. »Mich scheint sie weniger leider zu können, als irgendwie sachlich gerechtfertigt ist. Gewiß, ich erfülle meine Pflichten nicht immer musterhaft, aber so schlecht nun auch wieder nicht. Ich begreife nicht, warum sie dauernd mit Entlassung droht und mich dann doch nicht entläßt.«

»Aus dem Grund, den ich Ihnen eben schon gesagt habe. Sie braucht jemanden zum Quälen.«

»Sie verfügt über mindestens ein Dutzend Bedienstete. Sicherlich würde sie darunter auch ein paar empfindlichere Wesen finden, wenn ihr nur daran gelegen wäre.«

»Sie machen sogar noch Witze, Miß Osmond... Ich wundere mich manchmal, daß Sie nicht explodieren.«

»Ich auch.«

»Es ist ja gar nicht so lange her, daß Sie hier mit den jungen

Herrschaften Unterricht hatten. Ich weiß noch, wie wir untereinander sagten: ›Die hat mehr Grips als die andern alle zusammen. Ein richtiger kleiner Sprühteufel!‹«

»Und nun sehen Sie, wie es sich allmählich aussprüht.«

»Sie sind nicht die erste. Die Gouvernante – die *vor* Miß Graham, als die jungen Herrschaften noch klein waren –, die war auch so ein temperamentvolles und ansehnliches Mädchen, und das ging natürlich nicht lange gut. Sir Ralph hatte ein Auge auf sie geworfen, und als Lady Bodrean dahinterkam, war es aus mit ihr. Ach herrje, diese Auftritte! Sie wissen ja wohl, Sir Ralph war früher ein toller Schürzenjäger. Keine hübsche Frau war vor ihm sicher. Jetzt ist er ruhiger geworden. Na ja, er ist ja auch nicht mehr der Jüngste, und der Schlaganfall vor ein paar Jahren hat ihm ziemlich zugesetzt. Bis dahin gab's einen Skandal nach dem andern.« Jane rückte vertraulich näher; ihre Augen funkelten vor Vergnügen. »Ich hab' alles mit angehört... Wand an Wand mit ihnen, Sie wissen ja. Ich hätte mir Watte in die Ohren stopfen müssen, um es nicht zu hören.«

Ich konnte mir gut vorstellen, wie Jane das Ohr an die Wand preßte, wenn der Dorfcasanova Sir Ralph seiner betrogenen Gattin Rede und Antwort stand.

»Nach ein paar Jahren«, fuhr Jane fort, »hat sie wohl eingesehen, daß er unverbesserlich war, und sich damit abgefunden. Er ging seine Wege und sie ihre. Außerdem hatte er sich natürlich einen Stammhalter gewünscht, aber nach Miß Theodosia bekam sie kein Kind mehr. Deshalb nahm er seinen Neffen, Master Hadrian, ins Haus, obwohl er mit seinem verarmten Bruder seit Jahrzehnten verkracht war. Jaja, das sind so Geschichten bei den feinen Leuten! Lady Bodrean war schon immer sauer gewesen, und mit der Zeit wurde sie auch bitter, und wenn sie jemanden findet, an dem sie ihre Wut auslassen kann... dann tut sie es eben.«

»Das heißt für mich: nichts wie weg!« sagte ich.

»Hm... Sie könnten bestimmt eine angenehmere Stellung finden. Zum Beispiel bei Miß Theodosia.«

»Wie denn das?«

»Na, der große Ball nächstens ist doch nichts als eine Art Heiratsmarkt. Alle reichen jungen Herren aus der Nachbarschaft werden eingeladen, und den wahren Zweck des Ganzen können Sie sich ja denken.«

»Miß Theodosia wird juwelenglitzernd auf den Präsentierteller gestellt, und dann heißt es: Meine Herren, ihre Mitgift dürfte sich herumgesprochen haben. Der Meistbietende gewinnt!«

»Genauso. Donnerwetter, was haben Sie für eine scharfe Zunge, aber Sie treffen immer den Nagel auf den Kopf. Hab' ich schon früher oft zu Miß Graham gesagt. Also, Miß Theodosia wird bestimmt bald heiraten, und da Sie mit ihr befreundet sind...«

»Ich – Theodosias Freundin? Lassen Sie Lady Bodrean nichts dergleichen hören. Sie wäre äußerst indigniert.«

»Ach was, Sie sind doch viel zu gescheit, um sich darum zu kümmern. Sie und Theodosia waren von Kind an zusammen. Sie waren immer die Überlegene und haben die andern manchmal ganz schön ins Schwitzen gebracht, aber Theodosia ist nicht so nachtragend wie ihre Mutter. Sie könnten die Freundschaft mit ihr leicht wieder aufnehmen, und wenn sie heiratet, braucht auch sie eine Gesellschaftsdame. Wer wäre da zuverlässiger und vertrauter als ihre einstige Mitschülerin?«

»Jane, Sie schmieden ja Pläne wie Macchiavelli! Beinahe hinterhältig!«

»Lachen Sie nur. Das Lachen wird Ihnen schon vergehen, wenn Sie lange bei dieser alten Nervensäge bleiben. Ich möchte nicht an Ihrer Stelle sein.«

»Und wenn Theodosia nicht heiratet?«

»Theodosia – nicht heiraten? Aber natürlich heiratet sie. Der Zukünftige ist sogar schon auserwählt. Ich habe Sir Ralph und Lady Bodrean zufällig darüber reden hören. Sie sagte: ›Was du nur immer mit diesen Leuten hast! Erst wolltest du Hadrian und Sabina verkuppeln, und nun...‹«

»Was?« hauchte ich schwach.

»Ich wage jede Wette, Miß Osmond, daß die Verlobung binnen drei Monaten verkündet wird. Adel verpflichtet. Und was die Finanzen betrifft... Ganz genau weiß ich's ja nicht, aber Miß Theodosia ist jedenfalls eine der reichsten jungen Erbinnen im Lande. Natürlich ist die Familie Travers auch nicht arm, aber bekanntlich kriegen solche Leute nie genug, und der Alte soll schon ein Vermögen in seine Buddeleien gesteckt haben. Komische Art, sein Geld zu verpulvern. Ich wüßte was Besseres damit anzufangen. Obendrein soll es in den Ländern, wo er buddelt, oft unerträglich heiß sein.«

Ich fragte wider Willen, da ich die Antwort schon wußte: »Theodosias Bräutigam in spe ist also...?«

»Der Sohn und Nachfolger natürlich. Tybalt Travers.«

Wie ich den Rest ihres Geplauders überstand, weiß ich heute nicht mehr.

Sir Edward und Tybalt waren nach längerer Abwesenheit zurückgekehrt und wurden alsbald zum Abendessen bei den Bodreans eingeladen. Ich richtete es so ein, zufällig einige Vasen in der Halle zu ordnen, als sie eintrafen.

»Nanu, ist das nicht Judith Osmond?« fragte Tybalt, als müsse er zweimal hinsehen, um seiner Sache sicher zu sein. »Wie geht's?«

»Danke. Ich bin jetzt Lady Bodreans Gesellschafterin.«

»Richtig, ich erinnere mich. Vater, dies ist Miß Osmond, falls du dich nicht erinnern solltest.«

Sir Edward sah mich kurz auf seine geistesabwesende Art an.

»Sie hat sich einmal bei uns als Mumie kostümiert«, erläuterte Tybalt. »Vor lauter Begeisterung wollte sie ausprobieren, wie man sich einbalsamiert in einem Sarkophag fühlt. Und ein paar deiner Bücher kennt sie auswendig.«

Sir Edward betrachtete mich jetzt aufmerksamer, und in seinen Augen blinkte es amüsiert auf. Dadurch ähnelte er seinem Sohn stärker als sonst. Leider kam ich nicht dazu, die kurze Annäherung zu ein paar netten Worten auszunutzen, denn schon rauschte Lady Bodrean herbei und scheuchte mich mit einer Handbewegung in den mir gebührenden Hintergrund.

»Mein lieber Sir Edward! Lieber Tybalt! Hab' ich doch richtig gehört...«

Ich zog mich zurück und blieb den ganzen Abend in meinem Zimmer. Einerseits war es eine Atempause; meine Tyrannin konnte mich nicht schikanieren, solange sie sich ihren Gästen widmete. Andererseits schwebte mir dauernd Theosodias Bild vor Augen: ganz in Rosa, hübsch, sanft, lenkbar – und mit einem Vermögen als Mitgift, das manchen künftigen Expeditionen sehr zustatten kommen würde.

Nie waren meine Hoffnungen so tief gesunken wie an jenem Abend. Ich spielte mit dem Gedanken, unverzüglich zu kündigen. Aber soviel kampflose Resignation lag nicht in meiner Natur. Noch waren Tybalt und Theodosia nicht verheiratet... Und ich würde es bis zum letzten Moment nicht aufgeben, zu träumen und zu hoffen.

Ein paar Tage später, als ich die Hunde wieder ausführte und meine Schritte in Richtung Villa Gizeh lenkte, rief jemand hinter mir: »Judith!«

Ich drehte mich um. Es war Evan Callum, der mit ausgestreckten Händen auf mich zukam.

»Wie nett, daß ich Sie treffe!«

»Ach ja, ich habe schon gehört, daß Sie hier sind«, sagte ich. »Wirklich fein, daß wir uns so unformell wiedersehen.«

»Klingt ein bißchen bedrückt. Können Sie sich nicht mehr so frei bewegen wie früher?«

»Ach, Evan, Sie wissen doch, daß sich hier viel verändert hat. Reverend James ist gestorben, Oliver hat Sabina geheiratet, und ich bin jetzt Gesellschafterin bei Lady Bodrean.«

Evan schnitt eine Grimasse. »Arme Judith!«

»Gehen Sie mit auf Sir Edwards Expedition?« fragte ich ablenkend.

»Leider nein. Dieser Ehre bin ich noch nicht würdig. Aber ich glaube, in nächster Zeit wird es einen regen Verkehr zwischen Keverall und Gizeh geben. Sir Ralph hat sich breitschlagen lassen, das Projekt zu finanzieren.«

»Das wundert mich nicht. Er war immer lebhaft an Sir Edwards Forschungen interessiert. Hoffentlich wird die neue Expedition ein Erfolg.«

»Tybalt zweifelt nicht daran«, sagte Evan und sah sich lächelnd in der Gegend um. »Wie mich das an die schönen alten Zeiten erinnert – Judith, Hadrian, Theodosia, Sabina. Wie geht es eigentlich Sabina?«

»Seit sie mit Oliver Shrimpton verheiratet ist, sehe ich wenig von ihr. Meine Tanten wohnen ja nicht mehr im Pfarrhaus, und ich habe nicht genug Freizeit, um *alle* zu besuchen. Und natürlich haben Dorcas und Alison Vorrang. Außerdem schleiche ich mich manchmal zu Tabitha Grey, wenn ich sowieso die Hunde ausführen muß, und leihe mir bei ihr Bücher aus.«

»Thema immer noch dasselbe?«

»Natürlich.«

»Wunderbar. Ich würde an Gott und der Welt verzweifeln, wenn *Sie* eine einmal aufgenommene Sache liegenließen. Hadrian soll am Wochenende kommen, wie ich höre?«

»Da bin ich überfragt. Solche Familienangelegenheiten werden mir nicht mehr mitgeteilt.«

»Arme Judith! Das Leben kann einem übel mitspielen.«

»Ach, vielleicht habe ich meinen Anteil an Glück schon hinter mir. Es hätte schlimmer kommen können. Wußten Sie, daß ich als namenloses Baby in einem Zug gefunden wurde?«

»Was? Ein Findelkind? Ausgesetzt?«

»Das nicht. Meine Eltern kamen bei einem Eisenbahnunglück ums Leben und konnten nicht mehr identifiziert werden. Wenn die Osmonds sich nicht meiner angenommen hätten, wäre ich ins Waisenhaus gesteckt worden und hätte bestimmt keine so glückliche Jugend gehabt wie hier... niemanden von euch allen kennengelernt... nie ein Stück aus der Bronzezeit gefunden und nie ein Buch über Archäologie gelesen.«

»Ich hielt Sie immer für die Enkelin des alten Pfarrers«, sagte Evan erschüttert.

»Eine Großnichte, meinen Sie. Seine Töchter Dorcas und Alison sind ja unverheiratet geblieben, und die Jüngste, eine gewisse Lavinia, ist in demselben Zug umgekommen, in dem ich gefunden wurde. Ja, alle Leute und ich selbst hielten mich für eine entfernte Verwandte, bis Dorcas und Alison mich an meinem vierzehnten Geburtstag aufklärten. Bis dahin wollten sie mir in ihrer Herzensgüte meine kindliche Unbefangenheit erhalten. Und sie haben mir wirklich eine wunderbare, unbeschwerte Jugend beschert. Vielleicht muß ich jetzt den Preis dafür zahlen. Ist das nicht fast ein Naturgesetz?«

»Keinesfalls«, sagte Evan energisch. »Es ist eine negative Phase, die wir alle einmal durchmachen müssen. Warum halten Sie sich nicht an Theodosia? Sie sind miteinander aufgewachsen, und ich halte sie nicht für fähig, plötzlich hochnäsig oder unfreundlich zu sein.«

»Gewiß nicht, aber ihre Mutter sorgt dafür, daß wir nicht mehr zusammenkommen. Ich bin kein standesgemäßer Umgang für Theodosia, seit wir erwachsen sind.«

Er sah mich mitleidig an und sagte zum drittenmal: »Arme Judith! – Aber verzagen Sie nicht, es braucht ja nicht für alle Zeiten so zu bleiben. Ich hoffe, daß sich noch *manches* ändert. Wir sprechen uns bald wieder.«

»Das wäre nur ein Zufall wie heute. Wenn Sie als Gast nach Keverall kommen, stehen mehrere gesellschaftliche Barrieren zwischen uns.«

»Ich habe begründete Hoffnung, alle Barrieren zu überspringen«, lächelte er, und mit dieser mysteriösen Andeutung trennten wir uns.

Mochte er meinen, was er wollte. Es hatte mir wahrhaftig

gutgetan, diesen lieben und verständnisvollen alten Freund wiederzusehen.

Hadrian traf am Wochenende tatsächlich ein. Ich war gerade im Garten, um befehlsgemäß Rosen zu schneiden, als er mich rief. Auf meine erfreute Antwort kam er rasch heran, nahm meine Hand, und wir schauten einander prüfend an.

Hadrian war ein stattlicher junger Mann geworden... Aber vielleicht war er schon immer ganz hübsch gewesen, und ich hatte es als »Göre« nur nicht bemerkt. Aber was mich noch mehr freute als sein gutes Aussehen, war das Gefühl, daß er nach wie vor mein Freund war und ich mich auf ihn verlassen konnte.

»Du bist ein Gelehrter geworden, Hadrian«, sagte ich.

»Und du eine Schmeichlerin. Da muß allerhand passiert sein. Na ja, Gesellschafterin bei meiner Tante – da bleibt kein Auge trocken. Judith, wie konntest du!!«

»Wenn jemand kein Geld hat, muß er es sich verdienen. Mir blieb nichts anderes übrig.«

»Aber du... ausgerechnet als Gesellschaftsdame! Rosen schneidend und ins Körbchen legend... Bestimmt sind's immer die falschen.«

»Da muß ich dir leider recht geben. Diese roten hätten sicher gelb sein sollen, und hätte ich gelbe gebracht, so müßten es rote sein. Ich rege mich schon gar nicht mehr darüber auf. Wie ich's mache, ist es falsch.«

»Es ist eine Schande«, sagte Hadrian erbittert. »Ausgerechnet du! Früher hast du uns alle in die Pfanne gehauen!«

»Dafür werde *ich* jetzt in die Pfanne gehauen. Vergeltung. Immerhin ist es ein Trost für mich, daß einige meiner Jugendfreunde mich nicht als Paria betrachten, weil ich mir jetzt meinen Lebensunterhalt selbst verdienen muß.«

In diesem Moment kam auch Theodosia in den Garten – Gott allein wußte, wie sie der Aufsicht ihrer Mutter entwichen war. Sie trug ein weißes Musselinkleid mit blauen Pünktchen und einen Strohhut mit blauem Band, und ich mußte innerlich zugeben, daß sie sich ganz reizend herausgemacht hatte.

»Könnte es nicht so sein wie früher?« fragte Hadrian. »Nun, wo auch Evan und Tybalt da sind...«

Theodosia errötete ein wenig, und ich dachte an Janes Worte. Es stimmte also, daß sie und Tybalt... Nein, nein! Geistig hatten sie doch überhaupt nichts gemeinsam! Aber freilich – sie war hübsch oder beinahe hübsch, sie war standesgemäß, sie war die Erbin eines Riesenvermögens. Nein, Tybalt würde doch niemanden nur des Geldes wegen heiraten! ... Wieso eigentlich nicht? So war nun mal der Lauf der Welt. Auch Sir Ralph hatte des Geldes wegen geheiratet. Aber Sabina nicht – und gerade von ihr hätte man am ehesten erwartet, daß sie auf Äußerlichkeiten Wert legte. Trotzdem hatte sie das schlichte Dasein an Olivers Seite vorgezogen.

Wie wir uns alle in wenigen Jahren verändert hatten! Niemand von uns tat oder war das, was er sich als Kind vorgestellt hatte ...

Der geplante große Hausball rückte näher und verursachte nicht wenig Unruhe.

»Seit Miß Theodosias Geburt – das heißt natürlich schon Monate vorher – haben wir keine solche Galavorstellung mehr gehabt«, flüsterte Jane mir zu. »Klar, die günstige Gelegenheit muß beim Schlafittchen gefaßt werden. Lady Bodrean hofft auf eine Verlobung, bevor alle nach Ägypten abreisen.«

»Glauben Sie, daß Mr. Travers seine junge Frau mitnehmen wird?«

»Dazu wird kaum genügend Zeit sein. Mylady besteht sicher auf einer längeren Brautzeit, damit die Hochzeit mit allem Drum und Dran vorbereitet werden kann, wie es sich ihrer Meinung nach gehört. Das dauert Monate. Eine stille Hochzeit im engsten Familienkreis, wie es bei dem jungen Pfarrer und Miß Sabina war – das kommt bei Lady Bodreans einziger Tochter nicht in Frage.«

»Und vorläufig sind sie ja noch nicht mal verlobt, oder ...?«

»Sie meinen heimlich? Ach, i wo. Das gibt's doch bei *der* Mutter nicht. Aber nach dem Ball ist die offizielle Verlobung stündlich zu erwarten.«

Wahrscheinlich war Jane gut informiert. Mir fiel auf, daß Theodosia und Hadrian jetzt öfter nach Belieben mit mir sprechen durften als bisher. Sogar Lady Bodrean war – das erste und einzige Mal – beinahe freundlich zu mir, als sie von Theodosias erstem großen Ball sprach. Natürlich spürte ich nach zwei Sätzen, daß sie mich nur neidisch machen wollte.

»Sie könnten ins Nähzimmer gehen, Miß Osmond«, schloß sie huldvoll, »und Sarah Sloper ein wenig helfen. Auf das Ballkleid meiner Tochter müssen nicht weniger als fünfzig Ellen echter Brüsseler Spitze genäht werden.«

Sarah Sloper war eine viel zu gute Modeschöpferin, um mich auch nur einen Stich an ihrer *Création* tun zu lassen. Das halbfertige Ballkleid lag auf dem Tisch – ein Gedicht aus hellblauem Seidenchiffon und zum Teil schon angenähter Spitze.

Theodosia erschien fast gleichzeitig mit mir zur Anprobe. Sarah und ich halfen ihr in das Kleid. Es stand ihr schon jetzt entzückend, wie ich mit einem leisen inneren Stich feststellte. Auch Tybalt würde nicht ungerührt bleiben, wenn sie in seinen Armen durch den Ballsaal schwebte.

»Gefällt es dir, Judith?« fragte sie naiv.

»Sehr. Hellblau ist nun mal deine Farbe.«

»Ich tanze so gern«, lachte sie und machte ein paar Walzerschritte. Ich fühlte mich plötzlich in die Schulzeit zurückversetzt und machte ihr eine tiefe Verbeugung.

»Miß Bodrean, darf ich Sie zu diesem Tanz auffordern?«

Sie ging mit einem anmutigen Knicks auf das Spiel ein, und ich nahm sie um die Taille, trällerte irgend etwas im Dreivierteltakt und tanzte mit ihr im Zimmer herum. Sarah Sloper grinste beifällig. Aber plötzlich sprang sie von ihrem Arbeitsstühlchen auf und versank ihrerseits in einen tiefen Knicks, denn Sir Ralph stand unversehens in der Tür.

Wir hielten erschrocken inne. Glücklicherweise schien die Szene, die er vielleicht schon seit einer halben Minute beobachtet hatte, ihm Spaß zu machen. »Ein netter Anblick, nicht wahr, Sarah?« sagte er schmunzelnd zu der Schneiderin.

»Oh... ja, Sir. Gewiß, Sir.«

»Das wird also dein Ballkleid?« wandte er sich an seine Tochter.

»Ja, Papa.«

»Und was zieht Judith Osmond an, he? Hat sie kein Ballkleid?«

»Nein«, sagte ich schlicht.

»Und warum nicht?«

»In meiner Stellung hätte ich wohl kaum Verwendung dafür.«

Ich sah an dem altvertrauten Wackeln seines Kinns, daß er sich wieder einmal das Lachen verbiß.

»Richtig«, sagte er, »Sie sind ja seit einer Weile die Gesellschafterin meiner Frau. Sie spricht manchmal von Ihnen.«

»Nicht viel Gutes vermutlich.«

Ich wunderte mich selbst über meinen Freimut, der in meiner Stellung leicht als Unverschämtheit ausgelegt werden konnte. Aber der Impuls, aus meinem Herzen keine Mördergrube zu machen, war unwiderstehlich.

»Sehr wenig«, bestätigte er düster. »Eher das Gegenteil.«

»Das habe ich befürchtet.«

»Wirklich? Da müssen Sie sich aber sehr verändert haben. Auf mich machten Sie immer den Eindruck einer ziemlich furchtlosen jungen Dame.« Seine buschigen Brauen zuckten. »Warum sieht man Sie so selten? Wo stecken Sie denn in Ihren dienstfreien Stunden?«

»Ich bin zwar Gesellschafterin«, erwiderte ich, »aber das heißt nicht, daß ich in der höheren Gesellschaft verkehren darf.«

»Ein Jammer. Dieser idiotische Standesdünkel! – Hübsches Kleid, Theodosia. Blau steht dir. Welche Farbe würden Sie wählen, Miß Osmond, wenn Sie auch zum Ball gingen?«

»Grün, Vater«, kam Theodosia meiner Antwort zuvor. »Grün war immer Judiths Lieblingsfarbe.«

»Soll Unglück bringen«, bemerkte Sir Ralph. »In meiner Jugend gab es ein Sprichwort: ›Montags grün, freitags schwarz.‹ Wahrscheinlich ebenso sinnlos wie ›Heute rot, morgen tot‹. Und Miß Osmond ist bestimmt nicht abergläubisch.«

»Bei Farben nicht«, sagte ich. »In anderer Beziehung vielleicht doch – hier und da.«

»Reden Sie sich nie ein, Sie hätten kein Glück«, sagte er. »Damit verscheuchen Sie es nämlich garantiert.«

Und mit diesen Worten ging er innerlich glucksend hinaus.

Theodosia sah mich mit erstaunt gehobenen Brauen an. »Hast du eine Ahnung, was Vater hier wollte?«

»Ich? Du müßtest ihn schließlich besser kennen als ich.«

»Er scheint sich ja richtig auf meinen ersten Hausball zu freuen. Du, Judith, Mrs. Grey hat mir erzählt, du kennst schon fast alle Bücher von Sir Edward Travers. Da mußt du ja schon eine Menge von Archäologie verstehen.«

»Genug, um zu wissen, daß ich nichts weiß.«

»Gott, wie bescheiden!« lachte sie sichtlich animiert. »Ich möchte mich jetzt auch ein bißchen mehr damit befassen. Bitte sag mir, womit ich anfangen soll.«

Natürlich durchschaute ich ihren plötzlichen Eifer, und mir war elend zumute. Sie wollte Tybalt zeigen, daß sie volles Verständnis für seinen Beruf hatte und sogar ein wenig mitreden konnte.

Die Einladungskarten waren versandt; ich hakte auf der langen Gästeliste ab, wer mit Dank zusagte. Dann besprach ich mit dem Gärtner, welche Treibhausblumen und Kübelbäumchen zum Schmuck des Ballsaals benötigt wurden, denn der Garten gab zu dieser Jahreszeit nicht viel her. Ich bereitete die verspielten

Ballkärtchen für die Damen vor und versah sie mit silbernen Drehbleistiftchen an pastellfarbenen Seidenkordeln. Lady Bodrean gab sich in diesen Tagen beinahe heiter, aber ich wußte, daß sie mir nur unter die Nase reiben wollte, was alles zum offiziellen Gesellschaftseintritt einer adligen jungen Dame gehörte. Manchmal mußte ich mich gewaltsam zusammennehmen, um sie nicht anzuschreien: »Denken Sie denn, ich lege Wert auf Ihre protzigen Festlichkeiten? Wenn ich melancholisch aussehe, so hat das einen ganz anderen Grund.«

Meine wenigen Freistunden benutzte ich meistens, um Dorcas und Alison zu besuchen, die sich jedesmal rührende Mühe gaben, mich aufzumuntern. Immer gab es Streuselkuchen, weil ich als Kind so wild darauf gewesen war... und ich aß ihn brav, um sie nicht zu enttäuschen, obwohl sich mein Geschmack längst geändert hatte.

Diesmal wollten sie alles über den bevorstehenden Ball wissen. »Es ist eine Niedertracht, daß du die ganze Arbeit hast, aber nicht mitmachen darfst!« empörte sich Dorcas.

»Aber das ist doch in Adelskreisen so üblich. Dienstboten werden nicht eingeladen.«

»Du bist doch kein gewöhnlicher Dienstbote, Judith! Du bist mit den jungen Bodreans zusammen aufgewachsen!«

»Das war, wie Lady Bodrean mir täglich zu verstehen gibt, eine Gnade, für die ich ewig dankbar zu sein habe, die mich aber nicht ermächtigt, weitere Gunstbeweise zu erwarten.«

»Ach, Judith, ist sie wirklich so gräßlich?«

»Sagen wir unangenehm – und total humorlos. Solche Leute haben mich schon immer herausgefordert. Aber sie ist außerdem so dumm, daß sie gewisse Seitenhiebe gar nicht versteht.«

»Willst du dir nicht lieber eine andere Stellung suchen?«

»Vielleicht schneller, als wir denken. Ich bin täglich auf meinen Hinauswurf gefaßt.«

Dann brachte ich die Rede auf die Dorfneuigkeiten, über die Dorcas und Alison stets auf dem laufenden waren, da sie weiterhin viel für die Gemeinde taten. Sabina, flüsterten sie, konnte zwar reizend plaudern, war aber den praktischen Aufgaben einer Pfarrersfrau nicht so recht gewachsen. Oliver machte sich natürlich sehr gut, aber...

Ich wußte, daß sie Oliver noch immer nicht verziehen hatten, daß er sich nicht in mich, sondern »hinter ihrem Rücken« in Sabina verliebt hatte...

In Keverall Court war jetzt viel Betrieb, nicht nur wegen der Ballvorbereitungen, sondern auch wegen Sir Edwards geplanter Expedition. Da Sir Ralph an einer vorübergehenden Unpäßlichkeit litt, besuchten Sir Edward und Tybalt ihn häufig, um über den Stand der Dinge zu berichten und alle möglichen Einzelheiten mit ihm zu besprechen. Ich suchte und fand meistens einen Vorwand, ihnen über den Weg zu laufen, und sogar der zerstreute Professor schien sich allmählich an mein Gesicht zu erinnern und richtete hin und wieder ein freundliches Wort an mich. Tybalt fragte mich gewöhnlich nach meiner derzeitigen Lektüre, aber zu ausführlichen Gesprächen kam es natürlich nicht.

Zwei Tage vor dem Ball passierte etwas Ungewohntes. Ich kam mit einem eiligen Auftrag aus Lady Bodreans Zimmer und stieß an der Korridorecke auf Theodosia, die auf mich gewartet zu haben schien. Ihre Augen strahlten. Sie legte den Finger kurz auf die Lippen, um zu zeigen, daß wir leise sein müßten, und flüsterte dann:

»Judith, ich muß dir was sagen, aber nicht hier. Nimm mich bitte mit in dein Zimmer.«

Sie hakte mich unter und zog mich fort. Mein Herz wurde bleischwer. Nun kommt's, dachte ich. Oft genug habe ich mir diesen Moment ausgemalt, und nun kann ich's doch nicht ertragen. Ich muß kündigen und mir eine andere Stellung suchen – so weit weg wie möglich. Dorcas und Alison müssen sich damit abfinden. Ich will niemanden aus meiner Jugendzeit je wiedersehen.

»Du ahnst nicht, was es ist!« flüsterte Theodosia mit spitzbübischem Lächeln, während sie schon die Tür meines Zimmers öffnete.

»Du ... du bist verlobt«, stotterte ich.

Sie erstarrte einen Moment, errötete aber so heftig, daß ich sofort erriet: Noch nicht, aber bald. Im Moment mußte sie eine andere Überraschung für mich in petto haben.

»Die kluge Judith weiß immer alles eher als andere Leute, nicht wahr?« lächelte sie rasch gefaßt. »Diesmal hat sich die kluge Judith geirrt.«

Sie ging hinein, und ich folgte ihr und schloß die Tür hinter mir.

Theodosia steuerte schnurstracks auf meinen Kleiderschrank zu und riß die Tür auf. Jetzt erstarrte *ich*: Auf dem Bügel in der Mitte hing eine entzückende grüne Ballrobe.

»Was ist denn das!« rief ich verdutzt.

»Dein Ballkleid, Judith.«

»Aber wieso denn ... wie komme ich dazu ...« Ich kam mir vor wie im Traum. Schon nahm ich das Kleid vom Bügel, strich benommen über das duftig-weiche Material, hielt es mir an.

»Genau das Richtige für dich!« freute sich Theodosia. »Probiere es schnell mal an, bitte. Ich möchte dich darin sehen.«

»Wer hat mir das in den Schrank gehängt?«

»Ich. Himmel, nun zieh's doch erst an! Erklären kann ich's dir später.«

»Ich ziehe kein Kleid an, das mir nicht gehört, bevor ich weiß warum und zu welchem Zweck.«

»Echt Judith! Widerborstig bis dorthinaus! ... Na schön, Vater hat es für dich machen lassen.«

»Sir Ralph? Wieso?«

»Er sagte wörtlich: Aschenbrödel soll auch auf den Ball gehen.«

»Und was sagt deine Mutter?«

»Die weiß von nichts. Es ist ein Spaß unter uns. Vater fand uns so nett, als wir neulich miteinander tanzten, daß er dich nicht ausschließen will.«

Ich fing an zu lachen. Ich stellte mir vor, wie Tybalt mich – zumindest in einem Pflichttanz – herumschwenken würde, und dazu Lady Bodreans Gesicht.

»Theodosia, es ist ja süß von dir – und deinem Vater natürlich –, aber bin ich nicht ein recht unwillkommener Gast?«

»Höchstens für Mama. Alle andern wollen dich liebend gern dabei haben: ich, Evan, Hadrian, Tybalt ...«

»Tybalt auch?«

»Klar; warum nicht? Er weiß es noch nicht, aber er hat bestimmt nichts dagegen. Hadrian ist schon eingeweiht. Er freut sich wie ein Zaunkönig und schmiedet Pläne, wie wir dich vor Mamas strengen Blicken verbergen sollen.«

»Das wird euch kaum gelingen. Sie wird mich binnen einer Viertelstunde aus dem Saal weisen.«

»Kann sie nicht. Dies ist immer noch Vaters Haus, und du bist *sein* Gast.«

»Aber das Kleid ...«

»Das war auch Vaters Idee. Erinnerst du dich, daß er dich neulich nach deiner Lieblingsfarbe gefragt hat? Danach habe ich in seinem Auftrag mit Sarah Sloper ein Komplott geschmiedet. Ich habe den Stoff ausgesucht und ihr als Schneiderpuppe gedient – wir haben ja ungefähr die gleichen Maße; du bist nur ein bißchen dünner, und das haben wir berücksichtigt. Nun zieh's endlich an – es müßte passen.«

Ich tat ihr (und mir) den Gefallen. Meine Metamorphose war zauberhaft. Dieses gedämpfte Grün war wirklich meine Farbe! Ich löste meinen schweren dunklen Haarknoten und hätte mich mit den strahlenden Augen und geröteten Wangen beinah selbst schön gefunden, wenn meine stark hervorspringende Nase nicht gewesen wäre. Hadrian hatte sich schon immer darüber lustig gemacht. »Mit so einer Nase«, pflegte er zu sagen, »werden Schlachten geschlagen. Dein Schicksal, Judith, wird nicht von den Sternen bestimmt, sondern von deiner Nase!« Ich kicherte bei der Erinnerung. Das herrliche Kleid machte mich den kleinen Schönheitsfehler vergessen.

»Du siehst jetzt absolut wie eine Spanierin aus«, sagte Theodosia bewundernd. »Du müßtest dir das Haar hochtürmen und einen großen Kamm mit Mantilla hineinstecken, dann wär's ganz echt. Schade, daß wir keinen Maskenball geben. Mama würde dich überhaupt nicht erkennen. Aber zerbrich dir deswegen nicht den Kopf. Papa wünscht, daß du dabei bist, und sie kann keine Szene machen.«

»Die kommt später«, sagte ich. Aber mir war nun schon alles egal. Ich würde ihr die Stirn bieten. Ich würde zum Ball gehen und eine Tanzkarte bekommen wie all die anderen vornehmen Damen und sie bis an mein Lebensende aufbewahren, weil auch Tybalts Name daraufstehen würde. – Ich fiel Theodosia um den Hals.

Und dann war der große Abend da. Ich dankte dem Himmel, daß Lady Bodrean zu sehr mit ihrer eigenen Aufmachung beschäftigt war, um nach mir zu klingeln. Jane, die Zofe, hatte schon vorher gestöhnt: »Herrje, das gibt vielleicht 'ne Sitzung. Gesichtspackung und Frisieren und Parfümieren und Korsettschnüren . . . Und dann weiß sie bis zum letzten Moment nicht, welche Juwelen sie diesmal tragen soll . . . Ein Segen, daß ich sie so lange kenne. Ich weiß schon, wie ich mit ihr fertig werde.«

Ich konnte mich also in Ruhe anziehen. Das grüne Kleid stand mir wunderbar, und Theodosia hatte mir zwar keine Mantilla, aber einen stilvollen spanischen Kamm ganz heimlich auf die Frisierkommode gelegt. Ich war fast zu Tränen gerührt. Meine Kindheitsfreunde hielten zu mir, obwohl ich sie früher wirklich nicht immer nett behandelt hatte!

Und da sie es alle – außer meiner Herrin – so gut mit mir

meinten, wollte ich mich auf diesem Ball auch nach Kräften amüsieren.

Sir Ralph und Lady Bodrean standen auf dem ersten Treppenabsatz, um ihre Gäste zu begrüßen. Natürlich vermied ich es, ihre Aufmerksamkeit auf mich zu ziehen, und da so viele Leute da waren, konnte ich mich unauffällig unter sie mischen. Lady Bodrean hätte mich in meiner Balltoilette wohl sowieso nicht erkannt.

Mein erster Tänzer war Hadrian. Er sagte, die Situation erinnere ihn sehr an unsere Jugendstreiche. Wir hätten ja dies und das miteinander ausgeheckt. Es täte ihm nur leid, daß ich jetzt für seine Tante arbeiten müsse.

»Mir auch«, antwortete ich. »Aber sonst wäre ich kaum noch in der Gegend und schon gar nicht in Keverall Court.«

»Du scheinst sehr an dem alten Haus zu hängen.«

»Nun ja... Es gehört zu meinem Leben. Ich bin doch sozusagen hier aufgewachsen.«

»Wie ich. Aber Theodosia hat mehr Glück als wir. Eines Tages erbt sie das Ganze.«

»Neidisch?«

»Ein bißchen schon. Als ›armer Verwandter‹ kommt man nicht ganz drum herum.«

»Aber Hadrian, als Sir Ralphs Neffe bist du doch beinahe so was wie der Sohn des Hauses.«

»Na...!«

»Wenn du daran zweifelst, gehe ich dir einen guten Rat. Heirate Theodosia.«

»Meine Cousine ersten Grades?«

»Warum nicht? Vetternehen sind häufig, besonders in höheren Kreisen. Dann bleibt alles so schön in der Familie.«

Hadrian lachte. »Ich glaube kaum, daß Theodosia mich nehmen würde. Ihre Blicke gehen seit längerem in eine andere Richtung.«

»Ach, wirklich?«

»Hast du nicht bemerkt, wie heftig sie sich neuerdings für Archäologie interessiert? Und sie redet soviel von der bevorstehenden Expedition, als wollte sie selber mitgehen.«

Ich konnte diese überdeutlichen Anspielungen auf Tybalt und Theodosia nicht mehr ertragen und fragte deshalb rasch:

»Und du? Möchtest du nicht auch gerne mit nach Ägypten?«

»Teils, teils. Sir Edward ist ein Sonderling. Er hält sogar seine engeren Mitarbeiter oft bis zum letzten Moment im dunkeln. Vorläufig steht noch nicht fest, wen er mitnimmt und wen nicht.«

»Aber Tybalt doch bestimmt?«

»Das ist etwas anderes. Er ist schließlich der Sohn des großen alten Mannes.«

»Der die Dynastie fortsetzt...«

»Wahrscheinlich. Die Voraussetzungen hat er.«

Der Tanz war zu Ende. Hadrian führte mich zu einer lauschigen Sitzecke, die von Kübelpalmen umrahmt und somit sichtgeschützt war. Fast gleichzeitig kamen auch Evan und Theodosia und setzten sich zu uns. Theodosia betrachtete mich und das grüne Kleid mit herzlichem Wohlgefallen und fragte, ob mir der Abend gefiele. Natürlich bejahte ich.

Dann tauchte auch Tybalt bei uns auf. Ich dachte, er wollte Theodosia zum nächsten Tanz holen, aber statt dessen setzte er sich. Meine Anwesenheit schien ihn nicht im geringsten zu wundern.

Die Musik setzte wieder ein. Evan sagte, er glaube, Theodosia habe ihm den Tanz versprochen, und Hadrian eilte zu der jungen Dame, in deren Ballkarte er sich eingetragen hatte. Urplötzlich waren Tybalt und ich allein.

»Tanzen Sie nicht gern?« fragte ich.

»Es liegt mir nicht besonders.«

»Vorhin haben Sie aber doch getanzt, wenn ich nicht irre?«

»Tapsig wie ein Bär.«

»Durchaus nicht. Genausogut wie die meisten. – Demnächst geht es also ab nach Ägypten. Haben Sie nicht schon tolles Reisefieber?«

»In gewisser Weise ja. Es ist eines der aufregendsten Forschungsunternehmen, die je stattgefunden haben.«

»Bitte, erzählen Sie mir etwas mehr davon.«

»Wir fahren zu Schiff bis Port Said und dann auf dem Landwege weiter nach Kairo. Dort halten wir uns eine Weile auf, bevor wir die eigentlichen Ausgrabungsstätten bei Theben aufsuchen. Mein Vater hat das Projekt schon seit mehreren Jahren vorbereitet. Er glaubt, es wird die Krönung seines Lebens sein.«

»Waren Sie auch schon einmal in Ägypten?«

»Ja. Allerdings war ich damals noch sehr unerfahren, und es war ein großes Zugeständnis meines Vaters, daß er mich überhaupt mitnahm. Er und seine Mitarbeiter hatten die Grabkammer eines hohen Würdenträgers entdeckt; doch leider war sie ausgeraubt, wahrscheinlich schon seit Jahrtausenden. Eine bittere Enttäuschung, wie Sie sich denken können. Soviel Arbeit, Kosten und persönlicher Einsatz für nichts und wieder nichts! Diesmal hoffen wir auf bessere Ergebnisse, aus denen wir Geschichte und Brauchtum jener faszinierenden Epoche rekonstruieren können ... Entschuldigen Sie meinen Redefluß, Miß Osmond. Ich lasse mich immer zu sehr von diesem Thema mitreißen. Aber Sie scheinen sich ja ehrlich dafür zu interessieren.«

»Und wie!«

»Selten bei Außenseitern.«

»Ich fühle mich gar nicht so unbedingt als Außenseiter. Wie Sie wissen, hatte ich das Glück, hier in Keverall Court unterrichtet zu werden, und Sir Ralph legte stets besonderen Wert auf das Fach Altertumskunde.«

»Ich glaube, Sie haben wirklich Feuer gefangen. Und Sie gehören nicht zu den albernen Salon-Dilettanten, die sich einbilden, man fördere bei solchen Grabungen unausgesetzt sagenhafte Kostbarkeiten ans Licht.«

»Nein, solche Glücksfälle sind selten – ich weiß.«

»Trotzdem nehme ich an, daß Sie jetzt auch gern mal wieder tanzen würden. Wenn Sie auf meine Ungeschicklichkeit gefaßt sind ...«

»Ich werd's überleben«, sagte ich lachend.

Und so wurde einer meiner Träume wahr. Ich tanzte mit Tybalt und liebte ihn von Sekunde zu Sekunde mehr, weil er mir dauernd auf die Zehen trat. Er entschuldigte sich jedesmal, und ich hätte am liebsten gerufen: Nur zu, Liebster! Es ist die reinste Seligkeit für mich!

Von mir aus hätte der Tanz ewig dauern können, aber natürlich hatte auch er ein Ende, und wir kehrten in unseren Alkoven zurück, wo auch Evan, Theodosia und Hadrian sich wieder einfanden. Wir waren alle bester Laune, lachten und schwatzten von »alten Zeiten« und gingen zusammen ans kalte Büffet. Tybalt war natürlich nicht so ausgelassen wie wir ganz Jungen, aber auch durchaus kein Spielverderber, und ich konnte nicht umhin, Hadrian und sogar Evan im Vergleich mit seiner Reife recht unbedeutend zu finden. Er ging nur vollkommen aus sich heraus, wenn das Gespräch – wie es an diesem Abend oft geschah – auf seinen Beruf kam. Wenn er jemals eine Frau liebte, dachte ich unwillkürlich, tat er es wahrscheinlich ebenso »eingleisig«, das heißt mit unwandelbarer Leidenschaft. Sooft er sprach, war er der Mittelpunkt unserer kleinen Gruppe.

»Ach, ihr seid alle so wahnsinnig klug«, seufzte Theodosia in eine kleine Pause hinein. »Entschuldigt die ordinäre Abschweifung, aber ist dieser Lachs nicht köstlich?«

Wir wechselten lachend das Thema. Hadrian erzählte uns von einem Angelausflug, den er mit ein paar Studiengenossen ins schottische Hochland unternommen hatte, wo es bekanntlich die besten Flußlachse der Welt gab. Er schilderte, wie er ins Wasser gesprungen war, um den Fisch, der enorme Kräfte entwickelte, an Land zu ziehen, und renkte sich beinahe die Arme aus, um uns die Länge seiner Beute zu demonstrieren.

Ich machte gerade eine heitere Randbemerkung über »Anglerlatein«, als Lady Bodrean mit einigen älteren Gästen an unserem Tisch vorüberkam. Sie blieb abrupt stehen, als sie mich erkannte. Ihr Gesicht mit den ungläubig hochgezogenen Brauen sprach Bände.

Alles verstummte. Die Herren standen höflich auf; aber sie fixierte nur mich. Ich gab mich so gelassen wie möglich. Zum Glück brach einer der Gäste das Schweigen mit der harmlosen Frage: »Oh, ist das nicht der junge Mr. Travers?«

Tybalt sagte, er sei es, und Lady Bodrean riß sich wohl oder übel zusammen und stellte uns vor. Meinen Namen brachte sie kaum über die Lippen: »Miß Osmond.« Es klang, als sei ich eine ganz verrufene Person.

Da die älteren Herrschaften die Zusammenhänge nicht kannten, fiel ihnen glücklicherweise nichts auf, und nach ein paar belanglosen Sätzen rauschte Lady Bodrean mit ihnen weiter.

»Ach du meine Güte!« stieß Theodosia in fast komischem Mitgefühl hervor.

»Damit war ja zu rechnen«, sagte ich und versuchte so zu tun, als mache es mir nichts aus.

»Sie kann dir nichts anhaben«, tröstete Hadrian. »Der Gastgeber ist Sir Ralph.«

»Was ist denn los?« erkundigte Tybalt sich verdutzt. Ich wandte mich zu ihm und gestand, daß ich genaugenommen auf diesem Ball nichts zu suchen hatte.

»Wieso?« erwiderte er ungehalten. »In meinen Augen haben Sie mehr zum Gelingen des Abends beigetragen als alle andern!«

Das entschädigte mich für jede Demütigung. »Immerhin«, bemerkte ich, »muß ich darauf gefaßt sein, daß Mylady mir morgen kündigt.«

Tybalts Gesichtsausdruck verriet Besorgnis, was mich im stillen närrisch freute. Theodosia erklärte inzwischen, ihr Vater habe mir auch einmal ein Vergnügen gegönnt. »Er und ich haben die Köpfe zusammengesteckt und Sarah Sloper beauftragt, ein Kleid für Judith zu nähen... Aber natürlich ging das nur hinter Mamas Rücken.«

Tybalt mußte lachen. »Offenbar geht's bei Miß Osmonds Verkleidungen nicht ohne Drama ab. Entweder erhebt sie sich als Mumie aus einem Sarkophag, oder sie erscheint in wunderschönem Gewand auf einem Ball... Und grundsätzlich immer nur da, wo man sie nicht erwartet.«

Hadrian legte seine Hand kameradschaftlich auf die meine.

»Hab keine Angst, Judith. Der Sturm wird vorübergehen.«

»Auf jeden Fall wird er erst morgen losbrechen«, sagte ich leichthin. »Feiern wir die Feste, wie sie fallen! Der Lachs stammt sicherlich aus dem schottischen Hochland, denn er ist unvergleichlich, und der Champagner fließt in Strömen... Herz, was begehrst du mehr?«

»*Carpe diem!*« Tybalt beugte sich näher zu mir. »Nütze den Tag. Sie scheinen das Talent zu haben, das Beste aus der Gegenwart herauszuholen.«

»Wie sollte ich sonst das Leben ertragen? Heute nacht bin ich Aschenbrödel. Morgen kehre ich in die gewohnte Asche zurück.«

»Erlaube, daß ich den Märchenprinzen spiele«, sagte Hadrian und stand auf, um mich mit einer tiefen Verbeugung zum Tanz aufzufordern.

Ich trennte mich ungern von Tybalt, aber was war da zu tun? Ich konnte den guten Hadrian schließlich nicht vor den Kopf stoßen.

»Gratuliere«, sagte er, als wir unbeachtet zwischen den anderen Paaren tanzten. »Du warst die ruhigste von uns allen. Jedenfalls hast du bewundernswert das Gesicht gewahrt. Dabei bibberst du sicher in deinen Glaspantoffeln.«

»Ach, man gewöhnt sich an alles«, meinte ich resigniert. »Ich bin innerlich ganz darauf vorbereitet, sehr bald bei meinen Tanten im Cottage zu sitzen und demütige Bewerbungsschreiben zu verfassen.«

»Arme Judith. Es ist ein niederträchtiges Los, kein Geld zu haben. Ich kann da mitreden – ich hänge von Onkel Ralphs Mildtätigkeit ab. Dabei sind mir die Gläubiger auf den Fersen, und ich weiß noch nicht, wie ich's ihm schonend beibringen soll. Also sage ich heute wie du: Laßt uns essen und trinken und fröhlich sein!«

»Oh, Hadrian... Wirklich Schulden?«

»Bis über beide Ohren. Wenn ich doch bloß an Theodosias Stelle wäre!«

»Ich glaube, sie bekommt weniger Geld in die Hand als du.«

»Aber der Kredit, den sie hat! Du scheinst dir nicht ganz klar darüber zu sein, was für ein Nabob mein Onkel ist. Und unsere liebe Theodosia ist eines Tages Universalerbin.«

»Nun red nicht dauernd über Geld. Ich mag das nicht.«

»Du hast recht, es ist deprimierend. Eben deshalb möchte ich ja so gern reich sein. Dann hat man's nicht mehr nötig, über Geld zu reden.«

Wir lachten, scherzten und tanzten. Aber jedem von uns graute es insgeheim vor dem nächsten Tag...

Bei mir dauerte es gar nicht so lange, bis der Sturm losbrach. Lady Bodrean hatte nicht die Absicht, das Strafgericht aufzuschieben.

Ich war noch in meinem grünen Ballkleid, als ein wütendes Klingeln mich zu ihr rief. Wenigstens *ein* günstiger Umstand. Das Bewußtsein, gut auszusehen, gab mir Haltung.

Auch Lady Bodrean war noch in ihrer Festrobe – violettem Samt mit grandioser pelzgesäumter Schleppe, in der sie geradezu königlich wirkte.

»Miß Osmond, ich erwarte Ihre Erklärung!«

»Was wünschen Sie zu hören, Lady Bodrean?«

»Keine Unverschämtheiten. Wie konnten Sie es wagen, heute auf unserem Ball zu erscheinen und sich unter meine Gäste zu mischen?«

»Es ist wohl kein besonderes Wagnis, eine Einladung anzunehmen«, gab ich zurück.

»Wie? Haben Sie etwa die Stirn, zu behaupten, Sie seien eingeladen worden? Oder haben Sie sich selber eine Karte geschickt?«

»Letzteres gewiß nicht. Sir Ralph ließ mich mündlich auffordern, zu Ihrem Ball zu kommen.«

»Das glaube ich nicht!«

»Dann gestatten Sie mir, Mylady, ihn zu rufen.« Ohne ihre Antwort abzuwarten, zog ich die Klingelschnur, und Jane kam in Sekundenschnelle. »Lady Bodrean wünscht Sir Ralph zu sprechen, falls er sich noch nicht zurückgezogen hat. Würden Sie ihm das bitte ausrichten?«

Lady Bodrean verschluckte sich fast vor Wut; aber Jane, die sicher genau Bescheid wußte, war schon draußen.

»Seit wann unterstehen Sie sich, in meinem Namen Befehle zu erteilen?«

»Ich glaubte, in Ihrem Sinne zu handeln, Mylady. Da Sie mich für eine Lügnerin halten, kann nur Sir Ralph das klärende Wort sprechen.«

»In meinem ganzen Leben ist mir noch keine solche ... solche Unverfrorenheit vorgekommen! Sie...« Die Worte versagten ihr.

Ich hingegen war noch in Hochstimmung. Ich hatte mit Tybalt getanzt und gesprochen. Er hatte gesagt, meine Anwesenheit habe – für ihn – zum Gelingen des Abends beigetragen. Und er war nicht der Typ, der mit leeren Komplimenten um sich warf. Was machte mir da die Entrüstung einer alten Hexe aus, die gleich von ihrem Ehegemahl eins über den Mund kriegen würde? Sir Ralph stand zu seinem Wort, dessen war ich sicher.

Schon stand er im Türrahmen. »Was, zum Donnerwetter...«, polterte er, ehe er mich sah und sein Kinn auf die vertraute Art zu wackeln begann. »Was macht denn Miß Osmond so spät noch hier?« erkundigte er sich in weitaus milderem Ton.

»Ich habe sie zur Rede gestellt«, fauchte Lady Bodrean, »woher sie die ... Keckheit genommen hat, heute abend auf unserem Ball zu erscheinen!«

»Weil ich sie eingeladen habe«, sagte Sir Ralph kurz.

»Ist das dein Ernst? Du lädst diese junge Person ein, ohne mich vorher zu fragen?«

»Warum nicht?«

»Diese Person bildet sich ein, sie genösse eine Vorrangstellung im Hause, weil wir unbesonnen genug waren, ihr einige Jahre Unterricht hier zu gewähren. Das geht zu weit! Sie ist jetzt meine Angestellte und wird als solche behandelt!«

»Das heißt, du machst ihr das Leben so schwer, wie du nur kannst – oder wie *nur du* kannst –, und Gott weiß, darauf verstehst du dich.«

»Auch noch Beleidigungen? Du hast mir diese Person aufgedrängt. Ich dulde dergleichen nicht länger. Morgen geht sie.«

»Sie bleibt!« schrie Sir Ralph. »Noch bin ich der Herr im Hause, verstanden?«

Sein Gesicht war dunkelrot angelaufen; er taumelte ein wenig und griff nach der nächsten Sessellehne. Ich eilte hin, faßte seinen Arm und half ihm in den Sessel, in den er sich schwer atmend zurücklehnte. Wieder griff ich nach der Klingel, ohne um Erlaubnis zu fragen, und schickte Jane nach Sir Ralphs Kammerdiener Blake.

Blake wußte aus Erfahrung, was er bei den apoplektischen Anfällen seines Herrn zu tun hatte. Er knöpfte ihm den Kragen auf und schob ihm eine Pille in den Mund. Allmählich schwand die besorgniserregende Röte aus Sir Ralphs Gesicht, aber die Adern an Stirn und Schläfen standen noch hervor wie dicke Stränge.

»Sooo – geht's wieder einigermaßen, Sir?« murmelte Blake besänftigend und sah Lady Bodrean an. »Es wird wohl am besten sein, wenn ich ihn jetzt zu Bett bringe, Mylady.«

Sir Ralph stand schwankend auf und stützte sich schwer auf Blakes Arm. Trotzdem vergaß er nicht, mir mit einem kurzen, freundlichen Aufblinken seiner Augen zuzunicken.

»Was ich gesagt habe, gilt«, sagte er so laut und deutlich, wie es ihm in seinem Zustand möglich war, und ließ sich hinausführen.

»Da sehen Sie, was Sie angerichtet haben!« zischte Lady Bodrean mich giftig an.

»Ich? Wohl kaum«, erwiderte ich ruhig.

»Gehen Sie!« befahl sie. »Wir reden morgen weiter.«

Ich wußte jetzt, daß sie nicht wagen würde, mich hinauszuwerfen. Ich stand unter Sir Ralphs Schutz. Und außerdem hätte sie sich ja des Vergnügens beraubt, mich noch öfter zu peinigen – wie Jane schon einmal sehr zutreffend angedeutet hatte.

Aber nun traute ich mir eher zu, mit ihr fertig zu werden. Für den Rest der Nacht schüttelte ich alle Gedanken an sie energisch von mir ab. Ich hatte schönere Erinnerungen zu überdenken.

Ende des Monats brachen Sir Edward, Tybalt und die anderen Expeditionsteilnehmer nach Ägypten auf. Evan kehrte an die Universität zurück, um Vorlesungen zu halten, Hadrian fuhr nach Kent, wo gerade die Überreste eines Wikingerschiffes geborgen wurden, und ich versah weiter meinen Dienst bei Lady Bodrean, ohne mir ihre Bosheiten zu sehr zu Herzen zu nehmen. Der Gedanke, in Sir Ralph und Theodosia gute Freunde zu haben, war ein zuverlässiger Trost. Da ich jetzt nichts in der verlassenen Villa Gizeh zu suchen hatte, besuchte ich Dorcas und Alison so oft wie möglich. Bei ihnen war ich immer von Herzen willkommen, und sie wollten haarklein wissen, wie es mir in Keverall Court erging.

Übrigens hatte mich die Art, wie sie mich ins Berufsleben entließen, von Anfang an ein bißchen überrascht. Gemessen an den engen und spießigen Begriffen, in denen sie als viktorianische Pfarrerstöchter aufgewachsen waren, benahmen sie sich mir gegenüber geradezu modern und großzügig. Schließlich war ich jung und nicht häßlich, trotz der Nase; meine Lebhaftigkeit und mein Sinn für Humor zogen manche Männer nicht weniger an als mein üppiges dunkles Haar, die dichten, strahlenförmig gebogenen Wimpern um große dunkle Augen und meine gesunden weißen Zähne. Im großen und ganzen war ich der Typ, der gerade auf alternde Lebemänner recht anziehend zu wirken pflegt – und Sir Ralph hatte einen Ruf wie Donnerhall. Komisch, daß meine ehrpusseligen Tanten sich dennoch keine Sorgen um meine Tugend zu machen schienen. Vielleicht hielten sie Sir Ralph mittlerweile für zu alt, um noch eine Gefahr für junge Mädchen zu sein, aber wer konnte das bei einem einstigen Schwerenöter wie ihm so genau wissen?

Nun, wie dem auch sein mochte, Dorcas und Alison hatten mich bedenkenlos in die Höhle des Löwen gelassen und mit ihrem Gottvertrauen bisher recht behalten.

Sonst waren sie immer sehr neugierig auf meine Erlebnisse. Naturgemäß sprachen wir nach dem Ball viel von denen, die dabeigewesen waren, auch von Tybalt.

»Tybalt Travers und sein Vater ...« Dorcas machte ein bedenkliches Gesicht. »Dieses düstere Haus und der merkwürdige Beruf, den sie sich ausgesucht haben ... Können sie die Toten nicht in Ruhe lassen?«

»Dorcas, jetzt stellst du dich aber ungebildeter, als du bist.«

»Es mag ja eine achtbare Wissenschaft sein – und du hast dich von Kind an dafür interessiert –, aber ich begreife nicht, was an Schädeln und Gerippen und Mumien so hinreißend sein soll. Und dieser Sir Edward ...«

»Was hast du gegen Sir Edward?«

»Ich weiß, er ist in Gelehrtenkreisen hoch angesehen, aber ... ist er nicht ein bißchen verschroben?«

»Nennt man es hierzulande verschroben, wenn ein vornehmer Herr sich als Gelehrter einen Ruf macht – und nicht als Mädchenverführer wie Sir Ralph?«

»Aber Judith! Wer hat dir denn solche Sachen beigebracht?«

»Das Leben, liebste Dorcas. Ich stehe ja mittendrin und bin weder taub noch blind.«

»Du wirst immer so heftig, wenn wir Vater und Sohn Travers erwähnen. Ich glaube wahrhaftig, du würdest am liebsten mit in Ägypten sein und eigenhändig ein paar uralte Mumien ausgraben!«

»Da triffst du den Nagel auf den Kopf. Es wäre jedenfalls angenehmer, als nach der Pfeife der unsympathischsten Lady auf Erden tanzen zu müssen.«

»Arme Judith! Aber es wird ja nicht ewig dauern. Wir haben uns gerade überlegt, ob wir nicht eine Gärtnerei hier aufziehen sollen. Der Garten ums Cottage ist groß genug. Wir drei könnten Gemüse ziehen und es verkaufen.«

Ich betrachtete meine Hände und schnitt eine kleine Grimasse. »Dazu habe ich, glaub' ich, nicht die nötigen ›grünen Daumen‹.«

»Nun, wer weiß, vielleicht findet sich bald ein anderer Ausweg. Was ist eigentlich mit dem jungen Professor, der euch früher unterrichtet hat? War er nicht auch auf dem Ball?«

»Meinst du Evan Callum?«

»Richtig, Evan Callum. Ich fand ihn immer sehr, sehr nett und wohlerzogen. Du warst auch sehr angetan von ihm, und du warst in seinen Stunden besser als die andern.«

Ich lächelte nachsichtig. Die Guten hielten Heirat für die einzig wahre Lösung meiner Probleme, und da ich's mit Oliver Shrimpton nicht geschafft hatte, hatten sie Evan Callum als nächsten Kandidaten ins Auge gefaßt.

»Wieso gruselt ihr euch nicht vor *seinem* Beruf?« fragte ich anzüglich. »Er macht genau dasselbe wie Sir Edward und Tybalt.«

»Er hält Vorlesungen. Das ist irgendwie... normaler. Hoffentlich kommt er bald mal wieder her. Aber das tut er gewiß schon wegen seiner gemeinsamen Interessen mit Sir Ralph. Es heißt ja, Sir Ralph hat die ägyptische Expedition zum größten Teil finanziert, weil seine Tochter Tybalt Travers heiraten wird.«

»Wer sagt das?« fragte ich mit stockendem Atem.

»Emily – unter anderen.«

»Dienstbotenklatsch!«

»Meine liebe Judith, wer ist über Familienangelegenheiten jemals besser informiert als Dienstboten?«

Damit hatte sie natürlich recht. Ich wußte, mit welcher Leidenschaft Zofen, Diener, Zimmermädchen und Küchenpersonal zu horchen und untereinander zu tuscheln pflegten. Manche holten sogar die Fetzen zerrissener Briefe aus den Papierkörben und klebten sie mühselig wieder zusammen. Herzensdinge und, wenn möglich, Skandale der Herrschaft waren die schönste Würze ihres Lebens. Und die allgemeine Annahme, Tybalt und Theodosia seien schon von ihren Vätern füreinander bestimmt, war zweifellos wohlbegründet.

Ich kehrte in tiefen Gedanken nach Keverall Court zurück. Tybalt und Theodosia... Er konnte sie doch nicht lieben! Davon war ich überzeugt. Aber: Theodosia war reich, eine zukünftige Millionenerbin. Mit ihrem Vermögen konnte Tybalt einmal eigene Expeditionen ausrüsten. Und die Wissenschaft lag ihm, wie seinem Vater, sicherlich mehr am Herzen als privates Eheglück.

Kein Wunder, daß es der Dienerschaft der Villa Gizeh so oft »kalt über den Rücken gelaufen« war!

Was mich betraf, so würde ich unser Dorf verlassen, sobald Tybalt und Theodosia heirateten, mir so weit entfernt wie möglich eine Stellung suchen und ein neues Leben auf den Trümmern des alten aufbauen. Mochte Tybalt von seinem Beruf besessen sein und alles seinen Zielen unterordnen – ich war besessen von ihm. Wenn ich ihn verlor, hatte das Dasein keinen Reiz mehr für mich. Dann mußte ich einen totalen Bruch vollziehen. Dorcas hatte mich von klein auf richtig beurteilt: »Judith macht alles ganz oder gar nicht. Sie kennt keine Halbheiten.«

So war es. Ich liebte zum ersten und einzigen Mal, und ich wollte Tybalt ganz oder gar nicht!

Theodosia, freundlich und ahnungslos, suchte jetzt meine Gesellschaft, als wollte sie die zeitweilige Vernachlässigung wiedergutmachen oder mir zeigen, daß sie sich von ihrer Mutter nicht mehr einschüchtern ließ. Sie zeigte mir die Bücher, die sie las, und ich sah, welche Mühe sie sich gab, tiefer in die Geheimnisse der Archäologie einzudringen.

Oft nahm sie mich mit in ihr Zimmer, und dann hatte ich meist den Eindruck, sie sei drauf und dran, mir ihr Herz auszuschütten. Ihre Stimmung schwankte zwischen Glück, Zerstreutheit und Melancholie. Einmal, als sie in meiner Gegenwart eine Schublade aufzog, sah ich ein Päckchen Briefe, das mit einem blauen Band verschnürt war. Das sah Theodosia ähnlich – Liebesbriefe mit blauem Schleifchen! Komisch, irgendwie konnte ich mir nicht vorstellen, daß Tybalt Liebesbriefe schrieb. Zugleich lächelte ich ironisch über mich selbst. Warum versuchte ich mir dauernd einzureden, Tybalt würde Theodosia, wenn überhaupt, *nur* des Geldes wegen heiraten?

»Kommst du jetzt etwas besser mit Mama aus?« fragte sie mich eines Nachmittags mit zwiespältiger Miene.

»Nicht viel anders als gewöhnlich.«

»Ich fürchte, seit dem Ball behandelt sie dich schlechter.«

»Deine Befürchtung ist zutreffend.«

»Arme Judith!«

»Nimm's nicht so tragisch. Wir haben alle unsere Probleme.«

»Wie wahr«, seufzte sie.

»Du etwa auch, Theodosia?«

Sie antwortete nicht gleich. Dann fragte sie verschämt: »Judith, bist du schon mal richtig verliebt gewesen?«

Ich fühlte, wie mir das Blut in die Wangen schoß, aber glücklicherweise war sie noch verlegener als ich. Offenbar hatte sie sich entschlossen, mir das lange fällige Geständnis zu machen. Ihre Brust hob sich.

»Es ist ein wunderbares Gefühl, Judith, und doch... manchmal habe ich Angst.«

»Warum denn das?«

»Nun... weil ich ihm geistig vielleicht nicht gewachsen bin. Ich bin nicht besonders klug, wie du weißt.«

»Wenn er dich liebt...«

»Wenn! Natürlich liebt er mich! Er hat's mir schon unzählige Male gesagt und geschrieben...«

Ich schwankte zwischen zwei gleich starken Impulsen: dem, mit einer Entschuldigung zu entweichen, und dem dazubleiben und der Qual der Wahrheit standzuhalten.

»Offen gestanden, Judith«, fuhr Theodosia schon fort, »ich finde diesen ganzen Altertumskram ziemlich langweilig. Aber es ist sein Leben, und ich möchte mich ihm ja so gern anpassen. Darum lese ich alles, auch wenn es bloß von Ausgrabungswerkzeugen, Erd- und Gesteinsarten und so weiter handelt und ich beinah darüber einschlafe.«

»Vielleicht solltest du kein solches Interesse heucheln, wenn du keins empfindest.«

»Ach, das erwartet er ja auch gar nicht von mir. Er möchte *mich* und nichts anderes, aber ich möchte doch alles mit ihm teilen und nicht nur so dumm neben ihm dastehen. Wir könnten so glücklich werden... Wenn nur Vater einverstanden ist!«

»Warum sollte dein Vater plötzlich dagegen sein? Er ist doch seit Jahren bestrebt, dich und Tybalt zusammenzubringen!«

»Tybalt? Wer redet denn von Tybalt?«

In meinen Ohren klang es plötzlich, als hörte ich sämtliche Engel im Himmel singen. »Machst du Spaß?« keuchte ich. »Wenn es nicht Tybalt ist... von wem redest du denn dann?«

»Natürlich von Evan! Vor Tybalt würde ich mich doch zu Tode ängstigen.«

»Evan... Evan Callum?« Ich konnte mein Glück kaum fassen. Dann fing ich an zu lachen. »Das Briefpäckchen mit der blauen Schleife ist also von ihm, und all dein Seufzen und Erröten... o Theodosia!« Ich umarmte sie stürmisch. »Ich bin ja so glücklich...« Geistesgegenwärtig fügte ich hinzu: »Für dich. Für euch beide.«

»Himmel, Judith, du strahlst ja! Was ist denn in dich gefahren?«

»Ich dachte, es wäre Tybalt, und der hätte nun wirklich nicht zu dir gepaßt.«

»Ja, alle Leute dachten seit Jahren, daß Tybalt und ich einmal heiraten würden, weil unsere Väter es wollten. Aber heutzutage kann man doch nicht mehr zur Ehe gezwungen werden, oder? Welches Mädchen könnte sich in Tybalt verlieben, wenn es daneben einen Evan gibt?«

»Die Geschmäcker sind nun mal verschieden«, meinte ich gelassen. »Jeder fliegt auf einen anderen Typ, und das ist nur recht so.«

»Ach, Judith, es tut gut, sich mit dir auszusprechen. Wir trauen uns vor Vater noch nicht mit der Wahrheit heraus, weißt du. Familien wie unsere sind schwierig. Evans Eltern waren arm und sind obendrein noch früh gestorben, so daß er sich aus eigener Kraft hocharbeiten mußte. Irgendein Verwandter hat ihn finanziell unterstützt, aber Evan hat den Ehrgeiz, ihm jeden Penny zurückzuzahlen. Und das werden wir auch tun. Ich finde es großartig, daß er es so weit gebracht hat. Er braucht sich seiner Herkunft nicht zu schämen. Was Tybalt in die Wiege gelegt kriegte, hat Evan sich erarbeitet.«

»Ja, das ist äußerst lobenswert«, sagte ich.

»Du kannst Evan doch auch gut leiden, nicht wahr?«

»Natürlich. Und meiner Meinung nach paßt ihr ideal zueinander.«

»Danke. Nur, was wird Vater sagen?«

»Das dürfte sich leicht in Erfahrung bringen lassen. Frage ihn!«

»Und wenn er wütend wird? Wenn er ablehnt?«

»Dann setzen wir eine Entführung in Szene – nach allen Regeln der Kunst. Mit Strickleiter und schwarzen Umhängen und Kutsche und dem Schmied von Gretna Green.«

Theodosia kicherte unwillkürlich auf. »Gott sei Dank, du findest in allem das Komische heraus. Mir ist schon viel leichter zumute. Ich bin froh, daß ich dich ins Vertrauen gezogen habe.«

»Ich auch«, sagte ich aus tiefstem Herzen.

»Also, was rätst du mir nun im Ernst?«

»Zu deinem Vater zu gehen und frei heraus zu sagen, daß du Evan liebst und ihn heiraten willst.«

»Und wenn er nein sagt?«

»Vielleicht ist er entzückt.«

»Bestimmt nicht. Dazu ist er viel zu lange Sir Edwards einziger Intimus. Ich glaube, er wäre selbst nach Ägypten mitgegangen, wenn seine Gesundheit es zuließe.«

»Auch Evan geht sicher einmal auf eine Expedition nach Ägypten. Und du gehst mit.«

»Mit ihm würde ich bis ans Ende der Welt gehen.«

»Und was sagt Evan dazu?«

»Er sagt, wir müssen uns durchsetzen, egal, ob es den Alten paßt oder nicht.«

»Auch wenn du enterbt wirst?«

»Das ist uns beiden ganz gleichgültig. Lieber zusammen verhungern als getrennt werden!«

»So schlimm wird's nicht kommen. Evans akademische Laufbahn ist so gut wie gesichert. Auch wenn er keine spektakulären Entdeckungen macht, wirst du als Frau eines Professors eine geachtete gesellschaftliche Position einnehmen. Je eher du Sir Ralph deinen Standpunkt klarmachst, desto besser.«

Theodosia umarmte mich und versprach, noch heute mit ihrem Vater zu reden.

Ich war selig. Wie schön, zu anderer Glück beizutragen, wenn das eigene dabei nicht zu kurz kommt!

Doch nur wenig später kam Theodosia tränenüberströmt in mein Zimmer zurück.

»Er tobt«, schluchzte sie. »Er wird es auf alle Weise verhindern.«

»Du mußt deinen Kopf durchsetzen, Theodosia.«

»Ach, wäre ich doch so energisch wie du!«

»Passiver Widerstand tut's auch. Kein Mensch kann dich mit einem ungeliebten Mann verheiraten, wenn du dich weigerst, die Trauformel zu sprechen.«

Während ich ihr weiter gut zuredete und sie wieder etwas Mut schöpfte, erschien der Kammerdiener Blake und zitierte mich zu Sir Ralph, der mit unheilverkündender Miene in einem Ohrensessel lehnte. Er entließ Blake mit einer Geste und sagte: »Setzen Sie sich, Miß Osmond.«

Ich nahm ihm gegenüber Platz.

»Wie mir scheint, mischen Sie sich in die Angelegenheiten meiner Tochter.«

»Theodosia hat mir anvertraut, daß sie heiraten möchte. Das ist wohl kaum Einmischung meinerseits zu nennen.«

»Ach? Haben Sie sie nicht aufgehetzt, zu mir zu kommen und mir eine Art Ultimatum zu stellen?«

»Ich habe ihr lediglich geraten, offen mit Ihnen zu reden.«

»Und meine Einwilligung zu erbitten?«

»Natürlich.«

»Und mir zu trotzen, falls ich nicht einwillige?«

»Wie sie sich verhält, ist ihre Sache.«

»*Sie*, Miß Osmond, würden Ihrem Vater nicht gehorchen, wenn Sie in der gleichen Lage wären?«

»Nein.«

»Aha. Hab' ich's mir doch gedacht – und nun steifen Sie ihr den Rücken. Sie verfügen über eine ganz gehörige Portion Kühnheit. Ich wünsche aber nicht, daß meine Tochter diesen Habenichts heiratet.«

»Professor Evan Callum wird nicht immer ein Habenichts bleiben.«

»Besonders nicht mit einer Millionenerbin im Hintergrund, he? Denkt er. Ich kann meine Tochter enterben, wenn sie sich meinen Wünschen nicht fügt. Sind Sie immer noch der Meinung, sie sollte diesen Mann heiraten?«

»Da sie ihn liebt, ja.«

»Liebe, pah! Ich wußte gar nicht, daß Sie so sentimental sein können, Miß Osmond. Zweifellos ist Ihnen bekannt, daß ich eine weit passendere Partie für Theodosia im Auge habe.«

»Vielleicht kann *sie* besser beurteilen, ob sie so passend ist.«

»Sie äußern recht neumodische Ideen, Miß Osmond. Zu meiner Zeit gehorchten Töchter noch ihren Eltern. Sie scheinen das für überflüssig zu halten?«

»In vielen Dingen nicht. Aber bei einer Heirat sollte den beiden Partnern die Entscheidung überlassen werden. Schließlich müssen *sie* miteinander leben – und nicht die Eltern.«

»Sie haben das Zeug zu einem Advokaten, Miß Osmond. Ich dachte immer, Sie interessieren sich mehr für Archäologie.« Ich hörte ihn innerlich glucksen. »Gestehen Sie mal ganz offen: Es paßt Ihnen sehr in den Kram, daß meine Tochter gerade diesen Archäologen heiraten will und keinen andern?«

»Ich weiß nicht, was Sie jetzt meinen, Sir Ralph.«

»Nein? Selten, daß Sie etwas nicht wissen – und noch seltener, daß Sie Unwissenheit vortäuschen. Aber ich kann mir schon denken, warum Sie Theodosia zum Ungehorsam gegen ihren Vater aufstacheln . . . Ganz schön gerissen. Sie haben Ihre Gründe.«

Er lehnte sich im Sessel zurück. Sein Gesicht war wieder rot angelaufen, aber ich merkte, daß er sich über mich amüsierte.

Er hatte mich durchschaut . . . Er wußte, daß ich entzückt über Theodosias Wahl war, weil ich Tybalt für mich selbst zu gewinnen hoffte.

Er winkte mir leutselig Entlassung zu, und ich war froh, so rasch davonzukommen.

Ein paar Tage später erklärte Sir Ralph, er willige in die Verlobung seiner Tochter mit Evan Callum ein.

Theodosia war im siebenten Himmel.

»Hättest du einen solchen Umschwung für möglich gehalten?« fragte sie mich.

»Ach, ich glaube, dein Vater ist ziemlich weichherzig, auch wenn er's meistens nicht zeigt, und du bist so offensichtlich in deinen Evan verliebt.«

»Merkwürdig, Judith, wie wenig man von den Menschen weiß, denen man doch sein Leben lang nahegestanden hat.«

»Du bist nicht die erste, die diese Erkenntnis ausspricht.«

Lady Bodrean war natürlich höchst indigniert. Ihre heftigen Wortwechsel mit Sir Ralph gaben dem Personal manchen Anlaß zum Klatsch, aber jeder rühmte *seine* Gutmütigkeit und vor allem die Festigkeit, mit der er seiner Gattin die Stirn bot. Auch ich dachte viel über ihn nach, und er wurde mir immer lieber.

Dorcas und Alison waren maßlos verblüfft, als sie die Neuigkeit hörten. »Theodosia und Evan Callum! Wer hätte das gedacht! *Du* warst doch immer seine beste Schülerin, und . . .« Der Rest des Satzes wurde gerade noch rechtzeitig verschluckt. Wieder war ihnen ein Heiratskandidat für mich durch die Lappen gegangen. Wieder waren sie um eine Hoffnung ärmer!

Evan und Theodosia wurden am Weihnachtstag von Oliver Shrimpton getraut. Ich saß mit Sabina, Dorcas und Alison im Hintergrund der Kirche, und als das Brautpaar den Gang entlangschritt, flüsterte Sabina mir zu: »Nun bist du an der Reihe!«

Ich folgte ihrem Blick, der vielsagend zu Hadrian glitt, und dachte: Herrje, warum wollen mich die Leute immer mit jungen Männern verheiraten, die ich mir nicht ausgesucht habe? Ähnlich wie in Oliver hatte ich auch in Hadrian nie etwas anderes als eine Art Bruder gesehen.

Fast hätte ich hörbar gelacht, als ich Lady Bodreans hochnäsiges Profil vorn unter den Verwandten erspähte und mir vorstellte, was sie wohl zu *dieser* Unverschämtheit gesagt hätte: Ich, ihre unbedeutende Angestellte, wagte Sir Ralphs Neffen als Bruder zu betrachten!

Das junge Paar verbrachte die Feiertage noch in Keverall Court und reiste dann nach Devon, wo ihnen ein Kollege Evans sein Ferienhaus für die Flitterwochen zur Verfügung gestellt hatte.

Ich vermißte Theodosia geradezu. In ihrem strahlenden Glück war sie mir ans Herz gewachsen, zumal Lady Bodrean von Tag zu Tag unausstehlicher wurde und sich über alles und jeden beklagte. Vielleicht war auch ihre Gesundheit angegriffen, denn der Arzt schickte sie einige Zeit zur Kur.

Das ganze Haus atmete auf. Solange Lady Bodrean meine Dienste nicht benötigte, bat Sir Ralph, nun mein erklärter freundlicher Beschützer, ich möge ihm allmorgendlich die *Times* vorlesen. Aber er ließ mich nie sehr weit kommen. Ich begriff bald, daß er sich lieber mit mir unterhielt. Besonders gern sprach er über die Fortschritte der ägyptischen Expedition.

»Ich wäre zu gern mitgegangen, wenn der Doktor es mir erlaubt hätte«, sagte er und klopfte sich auf die Brust. »Das verflixte Herz! Na ja, ich wäre den andern nur ein Klotz am Bein gewesen. Kann die Hitze da unten nicht mehr vertragen.«

Manchmal, wenn ich ihm dank meiner jahrelangen Lektüre eine sachkundige Antwort geben konnte, bedauerte er, daß Mädchen nicht zum Archäologiestudium zugelassen seien. »Sie würden manchen überflügeln, glaube ich, zum Beispiel meinen teuren Neffen. Sie haben die nötige Begeisterung und das Fingerspitzengefühl für solche Dinge. Hatte ich auch immer, aber ich bin leider nur Amateur geblieben.«

Ich sagte, Amateur sei auch etwas Schönes.

»Ja, aber bei Sir Edward ist es eine wahre Berufung. Er gilt zu

Recht als *der* Fachgelehrte ... Ich glaube nicht, daß heutzutage irgendwer an ihn herankommt.«

»Sicher, er steht auf einsamer Höhe.«

»Und sein Sohn Tybalt ist aus demselben Holz geschnitzt.« Sir Ralph warf mir einen prüfenden Blick zu, der mir zu meinem Ärger wieder das verräterische Blut in die Wangen trieb. »Er wird das Werk seines Vaters fortsetzen. Mit solchen Leuten lebt es sich nicht gerade einfach, nebenbei bemerkt. Sir Edward war mehr mit seinem Beruf verheiratet als mit seiner Frau. Sie hat nicht viel von ihm gehabt. Entweder war er unterwegs oder in seine Bücher vergraben.«

»Vielleicht hatte sie nicht genug Sinn für seine Arbeit?«

»Sinn oder nicht, es hätte nicht viel genützt. Er vergaß sie darüber.«

»Und Sie haben Ihre Tochter einen Archäologen heiraten lassen!«

»Ach, der ... Der wird sein Leben lang am liebsten im Hörsaal stehen und klug reden, und wenn er mit seinem Tagewerk fertig ist, kehrt er seelenvergnügt ins traute Heim zurück und läßt Wissenschaft Wissenschaft sein. Nichts gegen solche glücklichen Naturen, aber sie bringen es selten zu Weltruhm. So, und nun lesen Sie mir noch die neuesten Berichte von der Expedition vor.«

»Mit Vergnügen!«

Er gluckste verständnisinnig. Ich las ihm die Berichte vor, und dann redeten wir noch darüber. Diese Stunden verflogen mit Zauberschnelle.

Ich war immer wieder erstaunt und beglückt über die Art, in der Sir Ralph mir in letzter Zeit sein Wohlwollen zeigte – ohne daß der geringste Verdacht aufkommen konnte, er habe lüsterne Hintergedanken. Wahrscheinlich war er über das Alter hinaus.

Dann, Anfang März, kam die Nachricht von Sir Edwards geheimnisvollem Tod, und die Zeitungen brachten die Schlagzeilen vom »Fluch der Pharaonen«, mit denen ich diesen Erlebnisbericht angefangen habe.

Tybalts Frau

Sir Ralph war so erschüttert, daß er einen zweiten Schlaganfall erlitt, der ihm auch das Sprechvermögen raubte. Hierauf schlug die Gerüchtebildung noch höhere Wellen. Auch ihn, hieß es, habe der Fluch getroffen, weil er die Expedition finanziell gestützt oder sogar erst ermöglicht hatte. Er war außerstande, an den Begräbnisfeierlichkeiten teilzunehmen. Aber ein paar Tage später ließ er mich zu sich rufen, und zu meiner Verwunderung fand ich Tybalt bereits an seinem Krankenlager vor.

»Ju... Ju...«, gurgelte Sir Ralph. Es war klar, daß er meinen Vornamen auszusprechen versuchte.

»Hier bin ich, Sir Ralph«, sagte ich und legte meine Hand auf seine Linke. Er umklammerte sie mit erschreckender Kraft und ließ sie nicht los, während seine Augen sich mit stummer Eindringlichkeit auf Tybalt richteten und seine Rechte sich unsicher nach ihm ausstreckte.

Tybalt verstand, was er wollte, und reichte ihm ebenfalls die Hand. Sir Ralph lächelte schwach und zog seine Unterarme zusammen, bis Tybalts und meine Hände sich trafen.

Ich sah in Tybalts Augen und errötete. Sir Ralphs Absicht war deutlich. Er hatte unsere Hände nach alter Sitte »ineinandergelegt« und uns somit seinen Segen erteilt. Tybalt erwiderte meinen Blick fest und ernst, während ich verwirrt meine Hand aus seiner löste.

Sir Ralph hatte mit zufriedenem Ausdruck die Lider geschlossen.

Blake näherte sich auf Zehenspitzen.

»Ich glaube, es wäre besser, wenn Sie Sir Ralph jetzt allein ließen«, flüsterte er uns zu.

Nachdem die Tür sich hinter uns geschlossen hatte, fragte Tybalt: »Würden Sie bitte mit mir nach Hause gehen – ich meine, in die Villa Gizeh?«

»Lady Bodrean erwartet mich«, stammelte ich ausweichend.

»Ich muß mit Ihnen sprechen. Es ist wichtig.«

Nachdem wir uns in tiefem Schweigen ein Stück von Keverall Court entfernt hatten, sagte Tybalt: »Sie wissen, wie recht er getan hat. Wir sollten seinen Wunsch erfüllen.«

»Nur seinen? Ich... ich verstehe nicht ganz.«

»Nanu, Judith, Sie sind doch sonst so freimütig und offen!«

»Kennen Sie mich so gut?«

»Ziemlich gut, glaube ich, seit Sie mir zum erstenmal als Mumie verkleidet begegnet sind.«

»Diesen Kinderstreich vergessen Sie mir wohl nie?«

»Man vergißt nie, wann und wie man seine künftige Frau zuerst gesehen hat.«

»Aber...«

»Sir Ralph wünscht es auch.«

»Er ist nicht mehr ganz bei Sinnen.«

»O doch!«

»Wahrscheinlich hat er mich vorhin mit Theodosia verwechselt. Er hatte immer gehofft, Sie würden einmal seine Tochter heiraten. Und Sie wußten es, nicht wahr?«

»Irgendwann, vor langer Zeit, hat er mal irgend so eine Vereinbarung mit meinem Vater getroffen, glaube ich. Wir Jungen wurden nach altägyptischem Brauch gar nicht gefragt.«

»Das bestätigt meine Vermutung, daß er mich für seine Tochter hielt und im Moment vergessen hatte, daß sie schon verheiratet ist. Armer Sir Ralph... Er ist sehr krank.«

»Er liegt sogar im Sterben, fürchte ich«, erwiderte Tybalt. »Und Sie haben sich immer lebhaft für meinen Beruf interessiert. Tun Sie's auch heute noch?«

»Mehr denn je.«

»Na, sehen Sie, dann werden wir uns gut vertragen. Meine Mutter hatte gar kein Verständnis für meinen Vater, und die Ehe wurde dementsprechend unglücklich. Wir wollen es besser machen.«

»Ich verstehe nicht ganz. Wollen Sie mich nur heiraten, weil Sir Ralph so einen Wunsch angedeutet hat?«

»Das ist natürlich nicht der einzige Grund.«

»Welcher noch?«

»Erstens könnte ich Sie mitnehmen, wenn ich wieder nach Ägypten gehe, und zweitens...«

»Daß ich mich bei Expeditionen vielleicht nützlich machen kann, scheint mir kein ausreichendes Heiratsmotiv«, unterbrach ich.

Er blieb stehen und zog mich unvermutet an sich. »Du hast mich nicht ausreden lassen. Dies ist mein Zweitens.« Und damit küßte er mich.

»Heißt das«, stammelte ich, als er meine Lippen wieder freigab, »daß Sie mich lieben?«

Er lachte und drückte mich fester an seine Brust.

»Zweifelst du noch daran?«

»Ich bin nicht ganz sicher. Ich hätte gern eine ausdrückliche und unmißverständliche Erklärung.«

»Sprich du sie zuerst aus. Du findest bestimmt die bessere Formulierung. Um Worte warst du noch nie verlegen ... Ich bin's leider oft.«

»Dann kann ich mich in Zukunft wirklich nützlich machen, zum Beispiel als Sekretärin.«

»Ist das alles?«

»Tu nicht so, als ob du nicht wüßtest, daß ich seit Jahren in dich verliebt bin! Sogar Sir Ralph hat es gemerkt, glaube ich.«

»Und nur ich habe nichts von meinem Glück geahnt! Das hätte ich früher wissen müssen!«

»Bist du immer so bescheiden?«

»Nein. Ich werde der arroganteste Bursche in deinem Leben sein.«

»Hm ... Ich habe wenig Vergleichsmöglichkeiten. Du warst bisher der einzige Mann in meinem Leben, für den ich ... so empfinde, und du wirst es immer bleiben.«

»Du willst also dein Leben mit mir teilen?«

»Mit Wonne!«

»Judith, Liebste! Hab' ich nicht gesagt, daß du immer das rechte Wort findest?«

»Ich habe offen eingestanden, daß ich dich liebe. Nun möchte ich gern dasselbe von dir hören.«

»Habe ich dir das noch immer nicht klargemacht?«

»Ich möchte es aus deinem Mund hören.«

»Ich liebe dich«, sagte er.

»Oh, noch einmal! Ich kann's nicht oft genug hören. Sag mir's immer wieder ... Ich habe so lange davon geträumt. Bin ich denn wirklich wach? Ist es wahr? Oder fahre ich gleich aus dem Traum auf, weil Lady Bodrean nach mir klingelt?«

Tybalt nahm meine Hand und küßte sie inbrünstig. »Liebste, geliebte Judith, du beschämst mich. Ich verdiene dich gar nicht. Überschätze mich nicht, damit ich dich nicht enttäusche. Du weißt, wie arbeitsbesessen und verbohrt ich sein kann – genau wie mein Vater. Du wirst dich an meiner Seite oft langweilen.«

»Niemals!«

»Ich habe kein Talent zum Mustergatten. Mir fehlt deine Heiterkeit, deine Spontaneität, kurz alles, was dich so anziehend macht.

Ich kann steif, mürrisch, sogar pedantisch sein, besonders wenn ich in der Arbeit stecke...«

»...an der ich mich zu beteiligen gedenke. Einwand abgewiesen.«

»Ich trage mein Herz nicht auf der Zunge. Ich werde manchmal vergessen, dir zu sagen, wie sehr ich dich liebe, während du dich von deinen Gefühlen viel leichter hinreißen läßt. Noch einmal: Erwarte nicht zuviel von mir. Ich bin kein perfekter Liebhaber.«

Ich lachte und legte meinen Kopf an seine Schulter. »Brauchst du auch gar nicht zu sein. Ich kann nichts dafür, daß ich im Moment übersprudle – ich habe dich schon so lange geliebt. Dein Leben zu teilen, es leichter und angenehmer zu machen, indem ich dir vielen Alltagskram abnehme: Mehr verlange ich nicht.«

»Judith«, sagte er ernst, »ich will mein Möglichstes tun, damit du glücklich wirst.«

»Mir genügt es schon, wenn du mich ehrlich liebst.«

Tybalt zog meinen Arm durch den seinen, und wir gingen weiter und sprachen von der Zukunft. Er sah keinen Grund, unsere Heirat lange hinauszuschieben; im Gegenteil, je eher, desto besser, weil viele neue Aufgaben auf uns warteten. Ob es mir recht wäre, wenn wir nach der Trauung in der Villa Gizeh blieben und uns sofort in die Vorbereitungen zur nächsten Expedition stürzen? Die würde ja dann die sonst übliche Hochzeitsreise reichlich ersetzen.

Ob es mir recht wäre!! Alles war mir recht, solange ich an Tybalts Seite bleiben durfte...

Dorcas und Alison waren wohl noch nie in ihrem Leben so verblüfft gewesen wie beim Anhören meiner großen Neuigkeit. Natürlich waren sie froh und erleichtert, daß ich »endlich« heiraten wollte; doch der erwählte Bräutigam stimmte sie etwas bedenklich. Die Familie Travers galt im Dorf von jeher als... nun, zumindest wunderlich. Und seit Sir Edwards plötzlichem Tod und den Zeitungsberichten von einem mysteriösen Fluch hätten sie es sicher lieber gesehen, wenn ich mich den finsteren Mächten nicht ausgeliefert hätte.

Alison lenkte auf einen anderen Aspekt meiner Verlobung ab.

»Nach dem Tod seines Vaters hat er den Titel geerbt. Du wirst also eine Lady Travers!«

»Daran habe ich noch gar nicht gedacht!« lachte ich.

»Echt Judith«, meinte Dorcas kopfschüttelnd.

»Ach, meine Lieben, macht doch keine so zweifelnden Gesichter. Ich bin so glücklich, wie ich es nie für möglich gehalten hätte!«

»Nun, nun«, murmelte Dorcas in genau demselben Ton, in dem sie einst meinen kindlichen Überschwang gedämpft hatte, »halb so wild... Aber du hast nie etwas nur halb getan, nicht wahr?«

»Ich wüßte auch nicht, wie man ›halb‹ in eine Ehe gehen könnte.«

»Stell dir nur nicht das Paradies auf Erden darunter vor«, warnte Alison. »Du erwartest zuviel.«

»Nein«, sagte ich lachend, »ich erwarte nur eine Ehe. Aber eine gute. Und was ich dazu tun kann, werde ich tun!«

In Keverall Court schwieg ich vorläufig. Es schien mir nicht angemessen, mit meinem persönlichen Glück zu prahlen, solange Sir Ralph krank war.

Doch schon am nächsten Tag starb er.

Im ganzen Haus herrschte Trauer, aber ich glaube, niemand vermißte Sir Ralph so wie ich. Sein Tod überschattete meine Verlobung, und mein einziger Trost war der Gedanke, wie sehr er sich darüber gefreut hätte. Er hatte mir immer wohlgewollt, und in den Wochen vor seinem Tod war seine Güte immer deutlicher hervorgetreten.

Lady Bodrean setzte eine gramvolle Miene auf und kleidete sich in tiefes Schwarz. Sie pries Jane und mir gegenüber die Tugenden des Verblichenen in den höchsten Tönen, aber ich spürte deutlich genug, daß der Waffenstillstand nur vorübergehend war. Nun, da ich in Keverall Court keinen Beschützer mehr hatte, würde sie mir bald zeigen, daß ich ihr auf Gnade und Ungnade ausgeliefert war...

Ach, die Ärmste, wußte ja nicht, welchen Schlag ich für sie in petto hatte: daß ihre arme Gesellschafterin im Begriff war, Lady Travers zu werden!

Natürlich kam auch Hadrian zum Begräbnis. Ihm erzählte ich meine große Neuigkeit, aber nur unter dem Siegel der Verschwiegenheit. »Es gehört sich wohl, daß wir mit der offiziellen Verlobungsanzeige noch ein bißchen zurückhalten.«

»Tybalt ist ein Glückspilz«, knurrte Hadrian. »Er ist mir einfach zuvorgekommen.«

»Mach keine Sprüche!« lachte ich. »Du suchst doch eine *reiche* Frau – wenigstens hast du es oft genug gesagt.«

»Wenn du vermögend wärst, Judith, hätte ich dir schon lange mein Herz zu Füßen gelegt.«

»Physisch unmöglich!«

»Na schön, ich wünsche dir viel Glück. Und ich freue mich für dich, daß du von meiner Tante wegkommst. Sie muß dir das Leben zur Hölle gemacht haben.«

»Halb so schlimm. Du weißt ja, daß ich mich nicht so leicht ins Bockshorn jagen lasse.«

An diesem Abend erhielt ich eine sonderbare Einladung von Sir Ralphs Rechtsanwälten: Ich sollte mich dann und dann zur Testamentseröffnung einfinden.

Als ich Dorcas und Alison in ihrem Cottage besuchte und ihnen davon erzählte, benahmen auch sie sich sonderbar. Sie sahen einander entgeistert an, gingen hinaus und blieben ziemlich lange draußen, obwohl sie ja wußten, daß meine Freizeit bemessen war. Gerade als ich ihnen zurufen wollte, ich müßte leider gehen, kamen sie wieder herein. Ihre Gesichter waren gerötet, und jede schien der anderen mit den Blicken zu sagen: »Fang du an – mir ist es zu genant.«

»Was habt ihr denn?« fragte ich.

»Wir... wir müssen dich auf etwas vorbereiten, was du noch nicht weißt«, begann Dorcas zögernd. Dann biß sie sich auf die Lippen und sah hilfeflehend zu Alison, die tapfer fortfuhr:

»Es handelt sich um deine Herkunft, Judith. Du bist wirklich unsere Nichte. Unsere Schwester Lavinia war deine Mutter.«

»Lavinia! Warum habt ihr das so lange vor mir geheimgehalten?«

»Weil wir dachten, es sei besser für dich. Es war eine so peinliche Situation... Lavinia war sehr hübsch, ganz wie unsere Mutter, während wir beide mehr Vater nachgeraten sind. Du kannst dir denken, was für ein Schock es war, als Lavinia uns gestand, daß sie ein Kind erwartete.«

»Mich...?«

»Ja. Wir schmuggelten sie zu einer entfernten Verwandten, ehe man ihr irgend etwas ansehen konnte. Den Leuten hier erzählten wir, sie habe einen Posten als Gouvernante angenommen. Die Verwandte lebte in London und hatte selbst ein paar Kinder, so daß Lavinia ihr zur Hand gehen konnte und mit ihrem eigenen Baby nicht weiter auffiel. Es war eine ausgezeichnete Lösung. Wir wollten sie und das Kind gern sehen, aber natürlich konnte sie nicht herkommen, und deshalb verabredeten wir ein Treffen in

Plymouth. Es war ganz reizend. Dann brachten wir sie zum Zug, mit dem sie nach London zurückfahren wollte, und ...«

»Der Zug verunglückte«, sagte ich leise. »Und sie war eines der Todesopfer. Ich überlebte.«

»Ja, und damit erhob sich die Frage, was mit dir geschehen sollte. Wir gaben dich vor den Leuten als Waisenkind aus, das wir adoptieren wollten, und nahmen dich zu uns ins Pfarrhaus.«

»Ihr seid also meine wirklichen Tanten! Das ist eine Überraschung! Warum habt ihr mir nur immer erzählt, ich sei sozusagen ein Findelkind?«

»Ach, du fragtest immer soviel, und wir hatten Angst, du würdest die Wahrheit ausschwatzen, wenn du sie wüßtest.«

»Und wer war mein Vater? Könnt oder wollt ihr mir das immer noch nicht sagen?«

Ihr verlegenes Herumdrucksen war so vielsagend, daß ich selbst mit der Antwort herausplatzte: »Nun errate ich alles! Sir Ralph! – Das freut mich. Ich hatte ihn gern. Er war immer gut zu mir – väterlich wohlwollend. Endlich weiß ich den Grund.«

Ich gab Dorcas und Alison je einen impulsiven Kuß. »Danke. Es ist schön, über seine Verwandtschaft Bescheid zu wissen.«

»Wir dachten, du könntest dich schämen, weil du ... unehelich geboren bist.«

»Ach was! Hauptsache, sie haben sich wirklich geliebt. Ich bin überzeugt, sie war die einzige große Liebe seines Lebens. Wenigstens hat sie ihn eine Weile über das harte Schicksal hinweggetröstet, mit Lady Bodrean verheiratet zu sein.«

»Aber Judith!«

»*Darum* war er so gut zu mir«, spann ich meinen Faden weiter und dachte daran, wie er mich gegen den Willen seiner Gattin gefördert und meine Entwicklung beobachtet hatte. Sie ist ganz Lavinias Tochter, mochte er sich im stillen gesagt haben. Wie ich ihn ins Leben zurückwünschte, um ihm zeigen zu können, wie sehr auch ich ihn liebgewonnen hatte!

»Wir haben dich aufgeklärt, Judith«, sagte Dorcas, »um dich auf etwaige weitere Überraschungen vorzubereiten. Daß du bei der Testamentseröffnung zugegen sein sollst, kann nur bedeuten, daß er dir etwas hinterlassen hat. In diesem Zusammenhang wird sicher erwähnt, daß du seine Tochter bist, und wir wollten nicht, daß du ganz ahnungslos mit dieser Tatsache konfrontiert wirst.«

»Ich werde Haltung bewahren«, versprach ich lächelnd.

Meine Tanten hatten richtig prophezeit. Ich war als Erbin in Sir Ralphs Testament aufgeführt – und wie!

Eine Viertelmillion Pfund Sterling hinterließ er unter bestimmten Bedingungen, die Sir Edward oder Tybalt Travers festzulegen hatten, dem Britischen Institut für Archäologische Forschung; Haus, Grundbesitz und ein lebenslängliches Einkommen seiner Frau; Hadrian tausend Pfund jährlich; Theodosia, der Haupterbin, die Hälfte seines übrigen Vermögens und nach dem Tode ihrer Mutter auch den genannten Haus- und Grundbesitz; die andere Hälfte seiner außerehelichen Tochter Judith Osmond. Im Fall des Todes einer seiner Töchter sollte deren Erbteil ungeschmälert auf die andere übergehen.

Ich war ausnahmsweise sprachlos. Innerhalb weniger Wochen hatte sich mein Leben dramatisch verändert. Ich würde den Mann heiraten, den ich so lange hoffnungslos geliebt hatte – und zwar nicht als armes Aschenputtel, wie ich gedacht hatte, sondern mit einer höchst ansehnlichen Mitgift...

Mir fiel ein, wie Sir Ralph Tybalts und meine Hände ineinandergelegt hatte, und ich fragte mich, ob Tybalt vielleicht schon vorher von unserer Verwandtschaft und den Absichten meines illegitimen Vaters unterrichtet gewesen war.

Das war der erste unbehagliche Gedanke, der mich heimsuchte.

Nun wußte das ganze Dorf die Wahrheit über meine Geburt. Daß ich Sir Ralphs Tochter war, überraschte nur wenige. Es hatte schon in meiner Kindheit gewisse Mutmaßungen und Klatsch darüber gegeben, daß ich mit Theodosia und Hadrian zusammen erzogen worden war. »Ich hab's ja gleich gesagt!« behauptete jeder. Alison und Dorcas waren abwechselnd beschämt und froh über die – meist freundlich kommentierte – Dorfsensation. Das Gerede über uns würde bald aufhören, das Gute an der Sache hingegen bleiben. Etwas anderes machte meinen Tanten mehr Sorgen. Sie, die immer so darauf bedacht gewesen waren, mich recht bald zu verheiraten, fanden sich nur widerstrebend mit der Wahl meines eigenen Herzens ab. Als reiche Erbin war ich schließlich nicht mehr auf die finanzielle Sicherheit einer Ehefrau angewiesen, und wenn es schon mit Oliver und Evan nichts geworden war – warum dann gerade dieser eigenartige Tybalt? Alles, was sie über ihn und seinen verstorbenen Vater wußten, war ihnen nicht so recht geheuer...

Als ich Dorcas und Alison nach der Testamentseröffnung besuchte, sahen sie mich ganz scheu an, als hätte ich mich von heute auf morgen in eine Fremde verwandelt.

Ich lachte sie an und aus. »Ihr guten alten Dummerchen – als ob eine Erbschaft mich irgendwie verändern könnte! Nur äußerlich wird einiges anders werden, Gott sei Dank. Zum Beispiel braucht *ihr* nicht mehr jeden Penny dreimal in der Hand umzudrehen. Ihr bekommt monatlich eine Summe, die es euch ermöglicht, vergnügt und sorgenfrei zu leben.«

Sie waren sichtlich gerührt. In Alisons Gesicht zuckte es, und Dorcas hatte sogar nasse Augen. Ich umarmte sie.

»Nun überlegt euch in aller Ruhe, wie ihr es euch in Zukunft gemütlicher machen könnt. Sir Ralph hat euch das Cottage hinterlassen. Ihr könntet es verkaufen und ein schöneres Haus beziehen...«

Alison lachte. »Nicht gleich übertreiben, Judith! Wir fühlen uns sehr wohl hier, danke.«

»Na, wenigstens braucht ihr nicht mehr so ängstlich zu sparen.«

»Kind, geh nicht so großzügig mit deinem Geld um, bevor du es hast. Wer weiß...«

»Es wird auf jeden Fall ein ganz gehöriger Batzen sein«, unterbrach ich sie lachend, »und wenn ihr denkt, daß ihr nicht die ersten seid, für die ich sorge, dann kennt ihr mich schlecht.«

Dorcas betupfte sich die Augen, während Alison ernst fragte: »Und was meint *er* dazu?«

»Wer?«

»Dieser... äh... dein Verlobter.«

»Tybalt heißt er, falls ihr's vergessen habt.«

Sie sahen mich nun beide unsicher und verlegen an. »Wir... fragen uns, ob er womöglich schon vorher wußte...«

»Was?«

»Daß du... äh... soviel Geld erben würdest.«

»Erlaubt mal!« rief ich ärgerlich. »Was hat denn das mit unserer wunderbaren Übereinstimmung zu tun? Tybalt und ich sind wir füreinander geschaffen. Ich bin an seinem Beruf leidenschaftlich interessiert.«

»Hoffentlich ist er nicht ebenso leidenschaftlich an deinem Geld interessiert«, sagte Alison mit einem Anflug von Bitterkeit, der ihr sonst fremd war.

»Unerhört!« stieß ich entrüstet hervor. »Wie kommt ihr nur auf so einen Verdacht! Ich wundere mich...«

»Wir wollen doch nur dein Bestes, Kind«, schnupfte Dorcas. Mein Zorn schwand. Natürlich, sie hatten ja immer nur mein Bestes gewollt und getan. Ich gab jeder einen Versöhnungskuß, bevor ich energisch sagte: »Aber nun hört bitte genau zu. Ich liebe Tybalt. Versteht das endlich! Ich habe ihn seit unserer ersten Begegnung geliebt und werde nie aufhören, ihn zu lieben. Außerdem werden wir miteinander arbeiten. Könnt ihr euch eine idealere Verbindung vorstellen?«

»Wenn er dich ebenso liebt wie du ihn...«

»Selbstverständlich. Er kann seine Gefühle nur nicht so zeigen. Auf Außenstehende mag er distanziert, vielleicht auch etwas hochmütig wirken – aber er ist nicht so.«

»Es würde uns das Herz brechen, wenn du nicht glücklich würdest, Judith.«

»Keine Sorge! Eure lieben Herzen werden ganz bleiben.«

Der Empfang im Pfarrhaus war ganz anders; dort gab es keine Bedenken. Sabina begrüßte mich mit überströmender Herzlichkeit als künftige Schwägerin.

»Ist es nicht amüsant, Judith«, plauderte sie drauflos, »daß der ganze alte Schulklub jetzt untereinander verwandt und verschwägert ist? Nur der arme Hadrian wird übergangen... na ja, er war eben überzählig. Drei Frauen und vier Männer, das geht nicht auf. Allerdings gehörte Tybalt ja eigentlich nicht zu unserer Bande, und der gute Evan und mein herzallerliebster Oliver waren Lehrer... Egal, es ist herrlich, wie sich alles gefügt hat. Tybalt ist genau der Richtige für dich. Ich habe schon immer gesagt, du brauchst mal eine feste Hand... Früher hast du uns alle untergebuttert, weißt du noch? Tausend Glückwünsche! Ach, was bin ich froh... Auch für meinen fabelhaften großen Bruder könnte ich mir keine bessere wünschen als dich. Und nun kommt noch die große Erbschaft dazu! Damit könnt ihr die ganze Welt bereisen und die halbe umgraben, wenn's euch Spaß macht. Mein armer Vater mußte für seine Forschungen immer erst Geldgeber suchen; sein eigenes Vermögen ging sowieso für die Wissenschaft drauf. Meine Mutter sagte immer, wir könnten schwerreiche Leute sein, wenn Vater nicht so verrückt wäre...«

Offensichtlich spielte meine Erbschaft überall, wo meine Verlobung erörtert wurde, eine bedeutende Rolle.

Ich konnte nicht umhin, mich über solche taktlosen Bemerkungen meiner Freunde ein wenig zu ärgern. Dagegen war der Abschied von Lady Bodrean ein reines Vergnügen.

Sie betrachtete mich wie ein widerliches Insekt, was ich in ihren Augen ja auch war.

»Sie kommen wahrscheinlich, um Ihre Kündigung einzureichen?« begann sie hoheitsvoll.

»Allerdings, Lady Bodrean, so ist es.«

»Ich habe von Ihnen nichts anderes erwartet. Sie verlieren keine Zeit, mir Ungelegenheiten zu bereiten.«

»Darf ich aus Ihren Worten entnehmen, daß ich Ihnen während meiner Dienstzeit von einigem Nutzen gewesen bin? Dann haben Sie es bisher sorgfältig verschwiegen. Ich bin gern bereit, noch ein paar Tage zu bleiben, bis Sie eine neue Gesellschafterin gefunden haben.«

»Besten Dank, ich wünsche keine. Sie wissen genau, daß Sie mir aufgedrängt worden sind. Bevor Sie kamen, habe ich auch keine Gesellschafterin gebraucht.«

Sicher hatte sie längst gewußt, daß ich Sir Ralphs Tochter war, und mich hauptsächlich aus diesem Grunde so schlecht behandelt. Daß ich nun auch noch mit Tybalt verlobt war, den sie ihrer eigenen Tochter zugedacht hatte, ließ ihr die Galle endgültig überlaufen.

»Wenn ich zutreffend unterrichtet bin«, sagte sie mit geschürzten Lippen, »haben Sie sich kürzlich verlobt?«

»Sie haben richtig gehört«, bestätigte ich.

»Ich muß gestehen, daß ich erstaunt war, bis...«

»Bis wann?« fragte ich.

»Bis zur Testamentseröffnung. Mein Mann und Sir Edward waren sehr vertraute Freunde. Ich zweifle nicht daran, daß er ihm erzählt hat...«

»Warum stocken Sie, Lady Bodrean? Da Sie mir Ihre Meinung bisher immer sehr unumwunden gesagt haben, können Sie es doch jetzt, von gleich zu gleich, erst recht tun. Sie meinen also, Sir Tybalt Travers habe mich nur deshalb um meine Hand gebeten, weil ich Sir Ralphs natürliche Tochter bin?«

»Sir Ralph wünschte schon immer eine Verbindung mit der Familie Travers. Natürlich dachte er dabei an seine *eheliche* Tochter – aber die hatte ja nichts Besseres zu tun, als mit diesem... diesem mittellosen Schulmeister auf und davon zu gehen.«

»Darf ich Sie darauf aufmerksam machen, daß Professor Callum kein mittelloser Schulmeister ist, sondern Dozent an einer unserer führenden Universitäten, und eine vielversprechende Laufbahn vor sich hat?«

»Gleichviel – er war jedenfalls nicht der Schwiegersohn, den Sir Ralph sich wünschte. Theodosia hat uns enttäuscht. Ich vermute, daß Sir Ralph daraufhin beschloß, ihre vergebene Chance an Sie weiterzureichen.«

»Mein künftiger Ehemann ist kein Gegenstand, der auf einem Tablett herumgereicht wird.«

»Immerhin winkte *ihm* ein Preis, von dem er zweifellos wußte. Das Testament meines Gatten hat mich besonders deshalb peinlich berührt. Es belohnt und ermuntert Frivolität und Unmoral.«

Ich ließ sie nicht merken, daß sie mich an einer empfindlichen Stelle getroffen hatte, und kehrte ins Cottage meiner Tanten zurück, wo ich bis zu meinem Hochzeitstag wohnen sollte.

Tybalt bestand darauf, daß wir sehr bald heirateten, auch wenn Dorcas und Alison es unschicklich fanden, so rasch nach einem Begräbnis eine Hochzeit zu feiern, besonders da es sich bei dem Verstorbenen um meinen Vater handelte. Tybalt schüttelte zu diesem Einwand halb ärgerlich, halb belustigt den Kopf. »Welch ein Unsinn! Sie hat doch erst nach dem Begräbnis erfahren, daß es ihr Vater war!«

Ich war seiner Meinung, wie ich überhaupt in jeder Beziehung mit ihm übereinstimmte. In seiner Nähe vergaß ich alle ängstlichen Zweifel. Obwohl er von Natur zurückhaltend war, konnte er mich zuweilen auf eine gewisse Art ansehen, die mich in einen Taumel des Glücks versetzte. Ich wußte, daß auch er sich auf unsere gemeinsame Zukunft freute. Er setzte mir seine Pläne bis ins kleinste auseinander und sagte mit entwaffnender Offenheit, meine unerwartete Erbschaft sei wirklich ein Segen. Wenn das Geld klug angelegt wurde, konnten wir von den regelmäßigen Einkünften schon eine Menge Forschungsarbeiten bestreiten.

Er sprach oft von jener ersten Expedition, die so abrupt und traurig mit Sir Edwards Tod geendet hatte. Wenn er Ägypten schilderte, geriet er so in Feuer, daß ich die dürre, hitzeflimmernde Wüstenlandschaft zu sehen glaubte und die Erregung nachfühlte, mit der die Forscher durch das endlich entdeckte Felsentor in dunkle, verschlungene Gänge hinabgestiegen waren. Ich lauschte hingerissen, schwor mit aber gleichzeitig, daß unsere Liebe ihm ebenso wichtig werden sollte wie seine Arbeit: Dafür würde ich als Ehefrau schon sorgen!

Natürlich besuchte ich Tybalt oft in der Villa Gizeh, die ich mit ganz anderen Augen ansah, seit sie mein Zuhause werden sollte.

Tabitha Grey gratulierte mir herzlich. Bei der ersten Gelegenheit vertraute sie mir unter vier Augen an:

»Ich bin so froh, daß Sie Tybalts Frau werden. Eine Zeitlang habe ich gefürchtet, es würde Theodosia.«

»Das scheint die allgemeine Ansicht gewesen zu sein.«

»Nun ja, in kleinen Dörfern wird viel geredet, besonders wenn zwei Väter so befreundet und außerdem ranggleich sind wie Sir Ralph und Sir Edward.« Ihre schönen Augen verschleierten sich.

»Traurig, daß sie beide so kurz nacheinander gestorben sind. Doch Tybalt hat ja nun Sie. Ich bin überzeugt, daß Sie die Richtige für ihn sind. Sie müssen ihn verstehen.«

»Ich glaube, das tu' ich.«

»Dann werden Sie sich nicht gleich vernachlässigt fühlen, wenn er sich zu sehr in seine Arbeit vergräbt.«

»Bestimmt nicht, denn ich gedenke, daran teilzunehmen – wie an allem, was ihn betrifft. Seine Begeisterung teile ich jetzt schon.«

»Herrlich. So sollte eine Ehe immer sein. Ich hoffe, Sie werden mich nicht entlassen, wenn Sie hier Hausherrin werden.«

»Aber Tabitha! Wir sind doch befreundet, hoffe ich!«

»Ich habe Sir Edward und seinem Sohn immer sehr nahegestanden, das ist wahr. Wenn ich meine Rolle als Haushälterin hier weiterspielen dürfte, wäre ich sehr dankbar. Aber falls Sie es sich anders überlegen...«

»Unsinn, Tabitha. Sie gehören doch zu uns. Ich lege Wert auf unsere Freundschaft.«

»Danke, Judith.«

Tybalt äußerte mehrmals die Absicht, mir das ganze Haus zu zeigen; aber wir kamen nicht weiter als in die Kammer, in der einst der Sarkophag gestanden hatte und wo die gesammelten Werke seines Vaters nebst den Karten der verschiedensten Ausgrabungsstätten aufbewahrt waren. Daran blieben wir regelmäßig hängen... Tabitha holte das Versäumte nach. Sie führte mich in den Wirtschaftsräumen herum, die ich noch nicht kannte, und stellte mir das Personal vor. Die Mädchen sahen so gleich aus, daß ich einige Zeit brauchte, um sie auseinanderzuhalten und jeweils mit dem richtigen Namen anzureden.

Kopfzerbrechen machten mir nur Mustapha und Absalam, Sir Edwards ägyptische Diener, die Tybalt auf den ausdrücklichen Wunsch seines Vaters behalten hatte. Im Dorf waren sie als fremdartige Unglücksraben verschrien, und auch mir waren sie in ihrer lautlosen Art ein bißchen unheimlich. Sie ihrerseits betrachteten mich als künftige Herrin – ich weiß nicht, wie. Besorgt? Mißtrauisch? Tabitha sagte, sie hätten Sir Edwards Tod zwar verzweifelt, aber doch als unvermeidlichen Schicksalsschlag hingenommen. Sie glaubten fest an den Fluch der Pharaonen und hätten deshalb große Sorge um Tybalt. Wenn sie ihn davon abhalten könnten, die Lebensarbeit seines Vaters fortzusetzen, würden sie es tun, denn sie seien ihm ebenso treu ergeben wie Sir Edward.

Nun gut, ich würde mich an sie gewöhnen. Aber da war noch die alte Frau in der Mansardenwohnung, Nanny Tester, von deren Existenz ich schon in der Schulzeit gewußt, um die ich mich aber naturgemäß nicht weiter gekümmert hatte. Ich wußte nur noch, daß Sabina mir einmal über den Mund gefahren war, als ich sie vorlaut als »Hexe« verdächtigte.

»Ich muß Sie auf Nanny Tester vorbereiten«, sagte Tabitha, ehe sie mich ins Dachgeschoß führte. »Sie ist nun wirklich alt und hat ihre Eigenheiten. Sie war schon bei Sir Edwards Frau Kindermädchen und später bei Tybalt und Sabina. Sie hing geradezu aufopfernd an Lady Travers und verlor bei deren Tode fast den Verstand. Wir müssen das berücksichtigen und sanft mit ihr umgehen. Sir Edward wollte sie mit einer guten Rente abfinden, aber sie ging nicht. Sie sagte, sie gehöre zur Familie und blieb bis zum Tode bei ihr. Nun hatten wir ja die nette kleine Dachwohnung, und die bot die ideale Lösung. Nanny lebt dort auf eigenen Wunsch ganz für sich; aber wir behalten sie natürlich im Auge.«

»Ziemlich ungewöhnliches Arrangement, nicht?« bemerkte ich.

»Nun ja, Sie heiraten nun mal in eine ungewöhnliche Familie. Tybalt ist ein Außenseiter wie sein Vater. Sir Edward lehnte es stets ab, sich mit Alltagskram zu befassen, wie er es nannte; er wich allem aus und flüchtete sich in die Welt des Geistes. Es hätte ihm auch zuviel Mühe gemacht, Nanny Tester in ein Pflegeheim zu stecken – ganz abgesehen davon, daß sie dort todunglücklich gewesen wäre –, also überließ er ihr die Dachwohnung und den anderen die Aufgabe, sich um sie zu kümmern. Tybalt besucht sie gelegentlich, wenn er sich zufällig an ihre Existenz erinnert. Sabina dagegen kommt ziemlich regelmäßig, und das ist ihr ganzes Glück. Sabina ist überhaupt ihr Liebling. Früher war es Tybalt, aber seit er so stark in die Fußstapfen seines Vaters tritt, hat sie sich Sabina zugewandt.«

Während dieser Informationen stiegen wir schon die Treppen

hinauf. Wie still es war! Bei jedem Schritt, selbst auf den Stufen, sanken die Füße in dicke Teppiche ein. Ich machte eine Bemerkung darüber, und Tabitha erklärte:

»Ja, auch das erinnert noch an Sir Edward. Er konnte kein Geräusch ertragen, wenn er las oder schrieb.«

Endlich langten wir im Dachgeschoß an, und Tabitha klopfte an eine Tür. Ich war verblüfft, statt der vermeintlichen »Hexe« meiner Kindheit eine sanftblickende, weißhaarige Frau in adretter weißer Bündchenbluse und langem schwarzen Rock vor mir zu sehen.

»Janet«, sagte Tabitha, »ich hoffe, daß wir nicht stören. Miß Osmond möchte Sie gern kennenlernen.«

Die alte Kinderfrau sah mich an, und ihre Augen wurden feucht. »Kommen Sie, kommen Sie!« sagte sie eifrig und führte uns in ihr Wohnzimmer. Es war ein romantischer Raum mit schrägen Wänden, hübschen alten Möbeln und handgearbeiteten Deckchen und Kissenschonern allüberall. Im Kamin flackerte das Feuer, und der Teekessel fing gerade an zu singen.

»Sie trinken doch eine Tasse Tee mit mir?« fragte Nanny Tester, und ich nahm dankend an.

»Wissen Sie, warum ich hier bin?«

»Aber ja, Kind, Gott segne Sie. Tybalt hat mir von eurer Verlobung erzählt, und ich wollte wissen, wie Sie jetzt so seien, und alles, was er darauf sagen konnte, war: ›Sie hat viel Verständnis für meinen Beruf.‹ Das sieht ihm mal wieder ähnlich! Aber lassen Sie nur; ich weiß schon Bescheid. Wie oft habe ich Sie früher durch den Garten rennen sehen – Sie waren so ein Wildfang! Moment, ich muß den Tee aufgießen.«

»Darf ich das machen«, erbot sich Tabitha freundlich, »damit Sie Ihr Gespräch mit Miß Osmond nicht zu unterbrechen brauchen?«

Es war erschreckend, wie sich der Ausdruck des milden alten Frauengesichtes veränderte. Die Augen glitzerten böse, die Lippen wurden schmal und verkniffen.

»Danke«, sagte sie scharf, »ich pflege in meiner eigenen Wohnung immer noch selbst meinen eigenen Tee aufzubrühen.«

Tabitha warf mir einen Blick zu, in dem zu lesen stand: Sie wissen ja, daß die alte Nanny Tester etwas wunderlich ist.

»Ich rühre die Blätter um«, fuhr die Alte zu mir gewandt fort, »und lasse den Tee fünf Minuten ziehen. Und dann in die vorgewärmte Kanne, wie ich Miß Ruth immer eingeschärft habe . . .«

»Lady Travers hieß Ruth«, erklärte Tabitha, was ihr einen weiteren giftigen Blick einbrachte.

»Vorgewärmt, aber trocken«, sagte Nanny Tester ausschließlich zu mir, »das ist ganz wichtig. So!« Sie trippelte geschäftig hin und her und goß schließlich den Tee ein. »Ich wünsche Ihnen von Herzen alles Gute. Tybalt war früher so ein netter Junge.«

»*War?*« wiederholte ich fragend.

»Nun ja, als Kind hing er immer an Mutters oder meinen Rockzipfeln. Er war ein richtiges Muttersöhnchen. Aber beim Heranwachsen wandte er sich immer mehr seinem Vater zu.« Sie schüttelte betrübt den Kopf.

»Tybalt hat die Forscherbegabung von seinem Vater geerbt«, erläuterte Tabitha. »Sir Edward war natürlich hocherfreut, daß sein Sohn ihm so nacheiferte, und ermöglichte ihm einen entsprechenden Start. Er zog sich ganz bewußt einen Mitarbeiter und Nachfolger heran.«

Janet Tester rührte unablässig in ihrer Teetasse. Die Atmosphäre war unbehaglich gespannt.

»Und nun werden Sie Tybalt heiraten«, murmelte sie. »Wie die Zeit fliegt! Mir kommt's vor wie gestern, daß ich noch Domino mit ihm spielte.«

Ich mußte lachen, als ich mir den kleinen dominospielenden Tybalt vorstellte. »Ja, seitdem ist er einen weiten Weg gegangen«, sagte ich.

»Hoffentlich nicht in sein Unglück«, versetzte sie, unentwegt weiterrührend.

Ich sah zu Tabitha hinüber, die unmerklich die Achseln zuckte. Offenbar war Sir Edwards und Tybalts Beruf kein angenehmes Gesprächsthema für die alte Kinderfrau. Daher fragte ich sie nach weiteren Einzelheiten aus Tybalts Kindheit.

Das ermunterte sie. »Er war brav – machte nie soviel dumme Streiche wie seine Altersgenossen. Er war Miß Ruths ein und alles. Moment, ich habe ein paar Bilder von damals.«

Die vergilbten, steif kartonierten Daguerrotypien entzückten mich: Klein-Tybalt als Nackedei auf einem Eisbärenfell, Tybalt als Zweijähriger mit großen, staunenden Augen, Tybalt mit seinem neugeborenen Schwesterchen Sabina, Tybalt und die zweijährige Sabina in Sonntagskleidern vor einem gemalten Hintergrund.

»Ist sie nicht ein süßes Püppchen?« schwärmte Nanny Tester. »Und so ein Plappermäulchen... Konnte keinen Moment still sein.«

Diesbezüglich habe sie sich nicht viel verändert, bemerkte ich.

»Und hier sind sie beide mit ihrer Mutter«, fuhr Nanny Tester fort. Lady Travers war eine hübsche Frau mit üppiger dunkler Haarkrone gewesen. »Und hier ist Tybalt als Schüler mit einem Kricketschläger. Er wurde nie ein richtiger Sportler, leider. Da fing's schon an mit dem Gelehrtenfimmel – er saß den ganzen Tag über Büchern. Sabina war da ganz anders. Die Lehrer behaupteten, sie könne sich nicht konzentrieren. Aber Tybalt kriegte natürlich einen Preis nach dem andern, und Sir Edward, der sich bis dahin kaum um seine Kinder gekümmert hatte, spitzte plötzlich die Ohren.«

Nanny Testers Gefühle drückten sich so deutlich aus – im wechselnden Ton und Mienenspiel, in einer wegwerfenden Geste –, daß ich binnen kurzem auch das Unausgesprochene unschwer erriet. Sie hatte Sir Edward so wenig leiden können wie jetzt Tabitha; sie hatte Miß Ruth und den kleinen Tybalt schwärmerisch geliebt; aber ihre Vorliebe für letzteren hatte sich im Laufe seiner so vaterähnlichen Entwicklung abgekühlt und auf Sabina übertragen. – Ich spürte Tabithas Erleichterung, als wir uns höflich verabschieden konnten. Tabitha ging voran, und plötzlich umklammerte Nanny Testers knochige Altfrauenhand krampfhaft die meine.

»Kommen Sie bald wieder!« flüsterte sie mir zu. »Aber allein!«

Auf der Treppe sagte ich Tabitha, dieser Besuch sei ein merkwürdiges Erlebnis für mich gewesen.

»Ja«, sagte sie, »diese alten Kinderfrauen sind eine Klasse für sich. Sie betrachten sich als Mütter ihrer Schutzbefohlenen und stehen ihnen oft sogar näher als die leiblichen Mütter. Nanny Tester haßte Sir Edward vermutlich aus Eifersucht, und da ihre vergötterte Miß Ruth keinen Sinn für seinen Beruf hatte, schob sie *ihm* alle Schuld in die Schuhe. Nicht sehr logisch, wie Sie sehen. Lady Travers wollte einen großen Kirchenmann aus ihrem Sohn machen, wozu er jedoch nicht die geringste Lust und Begabung hatte. Erstaunlich früh zeigte sich, daß er seinem Vater nachschlug. Leider war die Mutter wohl ziemlich hysterisch und vertraute ihren Groll Janet Tester an, auf die er sich übertrug – natürlich, denn ihre Miß Ruth war ja in ihren Augen ein absolut fehlerloser Engel. So war die Ehe in mehr als einer Hinsicht ein Mißerfolg, obgleich Lady Travers ein beachtliches Vermögen mitgebracht hatte.«

»Immer wieder Geld«, sagte ich. »Komisch, wie sich dieses Thema neuerdings in fast jedes Gespräch einschleicht.«

»Das ist nun mal der Lauf der Welt«, erwiderte Tabitha leichthin.

»Ich bin froh, daß wir den Besuch bei Janet hinter uns haben. Bei ihr oben glaube ich jedesmal zu ersticken.«

Ich mußte in den nächsten Tagen noch oft an diese Begegnung denken. Daß eine schlichte Kinderfrau den gelehrten Hausherrn nicht leiden konnte, war irgendwie verständlich. Aber was hatte sie gegen Tabitha?

Daß sie etwas gegen sie hatte, hatte sie ja überdeutlich zu verstehen gegeben.

Die Wochen vor der Hochzeit flogen nur so dahin. Dorcas und Alison wünschten sich ein großes Gepränge – sie waren so erleichtert, das sündige Geheimnis meiner Geburt nicht mehr wahren zu müssen, daß sie sich fast wie übermütige Backfische benahmen.

Mit Tybalt konnten sie freilich so wenig anfangen wie er mit ihnen. Die Pflichtbesuche verliefen immer etwas gezwungen. Solange ich dabei war, redete *ich*, aber falls ich einmal kurz abwesend war, merkte ich bei der Rückkehr an der lähmenden Stille, daß sie sich einfach nichts zu sagen hatten.

Er war am liebsten mit mir allein, das stand fest; und ich war so irrsinnig verliebt, daß ich seine mangelnde Fähigkeit, Gefühle auszudrücken, als Zeichen männlichen Ernstes und hoher Geistigkeit wertete. Mir genügte es schon, wenn er beim gemeinsamen Betrachten von Plänen und Landkarten den Arm um mich legte; ich kuschelte mich dann näher heran und fragte mich benommen, womit ich soviel Glück verdient habe. Dabei ging das Gespräch fast ausschließlich um die Forschungsarbeit, die Tybalt im Sinne seines Vaters fortzuführen gedachte. Einmal erzählte ich ihm, daß ich mir als Kind in den Kopf gesetzt hatte, er sei scheußlich – nur weil Sabina ihn dauernd in den höchsten Tönen pries.

»Ich stellte dich mir bleich, bebrillt und kümmerlich mit abfallenden Schultern und spärlichem Sardellenhaar vor ... Und dann standest du plötzlich da vor dem Sarkophag wie ein zürnender Rachegott, um mich für meine kindische Blasphemie zu strafen – hoch aufgerichtet, stolz, mit flammenden Augen ...«

»Habe ich wirklich so wild ausgesehen?«

»Ja, und von dem Moment an war ich dir verfallen.«

»Ich werd's mir merken, daß ich dich ab und zu wild und strafend ansehen muß.«

»Daß du mich zur Frau gewählt hast, kommt mir wie ein Wunder vor.«

»Na, Judith, nun bist du zu bescheiden.«

»War ich nie ... Weißt du, schon damals habe ich mir in meinen Träumereien ausgemalt, wie du eines Tages meine inneren Werte erkennen würdest und ...«

»Was ich ja auch im Laufe der Zeit getan habe.«

»Wann fingst du an, eine bessere Meinung von mir zu bekommen?«

»Als ich erfuhr, daß du dir beständig archäologische Bücher ausliest und auch im Unterricht wirklich bei der Sache warst. Übrigens – heute kann ich es ja gestehen – war ich bei unserer ersten Begegnung gar nicht so wütend, wie ich tat. Innerlich habe ich gelacht. Du sahst weniger wie eine Mumie aus als wie das Opfer eines Unfalls. Aber ihr hattet getan, was ihr konntet.«

»Jetzt werde ich tun, was ich kann, um mich dir unentbehrlich zu machen.«

»Das bist du doch jetzt schon.«

»Ist das wahr? Wirklich wahr?« fragte ich eindringlich. Tybalt nahm meine Hände in die seinen.

»Du mußt mich verstehen, Judith. Ich kann mich nicht so impulsiv ausdrücken wie du.«

»Ja, ich sprudle immer alles heraus, was ich fühle und denke, ohne es mir lange vorher zu überlegen. Du tust das sicher nie.«

»Hab' Geduld mit mir, Judith.«

»Sag mir nur das eine: Bist du glücklich?«

»Glaubst du, ich sei es nicht?«

»Nicht restlos.«

»Versteh mich recht«, begann er langsam, »ich habe den Menschen verloren, der mir, bevor du kamst, näher stand als sonst irgendwer auf der Welt. Wir haben zusammen gearbeitet, wir haben uns oft auch ohne Worte vollkommen verstanden. Er ist mir von einem Tag zum andern auf rätselhafte Weise weggestorben ... Ich trauere um ihn, Judith, und werde noch geraume Zeit brauchen, bis ich über diesen Verlust hinwegkomme. Darum bitte ich dich um Geduld und Nachsicht. Ich kann nicht so strahlend froh und lebenslustig sein wie du. Aber wenn wir erst verheiratet sind, liebe, liebste Judith, wird die tragische Erinnerung allmählich verblassen.«

Ich schlang meine Arme um seinen Hals und drückte den Kopf an seine Brust.

»Es soll meine Lebensaufgabe sein, dich wieder ganz glücklich zu machen, dir den Verlust zu ersetzen ...«

Er küßte mich leicht aufs Haar. »Gott sei gedankt für dich, Judith«, sagte er.

Wegen des Hochzeitstermins gab es eine kurze Auseinandersetzung zwischen Tybalt und meinen Tanten. Sie fanden es anstößig, daß wir schon so bald heiraten wollten.

»Wo doch beide Väter, Sir Edward und Sir Ralph, kaum unter der Erde sind... Ihr solltet mindestens das Trauerjahr einhalten!«

Selten hatte Tybalt-so temperamentvoll reagiert wie diesmal. »Unmöglich! Wir reisen innerhalb der nächsten Monate nach Ägypten ab, und Judith kann nur mitkommen, wenn sie meine Frau ist.«

»Aber was werden die Leute sagen?« wagte Dorcas schüchtern einzuwenden.

»Das, meine verehrten Damen, ist mir vollkommen egal!«

Sie verstummten, aber später, nachdem Tybalt gegangen war, sagten sie zu mir: »Ihm kann es freilich egal sein, wie die Leute reden, aber uns nicht. Wir müssen schließlich bis an unser Ende unter ihnen leben.«

»Ach, jeder weiß doch, daß man Tybalt nicht mit gewöhnlichen Maßstäben messen kann«, tröstete ich. »Und wo käme man hin, wenn man sich immer nach ›den Leuten‹ richtete!«

Sie schüttelten die Köpfe darüber, daß ich mich so nach *Tybalt* richtete. Ihrer Meinung nach durfte ein Mädchen einem Mann nicht vor der Heirat zeigen, wie sehr es in ihn verliebt war. Hinterher – ja. Dann war es sogar die Pflicht der Frau, ihrem Mann in allen Dingen untertan zu sein und keinen eigenen Gedanken mehr zu hegen. Aber vorher mußte sie die Spröde spielen, und er hatte vor ihr auf den Knien zu liegen.

Ich lachte über diese altmodischen Klischees, spürte aber, daß echte Sorge dahintersteckte. Wahrscheinlich bestanden sie gar nicht so sehr »der Leute wegen« auf der Einhaltung des Trauerjahres, sondern um mir Zeit zu geben, »klarer zu sehen«, wie sie es nannten.

Am nächsten Tag begann Dorcas zu husten, wie es stets passierte, wenn sie seelisch bedrückt oder aufgeregt war, und ihr Husten war nicht leicht zu nehmen, weil er in Asthmaanfälle überzugehen pflegte und unbedingt behandelt werden mußte.

Tybalt kam im Sturmschritt zu ungewohnter Zeit zum Cottage.

Seine Augen leuchteten. Ich dachte, es wäre, weil ich ihm öffnete, aber es hatte noch einen anderen, wichtigeren Grund.

»Eine großartige Neuigkeit, Judith! Stell dir vor, gar nicht weit von hier, in Dorset, ist ein Arbeiter beim Ausheben eines Grabes auf ein paar römische Bodenfliesen gestoßen. Möglicherweise befinden sich dort die Reste eines Bades oder einer Villa. Ich bin als Sachverständiger hinberufen worden. Morgen fahre ich ab, und ich möchte dich gern mitnehmen.«

»Wie schön, Tybalt! Erzähle mir mehr davon!«

»Mehr weiß ich selbst noch nicht. Aber Entdeckungen dieser Art sind immer von großer wissenschaftlicher Bedeutung.«

Wir gingen im Garten herum und besprachen die gemeinsame Reise. Tybalt konnte nicht lange bleiben, weil er noch verschiedene Vorbereitungen zu treffen hatte, und ich ging ins Cottage zurück, um die Tanten über unser Vorhaben ins Bild zu setzen.

Ich war erstaunt über die Heftigkeit ihres Widerspruches.

»Aber Judith!« rief Alison. »Wie kannst du nur daran denken, als lediges junges Mädchen mit einem Mann zu verreisen!!«

»Mit meinem Verlobten!«

»Verlobt ist nicht verheiratet«, krächzte Dorcas aus dem Bett.

»Liebe Tantchen, in Tybalts Kreisen denkt man nicht so borniert.«

»Borniert oder nicht – wir haben unsere Erfahrungen, Judith. Schon manches Mädchen, das sich vor der Heirat über die wohlbegründeten Anstandsvorschriften hinwegsetzte, hat es bitter bereuen müssen. Auf einmal ist der Bräutigam über alle Berge.«

Ich lachte wütend auf. »Bis jetzt habt ihr immer angedeutet, daß Tybalt mich nur wegen meines Geldes heiratet, und nun deutet ihr an, daß er nichts anderes im Kopf hat, als mich auf einer gemeinsamen Reise zu verführen und dann – mitsamt meinem Geld – sitzenzulassen. Wo ist da die Logik, bitte?«

»Wir haben nichts dergleichen gesagt«, erklärte Alison indigniert. »Wir sind erstaunt, daß *du* auf solche Gedanken kommen kannst. Höchst unschicklich für eine Braut.«

Ich verdrehte die Augen. Mit solchen Leuten, auch wenn es meine guten Tanten waren, konnte man nicht sachlich diskutieren. Ich ging einfach in mein Zimmer und packte meinen Koffer für den Abstecher nach Dorset.

Aber noch während ich damit beschäftigt war, kam Alison mit ängstlicher Miene herein. »Judith, Dorcas hat regelrechte Erstickungsanfälle. Ich glaube, wir müssen den Doktor holen.«

Natürlich lief ich sofort los und holte ihn. Er untersuchte Dorcas, machte ein sehr ernstes Gesicht und sagte, es bestünde die Gefahr einer Lungenentzündung.

Alison und ich waren die ganze Nacht auf, um den Inhalierapparat am Krankenbett in Gang zu halten. Am nächsten Morgen sah ich ein, daß ich die Pflege nicht Alison allein aufhalsen konnte, und beurlaubte mich nur kurz, um zur Villa Gizeh zu gehen und Tybalt Bescheid zu sagen.

Ehe ich dort zu Worte kam, erzählte er mir schon freudig erregt, daß die neue Fundstätte noch ergiebiger zu sein scheine als zunächst angenommen. Sein Strahlen erlosch, als ich ihn unterbrach:

»Tybalt, ich kann leider nicht mitkommen. Der Zustand von Tante Dorcas hat sich so verschlechtert, daß ich die Pflege nicht Alison allein zumuten kann. Der Husten und die Atemnot sind wirklich beängstigend.«

»Aber wir könnten doch eine andere Pflegeperson hinschicken. Eins von unseren älteren Hausmädchen...«

»Das wäre nicht dasselbe. Die Tanten gewöhnen sich schon in gesunden Zeiten schwer an fremde Gesichter, und falls etwas passiert...«

Er schwieg. Sein Gesicht drückte tiefe Enttäuschung aus.

In diesem Moment kam zufällig Tabitha hinzu und begrüßte mich.

»Ich erkläre gerade, daß ich leider nicht mit nach Dorset kann«, sagte ich. »Es hätte mich wahnsinnig gefreut und interessiert, aber meine ältere Tante ist krank, und ich muß der anderen bei der Pflege helfen.«

»Ja, das müssen Sie wohl«, meinte Tabitha verständnisvoll.

»Vielleicht kommen Sie an Judiths Stelle mit?« fragte Tybalt plötzlich. »Ich bin sicher, daß Sie bei einer Sache von so weitreichender Bedeutung gern alles andere zurückstellen.«

Weitreichende Bedeutung... Alles andere zurückstellen... Sollte das ein versteckter Vorwurf gegen mich sein?

»Wenn Sie meinen«, sagte Tabitha. »Natürlich interessiert es mich. Aber ich verstehe, Judith, daß Sie Ihre Tanten jetzt unmöglich allein lassen können.«

Tybalt streichelte mir den Arm. »Ich hätte dir so gern diesen sensationellen neuen Fundort gezeigt. Aber, na, wir werden später noch oft solche Gelegenheiten haben.«

»Unser ganzes Leben lang«, sagte ich.

Einige Tage später begann Dorcas sich zu erholen. Sie war sehr gerührt, daß ich ihretwegen zu Hause geblieben und Alison zur Hand gegangen war.

»Man kann über Judith denken wie man will«, hörte ich sie einmal sagen, als sie mich außer Hörweite glaubte, »Aber sie hat das Herz auf dem rechten Fleck.«

Ich wußte, daß sie unter sich fortwährend von mir und der ihnen irgendwie verdächtigen Verlobung redeten. Wie gern hätte ich ihnen ausgeredet, was sie offenbar steif und fest glaubten: Tybalt wollte mich nur heiraten, weil er im voraus über meine Erbschaft informiert gewesen war. Um so mehr ersehnte ich den Tag, an dem ich das Cottage verlassen konnte: einmal aus dem natürlichen Verlangen, Tybalt endlich ganz zu gehören, aber auch, um dieser muffigen, mißtrauischen Atmosphäre zu entfliehen und bald zu beweisen, daß wir die beste Ehe der Welt führten.

Tybald und Tabitha blieben zwei Wochen lang in Dorset. Nach ihrer Rückkehr waren sie so voll von dem Gesehenen und Erlebten, daß sie kaum von etwas anderem sprachen – und ich war sehr traurig, daß ich diesmal nicht mitreden konnte.

Mein kummervolles Gesicht amüsierte Tybalt. »Mach dir nichts draus«, sagte er. »Wenn wir erst verheiratet sind, darfst du nicht nur, sondern *mußt* mich überallhin begleiten.«

Der Hochzeitstag war nun in greifbarer Nähe. Sabina bestand darauf, daß wir den kleinen Empfang bei ihr und Oliver im Pfarrhaus abhielten. Erstens war Dorcas kaum genesen, zweitens war das Cottage zu klein, drittens war ich im Pfarrhaus aufgewachsen (es war also immer noch »das Haus der Braut«), und viertens war sie Tybalts Schwester.

Tybalt war alles recht. »Hauptsache, wir heiraten«, sagte er. »Wo und wie ist doch total nebensächlich.«

Viel mehr war er mit der Überraschung beschäftigt, die er mir bereiten wollte. »Wir werden doch *vor* Ägypten noch auf eine Hochzeitsreise gehen«, sagte er geheimnisvoll. »Du willst sicher nach der Trauung nicht wochenlang zu Hause bleiben.«

Ich sagte, der Ort sei mir gleich, wenn ich nur bei ihm sein könnte.

Tybalt nahm mein Gesicht in beide Hände – eine bei ihm ungewöhnliche Zärtlichkeit. »Judith«, sagte er leise, »erwarte nicht zuviel von mir.«

Ich lachte glücklich. »Natürlich erwarte ich alles von dir. Wundert dich das?«

»Versteh doch. Gerade dein bedingungsloser Glaube an mich verursacht mir Hemmungen. Ich bin kein strahlender Ritter, sondern ziemlich egoistisch – und von meinem Beruf besessen.«

»Ich teile deinen Tick«, sagte ich lächelnd. »Außerdem habe ich noch einen – dich.«

»Deine hohe Meinung macht mir richtig Angst. Von wem hast du das nur?«

»Von dir.«

»Du hast eine zu lebhafte Fantasie, Judith. Du stellst dir etwas vor, wie du es gern haben möchtest, und dann versuchst du, alles beinahe mit Gewalt deinem Wunschbild anzupassen.«

»Es ist keine schlechte Art zu leben. Ich werde es dir auch noch beibringen.«

»Ich halte es für richtiger, die Wahrheit mit offenen Augen zu sehen.«

»Auch Wunschbilder können wahr werden. Im Laufe der Jahre werden wir einander immer näherkommen und alles teilen, auch die innersten Gedanken. Aber ich bin schon in diesem Moment so glücklich, wie ich's nie für möglich hielt.«

»Gut, bewahre dir wenigstens diese schöne Erinnerung.«

»Wie du redest! Das heutige Glück ist nichts im Vergleich zu dem, das uns erwartet.«

»Meine liebe Judith, du bist einzigartig.«

»Natürlich! Ich bin ich selbst: leichtsinnig, impulsiv, oft rechthaberisch und rücksichtslos, wie Sabina, Theodosia und Hadrian dir bestätigen würden, und sie kennen mich mit am längsten. Also bilde dir keine zu hohe Meinung von *mir*.«

»Ich bin froh, daß du auch ein paar kleine Fehler hast. Ich werde dich deshalb nicht weniger lieben. Aber nun zurück zum eigentlichen Thema: Ich wollte doch mit dir über unsere Hochzeitsreise sprechen. Wollen wir nicht die neulich versäumte gemeinsame Fahrt nach Dorset nachholen? Die Entdeckungen sind wirklich sehenswert. Ich möchte sie dir gar zu gern zeigen.«

Ich stimmte freudig zu, obgleich sich im hintersten Winkel meines Hirns der Gedanke einschlich, daß reichlich viel fremde Leute in unseren »Flitterwochen« herumwimmeln würden.

Aber – wenn schon! Tybalt würde glücklich sein und ich bei ihm. Was verlangte ich mehr?

Sogar unsere »stille« Hochzeit im engsten Familienkreise erforderte mancherlei Vorbereitungen, darunter endlose Anproben bei der

Schneiderin Sarah Sloper. Ich stand wie eine Puppe in meinem halbfertigen weißseidenen Brautkleid, während Sarah um mich herumrutschte und, wenn sie den Mund nicht voll Nadeln hatte, fortwährend plapperte.

»Nein, daß es so gekommen ist, Miß Judith ... Ausgerechnet Sie und Sir Tybalt! Sie wissen doch, daß er eigentlich für Miß Theodosia Bodrean bestimmt war. Und nun hat sie den kleinen Professor genommen, und Sie kriegen das große Los.«

»Klingt ja, als hätte es sich um eine Lotterie gehandelt, Sarah.«

»Tja, man sagt ja nicht umsonst, daß Heiraten ein Glücksspiel ist. Und Sie haben schon vorher Glück gehabt, Miß Judith: plötzlich anerkannte Tochter und Miterbin von Sir Ralph! Ich hab' mir immer so was gedacht. Er war ja immer auffallend nett zu Ihnen. Und Miß Lavinia ...! Wir Älteren erinnern uns gut an sie. Bildhübsch war sie. *Sie* kommen mehr nach Sir Ralph, würde ich sagen.«

»Besten Dank!«

»So habe ich's nicht gemeint, Miß Judith. Sie werden in Ihrem Brautkleid hübsch genug aussehen. Bräute sind immer hübsch – darum nähe ich auch nichts lieber als Brautkleider. Ich war ja auch mal verheiratet ... Bis zur Trauung haben wir alle unsere Träume, nicht?«

»Ich betrachte die Trauung als Beginn der Romanze, nicht als ihr Ende.«

»Sie und Ihre Fantasien! Aber so waren Sie ja immer. Ich will Ihnen was sagen: Es ist schon viel, wenn man später gern an seinen Hochzeitstag zurückdenkt. Man tut's meistens nicht lange.« Sarah unterdrückte einen Seufzer und strahlte dann unvermittelt zu mir auf: »Na, ich wünsche Ihnen alles Glück, Miß Judith. Hoffen wir das Beste. Ich werde um gutes Wetter für Ihren Hochzeitstag beten. Sie kennen ja das Sprichwort: ›Glücklich die Braut, die von der lieben Sonne beschienen wird.‹«

Ich lachte; aber die dauernd geäußerten oder verschwiegenen Vorbehalte von allen Seiten begannen mich doch ein wenig zu ärgern.

Der Oktobertag, an dem ich Tybalt in der wohlvertrauten alten Kirche angetraut wurde, war ziemlich neblig. Als ich am Arm des Doktors, der sich vertretungsweise als »Brautvater« zur Verfügung gestellt hatte, zum Altar schritt, dachte ich komischerweise nur daran, wie oft ich mir als Kind auf der rauhen Matte unseres

Kirchstuhls wunde Knie geholt hatte. Welch abseitiger Gedanke in den glücklichsten Minuten meines bisherigen Lebens!

Tybalt hatte einen Freund und Kollegen namens Terence Gelding, der uns auch nach Ägypten begleiten sollte, als Trauzeugen gewonnen. Tybalt hatte ihn am Vorabend – ohne mich – vom Bahnhof abgeholt und zur Villa Gizeh gebracht, wo er einige Tage zu Gast bleiben sollte. Tabitha erzählte mir am Hochzeitsmorgen, die beiden Kollegen hätten bis tief in die Nacht fachsimpelnd und Erinnerungen austauschend aufgesessen, und ich verspürte den leisen Eifersuchtsstich, den ich öfters an mir feststellte, wenn Tybalt sich mit anderen – ohne mich – allzugut unterhielt.

Aber als ich die Trauformel nachsprach und Tybalt mir den Ring an den Finger steckte, war ich vollkommen selig.

Das legte sich erst, als wir unter das Vordach der Sakristei traten und sahen, daß es inzwischen zu regnen begonnen hatte.

»So kannst du nicht hinaus«, sagte Dorcas neben mir.

»Ach was«, meinte ich. »Es nieselt ja bloß ... und zum Pfarrhaus hinüber sind es nur ein paar Schritte.«

»Wir müssen warten. Sonst wird dein Brautkleid total verdorben und die Kleidung aller anderen auch.«

Natürlich hatte sie recht. Zu dumm, daß wir nicht an Regenschirme gedacht hatten. Wir standen also da und starrten in den Regen. Ich hielt schweigend Tybalts Hand und konnte nichts anderes denken als: Nun bin ich wirklich und wahrhaftig verheiratet – und mit dem Mann meiner Träume, mit Tybalt!

Trotzdem war das Geflüster hinter mir nicht ganz zu überhören.
»So ein Pech!«

»Wenn das nur kein schlechtes Omen ist!«

»Jedenfalls nicht gerade das ideale Hochzeitswetter.«

Eine gnomenartige, zipfelmützige Gestalt tauchte durch den Regenschleier vom Friedhof her auf. Beim Näherkommen erkannte ich den alten Totengräber Mr. Pegger, der sich einen aufgetrennten Sack als Nässeschutz über den Kopf gezogen hatte und an dessen Spaten noch feuchte Erde klebte. Demnach hatte er gerade wieder für irgendwen das Grab gegraben und wollte sich wie wir an der Sakristei unterstellen.

Als er uns sah, blieb er mit einem Ruck stehen, schob die Sackkapuze etwas zurück und starrte Tybalt und mich mit fanatisch aufglühenden Augen an.

»Diese gottlose Eile wird euch nichts Gutes bringen!« grollte er.
»Sir Edward und Sir Ralph kaum in der Erde ...«

Er schulterte seinen Spaten und entfernte sich mit selbstgerechter Miene, ohne uns eines weiteren Blickes zu würdigen.

»Was war denn das für ein armer Irrer?« fragte Tybalt.

»Mr. Pegger, unser langjähriger Totengräber.«

»Er nimmt sich ein bißchen viel heraus.«

»Nun ja, er kennt mich seit meiner Kindheit und hält mich wahrscheinlich immer noch für ein Kind.«

»Und er glaubt, dir in deine Heirat dreinreden zu dürfen?«

Ich hörte Theodosia hinter mir flüstern: »Wie peinlich, Evan ... Sah er nicht aus wie ein richtiger Unglücksrabe?«

Das machte mich wütend, obwohl ich schwieg. Woher nahmen alle diese Leute das Recht, meine Eheschließung mit düsteren Prophezeiungen zu belasten? Lächerlich!

Ich blickte zu den lastenden Wolken auf und hörte im Geist Sarah Slopers Stimme: »Glücklich die Braut, die von der lieben Sonne beschienen wird!«

Nach wenigen Minuten machte der Regen eine Pause, so daß wir recht gut ins Pfarrhaus hinüberkamen.

Das altvertraute Wohnzimmer war wunderschön mit Chrysanthemen und Sternastern in allen Farbnuancen geschmückt. Auf einem weißgedeckten Tisch standen der mehrschichtige Hochzeitskuchen und etliche Flaschen Champagner.

Ich schnitt unter allgemeinem Applaus mit Tybalts Hilfe den Hochzeitskuchen an, und der unangenehme Zwischenfall nach der Trauung war vergessen.

Hadrian hielt eine witzige Rede, auf die Tybalt ein bißchen zu kurz antwortete. Ich trommelte mir unablässig ein, daß ich auf dem Höhepunkt meines Lebens war – vielleicht nur deshalb, weil ich Mr. Peggers fanatische Augen unter der Feme- und Mönchskapuze immer noch vor mir sah. Draußen rauschte aufs neue der Regen.

Theodosia faßte meinen Arm. »O Judith, ich bin so froh, daß wir Schwestern sind. Vaters Wunsch, daß Tybalt und seine Tochter heiraten sollten, ist somit erfüllt. Ist es nicht wie ein Wunder?« Sie blickte zärtlich zu Evan hin, der gerade einige Meter entfernt mit Tabitha sprach. »Ich bin dir so dankbar ...«

»Wieso dankbar?«

Sie verhedderte sich etwas. Theodosia hatte nie ein besonderes Talent gehabt, sich gewandt auszudrücken.

»Nun ja, weil *du* Tybalt geheiratet hast ... Ich brauchte mir also keine Gewissensbisse zu machen, weil ich Vaters Wunsch nicht erfüllte... und so.«

Es klang, als ob die Tatsache, daß ich Tybalt »genommen« hatte, sie und alle anderen etwaigen Heiratskandidatinnen vor ihm errettet hätte!

»Ihr werdet sicher sehr glücklich miteinander«, fuhr Theodosia hastig fort. »Du bist ja schon beinahe eine Expertin in Archäologie. Ich kann mit Evan trotz aller Mühe nie Schritt halten, aber zum Glück lacht er nur und sagt, ich soll mich doch nicht so anstrengen. Er sei vollkommen zufrieden mit mir, wie ich bin.«

»Du bist also glücklich, Theodosia?«

»Überglücklich. Deshalb bin ich ja auch...« Sie stockte.

»...so dankbar, daß ich dir Tybalt abgenommen habe und der Wunsch deines... unseres Vaters doch noch erfüllt worden ist. Ich kann dir versichern, daß ich nicht aus *diesem* Grunde geheiratet habe.«

In diesem Moment trat Sabina zu uns. »Ist es nicht ein Witz? Da sind wir drei mal wieder beisammen und alle drei verheiratet. Gefällt dir diese Blumendekoration, Judith? Stammt hauptsächlich von einer unserer treuesten alten Jungfern aus der Gemeinde; sie schmückt auch jeden Sonntag die Kirche. Rührend. Himmel, wenn ich an unsere gemeinsamen Unterrichtsstunden denke! Wenn was Dramatisches passierte, steckte immer Judith dahinter... Und dann kam auch noch heraus, daß du Sir Ralphs Tochter warst, illegitim natürlich, aber das macht die Sache ja erst reizvoll. Und nun hast du sogar meinen Bruder gekriegt und wirst eine richtige Lady. Sieht er nicht fabelhaft aus? Wie ein antiker Gott oder so was... Er war von Kind an mit keinem gewöhnlichen Sterblichen zu vergleichen. Du auch nicht, Judith – auf deine Weise. Und nun sind wir Schwägerinnen, und du bist Theodosias Schwester. Es ist wie im Märchen.«

Sie sah ihren großen Bruder Tybalt mit der rückhaltlosen Bewunderung an, die ihr von jeher eigen war.

»Tybalt als Bräutigam! Pardon, ich muß mir mal in den Arm kneifen, um zu sehen, ob ich nicht träume. Wir dachten eigentlich, er würde nie heiraten. Höchstens eine Mumie. Ach, richtig, er hat dich ja als ›Mumie‹ kennengelernt...«

Nun lachten wir alle drei. Sabinas Geplauder hatte etwas Unwiderstehliches.

»Also, jetzt seid ihr tatsächlich verheiratet«, schloß sie. »Alle Märchen sollten so enden.«

»Wieso enden?« fragte Theodosia vernünftig. »Die Heirat ist doch der Anfang, wenigstens bei mir. Evan ist so froh, daß er auf die ägyptische Expedition mitgehen darf. Als vollberechtigter Mitarbeiter natürlich.«

»Was?« rief Sabina. »Das ist aber eine große Ehre! Während seiner Abwesenheit mußt du uns besuchen, Theodosia.«

»Danke, aber ich gehe doch selbstverständlich mit. Dachtest du, ich lasse meinen Evan allein?«

»Hat Tybalt schon zugestimmt?« fragte Sabina. »Vater wollte nie Frauen dabei haben; er sagte, sie jammerten nur ewig herum und lenkten die Wissenschaftler von der Arbeit ab – bis auf wenige Ausnahmen, die selbst etwas von der Sache verstanden. Aber verzeih, ich sehe schon, daß du mitgenommen wirst. Tybalt hat als junger Ehemann wahrscheinlich Verständnis für andere. Außerdem könnt ihr einander Gesellschaft leisten, du und Judith. Tabitha geht ja auch mit, soviel ich weiß – sie nun schon fast als Expertin. Da drüben ist sie gerade mit Tybalt ins Gespräch vertieft, zweifellos über Ägypten. Sieht sie nicht bildschön aus? Trägt immer genau das Richtige. Angeborener Sinn für Eleganz. Wenn ich den nur hätte ... Aber mit diesem Silbergrau schießt sie mal wieder den Vogel ab. Paß nur auf, Judith«, plauderte sie in unverändert heiterem Ton weiter, »daß Tybalt und Tabitha sich über den Ausgrabungen nicht allzu nahe kommen. Ich hab' mich schon ein bißchen gewundert, daß Tybalt sie neulich nach Dorset mitgenommen hat. Wie konntest du das zulassen? Ach ja, ich weiß ... deine Tante war gerade krank. Aber Tabitha ist weder alt noch reizlos ... höchstens ein, zwei Jahre älter als Tybalt. Natürlich ist sie eine vollendete Dame, immer zurückhaltend und höflich, aber du weißt ja: stille Wasser sind tief. Oje, Judith, verzeih: Was ist das für eine Art, mit einer frischgebackenen jungen Ehefrau zu reden! Du siehst ganz verstört aus. So meine ich's doch gar nicht. Tybalt wird natürlich der *treueste* Ehemann auf Erden sein! Schon seine geliebte Arbeit läßt ihm gar keine Zeit zu Seitensprüngen. Wie ich schon sagte, es ist ein Wunder, daß er überhaupt geheiratet hat. Aber euer Eheglück ist ja garantiert, erstens durch dein Verständnis für seinen Beruf und dann durch die Tatsache, daß ihr keine Geldprobleme habt ...«

Ich hielt mir mit leicht gezwungenem Lachen die Ohren zu.

»Unser Plaudertäschchen«, sagte ich zu Theodosia. »Sie hat sich nicht verändert.«

»Denke daran«, verteidigte sich Sabina, »daß *du* uns in unserer

Schulzeit kaum zu Worte kommen ließest. Heute bist du nur so still und versonnen, weil es dein Hochzeitstag ist. Sonst wärst du mir schon längst über den Mund gefahren.«

»Na, du kannst es auch ganz schön, Sabina. Schau, da kommt Hadrian.«

»Hallo, welch trauliches Schülertreffen«, sagte Hadrian. »Da gehöre ich doch auch dazu.«

»Wir redeten gerade über die Expedition nach Ägypten«, sagte Sabina.

»Tun ja alle hier«, antwortete Hadrian.

»Weißt du schon, daß Evan und Theodosia auch mitkommen?« fragte ich.

»Ja, wenigstens andeutungsweise. Wie es scheint, sind wir wieder mal alle beieinander – natürlich außer dir, Sabina, und deinem geistlichen Herrn Oliver.«

»Selbstverständlich. Oliver ist Pfarrer, und wir haben beide unsere Gemeindeaufgaben.«

Daß Hadrian auf die Expedition mitkommen sollte, war mir neu. Ich fragte ihn danach.

»Es ist ein großes Zugeständnis von Tybalt an einen Minderbegabten«, antwortete er. »Ich werde mich dankbar erweisen. Vor allem entwische ich auf geraume Zeit meinen Gläubigern.«

»Du redest immer nur vom Geld.«

»Weil ich nicht genug habe, um vornehm zu schweigen.«

»Unsinn«, sagte ich ärgerlich. »Du bist gut versorgt. Ich weiß nicht, was du mit deinem Geld machst.«

»O Judith, du hast gut reden ... jetzt!!«

»Hör bitte damit auf. Die Expedition ist auf jeden Fall wichtiger. Ich freue mich darauf, und es wird bald Zeit zum Aufbruch nach Ägypten.«

»Klar, das ist ja der einzige Grund für die überstürzte Heirat«, meinte Hadrian gelassen. »Wer war übrigens die Gespenstererscheinung vor der Sakristei?«

»Nur der alte Pegger. Du kennst ihn doch auch von Kind an.«

»Wirkte wie ein Unheilsprophet. Sicher hat er sich später gefreut, daß er in so einem geeigneten Moment gekommen ist. Leute seiner Art sind ja entzückt, wenn sie andern die Stimmung verderben.«

»Da ist er nicht der einzige«, sagte ich anzüglich. »Es scheint eine allgemein menschliche Eigenart zu sein.«

»Natürlich«, stimmte Hadrian lächelnd zu. »Und da kommt wie

aufs Stichwort dein geistlicher Gatte, Sabina. Kann er nicht schnell einen Segen sprechen oder sonstwie die bösen Geister austreiben, die das alte Ekel vorhin möglicherweise heraufbeschworen hat?«

»Er denkt nicht daran«, sagte Sabina, während sie ihrem Mann entgegenging und sich an seinen Arm hängte.

Hadrian lachte. »Jetzt ist sie beleidigt. Um so besser, Judith – vielleicht kommen wir so endlich auch mal zu einem kleinen *Tête-à-tête*.« Er zog mich etwas weiter in eine Ecke und betrachtete mich kopfschüttelnd. »Offengestanden, ich bin auch etwas erstaunt über die Plötzlichkeit.«

»Hadrian, von dir hätte ich das nicht erwartet!« protestierte ich.

»Das mit der ›Plötzlichkeit‹ meine ich natürlich nicht so wie unser alter Totengräber. Ich meine nur deine unerwartete Erbschaft und die fast augenblicklich folgende Verlobung und Heirat... Hätte ich gewußt, daß ein Vermögen auf dich wartete, so hätte ich dir selbst einen Antrag gemacht.«

»Wieder mal eine verpaßte Gelegenheit!« spöttelte ich.

»Mein Leben besteht daraus. Aber im Ernst, wer hätte gedacht, daß der Alte dich so reich bedenkt wie seine legitime Tochter. Mein kümmerliches Legat wirkt dagegen wie eine Ohrfeige.«

»Aber Hadrian, du bist doch auf Lebenszeit gesichert, und du kannst dir in deinem Beruf immer genügend hinzuverdienen.«

»Enorm!« knurrte er. »Tybalt ist ein Glückspilz. Er kriegt dich – und all das Geld obendrein.«

»Ich würde Gott auf den Knien danken, wenn die Leute endlich aufhörten, von meinem Geld zu reden.«

»Tja, Judith, Geld bewegt die Welt... mehr als Liebe. Du Glückliche hast beides.«

»Entschuldige, Hadrian, ich sehe wilde Zeichen von meinen Tanten. Und ich muß mich noch umziehen.«

Dorcas hastete herbei. »Judith, weißt du, wie spät es ist?«

»Ich sagte gerade dasselbe zu Hadrian.«

»Du mußt dich umziehen!«

Ich war froh, mich mit Dorcas und Alison in das Zimmer zurückziehen zu können, das Sabina mir für ungestörte Reisevorbereitungen reserviert hatte. Da hing das silbergraue Noppenkostüm mit dem kokett gerüschten Rock und der weißen Spitzenbluse...

Silbergrau. Angeborene Eleganz. Wo hatte ich das doch gerade gehört? Ach, richtig... wenn eine Frau wie Tabitha es trug...

»Wie süß du aussiehst!« gurrte Dorcas.

»Nun ja, ihr seht mich mit den Augen der Liebe«, erwiderte ich.

»Gleich wird dich noch jemand ebenso sehen«, sagte Alison rasch. »Hoffentlich«, fügte sie mit fast unmerklicher Verspätung hinzu.

Ich trat aus dem Haus. Die Kutsche stand schon da, und Tybalt wartete auf mich.

Wir trieben den Kutscher zur Eile an, ehe uns alle Gäste nachströmten und die üblichen mehr oder minder scherzhaften Segenswünsche zuschreien konnten. So begann unsere Hochzeitsreise nach Dorset.

Was soll ich von meinen Flitterwochen erzählen? Daß sie meine hochfliegenden Erwartungen nicht erreichten?

Ja und nein. Zuerst war alles wunderbar – zwei volle Nächte und einen Tag gehörte Tybalt mir allein. Wir hatten unsere Fahrt nach Dorset in einem Hochmoordorf unterbrochen und uns in einem winzigen Gasthaus einquartiert.

»Ich glaube, wir haben uns eine kleine Atempause verdient, bevor wir zu dem Ausgrabungstrupp stoßen«, meinte Tybalt.

»Eine blendende Idee«, sagte ich.

»Ich dachte, du wärst so wild auf die neuentdeckten Mosaikfußböden?«

»Na ja, nicht ganz so wild wie auf das Alleinsein mit dir.«

Mein Freimut schien ihn zugleich zu amüsieren und zu beunruhigen. Er betonte mehrmals, daß er sich nicht so ausdrücken könne wie ich.

»Bitte denke nicht, Judith, daß ich dich nicht liebe, nur weil ich nicht dauernd in Liebesbeteuerungen ausbreche. Ich finde es schwer, über die allertiefsten Gefühle zu reden.«

Das genügte mir vollkommen.

Nie werde ich das kleine Heidegasthaus vergessen. Gerade unter unserem Fenster knarrte das dreihundert Jahre alte Wirtshausschild; nicht minder knarrte das riesige Federbett, in dem wir unsere Hochzeitsnacht erlebten, und ganz in der Nähe rauschte ein Wasserfall über urweltliche Felsen.

Im flackernden Schein des Kaminfeuers sah ich riesige rote Rosen auf der Tapete; ich fühlte Tybalts Arme um mich und war wunschlos glücklich.

Morgens wurde uns das Frühstück unten in der Stube aufgetragen, in der Schinken und Würste von den rauchgeschwärzten Eichenbalken hingen und schönes altes Zinngeschirr auf den

Wandbrettern prangte. Ofenfrisches Brot, Eier und Speck, Erdbeermarmelade und dicke Sahne...

Alles außer dem (vorzüglichen) Kaffee stammte aus der eigenen Wirtschaft. Und Tybalt saß mir gegenüber und sah mich immerzu fast staunend an. Ich fühlte es selbst: Wenn ich jemals in meinem Leben schön gewesen bin, so war ich es an diesem Morgen.

Hinterher wanderten wir stundenlang durch das herbstlich gefärbte, trocken federnde Hochmoor und picknickten an einem silberklaren Bächlein aus dem fürsorglich gepackten Futterkorb, den uns die Wirtin mitgegeben hatte. In der Ferne sahen wir die scheuen wilden Heideponys, und die einzigen Menschen, denen wir begegneten und die freundlich wiedergrüßten, waren ein Bauer mit einem Obstkarren und ein ländlicher Reiter. Es war ein zauberhaft idyllischer Tag, und dann ging es wieder zurück in das uralte Gasthaus zu Bratente und jungen Erbsen und in das Schlafzimmer mit dem gemütlichen Kaminfeuer und den roten Riesenrosen...

Tags darauf fuhren wir mit dem Bummelzug nach Dorset weiter.

Natürlich interessierte auch ich mich lebhaft für die römischen Ausgrabungen, die schon erfreulich weit gediehen waren; aber im Grunde meines Herzens hätte ich damals alle Mosaikfußböden der Welt für eine einzige Liebesstunde mit Tybalt hingegeben. Das Hotel war voller Fachkollegen und ähnelte schon deshalb nicht im mindesten der lauschigen Herberge in Dartmoor. Immerhin war ich stolz auf die Hochachtung, die Tybalt auf Schritt und Tritt gezollt wurde, und bemühte mich unablässig, weiter zu lernen – was wiederum meinen jungen Ehemann freute.

Terence Gelding, sein Kollege und unser Trauzeuge, war bei unserer Ankunft schon da. Groß, hager, mit ernstem, fast verbissenem Gesichtsausdruck vertrat er den Typ, den ich in Tybalts engerer Umgebung oft feststellte. Meine Anwesenheit schien ihn etwas zu genieren. Aber Tybalt lachte nur, als ich ihm einmal vertraulich sagte, sein Freund Terence sei offenbar nicht so recht mit unserer Heirat einverstanden.

»Was du immer gleich für fantastische Vorstellungen hast, Judith!« sagte er, und ich erinnerte mich, wie oft Alison und Dorcas mir genau dasselbe gesagt hatten. »Terence Gelding ist ein erstklassiger und vertrauenswürdiger Wissenschaftler – zielbewußt und unermüdlich. Mit solchen Leuten arbeitet man gern.«

Im Laufe der nächsten Tage ergaben sich Hinweise, daß in der Nähe der entdeckten römischen Siedlung sogar ein Amphitheater bestanden habe. Die Aufregung war groß. Eine Sonderkommission unter Tybalts Führung wurde ausgeschickt, um die Bestätigung zu liefern, aber ich durfte nicht mit. Tybalt machte mir bedauernd klar, daß dies eine rein wissenschaftliche Angelegenheit sei, und wenn er seine Frau mitnähme, kämen die andern bald mit ganzen Familien.

»Ich komme ja schon in ein paar Stunden zurück«, sagte er mit einem zärtlichen Abschiedskuß. »Was machst du inzwischen?«

»Ein Buch über römische Ausgrabungen lesen. Der Hotelportier hat es für mich aufgetrieben. Bald werde ich über alles mitreden können ... Du wirst schon sehen.«

Hierüber mußte er herzlich lachen.

Ich gab mir fürchterliche Mühe und lernte alle Stilmerkmale auswendig, die die Jahrzehnte – nein, sogar Jahrhunderte! – der römischen Besatzung Britanniens kennzeichneten. Aber so sehr mich das alles fesselte, war ich doch hauptsächlich eine junge Frau in den Flitterwochen, und das schönste geometrische Mosaik ließ sich nicht mit den Eichenbalken des Dartmoor-Gasthofs vergleichen.

In den nächsten Tagen durfte ich Tybalt doch ein paarmal zu den Ausgrabungsstätten begleiten. Ich unterhielt mich mit den noch nicht so bedeutenden Mitgliedern des Teams, studierte Lagekarten, grub sogar ein bißchen mit wie einst auf dem heimischen Friedhof und auf Carters Wiese. Ich sah genau zu, mit welchen Mitteln zerbrochene Gegenstände, zum Beispiel Krüge oder eine Caesar-Plakette, provisorisch wieder zusammengesetzt wurden. Fabelhaft!

Aber ganz tief innen sehnte ich mich danach, mit Tybalt allein zu sein.

Wir verbrachten zwei Wochen in Dorset. Ich glaube, Tybalt verließ die Forschungsstätte nur ungern. Den letzten Abend widmete er einem Fachgespräch mit den Expeditionsleitern. Ich war schon im Bett, als er endlich kam; Mitternacht war vorüber.

Er setzte sich zu mir auf die Bettkante. Seine Augen strahlten.

»Die Theateranlage ist jetzt so gut wie gesichert«, sagte er. »Solch eine Entdeckung – hier! Es scheint sich als einer der bedeutendsten Fundorte von ganz England zu entpuppen. Professor Brownlea ist vor Glück ganz durchgedreht. Man hat auch eine Hochreliefplakette mit einem Porträtkopf gefunden. Wenn wir herauskriegen, wen sie darstellt, wird es eine Sensation.«

»Ich weiß«, sagte ich, »natürlich ein Caesar oder zumindest ein Feldherr. Ich war dabei, als ›Erste Hilfe‹ geleistet wurde.«

»Leider fehlt noch ein entscheidendes Stück auf der Randinschrift. Aber die Mosaikböden! Stündlich kommt Neues zutage. Die typischen Schwarzweißmuster würde ich auf Anno vierundsiebzig datieren.«

»Womit du bestimmt recht hast, Tybalt.«

»Nun, ganz sicher kann man nie sein, bevor man unwiderlegliche Beweise hat... Warum lächelst du, Judith?«

Ich breitete die Arme nach ihm aus. »Hab' ich gelächelt? Vielleicht, weil ich das Leben manchmal erforschenswerter finde als römische Überreste.«

Er kapierte sofort und umarmte mich. Schließlich war ich es, die sich sanft losmachte. »O Tybalt, wenn ich nur deine Gedanken nicht so spürte! Ja, es gibt noch Aufregenderes als die römischen Funde hier. Zum Beispiel die Pharaonengräber.«

»Judith«, lachte er erleichtert, »es ist zu schön, daß du mich so verstehst. Du mußt unbedingt nach Ägypten mitkommen.«

»Das war doch schon längst abgemacht. Deswegen hast du mich ja geheiratet.«

»Unter anderem...«

Nach einer längeren Pause sagte er in gepreßtem Ton: »Ich verdiene dich gar nicht, Judith.«

Ich lachte glücklich. »Versuche es halt auf Raten.«

Auch er war glücklich, das spürte ich. Aber – so glücklich wie über einen neuen Mosaikfund oder weitere Ruinen des Amphitheaters? Ich ließ die unfruchtbaren Vergleiche lieber bleiben. Es war schon dumm genug von mir, dauernd an Dorcas' und Alisons Kassandrarufe zu denken (obwohl sie nie *gerufen* hatten) oder an den savonarola-ähnlichen fanatischen Totengräber. Wenn Sir Ralph mir doch kein solches Vermögen hinterlassen hätte! Dann wüßte ich, ob Tybalt mich wirklich nur um meiner selbst willen geheiratet hatte...

In der ersten Novemberwoche kehrten wir heim an einem düsteren und unfreundlichen Nachmittag. Die Herbststürme hatten alle Laubbäume inzwischen fast völlig entblättert; aber als unser Wagen vor der Tür der Villa Gizeh hielt, war es windstill, lau und feucht wie meistens in Cornwall.

Tabitha kam uns zur Begrüßung entgegen. »Kein besonders angenehmer Tag«, sagte sie. »Sicher sind Sie auf der Fahrt vom

Bahnhof ganz durchgefroren. Kommen Sie nur schnell herein; der Tee ist bereit.«

Auf dem Weg ins Haus sah sie uns diskret forschend von der Seite an, als wolle sie ergründen, wie wir uns während der Flitterwochen vertragen hätten. Warum bildete ich mir nur immerzu ein, jedermann fände, daß Tybalt und ich nicht so recht zueinander paßten?

In der Tür drehte ich mich noch einmal um und sah an der Fassade empor. »Das verwunschene Haus« ... Mir fiel ein, wie ich die arme Theodosia früher vor den Musikstunden zu ängstigen pflegte, bis sie kopflos hineinrannte. Wahrscheinlich spähte auch jetzt die »Hexe«, Nanny Tester, hinter der Gardine aus ihrem schrägen Dachfenster.

»Komisch«, murmelte ich, »die Villa Gizeh hat mich immer magisch angezogen.«

»Jetzt sind Sie hier zu Hause«, erinnerte mich Tabitha.

»Vielleicht ändern wir einiges um, wenn wir von Ägypten zurück sind.« Tybalt zog mich lächelnd am Arm weiter. »Manches ist arg veraltet, glaube ich. Aber in den nächsten Wochen müssen wir uns alle auf die Expeditionspläne konzentrieren.«

Tabitha zeigte uns unser Schlafzimmer im ersten Stock, einen Raum, den sie schon während unserer Abwesenheit hatte neu dekorieren lassen.

»Großartig von Ihnen!« lobte Tybalt.

Mein erster Eindruck war ein mildes Mitternachtsblau rundum, mein zweiter der Anblick von Mustapha und Absalam, die in regloser Ehrfurchtshaltung in einer Ecke verharrten. Ihre schwermütigen dunklen Augen waren auf mich gerichtet. Ich dachte verlegen an den Eindruck, den ich ihnen als freche Halbwüchsige und später als Angestellte Lady Bodreans gemacht haben mußte. Und nun war ich Lady Travers, Herrin des Hauses! Oder sahen sie Tabitha weiterhin als erste Dame an?

Ich blieb in unserem Zimmer, um mich nach der Reise etwas aufzufrischen, während Tybalt und Tabitha in den Salon zurückkehrten. Eines der Hausmädchen brachte mir heißes Wasser, und nachdem ich mich gewaschen hatte, blickte ich aus dem Fenster. Der Garten war ungepflegt und verwildert wie eh und je. Besser, ich zog den Vorhang zu – einen wundervoll weichen mitternachtsblauen Samtvorhang mit goldenem Mäandermuster am Saum. Das riesige Himmelbett stand auf einem knöcheltiefen Teppichboden. Trotz dieser fast orientalischen Üppigkeit waren auch hier ein paar einfache Bücherregale an der Wand. Einige der Bücher waren alte Bekannte; ich hatte sie im Laufe der Jahre geborgt und gelesen. Sie handelten ausschließlich von Altertumskunde und früheren Ausgrabungsberichten. Dies erst brachte mich auf den Gedanken, daß Sir Edwards früheres Zimmer für uns neu eingerichtet worden war. Hier also hatte er seine Nächte verbracht, bis er zu jener letzten Schicksalsreise aufgebrochen war... War in dem großen Haus kein anderes Zimmer für uns zu finden gewesen?

Unsinn! Ich ärgerte mich über mich selbst. Es war ein sehr schönes und angemessenes Zimmer. Ich zog mich um und ging in den Salon hinunter, wo ich Tybalt und Tabitha in eifrigem Gespräch über ausgebreiteten Meßtischblättern fand.

Tabitha fuhr bei meinem Eintritt auf. »Der Tee kommt gleich. Sie können ihn sicher brauchen. Reisen sind ja immer ein bißchen anstrengend.«

Eins unserer Hausmädchen, Ellen, rollte den Teewagen herein. Tabitha schenkte ein und verteilte die Tassen. Jetzt erst fragte sie nach dem Verlauf unserer Hochzeitsreise. Tybalt antwortete mit einer begeisterten Schilderung der römischen Fundstätte. Tabitha sah mich mit einem halb amüsierten, halb ängstlichen Lächeln an, worauf ich natürlich versicherte, ich habe die Ausgrabungen genauso aufregend und tageausfüllend gefunden wie er.

»Nun müssen wir aber ernsthaft unsere nächsten Pläne besprechen«, sagte Tybalt mit Feuer. »Die Zeit vergeht wie nichts, und wir haben noch enorm viel zu tun. Anfang Februar müssen wir aufbrechen.«

Wir redeten und redeten. Ich sah ins Kaminfeuer und in das hereinbrechende Dunkel vor dem Fenster und sagte mir immer wieder: Es ist wie ein Traum. Nein, mein Traum ist wahr geworden! Ich sitze neben Tybalt und darf sein Leben teilen – ganz und gar!

Und dann die erste Nacht im eigenen Haus! Der Flackerschein des Kaminfeuers fiel nicht mehr auf altmodische Bauernrosen wie in jenem unvergeßlichen Dartmoor-Gasthof, sondern weckte nur merkwürdig huschende Licht- und Schattenerscheinungen an den Wänden. Und wie still es war...!

Ich war vor Tybalt hinaufgegangen, um mich in Ruhe bettfertig zu machen. Dabei entdeckte ich hinter einer dunkelblauen Samtportiere eine Tür, die in die Nebenkammer führte, wo einst der Sarkophag gestanden hatte. Dies versenkte mich in tiefes Nachsinnen.

Hier hatte Sir Edward viele arbeitsreiche Tage und Nächte zugebracht – ohne seine Frau, denn sie war schon gestorben, ehe er die Villa Gizeh erwarb und taufte. Über uns in der Mansarde hockte die alte Kinderfrau Janet Tester, die natürlich wußte, daß Tybalt und ich heute von der Hochzeitsreise zurückgekehrt waren. Ob sie schon schlief? Oder was tat sie da oben immer allein? Und warum kam Tybalt nicht? Hatte er Tabitha noch soviel mitzuteilen, wozu ich, sagen wir, zu dumm war?

Himmelherrgott, ich würde doch nicht etwa anfangen, auf Tabitha eifersüchtig zu sein?

Es liegt am Haus, sagte ich mir. Es hat eine beklemmende Atmosphäre, etwas Lauerndes.

Tybalt trat ein und erwischte mich noch auf der Kammerschwelle. Die Schatten schwanden, das Feuer loderte anheimelnd, das Kerzenlicht machte meine Züge weicher – ich erinnerte mich rechtzeitig an diese freundliche Eigenschaft schummriger Beleuchtung.

»Was machst du denn da?« fragte er heiter erstaunt.

»Ich habe diese Tür eben erst entdeckt«, erwiderte ich. »Stand hier nicht vor Jahren der Sarkophag?«

Er lachte. »Hattest du etwa vor, dich wieder als Mumie zu verkleiden, um mich zu erschrecken?«

»Ausgerechnet dich! Wo du sie doch heiß und innig liebst!«

»Nicht so«, antwortete er, indem er mich sanft von der Schwelle wegzog, »wie ich dich liebe.«

Wie immer, wenn er – der in Gefühlsdingen so Wortkarge – so etwas sagte, war ich vollkommen und wunschlos glücklich.

»Gefällt Ihnen das Zimmer, das ich für Sie eingerichtet habe?« fragte mich Tabitha am nächsten Morgen. Tybalt war schon in sein Arbeitszimmer gegangen, um sich in seine Korrespondenz zu vergraben.

»Ein bißchen gespenstisch ist es ja«, gestand ich.

»Nanu«, lachte Tabitha, »ist Ihnen eine ›weiße Frau‹ erschienen? Kaum möglich. So alt ist das Haus ja gar nicht.«

»Nein, aber vielleicht liegt es am Beruf seiner Besitzer – es kam mir von Kind an irgendwie verwunschen vor.«

»Der Garten ist entsetzlich verwildert und macht die Zimmer zu dunkel, glaube ich. Mit einigem Auslichten ließe sich das ändern.

Jedenfalls ist das Zimmer, das ich für Sie habe renovieren lassen, eigentlich das schönste ... Es war früher Sir Edwards.«

»Dachte ich mir. Nebenan ist die Kammer, wo einmal der berühmte Sarkophag stand.«

»Ja, und die gesamte Literatur, die er jeweils brauchte – und die Belegexemplare seiner eigenen Werke. In schlaflosen Nächten arbeitete er gern. Wollen Sie das Zimmer wechseln?«

»Nein...«

»Judith, Sie wissen, alles steht zu Ihrer Verfügung. Sie sind Herrin im Haus.«

»Herrin! Was für ein Wort! Ich muß mich erst daran gewöhnen.«

»Nun, das werden Sie schon. Sie sind vorläufig zufrieden, nicht wahr?«

»Zufrieden! Ich habe mehr, als ich mir je erhoffen durfte.«

»Wer kann das von sich sagen«, seufzte sie leise.

»Sie nicht, Tabitha?«

Ich hätte mir durchaus ein vertrauliches Gespräch mit ihr gewünscht. Sicher gab es in ihrem Leben Geheimnisse. Sie war zu jung, um allein zu sein – Witwe, soviel ich wußte – und so resigniert in die Welt zu schauen. Andererseits war ihre Verschwiegenheit und Zurückhaltung einer der Gründe, die sie so reizvoll und interessant machten.

»Auch ich habe meine Glücksstunden erlebt«, antwortete sie. »Vielleicht darf man nicht mehr verlangen.«

Das war alles, was Tabitha äußerte. Ich war genauso klug wie zuvor.

So kam die Adventszeit heran. Sabina sagte, wir müßten Weihnachten im Pfarrhaus feiern, natürlich auch mit den Tanten. Dorcas und Alison waren erst ein bißchen beleidigt, aber ich schob ihre Einwände mit dem Hinweis beiseite, daß es doch am schönsten wäre, in dem alten Pfarrhaus beisammen zu sein, wo sie und ich fast unser ganzes bisheriges Leben verbracht hatten.

Die Tage verflogen. Außer den weihnachtlichen Verpflichtungen gab es natürlich die Expedition zu bedenken. Tabitha und ich schmückten auch die Villa Gizeh mit Stechpalmen und Mistelzweigen. Das war, wie Tabitha sagte, vorher noch nie geschehen. Das Personal war entzückt. Sie fühlten sich »heimischer« hier, seit ich da war, und sprachen es öfters aus – ein enormes Kompliment für mich.

Die Mädchen mochten mich; es machte ihnen Spaß, mich mit

»Mylady« anzureden – wobei ich noch jedesmal mit den Lidern klapperte. Immer wieder mußte ich mich innerlich darauf hinweisen: Gott, es ist ja wahr! Diesmal träumst du nicht!

Peinlich war nur eine Begegnung mit Mustapha und Absalam, mit deren Dasein ich mich nie ganz abfinden konnte. Sie waren so schrecklich lautlos... Oft, wenn ich mich umdrehte, standen sie direkt hinter mir, ohne daß ich sie kommen gehört hatte – und immer zu zweit. Sie sahen sich so ähnlich, daß ich sie nicht genau auseinanderhalten konnte und sicher oft verkehrt anredete, was zum Beispiel Tabitha nie passierte. Aber sie kannte sie auch viele Jahre länger.

Es war eine dämmrige Nachmittagsstunde. Ich war gerade ins Schlafzimmer gekommen und sah, daß die Tür zur Nebenkammer einen Spaltbreit offen stand. In der Vermutung, Tybalt könnte darin sein, trat ich ein. Aber es war Mustapha – oder Absalam –, der in seinem langen Burnus als reglose Silhouette vor dem Fenster stand. Gleichzeitig tauchte auch der andere Ägypter hinter mir auf, zwischen mir und der Schlafzimmertür. Ohne daß ich recht wußte, warum, fühlte ich, daß mir eine leichte Gänsehaut kam.

»Was macht ihr denn hier? Ist etwas?« fragte ich so ruhig wie möglich.

Kurze Stille. Dann nickte der am Fenster dem anderen zu und sagte: »Absalam, du sprechen.«

Ich wandte mich Absalam zu und sah ihn fragend an. Er verbeugte sich. »Mylady, wir sind Ihre ergebensten Sklaven.«

»Solche Redensarten mag ich nicht, Absalam. Bei uns gibt es keine Sklaven mehr.«

Beide neigten die Köpfe. Dann sagte Mustapha: »Wir Ihnen treu dienen, Mylady.«

»Das hört sich schon besser an«, sagte ich leichthin.

Die Tür zum Korridor war geschlossen, und die zum Schlafzimmer war mir immer noch von Absalam verstellt. Und es war höchst unwahrscheinlich, daß Tybalt gerade jetzt heraufkommen und mich aus dieser etwas gruseligen Dreisamkeit erlösen würde.

»Wir Ihnen schon oft etwas sagen wollen«, fuhr Absalam fort.

»Gut, nun habt ihr die Gelegenheit.«

»Es darf nicht sein«, sagte Mustapha mit Grabesstimme und schüttelte den Kopf, worauf auch Absalam den seinen schüttelte.

»Was?« fragte ich.

»Bleiben Sie in England, Mylady. Sagen Sie es auch Sir Tybalt. Er darf nicht nach Ägypten.«

Jetzt begriff ich. Sie fürchteten das Land, in dem ihr früherer Herr den Tod gefunden hatte.

»Leider ist das unmöglich«, antwortete ich. »Die Vorbereitungen sind schon sehr weit gediehen, wie ihr wißt.«

»Muß aufgegeben werden«, beharrte Mustapha.

»Sir Tybalt ist bestimmt nicht eurer Meinung.«

»Der Tod wartet. Der alte Fluch...«

Natürlich, dachte ich, diese Nachkommen der alten Ägypter sind maßlos abergläubisch. »Habt ihr schon mal mit Sir Tybalt darüber gesprochen?« fragte ich laut.

Wieder schüttelten sie im Gleichtakt die Köpfe. »Hat keinen Zweck. Auch sein großer Vater – nicht hören wollen. Darum er sterben. Der Fluch hat schon andere getroffen. Wird wieder treffen.«

»Es ist weiter nichts als eine Legende«, sagte ich. »Keine Angst, diesmal wird alles gutgehen. Sir Tybalts Pläne sind ohne Risiko.«

Absalam trat vor mich hin, die Handflächen in einer flehenden, beinahe betenden Geste aneinandergelegt, die dunklen Augen gen Himmel gerichtet. »Mylady, Sie müssen sprechen. Mylady sind neue Gemahlin. Ein Gemahl hört auf seine Geliebte.«

»Nicht in Berufsdingen«, sagte ich nüchtern.

»Es kann Tod bedeuten... den Tod.«

»Vielen Dank für eure Sorge. Ihr meint es gut. Aber ich kann und will meinem Mann nichts ausreden, worauf er seit Jahren hinarbeitet.«

Sie sahen mich mit großen, gramvollen Augen an und senkten die Köpfe. Ich ging rasch an ihnen vorbei ins Schlafzimmer zurück und schloß die Tür. Natürlich, diese einfachen Menschen hatten Angst, sagte ich mir... Ich nicht!

In der folgenden Nacht, als wir schon im Bett lagen, erzählte ich Tybalt, daß die beiden ägyptischen Diener zum erstenmal ein Gespräch mit mir erzwungen hatten. Sie hätten offenbar große Angst.

»Wovor?« fragte Tybalt.

»Vor dem sogenannten Fluch. Sie sind fest überzeugt, daß wir in unser Unglück rennen, wenn wir die Expedition nicht aufgeben.«

»Sie brauchen ja nicht mitzugehen.«

»Dazu hängen sie zu sehr an dir, glaube ich. Sie haben mich gebeten, dir ins Gewissen zu reden. Ein Gemahl hört auf seine Geliebte, sagten sie.«

Tybalt lachte.

»Ich habe ihnen auch gleich erklärt, daß ihr Aberglaube einen Wissenschaftler kaum von seinen Forschungen abschrecken würde. Aber, offen gestanden, manchmal ängstige ich mich auch ein bißchen.«

»Du?! Das ist ja das Allerneueste!«

Ich schmiegte mich enger an ihn. »Nur deinetwegen«, beteuerte ich. »Immerhin besteht diese Fluchlegende schon seit Urzeiten. An Gerüchten, die sich so hartnäckig halten, ist meist etwas dran. Ich würde ja bloß lächeln, wenn nicht gerade du der Leiter der Expedition wärst... Aber du bist es nun mal.«

Er lachte leise in der Dunkelheit.

»Meine *liebe* Judith!« sagte er im nachsichtigen Ton des Überlegenen.

Und das war alles.

Ich wünschte, diese dunklen Wintertage wären endlich vorbei. Die Adventszeit zog sich bei uns in Cornwall nur so hin, ohne Schnee, nur grau und feucht. Es tropfte von den kahlen Ästen, und der weiche Südwest heulte in den Kaminen. Die dunklen Augen der Ägypter folgten mir halb bekümmert, halb hoffnungsvoll. Nanny Tester sah ich nur ein paarmal in Begleitung Tabithas, denn sie blieb in ihrer Mansardenwohnung und kam so gut wie nie herunter.

Theodosia und Evan hatten sich pflichtgemäß für einen Weihnachtsbesuch in Keverall Court angemeldet. Tybalt und ich, Sabina und Oliver waren zum Heiligabend ebenfalls eingeladen, desgleichen Hadrian, der dann am Ort bleiben wollte, bis wir nach Ägypten aufbrachen.

Am Heiligabend wurden nach alter Sitte Weihnachtslieder im großen Saal von Keverall Court gesungen und die Armen beschert, und dann gab es unter Olivers Führung eine eindrucksvolle Fackelprozession zum Gottesdienst in der alten Kirche.

Hinterher tafelten Lady Bodreans Gäste, wie es sich gehörte – mit einer seit Jahrhunderten feststehenden Speisenfolge: Täubchen, Hammel- und Rindfleisch, teils in Pasteten-, teils in Bratenform und natürlich mit den jeweils entsprechenden reichlichen Zutaten. Alles dies wurde mit einem Getränk hinuntergespült, das sich »Keverall-Punsch« nannte und dessen Rezept nur der Kellermeister kannte. Das Geheimnis war seit vierhundert Jahren gewahrt worden, und seine Wirkung war nicht gerade harmlos.

Lady Bodreans Benehmen mir gegenüber erheiterte mich. Wenn sie sich unbeobachtet glaubte, betrachtete sie mich mit einer Mischung aus Staunen und Mißtrauen; aber wenn wir einander direkt gegenüberstanden, floß sie förmlich von Liebenswürdigkeit über...

Der erste Feiertag im Pfarrhaus war ungezwungener und gemütlicher. Es war drollig, jetzt Sabina auf dem Platz der Hausfrau zu sehen, den einst Dorcas eingenommen hatte. Es gab auch den Truthahn mit Maronenfüllung, dessentwegen sich Dorcas und Alison alljährlich in Aufregung gestürzt hatten. Sabina kannte keine derartigen Sorgen – ihr Plaudern und Scherzen brachte uns alle zum Lachen, sogar als der – traditionell brennende – Plumpudding serviert wurde: der krönende Abschluß, bei dem meine Tanten jedesmal Todesängste ausgestanden hatten.

Da Theodosia und Evan natürlich auch die Feiertage in Keverall Court verbrachten, war ausnahmsweise einmal nicht von der Expedition die Rede, was mich besonders für Dorcas und Alison freute – sie hätten ja doch nur stumm und verlegen dabeigesessen. Statt dessen unternahmen wir Gesellschaftsspiele, lebende Bilder und kindliches Rätselraten. Bei all diesen Späßen brillierte ich, während Tybalt dafür unbegabt war. Wenn Dorcas und Alison mir immer wieder Beifall klatschten, wußte ich nicht recht, ob ich darüber gerührt oder beschämt sein sollte.

Als Tabitha, Tybalt und ich den kurzen Rückweg vom Pfarrhaus zur Villa Gizeh gingen, überkam mich plötzlich der Gedanke, ob wir nun eigentlich auf Jahre hinaus immer zu dritt sein müßten. Ich hatte Tabitha ehrlich gern, aber es gab Momente, auf die das alte Sprichwort beängstigend genau paßte: Zwei sind ein Paar, drei sind ein Gedränge. Empfand ich das so, weil Tybalt sich irgendwie anders benahm, wenn Tabithy dabei war – höflicher, kühler –, als müsse er um jeden Preis die Zuneigung verbergen, die er mir beim Alleinsein immer unbefangener und herzlicher zeigte?

Der Januar brachte endlich ein paar Frosttage mit glitzerndem Rauhreif. Die Welt sah zauberhaft hell und fröhlich aus. Tybalt sah am Frühstückstisch seine Post durch. Plötzlich runzelte er die Stirn und gab einen kurzen Ausruf des Unmuts von sich.

»Diese sturen Juristen!«

»Was gibt's denn?«

»Es scheint noch geraume Zeit zu dauern, bis Sir Ralphs Letzter

Wille restlos ausgeführt ist. Typische Verzögerungstaktik. Möglicherweise halten sie uns noch Monate hin.«

»Macht das soviel aus?«

»Natürlich, Judith. Wir haben zur Finanzierung der Expedition fest mit diesem regelmäßigen zusätzlichen Einkommen gerechnet. Du wirst sehen, wie das Geld bei solchen Unternehmungen hinschmilzt. Wir brauchen zirka hundert einheimische Arbeiter, ganz zu schweigen von den wissenschaftlichen Expeditionsteilnehmern. Gehälter, Unterkunft und Verpflegung verschlingen Unsummen. Wenn diese lästigen Finanzfragen nicht wären, könnte die archäologische Forschung schon viel weiter sein.«

»Und du kannst weder an das Geld noch an die Zinsen heran – oder wie immer man die Kapitalerträge nennt –, ehe Sir Ralphs Testament ganz in Kraft tritt?«

»Oh, mit einer derartigen Summe in Aussicht haben wir genug Kredit, um im voraus zu disponieren. Es bedeutet nur unnütze und ärgerliche Formalitäten. Ich werde nach London fahren müssen. Das hatte ich zwar sowieso vor, aber erst später.«

»Na, dann ist es ja eine geringfügige Unbequemlichkeit.«

Tybalt lächelte mich an. »Gewiß, aber auch geringfügige Unbequemlichkeiten kosten Zeit.«

Zu meiner Freude sprach er nicht weiter von Geld, sondern kam auf das unerschöpfliche Thema, von dem ich ihn so gern reden hörte: seine feste Überzeugung, daß sein Vater eine Begräbnisstätte entdeckt hatte, die noch nicht von Grabräubern geplündert worden war.

»So froh erregt hatte ich ihn noch nie gesehen. Er kam in den Palast zurück, den uns einer der einflußreichsten Männer Ägyptens zur Verfügung gestellt hatte, weil er sich selbst für die Ausgrabungen interessierte. Trotzdem war es ein ungewöhnliches Entgegenkommen, das er auch diesmal wiederholen will. Die Residenz – sie heißt Chephro Palace – ist sehr groß und luxuriös, mit herrlichen Gärten und Scharen von Dienern. Wir brauchen dort nur eine Art Nominalmiete zu zahlen, damit wir uns unabhängig fühlen. Das ist orientalischer Takt.«

»Ja, aber du wolltest mir von deinem Vater erzählen.«

»Ich sah ihn von den Felsenhügeln her auf einem Maulesel in den Hof reiten. Es war eine Vollmondnacht, in der alles fast taghell erleuchtet war. In der Mittags- und Nachmittagszeit ist es dort ja kaum möglich zu arbeiten, und daher nützen wir natürlich die gleißenden Mondnächte nach Kräften aus. Ich stand am Fenster, als Vater einritt, und merkte sofort, daß er etwas entdeckt haben mußte. Er zeigte seine Gefühle nur selten, aber diesmal strahlte er. Ich beschloß zu warten, bis er sich gewaschen und umgezogen und die leichte Mahlzeit verzehrt hatte, die Mustapha und Absalam ihm immer persönlich zubereiteten. Dann erst würde ich zu ihm gehen und ihn ausfragen – daß ich der erste sein würde, dem er sein Erlebnis mitteilte, war ohnehin gewiß. Allen andern gegenüber war er sehr verschwiegen. Ein paar Monate zuvor hatten wir einen Felseneingang gefunden, der in eine längst ausgeraubte Grabkammer führte. Alle Mühen und Kosten schienen zu nichts zu führen, aber Vater wollte trotzdem nicht aufgeben. Er hatte so ein merkwürdiges Gefühl, wie er mir sagte, daß wir immerzu genau am Rande einer ganz großen Entdeckung hintappten.«

Tabitha kam an den Frühstückstisch, und Tybalt sagte: »Ich erzähle Judith gerade vom Tod meines Vaters.«

Sie nickte ernst, setzte sich und stützte das Kinn in die Hände. Ihre Augen schimmerten feucht, als Tybalt fortfuhr:

»Ich ging also hinunter, als ich meinte, er habe sich genügend erfrischt – aber da fühlte er sich nicht mehr besonders wohl. Zunächst nahm ich's nicht ernst; Vater war körperlich genauso zäh wie geistig. Er klagte über Leibschmerzen, und ich sah, daß er etwas schwitzte und zitterte. Mustapha und Absalam waren sehr besorgt, und auf meinen Rat brachten wir ihn gemeinsam zu Bett. Am nächsten Morgen, dachte ich, war noch Zeit genug zu einer vertraulichen Unterhaltung. Aber er starb schon in derselben Nacht. Kurz vor seinem letzten Atemzug wurde ich geholt. Er konnte keine Silbe mehr sprechen, aber ich merkte, daß er mir dringend etwas sagen wollte, und aus der Bewegung seiner Lippen und seinem insfändigen Ausdruck glaubte ich abzulesen: ›Führe mein Werk fort.‹ Darum bin ich so fest entschlossen, es zu tun.«

»Woran ist er nun wirklich gestorben?«

»Die genaue Todesursache war nicht festzustellen. Natürlich kam sofort wieder das Gerede vom ›Fluch der Pharaonen‹ auf – lächerlich. Warum sollte mein Vater für eine Arbeit verflucht werden, die schon so viele vor ihm ohne Schaden überstanden hatten? Er war nicht einmal ein Grabschänder wie die zahllosen Räuber der Vergangenheit. Er stand im Dienste einer ehrwürdigen Wissenschaft.«

»Trotzdem ist er gestorben...«

»Vielleicht war die Hitze auf die Dauer zuviel für ihn. Vielleicht hat er etwas Unrechtes gegessen. Das ist schon manchem dort unten passiert und nicht nur Archäologen.«

»Aber so plötzlich...«

»Ja, es war bisher der größte Schlag in meinem Leben. Eben deshalb gedenke ich, die Wünsche meines Vaters zu erfüllen.«

Ich drückte ihm die Hand. Für einen Moment hatte ich Tabithas Anwesenheit vergessen. Aber als ich wieder Tränen in ihren schönen Augen blinken sah, dachte ich (kleinlich, wie ich zugebe): Himmel, warum müssen wir auch jetzt zu dritt sein?

Die vorübergehende Januarkälte brachte der alten Kinderfrau Nanny Tester eine Bronchitis ein, deren Symptome ganz ähnlich waren wie damals bei Dorcas. Ich hatte also Erfahrung und konnte mich bei der Pflege nützlich machen. Wenn ich bei ihr war, beobachtete sie jede meiner Bewegungen mit blanken Knopfaugen; offenbar war sie froh über mein Dasein, da sie Tabitha nun einmal nicht leiden konnte. Letzteres fand ich altersstörrisch und unfair, denn Tabitha gab sich mit ihr wie mit allen anderen die größte Mühe.

Im Februar fuhr Tybalt nach London, um Gespräche mit Kollegen, Rechtsanwälten und Bankmenschen zu führen. Ich hätte ihn gern begleitet, aber er sagte, er hätte so viel zu tun, daß ihm für mich kaum Zeit übrigbleiben würde.

So winkte ich dem abfahrenden Zug vom Hauptbahnhof Plymouth aus nach, wobei ich mich nicht ganz des Gedankens erwehren konnte, daß Lavinia einst genau auf demselben Perron mit ihrem Baby in den Armen eingestiegen war und Dorcas und Alison *ihr* nachgewinkt hatten. Und eine Stunde später war Lavinia tot.

Starke, echte Liebe konnte wirklich ein zweischneidiges Schwert sein. Alle ekstatisch glücklichen Momente mußten, wie es schien, mit Angst und Sorge bezahlt werden. Ruhig war man nur, solange man das geliebte Wesen sicher zur Seite hatte. Bei jeder Trennung aber malte die boshafte Fantasie die schauerlichsten Bilder und Szenen aus – zum Beispiel entgleiste, ineinander verkeilte Zugwaggons, die Schreie der Verletzten, das unerbittliche Schweigen der Toten...

Kindisch! beschimpfte ich mich selbst. Wie viele Menschen reisen heute täglich mit der Eisenbahn? Tausende! Wie viele verunglücken dabei? Nur ein ganz geringer Prozentsatz! Trotzdem konnte ich mich an diesem Abend, als ich mit Tabitha allein saß, nicht enthalten, von meiner Schwäche zu sprechen. Sie lächelte sanft und verständnisvoll.

»Ja«, sagte sie leise, »es ist gewiß nicht immer leicht, zu sehr zu lieben.«

Es klang, als wüßte sie aus eigener Erfahrung nur zu gut Bescheid, und ich dachte zum soundsovielten Male darüber nach, wie wohl ihre frühere Jugend verlaufen war. Sonderbar, daß sie so beharrlich schwieg. Vielleicht würde sie sich mir später einmal, wenn sie mich besser kannte, doch anvertrauen.

Nanny Tester war auf dem Wege der Besserung, aber Tabitha meinte, jede dieser Attacken ließe bei der alten Frau eine Spur zurück. Sie würde in ihrem Denken und Fühlen immer verwirrter.

Das hatte ich auch schon gemerkt, ebenso wie die Tatsache, daß meine Anwesenheit Nanny Tester stets zu freuen schien. Daher brachte ich ihr meistens das Essen und setzte mich manchmal mit einer Handarbeit zu ihr ans Bett. Auch Sabina kam öfters, und wenn ich sie mit der Alten plaudern hörte, war ich beruhigt – Sabinas Besuche waren immer ein voller Erfolg

Eines Tages, als ich wieder bei Nanny Tester saß, raunte sie mir plötzlich zu:

»Sehen Sie ihr auf die Finger! Seien Sie vorsichtig! Ich könnte Ihnen Sachen erzählen… Ich hab' meine Augen immer offengehalten.«

Wieder eine ihrer Greisinnenfantasien, dachte ich und sagte freundlich:

»Wollen Sie jetzt nicht ein bißchen schlafen?«

»Schlafen! Wo solche Dinge im Haus vorgehen! Er und sie… Sie nasführt ihn. Haushälterin! Daß ich nicht lache! Freundin der Familie! Was ist sie wirklich? Sagen Sie mir das!«

Natürlich bezog sie sich auf Tabitha. »Was ist mit ihm und ihr?« nahm ich das Stichwort auf.

»Sie sind taub und blind. So ist's ja immer – der, den's am meisten angeht, erfährt es zuletzt. Klar sehen nur die Außenstehenden.«

»Und was sehen Sie, Nanny?«

»Alles, was zwischen ihnen vorgeht. Sie ist schlau, aber wir können sie leicht abwimmeln. Ich könnte sie mit Leichtigkeit ersetzen – im Haushalt, meine ich.«

Darin irrte sie sich, aber ich äußerte mich nicht dazu.

»Haushälterin, ha!« fuhr Nanny giftig fort. »Wo hat man das je gesehen, daß die Haushälterin mit der Herrschaft am Tisch sitzt und überall das große Wort führt? Sie tut, als wäre sie die Herrin. Zwischendurch verschwindet sie ab und zu und sagt: Familienangelegenheiten. Familie! Was hat denn die für eine Familie? Ich wette, daß sie jetzt wieder ›dringend abberufen‹ wird, genau zur selben Zeit, wo *er* in London ist. Sie nähren eine Schlange an Ihrem Busen, Mylady.«

Ich mußte ein bißchen über den Vergleich lächeln. Und wenn ich klaren Kopfes nachdachte, besonders über Tabithas untadelige Damenhaftigkeit, konnte kein Zweifel bestehen, daß die alte Kinderfrau ganz einfach eifersüchtig war – ihre frühere Vorrangstellung war ihr genommen.

Ich ging sehr ungern ohne Tybalt zu Bett; ohne ihn bedrückte mich die samtene mitternachtsblaue Pracht unseres Schlafzimmers. In dieser Nacht träumte ich, der Sarkophag stände noch in der Nebenkammer, und plötzlich erhöbe sich eine Mumie aus ihm – Absalam oder Mustapha, einer von beiden, und der andere trat aus der Wand auf mich zu. Schwarze Augen fixierten mich, und dumpf widerhallende Stimmen sprachen:

»Halte ihn zurück! Ein Mann lauscht der Stimme seiner Geliebten. Sonst trifft euch beide der Fluch der Pharaonen.«

Ich fuhr mit einem Schreckenslaut im Bett auf. Der Halbmond schien durchs Fenster, das war die einzige Beleuchtung, denn das Kaminfeuer war längst niedergebrannt. Bebend stand ich auf, um in den Nebenraum zu sehen – der Traum war so lebhaft gewesen, daß ich den Sarkophag noch oder wieder dort zu sehen erwartete. Aber da war nichts außer den Bücherregalen. Ich machte die Tür rasch zu und kroch ins Bett zurück.

Nach der Expedition, dachte ich, werde ich hier alles umkrempeln und erneuern. Erst mal müssen die verwilderten Bäume und Sträucher ausgelichtet werden, und denn pflanze ich die schönsten Blütengewächse: Hortensien und Rhododendren und Fuchsien – alles, was in unserem Klima so üppig gedeiht und in den bezauberndsten Farben leuchtet. Und... und...

Und mit dem Gedanken an meine künftigen Blumenkulturen schlief ich ein.

Jeden Morgen hoffte ich auf einen Brief von Tybalt, mit dem er seine baldige Rückkehr ankündigte. Es kam keiner. Aber Tabitha hatte am zweiten oder dritten Tag einen Brief in der Hand, als ich zum Frühstück kam.

»Judith, es ist mir sehr peinlich, aber ich muß mich für ein paar Tage entschuldigen.«

»Ach?«

»Ja. Mein... Ein Verwandter von mir ist erkrankt. Ich muß hinfahren.«

»Ja, natürlich«, sage ich. »Nur... Sie haben bis jetzt noch nie von Ihren Verwandten erzählt.«

»Dieser wohnt in Suffolk. Es ist eine lange Reise dorthin. Ich glaube, ich muß sofort aufbrechen.«

»Heute noch?«

»Ja. Ich möchte den Zehn-Uhr-dreißig-Zug nach London erreichen. Dort steige ich nach Suffolk um. Sie kommen sicher ein paar Tage ohne mich aus?«

»Selbstverständlich.«

Tabitha entfernte sich in ungewohnter Hast. Sie schien mir auch ungewohnt verlegen. Unser Kutscher brachte sie im Einspänner zum Bahnhof.

Ich sah sie abfahren und dachte dabei an Nanny Tester, ob ich wollte oder nicht. »Passen Sie auf – jetzt, wo er weg ist, verschwindet sie auch für ein paar Tage.« Es mochte ein Zufallstreffer sein, aber jedenfalls hatte Nanny Tester richtig prophezeit.

Ich ging, halb gegen meinen Willen, zu ihr hinauf. Sie stand am Fenster und zog fröstelnd ihren alten Flanellmorgenrock um sich.

»Da fährt sie hin, Mylady«, empfing sie mich. »Was habe ich Ihnen gesagt?«

»Ich wundere mich, Nanny. Woher wußten Sie das?«

»Ich habe Augen im Kopf, Mylady. Und für Leute, an denen mir etwas liegt, sehe ich scharf und weit.«

»Also liegt Ihnen etwas an mir?«

»An Ihnen und Master Tybalt. Haben Sie je daran gezweifelt? Sie gefielen mir vom ersten Augenblick an, schon als Kind. Ich sagte mir schon damals: Bis zu meinem letzten Atemzug werde ich auf *die* aufpassen.«

»Danke, Nanny«, sagte icn.

»Aber jetzt tut es mir weh, wie Sie behandelt werden. Es sticht... genau hier.« Sie führte die Hand an den vermutlichen Sitz ihres Herzens. »Er fährt weg – und sie fährt ihm nach. Er hat ihr einen Brief geschickt. Heute nacht werden sie...«

»Halt, Nanny! Das ist total aus der Luft gegriffen.«

»Oh, ich habe es kommen sehen«, ächzte sie. »Sie war immer die Frau, die er eigentlich wollte. *Sie*, Mylady, hat er nur des Geldes wegen geheiratet. Und wozu? Damit er hingehen und Tote aus dem Grab buddeln kann. Ist das recht?«

»Nanny, Sie sind außer sich. Sie wissen nicht mehr, was Sie reden.« (Ihre erhitzten Backen, ihre flackernden Augen bestätigten meine Worte, wofür ich gewissermaßen dankbar war.) »Erlauben Sie, daß ich Sie wieder zu Bett bringe.«

»Zu Bett... Warum zu Bett? *Ich* müßte *dich* ins Bett stecken, Schätzchen.«

»Nanny, wissen Sie im Moment, wer ich bin?«

»Ob ich das weiß! Hab' ich dich nicht gleich nach deiner Geburt in die Arme genommen?«

»Sie verwechseln mich. Ich bin Judith – Tybalts Frau.«

»Gewiß, Mylady... Sie sind und bleiben meine süße junge Lady. Schlecht genug ist's ausgegangen. Wie gern hätt' ich Sie mit einem netten jungen Edelmann verheiratet gesehen, einem, der über seinen gotteslästerlichen Ausgrabungen nicht seine Frau vergißt.«

»Ich bringe Ihnen noch ein Glas heiße Milch«, sagte ich mit aller mir zu Gebote stehenden Sanftmut. »Dann werden Sie gewiß bald wieder einschlafen.«

»Sie sind so gut zu mir, Mylady«, erwiderte Nanny demütig.

Ich stieg in die Küche hinunter und bat Ellen, etwas Milch zu wärmen. Der alten Nanny Tester ginge es nicht besonders.

»Ich hätte gedacht, sie fühlt sich besser, seit Mrs. Grey weg ist«, sagte Ellen. »Die kann sie doch nicht riechen!«

Ich enthielt mich jeglichen Kommentars. Als ich mit der Milch zu Nanny zurückkam, schlief sie schon fast.

Tabitha und Tybald kamen gemeinsam zurück. Es hätte sich zufällig und erfreulicherweise so gemacht, erklärten sie.

Ich war etwas unruhig und hätte gern diese oder jene Frage gestellt, aber Tybalt war mit dem Erfolg seiner Verhandlungen so zufrieden und schien auch so gern wieder mit mir zusammenzusein, daß ich kein riskantes Wort über die Lippen ließ.

Die finanziellen Probleme waren bereinigt. Wir würden zwar erst im März statt im Februar aufbrechen können, sagte er, aber der Aufschub betrug nicht viel mehr als zwei Wochen.

Und im März reisten wir tatsächlich.

Da stand nun also der Chephro-Palast, majestätisch, goldschimmernd, vornehm abgesondert von den umliegenden Fellachendörfern. Ich war baß erstaunt, daß der große Hakim Pascha uns all diese Pracht zur Verfügung stellte.

Als wir eintrafen, war ich schon ganz im Bann des fremdartigen, kargen und großartigen Landes der Pharaonen. Die Wirklichkeit übertraf alle Vorstellungen, die ich mir nach meiner fleißigen Lektüre und den paar Abbildungen gemacht hatte.

Mehrere Mitglieder unserer Arbeitsgemeinschaft waren schon vorausgefahren und mit einem großen Teil des technischen Materials in der Nähe des Ausgrabungsgeländes einquartiert worden.

Hadrian, Evan, Theodosia, Terence Gelding und Tabitha fuhren von Southampton aus mit demselben Schiff wie Tybalt und ich, aber da Tybalt noch einiges in Kairo zu erledigen hatte, folgten wir den anderen ein paar Tage später in den Chephro-Palast.

Die Schiffsreise (meine erste!) war herrlich. Nur die arme Theodosia litt anfangs heftig unter der Seekrankheit, obwohl die See sich für die Jahreszeit recht freundlich benahm, sogar in der gefürchteten Biskaya. Glücklicherweise war Theodosia bis zur Ankunft in Gibraltar wieder genesen. Ihr Mann, Evan Callum, war die ganze Zeit rührend besorgt um sie. Unwillkürlich fragte ich mich manchmal, ob Tybalt sich ebenso um mich gekümmert hätte...

Wir verbrachten alle zusammen einen netten Tag auf dem berühmten Gibraltar-Felsen, lachten über die Possen der nicht minder berühmten Affen, bewunderten die fantastische Szenerie und waren rundum zufrieden. Bald danach erreichten wir Neapel. Dort hatten wir zwei Tage Aufenthalt, die wir vor allem für einen Ausflug nach Pompeji benutzten. Die erst kürzlich begonnenen Ausgrabungen waren in vollem Gange, und täglich kamen neue Einzelheiten der verschütteten Stadt zutage. Als ich an Tybalts Arm über die Steine stieg, die bis anno 79 nach Christi Geburt Straßenränder gewesen waren, sagte ich erschüttert:

»Du hast dir wirklich eine wunderbare Lebensaufgabe gewählt, Tybalt. Wer wüßte etwas von den Schätzen der Vergangenheit, wenn ihr Archäologen nicht wärt?«

Er amüsierte sich über meinen kindlichen Enthusiasmus. Trotzdem belehrte er mich sehr ernsthaft über alles, was wir sahen – die

Reste der Häuser und öffentlichen Anlagen, aus denen sich schon jetzt einige Rückschlüsse auf das Leben der Menschen ergaben, die fröhlich im Schatten des Vesuvs ihr Wesen getrieben hatten, bis Lava und Asche über sie kamen.

Bei der Weiterfahrt auf dem Schiff sprachen wir noch viel von unseren Eindrücken. Dann, in Port Said, trennten wir uns, weil Tybalt und ich, wie schon erwähnt, einige Tage in Kairo zu tun hatten.

Ich hatte mich ja nun wirklich jahrelang auf Ägypten vorbereitete, aber was war mein Bücherwissen gegen das unmittelbare Erlebnis? Jetzt erst sah, spürte und roch ich das uralte Land, auf das eine manchmal erbarmungslose Sonne niederbrannte. Angesichts eines Ziegenhirten in seinem langen grauweißen Gewand inmitten seiner Herde am sorgsam bewachten Brunnen fühlte ich mich ins Alte Testament zurückversetzt. Hier, dachte ich, konnte einem alles passieren – das Wunderbarste und das Schrecklichste. Das Land war schön und abstoßend, erfreulich und bedrohlich – alles zugleich oder dicht nebeneinander... auf jeden Fall aber keine Sekunde langweilig.

Wir wohnten in einem kleinen Hotel am Nil mit Ausblick auf den Strom und die ockerfarbenen Mokattam-Hügel. Welch Kontrast zur nebligen Feuchte von Cornwall, zur grünen Üppigkeit unserer Sommer! Hier war alles der sengenden Sonne untertan, und alles wirkte jahrtausendealt: die Leute in ihren weißen Umhängen und Sandalen, der Dunst der Garküchen, die hochmütig dahinschreitenden Kamele. Ich hörte den Gebetsruf des Muezzins vom Minarett und war erstaunt, daß wirklich die meisten Leute niederknieten, wo sie gerade waren, und das vorgeschriebene Ritual vollführten. Tybalt nahm mich auch in die *Souks* der Altstadt mit, in die ich mich allein sicher nicht hineingetraut hätte, die aber an seiner Seite ein märchenhaftes Erlebnis waren. Von dunklen Augen beobachtet, wanderten wir durch die engen Gassen, schauten in Gewölbe, wo Bäcker den Brotteig in Ölsamen wälzten, und in düstere Lädchen, wo Silberschmiede über ihrem Schmelzbekken hämmerten. Hier klapperte ein Wasserverkäufer einladend mit seinen Messingbechern, dort hockten Männer mit gekreuzten Beinen und beschäftigten sich mit kunsthandwerklichen Web- und Stickarbeiten. Und überall mischte sich schwerer Parfümduft mit dem von Kamelmist, der als Brennstoff benutzt wurde.

An einem der Lädchen – eigentlich nur einer zur Gasse hin offenen Höhle – blieb Tybalt mit mir stehen. Im Hintergrund arbeitete ein Mann mit Schleifrad und Sticheln; vorn waren Ringe, Broschen und anderer Steinschmuck ausgestellt.

»Du mußt einen Skarabäus haben«, sagte Tybalt. »Er wird dir in Ägypten Glück bringen.«

Der Handwerker erhob sich und trat eilig heran. Seine Augen funkelten in der Vorfreude auf ein Geschäft. Tybalt wählte bedachtsam einen schöngeschnittenen Skarabäus-Ring, paßte ihn mir an und begann auf arabisch mit dem Händler zu feilschen, während sich schwarzlockige Kinder um uns scharten und uns wie die Wundertiere anstaunten. Europäer waren damals in der Altstadt noch eine Seltenheit.

»Das ist ein Turmalin«, sagte Tybalt zu mir. »Eine schöne Arbeit. Die Schriftzeichen um den Käfer herum bedeuten: Allah sei mit dir. Jeder Liebende soll seiner Geliebten so etwas schenken, wenn sie zum erstenmal in dieses Land kommt.«

Ich streifte den Ring endgültig an den Finger und betrachtete ihn entzückt, wobei auch die Kinder in Entzückensschreie ausbrachen. Tybalt zahlte, und wir gingen weiter. Der Händler rief uns Segenswünsche nach.

»Hoffentlich bist du nicht schockiert, daß ich so lange gehandelt habe«, sagte Tybalt. »Er wäre bitter enttäuscht gewesen, wenn ich gleich die verlangte Summe gezahlt hätte. Die kleine Theaterszene gehört unbedingt dazu.« Er sah in mein strahlendes Gesicht und fügte hinzu: »Du siehst richtig glücklich aus, Judith.«

»Ich bin's auch. So glücklich, daß es mir beinahe angst macht.«

Er drückte mir die Hand mit dem neuerworbenen Ring.

»Was würdest du dir wünschen, wenn du jetzt einen Wunsch frei hättest?« fragte er.

»Daß ich jeden Tag meines Lebens so glücklich sein dürfte wie heute.«

»Da verlangst du aber eine ganze Menge vom Leben.«

»Warum nicht? Wie sind beieinander, wir haben die gleichen Interessen. Ich sehe eigentlich keinen Grund, nicht immer glücklich und zufrieden zu sein. Ist das Leben nicht immer genau das, was wir aus ihm machen?«

»Leider kommen manchmal äußere Störungen dazwischen, auf die wir keinen Einfluß haben.«

»Wir werden auch damit fertig werden...«

»Wenn ich dich so ansehe, Liebste, glaube ich es fast selbst.«

Am nächsten Tag besuchten wir die Pyramiden und die Sphinx,

die ich in fassungsloser Ehrfurcht betrachtete. Obwohl ich mich auf meinem schaukelnden Reitkamel etwas unsicher fühlte, nahm ich alles mit wachen Sinnen auf und ließ mir von Tybalt noch einmal die Geschichte des Pyramidenbaus erzählen. Angesichts der Wirklichkeit gewann sie natürlich ganz andere Dimensionen als in den relativ trockenen Büchern, die ich gelesen hatte. Und Tybalt seinerseits freute sich über meine Begeisterung.

Abends, wieder im Hotel, speisten wir an einem Tischchen, das von den andern durch ein Palmenarrangement abgegrenzt war. Ich hatte mein dichtes schwarzes Haar hoch auf den Kopf getürmt, um ›ägyptischer‹ auszusehen, und trug das grüne Samtkleid, das ich mir noch vor der Abreise von Sarah Sloper hatte machen lassen. Wundervoll paßte dazu der Skarabäus-Ring. Ich fingerte immer wieder daran herum und dachte an Tybalts Worte, dies sei das Geschenk eines Liebenden an die Geliebte. Freilich drängte sich ab und zu der störende Gedanke dazwischen, der mir so oft auf mehr oder minder taktvolle Weise nahegelegt worden war: Tybalt habe mich nur oder hauptsächlich des Geldes wegen geheiratet. Ach was – hier im Land meiner Träume und mit dem Mann meiner Träume war es mir egal. Ich würde ihn schon dazu bringen, mich um meiner selbst willen zu lieben. Hatte man unserem verstorbenen Premierminister Beaconsfield nicht auch nachgesagt, er habe seine Mary Anne nur wegen des großen Vermögens genommen? Aber gegen Ende ihres Lebens gestanden beide, sie würden sich nun aus reiner Liebe heiraten, auch wenn sie bettelarm wären. So sollte es auch mit Tybalt und mir sein.

Tybalt beugte sich über das Tischchen und nahm meine skarabäusgeschmückte Hand in die seine. »Woran denkst du jetzt so intensiv, Judith?«

»Nur an das Wunder, daß wir jetzt beide wirklich am Nil zusammensitzen.«

»Der Ausflug zu den Pyramiden hat dich beeindruckt, wie ich bemerke.«

»Lieber Gott, ich habe nie ernstlich geglaubt, sie leibhaftig zu sehen. Täglich geschieht Neues, Ungeahntes. Warum machst du plötzlich ein so trauriges Gesicht, Tybalt?«

»Weil ich fürchte, daß auch deine Begeisterungsfähigkeit sich mit der Zeit abstumpfen wird. Du wirst blasiert werden wie alle anderen verwöhnten und vielgereisten Frauen, und das fände ich schade.«

»Kann ich mir gar nicht vorstellen.«

»Gewohnheit nimmt vielem den Glanz ... Ich bin dir so dankbar, weil ich diesmal alles neu und frisch sehe, nämlich durch deine Augen.«

Das *kebab*, das von leisetretenden, weißgekleideten Männern serviert wurde, schmeckte mir so köstlich, daß ich kaum glauben konnte, es sei nur auf dem Holzkohlengrill zubereitetes Hammelfleisch. Vielleicht lag es an der Tahenia-Sauce, in die man jedes Stückchen stippte.

»Hunger ist der beste Koch«, meinte Tybalt prosaisch, als ich das Gericht pries. Aber ich nehme an, meine glückliche Stimmung war die Hauptwürze.

Das Dessert, *Esh es Seraya* genannt – ein Gemengsel aus Brotbröseln, Honig und Sahne –, wurde mit einem Granatapfelgetränk genossen und war ebenfalls herrlich. Danach verfügten wir uns auf die Terrasse, tranken türkischen Mokka, knabberten *turkish delight* und schauten auf den breit dahinströmenden Nil.

Die Sterne hingen, scheinbar zum Greifen nah, aus dem indigoblauen Himmel und spiegelten sich flimmernd im Fluß, auf dem ich mir Kleopatra und ihre Staatsbarke vorstellte ...

Tybalt sah mich nachdenklich an. »Du hast eine wunderbare Fähigkeit, dich zu freuen.«

»Ja, das glaub' ich auch. Kein schlechtes Talent, nicht? Ich fürchte nur ...« Den Rest verschluckte ich. Mir war plötzlich der Gedanke durch den Kopf geschossen, daß ein sehr glücksfähiger Mensch wahrscheinlich auch sehr leidensfähig ist.

Als wir den Chephro-Palast erreichten, waren unsere Hauptmitarbeiter und Freunde schon längst eingerichtet, und Tabitha war auch hier in die Rolle der Hausdame geschlüpft.

Wir Tybalt mir schon gesagt hatte, war Hakim Pascha einer der reichsten – auch einflußreichsten – Männer Ägyptens, und wir hatten Glück, daß er modern genug gesinnt war, um unser Vorhaben zu begünstigen.

»Er hätte uns viele Hindernisse in den Weg legen können«, sagte Tybalt, »aber statt dessen hilft er auf jede Weise. Mit dem fürstlichen Logis fängt es an, mit diesem Palast, den wir für eine ›Anerkennungsgebühr‹ gemietet haben, damit unsere Würde gewahrt bleibt ... Was wir da ersparen, kannst du dir ja ungefähr ausrechnen. Sicherlich wirst du Hakim Pascha noch persönlich kennenlernen. Als mein Vater das letztemal hier war, kam er regelmäßig.«

Wir standen in der fürstlichen Eingangshalle des Palastes, und ich staunte die Schönheit an, die uns umgab: den pastellfarbenen Mosaikfußboden, die marmorne Doppeltreppe, die Glasmalereien, auf denen die gefahrvolle Fahrt der Toten zu ihrem ewigen Schützer, dem Sonnengott Ra, dargestellt war.

»Die Einzelheiten erklär' ich dir später«, sagte Tybalt.

»Aha, da kommt schon Tabitha.«

»Endlich!« rief Tabitha und sah Tybalt mit glänzenden Augen an. »Sie haben starke Verspätung. Ich habe mir schon alle möglichen Unfälle ausgemalt.«

»Eine unnötige Nervenstrapaze... Nicht war, Judith?«

»Nun, glücklicherweise sind Sie jetzt hier. Ich zeige Ihnen erst Ihr Apartment, und dann können Sie nach Belieben den Rest des Palastes besichtigen. Wie ich Tybalt kenne, wird er vor allem den Ausgrabungsort sehen wollen.«

»Da haben Sie recht«, sagte Tybalt.

»Hinterher gibt es ein leichtes Abendessen. Mustapha und Absalam sind in der Küche; ich wage also zu behaupten, daß sie Arabisches und Europäisches bekömmlich mischen werden wie schon zu Hause. Aber zunächst in Ihre Zimmer.«

Sie führte uns die grandiose Marmortreppe hinauf. Die Wände des Korridors waren ähnlich wie der Fußboden der Halle mit Mosaikbildern bedeckt. Überall brachten edle Männer und Frauen in der typischen Haltung – Gesicht im Profil, Körper von vorn, Beine wieder im Profil – den Göttern ihre Opfergaben dar. Diese waren nebst ihren Symbolen, dem Falken, der Schlange, dem Lebenszeichen, vor allem an der Decke zu sehen.

»Wie kunstvoll das alles gemacht ist«, sagte ich bewundernd zu Tybalt.

»Natürlich«, antwortete er. »Es wäre eine Beleidigung für die Götter, nicht alle Kunst für sie aufzuwenden.«

Arm in Arm betrachten wir unser Schlafzimmer. Auf einer riesigen Plattform stand ein ebenso riesiges Bett, von duftigen Moskitonetzen überwölbt.

»Wenn der Pascha hier ist, benutzt er das Zimmer selbst«, erläuterte Tabitha.

»Ja, dürfen wir überhaupt...?« fragte Tybalt.

»Sie dürfen nicht nur, Sie müssen. Die anderen Räume sind auch alle besetzt, und es gehört sich doch wohl, daß der Leiter der Expedition das Staatsapartment einnimmt. Erinnern Sie sich nicht, daß auch Ihr Vater seinerzeit hier gewohnt hat?«

Tabitha zeigte uns das Vorzimmer und ein wunderbares, im Boden eingelassenes Bad, in das drei Marmorstufen führten. Die Wände waren teils von Spiegeln, teils von für englische Begriffe recht ›gewagten‹ Mosaik-Aktfiguren bedeckt. Die Spiegelrahmen bestanden sowohl hier als auch im Schlafzimmer aus den schönsten Halbedelsteinen: Chalzedon, Rosenquarz, Amethyst und Lapislazuli.

»Grandios«, lachte ich. »Ich werde mich hier bewegen wie eine Königliche Hoheit!«

»Sollen Sie auch«, sagte Tabitha. »Der Pascha hat angeordnet, daß die Dienerschaft bei der leisesten Beanstandung hart bestraft wird. Sie zittern alle vor jedem möglichen falschen Schritt.«

»Himmel, ist er so streng?«

»Nun ja, ein ägyptischer Pascha ist ein absoluter Herrscher, der seine Untergebenen als Sklaven betrachtet. Er fordert bedingungslosen Gehorsam. Wenn wir, seine Gäste, nicht respektvoll bedient werden, bedeutet das eine Beleidigung *seiner* Person. Und derartige Beleidigungen duldet er keinesfalls.«

»Was passiert denen, die seinen Anforderungen nicht genügen?«

»Manchmal findet man ihre Leichen nach einiger Zeit im Nil. Anderen wird eine Hand oder ein Ohr abgeschnitten.«

Ich schüttelte mich. »Ägypten ist wunderbar, aber ich muß schon sagen...«

»Tja, das ist eben der Orient«, sagte Tabitha und legte ihre Hand einen Moment beruhigend auf meinen Arm.

»Nun machen Sie sich ein bißchen frisch, und kommen Sie zum Essen. Nachher wünschen Sie sicher eine Lagebesprechung, Tybalt, nicht wahr?«

»Nun, Judith«, fragte Tybalt, als wir allein waren, »wie findest du das alles *wirklich*?«

»Ich weiß nicht recht«, antwortete ich ehrlich. »Für mich ist der Palast etwas zu prunkvoll, und der Pascha schein ja ein Satan zu sein.«

»Oh, seinen Gästen gegenüber benimmt er sich äußerst charmant. Er und mein Vater waren gute Freunde. Er hat enorme Macht hierzulande. Du wirst ihn bestimmt bald kennenlernen.«

»Wo wohnt er denn jetzt, da er uns seinen Palast überlassen hat?«

»Meine liebe Judith, dies ist nur einer seiner Paläste. Der schönste vielleicht, das mag sein. Er hielte es für schlechte Manieren, uns eine bescheidenere Behausung anzubieten. Ja, an die orientalische Etikette muß man sich gewöhnen ... Schau nicht so besorgt drein, Liebes, in ein paar Tagen kommt es dir ganz normal vor. Und nun wollen wir uns fertigmachen, ja? Ich möchte hören, wie weit die Arbeitsvorbereitungen inzwischen gediehen sind.«

Der Speisesaal war von einem Kronleuchter mit mindestens hundert Kerzen erhellt. Draußen war es unmittelbar Nacht geworden; hier gab es ja keine »blaue Stunde« wie in unseren gemäßigten Breiten. Wir saßen an einer langen Tafel, Tybalt am einen Ende, ich am anderen und um uns die Freude – Hadrian, Theodosia, Evan, Terence Gelding – nebst anderen, die ich erst heute abend kennenlernte, natürlich sämtlich Archäologen. Meine Tischherren zur Rechten und Linken waren zum Glück liebe Altvertraute: Hadrian und Evan.

»Na, da hocken wir ja mal wieder gar traulich beisammen«, sagte Hadrian. »Schmecken dir die *kuftas*? Ich persönlich ziehe ja ein anständiges englisches Roastbeef vor, aber sag's bloß keinem weiter, daß ich so ein Banause bin. Der Große Osiris läßt mich sonst dereinst nicht in seinen Himmel.«

»Du bist wirklich sehr unehrerbietig, Hadrian. Behalte deine Gedanken lieber für dich. Man weiß nie, wer zuhört.«

»Echt Judith«, sagte Hadrian an mir vorbei zu Evan.

»Eben erst angekommen, und schon gibt sie uns wieder Verhaltungsmaßregeln.«

Evan lächelte. »In diesem Fall hat sie recht«, erwiderte er leise. »Man weiß hier wirklich nie, was belauscht, mißverstanden und entstellt weitererzählt wird. Die Diener haben scharfe Ohren und erstatten dem Pascha zweifellos Bericht. Unsere europäischen Späßchen gelten dann leicht als Überheblichkeit oder Respektlosigkeit.«

»Was habt ihr in den letzten Tagen gemacht, als Tybalt noch nicht hier war?« fragte ich ablenkend.

»Das Gelände abgemessen, Arbeiter angeworben, Werkzeuge beschafft und so weiter. Vor einem solchen Vorhaben gibt es natürlich immer massenhaft zu tun.«

»Und wir haben Schwierigkeiten dabei«, fügte Hadrian hinzu. »Die Einheimischen haben Sir Edwards Tod noch zu frisch im Gedächtnis und fürchten, auch ihnen könnte Schlimmes zustoßen, wenn sie etwas gegen den Willen der Götter tun.«

»Die Bevölkerung ist mit unserer Invasion also nicht gerade einverstanden?«

»Ich spüre ein gehöriges Maß von Ablehnung. Und du, Evan?«

Evan nickte nur mit ernster Miene.

Ich schaute zum anderen Tischende, wo Tybalt tief ins Gespräch mit den umsitzenden Kollegen versunken war. Tabitha saß neben ihm, und ich sah mit einem Stich des Neides – oder der Eifersucht? –, daß die Gelehrten jedesmal, wenn sie eine Bemerkung einwarf, sehr respektvoll zuhörten und darauf eingingen. Tybalt war in dieser Stunde sehr weit von mir weg...

Nach dem Essen begaben wir uns alle auf das Ausgrabungsgelände, wo trotz der späten Stunde die Arbeiten in vollem Gange waren. Der Mondschein und die glasklare Luft gestatteten gute Sicht. In solchen Nächten war das Arbeiten natürlich viel angenehmer als in der Tagesglut.

Die nackten Felsen, die in den Himmel ragten, beeindruckten mich als schön, aber auch abweisend und irgendwie bedrohlich. Das mit Pfählen und Seilen umgrenzte Gebiet zu ihren Füßen wirkte dagegen mit seinen Baracken, Schubkarren und spatenbewehrten Arbeitern keineswegs romantisch.

Hadrian, der wieder an meiner Seite erschien, lächelte ironisch.

»Ein bißchen anders, als du es dir gedacht hast, was?«

»Nein. Genauso habe ich's mir vorgestellt.«

»Ach, richtig – du bist ja eine Veteranin von Carters Wiese.«

»Die Methoden bleiben sich wohl ziemlich gleich, Hadrian, ob man nun Überbleibsel aus der Bronzezeit sucht – oder solche aus altägyptischen Totenkammern.«

»Möglich, daß wir diesmal einer wirklich aufsehenerregenden Entdeckung auf der Spur sind. Aber vorläufig haben wir noch nichts gefunden, und man muß nach allen Seiten ungeheuer vorsichtig sein. Auch du, meine liebe Judith, wirst noch allerhand lernen müssen.«

»Zum Beispiel?«

»Eine liebe kleine Forschergattin zu sein und dich nie zu beklagen, wenn dein Herr und Meister dich stunden- und tagelang vernachlässigt.«

»Ich gedenke an Tybalts Arbeit teilzunehmen.«

Hadrian lachte. »Du treuherzige Seele! Evan und ich sind ›studierte‹ Fachleute, aber auch wir bekommen nur ganz untergeordnete Handlangerarbeiten anvertraut. Und du willst gleich bei der Leitung mitreden?«

»Ich bin immerhin Tybalts Frau.«

»Bildest du dir wirklich ein, das macht dich zu einer Fachmännin?«

»Natürlich weiß ich, daß ich – bis jetzt – nur Anfängerin bin.«

»Lange wirst du dich nicht so bescheiden damit abfinden, hm? Bald wirst du uns alle ausstechen, selbst den großen Tybalt!«

»Spare dir deinen Spott, Hadrian.«

»Ich versuche, dir nur ein paar freundschaftliche Ratschläge zu geben. Seit Minuten renkst du dir den Hals nach deinem Göttergatten aus, aber da wirst du noch stundenlang warten müssen. Er hätte die Besichtigung wirklich auf morgen verschieben und die erste Nacht im Chephro-Palast seiner jungen Frau widmen können. Ich an seiner Stelle . . .«

»Du bist aber nicht an seiner Stelle, Hadrian.«

»Leider. Ich war zu langsam von Begriff. Aber merke dir noch einen weisen Rat von mir: Tybalt wird immer so bleiben, wie er ist. Versuche erst gar nicht, ihn zu ändern.«

»Wie kommst du auf die Idee, daß ich ihn ändern wollte?«

»Abwarten. Jetzt erlaube, daß ich dich zum Palast zurückbegleite, damit du in dein edelsteinbesetztes Bad steigen kannst.«

»Halbedelsteine.«

»Was, genügt dir die Pracht nicht? Ich amüsiere mich bei dem Gedanken, was Lady Bodrean dazu sagen würde. Sie hielte diese Luxusherberge sicher für höchst unangemessen für ihre Ex-Gesellschafterin – selbst wenn sich inzwischen sozusagen die Familienbande herausgestellt haben.«

Ich mußte unwillkürlich kichern. »Ich würde sie wirklich gern mal in unseren Fürstengemächern empfangen, besonders wenn sie eine Nummer kleiner einquartiert wäre.«

»Pfui, wie nachtragend, Cousine Judith! Du *bist* meine Cousine, hast du dir das schon mal klargemacht?«

»Flüchtig. Wie steht's sonst mit deinen Angelegenheiten?«

»Welchen? Geld- oder Herzensangelegenheiten?«

»Beiden, wenn du schon so fragst.«

»In kurzen Umrissen, Judith: Die Finanzen sind jammervoll wie immer, was in der Natur der Sache liegt; und mein Herz blutet, weil ich nicht rechtzeitig von deiner bevorstehenden Erbschaft erfuhr und somit *die* Gelegenheit meines Lebens versäumte.«

»Bildest du dir nicht ein bißchen zuviel ein? Erstens, daß ich dich überhaupt erhört hätte, und zweitens auch noch meines Geldes wegen?«

»Mädchen, die ihres Geldes wegen umworben werden, merken es nur selten sofort. Schließlich wird kein Verehrer so blöd sein, sich vor der Angebeteten auf die Knie zu werfen und um ihr Vermögen statt um ihre Hand zu bitten!«

»Du hättest es bestimmt zartfühlender formuliert, Hadrian. Trotzdem finde ich es lustig, daß du denkst, du hättest nur mit dem kleinen Finger zu winken brauchen, um mich – das heißt mein Vermögen – in der Tasche zu haben.«

Er seufzte dramatisch. »Ich rede ja nur davon, weil es nun auf jeden Fall zu spät ist. Laß mich nun wenigstens Kavalier sein und dich in deinen Palast eskortieren.«

Wir ritten auf Mauleseln an den mondbeglänzten Strom zurück, wo uns ein Boot zum anderen Ufer brachte und an der Landestelle des Palastes absetzte.

Theodosia kam uns trotz der späten Stunde in der Halle entgegen. Evan sei noch an der Ausgrabungsstelle, sagte sie, und Hadrian erwiderte, auch er werde gleich zurückerwartet.

»Verlaßt euch darauf«, sagte er, »daß wir erst bei Morgengrauen wiederkommen. Tybalt arbeitet wie der Teufel und erwartet dasselbe auch von uns geringeren Sterblichen.«

Damit ließ er uns allein, und Theodosia bat mich, ihr noch ein wenig Gesellschaft zu leisten.

Ich folgte ihr durch den fabelhaften Korridor. Die Gemächer, die sie mit Evan teilte, waren nicht ganz so großartig wie die unseren, aber fürstlich genug. Die Böden waren mit dicken Buchara-Teppichen bedeckt. Theodosia schloß die Tür und bot mir einen Sessel an. Ihr Gesicht war blaß und verstört.

»Judith«, flüsterte sie, »ich finde es schrecklich hier. Vom ersten Tag an. Ich möchte nach Hause.«

»Aber Theodosia, was paßt dir denn nicht?«

»Alles. Fühlst du es nicht? Es ist *unheimlich*. Ich traue mich nicht, mit Evan darüber zu reden – es ist schließlich sein Beruf, und er würde meine Ängste vielleicht gar nicht verstehen. Ja, ich habe Angst... Du natürlich nicht. Ich sehne den Tag unserer Heimfahrt herbei. Warum können sie die Toten nicht in ihren Gräbern lassen?«

»Liebste Theodosia, es ist nun einmal ihr Beruf, die Geheimnisse der Vergangenheit zu erforschen.«

»Meinetwegen, solange man nur Waffen und römische Villen und Bäder ausgräbt. Daß man hier hinter den Toten selbst her ist, finde ich so unleidlich. Letzte Nacht träumte ich, wir hätten ein

Grab gefunden mit einem Sarkophag darin wie einst in der Villa Gizeh, und daraus erhob sich eine Gestalt mit weißen Bandagen, die sich schon auflösten...«

»Ich fürchte, diesen Kinderstreich vergißt du mir nie.«

»O nein, Judith... In diesem Alptraum warst *du* es gar nicht, die aus dem Sarkophag stieg.«

»Wer denn?«

»Ich selbst. Wenn das keine schlechte Vorbedeutung hat...«

»Jetzt entwickelst *du* zuviel Fantasie, Theodosia. Hat man früher eigentlich nur mir nachgesagt.«

»Hier kann jeder abergläubisch werden, Judith. Die jahrtausendealte Vergangenheit lastet auf allem. Ach, ich bin froh, daß du jetzt da bist, vielleicht vertrage ich's dann leichter. Unsere Männer und ihre Kollegen sind so stur auf ihre Wissenschaft ausgerichtet, nicht? Du ja auch ein bißchen... Aber mit dir kann man doch wenigstens reden.«

»Macht Evan dir solchen Kummer?« fragte ich.

»Oh, wenn wir zusammen sind, ist er lieb und nett wie immer. Ich habe nur Angst, daß Sir Edwards Schicksal auch ihn treffen könnte.«

Hier war ich um oberflächliche Trostworte verlegen. Hatte ich nicht zuweilen dieselben Sorgen um Tybalt?

»Kein Wunder, daß uns Ängste heimsuchen«, sagte ich.

»Wir lieben nun mal unsere Männer, und Liebe hat mit Vernunft nichts zu tun. Aber jetzt sollten wir wirklich schlafen gehen. Du wartest doch hoffentlich nicht, bis Evan kommt, oder?«

»Nein, ich glaube nicht. Das kann ja bis zum Morgen dauern. Mir ist schon viel wohler, weil du da bist, Judith.«

»So ist es recht. Vergiß nicht, daß wir Schwestern sind – wenigstens Halbschwestern.«

»Ja, das ist ein Trost, Judith.«

Ich sagte ihr lächelnd gute Nacht und ging hinaus. Wie still es war! Vor die Glasmalereien der Korridorfenster waren jetzt schwere Vorhänge gezogen, und meine Füße sanken in den dichten Flor der kostbaren Läufer ein. Plötzlich blieb ich wie erstarrt stehen: Ich wußte instinktiv, daß ich nicht allein auf dem Gang war. Obwohl ich niemanden gesehen und gehört hatte, fühlte ich mich beobachtet.

Es rieselte mir kalt den Rücken hinunter. Jetzt verstand ich Theodosias Ängste. Und nun hörte ich auch leise, kaum wahrnehmbare Schritte hinter mir und drehte mich mit einem Ruck um.

»Absalam! Mustapha!« stieß ich verblüfft hervor.

Sie verbeugten sich tief. »Mylady«, sagten sie unisono und hefteten dann ihre schwermütigen schwarzen Augen auf mich.

»Ist etwas nicht in Ordnung?« fragte ich.

»Nicht in Ordnung?« Sie tauschten einen Blick. »Ja, Mylady. Aber noch ist es nicht zu spät.«

»Zu spät... was?« wiederholte ich tonlos.

»Sie heimfahren. Sie darum bitten. Wir Ihnen schon gesagt. Er kann seiner Geliebten den Wunsch nicht abschlagen.«

Ich schüttelte den Kopf.

»Nun begreift doch endlich: Dies ist Sir Tybalts Arbeit, sein Leben...«

»Es war auch Sir Edwards Leben – und sein Tod.«

»Grämt euch nicht darum«, sagte ich. »Es wird schon alles gutgehen. Wenn Sir Tybalt und seine Mitarbeiter gefunden haben, was sie suchen, fahren wir heim nach England.«

»Dann... zu spät, Mylady«, antwortete Absalam (oder Mustapha).

Ich nahm mich zusammen. »Gute Nacht. Ich möchte mich jetzt zur Ruhe begeben.«

Sie verbeugten sich schweigend, und ich fühlte, wie ihre kummervollen Blicke mir folgten.

Natürlich konnte ich nicht einschlafen. Ich starrte zur Zimmerdecke empor, die mir im Flackerlicht der Kerzen mattfarbige Bilder zeigte – wieder einmal den Sonnengott, dem ein raffiniert gewandeter Pharao seine Huldigung darbrachte. Lange Reihen von Hieroglyphen erklärten das Geschehen. Ich überlegte, ob ich nicht, da ich schon einmal hier war, die Gelegenheit nutzen und die Grundzüge des Altägyptischen lernen sollte. Allmählich schwante mir, daß Tybalt mir viel Zeit dazu lassen würde...

Um zwei Uhr früh kam er. Ich stieß einen leisen Jubelruf aus und setzte mich im Bett auf.

»Nanu, Judith, noch wach?«

»Ja, ich war zu aufgeregt von all dem Neuen. Und natürlich habe ich mich gefragt, was du so lange da draußen machst.«

Er lachte.

»Im Moment noch nicht viel Aufregendes. Das Gelände weiter abstecken und markieren und sonstige allgemeine Vorbereitungen.«

»Ihr macht doch genau da weiter, wo dein Vater aufgehört hat?«

»Ungefähr, aber darüber erzähle ich dir ein andermal. Du mußt jetzt endlich schlafen.«

Er gab mir einen flüchtigen Kuß und ging nach nebenan ins Bad.

Trotzdem schliefen wir beide noch lange nicht. Auch Tybalt war innerlich zu sehr mit seinem Vorhaben beschäftigt. Wir redeten mindestens eine Stunde lang.

»Ja«, sagte er im Laufe des Gespräches, »wir setzen die Arbeit meines Vaters fort. Du weißt ja, daß er damals überzeugt war, es befände sich wenigstens ein unentdecktes Königsgrab in der Gegend. Die andern sind fast alle seit Jahrhunderten ausgeraubt.«

»Merkwürdig, daß die Grabschänder hierzulande nicht von dem berühmten Fluch getroffen wurden.«

»Oh, das wurden sie wahrscheinlich auch; aber die sagenhaften Reichtümer, die sie in den Gräbern fanden, schienen ihn wohl die ewige Verdammnis aufzuwiegen. Außerdem hofften sie wahrscheinlich, bei soviel irdischer Schläue würden sie nach dem Tod auch irgendwie mit den strafenden Göttern fertig werden.«

»Wie du das sagst, klingt es geradezu witzig. Unerfindlich ist mir nur, daß gerade dein Vater, der zum Wohl der Nachwelt arbeitete, dem Fluch zum Opfer fiel, während gewinnsüchtige kleine Gauner ungestraft davonkommen.«

»Aber Judith, der Tod meines Vaters hatte doch mit dem ›Fluch‹ nichts zu tun. Er starb aus durchaus natürlichen Ursachen.«

»Die aber nie genau festgestellt wurden.«

»Hör mal, du wirst doch hoffentlich nicht noch nachträglich abergläubisch?«

»Nicht übertrieben, denke ich ... Aber ein bißchen macht man sich schon Gedanken, wenn geliebte Menschen in Gefahr sind.«

Tybalt küßte mir Stirn und Wangen. »Gefahr! Dumme kleine Judith, ich wundere mich über deine plötzliche Zaghaftigkeit. War während meiner Abwesenheit irgendwas los?«

»Mustapha und Absalam haben mich wieder angesprochen«, gestand ich nach kurzem Zögern. »Sie sind dir doch treu ergeben, nicht wahr? Und sie bedrängen mich förmlich, dich zur Heimfahrt zu bewegen.«

»Immer derselbe Unsinn!« lachte Tybalt. »Die Geschichte wurde vor Urzeiten von den Vornehmen und Priestern aufgebracht, um Diebe abzuschrecken. Vergebens, wie du siehst. Darum ist es der Traum jedes Archäologen, ein Grab zu finden, das noch in dem Zustand ist, in dem es vor zwei oder mehr Jahrtausenden zuge-mauert wurde. Ich weiß nicht, was ich darum gäbe, wenn ich als erster wieder den Fuß auf unberührten Boden setzten dürfte. Stell dir das Gefühl vor, wenn die letzten Fußspuren im Staub von Menschen hinterlassen wurden, die die Grabkammer damals abgeschlossen haben, wenn vielleicht noch ein zweitausenjähriges verwelktes Blumenopfer an der Schwelle liegt und die Mumie ebenso lange inmitten ihrer Reichtümer im Sarkophag geruht hat.«

»Sie und die Götter dürften nicht sehr entzückt sein, wenn besagte Ruhe nun doch noch gestört wird. Versteh mich recht, *ich* habe nichts gegen wissenschaftlichen Ehrgeiz, aber ich könnte mir denken, daß es hier noch viele Leute gibt, die an die alten Götter glauben und ihre Rache fürchten.«

»Ägyptens heutige Staatsreligion ist der Islam«, sagte Tybalt. »Allah ist Allah, und Mohammed ist sein Prophet. Das hörst du fünfmal täglich von jedem Minarett.«

»Trotzdem – ich glaube, es ist in allen Religionen so – identifiziert ein Teil des Volkes ganz sicher die alten Götter mit dem neuen. Allah ist so mächtig wie Isis, Osiris, Horus und die ganze erhabene Familie zusammen. Mustapha und Absalam mögen fromme Moslems sein, aber im tiefsten Innern fürchten sie bestimmt, Osiris, Seth und wie sie alle heißen, verfluchen jeden, der in ihre Unterwelt eindringt.«

»Wenn wir uns um jeden Aberglauben kümmern wollten ...! Meine liebe Judith, wir geben hier etwa hundert Leuten Arbeit. Überlege dir mal, was das für sie bedeutet. Die meisten sind bitterarm. Die Ausgrabungen und der damit verbundene Verdienst sind ein Gottesgeschenk für sie.«

»Ich würde es ja gern ebenso von der praktischen Seite sehen wie du, wenn du nicht an so exponierter Stelle stündest.«

Tybalt lachte leise und sagte dann etwas Seltsames:

»Du liebst mich zu sehr, Judith. Ist das klug?«

In fester Umarmung schliefen wir endlich ein.

Der Tag des Frühlingsfestes – *Shem el Nessim* – rückte näher. Zu Hause hieß es Ostern, und ich sah vor meinem inneren Auge Dorcas und Alison, wie sie die Kirche mit Narzissen und anderen Frühlingsblumen schmückten und dabei seufzten, daß ich nicht den jungen Pfarrer geheiratet hatte, sondern jemanden, der mich einfach ›zu den Wilden‹ verschleppte.

Glücklicherweise wußten sie nicht, daß auch ich ein wenig enttäuscht war. Seit unserer Ankunft in Ägypten hatte ich fast nichts von Tybalt. Zu jeder möglichen und unmöglichen Stunde war er am Ausgrabungsort. Ich wollte gern mitgenommen werden, aber er sagte, obwohl ich mich später sicher nützlich machen könnte, sei das Ganze zur Zeit noch nicht in diesem Stadium.

Es kam also darauf heraus, daß Theodosia und ich ziemlich aufeinander angewiesen waren und uns die Zeit mit Besichtigungsfahrten und Spaziergängen vertrieben. Natürlich hatte es sich in Windeseile herumgesprochen, daß wir die Frauen der ausländischen Gelehrten waren. Wir konnten uns demgemäß ziemlich frei bewegen und wurden mit dem größten Respekt behandelt.

Manchmal ließen wir uns in den kleinen Pferdekarren, *arabiyas* genannt, ins Land hinausfahren, wo die Fellachen mit Ochsen und Büffeln die Felder pflügten; öfter gingen wir in die *Souks*, um mit Muße die ausgestellten Waren zu betrachten und gelegentlich etwas zu kaufen.

Unser Kommen erregte stets großes Aufsehen und sicher auch die Hoffnung auf ein gutes Geschäft; aber niemand versuchte je, uns etwas aufzudrängen.

Eines der Büdchen interessierte uns bald besonders, weil meist nur ein reizendes junges Mädchen, in ihren *Yasmak* gehüllt, darin saß und fleißig Ornamente in weiches Leder einpreßte. Wenn wir bei ihr stehenblieben, hob sie den Kopf und blickte uns forschend aus ihren riesigen, durch die Kohlenschminke noch vergrößerten Augen an.

»Meine Arbeit den Damen gefallen?« sagte sie in ganz verständlichem Englisch.

Wir sagten, sehr, und sie forderte uns mit einer Geste auf, ihr nach Belieben zuzusehen. Wir staunten über das geradezu künstlerische Geschick, mit dem sie ihre Muster – jedesmal etwas anderes – in das Leder stichelte, preßte und färbte.

»Etwas gefällig?« fragte sie dann wohl auch einmal und wies auf die säuberlich aufgereihten Pantoffeln, Taschen und Börsen, die schon zum Verkauf fertig waren.

Wir probierten dies und das aus, und beim erstenmal kaufte ich ein Paar weicher, heller Pantoffeln mit blauem Muster und Theodosia eine Art Pompadour aus der gleichen samtweichen Lederart mit blaßroten Ornamenten. Das junge Mädchen freute sich sehr über den gelungenen Handel und fragte beim Abschied: »Die Damen gehören zu Engländern ... die draußen im Tal graben?«

Ich bejahte. Unsere Männer seien Altertumsforscher, und wir hätten das Glück, sie begleiten zu dürfen.

»Ich weiß, ich weiß«, sagte sie strahlend.

Im Lauf der Tage besuchten wir sie öfters und kauften auch manchmal eine Kleinigkeit. Wir erfuhren, sie heiße Yasmin, und ihr Vater und dessen Vater und ihre beiden kleineren Brüder machten auch Lederarbeiten. Und sie habe einen Freund, der von den Engländern bei den Ausgrabungen beschäftigt werde. *Darum* interessierte sie sich so für uns.

Die Umgebung war mir in kurzer Zeit ganz vertraut, obwohl Theodosia und ich uns auf guten Rat hin hüteten, je getrennt zu werden. Geschah es auch nur minutenlang, so stürzte sie beim Wiederfinden fast in Panik auf mich zu; das Fremdartige – obwohl ihr niemand zu nahe trat – jagte ihr ohne mich doch immer wieder Angst ein. Sonst hatte auch sie ihre Freude an den bunten Eindrücken und dem nimmermüden Getriebe des Bazars.

Shem el Nessim war ein gesetzlicher Feiertag, sehr zu Tybalts Verdruß.

»Geradezu widersinnig«, knurrte er, »daß wir die Arbeit unterbrechen müssen, nur weil offiziell der Frühling anfängt!«

»Tybalt, du hast doch angeblich soviel Verständnis für alte Volksbräuche«, spöttelte ich.

»Meine liebe Judith, nicht in meiner Eigenschaft als Expeditionsleiter. Jeder Tag kostet uns Unsummen. Dieser fällt glatt aus. Und nach einem Feiertag wird bekanntlich auf der ganzen Welt schlechter gearbeitet. Man kann also gut und gern anderthalb Tage außer der Reihe verloren geben.«

Er für seine Person gab natürlich keine Stunde verloren und war am Feiertag mit dem gesamten englischen Team wie immer am Ausgrabungsort. Theodosia und ich gingen aus Langeweile in den Bazar, dessen Gäßchen mit den geschlossenen Läden und ohne die gewohnten Geräusche und Gerüche heute wie ausgestorben wirkten. Nur in der Nähe der Moschee war einiges Getriebe. Das Tor stand wie immer offen, aber wir wagten nur aus den Augenwinkeln einen Blick auf die Gestalten zu werfen, die drinnen auf den Gebetsteppichen ihre rituellen Verbeugungen vollführten. Mittlerweile wußten wir, daß Mohammedaner auf Neugierige, besonders Frauen, recht empfindlich reagieren konnten.

Trotz des Feiertags war der Schlangenbeschwörer auch heute auf seinem gewohnten Platz, die doppelte Rohrflöte an den Lippen. Wir hatten schon oft darüber gestaunt, wie er mit seinen quäkenden Tönen die Schlange aus dem Korb lockte, zu wiegenden Bewegungen anregte und dann wieder zurückschickte. Heute, am Frühlingsfeiertag, saß zum erstenmal ein Wahrsager auf der Matte daneben.

»Allah sei mit euch!« rief er uns entgegen. »Allah ist groß, und Mohammed ist sein Prophet.«

»Er will uns unser Schicksal weissagen«, flüsterte ich Theodosia zu.

»Ach ja, machen wir's doch mal!« – »Schön, gehen wir zu ihm. Werfen wir einen Blick in die Zukunft.«

Ein Gehilfe rollte blitzschnell zwei Matten vor dem Wahrsager aus, auf denen wir uns ein bißchen geniert niederließen. Ich fühlte mich von hypnotischen Augen beinahe durchbohrt.

»Englische Ladys«, konstatierte der Wahrsager. »Weit übers Meer gekommen.«

Na, dachte ich, dazu gehört weiter kein Seherblick...

Aber Theodosia war schon sichtlich beeindruckt.

»Ihr mit vielen gekommen... Ihr hier bleiben... einen Monat, zwei Monate...«

»Sie wissen doch wohl«, sagte ich sanft, »daß wir zu der Forschungsexpedition gehören.«

Der Wahrsager starrte Theodosia an. »Sie verheiratete Lady. Sehr guter Mann.« Dann, zu mir gewandt: »Sie auch verheiratet.«

»Gewiß, wir sind beide verheiratet«, erwiderte ich. »Wir wären andernfalls kaum hier.«

»Weit übers Meer gekommen, weit übers Meer müssen Sie zurück.« Er starrte ins Weite. »Schicksal nicht gut... Gehen Sie wieder übers Meer – bald.«

»Wen von uns meinen Sie damit?« fragte ich.

»Beide. Alle. Ich sehe weinende Männer und Frauen. Ich sehe einen Menschen, der tot daliegt. Seine Augen sind geschlossen. Über ihm ist ein Schatten – der Engel des Todes.«

Theodosia wurde blaß und wollte aufstehen.

»Sitzenbleiben«, kommandierte der Wahrsager.

»Wer ist der Tote?« fragte ich. »Beschreiben Sie ihn näher.«

»Ich haben gesagt: ein Mensch. Vielleicht ist es eine Frau. Vor dem Engel des Todes sind Männer und Frauen gleich. Sie wühlen die Erde um, sie tragen die Felsen ab, sie stören unseren Grabesfrieden... und über ihnen schwebt der Schatten. Er wankt und weicht nicht. Es ist der Todesengel – ich sehe ihn jetzt ganz deutlich. Sie sind dabei, Lady – und Sie auch, Lady. Der Todesengel ist über Ihnen. Er wartet nur noch auf den Befehl, wen von euch allen er erwürgen soll.«

Theodosia zitterte.

»Doch wenn ihr geht«, fuhr der Wahrsager fort, »wird die Sonne wieder hell. Der Schatten weicht. Ihr seid auf einem großen weißen Schiff, ihr fahrt aus dem Hafen. Der Engel des Todes entschwindet. Wo Reinheit ist, will er nicht strafen. So ... ich habe zwei Bilder gesehen, ich habe sie euch gesagt. Beides kann eintreffen. Allahs Güte ist unendlich. Er läßt euch die Wahl.«

»Danke«, sagte ich, indem ich aufstand und ein paar Münzen in seine Schale warf. Ich half Theodosia auf. »Komm.«

Der Wahrsager streckte die Hand nach der Schale aus. Dabei kam sekundenlang sein nackter Unterarm aus dem weiten Ärmel zum Vorschein, und ich sah darauf einen tätowierten Schakalskopf. Der Schakal war das Emblem eines alten Gottes, Seth wahrscheinlich ... Im Moment konnte ich mich nicht genau erinnern.

»Allah sei mit euch«, murmelte der Mann und lehnte sich mit geschlossenen Augen zurück.

»Mir scheint«, sagte ich zu Theodosia, als wir zum Palast zurückkehrten, »daß viele Leute gar nicht mit unserer Tätigkeit hier einverstanden sind.«

»Er wußte sofort, wer wir waren«, flüsterte sie.

»Aber natürlich. Wer sollten wir sonst sein? Um das zu erkennen, bedurfte es keiner übernatürlichen Kräfte. Außerdem sind wir im Bazar längst bekannt wie die bunten Hunde.«

»Aber das mit dem Todesengel ...«

»Der gehört zum Repertoire eines Wahrsagers«, tröstete ich. »Genieße ihn mit dem berühmten Körnchen Salz – oder hier besser mit einem Löffelchen *khosaf.«*

»Es beunruhigt mich trotzdem, Judith.«

»Ich hätte dich nicht zu dem Kerl lassen sollen. Du dachtest natürlich, er schwatzt wie eine Zigeunerin von einem dunklen Mann über drei Wege, einer Reise, einem Lotteriegewinn und drei Kindern, die dein Alter verschönern werden.«

»Nein, von einem Ägypter habe ich wirklich Interessanteres erwartet. Und nun ...«

»Komm, wir trinken ein Gläschen starken Pfefferminztee. Das ist ein orientalisches Getränk, das hoch zu loben ist.«

Hiermit lenkte ich von meinem eigenen leichten Unbehagen ab. Das Gerede von dem Todesengel, der über uns schwebte, gefiel mir ebensowenig wie Theodosia.

Da Tybalt und die meisten seiner Mitarbeiter auch nach dem Abendessen wieder hinausfuhren und ich nicht wußte, wann sie zurückkehren würden, ging ich früh zu Bett und schlief bald ein. Irgendwann später weckte mich ein leichtes Geräusch und der flackernde Schein einer Kerze. Ich fuhr erschrocken auf. Meine schlaftrunkenen Augen nahmen im ersten Moment nur eine schattenhafte Gestalt war, die sich über mich beugte.

»Nicht erschrecken, Judith«, sagte Tabithas Stimme.

»Ist etwas passiert?« schrie ich. Meine wirren Gedanken schweiften zu dem Wahrsager und seiner Prophezeiung.

»Nein, ich komme nur wegen Theodosia. Sie hat irgend etwas Gräßliches geträumt. Ich wollte gerade in mein Zimmer, als ich sie schreien hörte. Könnten Sie nicht einen Moment mit hinüberkommen und sie beruhigen? Sie scheint vor Angst ganz außer sich.«

Ich sprang aus dem Bett, fuhr mit den Füßen in die von Yasmin gekauften Pantoffeln und schlüpfte in den Morgenmantel. So eilten wir zu Theodosias und Evans Apartment. Theodosia lag auf dem Rücken und starrte mit geweiteten Augen zur Decke. Ich setzte mich auf die eine Bettkante, Tabitha auf die andere.

»Um Himmels willen, was hast du denn?« fragte ich.

»Oh, ich habe so schrecklich geträumt... Der Wahrsager hockte auf dem Boden, und ein riesiges schwarzes Wesen schwebte über mir – einmal mit wehenden Gewändern und dann wieder wie ein Vogel mit Menschengesicht. Und ich wußte, das ist der Engel des Todes, der einen von uns holen will.«

»Wir waren heute im Bazar bei dem alten Wahrsager«, erklärte ich Tabitha. »Nur so aus Jux. So eine Dummheit machen wir nicht wieder. Er hat natürlich versucht, uns das Gruseln zu lehren.«

»Was hat er gesagt?« fragte Tabitha.

»Verschwommenes Zeug über einen Todesengel, der angeblich über uns schwebt.«

»Über wem?«

»Vorläufig über der ganzen Gesellschaft, wenn ich recht verstanden habe. Er sucht sich noch das geeignetste Opfer aus. Theodosia hat das Geschwätz leider zu ernst genommen.«

»Das ist ganz unnötig, Theodosia«, sagte Tabitha.

»Diese Scharlatane reden immer so. Wetten, daß er auch gesagt hat, Allah ließe Ihnen noch die Wahl, Ihrem düsteren Schicksal rechtzeitig zu entfliehen?«

»Ja, das stimmt.«

»Wahrscheinlich beneidet er einige seiner eigenen Landsleute um ihren derzeitigen guten Lohn. Das ist ganz alltäglich. Bei unserer vorigen Expedition tauchte auch ein Mann auf, der sich dauernd in bösen Prophezeiungen erging. Wir stellten dann fest, daß sein bestgehaßter persönlicher Rivale bei den Ausgrabungsarbeiten mehr verdiente als er selbst. Es war also der reine Neid.«

Diese vernünftige Auslegung schien Theodosia erheblich zu trösten. »Ich freue mich bloß noch auf den Tag«, seufzte sie, »an dem unsere Männer finden, was sie suchen, damit wir nach Hause können.«

»Wenn es soweit ist, werden Sie vielleicht nur ungern Abschied nehmen«, meinte Tabitha. »Manche gewöhnen sich schwer ein, aber dann verlieben sie sich in das Land.«

Hiermit begann sie eine der Plaudereien, mit denen sie uns schon in unserer Schulzeit oft unterhalten hatte, und es gelang ihr, Theodosia gänzlich von dem gehabten Schrecken abzulenken. Sie erzählte von den Feiern zum Geburtstag des Propheten, die sie voriges Mal in Ägypten miterlebt hatte.

»Fast alle Buden in den *souks* waren reizend geschmückt, viele auch mit Zuckerpüppchen in weißen Papiergewändern. Die Leute zogen in Prozessionen durch die Straßen und trugen Banner mit Koransprüchen. Abends wurden alle Minarette erleuchtet. Es war ein zauberhafter Anblick, wie die Lichterringe in den Nachthimmel flimmerten. Man trommelte und sang in allen Gäßchen zu Ehren Allahs, und die Märchenerzähler hatten einen Zulauf wie nie.«

Ihre Stimme nahm allmählich selbst den Ton der Märchenerzähler an, und ich sah, daß Theodosia die Augen zufielen.

»Sie schläft«, flüsterte ich nach ein paar Minuten.

»Dann wollen wir gehen«, flüsterte Tabitha zurück.

Nachdem sie behutsam die Tür hinter sich geschlossen hatte, sah sie mich an und fragte, ob ich sehr müde sei. Ich verneinte.

»Würden Sie dann noch zu einer kleinen Unterhaltung zu mir kommen?«

Ich folgte ihr. Auch sie hatte ein sehr schönes Zimmer. Sie öffnete die durchbrochenen Fensterläden etwas weiter, um die Nachtluft einzulassen.

»Ich habe den Blick in einen Innenhof, der mir besonders lieb ist«, bemerkte sie. »Da wachsen Feigenkakteen und Bitterapfelbäume. Falls Sie die noch nicht kennen: Sie gehören zu den beliebtesten Nutzpflanzen Ägyptens. Ihre Kerne werden zu Würze für alle möglichen Gerichte zermahlen, und die gekochten Früchte sind eine Art Gerberlohe – Ziegenleder wird in dem Sud wasserdicht.«

»Sie wissen so viel, Tabitha.«

»Kein Wunder, wenn man schon mal hiergewesen ist und sich rasend für alles interessiert. Da lernt man eine ganze Menge.« Sie wandte sich vom Fenster ab, um einen mehrarmigen Leuchter anzuzünden. »Wahrscheinlich kommen jetzt ein paar Insekten herein, aber wir brauchen etwas Licht. Nun sagen Sie mal, Judith: Hat Ägypten bis jetzt Ihre Erwartungen erfüllt?«

»Ja und nein.«

»In mancher Beziehung also nicht?«

»Nun... ich hoffte, mehr eingespannt zu werden... richtig mitmachen zu dürfen...«

»Ja. Judith, es handelt sich nun mal um ein Spezialistenunternehmen. Und im Moment brauchen sie hauptsächlich einheimische Arbeiter zum Graben und Felsabtragen.«

»Ich fürchte, wenn sie endlich das vermutete unberührte Grab finden, darf ich immer noch nicht ran.«

»Es wäre ein so sensationeller Fund, daß natürlich nur die Fachgelehrten – und auch die mit äußerster Vorsicht – irgend etwas berühren könnten, bis es für die Nachwelt sichergestellt ist. Übrigens hat Tybalt mir erzählt, welch zuverlässige Hilfe Sie ihm bei Korrespondenz, Buchhaltung und vielem anderem Kram sind.«

Eine Sekunde lang ärgerte es mich, daß Tybalt mit ihr über mich sprach, und sofort danach schämte ich mich meiner Engherzigkeit.

Tabitha schien mir meine Gefühle anzumerken, denn sie sagte rasch: »Wundern Sie sich nicht, daß Tybalt mir manches anvertraut... Ich bin ja eine uralte Bekannte. Und eben deshalb habe ich Tybalt gesagt, daß Sie endlich die Wahrheit wissen sollten.«

»Welche Wahrheit?« hauchte ich.

»Über mich. Was bisher nur Sir Edward und sein Sohn wußten. Als ich in ihren Haushalt eintrat – Lady Travers lebte damals noch –, hielten die Herren es für richtig, mich als Witwe auszugeben. Aber das stimmt nicht, Judith. Mein Mann ist am Leben.«

»Was... Wieso... Wo ist er denn?«

»In einer Irrenanstalt.«

»Oh!... Ich verstehe. Es tut mir leid.«

»Sie erinnern sich, daß ich kurz vor unserer Abreise plötzlich nach Suffolk mußte?«

»Ja, damals, als Sie und Tybalt zusammen zurückkamen.«

»Meinem Mann ging es sehr schlecht. Er hatte eine zusätzliche Infektion.«

»Ist er gestorben?« fragte ich.

Ihre schönen, tiefen Augen, die in das Kerzenlicht starrten, bekamen einen hoffnungslosen Ausdruck.

»Nein. Ich sagte doch schon, daß er lebt. Er hat die sekundäre Krankheit überstanden.«

»Es muß eine schwere Belastung für Sie sein.«

»Weiß Gott!«

»Sie besuchen ihn aber nur selten?«

»Es hat keinen Zweck. Er erkennt niemanden mehr. Folglich sind meine Besuche keine Freude für ihn – und mir sind sie eine Qual. Er ist dort in der bestmöglichen Pflege. Mehr kann ich nicht tun.«

»Es tut mir wirklich leid«, wiederholte ich betreten.

Tabitha zwang sich zu einen schwachen Lächeln. »Nun, jeder hat sein Päckchen zu tragen. Meins ist ein recht schweres Paket. Aber dafür gibt es auch einen Ausgleich. Seit ich für die Familie Travers arbeite, bin ich im großen und ganzen doch glücklicher, als ich je zu hoffen wagte.«

»Das sollen Sie mit Gottes Hilfe auch bleiben. Dank für Ihr Vertrauen, Tabitha. Aber sagen Sie mir: War Ihr Mann von Anfang an so? Sie können doch bei Ihrer Jugend gar nicht so sehr lange verheiratet gewesen sein.«

»Ich bin dreißig«, sagte sie mit schlichter Offenheit.

»Und ich wurde schon mit achtzehn verheiratet. Meine Eltern hielten dieses Arrangement für eine einmalige Chance, weil die Familie meines Mannes im Vergleich zu meiner wohlhabend war. Dabei war schon damals allgemein bekannt, daß er unheilbar trunksüchtig war. Es wurde immer schlimmer, und als er gemeingefährlich wurde, brachte man ihn auf behördliche Anordnung ins Trinkerasyl – ein milderer Name für Irrenanstalt. Ich hatte inzwischen Sir Edward angelegentlich seiner archäologischen Vorträge kennengelernt, und mein Interesse für sein Fach fiel ihm angenehm auf. Als er von der Zerrüttung meiner Ehe erfuhr, bot er mir freundlicherweise die Stelle in seinem Haushalt an. Es war sozusagen meine Rettung.«

»Wie tragisch«, murmelte ich.

Sie sah mich gerade und klar an. »Kein Leben ist durch und durch tragisch. Ich habe herrliche Tage und Wochen erlebt wie eben jetzt wieder. Höhen und Tiefen sind nun mal unvermeidlich.«

»Ich bin dankbar für Ihre Aufrichtigkeit, Tabitha.«

»Ich wußte, Sie würden es richtig auffassen.«

»Sie werden bei uns bleiben?«

»Solange Sie mich dulden.«

»Das heißt so lange, wie Sie selber wollen.«

Sie beugte sich vor und gab mir einen leichten Kuß auf die Stirn – eine Geste, die mich tief rührte. Erst als sie sich wieder zurücklehnte, sah ich die Skarabäusbrosche aus dunkelblauem Lapislazuli, die ihren Kragen am Hals schloß. Merkwürdig, daß sie mir nicht schon vorher aufgefallen war.

»Oh, Sie haben ja auch einen Skarabäus«, sagte ich.

»Ja, er soll gegen böse Geister schützen; Sie wissen ja. Ich habe ihn bei meiner ersten Ägyptenreise geschenkt bekommen... Von einem Freund.«

»Das war doch die Expedition, bei der Sir Edward starb?«

Sie nickte.

»Da hat sich der Skarabäus aber nicht gerade gut bewährt«, sagte ich. Tabitha erwiderte nichts darauf, sondern berührte nur mit merklich bebenden Fingern ihre Brosche.

»Ich glaube, ich gehe nun schlafen«, sagte ich und stand auf. »Wann werden die Herren wohl zurückkommen?«

»Das kann man nie so genau vorher wissen, besonders solange wir noch abnehmenden Mond haben. Gute Nacht, Judith, und vielen Dank für Ihr Verständnis. Da Sie nun auch eine Travers sind, hielt ich es für unumgänglich, Ihnen reinen Wein einzuschenken.«

Ich ging in unser Apartment zurück. Tybalt war natürlich noch nicht da. Ich wälzte mich schlaflos im Bett und dachte an Tabitha. Erinnerungsbilder aus der Vergangenheit zogen an mir vorüber. Ich sah Tybalt und Tabitha zusammen beim Vierhändigspielen am Flügel; ich sah beide zusammen aus London zurückkommen, nachdem sie unvermutet nach Suffolk abgerufen worden war; ich hörte Nanny Testers giftige Anspielungen.

Wer mochte ihr die Skarabäus-Brosche geschenkt haben? Vielleicht Tybalt?«

Und plötzlich durchzuckte mich ein schrecklicher Gedanke: Hätte Tybalt mich wohl je geheiratet – ganz abgesehen von meinem Vermögen –, wenn Tabitha noch frei gewesen wäre?

Ein paar Tage später fuhren Theodosia und ich mit einem rumpelnden Eselswagen durch die Wüste zum Sonnentempel. Hier hatte das antike Theben gelegen, der Mittelpunkt einer Kultur, von deren Pracht und Herrlichkeit nur ein paar Tempelruinen und Pharaonengräber übriggeblieben waren.

Obwohl dem Tempel das Dach fehlte, war es drinnen im Schatten der Säulen etwas kühler als in der Sonnenglut draußen. Wir studierten mit Entzücken und Bewunderung den reichen Bild- und Hieroglyphenschmuck und erkannten schon eine ganze Reihe der Figuren wieder. Bei diesem Rundgang begegneten wir einem Herrn, einem unverkennbaren Europäer. Ich hielt ihn für einen bildungsbeflissenen Touristen, da er die Reliefs und Gravierungen ebenso genau betrachtete wie wir. Es war eine selbstverständliche Höflichkeit, daß er uns in dieser Umgebung grüßte. Seine Augen hatten fast die Bernsteinfarbe vieler ägyptischer Baudenkmäler, und seine Haut war blaßbraun. Der Panamahut, den er nur kurz zur Begrüßung abnahm, war ein sehr praktischer Sonnenschutz.

»Guten Morgen«, sagte er. »Ein grandioses Bauwerk, nicht wahr? Wohnen Sie dauernd in Ägypten?«

Wir freuten uns, ihn an der Aussprache sofort als englischen Landsmann zu erkennen. Ich erklärte kurz, daß wir zu der Ausgrabungsexpedition im Tal der Könige gehörten und daher nur vorübergehend hier seien. Er sei wohl Bildungsreisender?

»Teils-teils. Ich bin Kaufmann und verbinde das Nützliche mit dem Angenehmen. Sehr interessant, daß Sie mit den bekannten Forschern zu tun haben.«

»Mein Mann ist der Leiter des Ganzen«, sagte ich stolz.

»Dann habe ich die Ehre mit Lady Travers?«

»Ganz recht. Kennen Sie meinen Mann?«

»Persönlich nicht, aber natürlich habe ich schon viel von ihm gehört. Er ist in Fachkreisen wohlbekannt.«

»Und Sie interessieren sich für sein Fachgebiet?«

»Sehr. Ich bin nämlich Antiquitätenhändler. Ich kaufe und verkaufe echte alte Kunstgegenstände. Zur Zeit wohne ich in dem Hotel in der Nähe des Chephro-Palastes.«

»Hoffentlich haben Sie es dort bequem.«

»O ja, durchaus angemessen. Vielleicht treffen wir uns einmal wieder.« Er zog mit einer Verbeugung seinen Panama und ging.

»Ein netter Mann«, sagte Theodosia, als er außer Hörweite war.

Am nächsten Morgen blieb Theodosia bis gegen Mittag im Bett, weil sie sich nicht wohl fühlte; aber dann stand sie auf, und ich leistete ihr auf der Terrasse mit dem Blick über den Nil Gesellschaft. Zu meiner Beruhigung sah sie wieder ganz gut aus, und wir plauderten über dies und jenes, bis sie plötzlich sagte:

»Judith, ich glaube, ich kriege ein Kind.«

Ich fuhr erfreut in die Höhe.

»Was?! Das ist aber mal eine wunderbare Neuigkeit! Herzlichen Glückwunsch!«

Ein leichtes, besorgtes Stirnrunzeln trübte ihren Gesichtsausdruck.

»Na ja, das sagen die Leute immer. Schließlich brauchen *sie* das Baby nicht zur Welt zu bringen.«

»Sicher, ein paar Monate lang mußt du dich mit einigen Unannehmlichkeiten abfinden, aber denke doch... dann!«

»In England hätte ich auch nichts dagegen, aber gerade hier ein Kind zu kriegen...«

»Bis dahin bist du doch längst wieder zu Hause. Wenn du noch nicht mal ganz sicher bist, muß es ja mindestens sieben Monate hin sein.«

»Manchmal habe ich das Gefühl, ich komme hier nie mehr weg.«

»Welch eine Kateridee, Theodosia! In zwei, spätestens drei Monaten ist die Arbeit abgeschlossen.«

»Aber wenn sie nicht finden, was sie suchen?«

»Dann müssen wir leider unverrichteter Dinge heimkehren. Es ist ein kostspieliges Unternehmen, wie du weißt, und wenn sie in der veranschlagten Zeit nichts finden, hat es keinen Zweck, die Suche fortzusetzen. Darüber sind sich auch die Wissenschaftler klar.«

»Aber...«

»Mach dir doch nicht dauernd unnötige Sorgen. Was dich betrifft, so wird bestimmt alles nach Wunsch klappen. Du solltest vor Freude herumtanzen.«

»Wenn ich nur so couragiert wäre wie du, Judith.« Sie seufzte und lachte gleichzeitig. »Es ist wirklich ein Witz: Ich bin Mamas Tochter und du die Tochter Lavinias, die sehr sanft gewesen sein soll. Wir müßten die Rollen tauschen, wenn ein Körnchen Wahrheit in der Erblehre steckt.«

»Egal, du bist auch nicht so schwächlich, wie du dir manchmal einbildest.«

»Trotzdem – ich hab' Angst, Judith. In dieser Weise allerdings erst, seit wir hier sind. Ich sehne den Tag der Heimreise herbei.

Ich möchte wieder mal Regen sehen, grüne Wiesen, normale Mitmenschen.«

Ich lachte. »Unsere kleine Yasmin im Bazar hält *ihre* Mitmenschen für normaler als uns, das kann ich dir versichern. Und so ist es in allen Ländern der Welt. Du hast ein bißchen Heimweh, das ist alles.«

»Ich wünschte, Evan dozierte friedlich in seiner Universität, statt sich auf solche Abenteuer einzulassen.«

»Das wird er hinterher ja zweifellos wieder tun. Hör auf, dir mit deinen Hirngespinsten die natürlichste aller Freuden zu verderben.«

Aber sie hörte nicht auf; und als ihre Schwangerschaft ärztlich bestätigt war, merkte ich ihr dauernd Sorge und Unruhe an.

6

Ramadan

Nun war auch der Ramadan herangekommen, der Fasten- und Gebetsmonat. Ich wußte, daß er in der islamischen Welt sehr ernst genommen wurde und jedes Jahr elf Tage früher begann, weil das Datum vom Mondkalender abhing. Tybalt rechnete mir vor, daß der Ramadan auf diese Weise innerhalb von dreiunddreißig Jahren durch sämtliche Monate lief, obwohl er ursprünglich nur in der heißen Jahreszeit abgehalten worden war. Das Wort *ramadan* bedeutet nämlich »heiß«. Er begann mit dem Erscheinen der neuen Mondsichel, und bis zum nächsten Neumond durfte zwischen Sonnenauf- und -untergang nichts gegessen werden. Nur wenige Leute waren von dieser strengen Fastenvorschrift ausgenommen, vor allem Säuglinge, stillende Mütter und Kranke. Wir im Palast versuchten, uns der Landessitte anzupassen. Im Morgengrauen nahmen wir ein ausgiebiges Frühstück zu uns, und nach Sonnenuntergang wurde fürstlich getafelt. Wer sich zwischendurch noch stärken mußte, kaute heimlich *herish*, eine typisch orientalische Süßigkeit aus Honig, gemahlener Kokosnuß und anderen Ingredienzien, die man allerdings bald nicht mehr sehen konnte. Besser war der belebende Pfefferminztee, den wir in Unmengen tranken.

Der Fastenmonat machte sich noch auf andere Weise bemerkbar. Die Gäßchen wurden ungewohnt still, besonders während der ersten drei Tage, die ausschließlich dem Gebet geweiht waren.

Fünfmal am Tag riefen statt des Muezzins zwanzig Schüsse zur inneren Einkehr. Ich war jedesmal von neuem erschüttert, wenn ich die Menschen alles stehen- und liegenlassen sah, um sich gen Mekka zu wenden, auf den Boden zu werfen und die Hände zu Allah zu erheben.

Für mich hatte der Ramadan das Gute, daß ich mehr von Tybalt sah.

»Man muß die religiösen Gebräuche des Gastlandes unbedingt achten«, sagte er. »Aber die damit verbundene Schlamperei kann einen rasend machen. Gerade jetzt brauche ich zügige Arbeit.« Er sah einige Papiere mit mir durch und fügte hinzu, den Arm um meine Schultern gelegt: »Du warst so rührend geduldig, Judith. Dabei hast du dir alles ein bißchen anders vorgestellt, nicht war?«

»Bis vor kurzem hatte ich ja richtig romantische Backfischideen. Natürlich träumte ich davon, selbst großartige Dinge zu entdecken, zumindest ein paar Sarkophage und kostbare Grabbeigaben.«

»Arme Judith! Wie du siehst, gelingt das sogar den Experten nur selten. Tröstet es dich ein bißchen, wenn ich dir sage, daß du mir trotzdem eine enorme Hilfe bist?«

»Das ist meine schönste Genugtuung.«

»Hör zu: Ich werde dich heute abend mal an den Arbeitsort mitnehmen. Nur wir zwei allein. Ich möchte dir etwas Besonderes zeigen.«

»Tybalt! Du hast eine Entdeckung gemacht!«

»So einfach ist es leider nicht. Vielleicht bin ich auf der richtigen Spur – vielleicht auch nicht. In diesem Land ist selbst die Forschung immer ein Glücksspiel. Bisher wissen nur ganz wenige davon, aber dich möchte ich einweihen. Gleich nach Sonnenuntergang fahren wir los. Der Ramadan-Mond ist fast voll. Wir haben also genug Licht, und heute ist sonst niemand da.«

»Wie ich mich darauf freue!«

Er küßte mich flüchtig. »Ich liebe deinen Enthusiasmus. Ich wünschte, dein Vater hätte dich noch gründlicher unterrichten lassen, damit ich dich in allen kritischen Momenten zu Rate ziehen könnte.«

»Ich kann doch dazulernen.«

»Heute abend sicher schon etwas. Du wirst sehen.«

»Ich kann's kaum erwarten!«

»Aber bitte, kein Wort zu den andern. Sie würden denken, ich könne nicht schweigen oder sei so ein Weiberknecht, daß ich alles täte, um der Herzallerliebsten einen Gefallen zu tun.«

Mir wirbelte der Kopf vor Glück. Wenn Tybalt so mit mir sprach, fragte ich mich, wie ich je an seinen ehrlichen Gefühlen hatte zweifeln können.

Er drückte mich an sich und flüsterte: »Also abgemacht: Heute abend schleichen wir uns heimlich davon.«

Der Mond stieg mildstrahlend am Wüstenhorizont auf, als wir den Palast verließen. Welch herrlicher Abend! Die Sterne flimmerten faustgroß im samtblauen Himmel. Kein Lüftchen regte sich; es war angenehm warm – eine Erlösung nach der drückenden Tageshitze und dem grellen Sonnenlicht.

Ich fühlte mich wie eine Verschwörerin, und daß ich mich mit Tybalt hinaus»stahl«, war das Allerschönste daran.

Wir setzten wie gewöhnlich in einem Boot über den Nil, und eine *arabiya* beförderte uns zum Ausgrabungsgelände.

Tybalt führte mich sorglich um die Hügel ausgehobener harter Erdbrocken und Steine herum zu einem dunkel gähnenden Loch am Felsabhang. Hier hakte er mich unter und mahnte: »Paß auf, wo du hintrittst.«

»Ist das deine Neuentdeckung, Tybalt?« fragte ich aufgeregt.

»Nein, diesen Stollen hat schon mein Vater bei der letzten Expedition gefunden. Aber weiter drinnen will ich dir etwas zeigen.« Er nahm eine Laterne von einem Haken und zündete sie an. Der Stollen war etwas über mannshoch und ziemlich lang. An seinem Ende führten ein paar Stufen zu einer Art neuem Eingang.

»Wenn man sich vorstellt, daß diese Stufen vor Jahrhunderten in den Fels gehauen worden sind...«, begann ich tief beeindruckt.

»Zweitausend Jahre vor Christi Geburt ungefähr«, berichtigte Tybalt. »Ich kann die Gefühle meines Vaters nachempfinden, als er dies fand. Aber komm weiter, das ist noch nicht alles.«

»Es war sicher eine der wunderbarsten Entdeckungen seines Lebens!«

»Leider führte auch sie wie so viele wunderbare Entdeckungen in Ägypten nur in eine Grabkammer, die wahrscheinlich schon seit drei Jahrtausenden ausgeplündert war.«

»Immerhin war dein Vater der erste, der seitdem wieder den Fuß hineinsetzte.«

»Durchaus möglich. Der Eingang war von den Räubern wieder kunstgerecht zugemauert und vom Felsgeröll verschüttet worden.

Hoppla, Judith, gib mir die Hand. Schau, die Wandgemälde sind wenigstens gut erhalten; das läßt auf sehr langen Luftabschluß schließen.« Er leuchtete einzelne Partien mit seiner Laterne an. »Viele der Symbole kennst du ja längst – da ist der Skarabäus, da das Lebenszeichen und da der Sonnengott Amon Ra mit den Widderhörnern.«

»Ein alter Freund von mir, und ich habe auch meinen Skarabäus am Finger – den, den du mir geschenkt hast. Er soll mich doch vor jeder Stunde der Gefahr schützen, wenn ich nicht irre?«

Tybalt blieb stehen und sah mich mit rätselhaftem Lächeln an. Im huschenden Licht der Laterne wirkte er beinahe wie ein Fremder.

»Ich glaube nicht unbedingt an magische Kräfte, Judith«, sagte er. »Dazu bin ich zu sehr Wissenschaftler. Aber ich denke, daß ich dich notfalls besser schützen könnte als der schönste Käfer.«

Ich fröstelte plötzlich.

»Frierst du?« fragte Tybalt.

»Nicht direkt... Aber es ist schon relativ kühl hier.«

Mich hatte, was ich freilich nicht sagte, ein sonderbarer Anhauch berührt... Bei uns zu Hause gab es dafür die Redensart: Als ob jemand über mein Grab ginge.

Tybalt schien mir etwas anzumerken, denn er sagte: »Ja, es ist ehrfurchteinflößend. Selbst die Abgebrühtesten unter uns sind nicht dagegen immun. Ab und zu weht einen der Gedanke an, daß der Mensch, der hier begraben wurde, einer Hochkultur angehörte – zu einer Zeit, als unsere Vorfahren in Britannien noch in Höhlen lebten und in Urwäldern jagten.«

»Wißt ihr, wer der Tote war – oder war es eine Frau?«

»Das war leider nicht mehr feststellbar, nicht einmal nach den erhaltenen Hieroglyphen, die gerade an den entscheidenden Stellen beschädigt waren. Und die Mumie selbst war erst recht unidentifizierbar. Die Grabräuber wußten natürlich, daß unter den Leichenbinden oft die wertvollsten Juwelen verborgen waren. Deshalb fand mein Vater hier nur noch den Sarkophag, die stark demolierte Mumie und das Seelenhaus, das für die Diebe wertlos war.«

»Ich habe noch nie ein Seelenhaus gesehen«, sagte ich.

»Dann werde ich dir gelegentlich eins zeigen, vielleicht beim nächsten Abstecher ins Museum von Kairo. Es sind meist Modellhäuschen, ganz im damaligen Stil, aus weißem Stein. Man stellte es in die Grabkammer, damit die Seele – das *Ka* – nach ihren mannigfaltigen Prüfungen zurückkehren und ruhig darin leben könnte.«

»Es ist alles so zauberhaft«, sagte ich. »Ich habe schon darüber gelesen, aber erst hier gewinnt alles seine wirkliche Bedeutung.«

Inzwischen waren wir zu einer zweiten Felstreppe gelangt.

»Wir müssen schon tief im Berg sein«, sagte ich.

»Ganz recht«, bestätigte Tybalt. »Und hier kommt die schönste Kammer von denen, die mein Vater gefunden hat – immer noch eine Vorkammer zur eigentlichen Begräbnisstätte.«

»Wie großartig alles angelegt ist!«

»Und dennoch ist es kein Königsgrab, nicht einmal das eines Würdenträgers. Nur das eines reichen Mannes – oder seiner Frau. Gewisse Einzelheiten weisen darauf hin, daß der oder die Verstorbene keine politische Rolle spielte.«

»Trotzdem ... Es muß ein ungeheures Erlebnis für deinen Vater gewesen sein, dieses Grab zu finden.«

»Tja, wie man's nimmt. Monate härtester Arbeit und kühnster Erwartungen, und dann ein ausgeraubtes Grab. Du kannst dir kaum vorstellen, wie wir alle fieberten, bis der Fehlschlag sichtbar wurde. Eins von Dutzenden bereits entdeckten Felsgräbern – und ebenso leer wie die andern.«

»Und dann ist dein Vater gestorben ...«

»Aber kurz vorher hat er noch etwas entdeckt, Judith. Dessen bin ich sicher. Nur darum bin ich ja wieder hergekommen. Er versuchte es mir noch in seinen letzten Minuten zu sagen. Hier muß noch der Eingang zu einem weiteren Grab sein.«

»Wieso hast du ihn bisher noch nicht gefunden?«

»Weil solche Zugänge auf raffinierte Art versteckt wurden. Bis jetzt schien *diese* Grabkammer das Ende zu sein. Aber ich glaube, auf einen verschlüsselten Hinweis gestoßen zu sein, daß es noch weitergeht. Schau, hier steigt der Boden unmotiviert etwas an. Vielleicht verbirgt sich etwas hinter der scheinbar massiven Felswand. Wir werden sie aufbrechen – unter möglichster Geheimhaltung. Kann sein, es ist wieder nutzlose Kraft- und Zeitverschwendung, aber ich glaube es nicht.«

»Könnte dein Vater ermordet worden sein, weil er dem Geheimnis dicht auf der Spur war?«

Tybalt schüttelte den Kopf. »Das war ein unglücklicher Zufall, der natürlich zu wilden Gerüchten Anlaß gab.«

»Es ist doch sonderbar, daß er gerade in so einem bedeutsamen Moment sterben mußte.«

»Das Leben ist sonderbar, Judith.« Er hob die Laterne und sah mir ins Gesicht. »Wer von uns weiß, wenn ihn der Tod antritt?«

Wieder fühlte ich es kalt über mein Rückgrat rieseln. »Es ist etwas gespenstisch hier!« bemerkte ich mit nervösem Lachen.

»Was erwartest du von einem uralten Grab, Judith?«

»Selbst du kommst mir irgendwie anders vor.«

Er streichelte mir mit der freien Hand leicht Hals und Nacken. »Wieso ›anders‹, Judith?«

»Wie ein Unbekannter – oder fast Unbekannter.«

»Im Grunde wissen wir alle sehr wenig voneinander.«

»Gehen wir zurück«, bat ich.

»Du frierst.« Er stand so nah bei mir, daß sein Atem mein Gesicht streifte. »Wovor fürchtest du dich? Vor dem Fluch der Pharaonen, dem Zorn der Götter – oder gar vor mir?«

»Vor gar nichts«, log ich. »Ich möchte nur wieder an die frische Luft. Hier drinnen ist es ziemlich stickig.«

»Judith!« Er kam mir noch näher. Ich verstand mich selbst nicht mehr. Jeder Nerv in mir drängte zur Flucht. Vor der lastenden Atmosphäre der Jahrtausende, die hier eingeschlossen waren? Vor Tybalt?

Ich wollte etwas sagen, aber er legte mir die freie Hand auf den Mund. »Hör mal!« flüsterte er.

In der Totenstille hörte auch ich es deutlich: etwas wie ganz leise, zögernde Schritte.

Tybalt gab mich frei und stand stocksteif lauschend da.

»Jemand hat sich eingeschlichen«, flüsterte er. Dann rief er laut: »Wer ist da?« Es hallte hohl und fremd in dem Gewölbe wider. – Keine Antwort.

»Halte dich bei mir«, sagte Tybalt. Wir kehrten über Treppen und Gänge zum Ausgang zurück. Tybalt leuchtete in jeden Winkel. Niemand war zu sehen.

Draußen, inmitten der mondbeglänzten Schutthügel, atmete ich erleichtert auf. Meine Glieder waren noch wie gelähmt, der Schweiß stand mir auf der Stirn, und ich konnte mein Zittern nicht ganz verheimlichen.

Tybalt sah mich an. »Arme Judith, du scheinst dich nicht schlecht gegrault zu haben!«

»Na ja, es war immerhin... etwas neu für mich.«

»Mich beunruhigt am meisten, daß jemand in dem Grab war. Wir haben es beide gehört.«

»Vielleicht einer von deinen Kollegen.«

»Warum hat er sich dann auf meinen Anruf nicht gemeldet?«

»Weil du dich sicher über sein unbefugtes Hiersein geärgert hättest.«

»Na schön«, sagte er, »steigen wir in unsere *arabiya* und kehren wir in den Palast zurück.«

Schon auf der Rückfahrt wurde alles wieder normal – der Nil in all seiner Schönheit, die Düfte des Orients, der Palast und vor allem Tybalt.

Ich begriff nicht mehr, welche Ängste mich in den Tiefen des Grabes angefochten hatten. Die Magie der Jahrtausende und der alten Götter mußte schon einiges auf sich haben, wenn ich mich sogar vor meinem eigenen Mann fürchten konnte.

Vor Tybalt, dem Geliebten, der mich erwählt hatte! Aber... war das nicht so plötzlich geschehen, daß damals alle Freunde erstaunt oder sogar bedenklich reagiert hatten? Ich vergaß immer wieder, daß ich eine reiche Frau war. Und... Tabitha? Wenn ich Tybalt und sie zusammen sah, waren sie immer in ernsthafte Gespräche vertieft. Er erzählte ihr viel mehr von seiner Tagesarbeit als mir. Nun ja, ich hatte trotz aller heißen Bemühungen weder ihr Wissen noch ihre Erfahrung. Aber Tabitha war an einen unheilbar kranken Mann gebunden...

Der Grabeshauch heute abend mußte mir wirklich zugesetzt haben. Wo war mein sonstiger gesunder Menschenverstand? Wo war mein hervorstechendster Charakterzug, freudig auf jede Herausforderung des Lebens einzugehen?

Dummkopf! schalt ich mich selbst. Du wirst allmählich so hasenherzig wie Theodosia!

Der Palast hatte viele Terrassen. Ich saß am liebsten auf der, wo der meiste Schatten war – denn tagsüber wurde es jetzt fast unerträglich heiß –, und beobachtete müßig das Leben auf dem Nil und an seinen Ufern. Die Diener versorgten mich aufmerksam mit dem landesüblichen Pfefferminztee. Manchmal saß ich allein, manchmal mit diesem oder jenem Mitglied unserer Gesellschaft. Drunten wuschen schwarzvermummte Frauen ihre Wäsche im Strom; die Waschstellen schienen ihre hauptsächlichen Treffpunkte zu sein. Pausenlos tönte ihr Geschnatter und Gelächter zu mir herauf, und ich hätte gern gewußt, worüber sie sich so angeregt unterhielten. Ab und zu zog eine Barke mit farbigen dreieckigen Segeln vorbei.

Der Ramadan neigte sich seinem Ende zu; überall wurde geputzt und geschlachtet. Da sich vieles auf den flachen Dächern abspielte, sah ich die Vorbereitungen für das gewaltige Feiern, das Teppichklopfen und Fleischeinpökeln für das kommende Jahr. Eines Nachmittags, als sich das Leben im Palast nach der langen Siesta gerade wieder zu regen begann, kam Hadrian auf die Terrasse und setzte sich zu mir.

»Lange kein trauliches Plauderstündchen mehr gehabt«, meinte er.

»Wo steckst du denn die ganze Zeit?«

»Dein Göttergatte ist ein unerbittlicher Sklaventreiber, Judith.«

»Bei Faultieren wie dir muß er's vielleicht sein.«

»Wer sagt, daß ich ein Faultier bin?«

»Wenn du's nicht wärst, würdest du dich nicht beklagen. Du wärst so begeistert bei der Sache wie Tybalt selbst.«

»Meine liebe Judith, er ist der Leiter. Sein ist der Ruhm, wenn der große Tag kommt.«

»Unsinn. Die Ehre gehört euch allen. Und wann kommt der große Tag?«

»Tja, das ist es ja eben. Nichts Genaues weiß man nicht. Möglicherweise führt auch dieses Unternehmen zu nichts ... Tybalt sagte, er hätte dich soweit unterrichtet, sonst hätte ich natürlich das befohlene Stillschweigen bewahrt.«

»Ja, er hat mir alles gezeigt.«

»Dann weißt du ja, daß wir auf einer heißen Spur zu sein glauben.«

»Ja.«

»Hm, wer weiß? Ich bin ein alter Skeptiker. Und selbst wenn wir einen tollen Fund machen, gereicht dies allenfalls der Wissenschaft zum Ruhm, bringt unsereinem aber wenig greifbaren Profit.«

»Denkst du denn immer nur an Geld, Hadrian?«

»Leider kann ich nicht umhin.«

»Entschuldige, Hadrian, aber dann kannst du einfach nicht mit Geld umgehen.«

»Nun ja, ich habe ein paar teure Gewohnheiten.«

»Könntest du die nicht in Grenzen halten?«

»Ich geb' mir ja dauernd Mühe, Judith.«

»Das freut mich. Etwas anderes, Hadrian. Warum bist du eigentlich Archäologe geworden?«

»Auf Befehl meines Onkels – deines Papas.«

»Mir scheint, du bist nicht sehr glücklich darüber.«

»Oh, das Fach interessiert mich schon. Ich bin bloß nicht so fanatisch veranlagt wie gewisse andere Leute.«

»Ohne Fanatiker käme die Wissenschaft nur sehr langsam weiter.«

»Weißt du übrigens schon, daß der Pascha höchstselbst uns in diesen Tagen besuchen will?«

»Nein.«

»Heute kam die Botschaft. So eine Art Edikt. Er wird den Palast mit seiner Anwesenheit beehren.«

»Das ist aber spannend! Ich muß mich auf seinen Empfang vorbereiten – oder Tabitha?«

»Weder noch. Du müßtest doch mittlerweile über die schmeichelhafte Einbildung hinaus sein, daß Frauen im Orient irgend etwas zu sagen haben. Bestenfalls darfst du mit niedergeschlagenen Augen dabeisitzen und nur reden, wenn du gefragt wirst – was unserer Judith schwerfallen dürfte!«

»Ich bin keine Araberin und gedenke, mich auch nicht wie eine solche zu benehmen.«

Hadrian lachte, und unversehens kamen wir auf die alten Tage in Keverall Court zu sprechen.

»Wir waren schon eine fest ineinander verflochtene Gemeinschaft«, sagte Hadrian fast wehmütig. »Und dann wurde sogar innerhalb derselben geheiratet – Sabina und der junge Pfarrer, Theodosia und Evan Callum, du und Tybalt. Nur ich war der Außenseiter.«

»Aber Hadrian, du gehörst doch nach wie vor zu uns.«

»Ich hab' kein Glück.«

»Glück! Das liegt weder im Schicksal noch in den Sternen, sondern in uns selbst.«

»Muß ich schon mal gehört haben. Du und diverse Dichter – ihr könnt natürlich nicht unrecht haben. Ich war nur immer zu langsam oder zu dumm, um meine Möglichkeiten beim Schopf zu packen.«

»Wenn du das einsiehst, könntest du ja jetzt damit anfangen.«

Er sah mich unerwartet ernst an. »Gewisse Umstände werden mich vielleicht dazu treiben«, sagte er und klopfte mir freundschaftlich auf die Hand. »Gute alte Judith, weißt du noch, wie du uns immer herumkommandiert hast? Gelingt dir das auch bei Tybalt? Kann ich mir kaum denken. Schade ... ich bin nämlich ein Mann, der eine energische Frau braucht.«

Seine Redereien machten mich etwas verlegen. Wollte er auf seine schnoddrige Art andeuten, er hätte früher einmal gedacht, wir seien füreinander bestimmt?

»Du hast oft genug auf mich geschimpft«, sagte ich ablenkend.

»Das war Haßliebe, Judith. Heute sind wir erwachsen. Du kannst die erste Silbe weglassen.«

Vom nahen Minarett kam der Ruf des Muezzins. Die Wäscherinnen unten am Ufer stellten ihre Arbeit ein und legten mit geneigten Köpfen die Hände zusammen; der alte verkrüppelte Bettler, der immer an der Straßenecke saß, berührte mit der Stirn den Boden.

Wir sahen schweigend zu.

Die Atmosphäre im Chephro-Palast veränderte sich merklich. Der Besuch des Paschas warf seine Schatten voraus. Man hörte laute Wortwechsel aus den Küchen; die Böden wurden heftiger geschrubbt als je zuvor, und jede Messingklinke wurde auf Goldglanz poliert. Hakim Paschas Dienerschaft wußte, daß die Toleranz von uns Gästen zumindest für ein paar Stunden nicht mehr galt.

Tybalt setzte uns im kleineren Freundeskreise etwas genauer ins Bild. »Er ist der Beherrscher dieser Gegend, auch wenn solche Begriffe heute offiziell abgeschafft sind. Jedenfalls besitzt er das Land in weitem Umkreis. Wir verdanken es nur ihm, daß wir hier in seinem Palast wie Fürstlichkeiten behandelt werden. Unsere Arbeiter sind nur deshalb so zahlreich, weil sie wissen, der Pascha wünscht es. Und gegen seine Wünsche wagen sie sich gar nicht aufzulehnen. Davon hat schon mein Vater profitiert. Ihr werdet sehen, daß seine Ankunft wie die eines großen Potentaten gefeiert werden wird.«

»Wird unser Empfang seinen Erwartungen entsprechen?«

»Wir werden es schon schaffen. Schließlich empfangen wir ihn in seinem eigenen Palast, und die Dienerschaft ist auf seine Gewohnheiten gedrillt. Als wir voriges Mal hier waren, ging alles glatt. Es wäre auch weiter glattgegangen, wenn mein Vater nicht etwa drei Wochen danach gestorben wäre.«

»Ein Glück, daß er sich so für eure Arbeit interessiert.«

»Oh, daran besteht kein Zweifel. Vater hat ihn herumgeführt, und er war restlos begeistert. Ich werde ihm natürlich auch eine Besichtigung vorschlagen.«

»Und welche Rolle soll ich bei dem großen Ereignis spielen?« fragte ich.

»Du brauchst nichts weiter zu tun, als dich vollkommen natürlich zu benehmen. Hakim Pascha ist ein Weltmann, vielgereist, und erwartet nicht, daß wir uns den Landessitten anpassen. Ich glaube, es wird eine amüsante Abwechslung für dich sein. Tabitha kann dir erzählen, wie es voriges Mal war.«

Tabitha erzähle mir denn auch bei einem gemeinsamen Gang in die *souks*, sie habe damals der Ankunft des Paschas recht beklommen entgegengesehen, aber ganz unnötig – er sei die Güte selbst gewesen und habe sich mindestens ebensoviel Mühe gegeben, den Gästen zu gefallen, wie sie ihm.

Als wir auf dem Rückweg am Hotel vorbeikamen, sahen wir Hadrian, Terence Gelding und den Herrn, den Theodosia und ich im Tempel getroffen hatten, bei einem Drink auf der Terrasse sitzen. Hadrian rief uns zu, wir sollten doch heraufkommen, und wir setzten uns mit an den Tisch.

»Mr. Leopold Harding«, stellte Hadrian den Fremden vor. »Terence und ich wollten hier eine Erfrischungspause einlegen, und da Mr. Harding wußte, wer wir waren, hat er sich mit uns bekannt gemacht.«

»Wir haben uns auch schon mal getroffen«, sagte ich.

»Ja«, erwiderte Leopold Harding, »bei der Besichtigung des Tempels.«

»Was möchtet ihr trinken?« fragte Terence.

»Der unvermeidliche Pfefferminztee wäre jetzt das Richtige«, meinte ich, und Tabitha stimmte zu. Während der Tee bestellt und gebracht wurde, plauderten wir. Mr. Harding erzählte, er sei öfter in Ägypten. Er hoffe jedesmal auf sensationelle neue Funde und Ankaufmöglichkeiten.

»Wenn Sie ein Geschäft daraus machen, müssen Sie viel davon verstehen«, bemerkte Hadrian.

»Natürlich, das ist unerläßlich. Man wird so leicht hereingelegt. Neulich, um nur ein Beispiel zu nennen, wurde mir ein entzückendes Köpfchen aus Türkis und Lapislazuli angeboten. Jeder Laie hätte darauf geschworen, daß es aus einem Pharaonengrab stammte. Es war aber wieder mal nur eine vorzügliche Imitation.«

»Interessieren Sie sich für Archäologie, abgesehen vom Geschäft?« fragte ich.

»Nur als Amateur, Lady Travers.«

»Das sind wir hier beinahe alle«, sagte ich. »Stimmt's, Tabitha? Ich habe es jedenfalls eingesehen, seit wir im Lande sind.«

»Mrs. Grey ist mehr als das«, sagte Terence.

»Und Judith«, fügte Hadrian lächelnd hinzu, »gibt sich von jeher wahnsinnige Mühe.«

»Dann können wir uns vielleicht diesbezüglich die Hand reichen«, sagte Leopold Harding. »Ich bin verliebt in meine Kunstobjekte, auch wenn die meisten gefälscht sind. Ob ich wohl mal das neue Ausgrabungsfeld in Augenschein nehmen darf?«

»Niemand kann Sie daran hindern, eine Fahrt durch das Tal zu unternehmen«, sagte Hadrian.

»Nur werden Sie nicht viel mehr sehen als Baracken, Werkzeuge, Schuttberge und Arbeiter«, fügte Terence hinzu.

»Sir Tybalt hat doch begründete Hoffnung, ein unversehrtes Grab zu entdecken?«

»Gott, ja, das hoffen alle Archäologen«, erwiderte Hadrian. »Vorläufig ist es nichts als eine irre Schufterei – und ich fühl's schon jetzt im kleinen Finger, daß es wieder ein Fehlschlag wird.«

»Dein kleiner Finger in Ehren«, sagte ich spitz, »aber ich glaube nicht, daß ein Wissenschaftler wie Tybalt sich so total irren kann.«

»Da spricht das liebende Weib«, grinste Hadrian.

Ich fand es unangebracht, und vor den Ohren eines Fremden so nach Schulart zu »kabbeln«, und wechselte rasch das Thema.

»Haben Sie auch schon mit eindeutig echten Antiquitäten gehandelt, Mr. Harding?« fragte ich.

»In Europa schon, aber soweit es den Orient betrifft, kann man eben nie ganz sicher sein. Immerhin gibt die pure Legende, eine Sache sei dreitausend Jahre oder mehr vergraben gewesen, dieser Sache, wenn sie gut nachgemacht ist, einen bedeutenden Wert. Als Geschäftsmann widerspreche ich den Leuten natürlich nicht zuviel.«

»Ägypten lohnt sich also?«

»O ja, mehr als manche andere Länder, die ich auch bereise. Es ist sozusagen in Mode. Sie sollten sich einmal mein Lager ansehen. Es ist allerdings nur klein, ein besserer Schuppen, aber ich kann meine Käufe dort bis zur Verschiffung einigermaßen sicher unterbringen.«

»Wie lange bleiben Sie noch hier?« erkundigte ich mich.

»Das weiß ich auch nie genau. Ich kann von heute auf morgen zu einem vielversprechenden Objekt nach Kairo oder Alexandria abgerufen werden. An sich finde ich das herrlich, es hält mich in Schwung – aber ich erlebe auch herbe Enttäuschungen. Vor ein paar Wochen wurde mir eine sorgfältig abgetragene Wandmalerei vorgeführt, bei der einem das Herz im Leibe hüpfen konnte. Eine Begräbnisprozession mit allem Drum und Dran, mit Sargträgern, Dienern und Opfergaben, und das Ganze mit Silber und Lapislazuli eingelegt. Auf den ersten Blick war ich hingerissen – auf den zweiten erwies es sich als eine höchstens dreißig Jahre alte Fälschung.«

»Das muß eine nette Enttäuschung gewesen sein!« meinte ich, und anschließend erzählte Hadrian die Geschichte meines ersten *echten* Fundes aus der Bronzezeit.

»Und wie das Leben so spielt«, schloß er, »vielleicht sitzt sie heute nur deswegen hier.«

»Jedenfalls sitzt sie gern hier«, sagte Leopold Harding mit Nachdruck. »Sie müssen mich wirklich mit einem Besuch beehren, Lady Travers. Der Schuppen ist jämmerlich, aber ich habe ein paar ganz sehenswerte Sachen drin.«

Tabitha und ich sagten zu und verließen die Hotelterrasse.

Der Pascha hatte sich nur für einen kurzen Aufenthalt angesagt. Er wollte auf dem Weg zu einem seiner anderen Paläste mit uns dinieren und bei dieser Gelegenheit erfahren, wie weit die Forschungen, denen er seine volle Unterstützung gab, inzwischen gediehen waren.

Tabitha, Theodosia und ich sahen seine Ankunft von einem der oberen Fenster aus. Es war ein großartiges Schauspiel. Der große Mann kam in einer von vier weißen Pferden gezogenen Kutsche inmitten einer Karawane von erlesenen Kamelen, deren jedes eine Glocke am Hals trug. Das Gepäck, das auf ihre Buckel geladen war, bestand aus glänzenden Koffern und Beuteln aus farbigen, golddurchwirkten Tüchern.

An der Treppe des Palastes wurde er von Tybalt und anderen leitenden Mitgliedern unserer Gesellschaft empfangen. Dann gingen alle in den schönen Innenhof, wo sich der Pascha in einem thronartigen Sessel niederließ, der eigens für ihn herangeschafft worden war. Die Lehne war reich mit Halbedelsteinen eingelegt, und obwohl das Möbel etwas unbequem aussah, war es unleugbar grandios.

Die Diener standen bereits mit Erfrischungen an. Es gab zunächst nur süßes Gebäck und Tee. Drei Gläser mußten bis zum Rande gefüllt und geleert werden, das verlangte die Begrüßungsetikette, und wehe dem Diener, der beim Einschenken einen Tropfen verschüttet hätte. Glücklicherweise passierte nichts dergleichen. Tabitha erklärte mir alles von unserem Ausguck aus, denn bei dieser Empfangszeremonie hatten Frauen natürlich nichts zu suchen.

Später jedoch – dies war eine Verbeugung vor unseren europäischen Sitten – durften wir uns mit zur Tafel begeben, ich sogar als Tischdame des großen Herrn.

Seine fleischigen Hände glitzerten von Juwelen, und es hatte schon seinen Sinn, daß sein Thronsessel auch an den Tisch geschafft worden war, denn er war so fett, daß ein normaler Stuhl für seine Sitzfläche schwerlich ausgereicht hätte.

Er war bester Laune und studierte uns Damen ungeniert von oben bis unten, als ob er uns auf die Reize und Fähigkeiten abschätzte, die für ihn wahrscheinlich den einzigen Wert einer Frau ausmachten. Wir schienen alle Gnade vor seinen Augen zu finden: Tabitha ihrer Schönheit wegen, die vermutlich überall auf Erden bewundert worden wäre, Theodosia wegen ihres hilflosen weiblichen Liebreizes und ich wegen meiner Vitalität. Diese meine Eigenschaft schien den Pascha am meisten zu fesseln, vielleicht weil sie mich am meisten von den Orientalinnen, die er gewohnt war, unterschied und das »Fremdartige« ihn reizte.

Übrigens sprach er recht gut Englisch – ein weiterer Beweis seiner Weltläufigkeit.

Das Mahl zog sich über mehrere Stunden hin. Die Diener wußten offenbar, was wann und wie serviert werden mußte und welch ungeheuren Appetit der Pascha hatte. Ich staunte über die Mengen scharfgewürzter Speisen, die er hinunterschlang. Ich als Frau brauchte glücklicherweise nicht bei allem mitzuhalten, aber die Männer taten mir leid – jedes Abwinken ihrerseits wurde fast als persönliche Kränkung registriert.

Ich weiß nicht, wie der Pascha es fertigbrachte, trotz seines unheimlichen Essens auch noch das Tischgespräch zu führen, aber er tat es. Er pries unser Land, unsere Königin und den Segen, den der Suezkanal dem ägyptischen Handel gebracht hatte.

»Welch eine Errungenschaft«, schwärmte er. »Ein Kanal von etwa hundert Meilen von Port Said bis Suez – welch technische Großtat! Und seitdem kommen die Briten in Scharen nach Ägypten.« Seine Augen glitzerten verschmitzt. »Ein Vergnügen für alle Beteiligten, wie es nicht größer sein könnte. Eure britischen Spürnasen – alle Achtung! Euer Thomas Cook chartert Dampfschiffe vom Khediven und fährt damit Vergnügungsreisende den Nil hinauf. Was für ein kluger Kopf, und was für ein Geschäft auch für uns! Neuestens gibt es sogar einen Dampfer zwischen Assuan und dem zweiten Katarakt. Alles das verdanken wir der ägyptisch-englischen Freundschaft.«

Ich erwiderte sein Kompliment mit einem Hinweis auf die Wunder einer mehrtausendjährigen Kultur, die Ägypten dem wissensdurstigen Reisenden biete.

»Und wer weiß, was noch alles der Entdeckung harrt!« entgegnete er strahlend. »Möge Allah Ihrem Vorhaben lächeln!«

Nun sagte Tybalt, er und seine Mitarbeiter könnten dem Pascha nie genug für sein Verständnis und seine Hilfe danken.

»Es ist nur recht und billig, daß ich helfe«, sagte der Pascha. Zu mir gewandt, fügte er augenzwinkernd hinzu: »Meine Vorfahren haben nämlich ihren Reichtum auf ähnliche Art begründet wie die Raubritter in Europa. Wollen Sie wissen, wie?«

»Ich bin neugierig«, antwortete ich.

»Erschrecken Sie nicht. Es ist eine uralte Geschichte, aber wir begannen höchstwahrscheinlich als Grabräuber.« Ich lachte. »Sie sind offenbar zu höflich, um es zu glauben«, schmunzelte er. »Ich halte es für durchaus möglich, daß meine Ahnen vor x-tausend Jahren ein paar Pharaonengräber plünderten und reiche Leute wurden. Deshalb fühle ich mich verpflichtet, die Sünden der Väter dadurch zu sühnen, daß ich ernsthaften Wissenschaftlern – und somit der Nachwelt – einige Hilfe gewähre.«

»Ich hoffe, daß die Nachwelt es Ihnen ebenso dankt wie wir schon heute«, sagte Tybalt.

»Jedenfalls bemühe ich mich ständig, die Götter zu versöhnen«, sagte der Pascha. »Mein Familienwappen ist der Kopf des Anubis, der die Kunst des Einbalsamierens erfand. Wie Sie wissen, konservierte und wickelte er den Leib des Osiris, nachdem dieser von seinem eifersüchtigen Bruder Seth ermordet worden war. Osiris ist dann immer wieder auferstanden, und ich ehre seinen heiligen Bewahrer, dessen Zeichen das meines Hauses ist.«

Nach dieser im Plauderton vorgebrachten Abschweifung kam der Pascha wieder auf das Thema, das ihm augenscheinlich am meisten am Herzen lag: die Expedition.

»Der verehrte Sir Edward ist zwar tragisch gescheitert, aber Sie, Sir Tybalt, sein Sohn, werden sicherlich sein Werk vollenden. Und dann gehen Sie wieder in Ihre Heimat und nehmen diese schönen Damen mit sich, was ich sehr bedaure.«

Er tätschelte mir die Hand mit seinen beringten Wurstfingern und flüsterte absichtlich hörbar: »Ich hoffe fast, daß Sie nicht allzuschnell Erfolg haben.«

»In absehbarer Zeit müssen wir so und so abreisen«, sagte Tybalt mit kurzem Auflachen.

»Ich bin in Versuchung, Sie mit irgendwelchen Mitteln länger hierzubehalten«, meinte der Pascha schalkhaft. »Glauben Sie, daß ich dazu imstande wäre, Lady Travers?«

»Aber sicher, mit Hilfe Ihrer guten Geister.«

Ich weiß nicht, warum auf diese Antwort hin ein kurzes Stillschweigen entstand, als hätte ich eine Taktlosigkeit geäußert. Doch war der Pascha Kavalier genug, um sich zum Lachen zu entschließen – was für alle, auch die Diener, das Zeichen war, herzhaft einzustimmen.

Die Unterhaltung ging munter weiter, und es wurde immer klarer, daß ich beim Pascha »Erfolg« hatte, obwohl oder gerade weil einige meiner Bemerkungen nicht ganz konventionell sein mochten. Gegen Mitternacht hob er die Tafel auf. Er wollte in der Nachtkühle zu einem seiner anderen Paläste weiterreisen und sich vorher noch – das gehörte wohl zum Zeremoniell – von Tybalt das Ausgrabungsgelände in seinem jetzigen Stadium zeigen lassen.

Während allgemein zum Aufbruch gerüstet wurde, erscholl plötzlich ein gellendes Geschrei aus dem Innenhof, und als ich mit den anderen hinuntereilte, sah ich einen der Diener, der sich in Krämpfen wand. Er war von einem Skorpion gestochen worden. Wir alle wurden immer wieder vor Mauern und Steinhaufen gewarnt, weil das die Schlupfwinkel der Skorpione waren, aber da sie tagsüber nie herauskamen, hatte ich noch keinen gesehen – nur Eidechsen, Chamäleons und die drolligen Geckos, die auch nachts in die Zimmer kamen und niemandem etwas zuleide taten.

Eine Gruppe anderer Diener und Kameltreiber umstand den Schreienden ratlos. Ich vergesse nie das blanke Entsetzen in seinem Gesicht. War es nur Angst vor dem Skorpionstich – oder weil ihm das ausgerechnet während des Besuchs des großen Paschas passieren mußte? Für mich stand fest, daß der Mann Erste Hilfe brauchte, egal, ob der Aufbruch des Paschas dadurch etwas aufgehalten wurde oder nicht. Alison hatte mich vor meiner Abreise aus England mit mehreren alten, bewährten Hausmittelchen versorgt: Sie schwor darauf, daß sie mir über alle Fährnisse der heißen Fremde hinweghelfen würden.

Darunter war ein Marmeladenglas mit einer selbsthergestellten Salbe gegen Wespen-, Hornissen- und Bremsenstiche, die sogar bei Kreuzotterbissen (die in Cornwall so gut wie nie vorkamen) helfen sollte. Vielleicht half es auch gegen Skorpiongift – jedenfalls mußte ich es versuchen.

Ich brachte also schleunigst mein Marmeladenglas herbei, und als ich den Arm des Dulders mit der Salbe einschmierte, bemerkte ich eine Tätowierung, die mir bekannt vorkam.

Der junge Mann wurde bei meiner Behandlung sofort ruhiger. Für ihn schien es bombensicher, daß die Medizin aus dem fernen Europa ihn heilen würde, und die schwarzen Augen seiner umstehenden Gefährten verfolgten jede meiner Bewegungen so ehrfürchtig, als sei ich ein mit magischen Kräften begabter Medizinmann.

Sogar der Pascha, der auch dazukam, lächelte und nickte anerkennend und dankte blumenreich für die Hilfe, die ich einem seiner Diener geleistet hatte.

Dann brach die Karawane nur wenig verspätet auf, und Tabitha, Theodosia und ich beobachteten den malerischen Abzug wie einige Stunden vorher die Ankunft. Trotz der späten Stunde waren viele Menschen am Ufer, um der Abfahrt der prunkvollen Barke zuzusehen und dem großen Herrn zu huldigen. Es war deutlich, daß nicht nur die Diener in unserem Palast, sondern auch die Fellachen und Händler in weitem Umkreis von seiner Gnade abhingen.

»Genauso war's das vorige Mal«, sagte Tabitha. »Ich glaube, er war zufrieden – und enorm angetan von Ihnen, Judith.«

»Nun ja, er hat eigentlich dauernd gelächelt«, gab ich nachdenklich zurück. »Aber ich weiß nicht – seine Bediensteten schienen ›in der Furcht des Herrn‹ zu leben, ob er nun lächelt oder nicht. Ich könnte mir vorstellen, daß sich hierzulande unter äußerer Jovialität viel Härte verbirgt. Was tun wir jetzt? Können wir schlafen gehen, oder müssen wir die Rückkehr der Herrschaften abwarten?«

»Der Pascha kommt nicht zurück«, erwiderte Tabitha, »das wurde doch schon mehrmals erwähnt. Er und sein Gefolge ziehen weiter stromaufwärts. Bis zum nächsten Palast ist es gar nicht so weit.«

»Dann gute Nacht«, sagte ich. »Offen gestanden: Der Umgang mit Paschas ist etwas ermüdend.«

Tybalt kam erst im Morgengrauen wieder. Er ließ sich in einen Sessel fallen und streckte die Beine von sich.

»Gott, mußt du müde sein!« sagte ich mitfühlend.

»Sicher. Wahrscheinlich bin ich gerade deshalb so überdreht, daß ich im Moment noch nicht schlafen könnte.«

»Das unheimliche Gastmahl mit dem vielen *khoshaf* – das hätte doch eigentlich einschläfernd wirken müssen.«

»Unmittelbar danach, ja. Aber dann habe ich alle Energie

eingesetzt, um wach zu bleiben und unseren hohen Gast – das heißt Gastgeber – nicht zu kränken.«

»Hoffentlich habe auch ich mich einigermaßen seinen Wünschen angepaßt.«

»O ja. Ich glaube, er war dicht daran, mir ein landesübliches Geschäft anzubieten und dich als Prunkstück seines Harems zu erwerben.«

»Wenn er genug geboten hätte, um dir weitere Forschungsunternehmen zu ermöglichen, wärst du sicher bereitwillig darauf eingegangen.«

»Natürlich«, sagte Tybalt.

Ich kicherte. »Aufrichtig, ich traue diesem wohlwollenden Vielfraß nicht so ganz über den Weg.«

»Mir schien er ehrlich interessiert. Trotz seiner Fettleibigkeit ließ er sich unverdrossen alles zeigen.«

»Auch die Neuentdeckung?«

»Es war nicht gut möglich, ihm gerade die vorzuenthalten. Schließlich hat er ein Recht darauf zu wissen, warum wir neue Stollen in die Hügel treiben.«

»Glaubst du, daß ihr bald auf etwas Ungewöhnliches stoßt, Tybalt?«

»Das kann man nie genau sagen, aber es gibt Anzeichen dafür. Du weißt, daß wegen der schon vor Jahrtausenden bekannten Grabräubergefahr oft mehrere Grabkammern raffiniert hinter-, über- und untereinander verborgen wurden. Wenn die Diebe eine oder zwei fanden, waren sie oft schon zufrieden und ahnten nichts von den wichtigeren. Wenn meine Vermutung zutrifft, befindet sich hinter einer der Mauern das Grab einer *sehr* hochgestellten Person. Und ich bin überzeugt, daß schon mein Vater die entscheidende Spur gefunden hatte.« Tybalt zog die Brauen zusammen. »Übrigens passierte während des Pascha-Rundgangs wieder etwas Beunruhigendes. Erinnerst du dich an die Schritte, die wir neulich in den Gängen zu hören glaubten?«

»Sehr genau.«

»Heute war wieder so etwas zu hören. Ich fürchte, daß irgendein Unbefugter – oder mehrere – sich nachts dort zu schaffen machen.«

»Gesehen hast du niemanden?«

»Nein, aber es gibt ja in den Gängen und Kammern reichlich Ausweich- und Versteckmöglichkeiten.«

»Zum Beispiel in der Grube mit dem ziemlich wackeligen hölzernen Gerüst darüber. Hat der Pascha es auch gehört?«

»Er hat nichts gesagt, aber ich merkte, daß auch er die Ohren spitzte.«

»Er dachte wahrscheinlich, es sei einer von eurer Gesellschaft.«

»Wir waren nur sehr wenige. Die andern mußten draußen bleiben. Laß mich abzählen: der Pascha, ich selbst, Terence, Evan und zwei Diener, ohne die der Pascha offenbar keinen Schritt tut.«

»Seine Leibwache?«

»Wahrscheinlich.«

»Er glaubt sicher, in alten Gräbern einigen Schutz nötig zu haben, da seine Vorfahren auf so unehrerbietige Weise ihren Reichtum erworben haben.«

»Da er es selbst erzählt, halte ich es für eine Anekdote.«

»Weißt du übrigens, ob sich der junge Mann, der vom Skorpion gestochen wurde, erholt hat?«

»Ja, denk mal, er ist geradezu wundersam gesundet. Paß nur auf, daß du nicht in den Geruch einer Zauberin kommst!«

»Mein Erfolg steigt mir beinahe zu Kopf. Erst will mich der Pascha für seinen Harem kaufen, und nun verfüge ich auch noch über Zauberkräfte aus Alisons Marmeladenglas. Hoffentlich bin ich auch in den Augen meines angetrauten Eheliebsten so fabelhaft.«

»Diesbezüglich kann ich dich beruhigen.«

»So, daß ich eines Tages mitarbeiten darf?«

»Das tust du doch schon, Judith.«

»Korrespondenz! Buchhaltung! Ich meine die *richtige* Arbeit.«

»Der Vorwurf mußte ja mal wieder kommen«, sagte Tybalt müde. »Ich weiß, daß du dich zurückgesetzt fühlst, Judith, aber vorläufig kannst du einfach nicht bei der ›richtigen‹ Arbeit, wie du es nennst, mitmachen.«

»Bin ich so minderbegabt?«

»Nein, aber dies ist Spezialistensache. Wir müssen unendlich vorsichtig vorgehen. Geduld – bis dieses Stadium überwunden ist, hast du schon wieder eine Menge zugelernt.«

»Und Tabitha?«

»Was ist mit Tabitha?«

»Mit ihr sprichst du sich sehr oft und ausführlich über deine Arbeit aus.«

Hierauf entstand eine fast unmerkliche Pause. Dann sagte Tybalt: »Sie hat schon bei der letzten Expedition meines Vaters mitgearbeitet. Sie hat Erfahrung.«

»Die mir fehlt?«

»Die du im Laufe der Zeit selbstverständlich auch noch erwerben wirst.«

»Es ist mir ein Rätsel, wie, wenn ich nie dabeisein darf.«

»Liebste, hab' Geduld.«

Wie immer, wenn er ein Kosewort gebrauchte – es kam ihm so schwer über die Lippen –, überwog das Glück alles verschwommene Unbehagen. Solange ich seine Liebste war, konnte ich warten.

»Wie lange bleiben wir noch hier?« fragte ich frischer.

»Hast du Ägypten schon satt?«

»Ich? Nein, wahrhaftig nicht. Ich verfalle seinem Zauber täglich mehr. Ich dachte eben an Theodosia. Sie hat furchtbares Heimweh.«

»Ja, sie hätte gar nicht erst mitkommen sollen. Sie eignet sich überhaupt nicht für Unternehmungen dieser Art. Andererseits kann sie ja jederzeit nach Hause fahren, wenn sie will.«

»Und Evan?«

»Evan hat seinen Arbeitsvertrag hier zu erfüllen.«

»Ist er so unentbehrlich?«

»Ja. Er ist ein ausgezeichneter Fachwissenschaftler – wenn auch nicht so sehr in der Praxis, so doch im Theoretischen.«

»Du bist natürlich in Theorie und Praxis gleich gut?«

»Natürlich.«

»Klar. Ich bewundere dich, Tybalt, mindestens ebenso, wie der Pascha mich bewunderte.«

Tybalt lachte und ging ins Bad. Ich schlief ein, ehe er zurückkehrte.

Am nächsten Vormittag, ziemlich früh, gingen Theodosia und ich wieder in den Bazar. Die Hitze wurde schon sommerlich, so daß man die Morgenstunden ausnutzen mußte. Theodosia litt sehr darunter, und ihr Heimweh wurde fast zur fixen Idee, ebenso wie ihre Angst vor etwaigen Schwangerschaftskomplikationen.

Ich tat, was ich konnte, um sie zu beruhigen. Ich erzählte ihr, daß die Fellachenfrauen ihre Kinder oft auf freiem Feld gebaren und gleich danach weiterarbeiteten... Jedenfalls hatte ich oft solche Geschichten gehört. Theodosia senkte dann beschämt den Kopf. Natürlich, was diese armen Frauen konnten, mußte sie auch können. Dennoch blieb sie weiterhin zerrissen zwischen dem Wunsch, bei Evan zu bleiben, und dem, heimzufahren.

»Wo würdest du denn hingehen?« fragte ich. »Nach Keverall Court zu deiner Mutter?«

Sie schnitt eine kleine Grimasse. »Tja... Wenigstens wäre es dort nicht so gräßlich heiß, und ich könnte mit Sabina reden.«

Sabina – das war die neueste Neuigkeit aus der Heimat – erwartete nämlich auch ein Baby. Und sie war, ganz anders als Theodosia, selig darüber, desgleichen Oliver, desgleichen Dorcas und Alison. »Sie wissen einfach *alles* über Wöchnerinnen- und Säuglingspflege«, schrieb Sabina. »Ich frag' mich, woher, aber natürlich, sie haben immer soviel für die Gemeinde getan, und dann hatten sie dich, liebste Judith, von klein auf. Nach ihren Erzählungen mußt du ein Wundertier gewesen sein. Auf der ganzen Welt gab's noch kein Baby, das so süß, klug, schön, brav, ungezogen und ulkig war wie du. Sie können mir nur wünschen, daß ich etwas annähernd Ähnliches hervorbringe, und benehmen sich wie die Glucken.«

Ich muß gestehen: Wenn ich so etwas las, empfand ich auch einen kleinen Stich der Rührung und des Heimwehs. Ich hätte Dorcas und Alison gern mal »auf die Schnelle« besucht und Sabinas Geplauder in natura gehört.

Jetzt aber blickte ich in den grellblauen Himmel, der über den engen Gassen loderte, und die Farben und Düfte der *Souks* nahmen mich wieder gefangen.

Gewohnheitsmäßig besuchten wir auch den kleinen offenen Laden, in dem Yasmin über die Arbeit gebeugt zu sitzen pflegte.

Aber heute war sie nicht da. An ihrer Stelle saß ein Junge und arbeitete ebenso eifrig.

»Allah sei mit dir«, sagte ich. »Wo ist denn Yasmin?«

Der Junge blickte auf und gleich wieder sichtlich verlegen beiseite. Er antwortete nicht.

»Ist sie krank?« fragte ich.

Offenbar konnte er mich nicht verstehen.

»Sie wird ein paar Tage frei haben«, sagte ich zu Theodosia, und wir gingen weiter. Unerfreulicherweise liefen wir dem Wahrsager über den Weg, der auf seiner Matte saß.

»Allah sei mit euch«, murmelte er.

Ich brachte es nicht über mich, an seinem verhungerten Gesicht vorbeizugehen, zumal ich sah, daß seine Spendenschale noch leer war. Ich warf ein paar Münzen hinein, aber das war ein Fehler. Der Wahrsager war kein Bettler! Er war ein stolzer Mann, der seinen Beruf ausübte, und wenn man ihm etwas zahlte, gab er auch den Gegenwert dafür. Wir mußten uns also wieder auf die Matten neben ihm setzen und das neue Orakel hören.

Nach einer kurzen Spannungspause schüttelte er düster den Kopf. »Schatten größer, immer größer.«

»Ja«, sagte ich leichthin, »das haben Sie schon gesagt.«

»Es flattert über euch... wie eine Fledermaus... wie ein riesige schwarze Fledermaus.«

»Hu, wie grauslich«, sagte ich zu Theodosia, um der Sache von vornherein die Spitze abzubrechen. Der Wahrsager verstand meinen respektlosen Einwurf ohnehin nicht. Er betrachtete Theodosia.

»Lady gesegneten Leibes. Lady zurückgehen in kühles grünes Land! Nur da sie sein sicher.«

Ach du meine Güte, dachte ich. Das hat uns gerade noch gefehlt!

Theodosia stand nervös auf, und er Wahrsager umklammerte plötzlich mit dürren braunen Fingern mein Handgelenk.

»Sie große Dame. Sie sagen: ›Geht!‹, und alle gehen. Fledermaus näher, immer näher.«

Im Bestreben, mich loszumachen, sah ich auf seinen Arm nieder. Der weite Ärmel war etwas zurückgeglitten, und ich sah einen tätowierten Schakalskopf – genau wie bei dem Mann, der gestern vom Skorpion gestochen worden war.

»Wissen Sie nichts weiter als Fledermäuse?« fragte ich.

»Immer erzählen Sie mir nur von Schatten und Dunklem.«

»Allah ist gütig. Gibt euch viel, wenn ihr sein Gebot erfüllt. Viele Söhne und Töchter, ein großes Haus – aber nur in eigenem grünen Land. Hier – nie. Fledermausschatten sehr nah. Vielleicht bald zu spät... für Sie... und gesegnete Lady.«

Ich warf noch einige Münzen in die Schale, dankte energisch, nahm die zitternde Theodosia beim Arm und führte sie weg.

»Zu dumm, daß wir uns den Unsinn wieder angehört haben«, sagte ich. »Er erzählt allen Leuten dasselbe.«

»Allen?«

»Ja. Tabitha hat mich auch schon vor der Schatten- und Fledermausgeschichte gewarnt. Sie kennt das vom vorigen Mal, nehme ich an.«

»Sie ist eben eine Engländerin wie wir, ein Eindringling. Er will uns aus seinem Lande scheuchen.«

»Ach laß, Theodosia, du wirst mir doch nicht sagen wollen, daß du tief beeindruckt bist. Von so einem Routinegeschwätz!«

»Aber warum sagt er immer, wir sollen nach Hause fahren?« beharrte Theodosia.

»Weil wir Ausländer sind.«

»Er verdient an uns und die Händler in den armseligen *souks* auch. Es kann also kaum in seinem Interesse liegen, uns zu vertreiben. Die andern alle freuen sich, wenn wir auftauchen und etwas kaufen.«

»Gewiß, aber ein orientalischer Wahrsager denkt wahrscheinlich, wir Europäer erwarten düstere Gruselgeschichten.«

»*Ich* lasse mich nicht gern ängstigen. Mein Zustand langt mir.«

»Aber Theodosia, du hast doch nicht den geringsten Grund, dich zu fürchten. Der Arzt ist mit dir zufrieden, und alle haben dich lieb. Vergiß das keinen Moment.«

7
Die Nilfeier

Tybalts innere Erregung wuchs. Er war jetzt ganz sicher, daß sich hinter der Mauer, die er mir neulich gezeigt hatte, ein weiteres Grabkammersystem verbarg.

Wir waren nun schon einige Monate in Ägypten, und er fand, es würde allmählich Zeit, daß wir nach all den Kosten und Anstrengungen etwas vorzuweisen hätten.

»Es wäre eine furchtbare Enttäuschung«, fügte er hinzu, »wenn die Grabräuber auch dort schon gewesen wären.«

»Ist das denkbar, wenn es so gut verborgen ist?«

»Nur wenn es früher noch einen anderen Eingang gegeben hat, was durchaus möglich ist. Diese altägyptischen Gräber sind die reinsten Fuchsbauten. Ärgerlicherweise gibt es schon wieder eine Arbeitspause wegen des Nilfestes. Das Schlimmste an den ägyptischen Festen ist, daß ihr Datum jedes Jahr anders festgesetzt wird. *Dieses* hängt vom Wasserstand des Stroms ab.«

»Wieso?«

»Es ist eine Art Bitt- und Besänftigungszeremonie, die aus Urzeiten herrührt, als der Nil noch als Gott verehrt wurde. Damals beteten sie aus gutem Grund um eine fruchtbare, aber nicht reißende Überschwemmung, die oft ganze Dörfer mit sich riß. Die Gefahr besteht auch heute noch – daher die traditionelle Bittprozession.«

»Glauben die Leute wirklich, daß sie die Naturgewalten irgendwie beeinflussen können?«

»Jedenfalls ist es heutzutage ein liebgewordener Volksbrauch, vor allem ein weiterer Grund zum Faulenzen. In der Vergangenheit war es eine sehr ernste Angelegenheit. Man brachte dem Strom sogar ein Menschenopfer: Eine Jungfrau wurde hineingeworfen. Heute macht man dasselbe mit einer lebensgroßen, schöngekleideten Puppe.«

»Arme Jungfrauen! Die hatten es früher wirklich nicht leicht. Entweder hielten Drachen sie gefangen, oder sie waren an Felsen geschmiedet, oder sie wurden auf Altären und in Flüssen geopfert. Und wenn sie keine Jungfrauen blieben – ohne Ring am Finger –, ging's ihnen erst recht schlecht.«

»Nun, *dieser* nur noch symbolische Festzug wird dir Spaß machen. Wenn nur die ewigen Verzögerungen bei unseren Arbeiten nicht wären! Im Moment machen sie mich besonders nervös. Für mich zählt jeder Tag.«

»Ich drücke dir sämtliche Daumen, Tybalt, daß du trotzdem bald als erster den Fuß in ein unberührtes Grab setzt. Daß alles so ist, wie du es dir ausmalst – die letzten Spuren im Staub mindestens dreitausend Jahre alt und dann die Mumie mit all ihren Kostbarkeiten, die niemand vor dir entdeckt hat. Liebster, wie innig ich dir den verdienten Erfolg wünsche!«

Er lachte mich auf die zärtliche, etwas nachsichtige Art an, die ich so gut an ihm kannte.

Aber ich wünschte ihm den Erfolg wirklich brennend.

Das Nilfest wurde von einem Tag auf den andern behördlich bestimmt. Der Wasserstand war sehr rasch gestiegen, woraus zu entnehmen war, daß es in Zentralafrika dieses Jahr besonders schwere Regenfälle gab. Man konnte gut berechnen, wann die Hochflut auch unsere Gegend erreichen würde.

Vom frühen Morgen des Festes an wimmelten die Ufer von Menschen. Außer den allgegenwärtigen *arabiyas* wurden auch viele Kamele zur Anreise benutzt. Ihre Kopfhaltung auf den langen, gebogenen Hälsen schien so hochmütig, als wüßten sie, daß sie die unentbehrlichsten Tiere des ganzen Orients waren: Alles an ihnen wurde gebraucht, von der kostbaren Wolle angefangen bis zu ihrem Mist, der als Feuerung diente.

Die große allgemeine Spannung bezog sich auf den Nil.

Würde er nur das ersehnte, segensreiche Wasser für die Felder spenden oder sich wild und gefährlich weit über seine Grenzen hinauswälzen?

Auf jeden Fall war es ein Festtag, und das Volk liebte Festtage. Die meisten Buden im Bazar waren geschlossen, obwohl die Garküchen gerade heute mit Hochdruck arbeiteten und reißenden Umsatz hatten. Die verschiedensten pikanten, würzigen und süßen Düfte erfüllten die Luft. Limonadenverkäufer liefen mit ihren Glasbottichen und Bechern durchs Gedränge, und in einigen Buden wurde ununterbrochen Pfefferminztee gekocht. Außerdem waren von nah und fern die Bettler herbeigeströmt: Blinde, Arm- und Beinlose – ein Anblick, der uns empfindlichen Europäern ein wenig die Freude vergällen konnte. Die entstellten Gesichter zum Himmel erhoben, die Almosenschalen neben sich, riefen sie ununterbrochen nach *bakschisch* und baten Allahs Segen auf diejenigen herab, die nicht fühllos vorbeigingen.

Doch alles in allem war das bunte Volksfest ein Erlebnis, besonders für die Neulinge unter uns. Wir sahen es uns von einer der Terrassen aus an. So hatten wir das Schauspiel vor uns, ohne uns selbst im Gewimmel herumschubsen zu lassen.

Tybalt meinte, der Strom würde sich diesmal wohl »benehmen«, worauf er auch persönlich sehr hoffte. Wurde die Überschwemmung größer als vorgesehen, so mußte er damit rechnen, daß einige seiner Arbeiter in Katastrophenngebiete abkommandiert wurden, und das bedeutete weitere Verzögerungen.

Das ungewöhnlich rasch fließende, Wirbel bildende Wasser sah rot aus, was auf ganz natürliche Weise von mitgerissenen eisenhaltigen Erdmassen herrührte. Aber das Volk sprach wie seit Jahrtausenden schaudernd von ›Blut‹.

War der Nil zornig?

»Allah ist Allah, und Mohammed ist sein Prophet.«

Der Ruf des Muezzins brachte für ein paar Minuten die übliche fromme Erstarrung in die Menschenmassen. Auch wir auf der Terrasse schwiegen. Ich fragte mich, wie viele von den Leuten da unten wirklich nur zu Allah beteten und nicht gerade heute auch zu den alten Göttern. Warum warfen sie sonst noch immer eine Puppe in den Nil, auf daß er die arme Landbevölkerung mit seiner Rache verschone?

Die Prozession näherte sich und wand sich wie ein Heerwurm zur nächsten Flußbiegung. Fahnen wurden geschwenkt. In der Mitte fuhr ein offener Wagen, in dem die lebensgroße Jungfrauenpuppe lehnte. Da, wo die Wasser am wildesten wirbelten, würde man sie herausheben und in den Strom werfen.

Ich starrte die Puppe an. Sie glich vollkommen einem verschleierten jungen Mädchen im weißen Festgewand. Ihre Handgelenke waren mit silbernen Armbändern geschmückt.

Da die Prozession sehr dicht unter uns vorüberzog, konnten wir die Puppe momentweise ganz deutlich sehen. Sie lag mit geschlossenen Augen im Rückenpolster. Der untere Gesichtsteil war verschleiert, und dennoch kam sie mir merkwürdig bekannt vor.

»Wahnsinnig lebensecht«, meinte Hadrian, als der Wagen vorbei war.

»Warum macht man die Puppe mit geschlossenen Augen?« fragte Evan.

»Vielleicht, damit sie sich vor ihrem Geschick und der gaffenden Menge nicht so graust«, versuchte ich eine Erklärung.

»Aber einer *Puppe* ist das alles doch sowieso egal!«

»Sie soll eben so lebendig wie möglich erscheinen. Jetzt weiß ich, an wen sie mich erinnert... An die kleine Yasmin, bei der wir unsere Pantoffeln und andere Sachen gekauft haben!«

»Richtig«, stimmte Theodosia zu. »Ich bin nur nicht gleich auf die Ähnlichkeit gekommen, weil wir Yasmin nie so prunkvoll gekleidet gesehen haben.«

»Die meisten Leute einer Altersstufe sehen sich hier in unseren Augen ähnlich«, gab Hadrian zu bedenken, »wie wir ihnen sicher auch.«

»Wenn wir in China wären, vielleicht... Aber Tybalt und du seht euch nicht die Spur ähnlich und Terence und Evan ebensowenig und Theodosia und ich schon gar nicht – um nur ein paar Beispiele zu nennen.«

»Ach, red nicht, guck lieber zu«, sagte Hadrian. »Jetzt kommt der große Moment.«

Wir sahen, wie die Puppe aus dem Wagen gehoben und in die Nilstrudel geworfen wurde. Sie drehte sich ein paarmal an der Oberfläche und versank dann rasch.

Die Zuschauermenge stieß etwas wie einen langgezogenen Seufzer aus. Der zornige Gott hatte das Jungfrauenopfer angenommen. Nun würde er das Land nur tränken, nicht zerstören.

Merkwürdigerweise stieg der Strom auch wirklich nur in den erwünschten Grenzen.

Der Pascha schickte uns zum Dank für den angenehmen gemeinsamen Abend und als Freundschaftsbekundung Geschnke in den Palast. Für mich gab es eine wunderschöne Brosche aus Lapislazuli und Perlen in Form einer Lotosblume. Theodosia und Tabitha empfingen ebenfalls Lotosblumen, aber nicht ganz so kostbare wie meine.

Tyblat lachte. »Ich sag's ja, du bist seine Favoritin. Die heilige Lotosblüte versinnbildlicht das Wiedererwachen der Seele.«

»Ich muß ihm einen blumenreichen Dankbrief schreiben«, sagte ich.

Theodosia zeigte mir ihr Schmuckstück, das aus glitzerndem Feldspat und Chalzedon bestand. »Ich wünschte, er hätte das unterlassen«, meinte sie bedrückt. »Ich spüre ordentlich, daß es mir nichts Gutes bringt.«

Die Ärmste hatte zur Zeit viel durchzustehen. Jeden Morgen war ihr übel, und ihr Heimweh wuchs beängstigend. Evan war höchst besorgt und unglücklich. Nach Beendigung dieser Expedition wollte er friedlich in seiner Universitätsstadt bleiben, wie er mir in einer ruhigen Minute sagte. Das Wohlbefinden seiner Frau sei ihm wichtiger als alles andere. Und wenn ihr schon ein orientalisches Geschenk unheilverkündend erschien, sei zu befürchten, daß sie fern der Heimat immer tiefer in Melancholie versänke.

Später, als Theodosia und ich den üblichen Langeweile-Spaziergang in die *souks* unternahmen (was sollten wir sonst den ganzen Tag anfangen?), vertraute sie mir an, daß Mustapha angesichts ihrer Brosche starr vor Entsetzen gewesen sei.

»Herrje, Mustapha!« sagte ich wegwerfend. »Bestimmt hat er wieder mit seiner ›Geh-heim-Lady‹-Masche angefangen.«

»Er sagte, dies Symbol des Wiedererwachens der Seele bedeute, daß man natürlich erst mal sterben muß.«

»Natürlich... Aber was für ein an den Haaren herbeigezogener Blödsinn! Die beiden, Mustapha und Absalam, möchten wieder in die Villa Gizeh, wo sie wahrscheinlich weniger tun müssen. Nur deshalb liegen sie uns dauernd in den Ohren, wieder heimzureisen. Ihre Intelligenz läßt zu wünschen übrig, wenn sie sich immer noch einbilden, Tybalt könnte auf ihre Unkenrufe reagieren.«

»Gewiß«, sagte Theodosia mit ungewohnter Bitterkeit, »Tybalt würde uns alle krepieren lassen, solange er nur ungestört hinter seinen Mumien her sein kann.«

»Verzeih, aber das ist unfair und lächerlich.«

»So? Und warum gilt er dann als Sklaventreiber? Warum ärgert er sich über alle Feste und Feiertage? Er hastet voran, als hätte er... einen befristeten Pakt mit dem Teufel abgeschlossen.«

»Ich wußte nie, daß du soviel Fantasie hast, Theodosia!«

»Alle anderen sagen, in diesen Felsen gibt's schon längst nichts mehr zu entdecken. Es ist Zeit-, Kraft- und Geldverschwendung, daß er weitersucht. Aber *er* will das nicht zugeben. Er macht wie besessen da weiter, wo schon sein Vater gescheitert ist. Und Sir Edward wußte in seiner Todesstunde, daß er gescheitert war. Tybalt weiß es auch. Er kriegt es nur nicht fertig, es einzugestehen.«

»Ich möchte nur mal wissen, wo du deine Informationen her hast.«

»Wenn du nicht so vernarrt in ihn wärst, hättest du es längst so klar erkannt wie alle anderen. O Gott, ich möchte nach Hause!«

Sie wandte mir ihr bleiches, flehendes Gesicht zu, und das Mitleid mit ihr überwog meinen Ärger.

»Es dauert ja nicht mehr lange«, murmelte ich besänftigend. »Bald fahren wir alle heim, Evan lehrt wieder an der Universität, ihr bekommt ein süßes kleines Kind und lebt friedlich bis ins hohe Alter. Einstweilen versuche bitte, nicht zuviel zu klagen, Theodosia. Evan ist sehr bedrückt davon. Im übrigen weißt du ja, daß du jederzeit allein nach England fahren könntest. Deine Mutter würde sich wahrscheinlich über deine vorzeitige Rückkehr freuen.«

Theodosia schauderte. »Nein, das wäre das letzte, was ich wünschte. Stell dir nur vor, wie sie mich herumkommandieren würde! Meine Heirat war ja – unter anderem – auch eine Flucht vor Mama. Damit erzähl' ich dir gewiß nichts Neues.«

»Gut, aber dann mußt du schon die Ohren steifhalten und nicht in jeder Kleinigkeit schlechte Vorbedeutungen sehen. Genieße doch diesen Aufenthalt im Orient, um den uns die meisten unserer europäischen Zeitgenossinnen beneiden würden! Täglich erleben wir Fremdes und Reizvolles...«

»Reizvoll? Das Nilfest neulich fand ich gräßlich. Die ganze Zeit konnte ich mich nicht von dem Gedanken losreißen, es sei die kleine Yasmin, die in den Strom geworfen wurde.«

»Ach was, es war eine Puppe, und in Festtracht sehen die Mädchen hier alle gleich aus, wie Hadrian ganz richtig bemerkte. Am besten gehen wir gleich zu ihrer Bude. Vielleicht ist sie geschmeichelt, wenn du ihr erzählst, wie sehr die Opferjungfrau uns an sie erinnerte.«

Doch als wir an das Lädchen kamen, wo die verkaufsfertigen Waren wie immer in Reih und Glied ausgestellt waren, saß ein älterer Mann auf dem Arbeitsschemel, der sonst meistens von Yasmin eingenommen wurde. Wir blieben stehen, und er erhob sich von seiner Arbeit, da er uns wohl für Kundinnen hielt. Ich nahm an, daß es Yasmins Vater war.

»Allah sei mit euch«, grüßte er.

»Mit euch ebenfalls«, erwiderte ich. »Wir wollten eigentlich Yasmin besuchen.«

Der Ausdruck, der über sein Gesicht huschte, kann nur mit »Entsetzen« beschrieben werden. Er antwortete nicht.

»Yasmin«, wiederholte ich. »Ihre Tochter, nicht wahr?«

»Nix verstehen.«

»Wir haben sie oft besucht, aber in letzter Zeit war sie nicht mehr im Laden.«

Er schüttelte den Kopf, zuckte bedauernd die Achseln und suchte auf jede Weise Verständnislosigkeit vorzutäuschen, aber ich war sicher, daß er mich genau verstanden hatte.

»Wo ist sie?« drängte ich. »Warum ist sie nicht mehr hier?«

Doch der Mann schüttelte nur weiter den Kopf und wich schrittweise in den Hintergrund seiner Bude zurück. Ich nahm Theodosias Arm und führte sie weg. Inmitten des bunten Volksgetümmels, der Händlerschreie und des Hammelfleischdunstes konnte ich nur noch an die Puppe denken, die in den Nilstrudel geworfen worden war und uns so an Yasmin erinnert hatte. Und nun war die echte Yasmin verschwunden ...

Glücklicherweise war im Palast inzwischen die Post aus Europa angekommen. Das war immer ein großer Tag für uns. Ich nahm meine Briefe gleich mit ins Schlafzimmer, um sie in Ruhe lesen zu können.

Der dickste war wieder einmal von Dorcas und Alison. Wie ich diese vollgekritzelten Blätter liebte! Sie brauchten meist vierzehn Tage dazu und schrieben abwechselnd, jeweils mit genauem Datum, so daß es sich las wie ein Tagebuch. Ich konnte mir lebhaft vorstellen, wie der ›Brief an Judith‹ stets auf der Platte des kleinen Schreibsekretärs lag; und welche von den Tanten gerade etwas berichtenswert fand, ergriff die Feder und fügte ein paar Zeilen oder Absätze hinzu.

»Herrliches Wetter«, schrieb zum Beispiel Alison. »Wenn es so weitergeht, kriegen wir dieses Jahr eine Rekordernte. Auch die Obstbäume hängen voll. Wenn nur die Wespen nicht wären!

Sabina fühlt sich wohl und munter. Sie ist jetzt oft bei uns, weil Dorcas ihr Strick- und Häkelanleitungen gibt. Himmel, das Mädchen lernt es nie! Dorcas räufelt ihr Geprüne immer heimlich wieder auf und bringt es in Ordnung. Wie haben ja noch Monate Zeit, und für Sabina ist

die Hauptsache, sie fühlt sich wohl und denkt, sie arbeite schon den
ganzen Tag für ihr Baby.«

Dann wieder ein Beitrag von Dorcas:

»Es scheint uns eine Ewigkeit, daß Du weg bist. Hast Du Dir je
klargemacht, daß wir vorher noch nie so lange getrennt waren? Du
fehlst uns. Hoffentlich kommt Ihr bald erfolgreich heim.

Der alte Totengräber ist vorige Woche gestorben. Eine Erleichterung
für Mrs. Pegger, glaube ich, obgleich man so was nicht sagen sollte. Er
war ein harter Ehemann und Vater...

Aber von den Toten soll man nur Gutes reden. Jedenfalls bekam er ein
würdiges Begräbnis. Sein Ältester, Matthew, ist der neue Totengräber
und grub als erstes Grab das seines Vaters. Manche Dörfler finden, das
hätte jemand anders tun müssen.

Jack Polgrey hat zum ersten Erntetanz eingeladen...«

Und so weiter. Ich sah alles so deutlich vor mir, daß mich das
Heimweh während der Brieflektüre vorübergehend über-
schwemmte. Auch Sabina hatte geschrieben, heiter und von einem
Gegenstand zum andern springend wie immer. Sie fand es großartig, daß sie und Theodosia im gleichen Zustand waren – wie stand
es diesbezüglich bei mir? Ich dürfe es keinesfalls lange verheimlichen, denn es wäre die größte Freude für meine Tanten. Die beiden
kümmerten sich jetzt wie die wahren Engel um *sie*, aber sie
wisse trotzdem, daß niemand ihnen jemals ihre Judith ersetzen
könne...

Ich hatte Sabinas Brief gerade fertig gelesen, als es an die Tür
klopfte und auf mein »Herein« Tabitha eintrat. Auch sie hielt einen
Brief in der Hand.

Sie sah mich geistesabwesend an. »Ist Tybalt nicht hier?«

»Nein, um diese Zeit ist er doch immer an der Arbeitsstelle.«

»Ich dachte...«

»Ist etwas passiert, Tabitha?«

Sie antwortete nicht, und ich sprang nun wirklich beunruhigt
auf und ging zu ihr. Ich sah, daß ihre Hände zitterten.

»Schlechte Nachrichten?«

»Ich... ich weiß nicht, wie ich sie nennen soll«, flüsterte sie.
»Vielleicht sogar gute.«

»Wollen Sie mit mir darüber sprechen?«

»Ich hoffte, Tybalt...«

»Sie können hinüberfahren, wenn es so wichtig ist.«

Endlich sah sie mich wacher an und sagte: »Judith, es ist soweit –
endlich.«

»Was?«

»Er ist gestorben.«

»Wer?... Oh, ich verstehe – Ihr Mann. Kommen Sie, setzen Sie sich. Es muß ja ein Schock für Sie gewesen sein.«

Damit führte ich sie zu einem Sessel, und nach ein paar Sekunden fuhr sie gefaßter fort: »Dies ist ein Brief von der Anstaltsleitung. Sie wissen, er war vor unserer Abreise schon einmal sehr krank. Ich habe ihn damals zum letztenmal gesehen. Und nun... ist er tot.«

»Ich glaube«, sagte ich, »es ist das, was man ›Erlösung‹ nennt.«

»Ja, er war unheilbar. Judith, Sie ahnen nicht, was das alles für mich bedeutet. Endlich... bin ich frei.«

Soviel Ehrlichkeit hatte ich nicht erwartet, aber ich würdigte sie als Vertrauen. »Ich verstehe, Tabitha«, sagte ich sanft. »Kann ich Ihnen etwas anbieten? Einen kleinen Brandy vielleicht?«

»Danke, nein.«

»Dann also Pfefferminztee wie immer. Ist auch besser in diesem Klima.«

Da Tabitha nicht widersprach, zog ich die Klingel. Mustapha erschien und brachte sehr rasch das Verlangte. Während wir im schattigen Zimmer saßen und an dem erfrischenden Getränk nippten, sprach Tabitha von der langen, qualvollen Zeit, in der sie verheiratet gewesen war – und doch keine Ehefrau im normalen Sinn. »Es ist über zehn Jahre her, daß er in die Anstalt gebracht werden mußte«, sagte sie. Ich wußte nicht, was in ihrem seltsam tiefen Blick überwog – der Schmerz oder das Leuchten. »Und nun«, wiederholte sie fast unhörbar, »bin ich frei.«

Trotz ihres Vertrauens war mir klar, daß ich im Moment nur Lückenbüßer für Tybalt war. Ihm wollte sie sich mitteilen, und daß sie sich auch mir gegenüber so offen aussprach, ging wahrscheinlich auf Konto ihrer Erregung. Und dann hatte die Ärmste nicht einmal Gelegenheit, mit ihm zu sprechen, als er endlich in den Palast zurückkam, denn es war schon Tischzeit, und gleich danach fuhr Tybalt mit seinen Mitarbeitern wieder hinaus.

Ich beobachtete Tabitha heimlich. Kein Zweifel – sie wollte ihm die große Neuigkeit erst sagen, wenn sie mit ihm allein war.

Nachts wurde ich meiner Sache sicher. Ich sah Tybalt nach Mitternacht in den Hof kommen, aber es dauerte mehr als eine Stunde, bis er das Schlafzimmer betrat. Natürlich hatte Tabitha auf ihn gewartet und ihn abgefangen.

So weit, so gut – aber warum brauchte sie mehr als eine Stunde, um ihm den Tod ihres Mannes mitzuteilen? Böse kleine Gedanken krochen wie Würmer durch mein Hirn. Nanny Testers giftige Andeutungen kehrten immer wieder. Gewiß, Nanny war schon etwas wunderlich und konnte Tabitha nun mal nicht leiden, aber... Hatte ich nicht selbst oft gedacht, die beiden wären sicher gern ein Paar geworden, wenn es möglich gewesen wäre? Und nun war Tabitha frei.

Ich hörte Alison sagen: »Du bist zu rasch, Judith. Daraus kann Unglück entstehen. Zähle im stillen immer bis zehn, wenn du im Begriff bist, etwas Überstürztes zu denken oder gar zu tun.«

Jetzt hatte ich schon mehrmals bis zehn gezählt, aber es half mir gar nichts. Ich konnte mir nur vornehmen, meine Zunge zu hüten. Tybalt würde sicher nicht sehr entzückt auf offen bekundete Eifersucht reagieren.

Was machten sie nur so lange miteinander? Feierten sie Tabithas Freiheit?

Hundert Empfindungen bestürmten mich, darunter auch wilde Wut. Er hatte mich nur geheiratet, weil er wußte, daß ich Sir Ralphs Tochter war und ein Vermögen erben würde. Hatte er das wirklich vorher gewußt...? Jedenfalls war Tabitha zur Zeit unserer Heirat nicht frei gewesen – und *das* wußte er.

Ich meinerseits liebte Tybalt derart, daß mein Leben ohne ihn keinen Sinn mehr gehabt hätte. Aber ich war seiner nicht sicher. Denn nun war Tabitha frei...

Die Tür öffnete sich. Tybalt trat ein. Ich schloß schnell die Augen und stellte mich schlafend, denn ich traute mir nicht die nötige Fassung zu, jetzt auch nur ein Wort mit ihm zu sprechen. Womöglich schrie ich ihm meine Zweifel und Ängste ins Gesicht – und er bestätigte sie! Also lag ich lieber ganz still.

Tybalt setzte sich in einen Sessel und blieb lange tief in Gedanken. Ich wußte: Er dachte an Tabitha.

Und ich tat mindestens eine Stunde lang, als ob ich schliefe.

Warum sieht bei Sonnenaufgang immer alles wieder anders aus? Hier stieg die Sonne schnell und blendend am Himmel empor; man konnte nur in den ersten paar Minuten hinsehen.

Zu Hause vollzog sich das Schauspiel viel langsamer, milder und stimmungsvoller, wenn es sich überhaupt vollzog – aber gerade weil die Sonne nicht jeden Tag durch die Wolken drang, wußte man sie zu würdigen. Doch ob in Ägypten oder in Cornwall – der Tag vertrieb die Schatten und Ängste der Nacht.

Ich verstand meine eigene Torheit nicht mehr. Tybalt liebte mich – er hatte das oft genug bewiesen. Warum sollte er daneben nicht auch Freundschaft für andere hegen? Natürlich schätzte er Tabitha, ganz wie sie es verdiente: Sie war schon lange vor mir ein nützliches Mitglied seines Haushalts gewesen, eine vertraute Freundin der Familie. Selbstverständlich mußten ihre Angelegenheiten auch ihn interessieren. Nanny Tester war eine boshafte alte Hexe, wenn sie aus dieser Verbundenheit falsche Schlüsse zog.

Im Licht des neuen Tages sah ich alles ganz klar. Ich lachte über mich selbst. Ich hatte schlimmere Hirngespinste als Theodosia.

Bei diesem Vergleich fiel mir ein, daß ich schon seit dem Tag des Nilfestes unruhig gewesen war. Wo war Yasmin geblieben? Wenn ich sie sehen und sprechen könnte, würde ich manche unbehaglichen Nebengedanken loswerden. Ich mochte keine Mysterien.

Theodosia litt wieder an ihrer Morgenübelkeit, und Tabitha erbot sich, mich in den Bazar zu begleiten. Natürlich sprachen wir zunächst über den Tod ihres Mannes. »Wahrscheinlich ist es falsch, daß ich mir meine Erleichterung so anmerken lasse«, sagte sie, »aber ich kann mich nicht verstellen, wenigstens nicht vor meinen Freunden. Und für meinen Mann ist es wirklich eine Erlösung, Judith. Er führte kein Leben mehr. Er hatte Angstzustände und wußte nicht mal, wer er selber war.«

»Sie dürfen sich keine Vorwürfe machen, wenn Sie sich erleichtert fühlen«, versicherte ich ihr.

»Das tut man, ob man will oder nicht. Man fragt sich, ob man nicht mehr hätte tun können.«

»Was hätten Sie in so einem Fall tun sollen?«

»Ich weiß nicht. Niemand konnte ihm helfen. Aber ich war all die Jahre hindurch froh, wenn ich seine Existenz überhaupt vergessen konnte, und darin sehe ich mein Unrecht.«

Hierauf wußte ich nichts zu erwidern. Ich sah sie von der Seite an: Sie schien jünger, beschwingter. Ihre Schönheit war wie von Glanz umgeben und deutlicher denn je.

Wir kamen an der Lederbude vorbei, in der auch heute der ältere Mann auf Yasmins Schemel saß. Er blickte auf, erkannte mich – und beugte sich sofort wieder über seine Arbeit.

Der nächste alte Bekannte war der Wahrsager, der uns, anders als Yasmins Vater, dringend zum Sitzen aufforderte. Zuerst wandte er sich Tabitha zu.

»Große Last von Seele. Lady ist glücklicher als lange Zeit. Lady wird geliebt. Lady sollen aber weggehen, weit weg ins grüne Land des Regens. Wenn Lady gehen, große Freude für sie, denn sie wird geliebt, und große Last ist von ihr genommen.«

Tabitha war tief errötet. Ich dachte: Er meint Tybalt. Er liebt sie, und sie liebt ihn, und sie ist jetzt frei... Aber er nicht. Warum hatten sie nicht ein paar Jahre gewartet? Er hätte sich nicht so unbedacht in eine Geldheirat stürzen sollen...

Der Wahrsager war mit Tabitha fertig und heftete jetzt die Augen auf mich.

»Heimgehen, Lady«, raunte er beschwörend. »Große schwarze Fledermaus über Ihnen. Wie der unerbittliche Falke. Wartet alle Tage.«

»Danke, das weiß ich schon«, versetzte ich schnippisch. »Meine Zukunft ist laut Ihnen ja immer höchst bedrohlich. Ich hoffe, sie fledermaus- und falkenfrei zu halten.«

Soviel rasches Englisch auf einmal verstand der Mann natürlich nicht. Tabitha und ich entrichteten unseren Obolus und gingen weiter.

»Diese Leute«, meinte Tabitha, »machen es im Grunde genauso wie unsere Zigeuner in England. Sie sagen immer das, womit sie am meisten Eindruck zu schinden hoffen.«

»Mich beeindrucken diese düsteren Schicksalprophezeiungen schon lange nicht mehr«, versicherte ich. »Ich möchte nur nicht, daß die arme Theodosia weiter damit aufgeregt wird.«

»Man muß die ganz andere orientalische Mentalität im Sinne behalten. Die Menschen hier sind Fatalisten, das heißt, sie stellen sich gern Gefahren vor, die nur durch Weisheit und Allahs Güte abgewendet werden können. Und das möchte der Wahrsager auch Ihnen beibringen.«

»Ich finde das nicht gerade gastfreundlich. Dauernd sagt er mir, wenn auch nicht mit so groben Worten, ich soll mich nach Hause scheren. Dabei hat er recht gut an mir verdient. Er würde das wohl etwas vermissen, wenn ich seine geheimnisvollen Todesdrohungen ernst nähme. Komisch bei der sonstigen Geschäftstüchtigkeit der Orientalen.«

»Ja, ich gebe zu, seine Versuche, Kunden zu vertreiben, sind ein bißchen merkwürdig.«

»Wenigstens hatte er recht mit seinem Spruch, daß Ihnen eine Last von den Schultern genommen ist, Tabitha. Nun ja, erstens sieht man es Ihnen an, und zweitens wird bestimmt unheimlich über uns getratscht. Und alles das, was ihm zugetragen wird, flicht er in seine Weissagungen ein.«

»Das würde mich nicht überraschen«, sagte Tabitha lächelnd.

Evan gesellte sich zu mir, als ich gegen Abend desselben Tages allein auf der Terrasse saß, um den Sonnenuntergang zu sehen. Das Schauspiel verblüffte und faszinierte mich immer von neuem: Eben noch war der riesige rote Ball am Horizont zu sehen, dann verschwand er, und fast augenblicklich brach die Dunkelheit herein. Wie anders unsere langen Dämmerstunden zu Hause, besonders im Sommer, wenn das Licht nur spät und zögernd wich!

»Gut, daß ich dich mal allein treffe, Judith«, sagte Evan. »Ich möchte schon lange mit dir über Theodosia reden. Sie wird immer deprimierter.«

»Meinst du, sie sollte besser heimfahren?«

»Es wäre mir schrecklich, und doch komme ich allmählich zu der Ansicht, daß es für sie wahrscheinlich das Beste wäre.«

»Ohne dich wird sie kaum abreisen wollen. Kannst du nicht mit?«

»Ich fürchte, Tybalt würde mich nicht so ohne weiteres aus meinem Vertrag entlassen.«

»Oh ... Ich verstehe.«

»Wenn ein schwerer Notfall vorläge, würde er es sicher tun, aber als solchen kann man unsere Lage ja nun wirklich nicht bezeichnen. Theodosia verträgt das Klima nicht sehr gut, und nun, da sie das Kind erwartet...«

»Aber bis zur Geburt sind wir doch längst wieder in England.«

»Leider scheint diese Aussicht sie wenig zu trösten. Es geht ihr täglich schlechter, und sie bildet sich das nicht nur ein. Nicht nur das Klima, sondern auch die ganze Atmosphäre hier haben eine sehr nachteilige Wirkung auf sie.«

»Also dann sollte sie wirklich allein fahren und daheim auf dich warten.«

»Wo daheim? In unserer Wohnung auf dem Universitätsgelände käme sie sich ohne mich und in ihrem Zustand ganz verloren vor. Bei ihrer Mutter? Na, du kennst ja Lady Bodrean zur Genüge. Außerdem war sie von Anfang an gegen unsere Heirat. Theodosia würde sich in Keverall Court nicht gerade geborgen fühlen.«

»Vielleicht könnte sie für die paar Wochen zu meinen Tanten ziehen. Dorcas und Alison würden sie mit Wonne hegen und pflegen. Oder zu Sabina ins Pfarrhaus.«

»Das ist eine Idee. Die Trennung würde uns zwar beiden

schwerfallen, aber sie wäre das kleinere Übel. Ich werde Theodosia gut zureden.«

Er verließ mich schon ein wenig zuversichtlicher, als er gekommen war.

Am nächsten Tag befand ich mich gerade im Innenhof, als eine Stimme hinter mir flüsterte: »Lady!«

Ich drehte mich um, konnte aber zunächst niemanden entdekken. Dann löste sich langsam eine Gestalt aus einer von Blütenbüschen verdeckten Nische: ein junger Araber, den ich meines Wissens noch nie gesehen hatte.

Er hielt mir seine linke Hand entgegen, die leicht blutete.

»Lady haben Zaubersalbe in Glas ...«

»Gewiß, ich werde Sie salben und verbinden«, sagte ich. »Komm mit.«

Ich führte ihn in einen kleinen ebenerdigen Raum, in dem sich alles für solche Fälle Nötige befand, auch unser Erstehilfekasten und mein berühmtes Marmeladenglas.

Der junge Mann sah zu, wie ich die Wunde reinigte, die nicht viel mehr als ein Kratzer war, und flüsterte dann:

»Lady, ich gekommen, weil ich mit Ihnen reden muß.«

Ich sah forschend in die tiefschwarzen, ängstlichen Augen.

»Ja? Worüber?« fragte ich abwartend.

»Über Yasmin. Sie immer gut zu Yasmin gewesen.«

»Wo ist sie jetzt?«

»Tot. Ich beten immerzu zu Allah ...«

»Tot?!«

Er nickte. Sein Gesicht verzog sich schmerzlich.

»Wie ist sie gestorben? Warum?« drängte ich.

Er hatte Schwierigkeiten, sich verständlich auszudrücken.

»Ich haben Yasmin geliebt.«

»Arbeiten Sie für Sir Tybalt Travers?«

»Guter Master«, nickte er, »sehr gute Lady. Sie geheimhalten.«

»Natürlich, Sie können volles Vertrauen zu mir haben. Wie heißen Sie?«

»Hussein.«

»Gut, Hussein, erzähle mir, was du über Yasmin weißt. Ich werde es nicht weitersagen, wenn es kein Verbrechen war.«

»Oh, Verbrechen ... Niemand Mörder verfolgen. Yasmin und ich, wir uns lieben. Aber ihr Vater sagen nein. Yasmin altem Mann versprochen, der viele Ziegen und Leder hat.«

»Ich verstehe. Bei euch werden die Heiraten so ausgehandelt.«

»Liebe stärker als Vater, Lady. Wir uns treffen heimlich. Ich wagen kaum zu sagen, wo. Wir die Pharaonen beleidigt.«

»Komm, Hussein, die toten Pharaonen sind nicht mehr zu beleidigen – schon gar nicht von einem Liebespaar. Sie hatten zu ihrer Zeit auch allerhand Affären. Das weiß doch jedes Kind.«

»Ja... Yasmin und ich, wir nicht wissen, wo heimlich treffen. Aber ich arbeiten im Grab innen. Ich einer von Sir Tybalts besten Arbeitern, so er selber sagen. Ich wissen immer, wann Leute da und wann nicht. Darum wir treffen in Grab, wenn sonst keiner da.«

»Das war aber ziemlich gewagt von euch beiden, Hussein.«

»Einziger stiller Platz, Lady, und Liebe ist stark. Überall sonst wir würden gesehen, und wenn Vater hört, er geben Yasmin noch schneller dem alten Mann mit den vielen Ziegen.«

»Gut, ich verstehe das alles, aber was ist mit Yasmin geschehen?«

»Es war der Abend, an dem großer Pascha kommen. Yasmin und ich wieder in Grab verabredet. Aber Sir Travers sagt zu mir: ›Hussein, bringe bitte diese Botschaft zu Ali Moussa.‹ Das ist der Mann, der Werkzeuge für uns macht. ›Und das und das bringst du zurück‹, sagt Sir Travers. ›Ich dir Papier mitgeben.‹ Ich müssen gehorchen und haben keine Zeit, ins Grab zu gehen. Yasmin vergebens auf mich warten... Es war die Nacht, als der Pascha da war. Ich Yasmin nicht lebend wiedergesehen. Man hat sie beim Nilfest in den Fluß geworfen.«

Ich holte tief Luft. »Das habe ich geahnt«, sagte ich leise. »Aber, Hussein... warum nur?«

Er hob die dunklen Augen flehend zu mir auf. »Das *Sie* mir sagen, Lady. Lady ist weiser als ich. Warum hat man Yasmin den Krokodilen vorgeworfen?«

»Den Krokodilen?« wiederholte ich schaudernd.

Hussein senkte den Kopf wieder. »Heilige Krokodile. Ich schon welche gesehen mit Juwelen um Hals und Beine... Mädchen wie Yasmin von solchen Juwelen nur träumen.« Er warf einen furchtsamen Blick zur Tür, als könne er für diese rebellische Bemerkung sofort erschlagen werden.

»Aber warum? Was soll dieser ganze Wahnsinn?« rief ich.

»Die Mächtigen so wollen, Lady. Yasmin haben Großmächtige beleidigt, weil sie war in Grab, in heiligem Grab. Das ist der Fluch der Pharaonen.«

»Immer wieder die Paraonen«, seufzte ich. »Hussein, Sie sind doch ein vernünftiger junger Mann. Die Pharaonen sind nur eine Ausrede für die Verbrechen anderer. Verstehen Sie mich? Wenn Yasmin getötet worden ist, muß ein handfester Grund dahinterstecken.«

»Sie müssen in Grab gewesen sein, als Sir Travers mich zu Ali Moussa senden. Sie immer gekommen, wenn verabredet.«

»Ein tapferes Mädchen. Sich bei Nacht allein da hinaus zu trauen...«

»Liebe macht tapfer, Lady.«

»Und Sie denken, man hat sie entdeckt?«

»Das eben ich nicht wissen, und das machen mich noch verrückt. Ich nur weiß, daß sie in Fluß geworfen ist.«

»Ich habe den Festzug gesehen, Hussein. Wir dachten, das Mädchen im Wagen sei eine lebensgroße Puppe. Die Augen über dem Schleier waren geschlossen, und sie regte sich nicht.«

»Vielleicht war sie schon tot, Lady, oder mit Gift betäubt. Ich weiß nicht. Alles, was ich wissen, ist – jetzt ist sie tot.«

»Aber wenn jemand sie töten wollte, warum dann auf eine so auffallende Art?«

»Lady sehen überall Bilder auf Palastmauern. Auch Gefangene, die Pharaonen von Kriegen mitbringen. Haben Sie gesehen?«

»Natürlich, oft, und ich habe mir meine Gedanken darüber gemacht. Es sind ja oft recht grausame Szenen.«

»Dann wissen Lady, was denen geschieht, die Pharao beleidigen. Sie werden den Krokodilen vorgeworfen. Arme, Beine, Ohren, Nasen werden abgeschnitten. Manche verkehrt herum am Schiffskiel aufgehängt. Die Gefangenen, die leben bleiben, und Volk sehen, was passiert, wenn ungehorsam. Yasmin den Krokodilen vorgeworfen, weil sie in heiligem Grab war. Lady verstehen?«

»Für uns Engländer ist das kaum verständlich, Hussein, aber ich weiß, was Sie meinen. Haben Sie Angst, daß es Ihnen auch so ergeht?«

Er nickte zögernd.

»Hussein, wenn es so wäre, würden Sie heute nicht mehr leben. Ich glaube nicht, daß man Sie verdächtigt. Yasmin ist in jener Nacht unglücklicherweise von irgendwem entdeckt worden, und der hat sie dann wahrscheinlich getötet. Erzählen Sie nur niemandem von Ihrer Liebschaft.«

»Nein. Es war unser Geheimnis. Darum wir ja brauchen so einen heimlichen Ort für unsere Liebe.«

»Also seien Sie klug, Hussein, sprechen Sie nicht von Yasmin, und zeigen Sie Ihren Kummer nicht.«

Er sah mich mit seinen dunklen Augen an, als sei ich die Weisheit in Person. Mir wurde fast bange vor so viel Vertrauen.

»Das«, er deutete auf seine inzwischen verbundene Hand, »war nichts. Nur... wie Sie sagen?... Vorwand. Ich mußte weise Lady sprechen.«

Ich hätte gern abgewehrt, sah aber ein, daß ich ihn nur trösten konnte, indem ich ihm seinen Kinderglauben ließ.

»Es war gut, daß Sie zu mir gekommen sind«, sagte ich. »Kommen Sie wieder, falls Sie etwas Neues hören.«

Er verbeugte sich tief.

»Ich wußte, Sie weise Lady«, sagte er. »Sie haben Zaubermittel im Glas.«

Die Zeit bis zu Tybalts Heimkehr dehnte sich unerträglich. Ich konnte es kaum erwarten, mit ihm allein zu sein. Natürlich mußte ich ihm Husseins schreckliche Geschichte erzählen und mit ihm beraten, was gegen solche fürchterlichen Landessitten zu tun sei.

Aber wie schwierig war es neuerdings, ein Gespräch unter vier Augen mit dem eigenen Mann zu führen!

Er kam erst am späten Nachmittag mit einem Gesicht, das nicht viel Gutes verhieß, und ging sofort in unser Apartment. Ich rannte ihm nach und fand ihn in einem Sessel, ungewöhnlich hingeflegelt und auf seine Stiefelspitzen starrend.

»Tybalt«, sagte ich, »ich muß mit dir reden. Es ist wichtig.«

Er blickte geistesabwesend auf. Es war zu bezweifeln, daß er mich überhaupt gehört hatte.

»Yasmin ist tot!« schrie ich ihn an.

»Wer ist Yasmin?«

»Ach ja, du kennst sie nicht. Sie ist – oder war – ein reizendes junges Mädchen, das in den *souks* Lederarbeiten machte. Beim Nilfest wurde sie als Opfer in den Fluß geworfen.«

»Oh?« Das war alles, was Tybalt zu erwidern hatte.

»Das war glatter Mord!« rief ich.

Tybalt sah mich mit einem Blick an, dem ich entnahm, daß er immer noch weit weg von mir war.

Ich schlug mit der Faust auf die Sessellehne. »Tybalt, ein

Mädchen ist ermordet worden – und dir scheint es vollkommen egal zu sein! Diese Yasmin war in der Nacht des Paschabesuchs in irgendeinem Ausgrabungsstollen, und ...«

»Was?« Er fuhr auf, und ich dachte in letzter Verzweiflung: Man braucht nur sein verdammtes Grab zu erwähnen, und sofort ist er wieder da! Der Tod eines jungen Mädchens ist ihm weniger wichtig als die Tatsache, daß sie sich in *sein* Terrain eingeschlichen hat!

Ich fuhr möglichst ruhig fort (›weise Lady!‹): »Einer deiner Arbeiter hat mich heute aufgesucht. Er ist vor Grauen ganz durcheinander, darum sage ich dir nicht, wer es war. Er und Yasmin waren Liebesleute. Schwer hierzulande, wie wir wissen. Sie haben sich ein paarmal in dem Grab getroffen, und dann wurde das Mädchen ermordet.«

»Rendezvous im Grab! Wer würde das hier je wagen!«

»Der junge Mann hat mich nicht angelogen, dessen bin ich sicher. Aber das Furchtbare daran ist, daß das Mädchen jetzt tot ist. Sie wurde beim Nilfest in den Strom geworfen.«

»Unsinn, das ist doch seit Jahrhunderten nur eine Puppe«, sagte Tybalt.

»Diesmal warfen sie eine Lebende – oder eben erst Ermordete – hinein, und es war Yasmin. Theodosia und ich sagten gleich, sie käme uns so bekannt vor. Nun wissen wir es genau. Was gedenkst du zu tun, Tybalt?«

»Meine liebe Judith, du regst dich um Dinge auf, die dich nichts angehen.«

»Ach, du meinst, ich sollte selbst einem Mord ruhig zusehen?«

»Man hat dir einen Bären aufgebunden. Wer war es?«

»Einer deiner Arbeiter, wie ich dir schon sagte; aber der Name tut hier wirklich nichts zur Sache. Tybalt, hör doch endlich zu! Er liebte Yasmin, und sie wurde ihm auf grausame Art entrissen.«

»Du bist einer Räuberpistole aufgesessen, Judith. Die Leute hier lieben das Dramatische.«

»Dieser Kummer war echt. So blöd bin ich auch nicht. Tybalt, was können wir tun?«

»Absolut nichts ... selbst wenn die Geschichte wahr ist.«

»Willst du damit sagen, daß wir sogar als Augenzeugen eines Mordes schweigen müssen?«

Tybalt sah mich an. »Wir sind nicht die Richter dieses Volkes. Nichteinmischung ist das erste, das man hier lernen muß. Und im übrigen kommt mir die Geschichte doch ein bißchen zweifelhaft vor. Die Opferzeremonie beim Nilfest verlangte von Urzeiten an eine *Jungfrau*, erst eine lebendige, dann eine Puppe. Wenn deine Yasmin sich wirklich öfters mit ihrem Liebhaber an einem so geheimen Ort getroffen hat, ist zu bezweifeln, daß sie noch Jungfrau war.«

»Egal, irgend jemand wollte sie loswerden!«

»Das geht hierzulande auch sehr viel diskreter als in aller Öffentlichkeit.«

»Vielleicht sollte es eine Warnung sein.«

Tybalt strich sich müde über die Stirn und schwieg.

»Ich glaube, du hast mir gar nicht richtig zugehört«, sagte ich.

Er hob den Kopf und sah mich fest an. »Judith, heute haben wir die Ausgrabungen beendet, auf die ich all meine Hoffnungen setzte. Sie endeten wieder in einer Sackgasse. Weiter geht es nicht. Der Stollen muß vor Jahrtausenden angelegt worden sein, um schon die damaligen Grabräuber irrezuführen. Der alte Trick hat auch uns wieder ganz schön hereingelegt.«

»Oh, Tybalt!«

»Ja, all unsere monatelange Arbeit hat zu nichts geführt. Geld, Kraft und Zeit sind verschwendete Liebesmüh.«

Ich hätte ihn in diesem Moment gern umarmt und getröstet, aber er war zu weit weg von mir. Alles, was ich sagen konnte, hätte banal geklungen. Erst in diesem Moment erfaßte ich ganz, daß nichts auf Erden ihm wichtiger war als seine Arbeit – auch ich nicht.

Ich zwang mich zu Sachlichkeit und Kühle. Wahrscheinlich konnte er diese Haltung jetzt am besten ertragen.

»Somit ist alles zu Ende?«

»Die komplette Pleite«, bestätigte er.

Ich schwieg. Jedes Wort hätte jetzt albern gewirkt. Tybalt sank in seinen Sessel zurück, und das bedrückende Schweigen dauerte an.

Ich wußte, daß er Yasmin völlig vergessen hatte, falls er ihre traurige Geschichte überhaupt gehört hatte. Was galt sie ihm! Was galt ich ihm! Er dachte an nichts als an seinen niederschmetternden Mißerfolg.

8

Ein Sturz vom Gerüst

Am nächsten Tag wurde allgemein nur von der Heimreise gesprochen. Eine der teuersten Expeditionen aller Zeiten hatte wieder zu nichts geführt.

Tybalt hatte den Fehler begangen, die letzten Worte seines Vaters als Verheißung und Verpflichtung aufzufassen. Darauf lief jedes Gespräch dieser Tage hinaus. Nur weil sein Vater auf unerklärliche Art gestorben war – sein Tod war und blieb geheimnisvoll, das konnte niemand wegdisputieren –, hatte Tybalt geglaubt, dem Geheimnis auf der Spur zu sein. Diesem Irrtum waren schon andere Forscher vor ihm verfallen. Sie alle hatten bittere Enttäuschungen und Verluste, nicht nur finanzielle, hinnehmen müssen.

Nur Theodosia wagte, ihr Glück ganz offenherzig zu zeigen. Der Gedanke, so unverhofft rasch nach Hause zu dürfen, berauschte sie.

»Natürlich tut mir der Fehlschlag für Tybalt leid«, murmelte sie anstandshalber. »Aber... daheim fühlen wir uns doch alle wohler!«

»Tja, Schluß und aus mit allen hochfliegenden Abenteuergelüsten«, sagte Hadrian. »Bist du kuriert, Judith? Du warst ja mit am verrücktesten darauf, ins Wunderland der Pharaonen zu kommen.«

»Und ich fand es auch wunderbar, trotz allem.«

»Obwohl du meistens als Strohwitwe herumsitzen mußtest? Wie ich dich kenne, hast du ganz nett mit den Zähnen geknirscht, wenn es keiner hörte. Wer spielt gern die zweite Geige neben Staub und Knochen – die dann nicht mal gefunden werden!«

»Ich habe auch den Mißerfolg stets in Rechnung gezogen«, erwiderte ich mit Würde, »und volles Verständnis für Tybalts Arbeitsbesessenheit gehabt.«

Hadrian kam ein wenig näher – wir standen momentan sowieso allein – und sagte leise: »Ich hätte dich nicht so vernachlässigt, Judith. Und alles für nichts und wieder nichts!«

»Ein loyaler Gefolgsmann seines Expeditionsleiters, muß ich schon sagen!« fuhr ich ihn wütend an.

Er grinste spitzbübisch. »Unter Freunden darf man ehrlich sein, dachte ich. Waren wir nicht immer gute Freunde?«

»Bis zu diesem Moment – ja«, fauchte ich.

Hadrian lachte auf und wurde dann plötzlich ernst. »Wir bleiben Freunde, Judith, auch wenn du im Moment Gift und Galle spuckst. Wenn du mich je brauchen solltest...«

»Ich dich brauchen!!«

»Teure Cousine, auch die Selbstbewußtesten unter uns brauchen manchmal andere.«

»Soll das eine Anspielung auf etwas Bestimmtes sein?«

Er zuckte die Achseln und lächelte auf die schiefe Art, die ich immer recht nett und lustig gefunden hatte, zumal ich wußte, daß er damit stets Dinge zu kaschieren suchte, die ihm schwer auf dem Herzen lagen. Er *weiß* etwas, dachte ich. Er will mich auf seine Art warnen. Wovor? Vor wem? Tybalt?

»Drück dich bitte etwas genauer aus«, sagte ich scharf.

Er zog sich zurück. Wahrscheinlich fürchtete er selbst, schon zu weit gegangen zu sein.

»Genau? Aber Judith, es ist doch wie immer: Nichts Genaues weiß man nicht.«

Mehr war nicht aus ihm herauszubringen, aber es war ihm gelungen, mich stark zu beunruhigen und unsicher zu machen.

Nur wenige Tage später war die Situation wieder total auf den Kopf gestellt. Tybalt jubilierte – soweit dies Wort auf ihn anwendbar war –, und der ganze Palast summte vor Aufregung.

»Jetzt weiß ich, daß ich monatelang auf den klassischen Trick hereingefallen bin«, sagte Tybalt zu mir. »Wir haben nur Sackgassen neu ausgegraben. Die wirklich wichtige Grabanlage ist hinter einer anderen Mauer.«

»Und wenn da auch nur wieder eine Sackgasse ist?«

»Nanu, Judith, solche Zweifel sehen dir ja gar nicht ähnlich. Ich habe so bedeutsame neue Hinweise, daß ich ihnen folgen muß.« – »Und wie lange wird das noch dauern?« – »Keine Ahnung. Natürlich müssen wir schon aus Finanzgründen versuchen, möglichst rasch ans Ziel zu kommen.«

Die meisten seiner wissenschaftlichen Mitarbeiter waren ebenso begeistert und neu belebt wie Tybalt, vor allem Terence Gelding. Auch Tabitha strahlte.

Arme Theodosia! Sie war furchtbar enttäuscht und Evan auch, glaube ich – nicht der Mehrarbeit wegen, sondern wegen seiner Frau. Er war in erster Linie rücksichtsvoller und liebender Mann – der tüchtige Archäologe kam erst in zweiter Linie. Und in meinem tiefsten Innern zog ich manchmal Vergleiche...

einmal in diesen aufgeregten Tagen sagte mir Tabitha im Vertrauen:

»Theodosia sollte ihre Melancholie nicht so zur Schau tragen. Können Sie nicht ein bißchen auf sie einwirken? Sie belastet auch Evan damit, und Tybalt wird nervös, weil Evan sich vor dauernder Sorge um seine Frau nicht richtig auf die Arbeit konzentriert.«

Ich brachte es fertig, eine nichtssagende Antwort zu geben, statt Tabitha diesmal über den Mund zu fahren. Tybalt und sie steckten ein bißchen zu oft die Köpfe zusammen, und ihre Befugnisse gingen längst weit über die einer Hausdame hinaus. Tabitha organisierte alles – für Tybalt. Sie war es auch, die eine allgemeine Besichtigungstour vorschlug, angeblich zu dem Zweck, auch die Damen, vor allem Theodosia, mehr für die Arbeit ihrer Männer zu erwärmen. Der Antiquitätenhändler Leopold Harding, der keine Gelegenheit ausließ, sich mit den Expeditionsteilnehmern zu unterhalten, sollte auch mit von der Partie sein.

»Es geht uns hauptsächlich um Theodosia«, sagte Tabitha eindringlich. »Sie war ja noch nie am wirklichen Arbeitsort. Wenn sie mit eigenen Augen sieht, wie ernsthaft und interessant das alles ist, wird sie ihre nervösen Einbildungen leichter überwinden.«

Zu meinem Erstaunen sagte Theodosia fast freudig zu. Sie war wirklich rührend bemüht, sich zusammenzunehmen und Evan keinen unnötigen Kummer zu machen.

Noch vor diesem Ausflug machten Hadrian und ich das lange gegebene Versprechen wahr, Leopold Hardings Lager zu besichtigen. Die beiden trafen sich öfters zu einem Drink im Hotel, und Hadrian erzählte mir, wie sehr sich der Kunsthändler für alles interessierte, was in sein Fach schlüge, und daß er bei der Falschmeldung von der total gescheiterten Expedition ganz geknickt gewesen sei.

»Er versteht von manchem mehr als ich«, gab Hadrian freimütig zu, »und freut sich natürlich enorm, daß er zu unserer internen Besichtigungstour zugelassen wird. Aber er fragt auch immer wieder, warum wir uns seine Sächelchen noch nicht angesehen haben. Wollen wir nicht mal hingehen?«

Ich sagte ja, und am nächsten Morgen besuchten wir Mr. Harding. Er hatte einen kleinen Schuppen am Ende der *souks*, dessen Tür mit schweren und komplizierten Vorhängeschlössern versehen war. Schon dies ließ vermuten, daß einige seiner ›Sächelchen‹ recht wertvoll waren, und drinnen wurden unsere Erwartungen vollauf erfüllt.

Leopold Harding zeigte uns alles mit Mischung von Begeisterung und Humor.

»Sehen Sie diesen Klappstuhl mit dem kunstvollen Blattmuster. Löwenköpfe an der Lehne, Pranken an den vier Beinen, wie es sich gehört. Ich habe das Stück *hier* gekauft, aber es kann ebensogut skandinavisch sein, vielleicht aus dem zwölften Jahrhundert. Ein Vexierspiel – aber das macht die Sache ja so reizvoll.«

Hadrian hatte schon ein anderes Stück in der Hand, einen unregelmäßigen Wandbrocken mit der typischen ägyptischen Malerei: ein Pharao, der dem thronenden Horus Opfer darbot. »Hier würde ich schwören, daß es echt ist.«

»Hübsch, nicht?« sagte Leopold Harding. »Die meisten Leute würden mit Ihnen schwören. Sieht es nicht aus, als sei es mühevoll von der Wand eines Pharaonengrabes abgetragen worden? Nichts da. Es ist zwar alt, aber nicht *so* alt. Etwa dreihundert Jahre. Auf Fälschungen versteht man sich hierzulande praktisch ebenso lange wie auf Grabraub. Aber schauen Sie dies hier an«, fuhr er fort, indem er ein kleines, nicht besonders auffälliges Schmuckkästchen von einem Regal nahm. »Die kleinen Elfenbeinkaros auf dem Deckel sind typisch für eine sehr frühe Dynastie. Ich halte es für echt und daher für eins meiner wertvollsten Stücke.«

Wir bewunderten das Kästchen und ließen uns von einem Objekt zum andern weiterführen. Dabei erzählte uns Mr. Harding auch von seinen Zoll- und anderen Schwierigkeiten. Er war immer froh, wenn seine Erwerbungen so klein waren, daß er sie unauffällig am Körper oder im Gepäck nach England bringen konnte. Er zeigte uns eine Anzahl schöner Schmuckgegenstände, die diese Bedingungen erfüllten. Aber ich war schon wieder abgelenkt, und zwar von einer herrlichen goldenen Horus-Statue, über deren Haupt der göttliche Falke schützende Schwingen ausbreitete. Unter meinen Blicken schien sie ins Überlebensgroße zu wachsen; ich war wie hypnotisiert. Der Gott – oder sein Symbol – bannte mich.

Kein Wunder, daß ich heftig zusammenzuckte, als Leopold Harding mir auf die Schulter klopfte und lächelnd fragte:

»Schön, was? Eine der besten Kopien, die ich je gesehen habe.«

»Wo ist das Original?«

»Das ist leider sogar der Fachwelt verlorengegangen, aber es schmückte sicher die Grabkammer eines Pharaos. Paradoxerweise sollten gerade *diese* Statuen Räuber abschrecken.« Mr. Harding wandte sich zu Hadrian. »Sie wissen darüber wahrscheinlich mehr als ich.«

»Kaum«, sagte Hadrian. »Ich habe noch nie eine Grabkammer betreten, die nicht ausgeplündert war.«

»Und dabei wirkt das Bildwerk doch wirklich ehrfurchteinflößend. Schlechte Menschen hat's eben immer gegeben. Was halten Sie von dieser kleinen Alabaster-Sphinx? Gut, nicht? Auch ziemlich wertvoll. Jedenfalls ausgezeichnetes Kunsthandwerk.«

So ging es noch eine Weile weiter. Ich dachte immer noch an den drohenden Horus. Dann hatten wir alles gesehen.

Wir verabschiedeten uns mit herzlichem Dank.

»Keine Ursache«, sagte Leopold Harding. »Vergessen Sie nicht, daß ich auch bei Ihnen zu einer Besichtigung eingeladen bin!«

Unsere Gesellschaft machte sich abends zum Ausgrabungsort auf, als kein Arbeiter mehr da war.

Ich konnte diese höhlenartigen Felsgänge nie ohne das Gefühl betreten, etwas ganz Einzigartiges zu erleben, und setzte ähnliche Empfindungen auch bei Theodosia voraus. Ihre Schwangerschaft war jetzt deutlich sichtbar. Sie stützte sich schwer auf Evans Arm, aber ich sah zu meiner Freude, daß sie guter Laune war und sich offenbar mit dem längeren Hierbleiben abgefunden hatte.

Die Herren hatten sich mit Laternen versehen. Terence leuchtete voran, und Hadrian machte das Schlußlicht. Es war kalt, natürlich; die Neulinge unter uns waren daher rechtzeitig aufgefordert worden, leichte Mäntel oder sonst etwas Wärmendes mitzubringen.

Terence hob seine Laterne und begann im Ton des erfahrenen Fremdenführers:

»Auf den Wandgemälden hier sehen Sie die üblichen Götter- und Menschendarstellungen – Amon Ra mit den Widderhörnern, den Horusfalken, den schakalköpfigen Anubis, deren Bedeutung ich Ihnen allen ja wohl nicht wiederzukäuen brauche. An der serienmäßigen Art der Ausführung erkennen wir, daß es sich um kein sehr bedeutendes Würdenträgergrab handeln konnte. Immerhin muß es ein Reicher gewesen sein, der es sich einiges kosten ließ, würdig bestattet zu werden. Vielleicht waren es auch mehrere.«

»Eine Art Syndikat?« fragte Leopold Harding.

»Aber wie konnten sie das vereinbaren, wenn sie alle schon tot waren?« ließ sich Theodosia vernehmen, und jedermann freute sich, ein Zeichen eigenen Interesses von ihr zu hören.

»Das wurde schon lange vor dem Tod vereinbart«, erklärte Terence. »Die Gräber waren meist schon zu Lebzeiten fertig. Bei den Pharaonen wurde, wie Sie wissen, jahrzehntelang daran gearbeitet, und der Bau wurde erst beendet, wenn sie starben.«

»Darum«, fügte Hadrian hinzu, »wurde die Pyramide um so großartiger, je länger sie lebten. Nicht gerade fair gegen die Frühverblichenen, deren es ja damals nicht wenige gab. Leben und Denkmal gingen miteinander flöten.«

Wir schlängelten uns im Gänsemarsch durch den engen Gang, Terence immer voranleuchtend. Plötzlich öffnete sich ein weiterer Raum. »Das ist noch nicht die Grabkammer«, erläuterte Terence. »Die kommt erst später. Was Sie hier sehen, ist eine Grube, die früher vielleicht auch einmal eine Grabkammer war, aber längst leer ist. Wir haben ein Gerüst darüberbauen müssen, um in den nächsten Gang zu gelangen. Schauen Sie, da fangen die Fresken wieder an.«

Das Flackerlicht seiner Laterne schweifte über die jenseitige Wand, und Theodosia, wahrscheinlich, um Evan endlich zu beweisen, daß sie eine verständnisvolle Archäologengattin war, betrat den Laufsteg als erste.

Die nächsten Sekunden waren wie ein böser Traum. Das Gerüst wankte und brach zusammen. Theodosia stürzte mit splitternden Latten zusammen in die Grube hinab.

Atemlose Stille... Mir schien sie eine Ewigkeit zu dauern, obgleich sie höchstens die berühmte Schrecksekunde betrug.

Dann hörte ich Hadrian aufschreien: »Großer Gott!« und sah Evan in die Grube klettern. Es war mehr ein Rutschen, denn die Wände waren steil, und das zerbrochene Gerüst war ihm im Weg.

Terence faßte sich als erster. »Harding, eine Bahre und einen Arzt!« befahl er und gab ihm seine Laterne. »Egal, wo und wie, nur bald, verstanden?« Damit rutschte er Evan nach und kniete neben ihm bei der reglosen Theodosia nieder.

Der Alptraum dauerte fort: Grabesdämmer, Schweigen, Theodosias schlaffer, bewußtloser Körper, ihr verzweifelter Mann.

Natürlich ging nichts mit der notwendigen Schnelligkeit. Wir improvisierten zwar eine Trage aus Latten und Mänteln, aber es war keine Kleinigkeit, Theodosia aus der Grube zu hieven und ohne Stolpern durch die engen, gewundenen Gänge zum Ausgang zu transportieren. Terence und Tabitha erwiesen sich an diesem Abend als echte Führernaturen, die auch in größter Bedrängnis nicht den Kopf verloren und vernünftige Anweisungen gaben.

Alles, was ich tun konnte, war, mich um Evan zu kümmern, der völlig aufgelöst war und immerzu stammelte: »Es ist meine Schuld. Ich hätte sie nie hierher mitschleppen dürfen.«

In derselben Nacht kam Theodosias Kind tot zur Welt, ein Fünf-Monats-Mädchen. Theodosia selbst war noch ohne Bewußtsein. Tabitha, die einiges von Krankenpflege verstand, blieb bei ihr, während ich nebenan Evan zu trösten versuchte.

Was konnte ich schon sagen? Immer nur dasselbe... »Es wird alles wieder gut, Evan. Kopf hoch. Es ist furchtbar traurig, daß ihr euer erstes Kind verloren habt, aber ihr werdet bald ein neues bekommen.«

»Wenn sie dies übersteht«, murmelte Evan, »werde ich sie nie mehr nötigen, England zu verlassen. Du weißt, wie ihr vor der Ägyptenfahrt graute. Sie hat das Unheil vorausgespürt. Es ist meine Schuld.«

»Unsinn, was heißt hier Schuld!« sagte ich. »Natürlich fuhr sie mit. Du bist ihr Ehemann, und so etwas gehört nun mal zur Ehe.«

»Aber sie sehnte sich täglich nach Hause, und nur ich hab' sie hier festgehalten. Sie hat sich so rührende Mühe gegeben, ihre Ängste zu verbergen. O Gott, warum habe ich nicht alles andere einfach im Stich gelassen und *sie* nach Hause gebracht!«

Ich wollte auf seinen Forschungsauftrag und andere Vernunftgründe hinweisen, aber in diesem Moment erschien Tabitha in der Tür, und Evan sprang auf. Sie legte den Finger auf die Lippen und winkte uns dann hinein.

Theodosias bleiches Gesicht auf dem Kissen sagte alles. Es glitzerte von feinen Schweißperlen und war schon fast unkenntlich. Mir stockte das Herz. Sie war doch meine Schwester. Nun sah ich, daß sie im Sterben lag.

Evan kniete am Kopfende des Bettes nieder. Die Tränen strömten ihm über die Wangen.

Theodosia öffnete die Augen und flüsterte: »Evan.«

»Hier bin ich, Liebste... Liebste...«

»Hab keine Angst, Evan. Ich hab' auch keine mehr.«

Dann erkannte sie auch mich. »Judith?«

»Ja, Theodosia, ich bin hier.«

»Meine . . . Schwester . . .«

»Ja, liebe Schwester«, sagte ich.

»Die große schwarze Fledermaus . . . der Schatten . . . nun senkt er sich auf mich herab.«

»Theodosia . . .«

»Aber ich fürchte ihn nicht mehr. Evan, du . . .«

Die Flüsterstimme verstummte, und ich hörte Evan hervorstoßen: »O Gott!«

Tabitha legte mir die Hand auf die Schulter. »Es ist vorbei, Judith«, sagte sie kaum hörbar.

Ich stand benommen auf. Es war unfaßbar. Gestern war sie noch so wohl und gesund gewesen, wie eine werdende Mutter eben ist. Vorgestern waren wir zusammen durch den Bazar gegangen. Und nun war sie tot.

Theodosias Tod schlug in der Öffentlichkeit wie eine Bombe ein. Alle alten Gerüchte wurden neu aufgewärmt. War die vorige Expedition nicht Sir Edwards Verderben gewesen? Und diesmal eine unschuldige junge Frau! Wenn das nicht der Fluch der Pharaonen war!

Mustapha und Absalam verfolgten mich mit großen flehenden Augen, wo ich ging und stand. »Geht heim, Lady«, sagten diese Augen, obwohl die Münder schwiegen. »Geht heim, ehe der Fluch den nächsten von euch trifft.«

Selbst Tybalt war außer Fassung. »Tabitha kann es nicht verwinden«, sagte er, »daß sie Theodosia dauernd zugeredet hat, ihren Mann zu begleiten. Sie meinte es gut, aber das ist ihr jetzt kein Trost.«

Ich hatte ihn selten so um das Seelenleben anderer besorgt gesehen. Nun ja, es war das Seelenleben Tabithas!

Was war mit mir los? Ich wurde argwöhnisch und empfindlich. Immerhin fand ich es sonderbar, daß er sich mehr um die Wirkung kümmerte, die Theodosias Tod auf Tabitha ausübte als um die auf ihren bedauernswerten Mann – oder auf mich, deren Halbschwester und Freundin sie ja schließlich gewesen war.

»Ich habe natürlich sofort eine Untersuchung veranlaßt«, teilte er mir mit. »Es ist mir ein Rätsel, wie es zu dem Unfall kommen konnte. Das Gerüst wurde täglich benutzt und war stark genug, um mehrere Männer mit beladenen Schubkarren gleichzeitig zu tragen. Wie konnte es da unter einer einzigen Frau zusammenbrechen? Wir müssen das ganz klarstellen, damit die blödsinnigen Gerüchte aufhören.«

Das blieb natürlich ein frommer Wunsch. Die Gerüchte nahmen fantastische Formen an, zumal die Unfallursache trotz fachmännischer Untersuchungen nicht geklärt werden konnte. Folglich mußte es der Fluch gewesen sein.

Aber warum traf er gerade die arme Theodosia, die weder den Göttern noch den Pharaonen je zu nahe getreten war? Sie hatte das Grab zum erstenmal betreten, und nicht auf eigenen Wunsch. Warum fiel sie den geheimnisvollen Mächten zum Opfer?

Mehrere Arbeiter weigerten sich, die Gänge noch zu betreten, was die Arbeiten verzögerte und Tybalt sehr ärgerte. Ich sorgte mich mehr um Evan, der vor Schmerz beinahe den Verstand verloren hatte. Er war kaum ansprechbar und gab wirre Antworten. Wenn er von Theodosia, dem Kind und dem erhofften glücklichen Familienleben sprach, liefen ihm die Tränen über die Wangen, ohne daß er es merkte. Es war schrecklich mit anzusehen; es war unerträglich. Ich nahm mir Tybalt unter vier Augen vor.

»Evan muß zurückfahren. Er kann es hier nicht mehr aushalten.«

»Wir brauchen ihn noch«, sagte Tybalt.

»In seinem jetzigen Zustand kann er euch schwerlich helfen.«

»Tja, im Moment ist er leider unbrauchbar.«

»Tybalt«, sagte ich scharf, »er hat gerade Frau und Kind verloren!«

»Das weiß ich so gut wie du. Vielleicht wäre es gut für ihn, sich mit doppelt intensiver Arbeit abzulenken.«

Ich lachte kurz auf. »Du bist ein Gemütsmensch, Tybalt! Meiner Meinung nach muß er nach Hause, sonst wird er verrückt. Alles hier erinnert ihn jede Minute an seinen Verlust.«

»Und was macht er zu Hause? Da trauert er doch ebenso. Arbeit ist das beste Heilmittel.«

»Ich wage zu behaupten, daß du die Gefühle, die Evan für Theodosia hegte, überhaupt nicht nachempfinden kannst. Es war nämlich echte Liebe.«

Tybalt sah mich verdutzt an und schwieg.

»Kannst du dir gar nicht vorstellen«, fuhr ich mit steigender Erregung fort. »Aber *ich* verstehe ihn. Arbeit kann ihn nicht retten. Nichts kann ihn retten als schleunigste Abreise. Er muß von den schrecklichen Erinnerungen weg.«

»Erinnert er sich in England nicht auch?«

»Ja, aber anders. Dort sieht er Theodosia, wie sie früher war.

Hier hat er ständig den Unglücksort vor Augen, ihre Ängste, ihren Wunsch, möglichst schnell zurückzukehren... Er macht sich die schrecklichsten Selbstvorwürfe. Er ist am Rande des Zusammenbruchs. Wenn du sein Gesicht an ihrem Totenbett gesehen hättest...«

Die Stimme versagte mir, und Tybalt klopfte mir beruhigend auf die Schulter. Ich sah in sein kühles Gesicht und dachte erbittert: Das einzige, was ihn jetzt beschäftigt, ist die Frage, wer Evans Platz einnehmen soll, wenn Evan wirklich so untauglich bleibt.

»Wir müssen natürlich die beste Lösung finden«, sagte er.

»Die Arbeit muß weitergehen, ich weiß. Das ist wichtiger als jede menschliche Rücksicht. Aber wie ich schon sagte und wie selbst du allmählich einzusehen scheinst, ist Evan auf längere Zeit hinaus kein erstklassiger Mitarbeiter. Ich werde jetzt an meine Tanten schreiben und sie bitten, ihn für ein paar Wochen in ihrer Nähe unterzubringen und ihm neuen Lebensmut einzuflößen.«

Damit wandte ich mich energisch zur Tür. Tybalt sah mir erstaunt nach, erhob aber keine Einwände mehr.

Ich setzte mich unverzüglich an den Schreibtisch und schrieb:

Liebe Tanten, Evan wird in den nächsten Tagen bei Euch in der alten Heimat eintreffen. Ihr habt ja schon von dem furchtbaren Unglück gehört. Er hat Theodosia über alles geliebt und ist jetzt vor Verzweiflung fast von Sinnen. Theodosia und ich waren uns eigentlich erst hier draußen richtig nahegekommen, wie Schwestern es sein sollten...

Bis zu diesem Moment hatte ich nicht weinen können, aber nun fielen plötzlich ein paar Tränen auf das Papier und verwischten die Tinte. Wenn meine Tanten das sahen, würden sie auch weinen. Ich schrieb das Blatt trotzdem nicht neu. Wir alle hatten Grund zu Tränen.

Arme kleine Theodosia, die immer ein bißchen Angst vor dem Leben gehabt hatte! Und gerade in den Augenblicken vor ihrem Sturz hatte sie Tapferkeit demonstrieren wollen. Hätte sie doch nie den Fuß auf das Gerüst gesetzt... Aber dann wäre es jemand anderes gewesen. Vielleicht Tybalt! Mein Herz stockte. Oder ich? Wenn der Unfall auf Sabotage zurückzuführen war, lag die Wahrscheinlichkeit näher, daß einer von uns das Opfer werden sollte. Seit ich in Ägypten war, hatten meine idealistischen Träume mancherlei Trübung erfahren.

Zu oft wurde ich an die Tatsache erinnert, daß ich jetzt eine reiche Frau war und die Expedition zum großen Teil mit meinem ererbten Geld finanziert wurde. Zu oft spürte ich, daß Tybalt mir sein inneres Wesen längst nicht so rückhaltlos erschloß wie ich ihm das meine. Er kannte mich in- und auswendig mit all meinen Fehlern und Vorzügen; ich wäre nie imstande gewesen, mich vor ihm irgendwie zu verstellen. Er hingegen war mir trotz aller ehelichen Intimitäten in mancher Beziehung noch immer ein Fremder. Fehlte es ihm an menschlicher Wärme? Brauchte er im Grunde niemand anderen – auch mich nicht? Jedenfalls stand seine Arbeit bei ihm an erster Stelle. *Vor* Tabitha?

Da war es wieder einmal heraus. Ich war eifersüchtig. Sein Verhältnis zu Tabitha war mir so unklar wie seine wahren Motive, mich zu heiraten.

Ich riß mich zusammen, nahm die Feder wieder auf und beendete energisch meinen Brief an Dorcas und Alison.

Natürlich antworteten sie umgehend und aufs herzlichste, Evan sei ihnen willkommen. Sie beide, Sabina und Oliver würden alles tun, ihm über die schlimmste Trauer hinwegzuhelfen. Evan selbst äußerte sich kaum; er ging umher wie ein Traumwandler. Und so verließ er uns, nachdem Tybalt ihn ordnungsgemäß aus seinem Vertrag entlassen hatte, und kehrte nach Cornwall zurück.

Leopold Harding wurde, nachdem er den Unglücksabend miterlebt hatte, beinahe einer der Unseren. Er war oft am Ausgrabungsort, sprach sachverständig mit den Wissenschaftlern und den Vorarbeitern, und Tybalt lud ihn öfters zum Abendessen ein. Mit Hadrian, der geradezu fleißig wurde, wälzte er Fachliteratur, und ihre Diskussionen beim Drink auf der Hotelterrasse gingen vom Hundertsten ins Tausendste.

Tybalts Depression nach dem ersten Fehlschlag und dem alle erschütternden Unfall war ohnehin bald überwunden. Er zweifelte jetzt nicht mehr daran, daß er sehr bald zum Kernpunkt des Grablabyrinths vorstoßen würde, und da es derart raffiniert verborgen war, stieg seine Hoffnung, es unberührt zu finden.

Seit Evan heimgekehrt war, schrieben die Tanten mir noch häufiger als sonst. Sie berichteten, er rede zwar kaum, schiene aber schon ein wenig gefaßter. Sabinas Baby war nun bald fällig; es gehe ihr blendend, und ihr einziger Wunsch sei, daß ich wenigstens zur Taufe wieder nach Hause käme. Lady Bodrean habe einen Gedächtnisgottesdienst für Theodosia halten lassen und einen Gedenkstein in die Kirche gestellt. Die Leute redeten über das Unglück wie damals bei Sir Edwards Tod. Lady Bodrean hätte sie übrigens nach den Feierlichkeiten zum Tee eingeladen und dabei auch über mich gesprochen. Wie seltsam das Schicksal doch spiele: Ich, ihre einstige Bedienstete, sei nun eine reichere Frau als sie selbst, denn mit Theodosias Tod falle ja auch deren gesamtes Erbteil an mich...

An dieser Stelle des Briefes bekam ich schreckliches Herzklopfen. So unglaublich es klingen mag – an diesen Aspekt des Unfalls hatte ich noch keine Sekunde lang gedacht. Das Testament Sir Ralphs bestimmte ja tatsächlich, daß wir Schwestern uns im Falle des Todes der einen gegenseitig beerben sollten; und nach Lady Bodreans Tod würde mir auch Keverall Court und alles übrige gehören!

Ich war nie geldgierig gewesen; im Gegenteil, seit ich soviel hatte, wünschte ich manchmal, ich hätte nie ein Vermögen geerbt. Dann hätte ich wenigstens nicht daran zu zweifeln brauchen, daß Tybalt mich aus Liebe geheiratet hatte...Tybalt sagte immer wieder, wir müßten uns in der Öffentlichkeit benehmen, als ob nichts geschehen wäre. So würden wir den Leuten am ehesten den Mund stopfen. Aber ich spürte allerorten bedenkliche Blicke im Rücken. Das einfache Volk hielt es natürlich für eine tollkühne Vermessenheit, daß wir weiter dem Fluch der Pharaonen trotzten. Wie viele Warnungen brauchten wir denn noch? Wie viele Menschenleben gedachten wir noch aufs Spiel zu setzen?

»Sie gehen gar nicht mehr in den Bazar, Judith«, bemerkte Tabitha eines Tages.

»Ich mag nicht. Es erinnert mich zu sehr an die vielen gemeinsamen Gänge mit Theodosia.«

»Aber die Leute reden darüber. Wir sollten uns doch alle so normal wie möglich benehmen.«

»Ich habe keine Lust. Allein schon gar nicht.«

»Dann erlauben Sie, daß ich mitgehe.« Und sie setzte es fast mit sanfter Gewalt durch, daß wir nach längerer Pause wieder einmal durch die *souks* wanderten.

»Sie brüten zuviel, Judith«, sagte sie unterwegs. »Ich gestehe, daß ich mich oft selbst daran hindern muß. Sie erinnern sich zweifellos, daß *ich* die abendliche Besichtigungstour vorgeschlagen und Theodosia extra dazu ermuntert habe. Hätte ich das nicht getan... so lebte sie noch.«

»Dafür wäre jemand anderer von uns tot oder zumindest schwer verletzt. Der Steg war brüchig – wahrscheinlich angesägt oder sonstwie präpariert. Das konnten Sie so wenig ahnen wie wir alle.«

Tabitha schüttelte traurig den Kopf. »Trotzdem mache ich mır Vorwürfe.«

»Warum ist das Gerüst gerade an dem Abend zusammengebrochen?« stieß ich hervor. »Tybalt sagt, es sei den ganzen Tag mit schweren Lasten begangen und befahren worden. Ich bin sicher, daß irgend jemand vor unserem Ausflug...«

»Nein, nein, Judith, so einen Verdacht dürfen wir nicht konstruieren. Die Untersuchung hat nicht den geringsten Anhaltspunkt ergeben. Es war wirklich nur ein tragischer Unfall.«

Ich schwieg. Ich war keineswegs überzeugt. Wenn Theodosias Tod geplant war – wer profitierte davon? Wer hatte ein Motiv? Ich war diejenige, die mit einem Schlag doppelt so reich geworden war...

Inzwischen waren wir auf den offenen Marktplatz inmitten der *souks* gelangt. Lärm, Buntheit, Gerüche wie eh und je. Ein Feuerfresser zeigte seine Künste, von jubelnden Kindern umringt; ein Jongleur machte ihm Konkurrenz; der Schlangenbeschwörer und seine Schlangen dösten vor sich hin. Wir gingen an der Lederbude vorbei, in der keine Yasmin mehr über die Arbeit gebeugt saß... und stolperten beinahe über den Wahrsager.

»Allah sei mit euch«, sagte er mit einem schrägen Aufwärtsblick.

Ich versuchte, Tabitha weiterzuziehen, aber sie zögerte.

Der Alte wußte natürlich von Theodosias Tod.

»Kleine Lady mit gesegnetem Leib – nicht auf mich gehört«, murmelte er. Mir schossen die Tränen in die Augen. Ich sah Theodosia fast leibhaftig auf der Matte neben ihm sitzen und mit schreckensstarrem Gesicht seinen Unheilsprophezeiungen lauschen.

»Schatten immer noch da«, verkündete er düster, indem er den Blick durchbohrend auf mich richtete. »Jetzt über Ihnen. Senkt sich tiefer und tiefer.«

»Ich will nichts mehr davon hören«, sagte ich abweisend.

Er wandte sich von mir zu Tabitha. »Lady hat große Last von den Schultern. Viel Glück möglich. Letztes Hindernis wird weichen. Viel Glück, wenn weise genug, es zu nehmen – und zu gehen.«

Ich bückte mich, um Geld in seine Schale zu werfen, aber er wehrte mit großartiger Gebärde ab.

»Heute nicht, Lady, danke. Ich kein Bettler – ich nehme nur Bezahlung für neue gute Dienste. Ich können nur immer sagen, Lady: Hüten Sie sich!«

Wir gingen.

Trotz der Hitze fröstelte ich.

»Es ist wahr... in Theodosias Fall hat er recht behalten.«

»Judith, jeder Wahrsager trifft manchmal das Richtige.«

»Und jetzt warnt er mich.«

»Das hat er doch von Anfang an getan.«

»Ihnen scheint er freundlicher gesinnt zu sein. ›Viel Glück, wenn alle Hindernisse beseitigt und Sie weise sind.‹ Darf ich fragen, welches Hindernis da gemeint sein kann?«

»Ach, das ist doch auch nur eine dieser Wahrsager-Schablonen, die auf jeden passen – wie die Horoskope in den Zeitungen. Wir dürfen den Leuten hier keine Unruhe zeigen. Das wäre Wasser auf ihre Mühle.«

Aber ich war beunruhigt... tief beunruhigt.

Und wie ich Theodosia vermißte! Oft steigerte ich mich geradezu in Gewissensbisse hinein, weil ich in unserer Kindheit durchaus nicht immer nett zu ihr gewesen war und bis zu ihrem Tod eigentlich nie so recht gezeigt hatte, wie schön es für mich war, sie als Schwester zu haben. Oft saß ich mit aufgestütztem Kopf an dem Terrassenplatz, wo ich so oft mit ihr gesessen hatte, und rief mir alle Einzelheiten unserer Gespräche ins Gedächtnis zurück. Wie lieb und absolut offen sie gewesen war! Tabitha konnte sie nie und nimmer ersetzen; ich traute Tabitha nicht.

Tybalts und ihre Freundschaft wurde immer auffälliger. Ich wunderte mich, daß die anderen noch nicht über unser merkwürdiges Dreiecksverhältnis tuschelten, aber vielleicht hörte ich nur nichts davon. Wenn Tybalt zufällig einmal mit mir über Dinge redete, die ihm am Herzen lagen, und ich hingerissen zuhörte, brauchte Tabitha nur dazuzukommen, und schon richtete er das Wort fast nur noch an sie. Sie war eben ›expeditionserfahren‹, sie wußte noch alles über Sir Edwards frühere Planungen, und damit war ich ausgeschlossen. Kein Wunder, daß ich unsicher und übelnehmerisch wurde.

War ich unfair?

Jahrelang hatte ich von Tybalt nur das Beste gedacht. Er war der Mann meiner Träume gewesen – aber nun drängten sich mir gewisse reale Beobachtungen auf. Er konnte im Verfolgen seiner Ziele unwahrscheinlich rücksichtslos sein. *Nur* im Dienste der Wissenschaft? Ich wußte es nicht. Tybalt wurde mir in diesen Wochen immer fremder.

Einmal, als ich wieder auf der Terrasse saß, kam Leopold

Harding und fragte, ob er mir ein wenig Gesellschaft leisten dürfe. Auf mein Nicken hin setzte er sich und seufzte tief auf.

»Welch wunderbarer Blick auf den Nil... Immer ist etwas zu sehen. Jetzt stellen Sie sich nur vor, wie es vor ein paar Jahrtausenden hier zugegangen ist – mit Staatsbarken und so. Ist Ihr Gatte mit seinen Fortschritten zufrieden?«

»O ja, ich glaube schon.«

»Ich bin noch nicht ganz über Mrs. Callums Tod hinweg. So jung, erst am Anfang des Lebens, werdende Mutter – und dann dieses furchtbare Ende. Das Personal in meinem Hotel spricht immer noch davon.«

»Ich weiß. Das tun doch alle Leute hier.«

»Das Volk führt es natürlich auf den Fluch der Pharaonen zurück.«

»Der alte Unsinn.« Ich sprach, wie Tybalt es von mir gewünscht hätte. Die Gerüchtebildung allerorten war ihm ungeheuer lästig. »Wenn es so einen Fluch gäbe – der sowieso nur im Aberglauben existiert –, warum mußte er dann gerade auf Theodosia fallen, die Harmloseste von uns allen?«

»Immerhin gehörte sie der Expedition an.«

»Nicht einmal das. Sie war lediglich mit einem der Expeditionsteilnehmer verheiratet.«

»In Ägypten scheint das schon zu genügen. Die Volksmeinung ist, daß jeder, der sich auch nur von fern an Ausgrabungen beteiligt, die Rache der alten Götter oder Pharaonen heraufbeschwört. Haben Sie in letzter Zeit englische Zeitungen gelesen? Auch dort wird Theodosias Tod journalistisch aufgebauscht. ›Wieder ein Opfer‹ und so weiter.«

»Wieder...! Man kommt also auch auf Sir Edwards Tod zurück.«

»Und auf viele frühere. Die Leser fliegen ja auf solche Gruselgeschichten. Übrigens reise ich jetzt wahrscheinlich bald ab. Meine letzten Erwerbungen sind schon fast alle glücklich verschifft, und ich habe im Moment nicht viel Neues hier in Aussicht. Aber dieser Aufenthalt war – dank Ihrer Expedition – interessanter als die meisten andern. Ich hoffe, Ihr Gatte nimmt es mir nicht übel, daß ich so oft aufkreuze.«

»Wenn es so wäre, würde er es ungescheut sagen. Im allgemeinen freut er sich über Sachverständige, solange sie nicht direkt im Weg stehen.«

»Diesbezüglich nehme ich mich immer in acht. Sie verstehen sehr viel von der Arbeit Ihres Gatten, Lady Travers.«

»Ach, wenn man lange mit Fachleuten zusammen ist, merkt man täglich mehr, wie wenig man weiß. Als junges Mädchen habe ich eine Menge über Ägyptologie gelesen, und Evan Callum war sogar eine Zeitlang unser Lehrer. Aber das ist Ihnen ja wohl schon lange bekannt.«

»Ja, Ihr Vetter Hadrian hat mir davon erzählt. Auch, daß Sie und Mrs. Callum erst spät erfuhren, daß Sie Halbschwestern waren. Freunde waren Sie alle von Kind auf. Sie müssen Mrs. Callums Verlust besonders schmerzlich empfinden.«

»Natürlich. Hadrian auch, das weiß ich.«

»Ja, er hat Sie beide immer sehr gern gehabt – besonders Sie.«

»Nun ja, wir haben manchen Kinderstreich miteinander verübt. Und dann interessierten wir uns unter dem Einfluß der Älteren sehr frühzeitig für Altertumskunde im allgemeinen und Ägyptologie im besonderen. Die makabre Kunst des Einbalsamierens fesselte unsere Fantasie. Ich war ganz wild darauf, einmal eine alte Grabanlage von innen zu sehen... Bis zu dem schrecklichen Unfallabend. Was, meinen Sie, war mit dem Gerüst los?«

»Es wird einen oder mehrere morsche Pfosten gehabt haben.«

»Könnte es nicht präpariert worden sein?«

»Aber, Lady Travers – von wem und warum?«

»Um jemanden umzubringen, wie es ja dann auch geschehen ist.«

»Aber gerade Mrs. Callum... Nein, das scheint mir sinnlos.«

»Vielleicht war jemand anderes gemeint. Oder es war ganz egal, wer umkam, solange nur jemand von uns umkam.«

»Sie meinen als Warnung von irgendwelchen Fanatikern? Ich neige mehr zu der Unfalltheorie. Wenn es nicht gerade Mrs. Callum, noch dazu in ihrem Zustand, gewesen wäre, hätte ja selbst ein Sturz ganz glimpflich ablaufen können. Sie können das besser abwägen als ich. Ich betrachte es schon als großes Privileg, ab und zu ein wenig den Zaungast spielen zu dürfen. Diesen Aufenthalt in Ägypten werde ich nie vergessen.«

»Den wird wohl keiner von uns je vergessen. Genau wie die vorige Expedition unter Leitung Sir Edwards, die wegen seines Todes vorzeitig abgebrochen werden mußte.«

»Hatte er etwas entdeckt?«

»Absolut nichts. Aber Tybalt glaubte, er sei am Rand einer großen Entdeckung gewesen, und das war der Hauptantrieb für ihn, weiterzumachen.«

»Ja, ich kann nur wiederholen, daß ich dankbar bin, einen

gewissen Zugang zu Ihrem illustren Kreis gewonnen zu haben. Jetzt muß ich aber weiter. Tausend Dank für dieses Gespräch, Lady Travers.«

Er beugte sich über meine Hand und verließ mich. Auch ich entschloß mich, den Platz auf der Terrasse zu verlassen, da es mir im Freien zu heiß wurde. Ich nahm den Weg durch den schattigen Innenhof. Aus dem kleinen Erstehilferaum hörte ich Stimmen und blieb wie angenagelt stehen. Tabitha sagte gerade: »Ja, es ist eine ungeheure Erleichterung, endlich frei zu sein. Wenn es nur ein paar Jahre früher geschehen wäre! Jetzt, Tybalt, jetzt ist es zu spät...«

Ich fürchtete umzusinken. Es klingelte in meinen Ohren, alles drehte sich vor meinen Augen.

»Zu spät!« Das war deutlich. Ich hatte es ja geahnt... Nun wußte ich es.

Mit letzter Kraft drehte ich mich um und rannte auf einem anderen Weg in unser Apartment.

Ich lag auf dem Bett. Tybalt kam nicht; wahrscheinlich war er wieder am Arbeitsort, vielleicht auch nicht. Ich war im Moment froh, allein zu bleiben. Ich konnte ihn nicht sehen, bevor ich irgendwie mit mir selbst ins reine gekommen war.

Jede Kleinigkeit, die mit Tabitha und Tybalt zu tun hatte, fiel mit erschreckender Deutlichkeit über mich her. Die beiden am Flügel. Die beiden in der Kutsche bei der ›zufälligen‹ gemeinsamen Rückkehr aus London. Nanny Testers Anspielungen. Und Tabitha war schön, hochgebildet und erfahren. Mit ihr verglichen war ich ein Trampel. Ich konnte nie den Mund halten und fiel dauernd aus der Rolle, weil es mich schmerzte, daß Tybalt sich mehr um seinen Beruf kümmerte als um mich.

Sie, Tabitha, hatte ihn dagegen immer verstanden. Sie war die perfekte Partnerin. Er liebte sie, sie hätte er geheiratet, wenn sie frei gewesen wäre.

Aber selbst wenn es so war – warum hatte er mich genommen? Er wußte doch, daß Tabithas Mann krank war. Konnte er nicht ein paar Jahre warten?

Die Antwort lag auf der Hand. Ich wurde plötzlich reich. Tabitha wäre es nie geworden.

Und nun war sie hier an seiner Seite; er hatte beides, mein Geld und die Geliebte. Gott mochte wissen, wie weit ihr heimliches Einverständnis ging. Ich quälte mich mit Fantasiebildern und kam mir schrecklich dumm und jung vor. Was sollte ich tun? Wen konnte ich um Rat bitten?

Hadrian? Ach nein ... Jugendfreundschaft hin und her – meine Eheprobleme gehörten nicht vor seine Ohren. Aber dieser Sturz vom Gerüst ... Konnte man den nicht auch plötzlich von einem ganz anderen Gesichtspunkt aus betrachten? Theodosias Tod hatte mich doppelt so reich gemacht wie vorher. Falls auch ich starb, erbte Tybalt das Ganze. Und dann stand ich nicht mehr zwischen ihm und Tabitha ...

Meine Vorstellungen gerieten ins Alptraumhafte.

9

Warnungen

Vielleicht bildete ich es mir nur ein, aber von diesem Tag an fühlte ich mich dauernd verfolgt. Ich bekam ›Nerven‹ – einen Begriff, den ich früher kaum gekannt hatte. Wenn ich mich in einem abgelegenen Teil des Palastes zufällig allein fand, schrak ich zusammen; alle Schritte klangen verstohlen, und ich sah mich oft ängstlich über die Schulter um. Das alles war ganz wider meine Natur. *Ich* war diejenige gewesen, die sich über die Fledermausgeschichten des Wahrsagers lustig gemacht und Theodosia damit aufgezogen hatte. Jetzt hatte ich offenbar nicht nur ihr Geld, sondern auch ihre Furchtsamkeit geerbt.

Dennoch verspürte ich einen unbezähmbaren Drang, diesen schlimmen Veränderungen auf den Grund zu gehen. Wer oder was steckte dahinter? Tybalt, antwortete etwas in mir. Er will und wird sich deiner bald entledigen, denn er liebt seinen Beruf und eine andere Frau weit mehr als dich. Doch diesem Gedanken folgte jedesmal der zweite auf dem Fuße: Auch wenn das wahr ist, wird er dir nie ein Leid antun. Er ist schließlich kein Verbrecher.

In diesem zerrissenen Gemütszustand nahm ich eines Morgens eine *arabiya* und ließ mich zum Sonnentempel fahren. Ich sagte dem Kutscher, er solle auf mich warten, und stieg allein die Stufen empor. Es war totenstill; offenbar war ich heute die einzige Besucherin. Während ich in dem Säulenwald umherging, gedachte ich des Tages, an dem ich mit Theodosia hiergewesen war. Ich versuchte, mich wie damals auf die Bildschnitzereien im Stein zu konzentrieren, aber ich war sonderbar abgelenkt ... Fortwährend horchte ich auf Fußschritte oder das Rascheln langer Gewänder. Mir war, als sei ich doch nicht allein, als ob irgend etwas mich im Verborgenen belauerte...

Krampfhaft studierte ich die kunstvolle Darstellung König Setis mit seinem Söhnchen, der später Ramses der Große werden sollte. Und gleich daneben war die ruhmreiche Königin Hatschepsut. Und zwischen den Säulen verbarg sich ein lebender Mensch, jetzt war ich dessen ganz sicher. Ich glaubte, sein unterdrücktes Atmen zu hören. Er brauchte nur plötzlich den Arm hervorzustrecken, um mich zu packen.

Mein Herz trommelte. Ich mußte hier heraus, ins Freie, so schnell wie möglich. Die Tempelsäulen standen so dicht beieinander, daß sich hinter jeder ein Mörder verstecken konnte, ohne für mich sichtbar zu sein. Meine Leiche konnte ohne Aufhebens im Sand verscharrt werden. Und der Kutscher meiner *arabiya*, der auf mich wartete? Würde der nicht Alarm schlagen, wenn ich nicht zurückkehrte? Ach was – ein bißchen Schweigegeld genügte, und er würde kein Wort von der englischen Dame verlauten lassen, die er heute zum Sonnentempel gefahren hatte. So einfach war das hier. Wenn ein Mädchen aus den belebten *souks* verschwinden und als Puppe in den Fluß geworfen werden konnte, ohne daß ein Hahn danach krähte, war mein Verschwinden auch kein Problem. Ich hatte niemandem gesagt, wohin ich führe. Aber ich war die Frau des bekannten Expeditionsleiters! Bei mir mußten amtliche Nachforschungen über meinen Verbleib angestellt werden! Doch wenn sich der Leiter mit irgendeiner fadenscheinigen Erklärung zufriedengab? Schon Yasmins Ermordung hatte ihn kaum berührt. Und in meinem Fall... wenn er nur zu froh war, mich loszuwerden?

Da – jetzt wußte ich genau, daß jemand mich belauerte. Ein breiter Schatten fiel über die Bodenplatten. Der dazugehörige Mann stand noch hinter einer Säule; aber im nächsten Moment konnte er vorspringen und mir die Kehle zudrücken, und ich würde sein Gesicht sehen. Tybalts Gesicht? Nein, das ging zu weit... Natürlich das Gesicht eines Fremden, eines gedungenen Mörders, der einen weiteren ›Unfall‹ inszenierte, um uns alle aus dem Lande zu treiben. Einer von denen, die das Gerüst zum Einsturz gebracht und – vielleicht unabsichtlich – Theodosia getötet hatten. Wieviel effektvoller würde es doch sein, die Frau des Expeditionsleiters zu ermorden!

Ich stand ganz still und rang um Fassung. Sicher spielte meine Fantasie mir wieder einmal einen Streich. Hatten Dorcas und

Alison mich nicht von Kind an ermahnt, meine allzu lebhafte Einbildungskraft zu zügeln?

Eins war jedenfalls sicher: Ich hatte Angst. Und plötzlich rannte ich los – aus den Säulenschatten hinaus ins Freie. Die grelle Sonne traf mich wie ein Keulenschlag. Und so fiel ich fast in die Arme Leopold Hardings, der eben die Stufen herauf wollte.

»Nanu, Lady Travers! Was ist denn los?«

»Oh... Nichts. Entschuldigen Sie, ich habe Sie nicht gesehen.«

»Sie scheinen mir etwas aufgelöst. Ich wollte gerade in den Tempel.«

Vielleicht war er der Unbekannte, der hinter der Säule gelauert hat, dachte ich wirr. Vielleicht hat er dich nur entkommen lassen, weil die *arabiya* zu nahe steht...

Laut sagte ich: »Ja, der Tempel ist einen zweiten Besuch wert.«

»Mehr als zwei«, meinte Leopold Harding. »Ich komme öfters her. Fehlt Ihnen wirklich nichts?«

»Nein, danke. Bloß die Hitze war heute ein bißchen zuviel für mich.«

»In diesem Land sollte man sich nicht zu schnell bewegen. Darf ich Sie noch einmal *ruhig* herumführen?«

»Danke, ich habe für heute genug gesehen und möchte jetzt zurückfahren. Meine *arabiya* wartet.«

»Dann gestatten Sie, daß ich Sie zurückbegleite. Nein, lehnen Sie nicht ab – das ist ja wohl die elementarste Kavalierspflicht.«

Ich war ganz froh über dieses Anerbieten. Sein völlig normales Verhalten beschwichtigte meine absurden Ängste. Er sprach über seine nunmehr abgeschlossenen Geschäfte.

»Es war ein erfolgreicher Aufenthalt diesmal«, sagte er unter anderem. »Natürlich muß man auch immer eine Menge minderwertiges Zeug nehmen, aber gerade das bringt den Profit, der den Ankauf besserer Objekte ermöglicht. Der ganz große Fund ist und bleibt selten, und dann weiß man immer noch nicht, ob man auch den entsprechend finanzstarken Käufer dafür findet. Aber das ist eben Geschäftsrisiko und macht die Sache erst spannend. – So, da sind wir schon am Palast. Fühlen Sie sich wieder ganz wohl, Lady Travers?«

»Ja, danke. Es war nur die Hitze, wie gesagt.«

»Die wirft hier manchmal den stärksten Mann um. Ich bin froh, daß ich Ihnen behilflich sein konnte.«

»Und ich danke Ihnen herzlich für Ihre Liebenswürdigkeit.«

»Es war mir ein Vergnügen. Auf Wiedersehen.«

Ich ging ins verdunkelte Schlafzimmer und legte mich auf das Bett. Die Angst steckte mir noch immer in den Knochen, auch wenn es mir in der letzten Viertelstunde gelungen war, sie zu überspielen. Hatte ich im Tempel Halluzinationen gehabt, oder war ich wirklich in Gefahr gewesen? Hing, wie der Wahrsager es formuliert hätte, der drohende schwarze Fledermausschatten über mir? Oder bildete ich mir das alles nur ein, weil ich mir der Liebe meines Mannes nicht mehr sicher war?

Ich lag kaum zehn Minuten, als es an die Tür klopfte. Ich setzte mich hastig auf und rief »Herein«. Die Tür öffnete sich langsam, und ein Paar schwarzer Augen spähte durch den Spalt.

»Lady wünschen Tee? Lady müssen müde sein.«

Es war Mustapha, der sich so teilnahmsvoll erkundigte. Ich verneinte dankend. Er stand noch ein paar Sekunden da, ehe er sich mit einer Verbeugung wieder zurückzog.

Am späteren Nachmittag, als die schlimmste Tageshitze nachließ, fiel mir ein, daß ich mich wieder einmal um Tybalts Papierkram kümmern müsse, den ich in den letzten Tagen vernachlässigt hatte.

An der Unordnung dieser Dinge hätte er leicht merken können, daß auch meine Gemütsverfassung nicht in Ordnung war...

Ich ging also in das Zimmer, das uns als Büro diente, und begann die Papiere zu ordnen, die auf dem Schreibtisch für mich bereitlagen. Sehr wichtig waren die täglichen Arbeitsberichte, die genau nach dem Datum in eine besondere Mappe gehörten, so daß Tybalt bei etwaigen Rückfragen mit einem Handgriff hatte, was er suchte. Die Mappe war aus feinem schwarzem Leder und mit schwarzem Rips gefüttert, ein liebes Erinnerungsstück an Tybalts Vater, wie er mir erzählt hatte. Sir Edward hatte sie auf Forschungsreisen und zu Hause ständig in Gebrauch gehabt.

Kein Wunder, daß sie allmählich etwas schadhaft wurde. Die Futternaht an der einen Kante war gerissen. Da heute sonst nicht viel zu tun war, beschloß ich, sie endlich auszubessern, und holte zu diesem Zweck Nadel und Faden. – Als ich mit der Hand zwischen Leder und Futter fuhr, spürte ich etwas wie zerknittertes Papier. In der Annahme, es sei eine Art Verstärkung, die ich durch etwas Besseres ersetzen könnte, zog ich es heraus. Zu meiner Überraschung war es ein leicht vergilbter Brief, dessen Unterschrift ›Ralph‹ mir zuerst ins Auge sprang. Ich glättete das Papier und las mit angehaltenem Atem:

...ein teures Projekt, selbst für unsereinen. Aber unter gewissen Bedingungen bin ich bereit, Euch wieder unter die Arme zu greifen. Ich wünschte, ich könnte mitkommen. Wenn nur dieses verdammte Herz nicht wäre! Aber das Klima dort würde mich fertigmachen, und ihr könnt ja wahrhaftig keinen Invaliden gebrauchen. Besuche mich morgen, dann besprechen wir euren Plan weiter – und meine Bedingungen. Dein Sohn und meine Tochter müssen ein Paar werden, alter Freund – mein Herz hängt an dieser Verbindung. Tybalt wird Dir von Tag zu Tag ähnlicher. Stell Dir vor, Dein Geist und meine Vitalität! Was gibt das mal für Enkel! Also das ist meine Bedingung. Gib dem Jungen gelegentlich einen zarten Wink. Keine Heirat – kein Geld. Morgen unterhalten wir uns weiter. Herzlichst Dein alter   *Ralph.*

Mir schwindelte. Nun hatte ich es schriftlich. Sir Ralph hatte damals natürlich Theodosia gemeint, aber als er so krank wurde und Theodosia durchaus Evan heiraten wollte, hatte er auf mich zurückgegriffen. Ich war ja ebenfalls seine Tochter, sogar die ›Vitalere‹, und er hatte gemerkt, wie verliebt ich in Tybalt war. Das Geschäft konnte also mit leichter Abwandlung immer noch zustande kommen.

Es war alles so klar – herzzerreißend klar.

Theodosia war aus Liebe geheiratet worden, und der Ärmsten war nur ein so kurzes Eheglück beschieden gewesen. Meine Heirat hingegen hatte der Wissenschaft bedeutende Mittel gesichert und tat dies auch weiterhin – und nun war Tabitha frei.

Was wußte ich von Tabitha?

Bei ihrer berühmt damenhaften Zurückhaltung sehr wenig. Sie hatte ihre Geheimnisse, und wer garantierte mir, daß die seltenen Mitteilungen über ihre Person immer stimmten?

Und Tybalt? Was wußte ich von Tybalt?

Eigentlich nur, daß ich ihn schon als Backfisch, vom ersten Blick an, auf meine stürmische Art geliebt hatte. Meine Liebe war nicht geringer, nur erwachsener geworden. Ich sah manches klarer, zum Beispiel seine Härte und Rücksichtslosigkeit, wenn es sich um den geliebten Beruf handelte. Würde er auch mich rücksichtslos opfern können, wenn es ihm aus irgendwelchen Gründen so paßte?

Herrgott, was war in letzter Zeit in mich gefahren?

Ich ging zum Fenster und stieß die durchbrochenen Läden auf. Die Luft, die hereinkam, war schon ein wenig kühler, aber sie genügte mir noch nicht. Ich konnte nicht im Zimmer bleiben. Ich würde mich auf unseren Balkon setzen.

Auf dem Korridor traf ich Tabitha, die gerade in ihr Zimmer wollte.

»Wo haben Sie denn gesteckt, Judith?« fragte sie. »Ich wollte Sie fragen, ob Sie mit mir ein bißchen spazierengehen würden.«

»Während der Hitze habe ich gelegen, und eben jetzt war ich im Büro. In den letzten Tagen hat sich einiges angesammelt.«

»Sie sind wirklich eine Mustergattin. Ich habe mich wieder im Bazar herumgetrieben. Wissen Sie, was der Wahrsager mir diesmal prophezeit hat? Ich würde bald glückliche Braut werden.« Sie lachte. »Mir scheint, ich habe bei dem alten Schwarzseher einen Stein im Brett.«

»Keine böse Fledermaus für Sie – oder vielleicht andere nette Tierchen?«

»Nein, ein Mann, nichts weniger. Nett wird er ja hoffentlich sein.«

»Darf man schon gratulieren? Und wer ist der künftige Bräutigam?«

Tabitha lachte wieder und senkte die Augen. »Das zu sagen, wäre wohl etwas verfrüht. Bisher hat mir niemand einen Antrag gemacht. Aber was nicht ist, kann ja noch werden.«

Still vor sich hin lächelnd setzte sie ihren Weg fort.

Ich zitterte wie heute früh im Tempel. Und obwohl es auf dem Balkon immer noch recht warm war, klapperten mir die Zähne.

Natürlich erzählte ich Tybalt nichts von meiner zufälligen Entdeckung. Ich verbarg den Brief in einem Lederkästchen, das ich einmal von Yasmin gekauft hatte. Die schwarze Mappe hatte ich repariert und die Papiere darin geordnet wie immer.

Leopold Harding kam zu einem Abschiedsbesuch. Er sagte, er sei diesmal viel länger geblieben, als er eigentlich beabsichtigte. »Die Bekanntschaft mit Ihnen allen war so schön und in jeder Weise förderlich für mich, daß ich mich auch jetzt nur ungern losreiße.«

Tybalt sagte, er müsse uns in England einmal besuchen.

»Ich werde Sie bestimmt beim Wort nehmen«, war die Antwort.

An einem der nächsten Tage wurde eine Konferenz im Hotel anberaumt. Ich vermutete, daß die Mittel, die für diese Expedition bewilligt worden waren, zur Neige gingen und das Team darüber beraten mußte, ob und wie die Arbeiten fortgesetzt werden konnten.

Typalt war nervös. Er fürchtete, von den Zweiflern überstimmt zu werden, was er kaum ertragen hätte.

»Es wäre glatter Wahnsinn, die Arbeit jetzt einzustellen«, sagte er. »Genau das hat damals das Werk meines Vaters zunichte gemacht. Trotz seines Todes hätten seine Mitarbeiter es vollenden können. Nur diese blödsinnigen Gerüchte waren schuld daran, daß alles abgebrochen wurde – und ein Neubeginn kostet natürlich immer praktisch noch einmal soviel.«

Damit begab er sich mit Terence, Hadrian und den anderen Wissenschaftlern zum Hotel. Der Palast wirkte ohne sie wie ausgestorben.

Am selben Vormittag berichtete mir ein Diener, ein junger Arbeiter bitte um meine Hilfe. Er habe sich verletzt und hoffe auf meine berühmte Zaubersalbe.

Ich ging in den Hof hinunter und fand dort einen guten Bekannten vor: den jungen Mann, der mir seine Liebschaft mit Yasmin anvertraut hatte.

»Lady«, sagte er und hielt mir pro forma seine Hand entgegen, die wieder ein wenig blutete. Ich erriet, daß er sich vorsätzlich ein bißchen gekratzt hatte, weil er mir etwas Wichtiges mitzuteilen hatte, und nahm ihn daher mit in den Erstehilferaum.

»Yasmin nie wiederkommen«, sagte er klagend. »Yasmin ist tot. Sie in den Strom geworfen.«

»Das weiß ich doch schon, Hussein.«

»Aber Lady wissen nicht, warum – nicht alles.«

»Erzähle es mir.«

»Yasmin wurde an jenem Abend in Grab entdeckt. Ich nicht dabei, sonst ich heute auch tot. Sie nur getötet worden, weil an geheimer Stelle, die niemand wissen darf. Ich haben Geständnis von Mann, der sie töten – auf Befehl. Dann brechen Gerüst ein – auch auf Befehl. Sollte Warnung sein von ... Damit Sie weggehen.«

»Habe ich mir schon gedacht«, sagte ich leise. »Und von wem kamen diese Befehle?«

Der Junge zitterte und sah sich scheu um.

»Sprich«, ermunterte ich ihn. »Ich kann schweigen.«

»Wenn jemand hören – mein Tod.«

»Wer sollte uns hier hören?«

»Seine Diener überall.«

»Nicht hier.«

»Doch, Lady, auch hier in diesem Palast. Sie sehen ihr Zeichen...«

»Den Schakal?«

»Kopf von Anubis ... Totengott, erster Einbalsamierer.«

»Und ihr Herr ist der Pascha?« fragte ich in plötzlicher Erleuchtung. Der junge Mann schwieg so verschüchtert, daß ich wußte, ich hatte recht.

»Er war es also«, fuhr ich fort, »der Yasmin töten ließ und befahl, daß mindestens einer von uns mit dem Gerüst verunglücken sollte. Warum nur?«

»Er will, daß Sie alle aus dem Land gehen. Er fürchtet ...« Hier stockte er schon wieder.

»So mußte Yasmin sterben«, sagte ich, »und so mußte meine Schwester sterben.«

»Andere Lady Ihre Schwester, Lady?«

Ich nickte nur. Er starrte mich entsetzt an. Womöglich dachte er – nach irgendwelchen Volksvorstellungen –, ich würde nun auf Rache sinnen.

»Heimlicher Platz in Grab«, flüsterte er hastig, »wo Yasmin und ich uns treffen – bisher nur ich gefunden. Kleine Höhle, nicht weit von Grube mit Gerüst. Yasmin im Gang nach mir suchen, als ich nicht kommen – nur deshalb entdeckt und getötet.«

Das waren also die leisen Schritte gewesen, die auch Tybalt und ich gehört hatten!

Während ich eine Mullbinde um seine Hand wickelte, sagte er:

»Ich Ihnen erzählen, Lady, weil Sie gut zu mir waren – und zu Yasmin. Und weil Befehle sind, noch mehr Unfälle – bis Sie alle gehen. Sie sollen wissen, daß Fluch noch lebendig. Tote Könige zürnen, wenn ihre Ruhe gestört wird.«

»Danke für den Hinweis«, sagte ich.

»Sie reden mit Sir. Aber nicht sagen, daß ich haben gesagt. Dann Sie gehen fort und sein sicher.«

»Ich werde mit ihm sprechen«, sagte ich.

»Er werden Rat annehmen. Nächste könnten Sie sein, und Sie seine Geliebte.«

Ich entließ ihn mit nochmaligem Dank und dem Versprechen, ihn nicht zu verraten, und eilte in unser Zimmer zurück. Mir war elend zumute. Ich mußte allein sein und nachdenken.

Der Pascha wollte uns also aus dem Land treiben! Warum? Er hatte doch stets vorgegeben, lebhaft an den Forschungen interessiert zu sein; er hatte uns sogar wieder seinen Palast zur Verfügung gestellt. Um uns besser beobachten zu können – das war vielleicht der wahre Grund seiner scheinbaren Großzügigkeit. Die Diener, die uns aufwarteten, waren vermutlich alle Spitzel, die ihm über jeden unserer Schritte Bericht erstatteten.

Aber warum hatte die kleine Yasmin, ein Kind seines eigenen Volkes, sterben müssen? Nur weil sie sich unerlaubt in einer Grabnische mit ihrem Liebsten traf?

Plötzlich fiel mir ein, daß auch der Wahrsager einen Schakalkopf auf dem Arm tätowiert trug. Er stand also ebenfalls in den Diensten des Paschas – mit dem Auftrag, uns dauernd Tod und Verderben zu prophezeien, um uns wegzuscheuchen.

Ich mußte mit Tybalt sprechen. Leider war er noch auf der Konferenz. Es blieb mir nichts übrig, als seine Rückkehr abzuwarten.

Der stille Palast wurde mir unheimlich. Die Wände schienen Augen und Ohren zu haben. Alle Diener waren Diener des Paschas, bis auf die beiden, die wir selbst mitgebracht hatten: Mustapha und Absalam.

Aber auch sie waren Ägypter. Sir Edward hatte sie vor Jahren angestellt. War ihnen zu trauen?

Das mußte ich jetzt herausbekommen. Ich klingelte, und als Mustapha kam, bat ich ihn um den üblichen Pfefferminztee. Während er mir das Tischchen deckte, näherte ich mich und rief unvermittelt: »Oh, da ist irgendein Insekt... da, es kriecht Ihnen am Arm hoch... Moment...« Und damit hatte ich schon seinen weiten Ärmel etwas aufgestreift.

Meine kleine List gab mir Gewißheit über das, was ich wissen wollte. Auch Mustapha hatte einen Schakalkopf auf dem Unterarm.

»Jetzt ist es weg«, sagte ich so ruhig wie möglich. »Die Insekten hier sind wirklich eine Landplage. Und die Stiche können bösartig sein. Immerzu kommen Leute wegen meiner Salbe.«

Ich ließ den Ärmel wieder fallen. Mustapha hatte nichts gemerkt, dessen war ich sicher. Er servierte fertig und ließ mich mit meinem Tee allein.

Ich trank ihn in tiefem Nachdenken. Wenn Mustapha zu den Agenten des Paschas gehörte, galt für Absalam dasselbe.

Sir Edward war in diesem Palast gestorben, nachdem Mustapha und Absalam ihm »eine leichte Mahlzeit« bereitet hatten. Und selbst der Arzt, der gerufen worden war, konnte im Dienst des Paschas gewesen sein.

Tybalt war genauso gefährdet wie sein Vater. Wir waren alle gefährdet.

Ich schauderte. Ich mußte ihn sprechen. Vielleicht erriet er die Zusammenhänge eher, wenn er hörte, was ich jetzt wußte.

10
Finale im Grab

Die Zeit zog sich in die Länge. War die Besprechung nicht bald zu Ende? Vielleicht hätte ich mit Tabitha plaudern können, aber dazu hatte ich am allerwenigsten Lust. Ich traute ihr ja nicht mehr. Ich wußte nicht, wem ich überhaupt noch trauen sollte.

Lieber suchte ich mein schattiges Lieblingsplätzchen auf der Terrasse auf. Doch saß ich noch nicht lange dort, als ich zu meinem Erstaunen Leopold Harding die Treppe heraufkommen sah.

»Ich dachte, Sie seien schon abgereist?« sagte ich.

»Ich wurde unvermutet noch ein paar Tage lang aufgehalten. Geschäfte, Sie wissen ja ... Ich komme direkt vom Hotel. Ihr Gatte hat mich gebeten, Ihnen etwas auszurichten.«

»Ja, was?«

»Sie möchten bitte zum Ausgrabungsort kommen.«

»Jetzt gleich?«

»Ja, er erwartet Sie dort. Er selbst ist schon unterwegs.«

»Hat er gesagt, wo?«

»Ja, er hat es mir genau beschrieben und mich gebeten, Sie hinzubegleiten, da ich im Moment nichts anderes mehr vorhabe. Natürlich ist es mir eine Ehre.«

Ich setzte den Strohhut auf, der neben mir lag, und sagte, ich sei bereit.

Wir gingen die paar Schritte zur Anlegestelle hinunter und ließen uns mit einem Boot zum anderen Ufer übersetzen.

Die harten Nachmittagsschatten ließen das Felsental noch karger und zerklüfteter erscheinen als gewöhnlich. Trotz der Windstille schwebte hier immer etwas wie feiner Wüstenstaub in der Luft.

Heute wurde nicht gearbeitet. Tybalt hatte den Leuten – ungern – freigegeben, weil erst das Resultat der Konferenz abgewartet werden mußte.

Wir kamen zu dem Stollen, den ich schon kannte, aber Leopold Harding führte mich daran vorbei zu einer Höhlung, die vielleicht natürlich war, aber ebensogut kürzlich angelegt sein konnte. Für die letztere Annahme sprach, daß von ihr aus ein weiterer Gang in den Felsen führte, der mit einer Holztür verschlossen war. Leopold Harding drückte sie vor meinen erstaunten Augen auf und sagte: »Ja, das ist das Neueste. Ihr Gatte möchte es Ihnen zeigen. Darf ich um Ihre Hand bitten? Hier geht's ein paar Stufen hinunter. Vorsicht, sie sind gerade erst ausgegraben und etwas uneben.«

»Wo ist denn Tybalt?« fragte ich zögernd.

»Er wird sich schon weiter drinnen umsehen. Hier hängen zwei Laternen. Moment, ich zünde sie an, dann kann jeder von uns eine nehmen.«

»Merkwürdig, daß Sie sich schon so gut auskennen . . .«

»Ja, Sir Tybalt hat mich freundlicherweise eingeweiht«, lächelte Leopold Harding. »Ich bin ja auch ein bißchen vom Fach, und vielleicht machen wir künftig Geschäfte miteinander.«

»Ist dieser Gang mit dem übrigen Kammersystem verbunden?«

»Ja, er war nur verschüttet, und bis vor kurzem scheint niemand draufgekommen zu sein.« Er reichte mir eine der angezündeten Laternen, und wir gingen die Stufen hinab, die an einer zweiten, halboffenen Tür endeten.

»Darf ich vorangehen?« fragte Leopold Harding höflich und hob seine Laterne. Wir gelangten in eine ziemlich enge Kammer, von der wiederum ein Gang abzweigte. Ich ging darauf zu und rief: »Tybalt, wir sind da!«

Keine Antwort. Der Gang mündete in eine weitere, diesmal größere Kammer. Kälte wehte mich an – und der erste Anflug von Mißtrauen. »Tybalt!« rief ich. Meine Stimme klang unbeabsichtigt schrill. »Wo bist du denn? Melde dich doch!«

Ich sah mich um. Ich stand allein in der Kammer.

»Mr. Harding«, sagte ich laut, »das muß ein Irrtum sein. Mein Mann erwartet mich sicher woanders.«

Er antwortete nicht. Ich ging rasch in die erste Kammer zurück. Leopold Harding war nicht mehr da.

Ich strebte zum Ausgang, durch den kein Tageslicht mehr hereinfiel. Die Tür, die vorhin offengeblieben war, war jetzt geschlossen. Ich versuchte sie aufzustoßen – vergebens. Ich suchte nach irgendeinem Griff, einer Klinke, einem Riegel. Nichts!

»Mr. Harding!« schrie ich. »Wo sind Sie? Lassen Sie mich hinaus!«

Nur das hohle Echo meiner eigenen Stimme antwortete mir. Jetzt erfuhr ich, was es heißt: »Die Haare stehen einem zu Berge.« Es ist keine Redensart. Ich spürte, daß sich jedes einzelne Haar auf meiner Kopfhaut aufrichtete, und über meinen Körper lief es wie

Tausende von Ameisen. Die schaurige Wahrheit drang in mein Hirn: Ich war hier eingeschlossen, und nur Mr. Harding wußte, wo ich war.

Was hatte das zu bedeuten? Wer war dieser Mann wirklich? Was wollte er mir antun und warum? – Unsinn, ich fantasierte wieder einmal. Er war einen Moment hinausgegangen und würde gleich zurückkommen. Ein Tourist, ein harmloser Geschäftsmann, ein flüchtiger Bekannter... welchen Grund sollte er haben, mich in einem uralten Grablabyrinth einzusperren?

Mein verzweifelter Argwohn gegen Tybalt regte sich aufs neue. Vielleicht wollte *er* sich auf diese hinterhältige Art meiner entledigen? Aber warum benutzte er gerade Leopold Harding als Handlanger? Weil *er* nicht zuletzt mit mir zusammen gesehen werden wollte, logisch. Und wenn ich nicht wieder auftauchte...

Nein, das war ja der helle Wahnsinn. Aber eine Situation wie die meine konnte einem jede Vernunft rauben.

Ich stellte die Laterne auf den Boden und hämmerte mit beiden Fäusten an die Tür. Sie gab nicht nach. Wo war der Verschluß? Wie war sie geöffnet worden? Leopold Harding hatte nur leicht dagegengedrückt, als wir eintraten. Aber nun saß sie unverrückbar fest, und ich war auf der falschen Seite.

Nein, nein, Tybalt mußte irgendwo in der Nähe sein. In diesen verschlungenen Gängen konnte man sich ja nur zu leicht verfehlen. Besser noch einmal gründlich nachsehen, ehe ich mich hysterischen Angstzuständen anheimgab.

Ich nahm die Laterne auf und ging resolut wieder die Stufen hinunter, den Gang entlang, durch die kleinere Kammer in die größere. Die hatte ich mir noch nicht genau angesehen. Wahrscheinlich ging es von ihr aus wieder weiter, und Tybalt wartete schon ungeduldig auf Leopold Hardings und mein Erscheinen.

Im Flackerschein der Laterne nahm ich undeutlich nackte, nicht einmal andeutungsweise bemalte Felswände wahr und – Gott sei Dank! – eine runde Öffnung, die abermals in einen Gang führte. Ich drängte mich hindurch, hob meine Laterne und rief:

»Tybalt! Tybalt, wo bist du?«

Tiefes Schweigen.

Wieder öffnete sich eine Kammer. Ich leuchtete die Wände ab, die hier ungewöhnlich reich und prachtvoll bemalt waren. Ganze Ketten des Königsgeiers reihten ihre ausgebreiteten Fittiche aneinander. Doch von hier aus schien es nicht weiterzugehen. Ich fand keine Spur eines Durchschlupfes mehr. Und niemand erwartete mich...

Meine Knie wurden so weich, daß ich mich auf den Boden setzen mußte. Nie zuvor hatte ich ein derartiges Grauen empfunden. Ich war unter falschen Vorwänden hierhergelockt worden. Ich sollte sterben. Ich hätte eher auf die mannigfachen wohlmeinenden Warnungen achten sollen...

Aber warum hatte gerade ein Landsmann wie Leopold Harding sich zu einer so gemeinen Irreführung hergegeben? Ich erinnerte mich, wie ich auch neulich, als ich im Tempel ungewohnte Ängste erlebte, just *ihm* in die Arme gelaufen war. Hatte er mir schon damals aufgelauert, um mich zu ermorden?

Wenn dem so war, mußte er im Auftrag eines anderen handeln. Ihm persönlich war ich doch ganz egal.

Tybalt! Was verband ihn mit Tybalt, wenn er derartige Befehle ausführte?

Ich richtete den Oberkörper ruckartig auf. Irgend etwas bewegte sich über mir und beobachtete mich. Ich hob die Laterne.

Die Decke der höhlenartigen Kammer war vollständig von einer riesigen eingekratzten und ausgemalten Fledermaus mit ausgebreiteten Schwingen eingenommen. Sie schwebte so über mir, daß ich ihren Bauch, die Zähne und die Augen sah, die aus irgendeinem glitzernden schwarzen Gestein bestanden. Der Eindruck im zuckenden Schein der Laterne war fürchterlich lebensecht.

»Schwarzer Schatten, Lady«, glaubte ich die Stimme des Wahrsagers von fern zu hören. »Große schwarze Fledermaus. Kommt näher, immer näher...«

Und da war sie. Ich starrte benommen hinauf und dachte: Ist das wahr, oder werde ich verrückt? Wieso bin ich hier?

War es wirklich so kalt in diesem Felslabyrinth, oder war es nur die Angst, die mir wie Eis durch die Glieder kroch? Ich mußte mich bewegen, sonst blieb ich wie gelähmt liegen.

Ich stand schwankend auf und leuchtete abermals die Wände ab. Außer den Geiern waren, wie ich jetzt erst sah, auch reichlich ›heilige‹, juwelengeschmückte Krokodile dicht über dem Boden vorhanden. Die Luft war knapp. Wenn die Archäologen hier wirklich eine Mumie suchen, dachte ich, werden sie nach einiger Zeit bestenfalls meine ausgedörrte Leiche finden...

Plötzlich entdeckte ich eine schattige Höhlung in der Mauer und trat freudig erregt heran. Ein Ausgang! – Ach nein, es war nur eine tiefe Nische, ähnlich der, in welcher sich Yasmin mit ihrem Liebhaber getroffen haben mochte.

Während ich noch hineinleuchtete, stieß mein Fuß an einen harten Gegenstand, und ich zuckte zusammen. Im Moment war ich auf jegliche Art Falle gefaßt. Aber was ich dann sah und aufhob, war ein verstaubtes goldenes Zigarettenetui.

Ein Zigarettenetui – hier! Merkwürdig! Das konnte natürlich nicht aus der Pharaonenzeit, sondern nur aus unserem Jahrhundert stammen. Ich wischte den Staub ab und sah den eingravierten Namenszug: E. Travers.

Sir Edward Travers! Er war also hier gewesen! Vielleicht am letzten Abend seines Lebens...?

Die Gedanken schossen mir kreuz und quer durch den Kopf. Klaustrophobie und Luftmangel fingen an, sich bemerkbar zu machen. Sir Edward hatte in dieser Nische sein Zigarettenetui verloren, möglicherweise in der Aufregung über eine ungeahnte Entdeckung. Er war noch in den Palast zurückgekehrt – und gestorben, ohne der Spur weiter nachgehen zu können. Hatte er deshalb sterben *müssen*? Mustapha und Absalam, die beiden schakal-tätowierten Diener, hatten ihm die letzte Mahlzeit zubereitet... Und Tybalt hatte nur noch erraten können, daß sein Vater etwas gefunden hatte, nur nicht wo und wie.

Daß Sir Edward ermordet worden war, unterlag für mich jetzt keinem Zweifel mehr – und zwar auf Befehl des Paschas. Ebenso war die kleine Yasmin getötet und öffentlich in den Nil geworfen und der ›Unfall‹, dem Theodosia zum Opfer fiel, inszeniert worden... Alles, um jedermann zu zeigen, daß der ›Fluch der Pharaonen‹ jedermann bedrohte, der in ihre Gräber einzudringen wagte.

Warum? Das Motiv des weltläufigen, im Westen gebildeten Paschas, der soviel Interesse für Archäologie bekundete, konnte wohl kaum volkstümlicher Aberglaube sein. Ich sah ihn vor mir, wie er fett und juwelenglitzernd bei Tisch saß und uns Frauen mit den Blicken abtaxierte, und ich hörte, wie er gackernd erzählte: »Der Reichtum meiner Familie soll von Grabräubern begründet worden sein.« Es hatte wie ein Witz geklungen. Aber wenn es nun stimmte – und wenn seine großmächtige Familie den Grabraub bis zum heutigen Tage als Haupteinnahmequelle weiterbetrieb?

In diesem Falle konnte er legalen wissenschaftlichen Forschungsunternehmen nicht sehr freundlich gesinnt sein. Er mußte jede diplomatische oder grobe List gebrauchen, sie sich vom Leibe zu halten. Das war die Lösung des Rätsels!

Selbst Leopold Harding war vermutlich vom Pascha bestochen. Deshalb hatte er mich hierhergelockt und eingeschlossen. In den Zeitungen würde nur stehen: ARCHÄOLOGENGATTIN SPURLOS VERSCHWUNDEN. *Lady Travers verließ den Palast, in dem die Expeditionsgemeinschaft einquartiert war, mit unbekanntem Ziel und ward nicht mehr gesehen... Der Fluch der Pharaonen hat binnen weniger Monate ein weiteres Opfer gefordert.*

Ich sah die bleichen, verzweifelten Gesichter meiner armen Tanten, wenn sie dies in England lasen. Es würde ihnen das Herz brechen.

Das durfte nicht sein! Ich mußte einen Ausweg finden! Ich drückte Sir Edwards goldenes Zigarettenetui an mein Herz, als ob es ein Talisman wäre.

Es wurde dunkler. War die Laterne am Verlöschen? Ging mein Leben zur Neige wie das Öl in der Lampe? Wie lange konnte man in dieser stickigen Grabesluft atmen?

Meine Hände und Füße begannen schon abzusterben – ob vor Kälte oder vor Angst, wußte ich nicht. Über mir glitzerten die Augen der Fledermaus, die auf mich niederstoßen wollte. Ich murmelte vor mich hin, Gebete, Erinnerungen, Unverständliches. Mein Kopf war schon ein bißchen verwirrt. Manchmal glaubte ich, die Schritte des Retters zu hören – aber es war nur das dröhnende Klopfen meines eigenen Herzens.

»Tybalt«, ächzte ich abgerissen, »suche mich doch! Du mußt mich finden. Dein Vater ist schon hier gewesen. Warum wäre sonst auch die Sicherungstür da oben angebracht worden? Oder *willst* du mich gar nicht finden? Bin ich mit deinem Wissen und Willen hier eingeschlossen? Nein... das kann ich nicht glauben!«

Dann war ich plötzlich zu meinem Entzücken im Schulzimmer als kleines Mädchen, das die anderen neckte... im Pfarrhaus bei Alison und Dorcas... auf dem Friedhof, wo der alte Mr. Pegger gerade ein Grab schaufelte.

»Für wen ist das, Mr. Pegger?«

»Für Sie, Miß Judith... Sie waren immer ein Naseweis, und nun sehen Sie, wohin das führt... geradenwegs ins Grab...«

»Nein!« Ich fuhr auf – und *war* wieder im Grab. Ich mußte sekundenlang bewußtlos gewesen sein.

Ich raffte mich empor, nahm die fast heruntergebrannte Laterne und taumelte durch Gänge und Kammern zur Eingangstür zurück, um mit letzter Kraft dagegenzutrommeln.

»Hilfe!« schrie ich. »Gott, Allah, Osiris, Tybalt – wer es auch sei –, helft mir!«

Und gerade als ich halb irre lachend, halb schluchzend zusammensank und das Gesicht mit den Händen bedeckte, geschah das Wunder. Von außen wurde an der Tür gerüttelt. Ich hörte Männerstimmen, Werkzeugklirren. Rettung nahte!

Ich hockte einfach da, tränenüberströmt, die erloschene Lampe neben mir, als Tybalt durch die splitternde Tür brach und mich vom Boden empor in seine Arme riß.

»Judith! Liebste... Liebste!«

Jetzt sterbe ich nicht mehr vor Angst, dachte ich, sondern vor Glück. Er hat mich geholt. Er nennt mich ›Liebste‹!

»Schon gut, Tybalt«, murmelte ich an seiner Brust, als müsse ich *ihn* trösten. »Nun ist alles wieder gut.«

11
Die große Entdeckung

Die folgenden Tage verbrachte ich in einer Art Dämmerzustand. Ich hatte einen schweren Schock erlitten. In klaren Momenten wurde mir ununterbrochen versichert, alles würde gut werden, und vor allem: Tybalt war öfter bei mir und zärtlicher als je zuvor. Wenn mich das nicht entschädigte! Er hatte mich gerettet – und aus Erfahrung glaubte ich ihm jetzt gern, daß auch ihm bei der Suche nach mir die Haare zu Berge gestanden hatten.

In der ganzen Geschichte der Ägyptologie war nur selten jemand, der in den Pharaonengräbern verschüttet oder vorsätzlich eingeschlossen worden war, lebend wieder zum Vorschein gekommen.

Wer hatte diesen Anschlag auf mich verübt und warum? Das war eine der Fragen, die ich in meinen wachen Stunden immer wieder stellte. Und wo war Leopold Harding geblieben?

»Er ist seit jenem Abend auch verschwunden«, sagte Tybalt. »Aber wir werden ihn schon finden.«

»Warum hat er das getan, Tybalt? Er sagte, er solle mich in deinem Auftrag zum Ausgrabungsort begleiten.«

»Ich habe ihm nie solch einen Auftrag erteilt. Wir alle stehen vor einem Rätsel. Und zur Zeit ist er unauffindbar, wie schon gesagt. Zerbrich dir jetzt nicht den Kopf darüber, Liebste. Du bist in Sicherheit, und ich werde dich nie wieder aus den Augen lassen.«

»O Tybalt«, murmelte ich selig ermattet, »dann war es eine Prüfung, die sich gelohnt hat.«

Einmal, als ich die Augen öffnete, saß Tabitha an meinem Bett.

»Ich muß Ihnen etwas sagen, Judith. Sie haben in den ersten Fiebernächten ziemlich viel geredet, und wir waren entsetzt über das, was schon längere Zeit in Ihnen vorgegangen sein mußte. Sie glaubten, Tybalt und ich seien ineinander verliebt! Meine liebe Judith, wie konnten Sie nur... Gewiß, ich mag Tybalt, seit ich ihn kenne – vor allem als Sohn seines Vaters. Ich schätze ihn hoch. Aber lieben...? Wie Sie wissen, kam ich als Hausdame zu den Travers', nachdem mein Mann als unheilbar in die Anstalt gebracht worden war. Lady Travers lebte damals noch, war aber ständig krank. Nun kommt mein Geständnis, Judith: recht oder unrecht, Sir Edward und ich verliebten uns ineinander... Nanny Tester merkte es und spionierte uns nach. Sie liebte ihre ›Miß Ruth‹ von Babyzeiten an und haßte mich. Sie haßte auch Sir Edward, und als Lady Travers starb, gab sie uns die Schuld daran. Das Verhältnis zwischen Sir Edward und mir war tief und ernst. Ich begleitete ihn auf einigen seiner Expeditionen. Nach Lady Travers' Tod hätten wir geheiratet, wenn ich frei gewesen wäre. Aber ich wurde es erst, als es viel zu spät war...«

Zu spät! Das ominöse Wort, das ich belauscht und mißverstanden hatte!

»Ich begreife jetzt alles«, sagte ich. »In meiner eigenen Liebe zu Tybalt habe ich die Situation manchmal geradezu falsch sehen *müssen*.«

»Dann wird es vielleicht Ihren letzten möglichen Verdacht bereinigen«, sagte Tabitha lächelnd, »daß Terence Gelding mir heute einen Heiratsantrag gemacht hat.«

»Gratuliere! Sie haben doch ja gesagt?«

»Noch nicht. Ein bißchen Bedenkzeit brauche ich schon. Aber ich glaube, ich werde ja sagen. Wir passen sehr gut zueinander.«

»Das find' ich auch. Ich gönne Ihnen so von Herzen, Tabitha, daß Sie glücklich werden – endlich!«

»Und ich wünsche Ihnen dasselbe. Ich habe Tybalt nie so wildwütig an der Arbeit gesehen wie beim Einschlagen jener Tür, nicht einmal, wenn er vor einer Jahrhundertentdeckung zu stehen glaubte. So eine Verzweiflung, so ein unbedingter Wille, Sie lebend herauszuholen...«

Ich lachte zittrig. »Womöglich bedeute ich ihm doch mehr als sämtliche Pharaonen?«

»Das dürfte wohl klar sein«, sagte Tabitha.

Beim nächsten Erwachen saß Tybalt an meinem Bett.

»Sobald du aufstehen kannst, fahren wir heim«, sagte er.

»Aber Tybalt! Meinetwegen kannst du doch die Expedition nicht abbrechen!«

»Für mich ist sie ohnehin vorbei.«

»Oh... Mein armer Tybalt!«

»Arm? Wo ich dich habe, lebendig und so gut wie gesund?« Er schloß mich in seine Arme.

Nach Minuten stummen Glücks fragte ich plötzlich:

»Wo ist eigentlich Hadrian? Er hat mich noch kein einziges Mal besucht.«

»Wenn du ihn sehen möchtest, kommt er gern.«

Hadrian stellte sich bald bei mir ein. Er hatte sich innerhalb der letzten Woche erstaunlich verändert. So nüchtern und ernst hatte ich ihn hier in Ägypten noch nie gesehen.

»Judith!« Er nahm meine Hände und küßte mich brüderlich auf beide Wangen. »Daß gerade dir so etwas passieren mußte! Es muß grausig gewesen sein.«

»Das war es.«

»Dieses Schwein!« stieß er hervor. »Dieses niederträchtige Schwein – und ich habe fast täglich in aller Harmlosigkeit beim Drink mit ihm zusammengesessen! Hoffentlich vergißt du dein scheußliches Erlebnis im Laufe der Zeit.«

»Ganz vergißt man so etwas wohl nie. Aber danach weiß man die Freuden des Herzens doppelt zu schätzen. – Hast du eine Ahnung, Hadrian, warum er das getan hat?«

»Nein. Das weiß Gott allein. Vielleicht war er ein Irrer.«

»Er schien eigentlich immer sehr vernünftig, der geborene Geschäftsmann, der sich freute, daß bei ihm Geschäft und Hobby so schön Hand in Hand gingen. Welches Motiv konnte er für ein Verbrechen haben?«

»Ja, das müssen wir noch herauskriegen. Ein Glück, daß die Konferenz nicht länger dauerte und Tybalt gleich in den Palast zurückfuhr. Einer der Diener hatte gehört, daß Harding dir eine angebliche Botschaft von ihm – Tybalt – überbracht hatte, worauf du mit ihm über den Fluß gesetzt warst. Tybalt war perplex. Ich glaube, er ließ sich gar nicht anmerken, wie beunruhigt er wirklich war. Wir fuhren alle hinüber und machten uns auf die Suche, die lange Zeit hoffnungslos schien. Aber Tybalt gab nicht auf. Und endlich hörten wir dein Klopfen und Schreien – und das übrige weißt du.«

»Was *kann* nur Hardings Motiv gewesen sein? Ich glaube jetzt bestimmt, daß er mir schon einmal im Tempel aufgelauert hat – sicher schon da in der Absicht, mich zu ermorden.«

»Was hätte er von deinem Tod gehabt?«

»Das macht das Ganze ja so mysteriös.«

»Jetzt muß ich an Theodosia denken, Judith... Glaubst du, daß Harding auch sie auf dem Gewissen hat?«

»Nein, das war der Pascha.«

»Der Pascha?!«

»Einer der Arbeiter – Yasmins Liebhaber – warnte mich sehr glaubwürdig vor ihm und allen seinen Bediensteten hier. Yasmin hatte sich zu einem Rendezvous in das Grab geschlichen, leider gerade an dem Abend, als der Pascha hier war. Sie wurde entdeckt, getötet und zur Warnung für alles Volk in den Fluß geworfen. Du erinnerst dich an die große Nilfeier?«

»Mein Gott, Judith, wir sitzen in einem Intrigennetz, scheint mir.«

»Statt Theodosia hätte jeder beliebige andere von uns vom Gerüst stürzen können. Das Gerüst war angesägt oder sonstwie unsicher gemacht. Der Pascha wollte ein Opfer aus unserer Mitte, egal welches.«

»Aber er hat uns doch jahrelang unterstützt!«

»Reinste Maskerade. Er will uns für immer aus dem Land graulen. Solange er sein Ziel nicht erreicht hat, werden weitere Morde geschehen.«

Tybalt kam herein und betrachtete mich besorgt.

»Du hast Judith aufgeregt!« beschuldigte er Hadrian.

Seine Fürsorge tat mir unendlich wohl, aber ich sagte wahrheitsgemäß, mein Gespräch mit Hadrian schiene mir zur Klärung der letzten Ereignisse sehr nötig. Wir hätten über Harding, den Pascha und die denkbaren Mordmotive gesprochen.

»Dieser Harding wußte jedenfalls mehr, als er zugab«, sagte Tybalt.

»Vielleicht«, sagte ich langsam, »könnte dieser junge Mann – Yasmins Liebhaber – uns nähere Auskunft geben. Ich habe dir von ihm erzählt. Laß ihn holen – aber ohne daß jemand merkt, warum. Es könnte auch *sein* Tod sein. Du als Expeditionsleiter kannst ja am ehesten einen unverfänglichen Vorwand angeben.«

Der junge Mann kam. Wir hatten inzwischen ausgemacht, daß ich mit ihm reden sollte. Vor mir hatte er am wenigsten Angst.

»Was wissen Sie von Leopold Harding, Hussein?« fragte ich.

»Er waren schon öfters in Ägypten, Lady.«

»Warum?«

»Er Freund von Pascha. Pascha ihm geben schöne Dinge.«

»Was für schöne Dinge?«

»Schmuck, Steinbilder, Möbel ... Alles, was in unserem Land zu finden. Mr. Harding damit wegreisen und immer wieder-kommen.«

»Er stand also auch in Diensten des Paschas?«

Der junge Mann nickte. »Gute Lady«, sagte er. »Gut zu Yasmin, gut zu mir. Pascha Sie in Grab einschließen lassen ...« Das Grauen stand in seinen ausdrucksvollen schwarzen Augen.

»Na, ich bin ja glücklich wieder herausgekommen«, sagte ich.

»Sie große, weise Lady. Sie und großer Sir gehen wieder ins grüne Land des Regens. Dort für immer Frieden und Glück.«

»Danke, Hussein«, sagte ich. »Sie haben uns einen großen Dienst erwiesen.«

Ich war genesen. Während wir die Vorbereitungen für unsere Heimkehr trafen, hörte ich, was sich in letzter Zeit noch alles begeben hatte.

Mustapha und Absalam waren verschwunden. Auf Befehl des Paschas? Und, noch aufregender: Hinter der Nische, in die ich gestolpert war und in der ich Sir Edwards Zigarettenetui gefunden hatte, befand sich ein Gang, der sich endlich nicht als Sackgasse erwies. Die so lange vergeblich gesuchte Entdeckung winkte also doch noch! Und nun war auch klar, mit welcher sensationeller Erkenntnis Sir Edward in jener Nacht in den Palast zurückgekehrt – und gestorben war.

Zu meiner maßlosen Verblüffung sagte mir Tabitha in diesen Stunden allgemeiner Aufregung unter vier Augen, Tybalt hätte die Leitung Terence übertragen, weil er selbst mit mir nach Hause fahren wollte.

Ich stürmte in unser Apartment, wo Tybalt einige Akten zusam-menpackte.

»Das lasse ich nicht zu!« schrie ich. »Tybalt, du bleibst!«

»Wo?« fragte er mit gerunzelter Stirn.

»Hier!«

»Wir fahren mit dem nächsten Schiff nach Hause«, entgegnete er fest.

»Du weißt, daß du vor dem vielleicht größten Forschungserfolg der Ägyptologie stehst. Ihr habt bereits den neuen Gang aufgebrochen, der nach völliger Freiräumung in ein Grab führen wird, und zwar in ein äußerst bedeutendes. Wenn es das nicht wäre, hätte man sich in alten Zeiten nie die Mühe gemacht, ein derart ausgeklügeltes Labyrinth von minderen Fundstätten rundherum anzulegen!«

»Mag sein.«

»Du kannst das Vermächtnis deines Vaters nicht im Stich lassen! Jetzt, nach Monaten voller Mühe und Fehlschläge, *mußt* du sein Werk zu Ende führen!«

»Der Arzt rät, dich so bald wie möglich nach Hause zu bringen. Wir packen.«

»Fällt mir nicht ein«, sagte ich. »Wir bleiben, bis deine Aufgabe erfüllt ist. Es ist *deine* Expedition. Denkst du, nach all den Opfern und Mühen lasse ich Terence Gelding allein die Ehre – sowenig ich ihm seinen sonstigen wissenschaftlichen Rang abspreche?«

»Ich lasse sie ihm gern«, sagte Tybalt störrisch. »Wir fahren!«

Ich jubelte innerlich. Er liebte mich, wie ich ihn liebte. Aber gerade deshalb mußte ich jetzt meinen Willen durchsetzen, und ich tat es, indem ich mich schlicht weigerte, zu diesem Zeitpunkt abzureisen.

Was weiter geschah, ist bekannt. Die neue Ausgrabung wurde *nicht* die Sensation des Jahrhunderts.

Tybalt und die Seinen erreichten das Königsgrab kurz vor dem Arbeitstrupp des Paschas, der sich von der Gegenseite her durch den Fels wühlte.

Welche Schätze hätte man dort finden müssen! Alles deutete darauf hin, daß es die letzte Ruhestätte eines ganz Großen gewesen war – bis vor zwei-, dreitausend Jahren. Die Kammer war total ausgeraubt, bis auf den Sarkophag, die stark lädierte Mumie und das Seelenhaus, das den Dieben früherer Epochen nie des Mitnehmens wert gewesen war.

Vielleicht wollte es die Ironie des Schicksals, daß die räuberischen Ahnen des heutigen Paschas ihm – und uns – zuvorgekommen waren...

Der Pascha machte uns keinen Abschiedsbesuch. Wir erfuhren, daß er nach Alexandria gereist war. Und wir reisten nun alle heim nach England.

Die Wiedersehensfreude war riesig. Ich hatte alle Eingeweihten gebeten, Alison und Dorcas nichts von meinen persönlichen Abenteuern zu erzählen, damit sie nicht die Hände über dem Kopf zusammenschlugen, wenn ich das nächstemal mit Tybalt auf Forschungsreisen ging – was natürlich meine Absicht war.

Ein paar Tage nach unserer Rückkehr lasen wir in der *Times* die kurze Notiz, ein bekannter englischer Antiquitätenhändler namens Leopold Harding sei ertrunken aus dem Nil gezogen worden. Ob er einem Verbrechen oder einem Unfall zum Opfer gefallen war, mußte noch geklärt werden.

Seine Schädelverletzungen konnten auf die Kollision mit dem gekenterten Boot zurückzuführen sein. Seine Kunden waren hauptsächlich namhafte Privatsammler gewesen.

Tybalt und ich begriffen nun zweifelsfrei, daß er zu den Hehlern des Paschas gehört hatte. Der hohe Herr selbst konnte natürlich keine Geschäfte dieser Art betreiben. Aber unter der Hand, mit Hilfe international anerkannter Fachleute, war auch heute noch viel Geld zu verdienen.

Daß der Pascha und Sir Edward gleichzeitig auf eine Spur gestoßen waren, die sie für *die* Entdeckung des Jahrhunderts hielten, hatte Sir Edward das Leben gekostet – und Yasmin und Theodosia und beinahe auch mich und schließlich sogar Leopold Harding, der bei meinem Mordversuch versagt hatte und dem Pascha als Schwätzer gefährlich werden konnte.

Trotz all dieser schrecklichen Begleitumstände fühlte ich mich durch das ägyptische Abenteuer unendlich bereichert. Vielleicht hätte ich noch jahrelang an Tybalts Liebe gezweifelt, wenn jener kritische Abend nicht gewesen wäre.

»Mein armer Tybalt«, sagte ich in einer stillen Stunde, »ich habe dir die große Entdeckung so innig gewünscht!«

»Aber ich habe doch die größte Entdeckung meines Lebens gemacht«, erwiderte er lächelnd und zog mich in seine Arme.

»Nanu? Welche?«

»Daß ich nie etwas so Kostbares finden werde wie dich...«

Was konnte ich mehr verlangen?

Victoria Holt
eine Meisterin des historischen Liebesromans

Victoria Holt wurde 1906 als Eleanor Alice Burford Hibberts in London geboren. Ihre Zuneigung zu Büchern entdeckte sie durch ihren Vater, einen englischen Kaufmann. Von ihrer unerschöpflichen Phantasie inspiriert, begann sie unter Pseudonym zu schreiben.

Victoria Holt, bei uns auch unter dem Pseudonym Philippa Carr bekannt, bedient sich der Vergangenheit, um den Leser in ihre Welt der menschlichen Schicksale zu entführen. Hoch über den Dächern von London schreibt die international bekannte Autorin ihre inzwischen zu Weltbestsellern gewordenen Bücher.

Spannungsgeladene Romane entstehen vor einem detailliert geschilderten, historischen Hintergrund. In farbenprächtigen Szenen läßt sie Geschichte lebendig werden. Durch eine Fülle ungewöhnlicher Konflikte gelingt es der Autorin in jedem ihrer Bücher, ihre Leser erneut zu fesseln. Ihr Einfallsreichtum und ihre Fähigkeit, menschliche Verhaltensweisen anschaulich und nachvollziehbar zu schildern, lassen Victoria Holts Bücher zu jener Art von Schmökern werden, die man bis zur letzten Seite nicht mehr aus der Hand legt.

Victoria Holt
Verzeichnis lieferbarer Titel

(Stand November 1989)

Die Ashington-Perlen

Die Braut von Pendorric
(01/5729)

Der Fluch der Opale (01/5644)

Die geheime Frau (01/5213)

Harriet – sanfte Siegerin

Das Haus der tausend
Laternen (01/5404)

Herrin auf Mellyn

Im Schatten des Luchses

In der Nacht des siebenten
Mondes

Die Königin gibt Rechenschaft

Die Lady und der Dämon

Meine Feindin, die Königin

Die Rache der Pharaonen
(01/5317)

Der Schloßherr

Die siebente Jungfrau
(01/5478)

Tanz der Masken

Der Teufel zu Pferde

Treibsand

Verlorene Spur

Das Zimmer des roten Traums
(01/6461)

Unter dem Herbstmond

Philippa Carr / Victoria Holt

Geheimnis im Kloster
(01/5920)

Die Halbschwestern (01/6851)

Im Sturmwind (01/6803)

Das Licht der Finsternis

Sarabande (01/6288)

Der springende Löwe
(01/5958)

Sturmnacht (01/6055)

Die Dame und der Dandy
(01/6557)

Die Erbin und der Lord
(01/6623)

Die venezianische Tochter
(01/6683)

Das Schloß im Moor (01/5006)

Im Schatten des Zweifels
(01/7628)

Der Zigeuner und das
Mädchen (01/7812)

*Die Nummern der
Heyne-Taschenbücher
sind in Klammern
angegeben.*

JEAN PLAIDY

Der scharlachrote Mantel
01/7702

Die Schöne des Hofes
01/7863

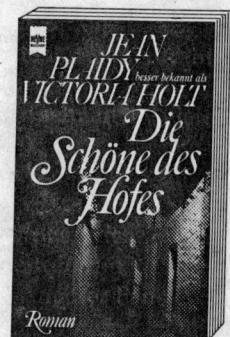

PHILIPPA CARR

Die Dame und der Dandy
01/6557

Die Erbin und der Lord
01/6623

Die venezianische Tochter
01/6683

Im Sturmwind
01/6803

Die Halbschwestern
01/6851

Im Schatten des Zweifels
01/7628

Der Zigeuner und das Mädchen
01/7812

Darüber hinaus sind von Philippa Carr noch als Heyne-Taschenbuch erschienen: „Das Schloß im Moor" (01/5006), „Geheimnis im Kloster" (01/5927), „Der springende Löwe" (01/5958), „Sturmnacht" (01/6055), „Sarabande" (01/6288).

Wilhelm Heyne Verlag München

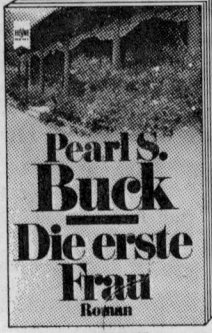

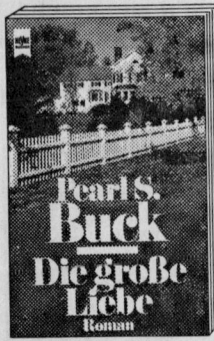